Gerenciamento Integrado de Projetos na Construção: Design, Projeto e Produção

Giulliano Polito

Gerenciamento Integrado de Projetos na Construção: Design, Projeto e Produção

Uma abordagem Lean

BRASPORT

Rio de Janeiro
2022

Editor: Sergio Martins de Oliveira
Gerente de Produção Editorial: Marina dos Anjos Martins de Oliveira
Editoração Eletrônica: Abreu's System
Capa: Use Design

DADOS INTERNACIONAIS DE CATALOGAÇÃO NA PUBLICAÇÃO (CIP)

P769g Polito, Giulliano.
Gerenciamento integrado de projetos na construção : design, projeto e produção : uma abordagem Lean / Giulliano Polito. – Rio de Janeiro: Brasport, 2022.
416 p. : il. ; 21 x 28 cm.

Inclui bibliografia.
ISBN 978-65-88431-53-5

1. Administração da produção. 2. Projetos. 3. Design. 4. Lean production. I. Título.

CDU 658.5.01

Bibliotecária responsável: Bruna Heller – CRB 10/2348

Índice para catálogo sistemático:
1. Métodos na engenharia e planejamento de produção 658.5.01

BRASPORT Livros e Multimídia Ltda.
Rua Washington Luís, 9, sobreloja – Centro
20230-900 Rio de Janeiro-RJ
Tels. Fax: (21)2568.1415/3497.2162
e-mails: marketing@brasport.com.br
vendas@brasport.com.br
editorial@brasport.com.br
www.brasport.com.br

O Senhor é a minha força e o meu escudo; Nele o meu coração confia, Nele fui socorrido; por isso, o meu coração exulta, e com o meu cântico O louvarei. Salmos 28:7

Agradecimentos

Gostaria de agradecer, de forma breve, a todos aqueles que contribuíram, direta ou indiretamente, para a realização deste projeto. Em especial a Deus, pela presença e Seu infinito amor que me sustenta a cada dia; à minha mãe, pelos sacrifícios pessoais que fez para me transformar no homem que sou hoje; à minha amada esposa Elizandra, pelo apoio e pela compreensão durante as muitas horas subtraídas do convívio; aos meus filhos, Pedro, Filipe e Júlia, que, com seus sorrisos, renovaram minhas energias e encheram meu coração de gratidão.

Prefácio

Para mim é uma alegria poder fazer a apresentação da obra de Giulliano Polito sobre o gerenciamento de projetos em uma área tão especial: a construção.

Talvez a construção seja uma das áreas onde se tenha a maior visibilidade de como um projeto é planejado, estruturado e executado. E essa visibilidade se torna evidente quando as coisas não dão certo. Atrasos, obras inacabadas, problemas técnicos estruturais, deficiência no fornecimento, dentre muitos outros fatores, são talvez os melhores exemplos de como os desafios desse setor são críticos.

Cobrindo de aspectos relacionados ao gerenciamento de projetos, ao design e à produção, o livro detalha diferentes métodos: indo do CCPM (método da corrente crítica) ao QFD (Desenvolvimento em Função da Qualidade) em uma linguagem simples e didática.

E essa simplicidade é o que eu sempre busco manifestar todas as vezes que falo sobre projetos: "de complexo basta o projeto. Não transforme o processo de gestão em um complicador a mais".

Finalmente, gostaria de afirmar que, apesar de ser uma série de referência, esta é, essencialmente, uma obra que busca dar as ferramentas e os conceitos que conectam o abstrato da ideia ao resultado concreto dos projetos.

E, como eu sempre falo ao apresentar livros na área, passar suas páginas é entrar no universo da pressão por resultados, dos desafios, das emoções e dos conflitos de se fazer algo novo dentro dos limites que sempre existem entre é o que possível e o que é impossível de ser feito.

E esses assuntos fazem parte dos melhores sonhos e dos piores pesadelos que muitos de nós temos em nossos projetos.

Meus parabéns à Brasport pelo apoio ao gerenciamento de projetos no Brasil e ao Giulliano pelo trabalho e dedicação para criar uma obra de referência na área.

Ricardo Viana Vargas
Ricardo se especializou na implementação de iniciativas globais, projetos de capital e desenvolvimento de produtos, gerenciando mais de US$ 20 bilhões em projetos internacionais nos últimos 25 anos. Ele escreveu 15 livros na área. Ricardo também criou e liderou a Brightline Initiative de 2016 a 2020 e foi diretor de gestão de projetos e infraestrutura nas Nações Unidas, liderando mais de 1.000 projetos em projetos humanitários e de desenvolvimento. Ricardo é doutor em Engenharia Civil, mestre em Engenharia de Produção e graduado em Engenharia Química.

Sumário

Introdução

A alta complexidade das edificações modernas e o ambiente adverso em que os projetos de construção se desenvolvem têm se apresentado como um grande desafio para o setor. Esta publicação pretende apresentar uma visão abrangente do ciclo de vida de uma edificação (concepção, design, construção e operação), propondo uma estrutura lógica e organizada de gestão, capaz de lidar com esse cenário e aumentar suas probabilidades de sucesso.

Não se trata de uma publicação de caráter inovador. O livro é fortemente fundamentado em metodologias, ferramentas e boas práticas já experimentadas e reconhecidas pelo mercado, como *PMBOK® Guide*, *Lean Construction*, IPD (*Integrated Project Delivery*), TVD (*Target Value Delivery*), *Last Planner System®*, entre muitas outras. Ou seja, este livro é fruto da aplicação, adaptação e combinação de metodologias consagradas, em condições reais de temperatura e pressão, ou seja, expostas às limitações enfrentadas na vida real de um projeto, como a falta de capacitação e rotatividade da equipe, conflitos de interesse, mudança de fornecedores, paralisações, pressões por custo e prazo e tudo mais que acontece no dia a dia de uma construção. Não houve, portanto, a preocupação em manter a pureza ou o rigor acadêmico em cada metodologia. As técnicas e ferramentas foram aplicadas e utilizadas da melhor forma possível em cada contexto, inclusive com adaptações e simplificações que se fizeram necessárias. Esse viés prático pode dar a muitos leitores a sensação de familiaridade com os exemplos aqui relatados.

Em função da amplitude dos assuntos abordados pelo livro, seria impraticável aprofundar todos eles. A proposta foi "montar o quebra-cabeça" e apresentar um *roadmap*, um *framework*, de como conduzir um projeto de construção ao sucesso. É como disponibilizar ao leitor uma caixa de ferramentas com várias opções, cabendo a ele decidir quando e quais ferramentas são aplicáveis a cada caso. Sendo assim, o leitor que quiser se aprofundar em alguma das técnicas apresentadas terá que beber diretamente da fonte e buscar publicações inteiramente dedicadas a cada assunto. Na bibliografia do livro apresento várias publicações que são preciosas para aqueles que desejam se aprofundar em algum tema.

Essa publicação está estruturada em 6 capítulos. O capítulo 1 discorre sobre os desafios existentes na gestão dos projetos de construção. O capítulo 2 apresenta o modelo proposto de gestão integrada, colaborativa e simultânea para o atingimento de melhores resultados. O capítulo 3 apresenta as boas práticas de gerenciamento de projetos. O capítulo 4 apresenta metodologias e ferramentas para o gerenciamento do design. O capítulo 5 apresenta as técnicas e abordagens para o gerenciamento da produção. O capítulo 6 apresenta uma mensagem final do autor e, ao final, há a bibliografia utilizada e indicada pelo autor para aprofundamentos do leitor. Cabe aqui destacar que essa estruturação é apenas didática, para facilitar o entendimento da proposta. Cada capítulo, bem como cada área de conhecimento e disciplina, pode ser lido individualmente, em qualquer sequência.

O leitor perceberá que alguns assuntos serão abordados sob diferentes óticas em partes diferentes do livro. Isso ocorre porque o livro trata a gestão dos projetos de construção de forma integrada, colaborativa e simultânea, fazendo com que todas as disciplinas sejam interdependentes.

Apesar de essa publicação ser proveitosa para jovens profissionais recém-formados, ela será especialmente útil para aqueles que já tiverem alguma experiência na gestão de projetos de construção, pois conseguirão associar os assuntos abordados às experiências já vividas. Buscou-se utilizar uma linguagem simples e usual do setor, de forma a facilitar a assimilação do conteúdo abordado.

Como boa parte dos leitores deste livro serão oriundos da área de gerenciamento de projetos e de construção, é bom esclarecer alguns termos que poderão causar alguma confusão. O termo "projeto", tanto para engenheiros quanto para arquitetos, é comumente associado à planta da edificação que será construída. Entretanto, esse termo também é utilizado no gerenciamento de projetos para definir um empreendimento. Esse é um problema que não ocorre na língua inglesa, uma vez que ela possui palavras diferentes para os dois casos: "*drawing*" ou "design" para os desenhos e "*project*" para os empreendimentos. Neste livro, decidimos utilizar a notação "desenhos", "planta" ou "design" quando nos referimos à concepção de uma edificação, em qualquer de suas disciplinas, e "projeto" para o empreendimento, evitando ambiguidade e permanecendo alinhado à nomenclatura utilizada no gerenciamento de projetos.

1. Os desafios da gestão na construção

Os projetos de construção são desafiadores para qualquer modelo de gestão, especialmente para os tradicionais, sendo eles insuficientes e incapazes de garantir o atingimento dos objetivos propostos. Mas o que torna os projetos de construção tão desafiadores?

O primeiro motivo é a complexidade. A complexidade pode ser definida pelo número de peças e atividades que podem interagir em um sistema e a interdependência entre elas, sendo que o resultado dessa interação é diferente da soma dos resultados de cada parte individualmente. De forma genérica, os atributos que influenciam a complexidade são:

1. **Grande número de elementos:** grande quantidade de especialidades, projetistas, partes interessadas, trabalhadores, recursos, equipes, normas técnicas e leis.
2. **Diversidade de elementos:** várias especialidades e áreas de conhecimento diferentes, culturas organizacionais, níveis de especialização e escolaridade, partes interessadas de diferentes pontos de vista e customizações.
3. **Interações dinâmicas:** intenso processo de comunicação, formal e informal, entre as diversas partes interessadas e membros do projeto, com entrada e saída constante de novos intervenientes e alterações de prioridades.
4. **Imprevisibilidade – Não linearidade das interações:** em cada interação existe a possibilidade de impactos mútuos, que podem se propagar para outras interações, sucessivamente, em reações em cadeia, provocando impactos inesperados.
5. **Interações com vizinhos imediatos:** a proximidade provoca interações mais frequentes com algumas partes, sem a visão geral do projeto como um todo.
6. **Atividades conectadas:** a existência de relações de precedência obrigatórias entre diversas etapas da construção, como, por exemplo, escavação, fundação, estrutura, alvenaria etc. reduzem margens de manobra no desenvolvimento de alternativas.
7. **Ciclos de verificação:** os rígidos padrões técnicos e de qualidade exercem pressão e necessidade excessiva de verificação e controle.
8. **Abertura:** as construções são extremamente afetadas por condições externas e alheias ao controle de seus gestores, como condições ambientais e climáticas, legislação, fornecedores externos, vizinhança etc.

A complexidade na construção inicia ainda durante sua fase de design e é consequência da sua fragmentação, onde são envolvidas muitas disciplinas, inúmeros profissionais, sustentando diferentes pontos de vista e atuando de forma interdependente. A complexidade é ampliada durante o planejamento do projeto, com o envolvimento de várias partes interessadas, com interesses, expectativas e requisitos distintos, e possivelmente conflitantes, o que leva à necessidade de constantes negociações. Durante o processo de aquisições, o tamanho das contratações, aliado à grande quantidade de itens, requisitos, normas, especificações e legislações a serem atendidas, torna as decisões árduas. Finalmente, durante a fase de construção, a complexidade é ampliada pelo grande número de profissionais e empresas envolvidas, pela dependência de condições ambientais, alheias ao controle dos gestores, além de restrições impostas por questões logísticas e legais. Acontece que a complexidade vem aumentando ainda mais na indústria da construção, fruto da evolução tecnológica, que tem levado a uma crescente especialização e, consequentemente, ao maior fracionamento do conhecimento. Esse, por sua vez, eleva o número de intervenientes, cada qual com o seu foco e, muitas vezes, com objetivos diferentes, tornando a atividade de projetar e construir uma atividade multidisciplinar e interdisciplinar. O aumento do número de participantes gera um fluxo maior de comunicação, que, por sua vez, exige constante esforço de integração e compatibilização, demandando maior coordenação.

Outro motivo importante para tornar a gestão de projetos de construção desafiadora é a incerteza, que se revela através do desconhecido e da imprevisibilidade do ambiente. Ela está relacionada à ausência ou falta de confiabilidade da informação, de forma que o tomador de decisões não tem como avaliar os impactos de suas escolhas. Em outras palavras, incerteza é o desconhecido. Ela se materializa aleatoriamente provocando mudanças inesperadas no projeto. A incerteza não está no presente nem no passado. Ela está no futuro. Sempre que olharmos para o futuro teremos que lidar com incertezas. Entre as variáveis que influenciam o nível de incerteza de um projeto podemos citar a clareza na definição do escopo, a familiaridade com as tecnologias utilizadas e o nível de interdependência entre elas, o início da construção antes da conclusão do design, o conhecimento da região, a confiabilidade dos fornecedores, o nível de atrito com a vizinhança, entre outras. Para lidar com as incertezas é preciso resiliência. Esta é obtida com processos flexíveis e capazes de lidar com as mudanças, com velocidade no replanejamento e na tomada de decisão, e com um nível adequado de reserva de contingência.

Outra razão que torna os projetos de construção tão desafiadores é o ambiente em que eles estão inseridos. Trata-se de um ambiente "fora de controle", onde tudo muda a todo momento, impactando constantemente o projeto. Esse ambiente, além de complexo e incerto, também é volátil e ambíguo. A volatilidade pode ser definida como o volume de mudanças e a agilidade com que elas ocorrem, tornando muito difícil prever cenários. É preciso estar preparado para lidar com o inesperado, pois não existe mais um caminho definido para obter os resultados esperados. Já a ambiguidade é a falta de clareza e concretude, dando margem a múltiplas interpretações igualmente pertinentes, ou seja, existem muitas formas de interpretar e analisar os contextos complexos. Não há mais as respostas precisas, específicas e absolutas.

Para entender melhor o problema, vamos discorrer um pouco sobre o ciclo de vida tradicional de um projeto de construção. Ele é usualmente organizado em estágios e fases lineares e sequenciais, podendo variar em função da sua natureza, tamanho ou grau de inovação. Normalmente, ao final de cada estágio é realizada uma avaliação, visando revisar o trabalho executado até o momento, a fim de obter as aprovações necessárias para se avançar para o próximo estágio. Os requisitos de avaliação podem ser rígidos ou flexíveis. Os requisitos rígidos são aqueles que, se não atendidos, impedem o projeto de avançar para a próxima fase. Já os requisitos flexíveis permitem um certo grau de simultaneidade entre as fases, sem que o sucesso do projeto seja comprometido. A forma de organização mais usual divide o ciclo de vida de um projeto de construção em concepção, desenvolvimento, implantação e operação (Figura 1).

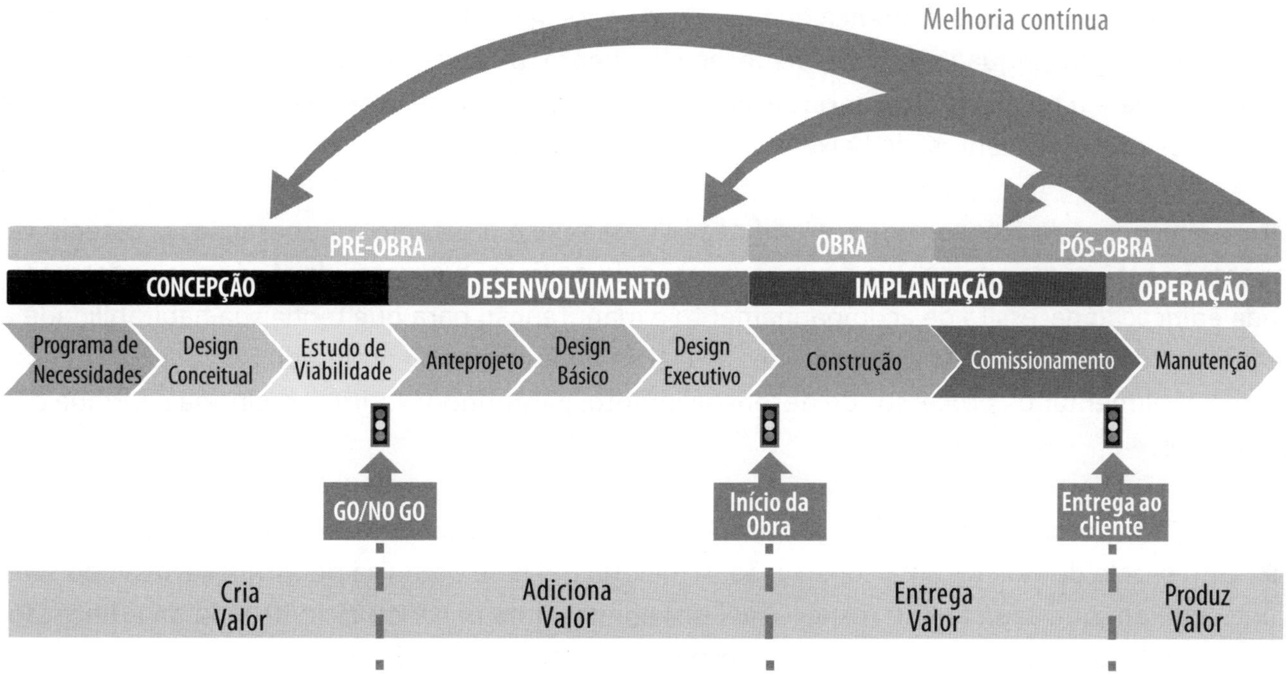

Figura 1 – Ciclo de vida de projetos de construção.
Fonte: o autor.

O estágio de concepção está associado ao negócio por trás do projeto, ou seja, nele são avaliados os requisitos do negócio, as necessidades e expectativas das principais partes interessadas, os riscos e as viabilidades econômica, técnica, comercial, legal e ambiental. É nesse estágio que são realizados os esboços iniciais do edifício, o diagrama de massas, a escolha das primeiras soluções construtivas e os estudos preliminares. A passagem para o próximo estágio implica em decisões importantes. A decisão de prosseguir resulta em assumir compromissos financeiros irrevogáveis, com base na confiança de que o resultado pode ser alcançado, mesmo sem todas as informações necessárias disponíveis.

No estágio de desenvolvimento, também chamado de pré-construção, as necessidades das partes interessadas são convertidas em requisitos e transformadas progressivamente em soluções de design, com desenvolvimento simultâneo das diversas especialidades, seguindo uma sequência lógica, com estágios intermediários de validação e aprovação, até que se obtenha o design final para a construção. Esses estágios de aprovação, também chamados de *gates*, são pontos de tomada de decisão, baseados em entregas específicas e atendimento a requisitos. Nesse estágio, busca-se ampliar o valor gerado com o projeto. A máxima é fazer mais com menos. Nele são definidas a estratégia e a abordagem para a fase de construção. A passagem para o próximo estágio provoca uma mudança de propósito. Em vez de buscar desenvolver a edificação certa, o objetivo passará a ser o de construir, da maneira correta, a edificação já desenvolvida.

O estágio de implantação trata da concretização da solução de design, ou seja, a construção da edificação. É nele que os recursos são contratados, mobilizados e gerenciados. Esse estágio é extremamente influenciado pela qualidade das decisões tomadas nos estágios anteriores. Vale ressaltar aqui uma grande diferença que ocorre da passagem do estágio de desenvolvimento para o de implantação. Enquanto na fase de desenvolvimento, durante os processos de design, a interdependência e a reciprocidade enriquecem o resultado, na construção elas causam incertezas e tornam os processos lentos, de baixa qualidade e mais caros.

Uma vez concluída a construção, a edificação passa para o estágio de operação. O estágio de operação está associado ao uso e à manutenção da edificação construída. Após sua construção, toda edificação necessita de acompanhamento e manutenção para que tenha sua habitabilidade e vida útil preservadas. É nele que podemos avaliar se o desempenho projetado foi atingido e, dessa forma, realimentar os processos de desenvolvimento, garantindo, assim, a melhoria contínua dos processos.

Também é importante chamar atenção para a forma como, usualmente, as empresas se organizam durante o ciclo de vida de uma construção. A maioria delas se organiza de forma vertical, ou seja, funcional, em que cada área é responsável por apenas uma parte do ciclo de vida da edificação. Por exemplo, a área de novos negócios é responsável pelo estágio de concepção, a área de design pelo estágio de desenvolvimento e a área de construção pelo estágio de implantação. Essa fragmentação do ciclo de vida do projeto cria uma grande quantidade de interfaces que precisam ser bem gerenciadas, caso contrário, provocarão uma ruptura e consequente perda de valor e impacto no resultado (Figura 2). A fragmentação também cria sérias barreiras à comunicação e leva à perda de conhecimento na transição de um estágio para o outro. Outro desafio é a uniformidade de propósito, uma vez que cada área costuma ter o seu ponto de vista sobre a edificação, com seus próprios paradigmas, vícios e até mesmo formas diferentes de bonificação sobre o resultado, que, não raras vezes, costumam ser conflitantes.

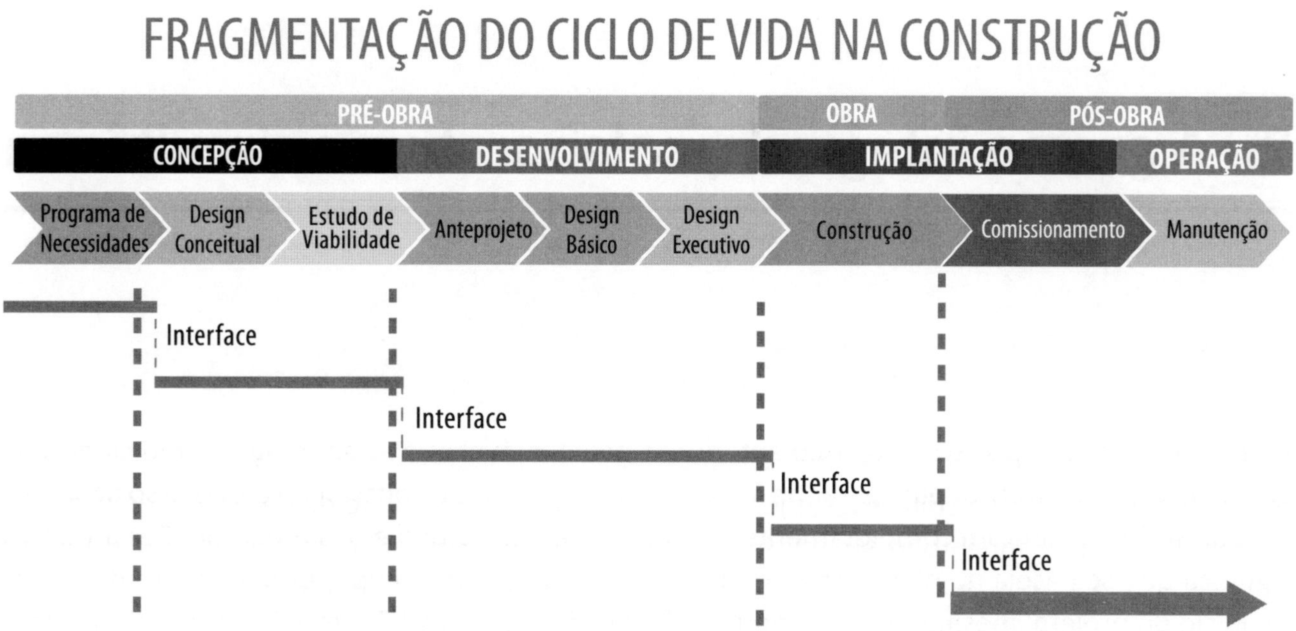

Figura 2 – Interfaces no ciclo de vida de projetos de construção.
Fonte: o autor.

Em suma, podemos afirmar que, diante dos projetos de construção cada vez mais complexos, com restrições de custo e prazo cada vez mais severas e em um ambiente fora de controle, marcado por complexidade, incerteza, volatilidade e ambiguidade, precisamos de novas abordagens de gestão para atingir os resultados desejados.

2. A gestão integrada, colaborativa e simultânea

Diante do cenário exposto no capítulo anterior, é incontestável que as abordagens tradicionais de gestão não são suficientes para garantir o sucesso dos projetos de construção atuais. Isso acontece porque se fundamentam completamente em um modelo preditivo e desintegrado. Ser preditivo significa que se baseia no planejamento detalhado prévio, com escopo, prazo e custo definidos no início do projeto, mesmo que com pouca informação disponível. Na medida em que o projeto avança, os processos de monitoramento e controle tentam mantê-lo na trajetória correta. Qualquer alteração de escopo é cuidadosamente gerenciada. Trata-se do conceito de "execute como planejado". Infelizmente, esse modelo não se aplica a qualquer projeto, nem mesmo a todo o seu ciclo de vida. A verdade é que nenhuma construção é executada exatamente como foi planejada. A crença de que planos prematuros e extremamente detalhados são a garantia de que tudo vai ocorrer bem é falsa. Nem tudo pode ser planejado em detalhes previamente. É preciso admitir que mudanças ocorrerão, pois, em trabalhos complexos, é impossível se prever tudo o que irá acontecer. É comum ver cronogramas com milhares de linhas se tornarem obsoletos, com a simples alteração de uma premissa. No caso de alterações frequentes, em pouco tempo o cronograma "correrá atrás da obra" em vez de servir-lhe como guia, sendo abandonado logo em seguida, por necessitar de muito esforço para sua atualização. Ser desintegrado significa que cada disciplina é desenvolvida de forma isolada, ou seja, buscando o melhor para seu desempenho individual e não o melhor para o desempenho do projeto como um todo. Isso faz com que o desempenho final seja menor que a soma dos desempenhos individuais, como, por exemplo, decisões de design são realizadas sem levar em conta como a edificação será construída, operada e manutenida e como essas decisões impactarão seu desempenho, prazo de construção, custo, vida útil etc. A gestão de um projeto de construção é, essencialmente, um sistema – e, como tal, não pode ser visto como uma coleção de processos isolados. É preciso compreender e medir as inter-relações entre as partes, integrando-as de forma eficiente. Em uma visão sistêmica, o papel de cada componente é contribuir para maximizar o desempenho do todo, mesmo que, para isso, seja necessário haver perdas internas. É necessário ter uma visão global dos problemas, visão esta que é prejudicada pela fragmentação do conhecimento e pela crescente especialização. É necessário acabar com os "silos", permitindo uma visualização horizontal do projeto, independentemente das áreas envolvidas.

A proposta deste livro é que a gestão dos projetos de construção ocorra de forma integrada, colaborativa e simultânea, nas três perspectivas: **gerenciamento do design, gerenciamento do projeto e gerenciamento da produção**. Em outras palavras, podemos dizer que devemos definir o que será construído, o que deve ser feito para construí-lo e como será construído, conjuntamente e ao mesmo tempo (Figura 3). O gerenciamento do design está relacionado às características técnicas que a edificação deve possuir. É normalmente orientado ao negócio. Já o gerenciamento do projeto diz respeito ao esforço e aos recursos necessários para se construir a edificação. Finalmente, o gerenciamento da produção está relacionado à execução propriamente dita, tendo como foco a melhor utilização dos recursos, a redução da variabilidade dos fluxos e a redução do desperdício, eliminando atividades que não agregam valor e melhorando a produtividade das que agregam valor.

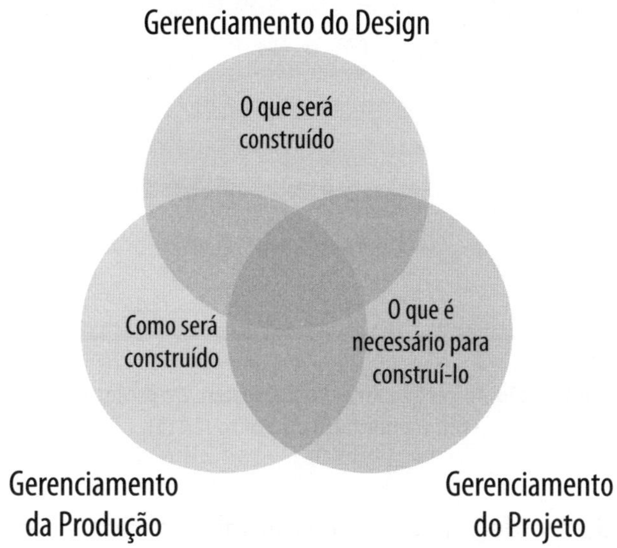

Figura 3 – Gerenciamento integrado, colaborativo e simultâneo.
Fonte: o autor.

Atuar de forma integrada significa que as decisões tomadas em cada uma das áreas de conhecimento devem levar em consideração os requisitos e impactos nas demais. As soluções devem ser concebidas de forma compartilhada entre as diversas áreas envolvidas, sob a ótica de várias especialidades, para, posteriormente, serem detalhadas e implantadas individualmente. O desenvolvimento de forma integrada permite que cada decisão seja tomada objetivando o melhor para o resultado e não o melhor para cada parte. O melhor desempenho do projeto só ocorrerá se suas disciplinas evoluírem no mais alto nível de integração e harmonia. Significa aproveitar as sinergias positivas e eliminar a competição interna.

A atuação colaborativa aproveita os talentos e a percepção de todos os envolvidos para otimizar os resultados do projeto, compartilhando informações, recursos e riscos. A colaboração é especialmente importante em projetos com alto nível de incerteza e com mudanças rápidas, isso porque propicia respostas melhores e mais oportunas do que o modelo centralizado. A colaboração cria sinergia e faz com que as pessoas produzam mais e melhor juntas, do que fariam isoladamente.

A atuação simultânea significa que o processo de design deve ocorrer de forma concomitante ao planejamento do projeto e ao planejamento da produção, de forma que as demandas de cada disciplina e áreas de conhecimento sejam identificadas a tempo de serem atendidas e equalizadas, ao menor custo possível, potencializando as sinergias e reduzindo os impactos negativos, sempre decidindo o que é melhor para o projeto (Figura 4). Em outras palavras, é trabalhar para acertar da primeira vez, projetando e planejando para o resultado desejado (custo, prazo, qualidade, desempenho, construtibilidade, manutenibilidade, usabilidade), em vez de projetar primeiro e avaliar o resultado depois.

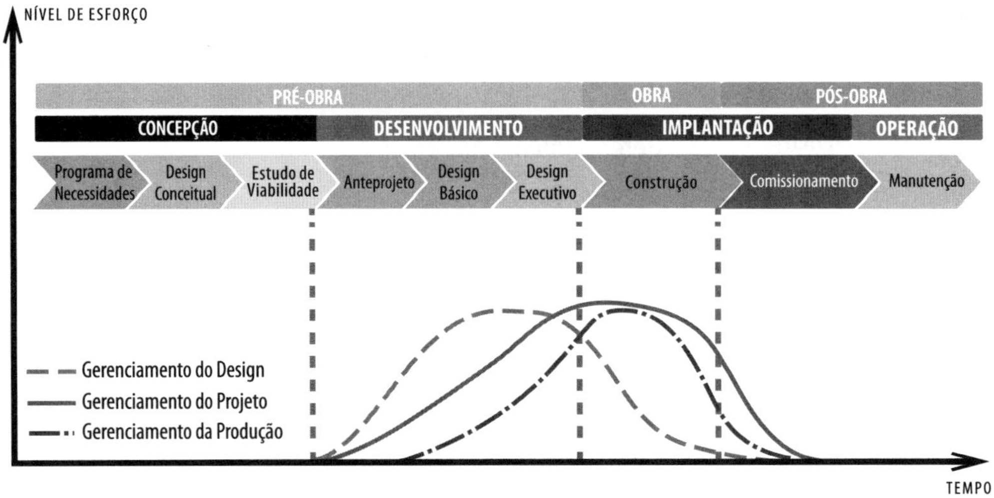

Figura 4 – Interação do gerenciamento do design, do projeto e da produção.
Fonte: adaptado de Polito (2015).

Quanto antes uma demanda for identificada, mais simples, rápida e barata será sua solução, agregando, consequentemente, maior valor ao projeto. Requisitos descobertos tardiamente ou interferências não previstas destroem valor, pois consomem muito mais recursos do que o benefício que geram (Figura 5).

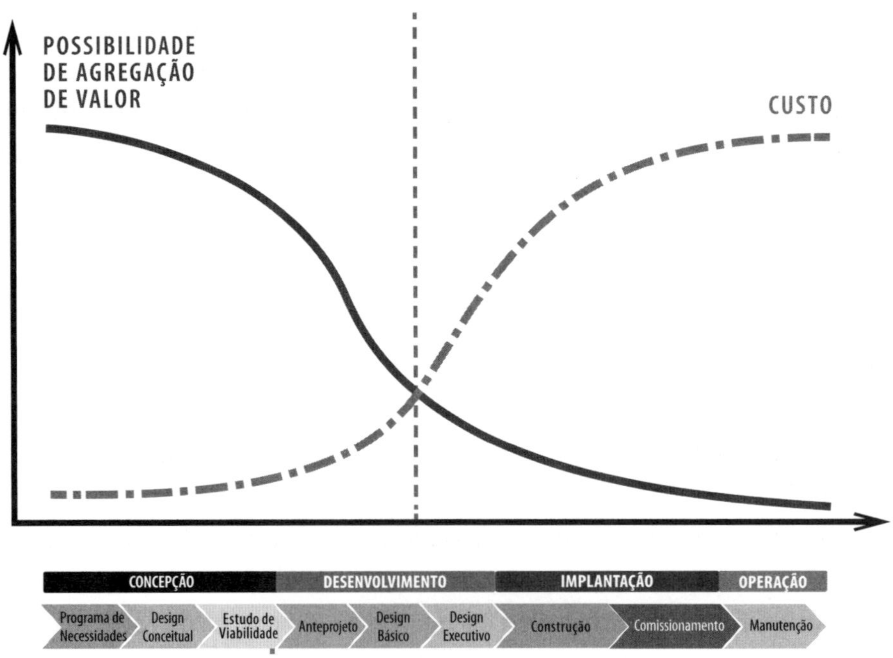

Figura 5 – Geração x destruição de valor.
Fonte: o autor.

Podemos citar alguns exemplos simples de como as três perspectivas estão intimamente relacionadas e se impactam mutuamente. Primeiro exemplo: durante o planejamento da produção, foi identificada a necessidade de utilização de lajes do térreo para carga, descarga e estoque de materiais, a fim de se otimizar a utilização do canteiro e reduzir o fluxo e o custo da logística. Este requisito leva a uma alteração no projeto da edificação, especificamente no projeto estrutural, reforçando a estrutura para suportar as cargas temporárias necessárias. Essa alteração também leva a uma reavaliação pelo gerenciamento do projeto de forma a identificar e aprovar possíveis impactos no prazo, custo, escopo etc. Segundo exemplo: a decisão de substituir o processo construtivo de concreto moldado *in loco* para estrutura pré-moldada de concreto leva à revisão do plano de ataque da construção, do plano de logística, do prazo de execução, do cronograma de suprimentos, marcos, risco, competências necessárias à equipe, tipo de fornecedores, impactos na vizinhança, fluxo de caixa, entre outros.

Apesar dos benefícios que proporciona, a adoção da atuação integrada, colaborativa e simultânea nas três perspectivas (design, projeto e produção) pode enfrentar resistência. O principal motivo é que ela demanda a alocação de recursos antecipadamente ao projeto. É necessário mover a alocação de recursos pela cadeia de geração de valor, investindo mais recursos nas etapas de desenvolvimento e planejamento para que menos recursos sejam necessários nas etapas de construção e operação.

Outra proposta deste livro é a aplicação de conceitos *Lean*, associados à adoção de uma abordagem híbrida de gerenciamento. A abordagem híbrida utiliza elementos preditivos, iterativos, incrementais e ágeis, buscando o equilíbrio adequado de formalidade, flexibilidade e agilidade para cada tipo de projeto ou fase.

As abordagens preditivas de gerenciamento procuram planejar antecipadamente o que entregar, quando e como. Essa abordagem se beneficia de tudo que é conhecido pelo projeto, reduzindo a incerteza, permitindo a segmentação do trabalho e promovendo previsibilidade. O planejamento prévio permite a identificação antecipada e a remoção de restrições, a identificação e o gerenciamento dos riscos e o adequado gerenciamento dos custos. Na medida em que o projeto avança, o progresso do trabalho é monitorado e as mudanças, principalmente as que afetam o escopo, custo, qualidade e o cronograma, são controladas. Trata-se de uma abordagem confiável e robusta em projetos e fases com razoável conhecimento do escopo, baixo nível de mudança e adequado controle de mudanças. Quanto mais preditiva for a abordagem, mais detalhados serão os requisitos e o planejamento nas fases iniciais do projeto.

As abordagens iterativas promovem a melhoria do trabalho ainda inacabado através de iterações. Essa abordagem permite que os *feedbacks* de trabalhos parcialmente concluídos promovam o entendimento e a melhoria no trabalho ainda em execução, ou seja, o trabalho futuro é melhorado a partir do trabalho já realizado. Cada nova iteração produz informações e *insights* que são incorporados ao planejamento e melhoram o trabalho a executar no próximo ciclo. A cada novo ciclo a incerteza do projeto é reduzida. É uma abordagem indicada para projeto de alta complexidade e inovação, com mudanças frequentes e escopo sujeito a alterações. Pode ser uma abordagem mais demorada devido ao processo de aprendizado, entretanto com entregas extremamente alinhadas com a proposta de valor do cliente. A iteração frequente reduz o ciclo de aprendizado, possibilita a repriorização e conduz à melhoria contínua do planejamento.

As abordagens incrementais entregam subconjuntos do projeto, sucessivamente, de forma a permitir a utilização pelo cliente e promover *feedbacks* e a melhoria contínua do trabalho ainda em execução. As entregas incrementais revelam requisitos escondidos ou incompreendidos. Essa abordagem é adequada quando o negócio não pode esperar que o projeto seja completamente concluído, ou seja, o cliente necessita receber subconjuntos durante a construção. Essa é uma necessidade comum em projetos industriais, onde a montagem de equipamentos, normalmente de responsabilidade do cliente, é subsequente à construção. Também em shoppings, onde as áreas locáveis são entregues aos lojistas previamente para que executem suas obras. Ou, ainda, na entrega progressiva de uma edificação, permitindo utilizar o conhecimento e *feedback* recebido para melhorar as entregas posteriores, reduzindo desperdício, retrabalho, tempo e dinheiro. É uma abordagem que otimiza valor para o cliente, mesmo que haja variação e mudanças. Nela a equipe planeja os entregáveis inicialmente e os desenvolve conforme são demandados. Não havendo benefícios possíveis para entregas intermediárias, abordagens incrementais podem não ser indicadas.

As abordagens ágeis combinam iterações sucessivas e entregas incrementais para se adaptar ao alto nível de mudanças e para melhorar continuamente o produto. Em outras palavras, busca se beneficiar de ambos os aspectos, iterações e entregas constantes, para gerar valor para o cliente. A entrega antecipada promove a visibilidade e acelera o retorno do investimento. A equipe trabalha em janelas de tempo predefinidas e planeja à medida que as informações disponíveis se tornam confiáveis. As entregas são programadas de acordo com a capacidade de trabalho. Isso faz com que o trabalho em andamento (WIP) seja mantido baixo, agilizando as entregas, reduzindo o retrabalho e facilitando a coordenação e identificação de problemas. Essa abordagem nasceu a partir da publicação em 2001, por líderes da indústria de software, de um documento chamado "manifesto ágil". Esse documento pregava a maior valorização dos indivíduos e suas interações relativamente aos processos e ferramentas, mais entregas em funcionamento do que documentação abrangente, mais colaboração com o cliente do que negociação de contratos e mais velocidade de resposta às mudanças do que perseguição de um plano.

É bom esclarecer que, apesar de serem complementares e apresentarem grande sinergia, como o foco no valor, o respeito às pessoas, a transparência, a resiliência frente às mudanças, o combate ao desperdício, o trabalho em lotes pequenos e a melhoria contínua, os conceitos *Lean* e ágil não são análogos. A filosofia *Lean* busca gerar valor em um ambiente com recursos limitados, enquanto a abordagem ágil busca responder adequadamente às mudanças e prosperar, mesmo em um ambiente incerto, volátil e complexo. A abordagem ágil reconhece as mudanças como algo inevitável em um projeto e as entende como oportunidades de geração de valor. Ela entende que o escopo só deve ser definido na medida em que compreendamos a geração de valor e a mitigação dos riscos. Em outras palavras, podemos dizer que trabalhar de forma enxuta significa eliminar o desperdício. Já ser ágil significa ser adaptativo, flexível, resiliente e adequado a cada contexto. A aplicação equilibrada desses dois conceitos nos permite eliminar excessos e encontrar o nível adequado de formalidade e agilidade. Ambos os extremos são prejudiciais aos projetos, ou seja, tanto o excesso de documentação, planejamento e controle quanto o excesso de informalidade causam desperdício de recursos. A formalidade e a agilidade não são conceitos opostos – ao contrário, a primeira é uma condição para a segunda. Por exemplo, a maneira mais ágil, enxuta e confiável de se garantir um atendimento a um requisito legal é a criação de um padrão replicável, como uma lista de verificação.

A abordagem híbrida ideal para cada projeto ou fase é obtida da combinação e do equilíbrio de diversos elementos preditivos, iterativos, incrementais e ágeis, dependendo de suas especificidades. À medida que o nível de incerteza do projeto aumenta, maior deve ser sua capacidade de lidar com as mudanças e, portanto, mais adequadas se apresentam as abordagens ágeis. Isso porque as abordagens ágeis exploram os requisitos de forma iterativa, promovendo entregas incrementais e frequentes e tornando o projeto adaptável às mudanças. Em projetos com requisitos ainda em evolução, onde o escopo não é claramente compreendido, abordagens incrementais estabelecem processos para descoberta e refinamento contínuo dos requisitos.

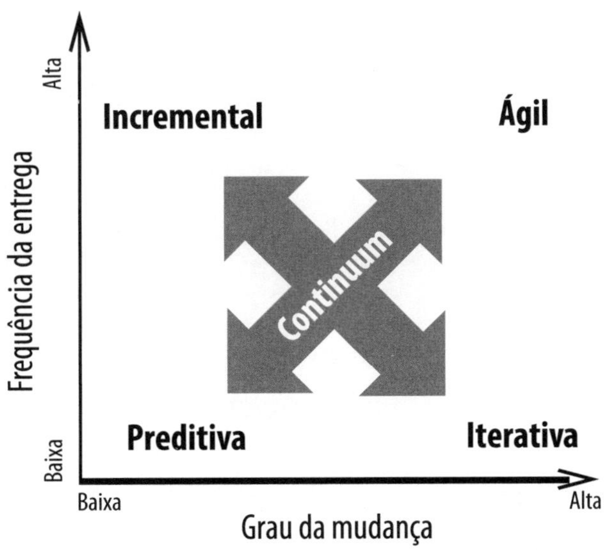

Figura 6 – *Continuum* das abordagens de gestão.
Fonte: adaptado de PMI; Agile Alliance (2017).

Um modelo híbrido que tem se mostrado aderente aos desafios impostos pelos atuais projetos de construção é a adoção de uma abordagem predominantemente preditiva nos altos níveis de planejamento, no início do projeto, de forma a estruturá-lo e direcioná-lo em relação aos investidores e principais *stakeholders*. O planejamento é então progressivamente detalhado, em ciclos iterativos, curtos e repetitivos, na medida em que se aproxima da sua execução. O detalhamento progressivo permite que o aprendizado natural, durante o processo de execução, seja incorporado nos novos ciclos de planejamento e traga novas oportunidades de geração de valor. Isso torna o projeto mais resiliente às mudanças, tratando-as como algo normal e esperado. Podemos dizer que, a cada novo ciclo de replanejamento, a edificação é mais bem compreendida, tornando o escopo mais detalhado. Isso permite que o planejamento seja refinado, tornando as estimativas de prazo e custo mais precisas, confiáveis e aderentes à realidade, reduzindo os riscos. Deve ser um processo contínuo de reflexão e tomada de decisão, buscando, continuamente, reunir informações que subsidiem a próxima onda de replanejamento. Essa abordagem permite a identificação e assimilação rápidas das mudanças, sendo um fator-chave de sucesso para projetos em ambientes incertos e em constante mudança. Esse modelo pode combinar ainda elementos incrementais e ágeis na coordenação do design, adotando um fluxo puxado a partir das necessidades da obra. Ou, ainda, atuar com abordagens ágeis apenas na parte do escopo que envolva inovação e maior incerteza. Enfim, independentemente da abordagem utilizada, o objetivo deve sempre ser encontrar o modelo mais adequado e equilibrado para cada projeto, de forma a gerar o maior valor possível para as partes interessadas.

Nos capítulos seguintes, discorreremos em detalhe sobre o gerenciamento dos projetos de construção sob as perspectivas do gerenciamento do projeto, gerenciamento do design e gerenciamento da produção, bem como os principais métodos e ferramentas que os suportam. Essa estrutura é apenas didática, uma vez que as perspectivas interagem e se sobrepõem, e muitos temas são pertinentes a mais de uma, ou mesmo a todas elas.

3. Gerenciamento do projeto

O gerenciamento de projetos diz respeito ao esforço e aos recursos necessários para a obtenção do produto. Normalmente, busca responder às perguntas: o que deve ser feito? Por quem? Quando? Com que recursos? Com que custo? Com que qualidade? (PRADO; ARCHIBALD, 2007; PMI, 2009). O gerenciamento do projeto aborda a identificação das partes interessadas e o levantamento de suas expectativas e dos requisitos (normativos, técnicos, legais e contratuais); a identificação das restrições e dos riscos; o detalhamento do escopo e de suas exclusões; o planejamento das aquisições, comunicações, recursos humanos, segurança do trabalho; entre outros. Neste capítulo, discorreremos sobre os vários processos que compõem o gerenciamento de projetos aplicados à construção.

O gerenciamento de projetos vem ganhando importância dentro das corporações. De acordo com Prado e Archibald (2007), dominar a arte de executar projetos se tornou uma das necessidades de sobrevivência e progresso da empresa moderna. O gerenciamento de projetos tem como proposta estabelecer um processo estruturado e lógico para lidar com eventos que se caracterizam pela novidade, complexidade e dinâmica ambiental. Segundo Drucker (1998), o trabalho por projetos é o futuro das organizações.

O projeto bem-sucedido é aquele que é realizado conforme o planejado, nem mais, nem menos. O sucesso em um projeto é medido pelo atendimento a prazo, custo, qualidade, entre outros. Segundo o Standish Group em seu *Chaos Report* de 2009, somente 32% de todos os projetos terminam dentro do prazo e orçamento previstos. O aumento médio dos custos é de 189% e o de prazo é de 222%, ambos em relação ao previsto. Segundo Prado e Archibald (2007), há uma estreita relação entre o nível de maturidade em gestão de projetos de uma companhia e o sucesso alcançado em seus projetos, ou seja, quanto maior o nível de maturidade, melhores resultados são alcançados.

Basicamente, podemos definir projeto como um empreendimento temporário que busca entregar um resultado único. Outras características são adicionadas à definição de projeto, como, por exemplo: possui sequência clara e lógica de eventos; é elaborado progressivamente; é conduzido por pessoas dentro de parâmetros predefinidos de tempo, custo, recursos envolvidos e qualidade; é complexo o suficiente para necessitar de uma capacidade de coordenação específica e de um controle detalhado etc. (NOCÊRA, 2009). Dessa forma, podemos dizer que o gerenciamento de projetos é a utilização de conhecimento, habilidades, ferramentas e técnicas com a finalidade de organizar, monitorar e controlar atividades para atingir um objetivo dentro de restrições de tempo, custo e qualidade (VARGAS, 2009; HELDMAN,2005). Como se pode perceber, todas essas características também descrevem um empreendimento de construção.

É importante deixar claro que temporário não significa necessariamente de curta duração, mas que possui um início e um término, diferenciando-se, dessa forma, de trabalhos operacionais. "Único" indica singularidade, uma vez que, mesmo possuindo basicamente as mesmas características, o resultado de cada empreendimento é obtido sob uma combinação exclusiva de condições, fornecedores, equipe, objetivos etc.

O trabalho por projeto difere de um trabalho operacional pelo fato de que, enquanto um projeto tem como propósito desenvolver um produto único, com prazo definido e ser finalizado, um trabalho operacional tem o objetivo de manter a organização funcionando, sem data de término (NOCÊRA, 2009; HELDMAN,2005).

Existem várias organizações que se propõem a estudar e desenvolver o gerenciamento de projetos, seja através do desenvolvimento de metodologias, seja através da publicação de guias e coletâneas de boas práticas, ou, até mesmo, através do desenvolvimento dos profissionais encarregados de gerenciar os projetos. As mais conhecidas são:

- **OGC (*The Office of Government Commerce*):** é um órgão do governo britânico que publica a metodologia PRINCE 2® – *Projects in a controlled environment*. É uma metodologia bastante difundida na Europa.
- **CII (*Construction Industry Institute*):** é um consórcio formado por contratantes, contratadas, universidades e fornecedores interessados em melhorar seus projetos de construção e investimento. É capitaneado pela Universidade do Texas. Publica o *CII Best Practices Guide*, um guia de boas práticas de gerenciamento de projetos para a indústria da construção.
- **IPMA (*International Project Management Association*):** é uma associação internacional de gestão de projetos com foco na capacitação profissional na área de gerenciamento de projetos. Seu trabalho é desenvolver as competências necessárias ao gerente de projetos.
- **IPA (*Independent Project Analysis*):** uma empresa sediada nos Estados Unidos cuja razão de ser é comparar e analisar "projetos" (empreendimentos) realizados em todo o mundo e publicar relatórios de boas práticas.
- **PMI (*Project Management Institute*):** é uma organização sem fins lucrativos, com sede nos Estados Unidos e filiais no mundo todo. Seu principal objetivo é disseminar as boas práticas na gestão de projetos. Publica o *PMBOK® Guide – Project Management Body of Knowledge*.

Utilizaremos como base para a nossa abordagem o *PMBOK® Guide*, em sua 6ª edição de 2017, por entendermos ser um *framework* robusto e aderente aos desafios impostos pelos projetos de construção, não sendo, no entanto, suficiente para garantir sozinho o sucesso do projeto. O guia apresenta uma proposta genérica e sua aplicação requer adaptações às especificidades de cada projeto – e, no caso dos projetos de construção, complementações relativas aos processos de desenvolvimento do produto e gerenciamento da produção.

O *PMBOK® Guide*, em sua sexta edição, estrutura o gerenciamento de projetos em 49 processos, agrupados logicamente em cinco grupos de processos: iniciação, planejamento, execução, monitoramento e controle e encerramento, discriminados a seguir.

- **Grupo de processos de iniciação:** define um novo projeto ou fase através de uma autorização de início. Os objetivos são definidos e as melhores estratégias selecionadas.
- **Grupo de processos de planejamento:** processos realizados para definir o escopo do projeto, refinar os objetivos e desenvolver o planejamento para o alcance desses objetivos. Detalha tudo o que será realizado.
- **Grupo de processos de execução:** processos realizados para executar o trabalho definido pelo planejamento do projeto. É a materialização de tudo o que foi planejado. Todo erro ocorrido nas fases anteriores fica evidente nessa fase. Consome a maior parte do orçamento e do esforço do empreendimento.
- **Grupo de processos de monitoramento e controle:** processos necessários para acompanhar, revisar e regular o progresso e o desempenho do projeto. Através da comparação entre o planejado e realizado, busca identificar desvios e propor ações corretivas no menor tempo possível de forma a preservar os objetivos do projeto.
- **Grupo de processo de encerramento:** processos executados para finalizar todas as tarefas e encerrar formalmente o projeto.

Apesar de definirmos os grupos de processos como se fossem elementos distintos, na prática, esses grupos se sobrepõem e interagem entre si ao longo de todo o projeto (Figura 7).

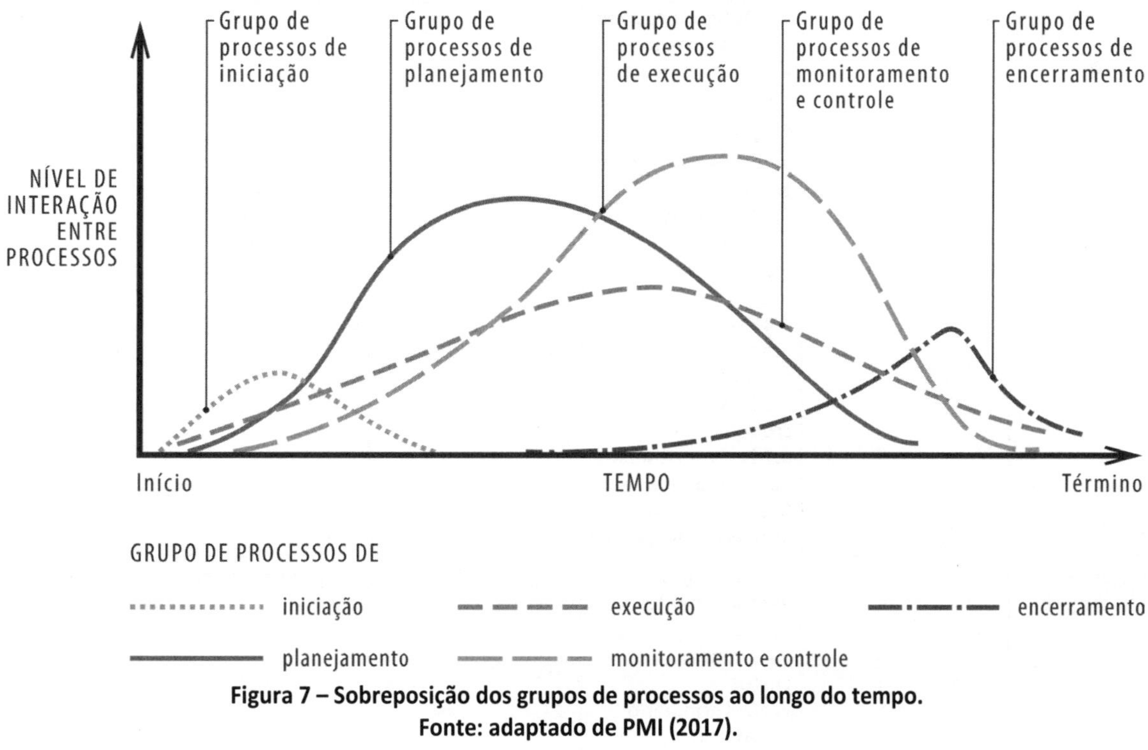

Figura 7 – Sobreposição dos grupos de processos ao longo do tempo.
Fonte: adaptado de PMI (2017).

Os processos também são distribuídos em dez áreas de conhecimento: integração; escopo; tempo; custo; qualidade; recursos; comunicação; risco; aquisições; partes interessadas. O PMI edita outra publicação, chamada *Construction Extension*, focada em projetos de construção. Em sua segunda edição, são apresentados dez processos complementares e duas áreas de conhecimento adicionais: Gerenciamento da Saúde, Segurança e do Meio Ambiente do Projeto e Gerenciamento Financeiro do Projeto. Podemos representar essa organização na forma de uma matriz, em que as colunas representam os grupos de processos e as linhas, as áreas de conhecimento, conforme a Figura 8. Os processos descritos em negrito são pertencentes ao *Construction Extension* e os demais ao *PMBOK® Guide*. Podemos ainda representar a relação entre esses processos de forma muito simplificada através de diagrama, conforme a Figura 9. Em nosso livro, abordaremos somente o Gerenciamento da Saúde e Segurança e do Meio Ambiente, e em duas áreas de conhecimento distintas.

ÁREAS DE CONHECIMENTO	GRUPO DE PROCESSOS DE GERENCIAMENTO DE PROJETOS				
	GRUPO DE PROCESSOS DE INICIAÇÃO	GRUPO DE PROCESSOS DE PLANEJAMENTO	GRUPO DE PROCESSOS DE EXECUÇÃO	GRUPO DE PROCESSOS DE MONITORAMENTO E CONTROLE	GRUPO DE PROCESSOS DE ENCERRAMENTO
4. Gerenciamento da integração do projeto	4.1 Desenvolver o termo de abertura do projeto	4.2 Desenvolver o plano de gerenciamento do projeto	4.3 Orientar e gerenciar o trabalho do projeto 4.4 Gerenciar o conhecimento do projeto	4.5 Monitorar e controlar o trabalho do projeto 4.6 Realizar o controle integrado de mudanças	4.6 Encerrar o projeto ou fase
5. Gerenciamento do escopo do projeto		5.1 Planejar o gerenciamento do escopo 5.2 Coletar os requisitos 5.3 Definir o escopo 5.4 Criar estrutura analítica do projeto (EAP)		5.5 Validar o escopo 5.6 Controlar o escopo	
6. Gerenciamento do cronograma do projeto		6.1 Planejar o gerenciamento do cronograma 6.2 Definir as atividades 6.3 Sequenciar as atividades 6.4 Estimar durações das atividades 6.5 Desenvolver o cronograma **6.7 Definir os pesos das atividades** **6.8 Desenvolver curvas de progresso**		6.6 Controlar o cronograma **6.9 Analisar os impactos no cronograma** **6.10 Monitorar o progresso e a performance**	
7. Gerenciar os custos do projeto		7.1 Planejar o gerenciamento dos custos 7.2 Estimar os custos 7.3 Determinar o orçamento		7.4 Controlar os custos	

ÁREAS DE CONHECIMENTO	GRUPO DE PROCESSOS DE GERENCIAMENTO DE PROJETOS				
	GRUPO DE PROCESSOS DE INICIAÇÃO	GRUPO DE PROCESSOS DE PLANEJAMENTO	GRUPO DE PROCESSOS DE EXECUÇÃO	GRUPO DE PROCESSOS DE MONITORAMENTO E CONTROLE	GRUPO DE PROCESSOS DE ENCERRAMENTO
8. Gerenciamento da qualidade do projeto		8.1 Planejar o gerenciamento da qualidade	8.2 Gerenciar a qualidade	8.3 Controlar a qualidade	
9. Gerenciamento dos recursos do projeto		9.1 Planejar o gerenciamento dos recursos 9.2 Estimar os recursos das atividades	9.3 Adquirir recursos 9.4 Desenvolver a equipe 9.5 Gerenciar a equipe	9.6 Controlar os recursos	**9.7 Encerrar os recursos do projeto**
10. Gerenciamento da comunicação do projeto		10.1 Planejar o gerenciamento das comunicações	10.2 Gerenciar as comunicações	10.3 Monitorar as comunicações	
11. Gerenciamento dos riscos do projeto		11.1 Planejar o gerenciamento dos riscos 11.2 Identificar os riscos 11.3 Realizar a análise qualitativa dos riscos 11.4 Realizar a análise quantitativa dos riscos 11.5 Planejar as respostas aos riscos	11.6 Implementar as respostas aos riscos	11.7 Monitorar os riscos	
12. Gerenciamento das aquisições do projeto		12.1 Planejar o gerenciamento das aquisições	12.2 Conduzir as aquisições	12.3 Controlar as aquisições	
13. Gerenciamento das partes interessadas do projeto	13.1 Identificar as partes interessadas	13.2 Planejar o gerenciamento das partes interessadas	13.3 Gerenciar o engajamento das partes interessadas	13.4 Monitorar o engajamento das partes interessadas	
14. Gerenciamento da saúde, segurança e meio ambiente (SSMA)		**14.1 Planejar o gerenciamento da SSMA do projeto**	**14.2 Executar a SSMA do projeto**	**14.3 Monitorar e controlar a SSMA do projeto**	
15. Gerenciamento financeiro do projeto		**15.1 Planejar o gerenciamento financeiro do projeto**		**15.2 Monitorar e controlar o financeiro do projeto**	

Figura 8 – Mapeamentos dos processos de gerenciamento de projeto em grupos de processos e áreas de conhecimento. Fontes: adaptado de PMI (2017) e PMI (2016).

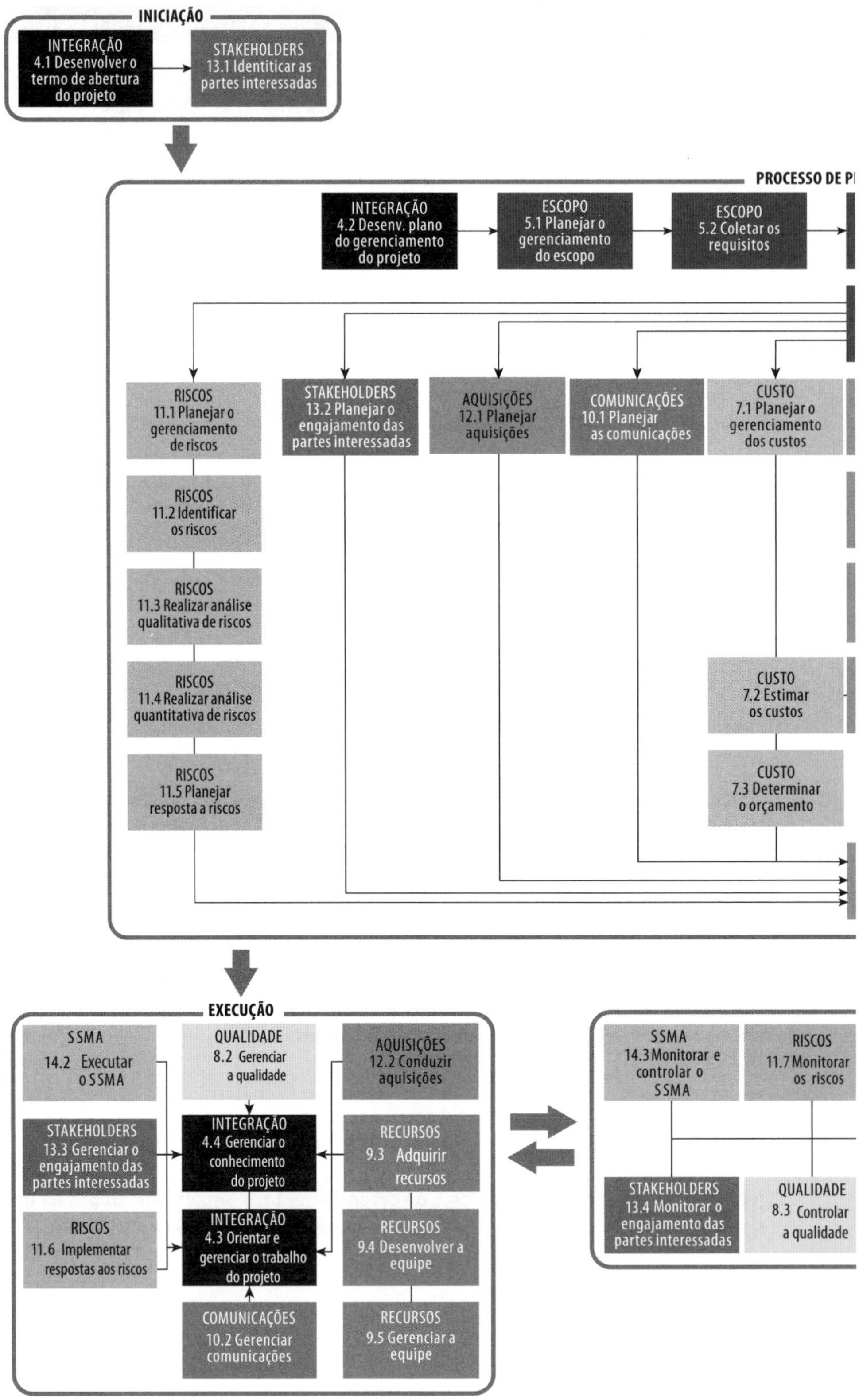

Figura 9 – Representação simplificada da interação entre os processos de gerenciamento de projetos do *PMBOK® Guide* 6ª edição + *Construction Extension* 4ª edição. Fonte: adaptado de PMI (2017) e PMI (2016).

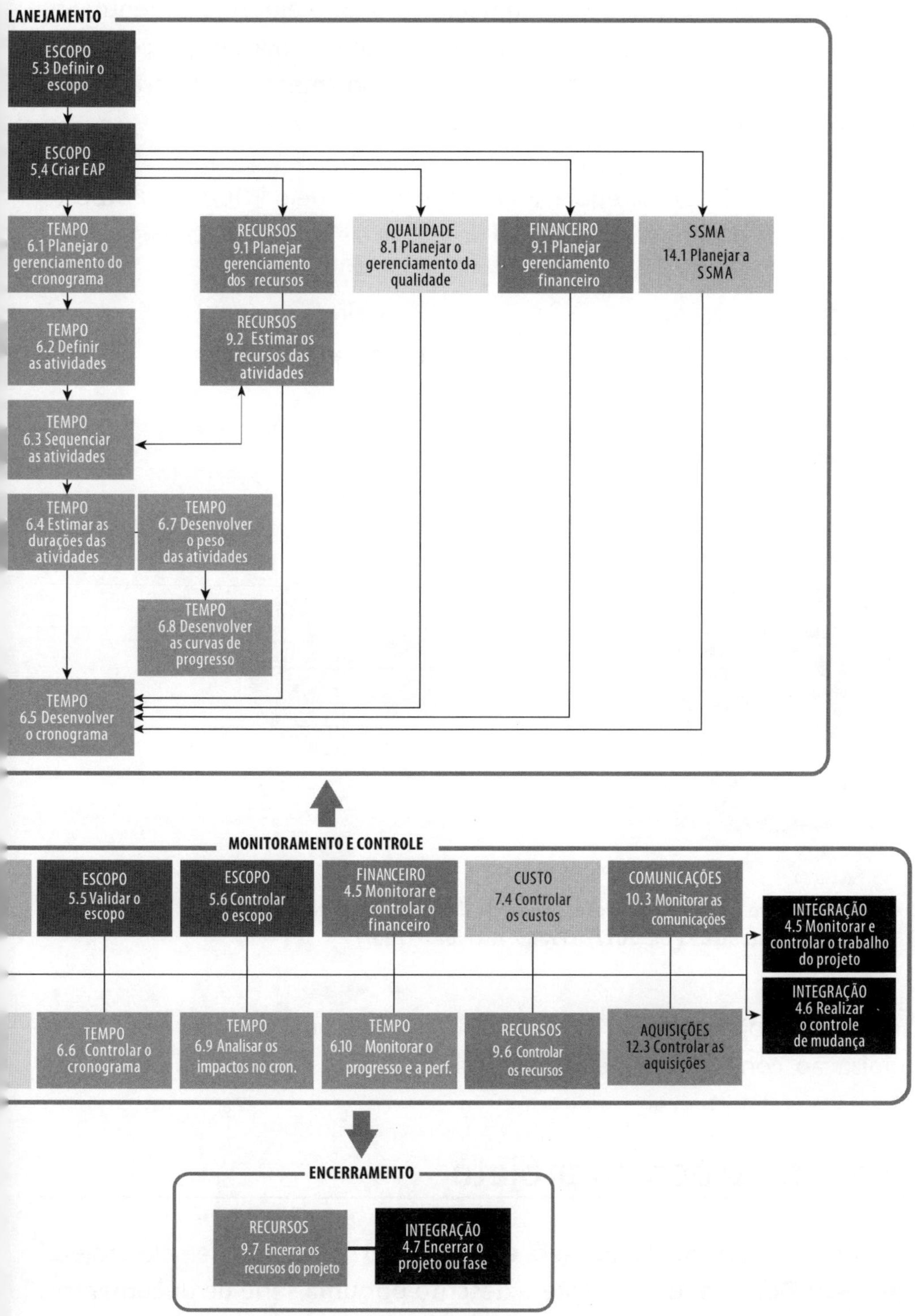
LANEJAMENTO
ESCOPO 5.3 Definir o escopo
ESCOPO 5.4 Criar EAP
TEMPO 6.1 Planejar o gerenciamento do cronograma
RECURSOS 9.1 Planejar gerenciamento dos recursos
QUALIDADE 8.1 Planejar o gerenciamento da qualidade
FINANCEIRO 9.1 Planejar gerenciamento financeiro
SSMA 14.1 Planejar a SSMA
TEMPO 6.2 Definir as atividades
RECURSOS 9.2 Estimar os recursos das atividades
TEMPO 6.3 Sequenciar as atividades
TEMPO 6.4 Estimar as durações das atividades
TEMPO 6.7 Desenvolver o peso das atividades
TEMPO 6.8 Desenvolver as curvas de progresso
TEMPO 6.5 Desenvolver o cronograma
MONITORAMENTO E CONTROLE
ESCOPO 5.5 Validar o escopo
ESCOPO 5.6 Controlar o escopo
FINANCEIRO 4.5 Monitorar e controlar o financeiro
CUSTO 7.4 Controlar os custos
COMUNICAÇÕES 10.3 Monitorar as comunicações
INTEGRAÇÃO 4.5 Monitorar e controlar o trabalho do projeto
INTEGRAÇÃO 4.6 Realizar o controle de mudança
TEMPO 6.6 Controlar o cronograma
TEMPO 6.9 Analisar os impactos no cron.
TEMPO 6.10 Monitorar o progresso e a perf.
RECURSOS 9.6 Controlar os recursos
AQUISIÇÕES 12.3 Controlar as aquisições
ENCERRAMENTO
RECURSOS 9.7 Encerrar os recursos do projeto
INTEGRAÇÃO 4.7 Encerrar o projeto ou fase

Podemos descrever, muito simplificadamente, a estrutura do *PMBOK® Guide* da seguinte forma: escopo, tempo, custo e qualidade são os principais objetivos de um projeto, ou seja, busca-se, fundamentalmente, entregar uma obra (escopo), no prazo e custos definidos, com a qualidade adequada. Aquisições e recursos possibilitam o atingimento do objetivo. Comunicações e riscos são elementos que devem ser constantemente acompanhados durante o empreendimento. Segurança e meio ambiente possuem requisitos que devem ser atendidos em todos os processos de construção. Financeiro diz respeito às demandas da organização e, finalmente, a integração é o processo que equaliza todos os demais.

Segundo Prado e Archibald (2007), existe uma equivalência entre o modelo PDCA e o *PMBOK® Guide*. Para o autor, ambos tratam de um conceito universal de gerenciamento, o PDCA (Figura 10).

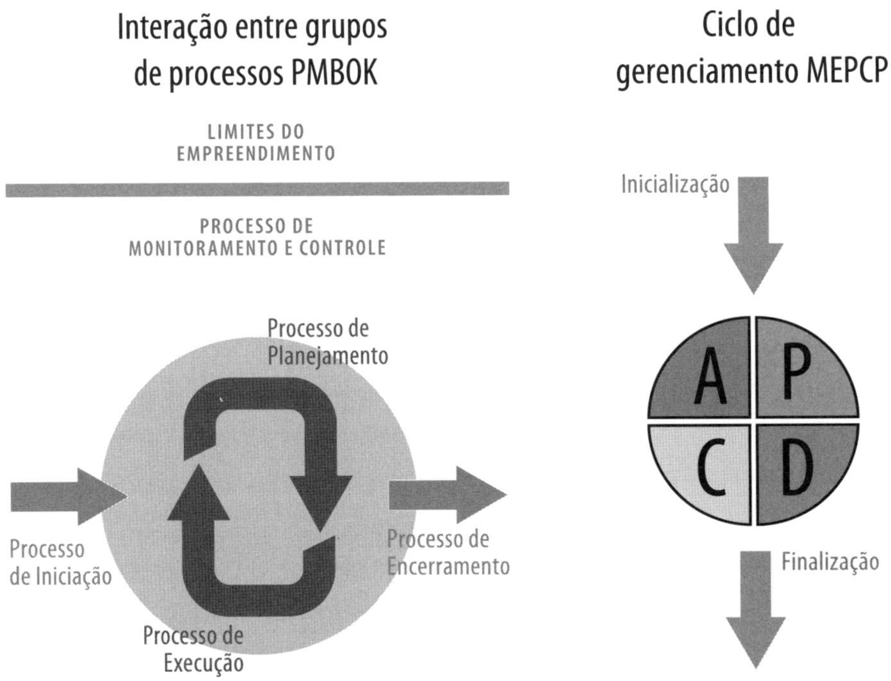

Figura 10 – Interação entre os grupos de processos e ciclo de gerenciamento MEPCP. Fontes: adaptado de PMI (2017) e Prado; Archibald (2007).

Os princípios de gerenciamento de projetos são aplicáveis genericamente a qualquer área de atuação, mas necessitam de customização, conhecimento e experiências específicas a cada tipo de projeto.

3.1 Gerenciamento do escopo do projeto

Podemos definir o escopo como a descrição do que será e do que não será entregue pelo projeto, incluindo suas premissas, restrições e requisitos. Este é descrito por uma série de documentos, como o contrato, os desenhos de engenharia e as especificações, além de requisitos legais, técnicos e administrativos. A gestão do escopo pode parecer uma atividade simples, mas, na construção, quase nunca isso é verdade. A perda de controle sobre o escopo é, por vezes, a grande responsável pelo fracasso de um projeto. Parte dessa dificuldade advém da alta complexidade dos projetos atuais, com muitas interfaces entre diferentes intervenientes, e parte resulta da incerteza e da velocidade de mudança. A escolha da abordagem adequada para o gerenciamento do escopo vai variar de projeto para projeto.

Na prática, na maioria das vezes utilizamos uma abordagem hibrida, que fica em algum ponto entre a abordagem preditiva e a ágil. A fase de desenvolvimento do design se mostra extremamente rica quando realizada sob abordagens ágeis. Nos vários estágios que possui, desde o conceitual, até o executivo, essa abordagem permite que a busca de soluções seja enriquecida com as sucessivas iterações entre as diversas especialidades. O escopo "em aberto" permite a contribuição de todos para a descoberta de soluções criativas para as restrições identificadas pelo caminho. Já as fases iniciais de construção (fundações, estrutura etc.) se adaptam bem às abordagens preditivas, uma vez que estas não podem acontecer antes que os desenhos finais sejam emitidos. Essa abordagem permite um avanço consistente da execução, lidando bem com mudanças através do seu gerenciamento. Na fase de acabamento e decoração, por sua vez, a abordagem híbrida costuma ser eficaz, pois mantém o escopo sob o controle, sem impedir melhorias e evoluções que agreguem maior valor ao projeto. Essas evoluções surgem do melhor conhecimento, tanto do produto e seus requisitos quanto das expectativas coletadas das principais partes interessadas.

Por mais incrível que possa parecer, apesar de sua importância, a gestão do escopo é, em grande parte, negligenciada. Na grande maioria das empresas, nem sequer existem processos estruturados para coleta de requisitos, planejamento, verificação, entrega formal e controle do escopo. Quanto maior for a complexidade e a incerteza do escopo, maior será a dificuldade para sua gestão e mais importante será a adoção de processos formais.

Frequentemente, a gestão do escopo torna-se uma fonte de atrito nos projetos. Divergências de entendimento sobre o que será realizado e sobre a responsabilidade de cada uma das partes envolvidas são os principais motivos de atrito. Uma boa definição do escopo é a gênese de um bom planejamento, uma vez que, se ele for elaborado sob um escopo mal definido, não conterá todos os recursos necessários à conclusão do projeto, levando-o fatalmente ao fracasso. É importante lembrar que existe uma diferença entre o escopo na visão do cliente e o escopo do projeto. Para que o escopo do cliente seja entregue, muitas outras entregas devem ser cumpridas, ou seja, o escopo do projeto é maior do que o escopo do cliente.

No momento do planejamento inicial de um projeto, é normal que existam muitas incertezas. Muitas vezes, são utilizados desenhos básicos muito incipientes, ou até mesmo designs similares, levando à adoção de premissas que precisarão ser validadas, na medida em que a engenharia for sendo desenvolvida. O alto nível de incerteza é o primeiro grande desafio da gestão do escopo. Às vezes, é necessário separar o escopo em fases, deixando os pacotes de trabalho com alto nível de incerteza para serem tratados posteriormente, quando maiores informações estiverem disponíveis. De forma geral, o escopo do projeto vai se tornando mais claro e detalhado na medida em que o projeto avança.

Uma vez definido, o escopo deve ser planejado, executado, controlado e validado. Esses processos se aplicam a qualquer abordagem que tenha sido adotada, seja preditiva, ágil ou até mesmo híbrida. A diferença entre as abordagens reside no momento e na forma de se fazer isso.

3.1.1 Coletar requisitos

O processo de coletar requisitos objetiva definir e documentar as características que o produto do projeto deve possuir, a fim de satisfazer as expectativas e necessidades das principais partes interessadas.

Os bons gerentes de projetos percebem o valor de investir tempo e recursos no entendimento das necessidades e expectativas das partes interessadas, principalmente de patrocinadores, clientes, fornecedores, projetistas e poder público. Busca-se explicitá-las ao máximo, convertendo-as em necessidades e, posteriormente, em requisitos. A não consideração de requisitos de uma parte interessada importante pode resultar em uma produção eficiente de um projeto inadequado ou a identificação de um requisito tardiamente pode inviabilizar completamente o projeto ou representar grandes custos e atrasos. Requisitos mal-entendidos causam retrabalho e destroem valor. Não atender a um requisito do projeto é uma falha no seu gerenciamento.

Coletar requisitos está no cerne dos processos de planejamento e não é uma tarefa trivial. Os requisitos devem ser extraídos das partes interessadas de forma a obter o nível adequado de informações para o desenvolvimento do produto e planejamento. Esses requisitos serão utilizados em vários processos de planejamento, entre eles de custo, cronograma, qualidade, segurança e suprimentos, no desenvolvimento do produto, entre outros. São requisitos que devem ser identificados e analisados o mais cedo possível para garantir que sejam adequadamente tratados.

Na verdade, a palavra “coletar” não reflete o nível de conhecimento necessário ao bom planejamento. Talvez a palavra “elucidar” seja mais adequada. Elucidar é mais do que coletar. Elucidar significa fazer-se compreensível, ou seja, tornar clara uma informação, sem deixar dúvidas, analisar cuidadosamente e identificar um fato. Você coleta um requisito se a parte interessada já souber o que quer. Isso, na maioria das vezes, não é a realidade. Eles normalmente apresentam desejos, expectativas e anseios. Eles podem não querer contar, ou nem mesmo saber o que querem. Podem até querer manipulá-lo. É preciso chegar ao nível adequado de conhecimento. A falta de informação o levará a conclusões erradas e à adoção de suposições que, por sua vez, aumentarão o risco do seu projeto. Por outro lado, o excesso de informação consumirá recursos preciosos e dificultará a sua tomada de decisão. É preciso ter informação suficiente para validar os requisitos, desenvolver o produto adequadamente e planejar sua execução.

Quanto mais complexo e incerto for o projeto, mais importante será o envolvimento do maior número possível de partes interessadas. Estas deverão ser envolvidas tanto na coleta quanto na validação e no controle do escopo, de forma a reduzir a incerteza e garantir seu comprometimento com os objetivos planejados. Na abordagem preditiva, esse envolvimento será mais intenso no início do projeto, nas solicitações de mudança que certamente ocorrerão no decorrer do projeto e na validação final do escopo. Já na abordagem ágil, o envolvimento das partes interessadas é constante, uma vez que, em cada novo ciclo de iteração, o escopo é definido, executado, validado e controlado. Esse maior envolvimento permite mais rapidez na gestão das mudanças, melhor qualidade final do produto e maior nível de satisfação das partes interessadas ao final do projeto.

A coleta de requisitos deve ser um processo formal, pois, muitas vezes, as partes interessadas têm memória curta. Os requisitos podem iniciar em alto nível e progressivamente ser detalhados, na medida em que o escopo do projeto for se tornando mais claro. Os requisitos devem ser não ambíguos (mensuráveis e passíveis de teste), completos, rastreáveis, investigáveis e consistentes. Também devem ser registrados em um nível adequado de detalhes para que sejam facilmente identificados e posteriormente gerenciados. O mais importante é que eles devem ser entendidos e aceitos pelas principais partes interessadas. Isso é fundamental para o sucesso do projeto. Muitas vezes, os requisitos das diversas partes interessadas serão conflitantes e deverão ser negociados entre elas. É preciso diminuir ao máximo a possibilidade de que divergências no entendimento do escopo prossigam para a fase de construção.

Os requisitos devem possuir identificação de origem (patrocinador, legislação, cliente) e de proprietário, ou seja, quem será responsável por sua gestão. Também precisam ser priorizados em função da sua importância para o resultado do projeto. Todas essas informações são registradas em uma Matriz de Rastreabilidade de Requisitos (Figura 11). Essa matriz permite associar cada requisito às partes interessadas que o originaram, de forma a permitir seu rastreamento, a obtenção do aceite e a negociação de possíveis mudanças necessárias. Ela também ajuda a garantir que cada requisito adicione valor ao projeto, uma vez que o vincula a algum objetivo. É nessa matriz que registramos também os atributos de cada requisito. É com a ajuda dela que definimos a descrição detalhada do escopo.

A coleta de requisitos se inicia com a análise do "Termo de Abertura" e de toda a documentação que o compõe (*business case*, memorial de incorporação, *briefings* técnicos, plantas legais, condicionantes, documentos jurídicos). Invariavelmente envolverá a análise de outros documentos técnicos (sondagens, desenhos técnicos, desenhos executivos destinados à produção, normas, especificações técnicas, manuais de fornecedores, entre outros). É comum que, no início do projeto, alguns elementos ainda não estejam totalmente especificados e detalhados; sendo assim, a coleta ocorrerá progressiva e concomitantemente, de forma a permitir melhores escolhas para o projeto. O escopo é o principal ponto de integração, ou seja, é o elo entre o gerenciamento de projetos, o gerenciamento do design e o gerenciamento da produção. A coleta de requisitos alimentará e será alimentada pelos processos de desenvolvimento do design e planejamento da produção. A coleta de requisitos é um processo dinâmico que deve permanecer por todo o ciclo de vida do projeto.

Entendendo que o Termo de Abertura reflete apenas os requisitos do patrocinador, logo em seguida se inicia a análise das demais partes interessadas, identificadas anteriormente no processo de identificação das partes interessadas (Ver item 3.9 – Gerenciamento das partes interessadas).

MATRIZ DE RASTREABILIDADE DE REQUISITOS											
ID	Pacote de trabalho	Requisito	Descrição	Origem	Stakeholder	Documento de referência	Tipo	Criticidade	Status	Proprietário	Observações
1				Legislação			Expectativa		Baixo	Atendido	
2				Metas			Premissa		Médio	Em Execução	
3				Expectativa			Oportunidade		Alto	Cancelado	
4				Externo			Restrição			Não Atendido	
5				Padrões			Marco				
6				Legislação			Requisito				
7											
8											

Figura 11 – Matriz de rastreabilidade de requisitos.
Fonte: adaptado de Polito (2015).

É preciso evitar que as partes interessadas tenham expectativas ou necessidades irrealistas que não serão atendidas pelo projeto. Nesse caso, deve-se deixar claro o que faz e o que não faz parte do escopo. Somente farão parte do escopo do projeto aqueles requisitos que forem aceitos. O que não estiver no escopo não será planejado, programado ou comunicado.

Os requisitos podem ser funcionais ou não funcionais. Os requisitos funcionais estão ligados ao desempenho do produto e serão desenvolvidos principalmente durante o gerenciamento do design, através do desenvolvimento dos desenhos. No entanto, requisitos funcionais também podem surgir do gerenciamento da produção, como, por exemplo, a capacidade de carga provisória da parte da estrutura para suportar esforços provisórios durante a execução da obra. Os requisitos não funcionais são aqueles que estão relacionados ao produto, mas não o descrevem diretamente. Estes complementam os funcionais e descrevem condições para que o produto seja eficaz.

Existem outros tipos de requisitos de projeto, tais como: requisitos contratuais, como marcos e restrições a serem cumpridos; requisitos de qualidade, como testes, validações e comissionamento; requisitos legais, como licenças prévias para início do trabalho ou execução de algumas atividades. Estes últimos costumam trazer consigo outras condicionantes, restrições e requisitos a serem atendidos.

Entretanto, nem mesmo todo o esforço de elucidação é capaz de descobrir todos os atributos e aspectos de um produto em projetos complexos como os de construção. Nesse caso, um excelente recurso para extrair informações é a prototipagem. O protótipo permite identificar, comunicar, compreender e validar requisitos e premissas omitidas originalmente. Os protótipos também absorvem o conceito de elaboração progressiva em ciclos iterativos, permitindo a revisão de requisitos e a promoção de ajustes e modificações até que se atinja o resultado desejado, ou seja, até que o protótipo se torne a personificação do escopo desejado.

Protótipos em escala real permitem às partes interessadas vivenciar e experimentar as características dos produtos, em vez de discuti-las apenas abstratamente. Também permite esclarecer e alinhar suas expectativas, gerando *feedbacks* para a melhoria do produto. No processo de suprimentos, ajuda no esclarecimento do escopo e do padrão de qualidade com fornecedores proponentes.

A prototipagem também se aplica a outras perspectivas do gerenciamento. No caso do gerenciamento do design, permite a realização de testes e ensaios de performance que validam o desempenho esperado (ver item 4.10 – Prototipagem). Também permite o desenvolvimento e a validação de detalhes construtivos, tipos de acabamentos, escolha de processos construtivos etc. No caso do gerenciamento da produção, permite simular diferentes sequências executivas e ajuda na estimativa de prazos e custos. Também pode ser utilizada como padrão de referência para serviços com critérios subjetivos de aprovação, como a pintura, a cerâmica e o concreto aparente.

Na fase de construção, o tipo mais comum de protótipo em escala real é a construção de apartamentos protótipos. Nesse caso, o protótipo é executado em fases, de forma a validar progressivamente o escopo. Durante sua construção, quando as paredes e forros ainda estão abertos, podemos avaliar e validar as instalações e as interferências entre os sistemas. Durante a fase de acabamento, podemos avaliar a estética e os materiais de revestimento. Também podemos avaliar tecnicamente a performance do sistema de ar-condicionado, água quente, acústica, nível de ruído interno e estanqueidade de esquadrias. No caso de projetos hoteleiros, onde a decoração faz parte do escopo, podemos avaliar a experiência dos hóspedes, a aderência aos padrões da marca e os impactos na operação, como a manutenibilidade e facilidade de operação. O protótipo permite a identificação de erros, omissões e conflitos, evitando que se multipliquem para todas as demais unidades.

A prototipagem também pode ser realizada em escala reduzida, como no caso de maquetes. Um exemplo comum do uso de protótipos em escala reduzida são testes realizados em túnel de vento. Os protótipos também podem ser gerados eletronicamente, através da modelagem 3D, com tecnologias como o BIM. Este assunto será mais explorado no item 4.15 – BIM (*Building Information Modeling*).

Todas as observações, sugestões e considerações feitas pelas partes interessadas na análise do protótipo devem ser registradas, analisadas e respondidas: aceitas ou negadas (Figura 12).

VALIDAÇÃO DE APARTAMENTO PROTÓTIPO					
Emprendimento:		Unidade: torre A – Apto 104		Data: 20/01/2019	
PARTICIPANTES					
Nome		Área		Assinatura	
Item	Descrição / Foto	Responsável	Alternativas	Disposição	Status
1	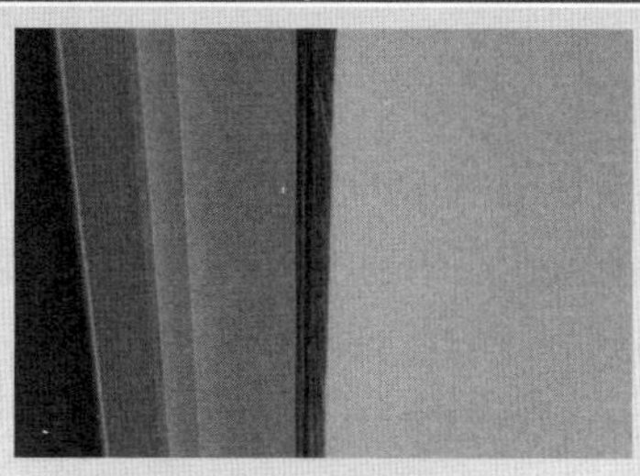	xxxxxxx	Melhorar o acabamento da placa cimentícia junto à porta de alumínio da varanda, deixando a placa embutida na porta	O acabamento entre a placa cimentícia e a porta da varanda foi feito com a cantoneira de drywall.	Concluído
2		xxxxxxx	Tonalidade do rodapé. Melhorar o acabamento com a porta, com encaixe de uma peça em meia esquadria	A diretoria de projeto validou o rodapé apresentado no protótipo e acabamento sugerido realizado.	Concluído
3	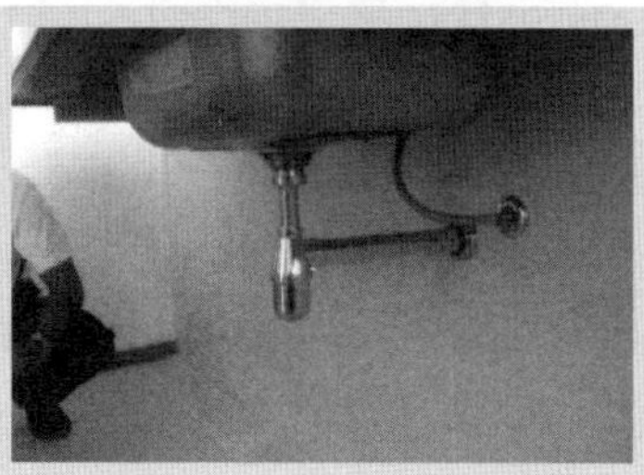	xxxxxxx	Substituição do sifão rígido pelo sifão flexível.	Compra de sifões foi alterada conforme sugerido e alterado padrão da companhia.	Concluído

Figura 12 – Exemplo de relatório de validação de apartamento protótipo.
Fonte: adaptado de Polito (2015).

Uma vez identificados e aprovados os requisitos, é hora de explicitar detalhadamente o escopo e suas exclusões durante o processo de definir escopo.

3.1.2 Definir escopo

Para gerenciar o projeto de forma eficaz, o primeiro passo é uma definição apropriada do seu escopo. Não se pode gerenciar um projeto sem que suas fronteiras estejam adequadamente definidas. Para projetos em que não seja possível a definição de todo o seu escopo nas fases iniciais, é uma boa prática a adoção de uma abordagem mais iterativa e incremental. Nesse caso, o escopo de alto nível é definido, mas o detalhado acontece em fases, intencionalmente sequenciais e progressivas, ou seja, o escopo é mais bem definido na medida em que o projeto avança e as informações se tornam mais detalhadas e confiáveis.

Muitas vezes, pouca atenção é dada à clareza do escopo. A falta de investimento de tempo para uma boa definição do escopo leva a um alto grau de indefinição, imprecisão e incerteza, dando margem a interpretações e provocando muitas mudanças durante a execução do projeto. Muita atenção precisa ser dada também às chamadas "definições óbvias ou implícitas", pois é justamente nelas que moram as imprecisões que dão margens às interpretações.

A definição do escopo é uma descrição detalhada do produto e do projeto, ou seja, é tudo aquilo que o projeto entregará e o que não entregará ao seu final. Baseia-se nos requisitos aprovados durante o processo de coleta de requisitos e em toda a documentação que compõe o termo de abertura e o *business case*. O escopo será formalizado em um documento chamado "Declaração do Escopo".

A Declaração do Escopo é composta pela descrição do escopo e suas entregas, exclusões, restrições, premissas e critérios de aceitação. Esta fornece um entendimento comum do escopo do projeto.

As exclusões do escopo são quaisquer produtos que não estejam relacionados às entregas do projeto. Deixar claro o que não pertence ao escopo ajuda a identificar diferenças de entendimento que possam existir entre as diversas partes interessadas. O quanto antes essas diferenças forem identificadas, avaliadas, negociadas e aprovadas, menores serão os riscos de que venham a impactar negativamente no resultado do projeto. Também auxilia no gerenciamento das expectativas das partes interessadas.

É preciso atenção para garantir que o escopo não esteja duplicado em dois pacotes de trabalho diferentes, ou que tenha sido esquecido algo entre eles. Como exemplo, às vezes a instalação elétrica consta em um pacote de trabalho, o fornecimento de um equipamento e seu comissionamento em outro, mas a ligação entre os dois pode não constar no escopo de nenhum dos dois, ou em ambos.

As restrições podem assumir diversas formas; entretanto, todas representam obstáculos à execução do projeto. Elas podem ser tecnológicas, administrativas, gerenciais, físicas, contratuais, legais, entre outras. Compreender quais são as mais relevantes ajudará no planejamento e na tomada de decisão durante a execução.

As premissas são fatores externos ao projeto que, para fins de planejamento, são consideradas verdadeiras e certas, mesmo que não haja garantia disso. Isso quer dizer que uma premissa adotada como certa pode estar errada. Por isso, toda vez que adotamos uma premissa, introduzimos um novo risco ao projeto. Sua identificação, validação e adoção fazem parte da progressão do planejamento. Na medida em que se vai conhecendo melhor o escopo, as premissas vão se tornando mais exatas, e os riscos vão diminuindo. O envolvimento de profissionais seniores, fornecedores e fabricantes ajuda na adoção de premissas mais próximas da realidade, reduzindo, consequentemente, os riscos do projeto.

As premissas podem ser dados, informações, performance esperada, prazos de produção e entrega, prazo de aprovação de projetos e obtenção de licenças junto aos órgãos públicos, produtividade, entre muitas outras possibilidades. Entretanto, as premissas não podem ser ambíguas, ou seja, não podem permitir diferentes interpretações ou múltiplos sentidos.

Os critérios de aceitação são referências que permitem verificar se as entregas foram aceitáveis e satisfatórias, com qualidade e adequadas ao uso. Se eles forem subjetivos podem se tornar um grande risco, uma vez que o cliente pode ter outra visão ou pode até mesmo utilizar-se dessa indefinição para não aceitar o produto ou protelar obrigações contratuais. Podemos citar como exemplo de critérios subjetivos: concreto aparente, alvenaria aparente, acabamentos em geral etc.

Os critérios de aceitação devem ser priorizados para o caso de ocorrerem conflitos entre eles e surgir a necessidade de sacrificar algum deles. Uma técnica de priorização que pode ser utilizada é a chamada MoSCoW – *Must have, Should have, Could have ou Won't have* – traduzindo: terá, deverá ter, poderia ter, não deve ter. Os critérios classificados como *Must* deverão obrigatoriamente ser atendidos; os classificados como *Should* são importantes e deveriam ser atendidos; os classificados como *Could* são desejáveis e poderiam ser atendidos; e os como *Won't* estão fora do escopo e não deverão ser atendidos. Os critérios de aceitação somente podem ser alterados se aprovados pelo patrocinador do projeto e suas principais partes interessadas.

O escopo total vai muito além do escopo do produto. Ele é formado pelo escopo do produto (funcional e técnico); do trabalho; e da produção, sendo que todos se impactam mutuamente. (Figura 13). Durante o gerenciamento, no entanto, estes devem ser tratados de forma integrada.

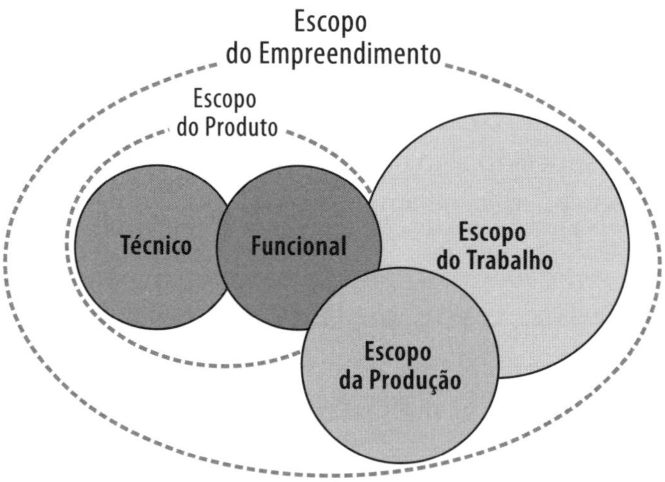

Figura 13 – Tipos de escopo.
Fonte: adaptado de Prado; Archibald (2007).

O escopo funcional se refere às caraterísticas, ao desempenho e às funções do produto. É normalmente voltado ao cliente final. O escopo técnico refere-se a especificações e requisitos legais a serem obedecidos pela execução. Ambos são definidos durante o desenvolvimento do design e abordados no capítulo 4 – Gerenciamento do design. O escopo do trabalho refere-se ao trabalho que precisa ser realizado para entregar o produto e é desenvolvido durante o gerenciamento do projeto, e o escopo da produção refere-se a como esse trabalho será realizado, que será abordado no capítulo 5 – Gerenciamento da produção.

Constitui uma boa prática o envolvimento de fornecedores parceiros na validação das premissas e na identificação dos requisitos técnicos, do trabalho e da produção. Por se tratar de especialistas, eles possuem melhor visão sobre as restrições, os problemas que podem ocorrer, as melhores práticas e técnicas a serem empregadas etc. Para muitas empresas, significa uma quebra de paradigma envolver um fornecedor tão prematuramente em um projeto.

Uma vez finalizada a Declaração do Escopo, iniciamos a elaboração da Estrutura Analítica de Projetos (EAP), que servirá de base para todo o nosso planejamento.

3.1.3 Criar EAP (Estrutura Analítica de Projetos)

Criar a EAP é subdividir as principais entregas do projeto em componentes menores, mais compreensíveis, em um nível de detalhes adequado, tornando-os mais facilmente gerenciáveis. O nível mais baixo de uma EAP é chamado de pacote de trabalho. Essa subdivisão permite uma melhor definição de seus atributos e das atividades necessárias à sua produção. Facilita a alocação de recursos necessários à execução (mão de obra, equipamentos, materiais, projetos), bem como as estimativas de custo, prazo e demais critérios de monitoramento e controle. A subdivisão também torna mais clara a atribuição de responsabilidades e, principalmente, evita o descontrole do escopo. Sua aprovação garante o comprometimento e os recursos necessários à sua execução.

A EAP evidencia o escopo na visão das principais partes interessadas. Ela será a espinha dorsal da gestão do projeto. Ela integrar-se-á a todas as demais áreas de conhecimento. Será utilizada como entrada para todos os processos de planejamento do projeto que se seguirão. Também estabelecerá relações mais claras da tríade escopo, custo e tempo, constituindo-se como um fator crítico de sucesso para o projeto.

A EAP deve conter a totalidade do escopo. É preciso estar atento, pois a omissão de algum pacote de trabalho poderá assumir proporções enormes no futuro. Mesmo que partes do escopo sejam terceirizadas, estas devem fazer parte da EAP de forma a permitir seu monitoramento e controle. A exatidão da sua EAP dependerá da qualidade do seu levantamento de requisitos.

É importante frisar que o que não estiver na EAP não faz parte do escopo do projeto! Se alguém da equipe estiver trabalhando em alguma atividade que não esteja relacionada à entrega de algum subproduto da EAP, não contribuirá para a conclusão do projeto.

Nem sempre é possível a decomposição total da EAP logo no início do projeto, principalmente em função da falta de informações. Normalmente, aguarda-se até que haja maior clareza do escopo para o prosseguimento do detalhamento da EAP. Nesse caso, a decomposição ocorrerá em etapas, na medida em que maiores informações forem obtidas, onde cada nova etapa será o refinamento da etapa anterior – ondas sucessivas. Conforme a EAP se aperfeiçoa, o planejador adquire maior confiança e assertividade na definição de prazos e duração. Também é perfeitamente aceitável a existência de níveis diferentes de detalhamento do escopo dentro de uma mesma EAP.

Os níveis mais baixos da EAP devem ser necessários e suficientes para a entrega do nível superior. Quanto mais decomposto, maior o nível de detalhes e mais demandará habilidade de planejamento, gerenciamento e controle. Entretanto, a decomposição excessiva também é desaconselhada, pois resultará em um esforço improdutivo, consumo ineficiente de recursos e dificuldade de consolidação de dados. Decompor em demasia não traz benefício correspondente ao esforço investido. O custo do controle não pode superar o benefício gerado. O ideal é que o nível de detalhamento produza pacotes de trabalho com duração compatível com o ritmo (*takt*) e os ciclos de gestão de curto prazo, adotados no planejamento da produção (será abordado no capítulo 5 – Gerenciamento da produção).

A utilização de EAP fornecida pelo cliente pode ser considerada um risco adicional ao projeto, uma vez que a empresa não possui familiaridade com a estrutura adotada.

A EAP pode ser representada como uma listagem, tabela ou em árvore, sendo a última a representação gráfica mais eficiente na comunicação do escopo (Figura 14). Os subprodutos recebem numeração lógica, sequencial, e a cada novo nível adiciona-se um novo dígito.

Também não existe uma forma certa de estruturar uma EAP. Dois planejadores podem construir EAPs completamente diferentes para o mesmo projeto, dependendo da estrutura de gerenciamento que será adotada. A estrutura da EAP deve representar a forma como a empresa irá gerenciar a execução de seu projeto.

Para agilizar o processo de criação de uma EAP, a empresa pode adotar modelos aderentes a sua realidade para servirem como ponto de partida do desenvolvimento.

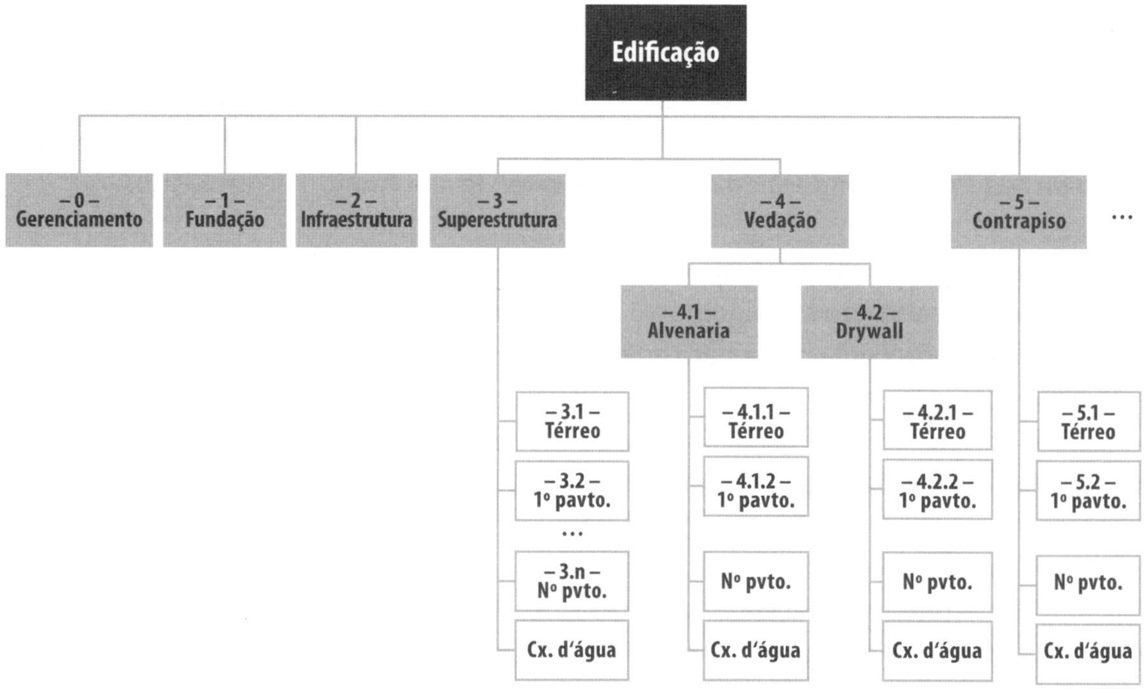

Figura 14 – Estrutura analítica de projetos (EAP).
Fonte: adaptado de Polito (2015).

Cada pacote de trabalho representa um pedaço do projeto. Eles serão nossas unidades de gestão, ou seja, será a unidade utilizada para planejar, monitorar e controlar o projeto. A cada um deles serão posteriormente associados um responsável, recursos, custos, riscos etc. Também será a partir dos pacotes de trabalho que definiremos atividades que serão executadas.

A estruturação da EAP proporciona foco à gestão do projeto. As principais características de uma EAP são:

- Ferramenta orientada ao produto e suas entregas.
- A soma dos subprodutos componentes deve ser equivalente ao subproduto que foi decomposto. É preciso garantir a consistência da EAP.
- A soma dos custos dos elementos de cada nível é igual a 100% do nível superior.
- Os subprodutos são organizados por decomposição, não por ordem cronológica.
- É um processo de planejamento separado da criação de redes e suas precedências.
- Cada nível representa um refinamento do nível anterior.
- Não chega ao detalhe de alocação de recursos.
- O mesmo subproduto não pode estar em mais de um ramo.
- O que não está na EAP não faz parte do projeto.
- Não é necessário que a EAP seja simétrica, ou seja, que todos os produtos sejam decompostos até o mesmo nível.
- Inclui o trabalho de gerenciamento.
- Deve ser criada em conjunto com aqueles que executam o trabalho.
- A melhor forma de criar é *top-down*.
- Pode ser representada de forma tabular ou estrutura de árvore. Uma imagem fala mais do que mil palavras.
- É capaz de expressar em uma imagem todo o escopo do projeto.
- Expressa em substantivos.

Os principais benefícios obtidos com a utilização da EAP são:

- Facilita a visão e comunicação de todo o escopo.
- Organiza o pensamento e proporciona uma matriz de trabalho lógica e organizada.
- Facilita a verificação e o controle do escopo.
- Facilita o planejamento e a orçamentação.
- Evita que uma atividade seja criada em duplicidade.
- Facilita a associação de responsabilidades.
- Permite a identificação das principais fontes de risco e incertezas.
- Delimita o escopo.
- Permite entender o trabalho logo nos estágios iniciais do projeto.
- Ajuda o gerente a determinar e detalhar tudo o que deve ser concluído para entregar o projeto.
- Reduz o número de solicitações de alteração de escopo.

- Ajuda a dar foco à equipe, a fazer somente o trabalho necessário.
- Ajuda a enxergar o relacionamento em várias entregas.
- Reduz questões e disputas em relação ao escopo.
- Induz ao pensamento sistêmico, ou seja, pensar no projeto como um todo, desde o início do planejamento.
- Permite visualizar o impacto de uma entrega nas demais.
- Permite um nível de rastreabilidade durante todo o projeto.
- Proporciona a capacidade de identificar ou corrigir o rumo o mais breve possível, uma vez que permite o monitoramento e o controle de prazo, custo, recursos, qualidade e suprimentos a um nível de pacote de trabalho e entregas.

Alguns profissionais costumam fazer certa confusão entre a EAP e o cronograma. A EAP não é o que temos de fazer, é o que temos de entregar, por isso ela não deve conter recursos ou atividades. A EAP indica a entrega e não seu processo de produção. A EAP também não representa a sequência executiva ou dependência entre trabalho. Um jeito fácil de diferenciar as entregas das atividades é utilizar substantivos para as entregas e verbos para as atividades (Figura 15).

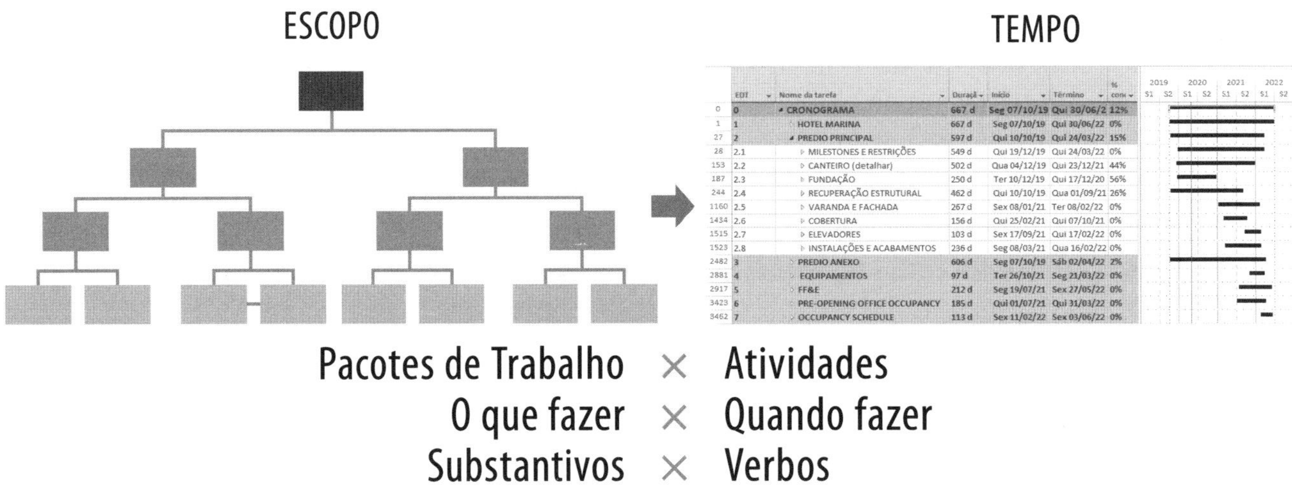

Figura 15 – Cronograma x EAP.
Fonte: adaptado de Polito (2015).

Uma vez elaborada a EAP, precisamos desenvolver o dicionário da EAP.

O dicionário da EAP é um documento complementar à EAP. Enquanto a EAP define o produto que será entregue pelo projeto, o dicionário detalha as especificações e os critérios de aceitação em cada pacote de trabalho, aumentando a probabilidade de sucesso. A maioria das informações é oriunda de estágios posteriores à elaboração da EAP, como os recursos necessários, sistemas construtivos, requisitos de qualidade, testes e inspeções requeridos, tolerâncias, critérios de aceitação, referências técnicas. Estas proporcionam objetividade aos processos de aquisição, de qualidade, de validação de cada entrega e de aceitação final do produto.

A elaboração de um dicionário da EAP, com descrição clara e não ambígua, é de grande importância para o sucesso do projeto. Ela permite o esclarecimento do escopo à equipe, aos fornecedores, aos projetistas, aos patrocinadores, aos suprimentos e às demais partes interessadas.

Normalmente, o dicionário da EAP contém os requisitos funcionais priorizados (critérios de priorização), os requisitos técnicos, os requisitos de qualidade, os critérios de aceitação, as premissas e as restrições consideradas na criação dos requisitos. O dicionário da EAP é registrado em um formulário de forma a facilitar sua localização e seu acompanhamento (Figura 16).

DICONÁRIO DA EAP				
ID DA EAP	PACOTE DE TRABALHO	DESCRIÇÃO	PROPRIETÁRIO	CRITÉRIO DE ACEITAÇÃO

Figura 16 – Dicionário da EAP.
Fonte: adaptado de Polito (2015).

Juntos, a declaração de escopo, a EAP, o dicionário da EAP e os desenhos técnicos formam a linha de base do escopo do projeto. A partir desta linha de base, será criado o cronograma com as atividades necessárias e serão definidos e alocados os recursos necessários à sua execução (mão de obra, equipamentos, fornecedores, materiais e projetos). A linha de base do escopo também será o referencial para o monitoramento e o controle do avanço do projeto e para a avaliação de mudanças. A linha de base do escopo é a versão aprovada e só pode ser alterada através de procedimentos de controle formais, servindo como base de comparação para a avaliação do projeto.

3.1.4 Validar o escopo

Validar o escopo é formalizar a aceitação das entregas concluídas no projeto. Esse processo objetiva garantir que o escopo planejado seja executado e entregue. A validação do escopo é normalmente confundida com a validação da qualidade. A primeira diz respeito a aceitar as entregas realizadas, já a segunda diz respeito ao cumprimento dos requisitos de qualidade e desempenho. Em outras palavras, podemos dizer que a validação do escopo é verificar se o escopo foi realmente executado; já a validação da qualidade avalia o atendimento aos requisitos de qualidade e desempenho através de inspeções, ensaios e testes.

Em projetos de construção, o escopo a ser validado é normalmente bem extenso, porém suas fases são claras e os requisitos de aceitação bem definidos. A validação é normalmente direcionada por listas de verificação, sendo os itens considerados incompletos registrados em uma relação chamada de *punch list*. Essa validação do escopo pode também ser realizada com o envolvimento de terceiras partes, como peritos especializados. Uma vez aceito o escopo, inicia-se o período de garantia legal.

No caso de projetos residenciais, na maioria dos casos, cada unidade possui um proprietário, além da área comum, que pertence a todos. Essa característica demanda bastante cuidado na entrega do projeto. A entrega da área privativa é realizada diretamente a cada proprietário de unidade, enquanto a entrega de áreas comuns deve ser realizada a representantes nomeados pelo condomínio.

O processo de verificação também é fundamental para apoiar as futuras avaliações e decisões da área de assistência técnica. A vistoria deve ser orientada por uma ficha própria que, ao final, deverá ser aprovada (Figura 17). Uma verificação bem detalhada e formalizada durante o processo de entrega define a real responsabilidade da empresa em casos de intervenções indevidas e a exime de danos posteriores à entrega e de vícios aparentes. Orientar o cliente sobre como inspecionar sua unidade dá credibilidade e transparência ao processo.

TERMO DE VISTORIA – APARTAMENTOS						
EMPREENDIMENTO:			PROPRIETÁRIO			
			Nome do Proprietário:			
Nº do Lacre:	Unidade:	Data da Vistoria:	Telefone de contato:			
SALA/CIRCULAÇÃO						
ITEM	ASSUNTO	ITENS A VERIFICAR	APROVAÇÃO			OBSERVAÇÃO
			SIM	NÃO	N/A*	
1	Parede (alvenaria / drywall)	Fissuras, furos, planicidade, integridade				
2	Pintura das paredes e tetos	Uniformidade, manchas e aspecto geral				
3	Piso cerâmico / porcelanato	Manchas, riscos, trincas, uniformidade, tonalidade, caimento e aspecto geral				
4	Rejuntamento	Manchas, fissuras, destacamento, uniformidade, tonalidade e aspecto geral				
5	Rodapé (madeira / poliestireno / PVC)	Fixação, manchas, lascas, fissuras, tonalidades, limpeza e aspecto geral				
6	Forro de gesso	Manchas, fissuras e aspecto geral				
7	Ar-condicionado	A/C de janela: abertura na fachada e ponto elétrico A/C split: ponto de dreno, linha frigorígena, ponto elétrico				
8	Esquadrias de alumínio – caixilhos e vidro	Fechamento/abertura, manchas/riscos, funcionamento e estado dos acessórios/borrachas e aspecto geral				
9	Porta de madeira (entrada)	Fechamento/abertura, manchas/lascas/riscos, funcionamento e estado das ferragens e aparência do marco e dos alizares, verniz e aspeco geral				

Figura 17 – Termo de vistoria de unidade privativa.
Fonte: adaptado de Polito (2015).

É muito importante que seja realizada também a entrega técnica de cada subsistema àqueles que serão os futuros responsáveis pela operação e manutenção (bombas, geradores, transformadores, elevadores, sistemas de detecção e combate a incêndio, ar-condicionado e demais equipamentos). Normalmente, esses treinamentos são realizados pelas próprias empresas responsáveis pela instalação ou fabricação dos equipamentos e reduzem a probabilidade de problemas causados por erros operacionais.

Em alguns casos, parte do escopo deve ser entregue às concessionárias ou outras empresas que farão a operação das instalações, como, por exemplo, subestações de energia elétrica, ETE (Estação de Tratamento de Esgoto) instalações de combate a incêndio, entre outras.

O processo de entrega de unidades aos clientes é um importante ponto de contato com o cliente final e pode gerar indicadores valiosos para a melhoria contínua da empresa. A formalização do processo permite a geração de indicadores de performance, como, por exemplo, a porcentagem de unidades entregues em primeira vistoria, os principais motivos de reprovação ou o prazo médio para entrega de unidades.

A entrega da unidade também é o ponto máximo de uma relação contratual longa e um excelente momento para se avaliar a satisfação das partes interessadas. Uma vez recebida sua unidade, o cliente receberá também um manual de uso, operação e manutenção contendo todas as informações necessárias para manter e preservar as características e o desempenho da edificação.

A entrega do escopo de forma parcial e progressiva também pode ocorrer internamente à própria empresa. Na medida em que cada pacote de trabalho é concluído, ele é recebido pelo pacote subsequente, evitando que problemas se acumulem e impactem o produto final, por exemplo: uma vez concluída a fundação, ela é entregue aos responsáveis pela execução da estrutura, que, por conseguinte, a entregarão aos responsáveis pela execução de alvenaria e assim sucessivamente.

3.1.5 Controlar o escopo

O processo de controle do escopo acontece concomitantemente com o processo de execução. Controlar o escopo é monitorar seu progresso e gerenciar as mudanças na linha de base. O monitoramento constante permite a correção do rumo e a melhoria do resultado do projeto; mesmo assim, poucas empresas possuem processos estruturados para essa finalidade.

Devido à sua complexidade, as mudanças devem ser consideradas normais, inevitáveis e até mesmo saudáveis para os projetos de construção. Isso porque, muitas vezes, as mudanças capturam valor e aumentam a satisfação do cliente. Por outro lado, o grande número de mudanças mantém constante pressão para o aumento do escopo, prazo e custo do projeto, devendo ser mantido sob controle. A falta de controle sobre as mudanças de escopo é uma das principais causas de falhas em projetos. O PMI define o aumento descontrolado do escopo, do produto ou do projeto, sem o ajuste de tempo, custo ou recursos, como *scope creep*.

O controle de mudanças do escopo é um dos processos mais importantes da gestão de projetos e faz parte do controle integrado de mudanças, que veremos em mais detalhes no item 3.12 – Gerenciamento da integração do projeto. Trata-se de um processo de autoproteção, uma vez que existe uma grande propensão às mudanças ao longo do seu desenvolvimento. Quanto mais inovador e único for o projeto, mais suscetível às mudanças será. As mudanças são mais frequentes quando o escopo foi pobremente descrito, quando a análise das partes interessadas foi superficial, ou quando os riscos não foram devidamente identificados.

O processo de controle de mudanças do escopo consiste em monitorar o avanço do escopo do projeto e controlar suas alterações. O principal objetivo é impedir que as pessoas aumentem aleatoriamente o escopo, evitando trabalhos supérfluos ou extras (*gold plate*), protegendo-o, assim, da variabilidade. Um projeto deve entregar ao cliente exatamente o que ele contratou, nem mais, nem menos.

A solicitação de alteração de escopo deve conter os principais impactos da mudança, de forma a embasar a tomada de decisão (Figura 18). Uma simples alteração de escopo é capaz de impactar todas as demais áreas de conhecimento. Uma mudança pode causar impactos no custo, no prazo, nos controles de qualidade, nas atividades predecessoras, na sequência executiva, em entregas já realizadas; pode conflitar com outros requisitos de outras partes interessadas, na segurança do trabalho, nas competências necessárias à equipe do projeto; pode impactar o escopo de outras empresas já contratadas; enfim, pode gerar a necessidade de replanejamento completo do projeto. Deve-se, inclusive, avaliar também os impactos de não se realizar a mudança. Toda vez que o escopo for alterado, as estimativas de esforço, custo e duração podem não ser mais válidas e ter de ser majoradas para refletir o trabalho adicional.

Mudanças de escopo devem ser identificadas, registradas, quantificadas, negociadas, aprovadas e liberadas para a execução a tempo de não impactarem no prazo do projeto. No processo de controle do escopo, é preciso definir quem pode solicitar; quem irá avaliar os impactos das mudanças; quais os níveis de aprovação; e quem aprova cada nível. Concordar com qualquer mudança no escopo sem a devida aprovação pode, fatalmente, levar o projeto ao fracasso. A adoção de processos formais permite a realização de uma triagem, selecionando as mudanças que realmente são necessárias.

SOLICITAÇÃO DE MUDANÇA DE ESCOPO		
Escopo:		Data:
Descrição da mudança:		
Anexos:		
Participante	Gerência / Área / Obra	Cargo
Análise dos Impactos da Mudança		
Necessidade ou Justificativa para Mudança		
Prioridade ou Urgência da Mudança		
Impacto da Mudança nos Objetivos do Empreendimento (Escopo)		
Impacto da Mudança nas Entregas já Realizadas		
Impacto da Mudança nas Partes Interessadas		
Impacto da Mudança nos Prazos do Empreendimento (cronograma)		
Impacto da Mudança no Orçamento do Empreendimento		
Impacto da Mudança na Qualidade das Entregas do Empreendimento		
Impacto da Mudança na Equipe do Empreendimento		
Impacto da Mudança nos Riscos do Empreendimento		
Impacto da Mudança em Terceiros Contratados para o Empreendimento		
Efeito de Não se Aprovar esta Solicitação de Mudança		
Aprovação / Rejeição da Mudança		
Parecer / Justificativa		
☐ Aprovado	☐ Rejeitado	
Pontos de Atenção		
APROVAÇÃO		
Presidência	Jurídico	Diretoria Impactada

Figura 18 – Formulário de solicitação de mudança de escopo.
Fonte: adaptado de Polito (2015).

Existem mudanças que realmente necessitam ser introduzidas no projeto, ou seja, existem razões válidas para que sejam incluídas. Um processo estruturado de aprovação permite que as informações apropriadas cheguem ao patrocinador para que este decida se as mudanças devem ou não ser aprovadas, com base no valor que será gerado e seu impacto no projeto, principalmente em custo e cronograma (Figura 19). Um sistema de controle de mudanças deverá ser capaz de avaliar as solicitações e fornecer informações que suportarão a decisão de aceitar ou rejeitar a mudança. Submeter ao patrocinador a aprovação das alterações de escopo faz com que ele tome as decisões e assuma a responsabilidade pelos impactos.

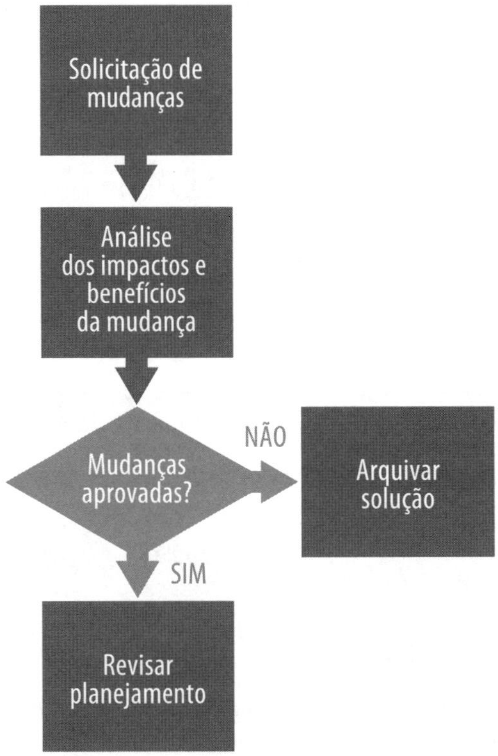

Figura 19 – Processo de aprovação de mudanças no escopo.
Fonte: adaptado de Polito (2015).

As alterações de escopo do produto podem ser originadas de várias fontes, como mudanças de legislação, interferências não previstas, evolução tecnológica, oportunidades de melhoria no produto etc., mas a maioria delas passará pelo processo de desenvolvimento do design.

A criticidade do processo de controle do escopo em um projeto é influenciada pela modalidade de contratação dele. No caso de contratação por preço global, o escopo está congelado e deve existir grande disciplina para mantê-lo nos trilhos, evitando ou controlando toda e qualquer mudança de especificação que possa impactar os objetivos do projeto. O contrato por preço global é ideal quando se tem o escopo muito bem definido. No entanto, utilizar erroneamente um contrato a preço global em projetos com grandes indefinições levará invariavelmente ao litígio. Já em contratos por preço unitário, o desafio é outro. A flexibilidade do modelo pode levar a variações expressivas de custo. Nos contratos de construção por administração, os riscos econômicos do construtor são reduzidos e existe grande flexibilidade para mudanças no escopo; no entanto, os riscos ao contratante são maiores.

3.2 Gerenciamento do cronograma

Fazer uso eficiente do tempo é fundamental para o sucesso de um projeto, por isso sua gestão nunca deve ser negligenciada. Quanto mais rápido for finalizado, mais rápido os recursos estarão disponíveis para outros projetos. Podemos afirmar que o tempo é o nosso recurso mais precioso, uma vez que, de todos, é o único irrecuperável.

Embora o tempo, o custo, a qualidade e o escopo possuam uma relação fundamental, a gestão do tempo assume um papel predominante. Problemas com a gestão do cronograma são os principais responsáveis por distorções no custo de um projeto e, consequentemente, pelo comprometimento de seu escopo e qualidade.

Um dos principais desafios à gestão do cronograma é a indisposição dos gerentes de projetos em investir tempo adequado ao seu planejamento. Isso se deve à falsa crença de que esse investimento é um desperdício de tempo produtivo, uma vez que, certamente, o cronograma sofrerá mudanças no decorrer do projeto. Essa crença leva a erros como o de antecipar o início do projeto sem que ele esteja adequadamente planejado e sem que os recursos estejam todos disponíveis, na esperança de que essa antecipação traga também uma antecipação de sua conclusão. Essa crença já se provou totalmente equivocada. Os cronogramas são essenciais para guiar a execução de um projeto. Devem fornecer um plano detalhado, ou seja, um roteiro de como e quando o projeto irá entregar o escopo acordado. Um cronograma bem elaborado permite prever, reconhecer e tratar questões que poderiam potencialmente impactar o resultado do projeto. Dentre suas principais funções, podemos ressaltar:

- Definir quanto e quando os recursos, inclusive os financeiros, deverão ser mobilizados.
- Mobilizar os recursos da forma mais eficiente, trazendo economia.
- Coordenar os diversos fornecedores, subprojetos e outros projetos.
- Detectar precocemente problemas, permitindo que ações corretivas sejam implementadas a tempo de reduzir ou, até mesmo, eliminar impactos negativos nos objetivos do projeto.
- Funcionar como uma ferramenta de comunicação com as partes interessadas, permitindo o gerenciamento de suas expectativas.
- Estabelecer base de comparação para o desempenho do projeto e para a emissão de relatórios de performance.

O gerenciamento de cronogramas em projetos de construção é especialmente complexo e desafiador. Os principais motivos são a grande quantidade de atividades e suas relações e interferências mútuas, o grande número de interfaces e partes interessadas envolvidas, as interferências externas de fornecedores e projetistas, os impactos imprevistos, como condições climáticas, e a simultaneidade de todos esses fatores.

Podemos resumir o desenvolvimento de um cronograma da seguinte forma: uma vez definido o escopo, através de sua linha de base (declaração do escopo, EAP, dicionário da EAP), a equipe seleciona o método de elaboração do cronograma que será utilizado e decompõe os pacotes de trabalho em tarefas, atividades e marcos. As atividades são sequenciadas e suas dependências estabelecidas, conforme as boas práticas de execução, e o plano de ataque elaborado. Os recursos são estimados em função dos métodos construtivos adotados. A duração das atividades é estimada e organizada de forma a atingir o ritmo definido para o projeto. Então o cronograma é elaborado, levando em consideração os riscos e as restrições identificados, bem como todos os requisitos das áreas de conhecimento relacionadas. O cronograma deve refletir a estratégia formulada e estar aderente à realidade do projeto. Se assim não for, trata-se de uma ferramenta completamente inútil.

Apesar de apresentarmos os processos de desenvolvimento do cronograma de forma linear, essa estruturação é apenas didática. Na prática, as etapas de definição de atividades, sequenciamento, estimativa de tempo e de recurso são realizadas concomitantemente, impactando-se reciprocamente.

Cada projeto é único e precisará de estratégia e processos únicos para o gerenciamento adequado do seu cronograma. É importante ter em mente qual é a abordagem mais adequada.

As abordagens puramente preditivas são mais indicadas para projetos com poucas mudanças e incertezas durante sua execução. Nesse caso, seria possível se beneficiar do planejamento antecipado. Definitivamente, os projetos de construção não se enquadram mais nessa descrição. Tampouco a abordagem puramente ágil seria capaz de lidar com a complexidade e a escala dos projetos de construção. Na prática, a abordagem mais eficaz para lidar com os desafios do gerenciamento de cronogramas nos projetos de construção é um modelo híbrido, que fica em algum ponto entre as duas abordagens.

Na abordagem híbrida, podemos nos beneficiar dos pontos fortes dos dois modelos. O cronograma inicial, de alto nível, pode ser desenvolvido de forma preditiva, com base nos projetos e nas informações já disponíveis. Entretanto, esse cronograma deve permanecer flexível ao longo de todo o projeto, de forma a poder ser ajustado, na medida em que novos conhecimentos forem sendo adquiridos. Nesse caso, adotaremos uma abordagem iterativa, em que se reconhece que, uma vez iniciado o projeto, o cronograma precisa se adaptar para continuar refletindo sua realidade. Informações, como produtividade real, novos riscos identificados e lições aprendidas, tornam o cronograma mais preciso. Da mesma forma, mudanças de prioridades e estratégias para a recuperação de atrasos também exigirão adequações.

Não abordaremos neste livro técnicas detalhadas de elaboração de cronogramas, bem como ferramentas computacionais específicas disponíveis para esse fim, por entendermos que já existem inúmeras publicações que abordam o assunto de forma profunda e abrangente. Nós nos limitaremos a analisar os aspectos de gestão relacionados aos cronogramas.

3.2.1 Definir as atividades

Definir as atividades que comporão um cronograma é uma tarefa árdua e que exige bastante conhecimento por parte do planejador. Todas as atividades que consomem recursos (pessoas, equipamentos, materiais, projetos, fornecedores), e, consequentemente, impactam no custo ou no prazo do projeto, devem ser inseridas no cronograma para que possam ser monitoradas e controladas. Um erro comum no planejamento de um cronograma é a omissão da segurança do trabalho. A execução de guarda-corpos, bandejas, linhas de vida, treinamentos, entre outros, consome grande quantidade de recursos e raramente é planejada. Iniciar uma atividade sem que todos os recursos para implementação das medidas de segurança estejam disponíveis cria uma pressão para que essas sejam negligenciadas.

As tarefas e atividades são definidas a partir da decomposição dos pacotes de trabalho da EAP, mas, para isso, é preciso conhecer os métodos construtivos e seus processos de execução. As atividades que não estejam direta ou indiretamente relacionadas a um pacote de trabalho não devem compor o cronograma porque não fazem parte do escopo. Um erro comum na elaboração de um cronograma é iniciá-lo a partir de uma lista de atividades: o que tenho que fazer neste projeto? Apesar de parecer óbvia, essa atitude gera cronogramas totalmente desorganizados.

É muito importante o envolvimento da equipe que executará o serviço na definição das atividades que comporão o cronograma, de forma que ele reflita efetivamente o *modus operandi* da equipe e seja aderente às práticas executivas que serão adotadas.

Apesar de detalhado, o cronograma não deve ser poluído com um nível de detalhes desnecessário. Tarefas e atividades emergentes do dia a dia serão inseridas e gerenciadas no ciclo de planejamento de curto prazo (iterativo) durante as reuniões semanais de programação, juntamente com a equipe de campo e empreiteiros (abordado no capítulo 5 – Gerenciamento da produção).

Cada atividade possui uma série de características e atributos que ampliam sua descrição. Quanto mais decompomos a EAP, mais atributos são identificados. Esses atributos podem ser custo, quantidade de horas necessárias para sua realização, quantidade de recursos alocados, entre outros. Estes são utilizados para determinar a contribuição de cada atividade para a conclusão do projeto, ou seja, qual o peso de cada entrega no progresso da construção. Utilizaremos essa informação através da técnica de valor agregado, que veremos em detalhes no item 3.3 – Gerenciamento do custo do projeto.

3.2.2 Estimativa de recursos e duração

Uma vez definidas as atividades necessárias à conclusão do projeto, é preciso estimar a duração de cada uma, bem como os recursos indispensáveis à sua execução. É um passo muito importante no planejamento, uma vez que erros de estimativas podem levar o projeto ao fracasso. É importante a criação de uma equipe multifuncional com fornecedores, projetistas, consultores e, principalmente, com aqueles que efetivamente executarão as atividades. Esse envolvimento traz conhecimento prático ao planejamento e cria um comprometimento com os prazos e recursos estimados.

Os recursos básicos para a execução de uma atividade são:

- **Pessoas:** obtidas por contratação ou por terceirização, dependendo da estratégia.
- **Equipamentos:** obtidos através de compra, locação ou inseridos em contratos de terceirização.
- **Materiais:** que serão consumidos na execução dos serviços.
- **Projetos:** que detalharão o que será executado.

Existem várias técnicas para realizar as estimativas. A estimativa análoga utiliza dados históricos de outros projetos, algumas vezes ajustados pelas diferenças conhecidas entre os casos. É frequentemente utilizada para estimar duração quando há limitada quantidade de informações. É pouco dispendiosa e consome pouco tempo. Sua exatidão é tão confiável quanto a similaridade entre as atividades comparadas. Também depende da qualidade da equipe que aplica a técnica.

Já as estimativas paramétricas calculam o custo ou a duração de uma atividade com base em dados históricos e parâmetros de projeto. São determinadas pela multiplicação da quantidade de trabalho a ser executado pela quantidade de recursos necessários. Essa técnica pode ser altamente confiável e exata, a depender da qualidade dos dados utilizados.

Uma estimativa, por definição, possui certa probabilidade de acerto, e essa probabilidade implica em risco. Por mais confiável que seja, está associada a uma determinada chance de sucesso e uma chance de fracasso. Quanto mais arrojada for a estimativa adotada, maior o risco de não a atingir. Da mesma forma, quanto mais conservadora for a estimativa adotada, maior a chance de que seja cumprida. Estimativas muito otimistas podem representar um risco para o projeto, podendo não conter os recursos necessários para sua execução no prazo e qualidade desejados. Também é bom lembrar que as estimativas de prazo e recursos possuem estreita relação com as estimativas de custo, podendo induzi-las ao erro.

Pode-se reduzir a imprecisão de uma estimativa com a consideração de sua incerteza e riscos. Trata-se da utilização da técnica de "estimativa de três pontos". Nesta, define-se uma faixa aproximada da duração, contendo a mais provável, a otimista e a pessimista. A duração mais provável é aquela baseada nos recursos prováveis a serem alocados, na sua produtividade e nas expectativas realistas. A duração otimista é baseada no melhor cenário plausível e a pessimista no pior. Na medida em que damos mais prazo para a execução de uma atividade, aumentamos sua chance de sucesso (Figura 20).

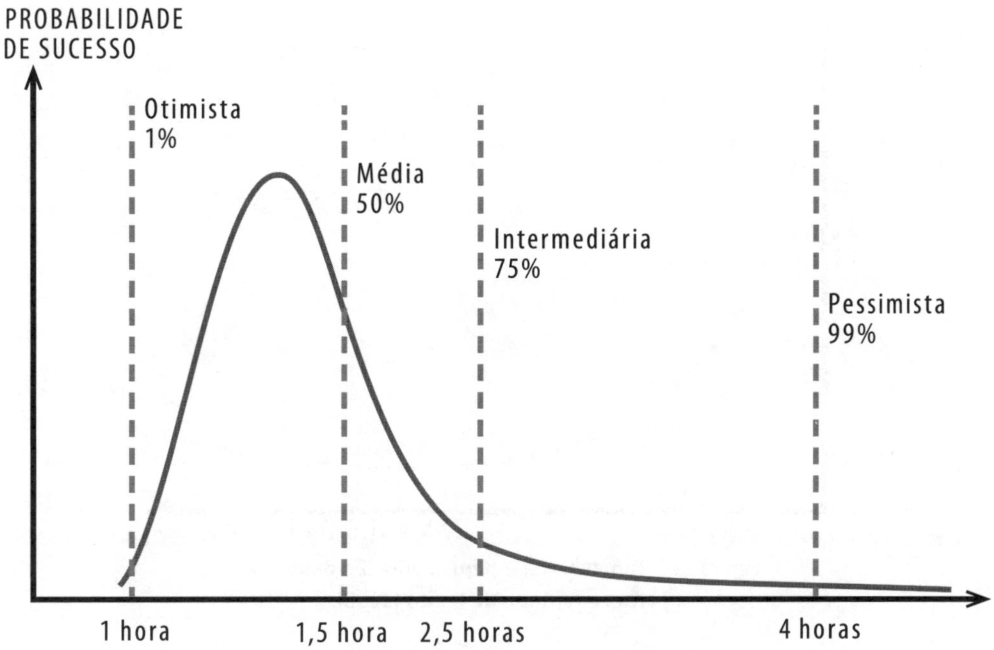

Figura 20 – Probabilidade de sucesso x estimativa de prazo adotada.
Fonte: adaptado de Polito (2015).

Podemos definir "duração" como o tempo necessário para se completar uma atividade. Esta leva em consideração as produtividades históricas, as condições de execução, as publicações especializadas e, claro, a experiência do planejador e sua equipe. O aumento, ou a redução, dos recursos alocados em uma atividade terá impacto direto na sua duração, mas nem sempre de forma linear. Podemos citar a "lei dos retornos decrescentes", pela qual, na medida em que se aumenta um recurso, os incrementos de produtividade são cada vez menores. Em outras palavras, quando aumentamos a equipe, a duração da atividade tende, inicialmente, a diminuir, mas esse processo não continua indefinidamente. Existe um limite. Quer dizer, dobrar o número de recursos não necessariamente reduz à metade o prazo de execução. A partir de um determinado ponto, o aumento da equipe agrega custo sem agregar velocidade à execução. Eventualmente, o aumento excessivo de recursos pode até provocar um aumento na duração da atividade, devido a problemas de coordenação e comunicação, dificuldades logísticas, curva de aprendizado e aumento dos riscos. Dependendo da atividade, o incremento de recursos pode não trazer nenhum benefício, como no caso de atividades indivisíveis ou com prazo predeterminado, como, por exemplo, a cura de estruturas de concreto ou teste hidrostático de serviços de impermeabilização. A adoção de diferentes sistemas construtivos, tecnologias ou opções logísticas também tem impacto direto nas estimativas de duração de uma atividade (Figura 21).

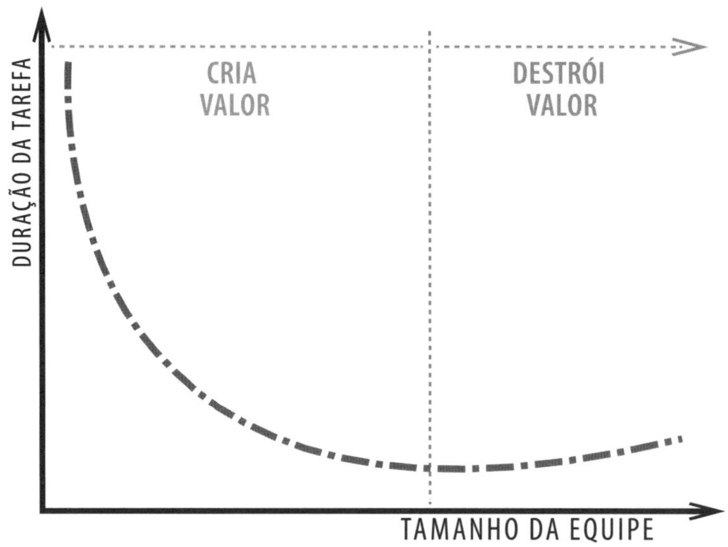

Figura 21 – Tamanho da equipe x duração da tarefa.
Fonte: adaptado de Polito (2015).

As estimativas devem ser revisadas progressivamente, ou seja, na medida em que o design é desenvolvido e detalhado e as informações se tornam mais claras, a precisão das estimativas aumenta. Como já vimos, o envolvimento de fornecedores também contribui com a precisão das estimativas, uma vez que tanto empreiteiros especializados quanto fabricantes possuem informações valiosas e precisas sobre a produtividade e o consumo de seus produtos e serviços.

A duração das atividades e a quantidade de recursos estimados alimentarão o planejamento de logística e do canteiro de obras, sendo entradas para o dimensionamento das áreas de estocagem, áreas de vivência, sanitários, equipamentos de transporte vertical e horizontal etc.

3.2.3 Sequenciar atividades

Uma vez definidas as atividades e suas respectivas durações e recursos, é preciso montar a sequência executiva, cronológica, de maneira racional e exequível, buscando obter o mais alto grau de eficiência diante de todas as restrições do projeto. É preciso ligar as atividades, ou seja, criar dependência entre elas. A esta dependência chamamos de rede de precedência.

A sequência lógica do trabalho dentro de uma construção corresponde à maneira de construir de cada empresa. Trata-se de uma complexa interação entre equipamentos, materiais, pessoas, informações, de forma a seguir as boas práticas e garantir o desempenho através do tempo. Respeitando-se as sequências tecnológicas, existe certa flexibilidade que pode variar em função das restrições, como custo, prazo e risco. É preciso definir o que deve ser feito primeiro e o que pode ser feito em paralelo. Qualquer que seja a rede de precedência adotada, esta deve ser coerente com o plano de ataque elaborado para a obra. O uso de diferentes tecnologias racionalizadas aumenta as possiblidades.

Nessa etapa, existem grandes oportunidades de agregação de valor ao projeto. Devem ser analisados diferentes cenários, juntamente com o desenvolvimento do produto, a construtibilidade, a industrialização, bem como o uso de técnicas de engenharia e análise de valor.

Na análise de cenários, estudamos várias alternativas construtivas, diversas sequências executivas, algumas opções logísticas, entre outras. Para cada uma delas, avaliamos seus impactos na duração do projeto e nas demais áreas de conhecimento, principalmente escopo, custo e qualidade.

Podemos classificar as dependências entre as atividades como obrigatórias ou não obrigatórias, internas ou externas. As dependências obrigatórias são aquelas em que a inversão seria impossível, ou seja, a não observância pode levar o projeto ao fracasso. Por exemplo, antes da elevação da alvenaria é preciso que a estrutura na qual se apoiará esteja executada. Também podem ser exigências legais, contratuais ou inerentes à natureza do trabalho. As dependências não obrigatórias são aquelas definidas pela experiência ou preferência do planejador e são baseadas nas melhores práticas. Sua modificação ou remoção é possível e aceitável e pode significar uma oportunidade de redução de prazo e novos riscos a se gerenciar. Isso acontece quando utilizamos técnicas de paralelismo para a redução do prazo do projeto – por exemplo, a execução da pintura das paredes e a instalação de piso laminado. Algumas precedências incomuns podem ser adotadas a fim de obter maior produtividade e/ou melhor qualidade do produto.

A criação de dependência entre as atividades aumenta riscos de atrasos no projeto, uma vez que o atraso de uma atividade invariavelmente levará suas sucessoras ao atraso. Também é importante notar que as atividades que possuem mais de uma predecessora ou sucessora, indicando convergência ou divergência de caminhos, têm os seus riscos potencializados. Isso acontece porque atividades com várias predecessoras podem ser impactadas pelo atraso em qualquer uma delas, e, analogamente, o atraso em atividades com várias sucessoras impactará todas elas.

As atividades podem ter quatro tipos de dependência:

- **Término-início:** quando uma tarefa inicia após o término de sua predecessora.
- **Início-início:** quando duas atividades são executadas em paralelo.
- **Término-Término:** quando as atividades devem terminar conjuntamente.
- **Início-Término:** quando uma tarefa só termina após o início da sua sucessora.

Sempre que possível, a relação término-início deve ser utilizada (Figura 22).

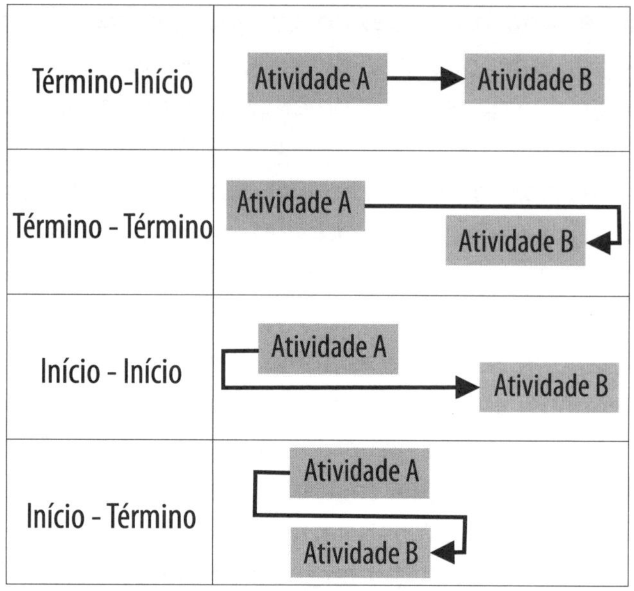

Figura 22 – Tipos de relacionamentos entre atividades.
Fonte: adaptado de PMI (2017).

O *PMBOK® Guide* recomenda que todas as atividades de um cronograma sejam conectadas a pelo menos uma atividade predecessora e uma atividade sucessora, em um relacionamento lógico apropriado, exceto a primeira e a última atividades.

3.2.4 Desenvolver cronograma

O cronograma deve centralizar e acomodar todas as atividades necessárias à conclusão do projeto e todas as atividades provenientes das demais áreas de conhecimento, sejam elas físicas ou gerenciais. A omissão de atividades importantes no cronograma, principalmente em projetos de construção, leva a ações improvisadas dentro do canteiro de obra, sem os recursos necessários e sem uma visão sistêmica.

Desenvolver o cronograma é o processo de analisar as sequências das atividades, suas predecessoras e sucessoras, suas durações, seus requisitos de recursos e restrições, de forma a criar um modelo, coerente e factível, que orientará a execução do projeto e permitirá seu controle. Seu propósito é fornecer um guia que ajude o gerente a completar o projeto com sucesso. É um processo iterativo envolvendo muitas partes interessadas. É preciso negociar e acomodar restrições e interesses muitas vezes divergentes. O impacto mútuo fica evidente quando colocamos todas elas juntas no cronograma. Por exemplo, atividades de infraestrutura, às vezes, limitam a logística e o acesso a áreas do canteiro. De forma similar, atividades executadas sobre andaimes e plataformas impedem que serviços sejam executados abaixo delas. Esses conflitos geram a necessidade de encontrar soluções, como a mudança na sequência executiva, a alteração da tecnologia utilizada, a criação de escalas de trabalho diferenciadas, entre outras. Antecipações e esperas, no início de atividades, são refinamentos necessários, aplicados durante a análise da rede, buscando produzir um cronograma viável.

Um bom cronograma é uma ferramenta dinâmica e pode ser utilizado para prever quando se espera que uma atividade seja concluída, ou quais atividades estão atrasadas, ou mesmo qual a probabilidade de o projeto ser encerrado conforme planejado.

O cronograma fornece uma ferramenta para análise de alternativas. Também permite simular e comparar várias opções de execução e avaliar de forma confiável seus impactos nas entregas do projeto. O grau de confiabilidade vai depender da qualidade das estimativas de duração e das relações de precedência adotadas.

Para criar um bom cronograma é fundamental primeiro entender o escopo do projeto. Cronogramas devem ser planos realistas de trabalho. Devem conter todo o trabalho necessário para se concluir o escopo do projeto. Sendo assim, todas as atividades do cronograma devem estar relacionadas a algum pacote de trabalho da EAP; ou seja, se uma atividade não estiver relacionada ao escopo do projeto, ela não deve ser realizada. Todo pacote de trabalho deve possuir pelo menos uma atividade e um responsável pela sua execução.

Reza a boa técnica que os projetos devem ser planejados com base em condições normais de produção, ou seja, sem considerar esforços adicionais de horas extras, turnos estendidos ou dobrados etc. Estes são recursos que, se necessários, devem ser tomados para recuperação de atrasos ou quando for imperativo por condições contratuais ou técnicas.

O detalhamento excessivo deve ser evitado, pois pode levar a um nível "ingerenciável" de detalhes e se tornar tão prejudicial quanto a falta de detalhes. O excesso de detalhes torna o cronograma confuso, sobrecarrega a camada de gestão e faz com que ele deixe de ser atualizado e seja logo em seguida abandonado ou ignorado pela equipe de produção. Por outro lado, cronogramas pouco detalhados levam a um nível insuficiente de informação, dificultando a boa gestão e o controle do projeto. É necessário chegar a um equilíbrio adequado entre o nível de detalhamento necessário para gerenciar o cronograma e a quantidade de tempo que leva para mantê-lo atualizado para cada projeto. O nível adequado é quando a pessoa sabe exatamente o que fazer sem precisar de nenhum outro documento. O nível de detalhes deve ser apropriado a cada projeto e ser capaz de produzir os relatórios para os diferentes níveis de gestão (cronograma master, de suprimentos, de projetos, de produção, de marcos, semanal etc.).

Normalmente, é necessário reduzir o prazo ideal de execução de um projeto, e, em geral, o impacto no custo é inevitável. É muito comum encontrar projetos que sacrificam suas metas de custo a fim de recuperar seu cronograma. Existem duas técnicas clássicas de redução de prazo: o paralelismo (*fast tracking*) e a compressão (*crashing*).

A redução de prazo por paralelismo hoje é quase uma abordagem obrigatória. Sobrepor fases que normalmente seriam realizadas em sequência implica em assumir riscos. Esta técnica propõe a realização em paralelo de atividades que normalmente seriam executadas em sequência. Mas só funciona se puder ser aplicada nas atividades do caminho crítico. Em vez de uma dependência do tipo fim-início, utiliza-se uma dependência início-início. O paralelismo, geralmente, aumenta os esforços de coordenação entre as atividades em questão e os riscos de ocorrerem problemas com a qualidade. Devido aos seus impactos potenciais no projeto como um todo, para se obter sucesso com a técnica, é preciso coordenar ações em todas as outras áreas de conhecimento. Em outras palavras, o paralelismo não pode ser tratado como uma panaceia! Deve ser uma decisão madura e com benefícios comprovados de que a sua aplicação superará os custos e riscos envolvidos. O paralelismo traz a possibilidade, não a garantia de redução de prazo. Das duas, esta é a técnica que apresenta o menor impacto no custo. Um exemplo de paralelismo é o início da construção antes de ser finalizado o design, ou iniciar a execução da fachada antes que seja concluída a execução da estrutura do edifício. Como se pode ver, ambos muito usuais hoje em dia.

Já a técnica de compressão consiste em reduzir a duração do cronograma mediante a adição de recursos. Esses recursos podem ser obtidos através de horas extras, aumento da equipe ou aumento da quantidade de equipamentos. Como no caso anterior, essa técnica só funciona se aplicada nas atividades do caminho crítico. A técnica da compressão nem sempre produz uma alternativa viável, podendo resultar num maior aumento de custo e risco. Uma consideração importante sobre essa técnica é que quanto mais a utilizamos, menos eficaz ela se torna no projeto (Figura 23).

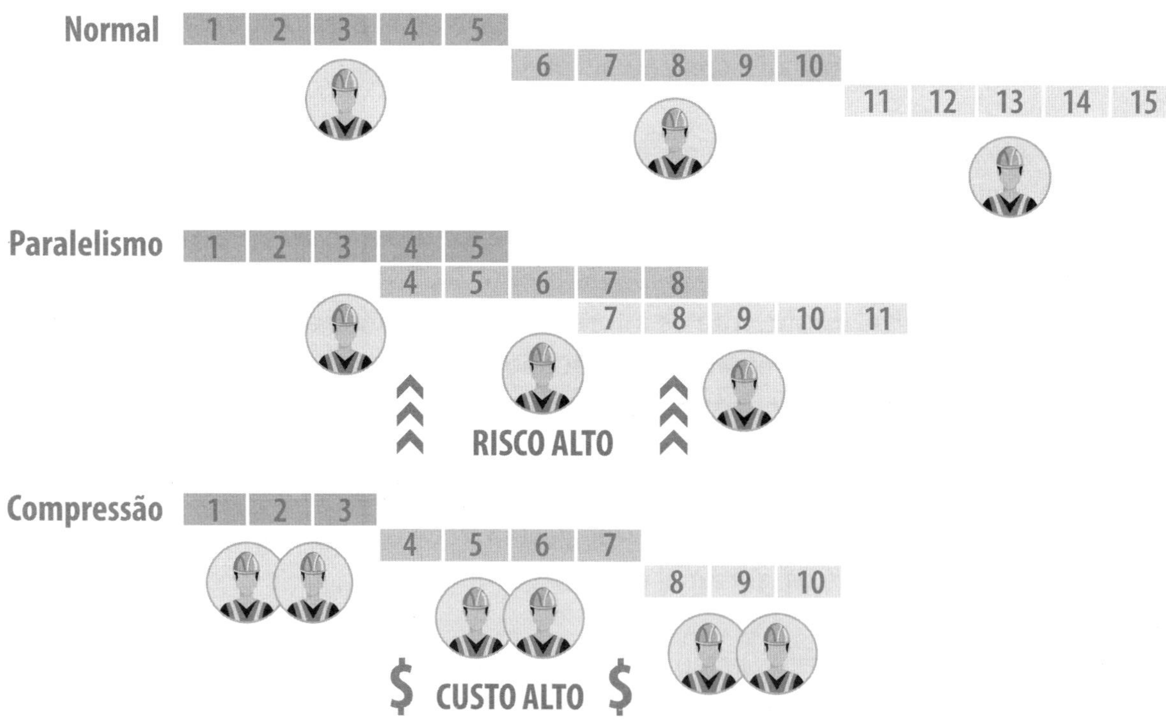

Figura 23 – Comparação de compressões de cronograma.
Fonte: PMI (2016).

Existem vários métodos para a elaboração de cronogramas. Um dos mais utilizados em projetos de construção é o CPM (*Critical Path Method*), desenvolvido pela Dupont. Nele, o cronograma é construído através de uma rede de atividades, em uma sequência lógica, com uma estimativa de duração definida e interdependência entre as tarefas. Uma vez concluída a rede, o método revela o caminho crítico do projeto, ou seja, a sequência de atividades que representa o caminho mais longo para sua conclusão, também definido como o caminho de folga zero. Isso significa que se alguma atividade desse caminho sofrer atraso, o projeto como um todo sofrerá esse atraso. Da mesma forma, se uma atividade fora do caminho crítico atrasar, não necessariamente haverá impacto no prazo final do projeto. Outro ponto importante é que o caminho crítico pode alterar no decorrer do projeto, basta para isso que alguma atividade fora do caminho crítico sofra atraso suficiente para se transformar no novo caminho crítico. Com o caminho crítico definido é possível calcular a folga de cada atividade através das datas de início mais cedo, término mais cedo, início mais tarde e término mais tarde, identificado o grau de flexibilidade em cada caminho lógico da rede, ou seja, a quantidade de tempo que uma atividade pode ser atrasada ou estendida a partir da sua data de início mais cedo sem atrasar a data de término do projeto ou violar alguma restrição do cronograma. A identificação do caminho crítico permite definir as tarefas mais importantes e priorizar esforços para a redução do prazo do projeto.

O método CPM, no entanto, pressupõe que as estimativas são razoavelmente precisas e que sempre será possível uma compressão do tempo de execução pelo aumento dos recursos aplicados. Seguindo esse conceito, poderíamos pensar que, sempre que aplicássemos recursos adicionais às atividades do caminho crítico, reduziríamos o prazo de execução do projeto. Na prática, isso nem sempre é verdade, ou seja, mesmo com o aumento de equipes, equipamentos e materiais, não conseguimos reduzir a duração das atividades continuamente. O comum é que restrições de toda natureza impactem o prazo de execução das atividades. Por exemplo, a falta de espaço para a operação segura de equipamentos adicionais impede que o prazo de execução de uma fundação seja reduzido. Ou, ainda, restrições na capacidade logística para o abastecimento das frentes de serviço impedem a abertura de novas frentes para a redução do cronograma.

Usualmente, por conta de sua similaridade e afinidades, o método CPM é utilizado conjuntamente com o PERT (*Program Evaluation and Review Technique*). Trata-se de um método mais sofisticado, que reconhece a natureza estatística das estimativas e, por isso, torna-o mais aderente aos projetos de construção. A principal diferença é que o PERT calcula a duração das atividades a partir da média ponderada de três durações possíveis: otimista, mais provável e pessimista. O método é reforçado com a aplicação de diagramas de precedência PDM (*Precedence Diagramming Method*). Essa técnica é particularmente benéfica em projetos complexos, uma vez que os cronogramas se mostram particularmente frágeis no que diz respeito às relações de precedências, sequência executiva e alocação de recursos. No entanto, sua aplicação de forma extensiva em todo o cronograma pode ser extremamente complexa e onerosa, exigindo grande esforço para o replanejamento. Nesses casos, é possível aplicá-la de forma iterativa e progressiva, à medida que se aproxima da produção, no planejamento de médio prazo, que veremos no capítulo 5 – Gerenciamento da produção (Figura 24).

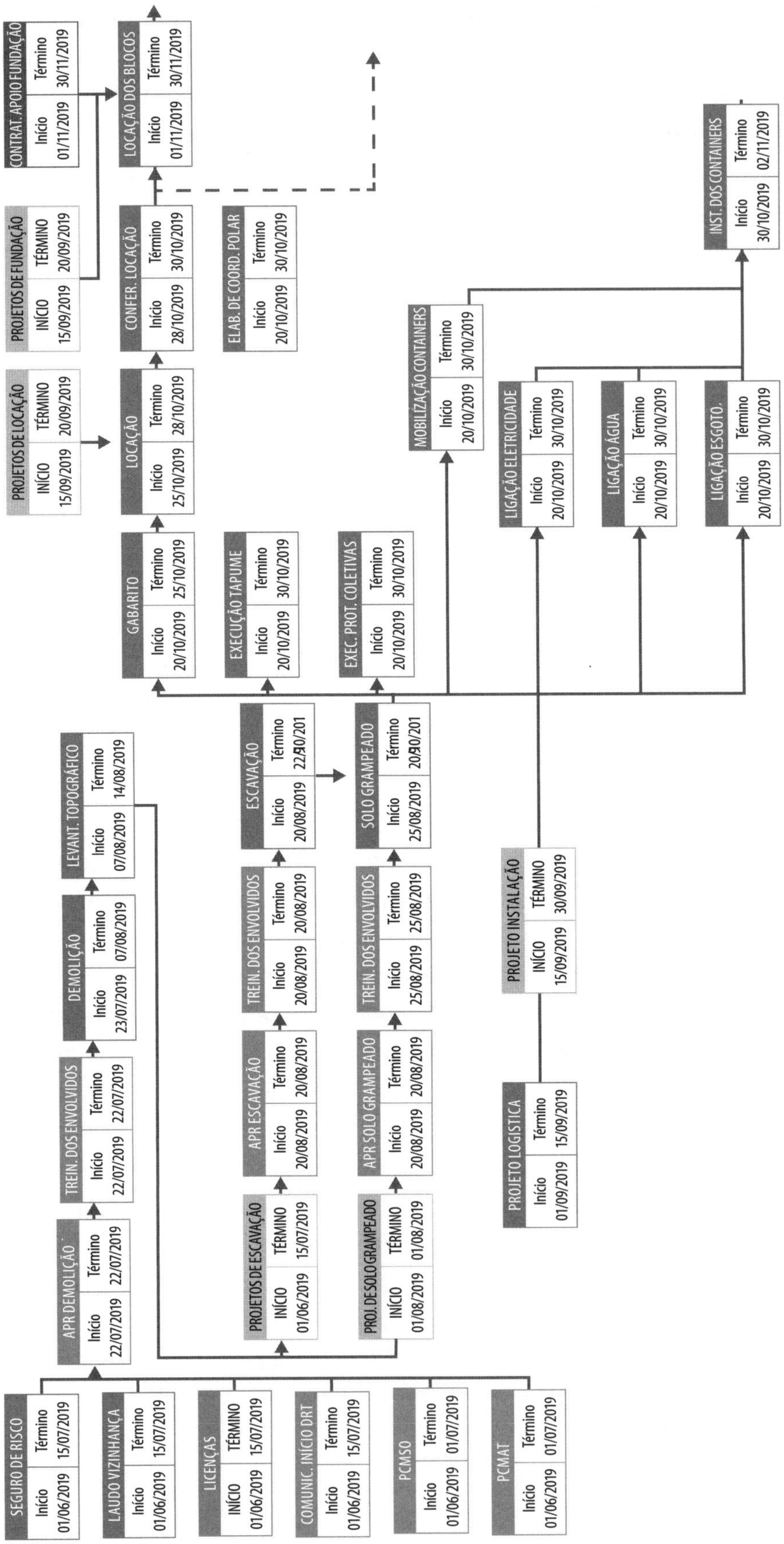

Figura 24 – Diagrama de precedência.
Fonte: adaptado de Polito (2015).

Durante a elaboração do cronograma, devemos buscar a otimização no uso dos recursos e eliminar a superalocação e a ociosidade. Isso pode ser feito através da técnica chamada "nivelamento de recursos". O nivelamento de recurso reconhece que nem sempre haverá recursos ilimitados e, dessa forma, precisamos adequar nosso cronograma a essa restrição. Nessa técnica, as datas de início e término das atividades são ajustadas com base nas restrições de recursos, com o objetivo de equilibrar sua demanda e a oferta. O objetivo é priorizar os recursos nas atividades do caminho crítico, atrasando as atividades não críticas, utilizando, para tanto, as respectivas folgas (Figura 25). No entanto, é preciso cuidado. A experiência demonstra que focar somente na eficiência dos recursos pode aumentar a duração do projeto, aumentando também os seus custos. O nivelamento de recursos pode, muitas vezes, causar mudança do caminho crítico original.

O nivelamento de recursos é uma técnica complexa, demorada e, em alguns casos, pode até mesmo se mostrar impossível. Alguns planejadores podem se sentir tentados a obter um razoável nivelamento de forma manual, através de tentativa e erro, ajustando a lógica das atividades ou inserindo restrições, como atrasos no início de certas atividades. Esta não é uma boa prática, pois interfere no cálculo de duração do cronograma. A maioria dos softwares de planejamento possui ferramentas para auxiliar nesse nivelamento.

Outra técnica disponível para otimizar a utilização de recursos é a "estabilização de recursos". Nesta técnica, ao contrário do nivelamento de recursos, o caminho crítico do projeto não é mudado, e sua data de conclusão não pode ser atrasada. Nela, as atividades só podem ser atrasadas dentro de sua folga livre e total. No entanto, essa técnica não é capaz de otimizar todos os recursos do projeto.

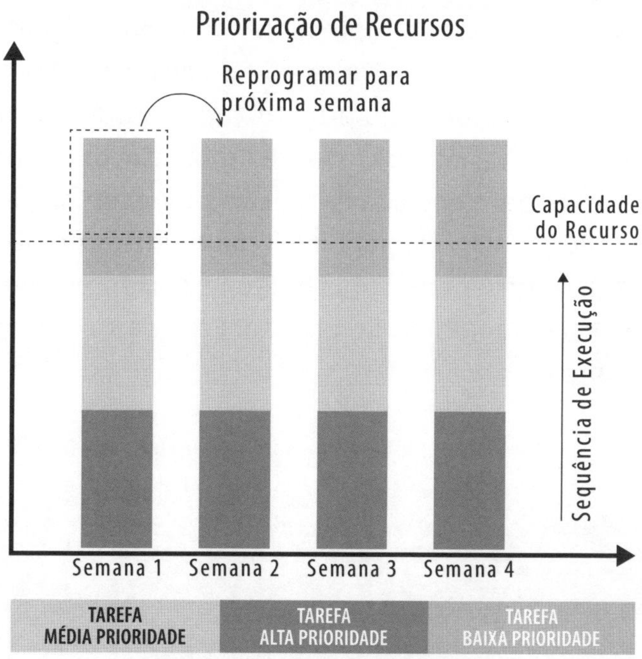

Figura 25 – Nivelamento de recursos.
Fonte: adaptado de Polito (2015).

Uma vez elaborado e aprovado, o cronograma passará a ser chamado de linha de base e será o referencial para o controle durante a execução do projeto. A partir dela serão gerados todos os demais cronogramas auxiliares, como de suprimentos, de design, de recursos, de marcos (*milestones*) etc. A linha de base somente pode ser alterada seguindo os procedimentos de controle de mudanças, conforme abordado no item 3.12.6 – Gerenciar o controle integrado de mudanças.

O cronograma de suprimentos (Figura 26) busca garantir que o material certo esteja disponível na hora certa e no local apropriado para sua utilização. Para que isso aconteça, é preciso integrar o processo de programação de recursos com o processo de aquisição e com a gestão logística. Qualquer recurso que chegue atrasado imputará perdas aos demais recursos. Da mesma forma, se chegar cedo demais, um estoque se formará, ocupando área de armazenagem, consumindo capital e demandando gestão. Todos esses, por definição, são considerados desperdício, como veremos no capítulo 5 – Gerenciamento da produção.

O cronograma de design (Figura 27) busca associar cada desenho de engenharia ao momento em que será necessário ao projeto. Os desenhos precisam estar disponíveis em tempo hábil para que sejam analisados e estudados de forma a alimentar os processos de contratação e aquisição de recursos. Estes, por sua vez, precisam estar disponíveis a tempo de não impactarem o início de suas respectivas atividades. A falta de tempo suficiente para o estudo detalhado dos desenhos leva à adoção de estratégias de execução deficientes, causando retrabalho, contratações com escopo incompleto, problemas de qualidade, entre outros transtornos.

O cronograma de marcos (Figura 28) identifica todos os marcos (*milestones*) do projeto. Um marco é uma atividade de duração zero, mas que representa um evento significativo no projeto, fundamental para seu sucesso. Alguns são obrigatórios como exigências contratuais ou legais. Outros podem ser gerenciais, indicando o avanço do projeto, mesmo que não representem significativo avanço físico. O cumprimento de uma condicionante ambiental da licença é um marco obrigatório. A data de liberação de áreas para entrada de lojistas, por exemplo, é um marco contratual. Já a entrega do fosso do elevador concluído, para início da montagem, ou a desmontagem da grua para conclusão das fachadas, representam datas muito importantes que não podem ser perdidas sob o risco de comprometer o cronograma do projeto. Esse é um cronograma auxiliar adequado à alta administração da empresa.

CRONOGRAMA DE SUPRIMENTOS – OBRA 001												
ITEM	TIPO DE CONTRATAÇÃO	ORDEM DE PRIORIDADE REQUISIÇÃO	TEMPO RESTANTE	DURAÇÃO TOTAL DO PROCESSO	DATA PLANEJADA	DATA REAL	DESVIO	STATUS	DATA PLANEJADA	DATA REAL	DESVIO	STATUS
Alvenaria estrutural	serviço(RP)	2	-342	90	13-dez-14	NA		Cancelada	19-out-14	NA		Cancelada
Aquecimento Solar	serviço+material(RP)	26	-149	90	4-jul-15			Cancelada	30-abr-15			Atrasada
Ar-condicionado Split	serviço+material(RP)	8	-265	95	10-mar-15			Atrasada	4-jan-15			Atrasada
Cabeamento Estruturado	serviço+ma terial(RP)	16	-225	100	19-abr-15			Atrasada	13-fev-15			Atrasada
Cerâmica Interna	material(QM)	14	-229	80	5-abr-15			Atrasada	9-fev-15			Atrasada
Cerâmica parede/piso	serviço(RP)	13	-234	90	31-mar-15			Atrasada	4-fev-15			Atrasada
Contrapiso	serviço(RP)	5	-278	90	15-fev-15			Atrasada	22-dez-14			Atrasada
Drywall	serviço+material(RP)			110	31-jan-15			Atrasada	17-nov-14	17-dez-14	-30	Concluída
Elevadores	serviço+material(RP)			130	4-fev-15			Atrasada	8-out-14	8-out-14	0	Concluída
Escavação/ Movimentação de Terra	serviço(RP)			100	28-jun-14	28-jun-14	0	Concluída	24-abr-14	24-abr-14	0	Concluída
Escoramento	material(RP)			60	16-nov-14	30-dez-14	-44	Concluída	2-out-14	1-out-14	1	Concluída
Esquadria de Ferro	serviço+material(RP)	1	-347	95	13-dez-14	NA		Cancelada	14-out-14	NA		Cancelada
Esquadrias de Alumínio	serviço+material(RP)	3	-297	115	16-fev-15			Atrasada	3-dez-14			Atrasada
Estruturas metálicas	serviço+material(RP)	28	-144	95	4-jul-15			Atrasada	5-mai-15			Atrasada
Extintores e Mangueiras de Incêndio	material(QM)	29	-100	75	2-ago-15			Atrasada	18-jun-15			Atrasada
Forro de Gesso	serviço+material(RP)	9	-262	90	3-mar-15			Atrasada	7-jan-15			Atrasada

Concluída no PRAZO | Concluída com ATRASO

Figura 26 – Exemplo de cronograma de suprimentos.
Fonte: adaptado de Polito (2015).

CRONOGRAMA DE PROJETOS – OBRA 001

TAREFA DO PROJETO	PROJETO	ORDEM DE PRIORIDADE REQUISIÇÃO	TEMPO RESTANTE	INÍCIO PREVISTO	ENTREGA PREVISTO	ENTREGA REAL	DESVIO	STATUS FINAL	DURAÇÃO ELABORAÇÃO	FOLGA PRA ANÁLISE	LEAD TIME (suprim)
1.02.11.02	Esquadrias/ Acessórios de aço inox	12	-180	26-mar-15	28-mar-15			Atrasado	2	5	40
1.02.11.17	Comunicação visual inox	28	-140	09-mai-15	16-mai-15			Atrasado	7	5	40
1.02.11.17	Comunicação visual da área comum	28	-140	09-mai-15	16-mai-15			Atrasado	7	5	40
1.02.11.25	Especificação de material de acabamento			24-out-14	3-nov-14	03-nov-14	0	Concluído	10	30	0
1.0 2.11.25	Especificação de material de acabamento			02-fev-15	12-fev-15	12-fev-15	0	Concluído	10	20	0
1.0 2.11.26	Especificação de mobiliário das áreas comuns	34	-82	06-jul-15	30-ago-15			Atrasado	55	2	30
1.02.11.26	Especificação de marcenaria decorativa	34	-82	06-jul-15	30-ago-15			Atrasado	55	2	30
1.02.11.27	Especificação luminárias das áreas comum	33	-95	23-jun-15	28-jun-15			Atrasado	5	5	60
1.02.11.28	Esquadria de alumínio (porta/janelas e outros)			18-dez-14	22-jan-15	18-dez-14	35	Concluído	35	30	115
1.02.11.29	Esquadria de vidro (sem caixilho)			09-fev-15	11-fev-15	11-fev-15	0	Concluído	2	30	60
1.02.11.31	Furos na estrutura (água, gás, elétrico e esgoto)			10-dez-14	20-dez-14	02-dez-14	18	Concluído	10	2	0
1.02.11.56	Detalhamento de fachadas			01-jan-15	11-jan-15	12-jan-15	-1	Concluído	10	2	0
1.02.11.58	Paginação de piso/parede - áreas comuns			01-jan-15	11-jan-15	11-jan-15	0	Concluído	10	2	0
1.02.11.59	Paginação de piso/parede			15-jan-15	25-jan-15	25-jan-15	0	Concluído	10	2	0
1.02.11.61	Projeto de exaustão	36	-65	23-jul-15	21-set-15			Atrasado	60	10	30
1.02.11.62	Projeto de impermeabilização	2	-221	17-fev-15	18-fev-15			Atrasado	1	5	60
1.0 2.11.67	Rebaixamento de teto (todos os pavtos.)	2	-221	17-fev-15	18-fev-15			Atrasado	1	5	60

Concluído no PRAZO — Concluído com ATRASO

Figura 27 – Exemplo de cronograma de design.
Fonte: adaptado de Polito (2015).

CRONOGRAMA DE MARCOS – OBRA 001									25/09/2015			
ID	TRABALHO	RESP	MARCO	TORRE	FASE	REGRA	DATA PLANEJADA	DATA REALIZADA	DESVIO	Status	Prior.	TEMPO RESTANTE
1	Físico	GO	Início da Obra	1	1	Início da fundação (direta ou indireta)	28-jul -14	28-jul-14	0	Conc. no Prazo		
2	Físico	GO	Término da Obra	1	1	Home-in (projetar 15 dias após término da obra)	30-out-15			Conc. Atrasada		
3	Físico	GO	Início Estrutura	1	1	Início da Forma da laje do TE	30-jan-15	30-jan-15	0	Conc. no Prazo		
4	Físico	GO	Término Estrutura	1	1	Concretagem da laje Cobertura da 5ª etapa	30-mai-15	30-mai-15	0	Conc. no Prazo		
5	Físico	GO	Teste hidráulico	1	1	Data planejada para início dos testes hidráulicos	24-abr -15			Atrasada	1	

Figura 28 – Exemplo de cronograma auxiliar de marcos.
Fonte: adaptado de Polito (2015).

Outro cronograma muito utilizado é o de recursos. Neste são representados os principais recursos necessários em cada fase do projeto, como tratores, caminhões, escavadeiras, mão de obra etc.

Os cronogramas podem conter dois tipos de reservas: a de contingência e a gerencial. É preciso avaliar e quantificar a quantidade de reserva necessária para trazer segurança ao projeto. Essas reservas são calculadas a partir do processo de gerenciamento dos riscos do projeto, que veremos no item 3.7.

A empresa deve criar um banco de dados centralizado, contendo cronogramas e informações de projetos já realizados. Isso aumenta a eficiência e reduz o esforço necessário para a criação de novos cronogramas. Também ajuda na divulgação de boas práticas e lições aprendidas.

Um documento muito importante, que compõe a linha de base do cronograma é o Dicionário do Cronograma. Esse documento descreve com clareza como o cronograma foi criado. Ele contém informações, como quais foram as produtividades utilizadas, as premissas, as exclusões, as restrições, a fonte das informações, os métodos executivos adotados, entre outros. Essas informações ajudam no entendimento do cronograma e nas futuras revisões que, com certeza, ocorrerão.

Os cronogramas podem ser apresentados nas mais variadas formas, cada uma com suas vantagens e desvantagens. Podem ser apresentados em forma de gráficos de barras, em diagramas de precedência, listas de atividades, em linhas de balanço, entre outros.

O gráfico de barras, também conhecido como cronograma de Gantt, é o mais famoso deles. É visualmente atraente e de fácil leitura e compreensão. Apresenta, de forma imediata, a posição relativa do projeto ao logo do tempo. É ótimo para profissionais que não fazem parte do gerenciamento de projetos. Permite visualizar as atividades que serão realizadas ao longo do tempo e acompanhar sua evolução. As barras são posicionadas em uma escala de tempo, onde o comprimento das barras representa a duração da atividade. Possui a desvantagem de não permitir a visualização da ligação entre as atividades e não permitir a identificação do caminho crítico.

O gráfico de marcos é semelhante ao gráfico de barras, porém identifica apenas o início e o término das atividades mais importantes.

Os diagramas de rede representam cada atividade como um nó, mostrando a relação entre as atividades, mas sem uma escala de tempo, ou seja, representam a lógica inserida por trás do cronograma. São extremamente úteis na engenharia para a análise dos planos de ataque e a identificação de inconsistências nas dependências e sequências executivas planejadas. Apresentam informações como as datas de cada atividade e as atividades do caminho crítico.

As listas de atividade são extremamente objetivas e trazem com clareza o período em que cada pacote de trabalho deve ser executado. São extremamente úteis aos profissionais que estão gerenciando as tarefas do dia a dia. Permitem que sejam associados responsáveis a cada atividade, são de fácil entendimento para profissionais com menor escolaridade e permitem a comparação do previsto x realizado, de forma simples. Sua principal deficiência é que não permitem uma visão sistêmica do projeto, sua estratégia e nem dos impactos futuros de possíveis atrasos.

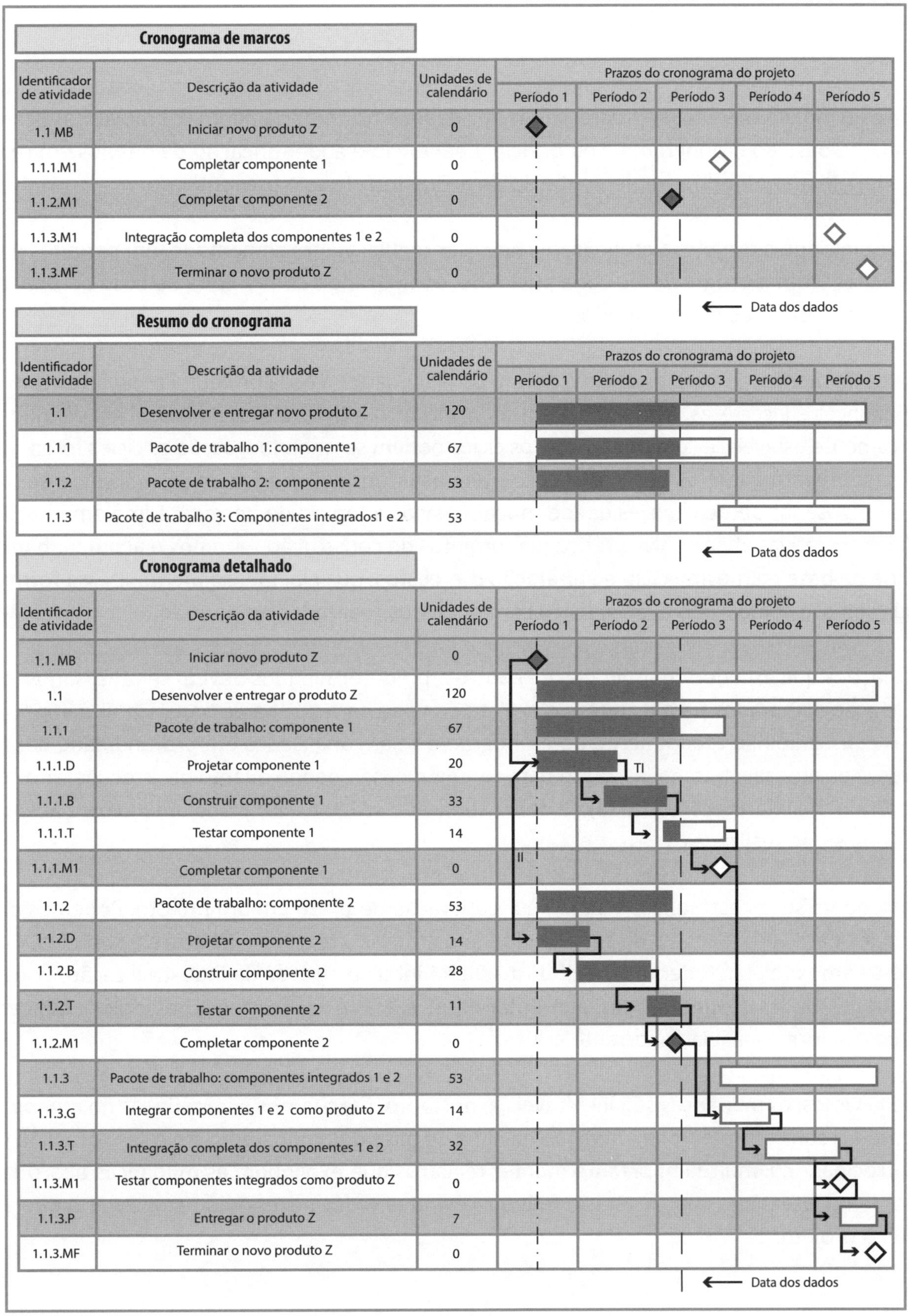

Figura 29 – Apresentação do cronograma do projeto: exemplos.
Fonte: adaptado de PMI (2016).

3.2.5 Controlar o cronograma

Controlar o desempenho do cronograma é fundamental para o sucesso do projeto. Esse processo consiste no monitoramento do progresso das atividades e no gerenciamento das mudanças ocorridas na linha de base do cronograma. Seu principal benefício é a identificação de desvios em relação ao planejado, permitindo a implementação de ações corretivas e preventivas.

Uma vez iniciado o projeto, o cronograma deve ser regularmente alimentado, em períodos predeterminados, com o progresso de cada atividade, comparando com a linha de base aprovada em termos de prazo e recursos utilizados.

Os ciclos de monitoramento e controle devem ser adequados a cada projeto. Em projetos com muitas mudanças e incertezas, os ciclos devem ser mais curtos. Em projetos de baixa taxa de mudança, relativamente estáveis, e com baixo risco, os ciclos podem ser mais longos. Se os ciclos forem muito curtos, sobrecarregarão as pessoas que coletam as informações e fazem as análises; e se forem muito longos, não serão capazes de identificar desvios a tempo de permitir a implementação de medidas corretivas eficazes. Na prática, em projetos de construção, fazemos o acompanhamento da linha de base no mesmo ciclo de apuração dos custos, ou seja, mensalmente. Dessa forma podemos sempre comparar o avanço físico com os custos realizados no período.

As variações que excederem os limites de controle predeterminados devem ser analisados, e planos de ação elaborados para trazerem o projeto de volta para a linha de base. É muito importante que as causas do não atendimento ao cronograma sejam analisadas em profundidade para que medidas corretas sejam tomadas, tanto para corrigir o desempenho quanto para recuperar o atraso já incorrido. As informações obtidas também servirão para revisar o planejamento das atividades que ainda serão realizadas.

Várias podem ser as estratégias visando à recuperação de prazo em um projeto. Podemos dividir atividades para várias frentes de serviço. Podemos retirar a precedência entre atividades, executando-as em paralelo. Podemos transferir trabalho interno através da industrialização. Podemos eliminar atividades desnecessárias, aumentar horas extras e muito mais. O objetivo é concentrar esforços de forma a aliviar a corrente crítica.

Como já vimos, as mudanças são inevitáveis e, portanto, precisamos acomodá-las no cronograma e mantê-las sob controle. Toda alteração na linha de base do cronograma deve ser aprovada junto ao patrocinador. É muito importante manter registros que expliquem as mudanças ocorridas no cronograma. Essas informações serão muito relevantes se for necessário reconstruir o que aconteceu no projeto.

3.3 Gerenciamento do custo do projeto

Gerenciar os custos de um projeto é vital para seu sucesso. A variável custo está presente em todas as fases de uma construção, desde a análise de viabilidade, passando pelo desenvolvimento dos desenhos de engenharia até o planejamento e controle da produção.

A gestão dos custos envolve realizar estimativas, elaborar um orçamento e controlar os custos realizados, buscando garantir que o projeto seja concluído dentro do orçamento aprovado. A gestão dos custos relaciona-se com todas as demais áreas de conhecimento. Por exemplo, está intimamente ligada às decisões de aquisições. Através desse relacionamento são tomadas decisões como: comprar ou alugar? Fazer ou subcontratar? Pagar à vista ou financiar? Ou, ainda, com a área de gerenciamento dos riscos, onde, para cada risco identificado, existirá uma estimativa de custo para mitigá-lo e/ou uma reserva para proteger o projeto.

Existem vários níveis de precisão para o orçamento de um projeto. É preciso escolher o nível adequado para cada necessidade e cada fase. Para fases muito iniciais, quando o escopo não está totalmente definido, ou para projetos com alto grau de incerteza, pode não haver benefício em realizar cálculos detalhados, uma vez que muitas mudanças ainda ocorrerão. Nesse caso, métodos mais simples permitem estimativas rápidas e de alto nível, suficientes para apoiar a tomada de decisão. Estimativas mais detalhadas devem ser reservadas para fases quando o escopo está consolidado e mais previsível.

O custo de um projeto é proporcional ao seu escopo, devendo ser gerenciado desde seus estágios iniciais, onde a capacidade de influenciá-lo é maior, sendo reduzida na medida em que o projeto progride. O custo de um projeto também está intrinsecamente relacionado ao seu prazo de execução, ou seja, alterar prazo é alterar custo e vice-versa. Por exemplo, se acelerarmos o projeto, teremos maiores custos com horas extras, mobilização de equipamentos adicionais, entre outros. Por outro lado, quando um projeto atrasa, temos maiores custos fixos de manutenção do canteiro, permanência de equipe etc. É preciso encontrar a relação ideal entre o custo e o prazo do projeto, em função da estratégia escolhida. Para isso, precisamos entender os custos diretos e indiretos e a relação entre eles.

Os custos indiretos são aqueles que não variam, independentemente das quantidades produzidas. São eles: despesas com mobilização, operação do canteiro, energia, água, segurança e portaria, equipe técnica e administrativa, logística, entre outros. São comumente alocados no projeto como um todo. Normalmente, são maiores no início do projeto por causa da mobilização, aproximando-se, posteriormente, de uma linearidade. Grande parte do custo indireto é proporcional ao prazo do projeto.

Os custos diretos são aqueles diretamente associados à execução de uma atividade (mão de obra, material, serviços e equipamentos envolvidos diretamente na execução). São calculados através de composições de custo e variam em função da quantidade produzida. Os custos diretos tendem a aumentar na medida em que o prazo é reduzido. Cada atividade possui seu próprio custo de aceleração.

Conceitualmente, admitimos que a duração normal de uma atividade representa o menor custo direto. Já a duração acelerada é aquela com o menor prazo possível, mas com maior custo direto. Entendemos como menor prazo possível aquele que, tecnicamente, não é mais passível de redução, nem mesmo com uma maior alocação de recursos. O custo marginal é aquele necessário para acelerar uma atividade, ou seja, o custo de aceleração da atividade. Podemos ver na Figura 30 que a duração ótima para um projeto é o ponto mínimo da curva de custo total – D0.

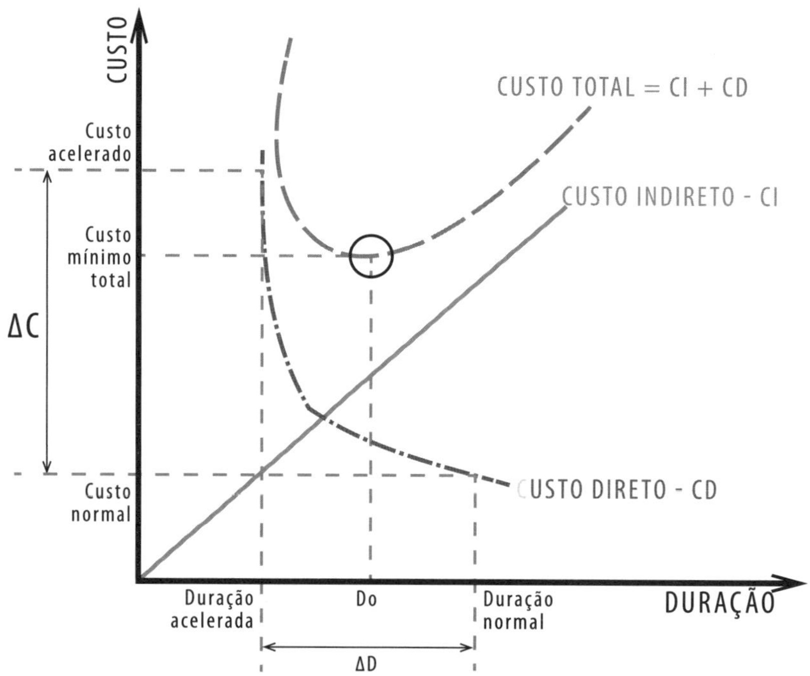

Figura 30 – Relação entre custo total e prazo.
Fonte: adaptado de Polito (2015).

Na fase de desenvolvimento do design, podemos utilizar uma técnica chamada TVD (*Target Value Delivery*), abordada em maior profundidade no item 4.3, de forma a direcionar os esforços no sentido de um custo alvo. Estabelecer os direcionadores de custo no início do processo de desenvolvimento do produto e monitorá-los continuamente é fundamental para se chegar a um bom resultado. Outras ferramentas, se aplicadas nos estágios iniciais, podem contribuir bastante para reduzir o custo e o prazo, além de melhorar a qualidade e o desempenho do produto, como, por exemplo, a Engenharia e Análise de Valor, abordada no item 4.6.

Os desafios da gestão de custo na construção são muitos: o grande número de partes interessadas envolvidas, a grande variação de produtividade, a enorme quantidade de recursos mobilizados (materiais, serviços, equipamentos, informações), as flutuações nos preços desses recursos e as variações regionais nos custos de produção e logísticos. Controlar o custo nesse cenário é um processo complexo e envolve planejamento e controle detalhados.

Os estouros de orçamento podem não ser, necessariamente, decorrentes da má gestão dos custos de um projeto. Na maioria das vezes, são decorrentes de outros problemas, como o atraso da obra, mudanças de escopo, baixo desempenho da produção, erro nas estimativas, retrabalhos, aumento de preços do mercado, concretização de riscos, entre outros. Sendo assim, por mais que se planeje e controle os custos, eles serão sempre consequência da qualidade da gestão do projeto como um todo. Por isso, a gestão dos custos deve estar sempre integrada com as demais áreas, de forma a direcionar as ações necessárias para as correções de rumo. Da mesma forma, as decisões de custo do projeto devem levar em consideração seus impactos nas demais áreas de conhecimento, além dos custos de operação, manutenção e impactos na vida útil da edificação.

Não abordaremos, neste livro, técnicas de orçamentação, uma vez que existem muitas publicações no mercado que o fazem com bastante profundidade. Nós nos limitaremos a demostrar a importância de sua gestão para o bom resultado do projeto.

3.3.1 Estimar os custos

Uma estimativa é a melhor previsão baseada nas informações disponíveis no momento de sua realização. Podemos afirmar que uma estimativa é uma avaliação quantitativa de custos prováveis dos recursos necessários para executar uma atividade. Esta não deve ser nem o menor nem o maior valor, e sim o valor mais realista. Devemos utilizar a maior quantidade de informações possíveis: orçamentos de fornecedores, informações históricas de outros projetos, pareceres de especialistas, composições de preços unitários, publicações especializadas, entre outras. Por mais confiáveis que sejam, existe sempre uma probabilidade de erro. Quanto mais ousada a estimativa, maior o risco de insucesso.

As estimativas dependem muito da experiência e expertise da equipe de orçamento e são altamente sensíveis à estratégia de execução das atividades. Uma visão mais abrangente, com vivência em situações reais de obra, trará maior precisão às estimativas realizadas.

Existem várias técnicas para a realização de estimativas, dependendo da quantidade e qualidade das informações disponíveis e do uso a que se destinam. As estimativas podem ser uma ordem de grandeza, uma estimativa preliminar ou uma estimativa final. Uma estimativa de ordem de grandeza normalmente é utilizada para se decidir se um estudo vai ser levado adiante ou não. Uma estimativa preliminar usualmente é requerida para o alto nível de decisão. Por exemplo, ela pode ser adequada e suficiente para que o patrocinador decida investir em um projeto, entretanto certamente não tem a exatidão necessária para se iniciar o processo de contratação dos serviços. Para isso, seria necessária uma estimativa fundamentada, com todos os seus recursos identificados e quantificados, ou seja, uma estimativa final.

O nível de exatidão de uma estimativa é muito importante. As estimativas coletam informações de muitas fontes, algumas mais completas e confiáveis, outras incompletas e superficiais. Na medida em que o projeto avança e novas informações são coletadas e compreendidas, estas devem ser revisadas e refinadas em ciclos iterativos de forma a manter sua adequação à realidade. Dessa forma, podemos dizer que a exatidão das estimativas aumenta na medida em que o projeto avança. A exatidão das estimativas é tão maior quanto mais claro e tecnicamente descrito estiver o escopo (dicionário da EAP).

Alguns fatores adicionais que devem ser levados em consideração, quando da realização de estimativas de custos em projetos de construção, são: as condições do local, a disponibilidade de mão de obra, o tipo de obra, os salários praticados na região, as condições de acesso ao local, a existência de restrição de horários de trabalho, restrições de logística, condições climáticas regionais, impactos em comunidades e grupos sociais locais, requisitos de saúde e segurança, a legislação ambiental e dados geotécnicos.

Uma das mais valiosas fontes de informação para a realização de estimativas são projetos passados e lições aprendidas da própria empresa. Estes podem fornecer dados históricos de custo e índices de produtividade, obtidos no mesmo ambiente, com os mesmos fornecedores e com os mesmos processos que serão utilizados no projeto que se está estimando. Outras fontes muito importantes são a opinião de especialistas e consultores, informações do setor ou publicações especializadas como o SINAPI (Serviço Nacional de Pesquisa de Custos e Índices da Construção Civil). Todos esses contribuem para aumentar a exatidão das estimativas.

Para utilizarmos técnicas que produzem estimativas mais precisas, precisamos de mais detalhes e informações mais volumosas a respeito do projeto. Isso demanda mais tempo e mais recursos, inclusive financeiros. Devemos estimar o custo para todos os recursos que serão utilizados no projeto, ou seja, materiais, serviços, equipe, equipamentos, entre outros. As estimativas devem ser organizadas e agrupadas sempre utilizando a EAP como base de referência. As técnicas mais utilizadas são as análogas, paramétricas, de três pontos e *bottom-up*.

A estimativa análoga utiliza dados históricos de outros projetos anteriores e semelhantes ao projeto atual, algumas vezes ajustados pelas diferenças conhecidas entre os casos. É frequentemente utilizada para estimar o custo quando há limitada quantidade de informações. É pouco dispendiosa e consome pouco tempo. Sua exatidão é tão confiável quanto a similaridade entre as atividades comparadas. Também depende da qualidade da equipe que aplica a técnica.

As estimativas paramétricas utilizam relacionamentos estatísticos entre dados históricos para calcular o custo estimado. São determinadas pela multiplicação da quantidade de trabalho a ser executado pela quantidade de recursos necessários. Também podem ser utilizados dados de publicações especializadas e associações profissionais. São exemplos comuns do uso de estimativas paramétricas o uso do custo por m^2 de um projeto e a estimativa de aço ou mão de obra por m^3 de concreto. Essa técnica pode ser altamente confiável e exata, a depender da qualidade dos dados utilizados.

A técnica de três pontos busca reduzir a imprecisão de uma estimativa com a consideração de sua incerteza e de seus riscos. Esta fornece uma expectativa de custos e ajuda a tornar clara a amplitude da incerteza ao redor dos custos esperados. Na estimativa de três pontos, define-se uma faixa aproximada do custo de uma atividade, contendo o mais provável, o otimista e o pessimista. O custo mais provável é aquele baseado nos recursos prováveis a serem alocados e quaisquer outros gastos previstos com expectativas realistas. O custo otimista é baseado no melhor cenário plausível e o pessimista no pior.

A estimativa *bottom-up*, ou de baixo para cima, é utilizada quando temos um escopo claramente definido, com especificações técnicas e desenhos de engenharia elaborados. Trata-se da decomposição dos pacotes de trabalho em atividades até que seja possível estimar, com precisão, o custo de cada uma delas. Então, os custos são agrupados de forma a obtermos os custos de cada pacote de trabalho e do projeto como um todo. É um método extremamente preciso e confiável, que fornece estimativas transparentes e estruturadas, mas que consome tempo e recursos consideráveis, nem sempre disponíveis. Quanto menor e mais detalhada a atividade, maiores a precisão e o custo envolvidos.

Qualquer que seja a técnica adotada, é importante manter documentadas todas as premissas e informações que foram utilizadas na realização das estimativas. Isso trará rastreabilidade às decisões e facilitará as futuras revisões. Quando as estimativas forem baseadas em orçamentos de fornecedores, estas devem ser amparadas por propostas comerciais, de forma a estabelecer um compromisso com o fornecedor. Outra boa prática é a indicação do nível de confiança para a estimativa de cada uma das atividades.

O processo de estimar os custos das atividades é extremamente provocador e, junto com técnicas como a engenharia e análise de valor, pode identificar grandes oportunidades de redução de custo e risco para o projeto. É preciso ter foco e investir tempo nas atividades mais relevantes do orçamento. Usualmente, 20% das atividades correspondem a 80% do custo total.

3.3.2 Determinar o orçamento

A base de um gerenciamento de custos eficaz é um orçamento adequadamente detalhado, consistente e confiável. Não existe processo decisório tão incerto e tão importante para o resultado do projeto como o de orçamentação. Esse processo está profundamente relacionado aos processos de engenharia e evolui ao longo do projeto, na medida em que novas informações são adicionadas.

O processo de orçamentação deve seguir a estrutura dos pacotes de trabalho da EAP, adicionando-se as estimativas de custo em cada elemento, partindo dos níveis mais baixos para os mais altos (*bottom-up*), de forma a permitir análises segmentadas. Neste caso, passa a se chamar Estrutura Analítica de Custos – EAC. Os diversos níveis são codificados, permitindo rápida alocação e identificação dos custos apurados. Normalmente, os softwares de orçamento já trazem esse tipo de estruturação (Figura 31).

Figura 31 – Exemplo de estrutura analítica de custos.
Fonte: adaptado de Polito (2015).

O processo de orçamentação tem uma estreita relação com os processos de desenvolvimento do produto. Por exemplo, quando a engenharia simultânea, abordada no item 4.11, é utilizada, o orçamento conviverá com estimativas com diferentes níveis de exatidão. Os pacotes de trabalho já com o design desenvolvido terão estimativas bem mais precisas, muito provavelmente utilizando a técnica *bottom-up*, enquanto pacotes de trabalho com engenharia incipiente adotarão estimativas análogas e, portanto, menos exatas. O processo de orçamentação deve ser contínuo, em ciclos iterativos. A cada novo ciclo, novos conhecimentos e informações são adicionados e o orçamento se torna mais ajustado e refinado, ou seja, mais aderente à realidade do projeto.

Uma vez aprovados o orçamento e sua EAC, estes se transformam na linha de base de custos do projeto, devendo conter os custos de todo o trabalho planejado para o projeto. A linha de base de custos não muda durante a execução do projeto, a não ser que existam mudanças aprovadas formalmente pelo patrocinador do projeto.

A linha de base é fundamental para a gestão de custos, pois é através dela que o desempenho é medido e, caso esteja se desviando do planejado, ações contingenciais poderão ser tomadas. Quando a linha de base de custo é distribuída em uma base temporal, ela se transforma em um cronograma físico-financeiro, sendo representado por uma curva S. Isso permite ao gerente monitorar conjuntamente o custo e o prazo.

O orçamento aprovado deve conter dois tipos de reservas: a reserva de contingência e a reserva gerencial. Estas devem ser dimensionadas em função das incertezas e dos riscos identificados, de forma a proporcionar segurança ao projeto.

A reserva de contingência está associada às incertezas e aos riscos conhecidos. Trata-se de um orçamento alocado para riscos conhecidos, dentro da linha de base dos custos. Podemos definir contingência como algo possível, mas incerto. É algo que pode vir a acontecer, mas não pode ser controlado. O tamanho da reserva de contingência é justificado pelo tamanho do risco a que está associado. Ele pode ser calculado pela probabilidade x o impacto da ocorrência do risco. A reserva de contingência somente será utilizada quando, e se, o risco ocorrer. Na medida em que a incerteza é reduzida e informações mais precisas são obtidas, a reserva de contingência também pode ser reduzida, aplicada ou, até mesmo, eliminada. Se novos riscos forem identificados, ou se deixarem de existir, a reserva de contingência deve ser recalculada.

A reserva gerencial está associada a riscos desconhecidos. Trata-se de calcular uma margem de segurança, de forma a prevenir que os riscos que ainda não foram identificados inviabilizem o projeto. É direcionada para trabalhos imprevistos não contemplados pelo escopo do projeto. A reserva gerencial é usualmente calculada como um percentual do orçamento. Esta não está incluída na linha de base de custo e não deve ser considerada no cálculo do valor agregado. Entretanto, compõe o custo total do projeto. Ao contrário da reserva de contingência, a reserva gerencial não está nas mãos do gerente do projeto. Para que seja utilizada, ela precisa ser autorizada pelo patrocinador do projeto (Figura 32).

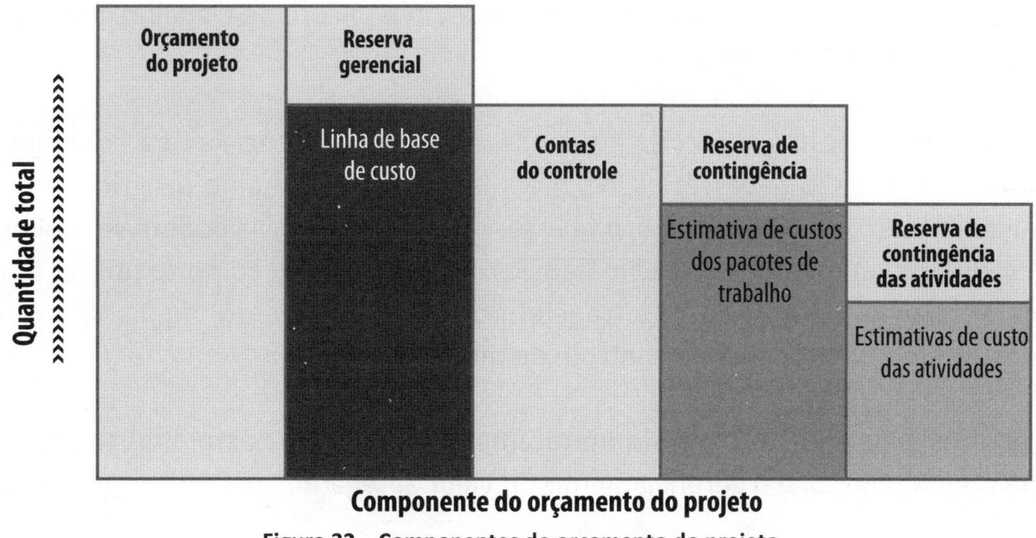

Figura 32 – Componentes do orçamento do projeto.
Fonte: adaptado de PMI (2017).

3.3.3 Controlar os custos

Controlar os custos é monitorar o progresso do projeto juntamente com os custos incorridos, de forma a identificar rapidamente desvios e tomar ações corretivas que o reconduzam ao orçamento. O principal benefício deste processo é que ele é proativo, permitindo a adoção de ações preventivas ou corretivas que, por sua vez, minimizam os riscos sobre o custo do projeto. Esse monitoramento deve ocorrer em períodos regulares e ser realizado ao longo de todo o projeto.

Variações no custo são normais e ocorrerão durante todo o projeto. Por isso, é importante definir limites de controle, especificando a variação de custo permitida, antes que alguma ação seja necessária. Normalmente, os limites são expressos como porcentagem de desvio em relação ao orçamento. Quando ultrapassado o limite, é necessário agir rapidamente para retorná-lo ao caminho correto. Análises profundas devem ser realizadas para se determinar a causa-raiz da variação e permitir um adequado tratamento. O processo de controle de custos deve ser diligente de forma a influenciar os fatores que provocam os desvios, identificando também riscos que provocarão desvios futuros.

Gerenciar as mudanças no custo do projeto é fundamental para seu sucesso. É preciso prevenir que custos não autorizados sejam incluídos e que mudanças impactem o custo do projeto. Se o escopo for modificado, por exemplo, é preciso garantir que, havendo impactos no custo, estes sejam aprovados pelo patrocinador através do processo de controle de mudanças e inseridos no orçamento. O principal benefício desta prática é garantir que o orçamento esteja atualizado ao longo de todo o projeto e impedir que cresça de forma descontrolada. Também permite a construção de uma base de conhecimento que poderá ser transferida para outros projetos da companhia. As principais partes interessadas devem ser comunicadas sempre que ocorrerem mudanças na linha de base de custo do projeto. Para que seja adequadamente controlado e analisado, é necessário que cada custo realizado seja apropriado no seu respectivo pacote de trabalho, que, usualmente, corresponde a um centro de custo.

Durante o controle dos custos, é preciso avaliar se as reservas gerenciais e de contingência estão adequadas ou se ainda são necessárias. Na medida em que o trabalho progride, o controle de custo captura informações mais precisas, e as reservas de contingência podem ser utilizadas como planejado, reduzidas, aumentadas ou eliminadas. Havendo a intenção de se utilizar a reserva de gerenciamento, o valor necessário será transferido para o orçamento, mediante aprovação do patrocinador, através do processo de controle de mudanças.

Uma das técnicas mais eficazes para o monitoramento, não só do custo, mas também do prazo e do escopo de um projeto, é o gerenciamento do valor agregado, que apresentaremos a seguir.

3.3.4 Gerenciamento do valor agregado – GVA

O gerenciamento do valor agregado (GVA) compara os custos incorridos, o gasto planejado e a produção realizada em relação ao cronograma do projeto. Em outras palavras, confronta o desempenho obtido com o gasto para obtê-lo. O GVA permite aos gestores identificar problemas antecipadamente e fazer os ajustes necessários para manter o projeto no prazo e no custo planejados. Com ele é possível ter uma visão clara da situação do projeto e fazer análises de tendências. A técnica utiliza o desempenho passado para projetar o desempenho futuro. O GVA é capaz de demonstrar claramente se o projeto está consumindo mais recursos porque está mais caro ou porque está adiantado. Isso é possível porque esse método integra o escopo, o cronograma e o custo do projeto.

O ponto de partida para seu desenvolvimento é o cronograma e o orçamento distribuídos na EAP. Seu subproduto é uma curva S que representa a linha de base de desempenho do projeto (Figura 33).

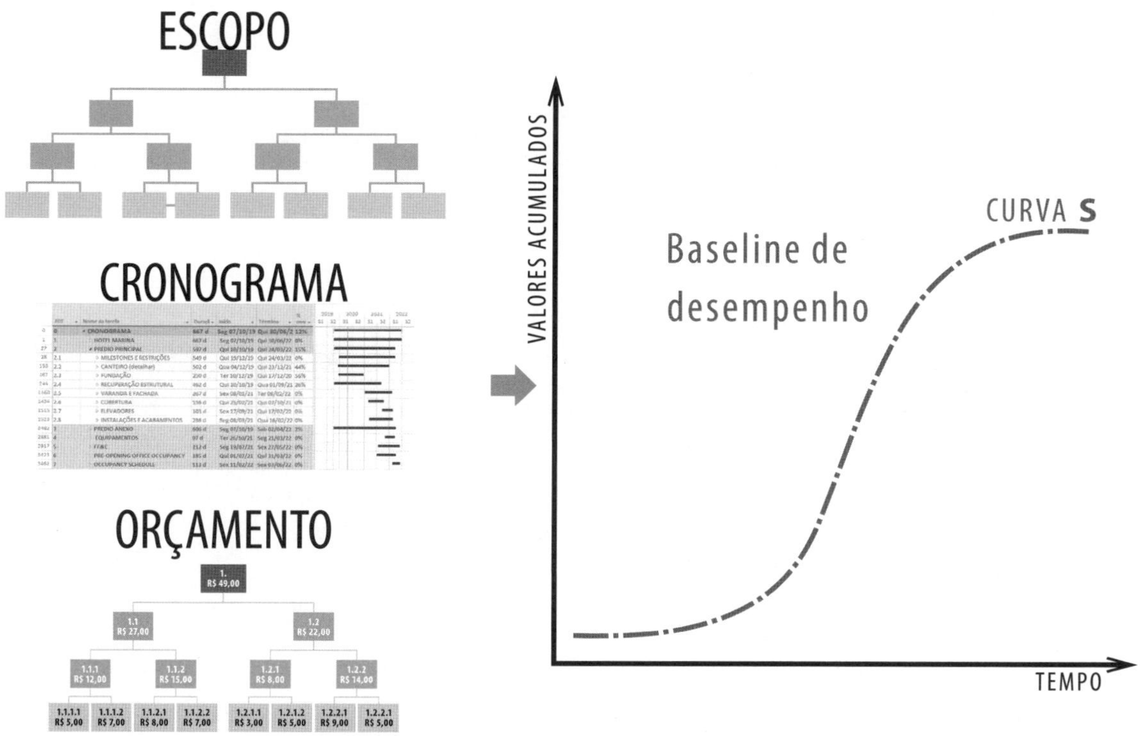

Figura 33 – Linha de base de desempenho.
Fonte: adaptado de Polito (2015).

O tripé de comparação do GVA é formado pelo custo ou valor planejado (VP), o custo realizado (CR) e o valor agregado (VA). O valor planejado (VP) é custo que deveria ter incorrido no período de medição, ou seja, é o orçamento autorizado para o trabalho planejado. Também podemos chamá-lo de linha de base de medição do desempenho. O valor agregado – VA – é a medida do trabalho executado expressado em termos do orçamento autorizado para o trabalho realizado, ou seja, é o custo orçado para o trabalho realizado. Em outras palavras, é quanto deveria ter custado, segundo o orçamento, o que foi produzido. O VA é geralmente utilizado de forma cumulativa para calcular o percentual de avanço de um projeto, determinar sua situação atual e estimar o seu desempenho futuro. O custo real (CR) é quanto realmente custou o que foi realizado. Não se relaciona com o que foi planejado, e sim com a realidade da obra. Esses três parâmetros são usualmente representados de forma cumulativa por meio de gráficos, conforme a Figura 34. Técnicas de análise gráfica são valiosas para o entendimento do desempenho passado e para projetar o desempenho futuro.

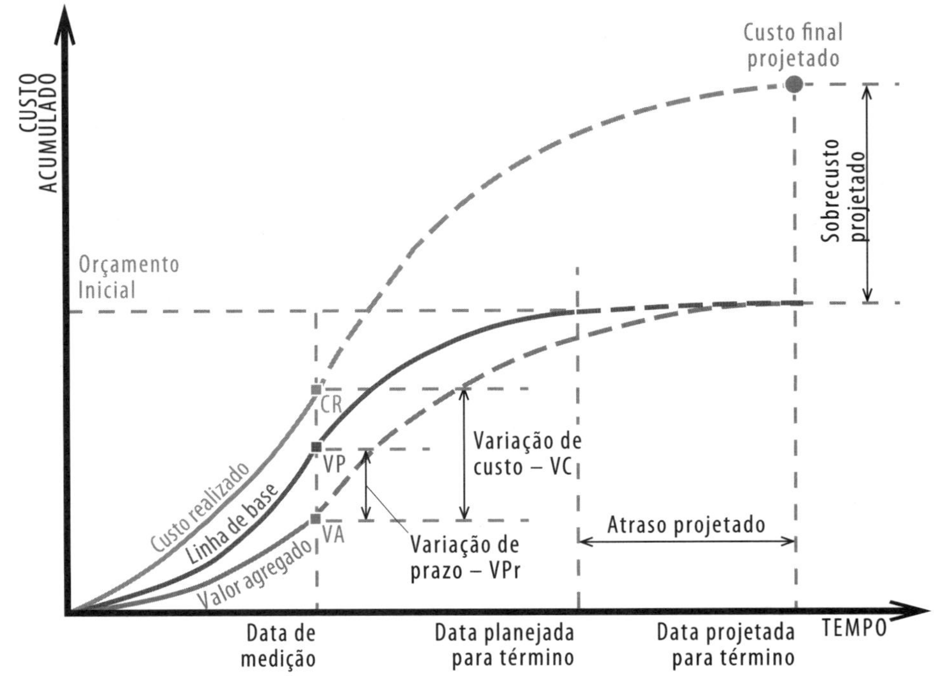

Figura 34 – Gerenciamento do Valor Agregado – GVA.
Fonte: adaptado de Polito (2015).

Com esses três valores podemos calcular alguns indicadores muito úteis para analisar o desempenho do projeto. Os mais usualmente utilizados são a variação de custo (VC), a variação de prazo (VPr), o índice de desempenho de custo (IDC) e o índice de desempenho de prazo (IDP) (Figura 35).

INDICADORES DE DESEMPENHO ATRAVÉS DO GVA				
	SIGLA	PARÂMETRO	SIGNIFICADO	FÓRMULA
DADOS APURADOS	VP	Valor Previsto	Quanto deveria ser gasto até a data de apuração	–
	VA	Valor Agregado	Quanto deveria ter custado o que foi produzido	–
	CR	Custo Real	Quanto custou o que foi produzido	–
INDICADORES DE DESEMPENHO	VC	Variação de Custo	Diferença entre o que deveria ter custado e quanto custo (positivo = satisfatório; negativo = insatisfatório)	VC = VA – CR
	VPr	Variação de Prazo	Diferença entre o que deveria ter custado e o custo previsto até a data (positivo=satisfatório; negativo=insatisfatório)	VPr = VA – VP
	IDC	Índice de Desempenho de Custo	Quociente entre o que deveria ter custado e o que custou (>1=satisfatório; <1=satisfatório)	IDC = VA /CR
	IDP	Índice de Desempenho de Prazo	Quociente entre o que deveria ter custado e o custo previsto até a data (>1=satisfatório; <1=satisfatório)	IDP=VA/VP

Figura 35 – Indicadores de desempenho através do GVA.
Fonte: adaptado de Polito (2015).

Os indicadores de custo e de prazo (IDC e IDP) são obtidos com a divisão do valor agregado pelo custo realizado ou pelo valor planejado, respectivamente. Se os valores dos indicadores de custo e de prazo (IDC e IDP) forem superiores a 1,0, significa que o desempenho superou positivamente o planejado (Figura 36).

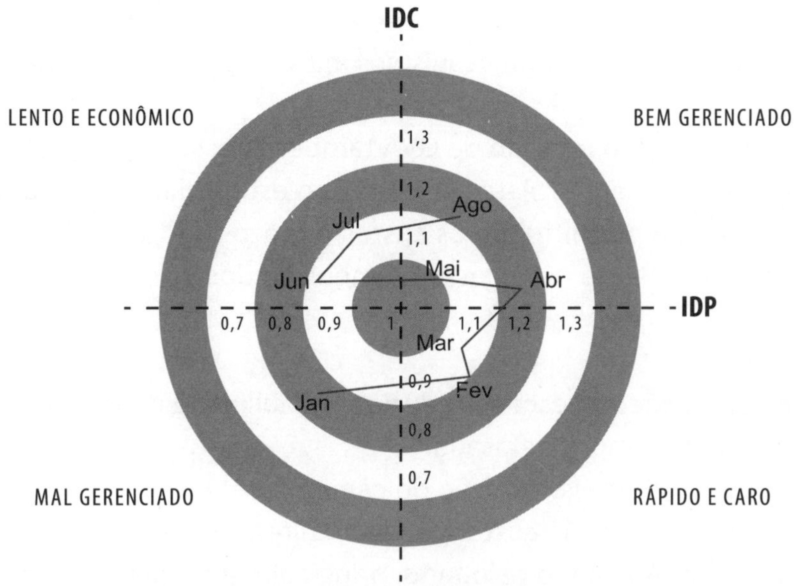

Figura 36 – Avaliação de desempenho pelo IDC e IDP.
Fonte: adaptado de Polito (2015).

É importante definir os limites de variação aceitáveis e a partir de que ponto serão tomadas ações corretivas. Também é preciso identificar quais atividades estão impactando os indicadores, pois grandes atrasos em atividades fora do caminho crítico podem não impactar o prazo final do projeto, enquanto pequenos atrasos no caminho crítico comprometem o cumprimento das metas. A faixa de variações aceitáveis tenderá a ser menor na medida em que o trabalho avança.

O critério de medição utilizado para apuração do VA deve ser o mesmo para o VP, podendo também variar para cada pacote de trabalho. Para pacotes de trabalho curtos, podemos usar medições de 0% ou 100%. Para pacotes de trabalho um pouco mais longos, podemos utilizar variações, como 50%/50% – início/término. Podemos usar também percentual de progresso ou nível de esforço para pacotes mais complexos.

Existem duas dimensões que contribuem para maior rigor de análise do GVA, são elas: a granularidade ou profundidade de análise e a frequência de análises dos dados. A profundidade está relacionada ao nível de detalhamento utilizado como unidade de gestão, ou seja, pacote de trabalho. A frequência é o intervalo de tempo no qual o desempenho é medido, analisado e ações são tomadas. Quanto maior o risco e o nível de incerteza do projeto, maior deve ser a granularidade e maior a frequência de análise.

Como principais vantagens do método, podemos destacar o fato de ser um sistema unificado e confiável que integra prazo, custo e escopo e a simplificação das informações para acompanhamento da alta gerência da empresa.

Entretanto, para que o projeto seja controlado com esta técnica, é necessário que tenha sido planejado de forma adequada. O escopo, o cronograma e o orçamento devem estar na mesma unidade básica, ou seja, associados à EAP. Processos de controles mais elaborados e estruturados como o GVA também necessitam de mais disciplina e de investimentos na gestão e em recursos de informação. Por isso, a maioria dos projetos opta por mecanismos mais simples e tradicionais, embora limitados.

Apesar de sua grande utilidade, o método de GVA também possui limitações. Essa ferramenta só pode ser aplicada com eficácia em projetos cujo escopo esteja claramente definido e adequadamente detalhado, de forma a permitir que os custos e prazos de cada pacote de trabalho sejam alocados corretamente, facilitando o processo de medição dos valores reais e agregados. Outras limitações do GVA são:

- O excesso de alterações de escopo reduz a confiabilidade do método, fazendo com que a linha de base esteja sempre defasada.
- O método não permite a visualização do caminho crítico.
- Como os custos indiretos não costumam estar diretamente associados a algum pacote de trabalho, estes contaminam o resultado, principalmente quando ocorre atraso na execução. Essa limitação pode ser reduzida retirando-se os custos indiretos do cálculo do GVA.
- O método pode induzir o gerente do projeto a executar atividades fora de sua sequência executiva ideal, de forma a aumentar a medição do valor agregado.

O GVA também é uma importante ferramenta para a realização de previsões e estimativas de desempenho futuro – ENT (Estimativas no Término) e ONT (Orçamento no Término). Trata-se de fazer prognósticos de desempenho futuro com base no desempenho passado e em outras informações disponíveis. Apesar de ser um método simples e rápido, em função da complexidade dos orçamentos e cronogramas da construção, ele não possui nível de precisão elevado. O melhor mesmo é reavaliar o cronograma e suas precedências, identificar o caminho crítico, bem como os custos necessários à conclusão do projeto, para realizar estimativas mais precisas (Figura 37).

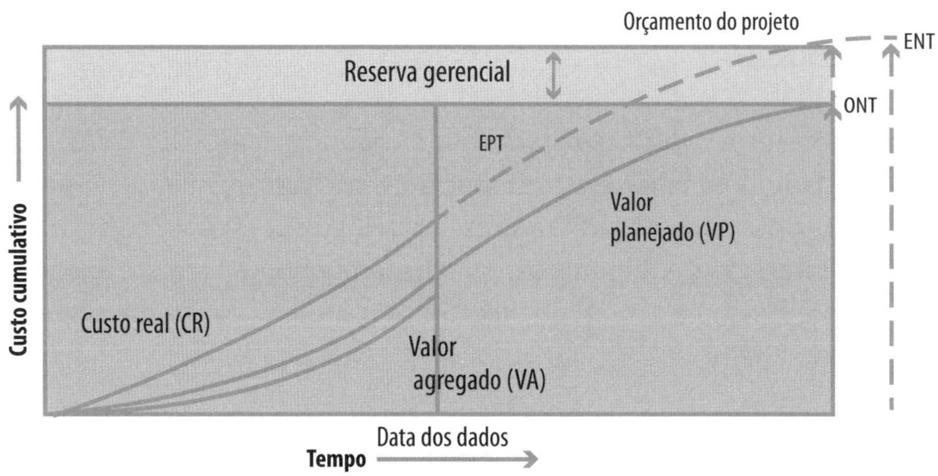

Figura 37 – Valor agregado, valor planejado e custos reais.
Fonte: adaptado de PMI (2016).

3.4 Gerenciamento da qualidade do projeto

A qualidade de um projeto não é mais uma fonte de competitividade como foi no passado, e sim uma pré-condição para sua existência. O gerenciamento da qualidade deve ser visto como um fator crítico para o sucesso de um projeto, pois interfere tanto na sua gestão quanto na qualidade do produto a ser desenvolvido. A qualidade da gestão está associada aos processos necessários para garantir que os requisitos sejam atendidos. Já a qualidade do produto está relacionada à qualidade percebida pelo cliente, representada por seu desempenho, confiabilidade, conformidade, durabilidade, estética, enfim, suas características intrínsecas.

A qualidade, o escopo, o prazo e o custo impactam-se mutuamente. Cumprir o escopo dentro prazo e do custo sem alcançar o nível de qualidade esperado pode significar o fracasso total do projeto. Deixar de cumprir algum requisito pode ter graves consequências negativas para as partes interessadas do projeto.

No gerenciamento da qualidade, é preciso planejar, identificando os requisitos que devem ser atendidos e como será demonstrada a sua conformidade com eles. Uma vez planejada, é preciso gerenciá-la, implantando os processos necessários ao atingimento dos objetivos. Depois disso, é preciso controlá-la, comparando os resultados do trabalho executado com os requisitos de qualidade estabelecidos. No final das contas, a qualidade do projeto será avaliada pelo cumprimento do escopo e sua conformidade aos requisitos.

O gerenciamento da qualidade de um projeto também inclui os processos para incorporar a política de qualidade da organização e os tradicionais sistemas de gestão da qualidade, como a ISO 9001. Esses adicionam processos, padrões e diretrizes muito úteis à gestão da qualidade de um projeto.

Na gestão da qualidade, podemos dizer que prevenir significa manter os erros fora do processo de produção, enquanto controlar significa evitar que os erros cheguem ao cliente final. A prevenção deve ser peça central em qualquer sistema de gestão eficaz, ou seja, deve-se buscar a predominância da prevenção sobre a correção. Em outras palavras, é preferível planejar para executar com qualidade garantida em vez de controlar para se certificar de que o produto ficou de acordo com o esperado.

Os custos da qualidade são para evitar, detectar e reparar erros e defeitos ocorridos, ou seja, são os custos para se produzir com qualidade mais os custos resultantes da falta de qualidade. Os custos relacionados à produção com qualidade são os de planejamento, prevenção e de inspeções e testes necessários para assegurar que os requisitos da qualidade estejam sendo atendidos. Já os custos da não qualidade estão relacionados às falhas internas (identificadas antes de alcançar o cliente) e falhas externas (identificadas pelo cliente final). Identificar e classificar os custos da qualidade é importante para que possamos compreender o nível de investimento ideal, pelo qual o dinheiro aplicado na qualidade se reverte em geração de valor para a companhia e maior satisfação do cliente. Em geral, é mais barato e eficiente prevenir problemas do que investir recursos para corrigi-los. Os custos associados à prevenção são, geralmente, inferiores aos custos associados à correção – seja quando são encontrados em inspeções ou quando são encontrados durante o uso, neste caso, pelo cliente. Entretanto, é preciso encontrar o equilíbrio entre o custo e o benefício, ou seja, existe um ponto a partir do qual investir recursos adicionais de prevenção ou inspeção não será mais benéfico nem eficaz do ponto de vista de geração de valor (Figura 38).

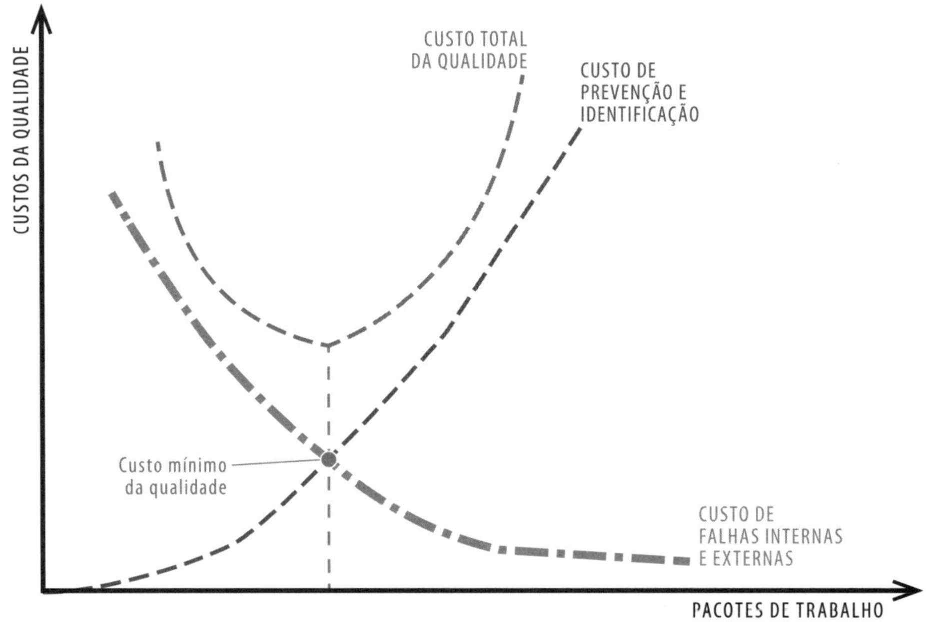

Figura 38 – Custos de prevenção x custos de falhas.
Fonte: adaptado de Polito (2015).

Os custos da qualidade também podem ser avaliados sob a ótica do custo total de propriedade, avaliando todo o ciclo de vida da edificação. Esse assunto será abordado em mais detalhes no item 4.7 – LCC – *Life Cycle Cost*. Sob essa perspectiva, avaliamos também questões como a vida útil dos sistemas, manutenibilidade, custos de operação, custos de manutenção, facilidade de reposição, custos com o descarte, consumo de água e energia, entre outros. É um tipo de análise muito específica do proprietário/operador de uma edificação. Nesse caso, as decisões sobre investimento *versus* a geração de valor podem ser completamente diferentes.

A qualidade de uma empresa também está diretamente associada à qualidade de seus parceiros. Relacionamentos baseados em confiança e cooperação, com bons fornecedores, costumam ser mutuamente benéficos. Relações de longo prazo otimizam custos e recursos, aprimoram os processos e a comunicação e melhoram a qualidade final do produto. Também facilita o acesso da empresa às novas tecnologias e aprimora a capacidade de resposta ao cliente.

A qualidade é um atributo crucial na construção. A maioria de seus componentes e etapas será visível em algum momento do processo de construção e precisa atender aos seus requisitos de qualidade, para que, no final, a edificação como um todo também atenda aos seus requisitos finais.

Defeitos não identificados em etapas iniciais podem impactar todas as etapas subsequentes. Por exemplo, uma estrutura com problemas dimensionais impactará a qualidade da alvenaria, do reboco e do acabamento final, gerando retrabalho, improdutividade e problemas de qualidade. Outro exemplo: uma falha na etapa de impermeabilização causará falta de estanqueidade à edificação, danificando seus acabamentos e podendo até mesmo levar a sérias patologias estruturais. Sua reparação implicará em retrabalho, custo e, certamente, grande insatisfação do cliente.

Problemas de qualidade também podem ser introduzidos na edificação em fases muito anteriores ao momento em que são identificados e, não raras vezes, podem exigir enorme quantidade de investimento para serem solucionados ou, até mesmo, nem serem mais passíveis de solução. Como exemplo, podemos citar problemas de performance acústica, ou de fundação, entre outros. Problemas de qualidade também podem impactar negativamente os custos operacionais, os custos de manutenção e até mesmo a vida útil da edificação. Por essas e outras é que a atenção com a qualidade de uma edificação deve permear todo o seu ciclo de vida. Deve iniciar na concepção do produto, passando pelo desenvolvimento dos desenhos de engenharia, escolha dos métodos e sistemas construtivos, aquisição, execução, entrega e, finalmente, sua manutenção.

Dentre as origens dos problemas de qualidade está a busca pela redução de custos sem uma visão sistêmica do assunto, através de:

- redução do custo através da redução do investimento em conhecimento, ou seja, em design e consultoria;
- redução da qualidade dos materiais empregados, mesmos que estes não atendam aos padrões de performance necessários;
- aplicação de materiais inadequadamente ao uso a que se destinam;
- contratação de empreiteiros que não possuem a capacidade técnica de atender aos requisitos de qualidade necessários;
- entre muitas outras formas.

A forma correta de redução de custo, sem impactos negativos na qualidade do projeto, deve ser através de um design eficiente e inteligente; através da melhoria da produtividade; através da correta especificação técnica, sem excessos e sem deficiências; através da escolha de soluções técnicas adequadas; através da redução de todos os tipos de desperdício; e, finalmente, através da inovação.

A engenharia simultânea, a incerteza do escopo e a velocidade das mudanças são também grandes desafios à gestão da qualidade em um projeto de construção. Nesse caso, é preciso ser resiliente para se adaptar rapidamente às mudanças, desenvolvendo ciclos curtos de replanejamento, buscando tomar conhecimento progressivo do escopo para identificar inconsistências e capturar novos requisitos, melhorando constantemente a qualidade do produto e reduzindo os custos com retrabalho.

3.4.1 Planejar o gerenciamento da qualidade

O processo de planejar o gerenciamento da qualidade busca identificar todos os requisitos que devem ser atendidos; definir como eles serão atendidos; como será demonstrada a sua conformidade; e quem será o responsável pelo seu acompanhamento. Desse processo, usualmente resultam importantes ajustes no produto e no projeto.

O planejamento da qualidade é realizado em paralelo com os demais processos de planejamento, e muitos deles possuem influência direta sobre ela. A descrição do escopo, por exemplo, deve evidenciar quais serão os objetivos de qualidade para o projeto, descrevendo necessidades explícitas e implícitas, em termos de requisitos aceitos pelas principais partes interessadas. A descrição do escopo inclui os critérios de aceitação para as entregas, podendo estes, a depender do rigor utilizado, aumentar ou diminuir significativamente os custos da qualidade e, consequentemente, os custos e o cronograma do projeto. O cumprimento de todos os critérios de aceitação implica que as necessidades das principais partes interessadas tenham sido atendidas.

Na descrição do escopo devemos combinar a conformidade com os requisitos e a adequação ao uso. Em outras palavras, podemos dizer que o projeto deve produzir o que se propôs e atender às necessidades a que se propôs. Uma descrição incompleta do produto pode levar à especificação inadequada das suas funcionalidades. O cumprimento de requisitos está associado ao aumento da satisfação dos clientes, à redução de custos, à melhoria de produtividade e à redução de retrabalho.

A norma de desempenho, NBR 15575 – Desempenho de Edificações Habitacionais, transformou atributos subjetivos em requisitos objetivos, mensuráveis e com limites de desempenho bem definidos. Ela define requisitos mínimos de desempenho para conforto, estabilidade, vida útil, segurança estrutural e proteção contra incêndios. Em outras palavras, a norma estabelece patamares mínimos que devem ser atendidos pelos diferentes sistemas construtivos de uma edificação de uso residencial. Dessa maneira, o projetista passa a especificar o desempenho desejado e não somente os processos construtivos, abrindo um leque de oportunidades para diversas possibilidades inovadoras.

A principal contribuição dessa norma é o estabelecimento de parâmetros objetivos e mensuráveis para a medição do desempenho dos sistemas construtivos e do comportamento em uso da edificação, acabando com a subjetividade na avaliação. A norma estabelece também condições técnicas de desempenho para sistemas estruturais, pisos, vedações verticais internas e externas, cobertura e sistemas hidrossanitários. Outra contribuição foi a definição de papéis e responsabilidades para cada participante do processo: o projetista é responsável por especificar corretamente; a construtora, por executar conforme projetado; o fabricante dos materiais, por atender ao desempenho prometido; e o usuário, por realizar as manutenções preventivas e operar a edificação na finalidade para a qual foi criada. Mesmo não sendo aplicável a todos os tipos de edificações, a norma de desempenho se tornou uma forte referência de desempenho a ser seguida.

O principal documento de entrada para a elaboração do planejamento da qualidade é a matriz de rastreabilidade de requisitos, elaborada durante o planejamento do escopo. Esta contém as necessidades e expectativas das partes interessadas convertidas em requisitos, premissas e restrições, requisitos legais, contratuais, padrões técnicos e legais. Todos esses devem estar devidamente vinculados à sua origem e à sua entrega. Também utilizamos o registro de riscos, que pode conter informações sobre ameaças e oportunidades que podem afetar diretamente os requisitos de qualidade. Outra fonte primária de informações para o planejamento da qualidade é o processo de desenvolvimento do design, abordado no capítulo 4.

A partir desses documentos elaboramos o plano da qualidade do projeto. O plano da qualidade descreve as atividades e os recursos necessários para garantir que o desempenho esperado seja atingido. Ele deve identificar as métricas e metas da qualidade, tanto na dimensão do produto quanto na da gestão, e definir como as entregas serão testadas e inspecionadas. Em outras palavras, o plano da qualidade do projeto busca garantir que ele seja um sucesso do ponto de vista da qualidade. Na construção, usualmente, os testes relacionados ao produto são separados em um plano, chamado de plano de testes e inspeções da qualidade. Este é dividido em capítulos específicos, de acordo com as especialidades do design. Um capítulo para os requisitos e testes da fundação; um capítulo referente aos requisitos e testes da estrutura; e assim por diante. Outro plano específico é o de comissionamento dos sistemas (elétrico, ar-condicionado, hidráulico, automação, exaustão, renovação de ar, pressurização, hidrantes, *sprinklers*, detecção de fumaça etc.). O processo de comissionamento visa garantir a qualidade do ambiente construído e aferir o desempenho e a qualidade das instalações antes que estas sejam entregues ao proprietário, garantindo que foram executadas e operam como concebido e de forma integrada. Segundo o 2012 *Ashrae Handbook*, o comissionamento consiste na verificação da documentação dos sistemas e equipamentos de uma edificação de forma a assegurar que os projetos, a instalação, a operação e a manutenção atendem às necessidades dos usuários. Se estendermos o conceito para todo o ciclo de vida de uma edificação, podemos pensar em um processo de "comissionamento contínuo", onde o desempenho dos sistemas é monitorado continuamente, através de sistemas de automação, de forma a avaliar sua eficiência e garantir que sejam mantidos operando adequadamente durante toda a sua vida útil. O processo de comissionamento muitas vezes não é realizado de forma adequada. Isso ocorre porque, ao ser realizado nas fases finais do empreendimento, sofre com pressões de orçamento e cronograma, ou mesmo pelo início da desmobilização dos profissionais que participaram do design e da execução dos sistemas. O comissionamento mal executado, ou parcialmente executado, leva a sistemas operando com desempenho abaixo do projetado, inadequada transferência às equipes de operação e manutenção e documentação insuficiente ou incompleta, comprometendo intervenções futuras. O processo de comissionamento é também uma fonte valiosa de informações para melhoria contínua dos processos de desenvolvimento do design.

Outro plano importante na gestão da qualidade é referente à gestão dos materiais. Este define detalhadamente como devem ser feitos o recebimento, o manuseio, o estoque, o controle e a distribuição dos materiais de forma a garantir que suas propriedades e seu desempenho sejam preservados. Este possui grande interface com o processo de gerenciamento dos recursos, apresentado no item 3.5.

Várias ferramentas podem ajudar na identificação dos requisitos que devem ser atendidos. A prototipagem, por exemplo, ajuda a avaliar o atendimento aos padrões de desempenho técnico e a adequação ao uso. Também ajuda a avaliar questões como compatibilização, qualidade de acabamento, métodos construtivos, entre outros, todos com impacto direto sobre a qualidade. Outra ferramenta muito útil são os fluxogramas, também chamados de mapas de processos. Com eles é possível reproduzir e simular várias opções de sequências executivas, tornando claras as atividades, os pontos de tomada de decisão, as necessidades de informações, os caminhos paralelos e os *loops*. Também permitem identificar os melhores pontos para testes e medições, bem como visualizar a cadeia de geração de valor do projeto.

Na medida em que mudanças ocorrem no projeto, é preciso manter o plano de gerenciamento da qualidade atualizado, através do processo de controle de mudanças. Várias são as mudanças que podem impactar o planejamento da qualidade, tais como alterações nos processos construtivos, identificação de novos riscos, alterações no escopo, identificação de novos requisitos, entre outras.

3.4.2 Gerenciar a qualidade

O processo de gerenciar a qualidade transforma o plano da qualidade em um conjunto de ações e processos sistemáticos ao longo de todo o projeto. Este processo visa:

- projetar um produto otimizado e dentro dos padrões de qualidade definidos;
- aumentar a confiabilidade nos processos de forma a garantir que o produto seja desenvolvido com qualidade, ou seja, cumprindo os requisitos, as necessidades e as expectativas acordadas com as partes interessadas;
- aumentar a eficiência e eficácia dos processos, de forma a aumentar a satisfação das principais partes interessadas;
- garantir que os processos da qualidade sejam utilizados e cumpram os objetivos de qualidade do projeto;
- aumentar a probabilidade de cumprimentos dos objetivos da qualidade.

Algumas ferramentas e técnicas são muito úteis no gerenciamento da qualidade em projetos de construção. Entre elas podemos citar as listas de verificação; as análises de alternativas; as análises de processos; a análise de causa-raiz; o diagrama de causa-efeito; a técnica de solução de problemas MASP; as ferramentas de melhoria contínua como o PDCA e o DMAIC; as auditorias. Não aprofundaremos nosso estudo em cada uma delas, pois existem muitas publicações disponíveis no mercado que o fazem com muita propriedade. Limitar-nos-emos a conceituar e a apresentar algumas possibilidades de uso.

A lista de verificação é uma ferramenta estruturada, específica para cada entrega, previamente definida, que relaciona ações necessárias para verificar se os critérios de aceitação foram atendidos conforme planejado. Também serve para orientar, padronizar e registrar as inspeções e ações corretivas adotadas. Na construção, é usualmente chamada de FV – ficha de verificação.

A análise de alternativas compara diferentes opções, sob os vários requisitos diferentes, de forma a escolher a opção que mais agrega valor ao projeto. Utilizamos essa técnica na escolha de sistemas construtivos durante a fase de design, nas fases de aquisição, entre outras. Para cada caso, definimos os critérios que são mais relevantes para a decisão, como por exemplo: custo de aquisição, vida útil, custo de manutenção, prazo de execução, confiabilidade, risco de acidentes, compatibilidade com os sistemas já adotados, disponibilidade de mão de obra e muitos outros mais. Veremos exemplos de aplicação desta técnica no capítulo 4 – Gerenciamento do design.

O diagrama de causa e efeito, também conhecido como espinha de peixe, ajuda a identificar a causa fundamental de um problema, também chamada de causa-raiz. Nessa metodologia, as possíveis causas são agrupadas em seis grupos: máquina, materiais, método, ambiente, mão de obra, medida. Alguns autores acrescentam um grupo referente à gestão. No diagrama, são organizados todos os fatores que envolvem a execução do processo. Cada um deles é testado a fim de comprovar se está realmente associado ao problema que se deseja eliminar. Essa é uma ferramenta prática que amplia a visão dos gestores de forma sistêmica e abrangente, ajudando a enxergar o problema e a encontrar soluções. O método também pode ser utilizado para solucionar problemas, para identificar a causa de acidentes, para encontrar oportunidades de melhoria em processos, entre outras aplicações (Figura 39).

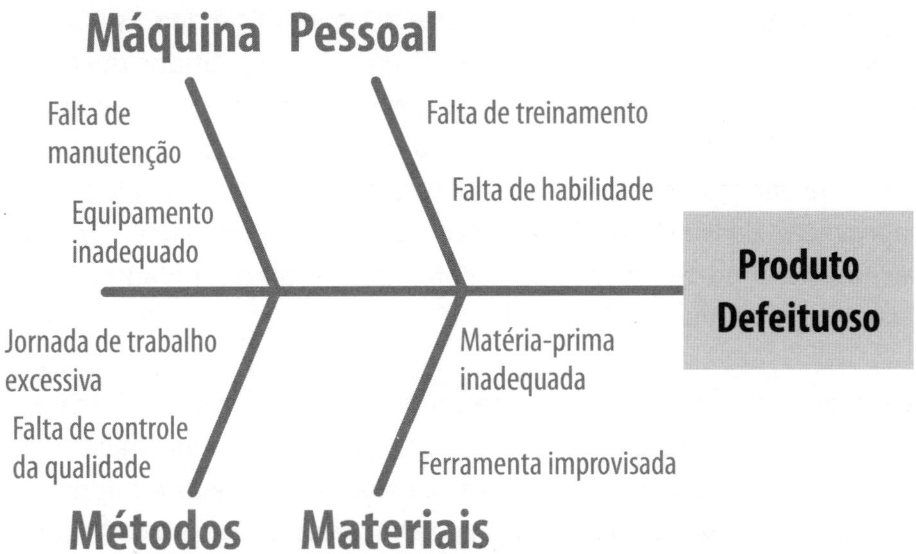

Figura 39 – Exemplo de aplicação do diagrama de causa e efeito.
Fonte: adaptado de Polito (2015).

O MASP (Metodologia de Análise e Solução de Problemas) visa detectar e corrigir não conformidades em processos. Trata-se de um método prescritivo, estruturado, sistemático e racional para a identificação e a solução de um problema e a melhoria de resultados. São oito passos predefinidos: identificação do problema, coleta de informações, análise, plano de ação, execução, análise dos resultados, padronização e conclusão. O método confronta diretamente os velhos métodos adotados na construção: "achismo" e empirismo (tentativa e erro).

O DMAIC é um roteiro utilizado em projetos *Lean Six Sigma*, focado na melhoria contínua, baseada em indicadores de desempenho. Seu nome é o acrônimo em inglês de: *define, measure, analyze, improve and control,* que podemos traduzir como definir, medir, analisar, melhorar e controlar. Esses cinco passos se propõem a manter o processo de melhoria e mudança no caminho certo.

A auditoria é um processo estruturado que examina cuidadosamente se as atividades de um projeto estão sendo executadas conforme planejadas e estabelecidas previamente. Uma auditoria também identifica deficiências internas e oportunidades de melhoria para os processos.

3.4.3 Controlar a qualidade

O processo de controlar a qualidade é um conjunto de procedimentos estabelecidos para monitorar e registrar a produção, de forma a garantir que o produto esteja cumprindo com o desempenho esperado e na qualidade exigida. Em outras palavras, o objetivo é garantir que o produto cumpra todos os requisitos especificados e atenda às expectativas das principais partes interessadas.

O controle da qualidade deve ser realizado ao longo de todo o projeto, de forma a demonstrar, formalmente, que os critérios de aceitação estejam sendo atendidos. Devem ser estabelecidos pontos de controle, de forma a garantir que a próxima fase somente inicie depois que sejam concluídos, inspecionados e testados cada um dos requisitos. Os resultados obtidos devem ser comparados com os critérios de aceitação, estabelecidos na especificação do escopo, e aprovados. É importante definir as tolerâncias nos resultados, ou seja, uma faixa de resultados aceitáveis, e os limites de controle (limites de variação em um processo estatisticamente estável) de forma a orientar a aceitação ou reprovação dos serviços. Esse processo verifica a conclusão da fase e atesta a sua qualidade. Essas fases são normalmente os pacotes de trabalho (unidade básica de gestão), ou seja, alvenaria, contrapiso, *drywall* etc.

Uma inspeção é o exame de um produto para determinar se está em conformidade com os padrões documentados. É possível inspecionar os materiais, os resultados de uma única atividade ou mesmo do produto do projeto. As inspeções são aplicadas, usualmente, pelas equipes de produção e/ou por equipes de qualidade, utilizando a FVS – Ficha de Verificação de Serviço (Figura 40). Essas listas de verificação ajudam a estruturar o controle da qualidade. Devem ser inspecionados requisitos importantes durante a execução, buscando reduzir a probabilidade de retrabalho e, após sua conclusão, para a aceitação do pacote de trabalho.

É uma boa prática vincular a medição e o pagamento de um serviço à sua inspeção e aprovação. Outra boa prática é definir, como encarregado pela inspeção de um pacote de trabalho, o responsável pela atividade subsequente.

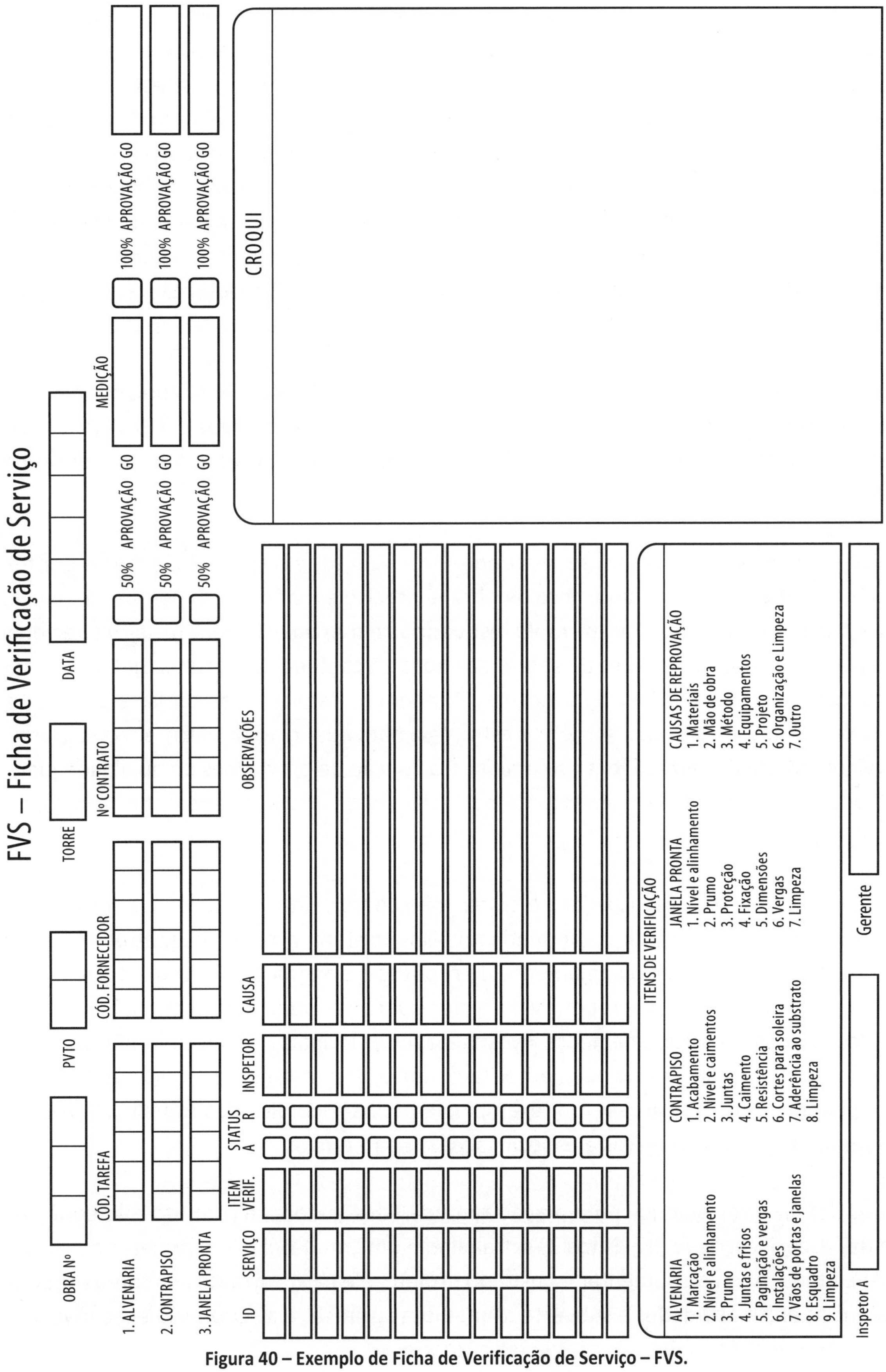

Figura 40 – Exemplo de Ficha de Verificação de Serviço – FVS.
Fonte: adaptado de Polito (2015).

Os testes são investigações objetivas que buscam verificar se o produto está em conformidade com os requisitos estabelecidos. A intenção dos testes é encontrar erros, defeitos ou outros problemas de não conformidade no produto. O tipo, a quantidade e a extensão dos testes necessários são definidos no planejamento do gerenciamento da qualidade. Estes dependem da natureza do projeto, do tempo, do orçamento e de outras restrições. Em projetos de construção, os testes incluem ensaios de resistência do solo, resistência do concreto, testes de trabalhabilidade do concreto, ensaios de aderência de argamassas, testes hidrostáticos de impermeabilização, pressurização do sistema de *sprinklers*, testes acústicos e todos os relacionados ao comissionamento dos sistemas – por exemplo, ar-condicionado, automação, exaustão, pressurização, detecção, sonorização, testes de integridade mecânica e resistência de isolamento em barramentos elétricos etc.

Também são comuns testes em materiais, para garantir que atendam aos requisitos de adequação ao uso. São exemplos de testes em materiais: ensaios de absorção de água e expansão por umidade em cerâmicas, testes de resistência a abrasão, impermeabilidade e rugosidade em pedras naturais, teste de comportamento ao fogo em carpetes e tecidos etc.

Inspeções e testes também devem ser realizados em produtos e serviços executados por terceiros, mesmo que tenham sido realizados fora da obra. É preciso evitar que problemas de qualidade sejam introduzidos no projeto. Por exemplo, esquadrias e marcenaria podem ser inspecionadas na própria planta do fabricante antes de serem enviadas ao canteiro. Estruturas metálicas podem ser previamente montadas no site do fabricante. Também podem ter suas soldas e pintura testadas antes de serem enviadas à obra. A melhor estratégia para lidar com projetos em que grande parte dos serviços críticos é realizada fora do canteiro é a criação de programas de qualidade juntamente com o fornecedor e o estabelecimento de parcerias no desenvolvimento e no fornecimento do produto.

Os produtos reprovados nas inspeções e testes (não conformidades) devem ser formalmente registrados de maneira a garantir a adequada análise e tratamento. Os resultados dessas análises realimentam os processos de planejamento do produto e do projeto, de forma a evitar que novos problemas venham a ocorrer. A repetitividade de problemas pode indicar situações sistêmicas de qualidade e precisa ser adequadamente investigada. Os principais impactos das não conformidades são o retrabalho e a insatisfação do cliente. Também podem representar quebras contratuais. Os defeitos podem ter muitas causas – por exemplo, falhas na supervisão do trabalho, baixa qualidade dos materiais, falhas nos projetos e especificações, entre outros.

Podemos definir o retrabalho como a ação tomada para trazer um produto não conforme para dentro das especificações e requisitos. O retrabalho é um grande vilão em projetos de construção e deve ser evitado. Além de aumentar o custo do projeto, ele causa atrasos ao cronograma, provoca interferências entre atividades e subverte as melhores práticas e a sequência executiva, causando danos a outros serviços subsequentes já executados.

O resultado do processo de controlar a qualidade é: produtos concluídos, verificados e aprovados. Este resultado será utilizado no processo de validar o escopo para a aceitação formal das entregas e, consequentemente, do projeto final.

O processo de controlar a qualidade é uma rica fonte de lições aprendidas através das ações preventivas e corretivas realizadas. É importante definir indicadores que permitam medir se os objetivos estão sendo atingidos e orientar melhorias nos processos. Estas podem ser, por exemplo, número de defeitos identificados por pacote de trabalho, por fornecedor, tipo de defeito por pacote de trabalho, entre muitas outras.

Ao final de um projeto de construção, um dossiê é elaborado, contendo todos os registros que comprovam que todas as verificações necessárias para avaliar a qualidade do produto foram realizadas e aprovadas. Esse dossiê também contém toda a documentação necessária para apoiar as manutenções preventivas e corretivas durante a vida útil da edificação. A esse damos o nome de *databook* ou pasta de dados. Podemos dizer que o *databook* é uma coleção de documentos que contam a história do projeto, do início ao fim, evidenciando tudo o que for importante para o cliente, para a manutenção e para futuras intervenções na edificação.

Não existem normas que orientem a elaboração desse dossiê, sendo assim, cada empresa adota seus critérios próprios. É preciso especificar os documentos que farão parte do *databook*, a forma de organização, o formato (físico ou digital) etc. Esse dossiê deve ser elaborado durante todo o período de construção da edificação, de forma a facilitar sua conclusão no final da obra.

São exemplos de documentos que podem compor um *databook*: notas fiscais de equipamentos e materiais que necessitem de assistência técnica autorizada ou que tenham prazo de garantia, ou precisem de comprovação de origem e fabricação; certificados de garantia; certificados de ensaios que comprovem o atendimento ao desempenho especificado no projeto; testes e ensaios que comprovem a qualidade do serviço executado (aderência da argamassa, resistência do concreto, resistência do guarda corpo etc.); ARTs de projeto e de execução, mapas de rastreabilidade de aplicação de materiais (Figura 41); projetos e esquemas complementares; manuais de manutenção dos equipamentos; projetos legais aprovados, projetos técnicos e projetos *as-built*, entre outros.

MAPA DE RASTREABILIDADE																									
IDENTIFICAÇÃO						ACOMPANHAMENTO												MONITORAMENTO E CONTROLE							
										Horário								Fck Real							
																		7 dias		28 dias		63 dias			
ID	Peças / Elementos	Local	Projeto n°	Fck de Projeto (Mpa)	Volume de Projeto (m3)	Fornecedor	N° Nota Fiscal	Data Prevista	Data Real	Saída Central	Cheg. Obra	Início Descarga	Fim Descarga	Tempo Descarga	Tempo Total	Volume da NF	Volume Acumulado	Data	Mpa	Data	Mpa	Data	Mpa	N° Certificado	Parecer
1	Pilar 1	1° pvt	00-32-1	30	2,56	Concretudo	0000	20/01/20	20/01/20	7:00	7:30	7:45	8:15	0:30	1:15	2,60	2,60	27/01/20	32,15	17/02/20	36,10			00000	Aprovado
2	Pilar 2	1° pvt	00-32-1	30	1,70	Concretudo	0000	20/01/20	20/01/20	7:15	7:45	8:15	8:45	0:30	1:30	1,75	4,35	27/01/20	31,45	17/02/20	38,30			00000	Aprovado

Figura 41 – Exemplo de mapa de rastreabilidade de concreto.
Fonte: adaptado de Polito (2015).

3.5 Gerenciamento dos recursos do projeto

Os recursos representam a maior parte dos custos investidos em um projeto de construção. O gerenciamento dos recursos refere-se aos processos de identificar, adquirir e gerenciar os recursos necessários à execução do projeto. O objetivo é garantir que os recursos estarão disponíveis na especificação correta, na hora certa, na quantidade necessária e no local correto.

Os recursos podem ser classificados de várias formas, mas o mais usual na construção é agrupá-los em materiais, equipamentos, máquinas, infraestrutura e recursos humanos. Os materiais são aplicados nas atividades e nos processos de construção da edificação, como tijolos, cabos elétricos e placas de gesso. Os equipamentos permanentes compõem os sistemas e são instalados como parte da edificação (bombas, quadros elétricos, ar-condicionado, compressores, geradores etc.). As máquinas são utilizadas na execução de atividades e na movimentação e no transporte de materiais (guindastes, gruas, tratores, empilhadeiras etc.). A infraestrutura diz respeito às instalações provisórias, como canteiro, sanitários, instalações elétricas, escritório de obra, refeitórios e todos os equipamentos necessários ao seu funcionamento, como móveis, impressoras, computadores, softwares etc. Os recursos humanos se referem à equipe de gestão do projeto, bem como à mão de obra direta aplicada para a execução dos serviços. Os recursos podem estar dentro da organização ou ser adquiridos externamente.

A adequada disponibilidade de recursos é fundamental para o atingimento das metas e deve ser aderente à estratégia de cada projeto. É preciso identificar quais são os recursos críticos e elaborar um plano para seu adequado fornecimento. Esse plano envolve desde a estratégia de aquisição até a logística a ser adotada para transportar e distribuir os recursos em suas respectivas frentes de trabalho. Em outras palavras, podemos dizer que a estratégia de construção é que determinará o tipo, a quantidade e quando cada recurso será necessário. Por outro lado, quando a disponibilidade de um recurso é limitada, ou mesmo quando um dado recurso necessário é indisponível, é preciso, ao contrário, adaptar a estratégia à escassez de recursos. Nesse caso, a disponibilidade de recursos torna-se uma restrição para o projeto. Isso pode acontecer com materiais, equipamentos e até mesmo com recursos humanos capacitados. Podemos citar como exemplo quando, em uma determinada região, não há disponibilidade de agregados com a qualidade necessária para a produção de concreto, o que pode levar à adoção de estruturas pré-fabricadas ou metálicas.

O gerenciamento dos recursos do projeto tem estreita relação com outras áreas de conhecimento. O planejamento e a estimativa de recursos são realizados concomitantemente à elaboração do orçamento e do cronograma do projeto, uma vez que têm impacto direto sobre ambos. Também se confundem, em alguns momentos, com o gerenciamento das partes interessadas, uma vez que a equipe do projeto pode ser enquadrada como uma delas. O gerenciamento das aquisições é extremamente impactado pelas decisões e mudanças ocorridas no gerenciamento dos recursos, tendo em vista que é responsável por trazer os recursos que se encontram externos à organização.

A incerteza do escopo, a engenharia simultânea, a quantidade e a velocidade das mudanças são também grandes desafios ao gerenciamento dos recursos de um projeto. Alterar um sistema construtivo, uma sequência de execução ou a especificação de um material pode jogar por terra todo o planejamento dos recursos de um projeto. Nesse caso, é preciso adotar uma abordagem adaptativa, reconhecendo que as mudanças são inevitáveis e que trazem benefícios ao projeto. É preciso ser flexível para se adaptar rapidamente às mudanças, desenvolvendo ciclos curtos de planejamento iterativo.

3.5.1 Planejar o gerenciamento dos recursos

Devido à grande quantidade e variedade de recursos envolvidos em projetos de construção, sua gestão é sempre um processo desafiador. Planejar o gerenciamento dos recursos é o processo de definir como estimar, adquirir, gerenciar e utilizar recursos físicos e de equipe. Em outras palavras, o plano de gerenciamento dos recursos define a abordagem para garantir que recursos suficientes estejam disponíveis para o atingimento das metas do projeto. Envolver membros da equipe nesse processo de planejamento contribui muito com o desenvolvimento das pessoas e aumenta o compromisso da equipe com as decisões tomadas.

O planejamento dos recursos é um processo de grande importância no resultado do projeto, uma vez que tem impacto direto no cumprimento do cronograma, no custo, na qualidade e no escopo do projeto. A falta ou atraso de recursos é um dos grandes responsáveis pela improdutividade, desperdício e atrasos em projetos. O excesso de recursos também é prejudicial, pois ocupa espaço, consome recursos de logística e pode aumentar os riscos de eventuais acidentes. Um planejamento detalhado também deve ser elaborado para recebimento, manuseio, estoque, preservação, controle e distribuição, inclusive com reponsabilidades. Esse assunto será abordado com mais detalhes no item 5.3.3 – Logística. O planejamento dos recursos deve estar solidamente associado ao cronograma do projeto, de forma a permitir seu rápido replanejamento, à medida que alterações no cronograma forem necessárias.

A principal entrega do processo de planejar o gerenciamento dos recursos é o Plano de Gerenciamento dos Recursos. Ele orienta como os recursos devem ser classificados, alocados, gerenciados e disponibilizados e deve conter no mínimo os atributos de cada recurso e o período em que serão necessários. Havendo alguma legislação ou padrão que regulamente o seu uso, este deve estar referenciado, de forma a facilitar seu replanejamento durante o projeto. Podemos citar como exemplo o caso de instalações de canteiro, que possui legislação específica que determina a estrutura mínima em função do tamanho da equipe. Outra instalação com rígidos padrões normativos é a destinada ao armazenamento de produtos perigosos ou explosivos. O plano de gerenciamento dos recursos também deve conter informações relevantes para preservar a qualidade e a integridade dos recursos durante seu armazenamento.

No processo de planejar o gerenciamento dos recursos são utilizados documentos como: o cronograma do projeto e suas atividades, que permitirão a estimativa dos recursos necessários e sua distribuição no tempo; o levantamento de requisitos, que permitirá identificar os tipos de recursos e como serão gerenciados; o registro dos riscos, que contém informações sobre as ameaças e oportunidades que podem afetar o planejamento dos recursos; o registro das partes interessadas; entre outros.

Com a finalidade de planejar, gerenciar e controlar os recursos de um projeto, podemos elaborar uma Estrutura Analítica dos Recursos. Trata-se de uma representação hierárquica, organizada por categoria e tipo, como: mão de obra, materiais, equipamentos e máquinas. Análoga à EAP, cada nível descendente descreve mais detalhadamente o recurso, até o nível apropriado para permitir o adequado planejamento e controle (Figura 42).

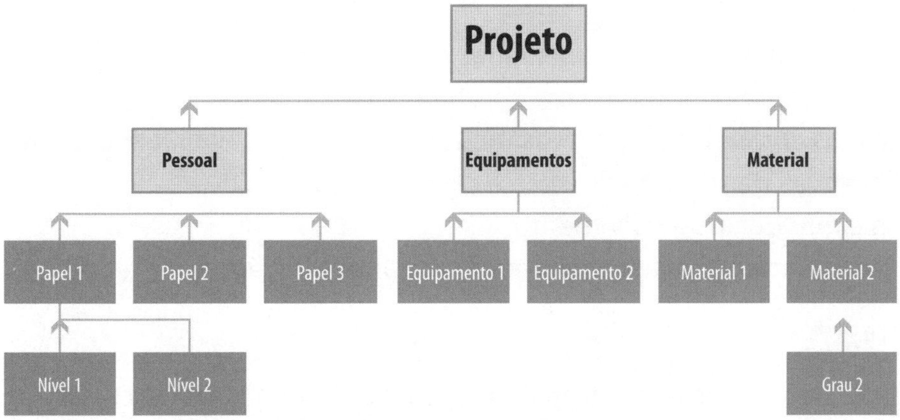

Figura 42 – Amostra de estrutura analítica de recursos.
Fonte: adaptado de PMI (2016).

Cada recurso possui uma série de atributos, ou seja, características e requisitos que ampliam sua descrição. Quanto mais detalhadas forem as informações sobre um recurso, mais exatas serão as estimativas e mais fácil o seu controle. No caso dos recursos humanos, as características podem ser nível de habilidade, competência, certificações obrigatórias, formação, entre outras. Essa atividade de identificação de requisitos é um processo iterativo com todas as demais áreas de conhecimentos e processos do gerenciamento de um projeto. Inicia-se no gerenciamento do escopo, passando pelo gerenciamento da qualidade, do cronograma, de custo, entre outros.

As premissas e a documentação de suporte utilizadas na determinação, quantificação e planejamento dos recursos são informações relevantes e devem ser registradas junto ao plano. Durante o processo de planejamento do gerenciamento dos recursos é preciso definir um calendário de trabalho para todo o cronograma do projeto. Este deve conter a identificação dos dias úteis, turnos, horários de início e fim de trabalho, fins de semana e feriados. Esses dados são utilizados para definir quando e por quanto tempo os recursos deverão estar disponíveis durante o projeto.

Devido às suas peculiaridades, usualmente dividimos o Plano de Gerenciamento dos Recursos em um plano de gerenciamento da equipe e um plano de gerenciamento dos recursos físicos.

3.5.2 Plano de gerenciamento da equipe

Os projetos de construção são, essencialmente, realizados através das pessoas, sendo estas as principais responsáveis pelo seu sucesso ou fracasso. Gerenciá-las é altamente complexo e incerto, isso porque as pessoas possuem experiências, motivações, interesses e valores bastante variados. A interação entre elas é capaz de gerar tanto sinergia, permitindo que consigam fazer juntas aquilo que não conseguiriam sozinhas, quanto conflitos.

O plano de gerenciamento da equipe busca:

- definir os papéis e as responsabilidades da equipe;
- definir a estrutura hierárquica e a autoridade de cada nível;
- identificar as competências necessárias (conhecimento, habilidade e atitude);
- definir políticas de reconhecimento e recompensa;
- criar um plano de desenvolvimento;
- estabelecer estratégias de mobilização e desmobilização;
- etc.

Para cada definição devem ser levados em consideração os impactos no custo do projeto, no cronograma, nos riscos associados, na qualidade desejada, entre outras áreas de conhecimento. O plano normalmente envolve também um histograma de mão de obra.

Uma vez planejada, a equipe é mobilizada para cumprir as atividades do projeto. Ações são implementadas para desenvolver as competências da equipe e aumentar as chances de sucesso do projeto. A equipe é então gerenciada de forma a otimizar seu desempenho.

A equipe do projeto é formada de indivíduos com papéis e responsabilidades, que trabalham de forma coletiva para alcançar os objetivos do projeto. A designação de papéis, responsabilidades e a relação hierárquica entre eles é de grande importância no planejamento da equipe. Todos devem saber com clareza suas obrigações e sua autoridade. Estes podem ser documentados de várias formas, entre elas: organograma, matriz de responsabilidade e descrição de cargos (Figura 43). Durante o processo de planejamento da equipe, algumas ferramentas de representação de dados podem ser utilizadas, basicamente nos formatos hierárquicos, matriciais ou textuais.

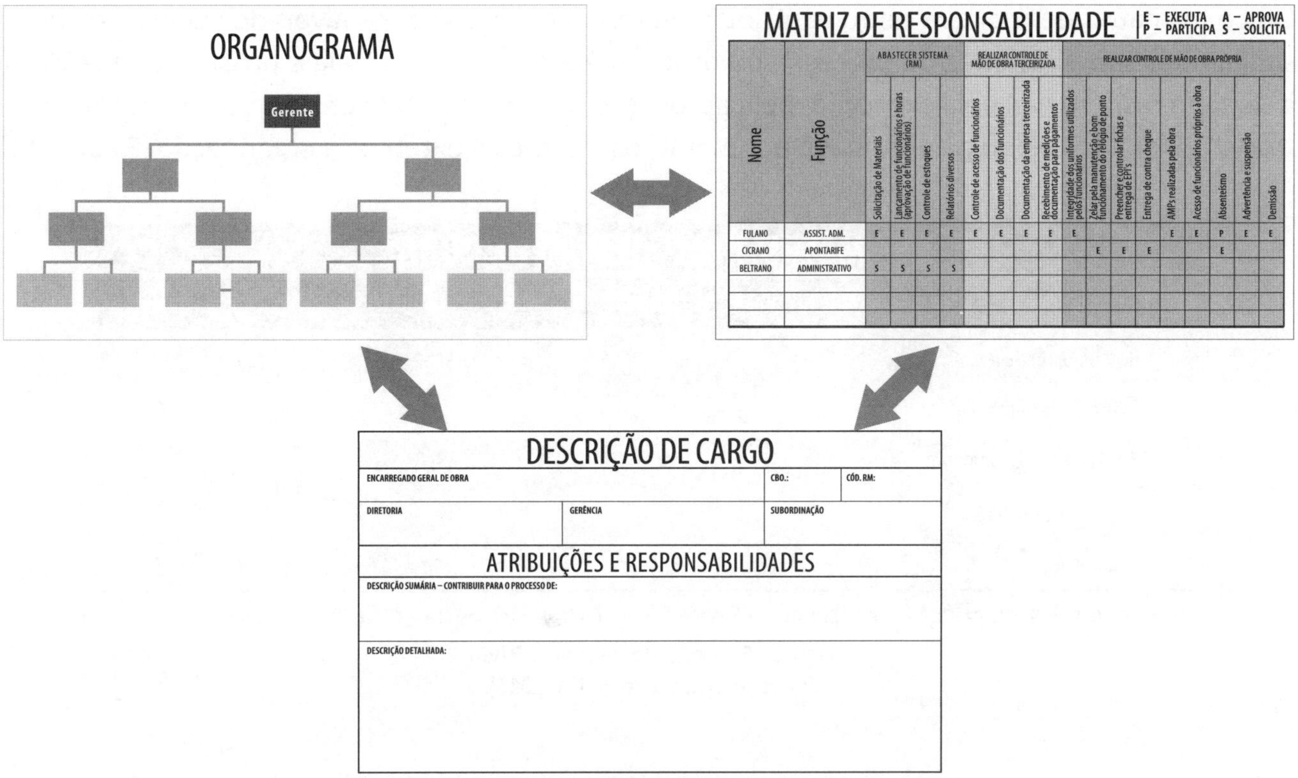

Figura 43 – Definição de papéis, responsabilidade e relação hierárquica.
Fonte: adaptado de Polito (2015).

O organograma tradicional demonstra as posições e relações de subordinação entre as funções em um formato gráfico, de cima para baixo. Também fornece uma visão das áreas de responsabilidade de um modo geral, sendo organizada em departamentos e unidades de trabalho.

A matriz de responsabilidade deve ser fruto do relacionamento da EAP (Estrutura Analítica do Projeto) com seu organograma, atribuindo a cada pacote de trabalho apenas um responsável, ou seja, o organograma deve ser elaborado em função dos pacotes de trabalho e não o contrário (Figura 44).

MATRIZ DE RESPONSABILIDADE										
ID	Pacote de Trabalho	Especifica	Compra	Transporta	Recebe	Confere	Distribui	Instala	Limpa	Aprova

Figura 44 – Matriz de responsabilidade.
Fonte: adaptado de Polito (2015).

Outro formato matricial que permite atribuir, de forma clara, os vários níveis de papéis e responsabilidades sobre um mesmo processo ou produto é a matriz RACI. Nela é possível deixar claro quem é o responsável pela execução, pela aprovação, quem deve ser consultado ou informado. É muito útil quando a equipe é formada por membros internos e externos à organização (Figura 45).

MATRIZ RACI - GESTÃO DE OBRA								
ID	Tarefa	Almoxarife	Administrat.	Encarregado	Mestre	Arquiteto	Engenheiro	Gerente
1	Recebimento de NF	R						
2	Conferência material		R			A	I	C
3	Aprovação de pagamento	R						
4	Lançamento Sistema			R				
5	Pagamento							R

R - Responsável pela execução A - Aprovação - Responsible C - Deve ser Consultado I - Precisa ser Informado

Figura 45 – Exemplo de Matriz RACI.
Fonte: adaptado de Polito (2015).

O formato de descrição textual, também chamado de descrição de cargo, permite detalhar das responsabilidades, autoridade, competências e qualificações necessárias a cada membro da equipe. Pode ser facilmente utilizado em projetos futuros e é facilmente melhorado através das lições aprendidas.

Independentemente dos métodos utilizados, o importante é garantir que cada pacote de trabalho tenha um responsável bem definido, evitando atividades em duplicidade, sobreposição ou sem responsáveis e que todos entendam claramente seus papéis e responsabilidades no resultado do projeto. A falta de clareza pode levar a uma avalição equivocada de quais competências são necessárias, resultando em profissionais inaptos para as funções que exercem, aumentando a probabilidade de erros.

Distribuir as responsabilidades e a autoridade por toda a estrutura de comando do projeto, de forma a assegurar que as decisões sejam tomadas pelas pessoas com mais condições de fazê-lo, não é tarefa fácil. Uma decisão acertada deve ser tomada com a velocidade adequada e com o maior número de informações possível.

É fundamental que seja dada autoridade suficiente para que cada profissional possa responder com rapidez aos desafios que surgem em assuntos sob sua responsabilidade. A isso chamamos de descentralização da gestão. Não é um processo trivial. São necessários processos bem desenhados, muito planejamento e controle. No entanto, se bem implementada, a descentralização proporciona bons resultados para o projeto. Os principais benefícios são a velocidade de resposta, o adequado senso de urgência, as decisões acertadas e alinhadas com os objetivos do projeto, o aumento da motivação e o comprometimento da equipe.

Outro aspecto importante em relação à equipe é o planejamento das comunicações (item 3.6). É necessário definir regras e protocolos de comunicação, entender as diferenças culturais e deixar claras as necessidades e expectativas de cada parte interessada.

Sempre que houver mudanças no projeto, tais como alterações de escopo, prazo, metodologia construtiva, entre outras, deve-se reavaliar o planejamento da equipe de forma a verificar se as competências necessárias e a estrutura ainda estão aderentes. Por exemplo, ao se alterar, durante o processo de design, a estrutura de concreto armado para estrutura metálica, mudam-se completamente as competências e habilidades necessárias à equipe que fará sua execução. Nesse caso, é preciso incorporar à equipe as novas competências necessárias.

3.5.3 Plano de gerenciamento dos recursos físicos

A ideia do plano de gerenciamento dos recursos físicos é converter o cronograma de produção em um cronograma de recursos, sincronizando cada fluxo de materiais, equipamentos e máquinas com as suas respectivas atividades. Seu desenvolvimento, no entanto, não é uma tarefa fácil, isso porque são milhares de materiais associados a milhares de atividades e a centenas de fornecedores. Quanto mais complexa for a cadeia de produção, mais trabalhoso e suscetível a erros será o planejamento dos recursos.

O plano de gerenciamento dos recursos deve ser capaz de acomodar tanto as variações na demanda, causadas por alterações na produtividade e no consumo dos recursos, quanto as variações e os imprevistos no fornecimento (fabricação, transporte e aquisição). É preciso encontrar o equilíbrio perfeito dos níveis de estoque, balanceando consumo e aquisições, de forma a impedir o excesso ou a escassez de recursos e seus consequentes impactos no desempenho do projeto. Estoques muito pequenos expõem o projeto a riscos desnecessários de falta de recursos. Estoques excessivos causarão aumento de custo associado à gestão do estoque. Os níveis adequados, mínimos e máximos de estoque são estabelecidos em função da criticidade de cada recurso para o projeto, do seu *lead time* de fornecimento, dos prazos de validade, da variedade de opções, dos lotes ideais de fornecimento, da facilidade de substituição, da intercambialidade entre produtos, do nível de confiabilidade de cada fornecedor, entre outros aspectos.

O planejamento dos recursos está intimamente ligado ao gerenciamento de riscos (item 3.7). Identificados os riscos relacionados ao fornecimento de algum recurso, é preciso desenvolver respostas adequadas para impedir que impactem o projeto. Uma técnica eficaz para identificar riscos e encontrar alternativas é chamada de *what if*, ou seja, "e se?". Essa técnica permite-nos enxergar uma situação de diferentes perspectivas e encontrar uma alternativa para a garantia do fornecimento.

O planejamento dos recursos é realizado através da explosão dos pacotes de trabalho e de atividades nos recursos necessários à sua execução. É um trabalho realizado de trás para frente, de forma a determinar quando o processo de fornecimento deve iniciar, para que o recurso esteja disponível quando for necessário. Para isso, utiliza-se o chamado *lead time* de cada recurso. Podemos defini-lo como o tempo entre a solicitação de um recurso e sua disponibilização para a produção. Para isso é preciso conhecer o tempo necessário para realizar o processo de aquisições, de acordo com a governança e os padrões da empresa; o tempo necessário para o fornecedor processar o pedido, produzir e disponibilizar o recurso; o tempo necessário para transportar e entregar o material.

É com base no plano de gerenciamento dos recursos físicos que a área de aquisições se planejará para adquirir os recursos externos à organização (gerenciamento das aquisições, item 3.8).

3.5.4 Estimar os recursos das atividades

O processo de estimar recursos é o cálculo aproximado da quantidade de materiais, equipamentos, máquinas e pessoas necessários para suprir as demandas da produção. É um passo muito importante no planejamento, uma vez que erros nas estimativas dos recursos podem comprometer seriamente o resultado do projeto. As estimativas dos recursos necessários a um projeto são desenvolvidas paralelamente aos processos de elaboração do orçamento e do cronograma, isso porque estão intimamente relacionadas e se impactam mutuamente. Equipes multifuncionais, compostas por fornecedores, projetistas, consultores e responsáveis pela execução, produzem estimativas de recursos mais confiáveis.

As estimativas podem fazer analogia a dados históricos de outros projetos, efetuando os ajustes necessários a cada caso. Esse é um método que exige experiência do planejador, porém é extremamente barato e rápido. Seu nível de exatidão é proporcional à similaridade das comparações.

As estimativas também podem ser paramétricas, utilizando-se parâmetros de publicações especializadas, informações técnicas de fornecedores ou consumos unitários históricos da companhia. Esse método pode gerar estimativas altamente confiáveis.

Qualquer que seja o método utilizado para a produção das estimativas, sempre existirá uma probabilidade de erro que implicará em riscos para o projeto. Sendo assim, é preciso monitorar, durante todo o projeto, se as estimativas utilizadas estão se confirmando, para que não sejamos surpreendidos com a ausência ou excesso de recursos. Trata-se de uma revisão progressiva, na medida em que as informações se tornam mais claras.

A escassez de recursos pode causar a paralisação de frentes de trabalho, atrasos de cronograma, aumento de custos fixos e problemas de qualidade. Já o excesso de recursos provoca o aumento do estoque, custos financeiros, necessidade de espaço, custos para se realizar a segurança patrimonial, problemas logísticos, possibilidade de danos e perda da validade no caso de materiais perecíveis. No caso de máquinas e equipamentos, o excesso pode provocar improdutividade e até mesmo riscos de acidentes.

Para os recursos mais críticos para o projeto, é usual a elaboração de histogramas, sempre vinculados ao cronograma do projeto, de forma que, ao se revisar o cronograma, a necessidade de recursos seja automaticamente revisada também. Os histogramas são uma representação gráfica da quantidade de recursos necessários a cada período. São de fácil leitura e podem ser dispostos paralelamente ao cronograma para que se tenha uma ideia clara dos recursos necessários a cada etapa de produção. Os histogramas também permitem nivelamento na quantidade de recursos, reduzindo os picos e vales de demanda e permitindo sua otimização. É um recurso normalmente utilizado com equipamentos, evitando constantes mobilizações e desmobilizações de equipamentos.

A maioria dos softwares utilizados para o planejamento dos projetos já dispõe de recursos para ajudar na estimativa, na otimização e na gestão dos recursos. Uma vez estimados os recursos necessários e sua quantidade no tempo, é possível escolher a melhor estratégia para cada tipo e como melhor gerenciá-lo.

3.5.5 Adquirir os recursos

Adquirir recursos é o processo de obter os materiais (máquinas, equipamentos e equipe) necessários para concluir o trabalho do projeto. Esses recursos podem ser obtidos dentro da organização ou ser adquiridos externamente. Os recursos internos são cedidos pelas áreas responsáveis e os recursos externos são adquiridos através do processo de aquisições, abordado no item 3.8 – Gerenciamento das aquisições do projeto.

3.5.6 Mobilizar equipe

Mobilizar equipe é o processo de selecionar e integrar profissionais com os conhecimentos, habilidades e atitudes necessários ao atingimento dos objetivos do projeto. Outros critérios de seleção também podem ser considerados, como: custo, experiência em projetos semelhantes, conhecimento sobre o cliente, conhecimento da região etc. É preciso buscar os profissionais mais qualificados para cada função, em vez de tentar compensar a falta de competência e produtividade com o aumento da equipe.

Dentre os profissionais que compõem a equipe de um projeto, o gerente é o que mais contribui para o seu sucesso. A verdadeira atividade de um gerente de projetos é administrar uma organização temporária, tão complexa e desafiadora quanto qualquer outra empresa. Trata-se do principal líder do projeto, que deve combinar aspectos operacionais, flexibilidade, estabilidade, estratégia e, obviamente, capacidade de liderança. O gerente deve assegurar as condições ótimas para que sua equipe desempenhe suas funções da melhor forma possível e atinja os objetivos do projeto.

Para escolher o gerente adequado a cada projeto, é preciso definir os critérios corretos. Critérios como tempo de experiência, disponibilidade ou conhecimento técnico não levam necessariamente à escolha do gerente ideal. Os gerentes devem ser capazes de suportar o peso das responsabilidades e desempenhar diferentes papéis em diferentes situações. É preciso que o gerente possua não somente as competências técnicas, mas também a maturidade para liderar e conduzir a equipe na formação de uma cultura adequada e nos processos de gerenciamento do design, do projeto e da produção.

As competências de um gerente de projetos podem ser organizadas em:

- **Conhecimento:** domínio de conceitos, práticas, procedimentos, técnicas.
- **Habilidades:** aplicação do conhecimento com eficácia e eficiência.
- **Atitudes:** predisposição para a ação, incluindo motivação, energia, intuição e dedicação.

A especialidade do gerente deve ser resolver problemas. Sua aptidão técnica é o alicerce de sua atuação, mas suas habilidades de relacionamento são fundamentais para o seu desempenho. Ele exerce um papel tanto gerencial quanto técnico, sendo suas habilidades interpessoais tão relevantes quanto seus conhecimentos técnicos. Dentre as habilidades interpessoais mais requeridas de um gerente de projetos, podemos citar a proatividade, a gestão de conflitos, a capacidade de integrar, a comunicação e a liderança.

Proatividade pode ser definida como uma pessoa com ousadia e motivação independentes do ambiente que a circunda, assumindo a responsabilidade por si mesma, tomando sempre a iniciativa e assumindo suas responsabilidades. Não se acomoda facilmente e busca sempre novas oportunidades. Percebe facilmente problemas e antecipa-se para enfrentá-los. Encontra maneiras para inovar, mesmo cumprindo padrões corporativos. Persevera no planejamento traçado, não desistindo facilmente.

A habilidade de gerenciar conflitos envolve negociação e influência, buscando-se chegar a um acordo e influenciar seus interlocutores. O gerente deve ser, em sua essência, um integrador. Ele deve ser capaz de integrar e conciliar todos os interesses e expectativas conflitantes que possam surgir entre as diversas partes interessadas, de forma a aumentar as chances de sucesso do projeto.

O gerente do projeto deve ser um exímio comunicador e, através de um processo claro, aberto e transparente, deve incentivar a troca de ideias e opiniões entre todos os membros da equipe. A habilidade de comunicação do gerente, seja oral, seja escrita, assegura que as informações sejam explícitas, claras e completas, de modo que todos possam entendê-las.

O estilo de liderança pode ser um fator crítico de sucesso para o projeto. Para cada tipo de projeto existem diferentes tipos de gerentes, com capacidade para variados níveis de complexidade. Projetos de grandes interferências com comunidades e órgãos públicos necessitam de gerentes com perfil mais conciliador e com boas habilidades em negociação e gerenciamento de conflitos. Já projetos cujo prazo é determinante e desafiador precisam de gerentes pragmáticos e focados. Projetos inovadores, com aplicação de novas tecnologias, precisam de gerentes analíticos, criativos e comprometidos.

Os gerentes devem desenvolver a habilidade de identificar, construir, manter, motivar, liderar e inspirar suas equipes de forma a obter um desempenho diferenciado que permita atingir os objetivos do projeto. A motivação deve ser constante. O gerente deve criar um ambiente adequado, que motive e desafie, com *feedbacks* constantes e o apoio necessário, reconhecendo e recompensando o bom desempenho. Uma equipe de alto desempenho demanda comunicação franca e eficaz, com confiança entre os membros da equipe, com os conflitos construtivamente administrados, com estímulo à solução de problemas e tomadas de decisão compartilhadas e com todas as pessoas melhorando o sistema, expondo e resolvendo os problemas rapidamente.

Por conta da sua importância, o tema gerente do projeto é alvo de estudos constantes. Um dos estudos mais conhecidos é o olho de competências proposto pelo ICB – IPMA (2006) que representa a integração de todos os elementos do gerenciamento do projeto, como visto pelos olhos do gerente (Figura 46).

Figura 46 – Olho de competência.
Fonte: adaptado de ICB – IPMA (2006).

3.5.7 Desenvolver a equipe

Desenvolver a equipe do projeto é o processo que busca a melhoria de suas competências, de forma a criar uma cultura de equipe dinâmica, coesa e colaborativa, com o objetivo de aprimorar o resultado do projeto. É uma das principais responsabilidades do gerente do projeto. O foco deve ser mantido nas pessoas e na dinâmica das suas interações, criando um ambiente favorável ao seu desenvolvimento, em vez de focar apenas em requisitos e processos. Educar passa a ser a meta do processo de capacitação, em vez de ensinar. Para isso, é preciso comparar o nível atual de proficiência de cada membro da equipe com o nível requerido para sua função, identificando as lacunas e preparando um plano de desenvolvimento. É preciso ter foco na melhoria da aptidão dos profissionais.

A intensidade e a velocidade das mudanças exigem um contínuo esforço de desenvolvimento da equipe, de forma a manter as competências da equipe aderentes aos desafios do projeto.

3.5.8 Gerenciar a equipe

Gerenciar a equipe é o processo de supervisionar continuamente seu desempenho, direcionando os esforços e influenciando seu comportamento através de *feedback* e do exemplo. Também envolve cuidar da comunicação, solucionar problemas, gerenciar mudanças e abordar conflitos, tudo isso com vistas à melhoria na interação da equipe e na otimização do desempenho do projeto.

Gerenciar pessoas em projetos de construção inevitavelmente leva o gerente a administrar também conflitos, isso porque é um ambiente fértil para sua proliferação. Juntar pessoas com prioridades muitas vezes conflitantes, de diversos níveis e formações diferentes, tomando decisões sob pressão de prazo, custo e qualidade, em um ambiente incerto, volátil, complexo e ambíguo, certamente levará ao surgimento de conflitos. Onde existe interação entre pessoas há potencial de conflito. É, portanto, absolutamente normal que os conflitos ocorram, e é por isso que o gerente deve estar preparado para lidar com eles.

Um conflito nada mais é que a discordância entre indivíduos, podendo atingir diferentes níveis, desde um leve atrito a um confronto direto. Embora inevitável, o conflito não pode assumir um papel destrutivo na equipe. É responsabilidade do gerente identificar, avaliar e administrar, de forma positiva, os conflitos e seus efeitos sobre os objetivos do projeto. Gerenciar conflitos exige escutar, colocar-se no lugar do outro e respeitar a individualidade de cada um. Seu gerenciamento bem-sucedido resulta em maior produtividade, aumento da criatividade, melhoria no processo decisório e no relacionamento dos membros da equipe, levando, consequentemente, ao bom desempenho do projeto.

São potenciais fontes de conflitos as prioridades, os procedimentos internos, as opiniões técnicas, os custos, as agendas, as divergências pessoais em geral, os papéis ambíguos, a autoridade e as responsabilidades mal definidas, sobrepostas ou insuficientes, os objetivos conflitantes, os problemas de comunicação, as precedências, os comportamentos reativos, a escassez de recursos, entre muitas outras.

O nível de conflito interno também pode variar em função do estágio e do nível de pressão do projeto. Obras próximas da data de conclusão ou sob forte pressão de custo e prazo tendem a ter maior quantidade e intensidade de conflitos.

Para obter resultados excepcionais, devemos buscar gerenciar os conflitos, não os eliminar. Conflitos podem ser úteis para melhorar o desempenho da equipe. Muita harmonia e tranquilidade pode tornar o projeto apático e estagnado, sem muita criatividade. Um certo nível de conflito é necessário para manter o ambiente com autocrítica, criativo e inovador.

Uma consequência direta do conflito é o estresse, que é a percepção de uma ameaça que excita, alerta e ativa o organismo. Cada profissional possui um nível de tolerância ao estresse. O excesso dele leva à falta de cooperação mútua e a conflitos com conotação pessoal e hostilidades, além de inibir a comunicação de informações relevantes. No entanto, em níveis adequados, o estresse melhora o desempenho da equipe e, por isso, é preciso aprender a estimulá-lo de forma construtiva e em níveis adequados.

Também estão associados ao gerenciamento da equipe políticas de reconhecimento e premiações pelos resultados alcançados. A equipe deve ter seu desempenho acompanhado e avaliado, estabelecendo com clareza os objetivos, as metas e os critérios de medição dos resultados. É preciso deixar claro que a equipe será avaliada e reconhecida por seu desempenho, de forma a alinhar os objetivos dos colaboradores com os do projeto e suas partes interessadas.

Recompensas monetárias são as formas mais tangíveis, mas outros tipos de reconhecimento podem ser tão eficazes quanto. O reconhecimento do bom desempenho deve ocorrer em etapas, dentro do ciclo de vida do projeto, de forma a manter a equipe engajada e motivada durante todo o processo. A associação de ferramentas de avaliação individual permite o investimento individualizado no desenvolvimento e na percepção de pontos fortes e fracos de cada profissional.

Existe também o processo de desmobilização da equipe, que traz desafios adicionais. É preciso manter a equipe motivada e comprometida até a conclusão do projeto, mesmo que todos saibam que serão desmobilizados após seu encerramento. Isso pode impactar negativamente o projeto e a equipe. Muitas vezes, é necessária a criação de recompensas vinculadas à conclusão do projeto. Outro desafio é que, na medida em que o projeto se aproxima da conclusão e o time vai sendo desmobilizado, a empresa perde o conhecimento e a experiência adquiridos ao longo do projeto. Nesse caso, é preciso criar processos periódicos para coletar as boas práticas e as lições aprendidas.

3.5.9 Controlar os recursos

Controlar os recursos é o processo de garantir que os recursos físicos (materiais, equipamentos, instalações e máquinas) estejam disponíveis e sejam alocados no momento certo para a conclusão bem-sucedida do projeto. Também envolve acompanhar se as estimativas utilizadas no planejamento estão se concretizando durante a execução das atividades. O adequado controle dos recursos tem impacto direto no custo, no prazo e na qualidade do projeto. Não o fazer é uma fonte de risco para o projeto, podendo resultar em atrasos, estouro de custo, problemas de qualidade, entre outros.

Controlar recursos também envolve garantir que os níveis de estoque planejados e definidos como aceitáveis e necessários para a continuidade do projeto estejam sendo atendidos. Para isso, é preciso acompanhar a produtividade e a taxa de consumo dos recursos. A produtividade diz respeito à quantidade de trabalho produzido em um determinado período. A taxa de consumo é quanto recurso é consumido para produzir uma determinada quantidade de trabalho. Também é preciso estar atento e desmobilizar recursos que não sejam mais necessários ao projeto.

3.6 Gerenciamento das comunicações do projeto

O gerenciamento das comunicações contém os processos responsáveis por garantir que as necessidades de informação do projeto sejam supridas. Em outras palavras, são os processos responsáveis por permitir a geração, coleta, distribuição, armazenamento, recuperação e disposição final da informação, na forma e no prazo apropriados, de maneira a garantir que os objetivos do projeto sejam atingidos. Em um ecossistema perfeito de comunicação, a mensagem correta será comunicada acima, abaixo e por todo o projeto, provendo às pessoas as informações necessárias para tomar as decisões corretas no momento certo. Os gerentes de projetos investem a maior parte de seu tempo se comunicando com a equipe e com as principais partes interessadas do projeto.

Uma comunicação efetiva é uma competência fundamental para o sucesso de um projeto, principalmente porque conecta a equipe e as principais partes interessadas à sua estratégia. A menos que a estratégia seja compartilhada e entendida por todos, é impossível que haja alinhamento e sinergia. É preciso comunicá-la com clareza, com o nível adequado de detalhes, em uma linguagem apropriada a cada grupo de partes interessadas. Todos precisam saber quais são os objetivos do projeto, as ações para alcançá-los e a parte do trabalho que lhes cabe. Na verdade, existe uma correlação direta entre a efetividade dessa comunicação e o sucesso do projeto.

O gerenciamento das comunicações desempenha um papel mais importante ainda em projetos de construção, e sua relevância vem crescendo atualmente. O principal motivo é que a indústria da construção é, tipicamente, complexa e extremamente dependente de uma comunicação efetiva. A complexidade advém de um ecossistema formado por muitos profissionais, com ampla gama de formações e experiências, com relevantes diferenças culturais e níveis sociais, formando equipes temporárias por curtos períodos. As diversas empresas que também compõem esse ecossistema possuem especialidades diferentes, necessidades e objetivos competitivos e, algumas vezes, até mesmo conflitantes. Não bastasse isso, o ambiente no qual os projetos de construção estão inseridos é volátil, incerto, ambíguo e complexo, ou seja, nele a descontinuidade e as mudanças rápidas e constantes são percebidas mais como o normal do que como uma exceção. Nesse ambiente, relativamente incontrolável, os processos de comunicação ocupam papel central na resposta às mudanças.

Não podemos deixar de falar que o ambiente da construção é extremamente informal. Por isso, redes e canais de comunicação informais são desenvolvidos entre projetistas, engenheiros, gerentes e os trabalhadores pertencentes a diferentes organizações. Esses canais podem ser complementares para tornar mais claro e veloz o trânsito de informações, mas não podem suplantar ou substituir os canais formais estabelecidos, que garantem a correta distribuição, aprovação e guarda das informações relevantes.

Diante de tamanha importância, os processos de comunicação não podem ser relegados ao acaso ou ao improviso. Segundo o *PMBOK® Guide* 6ª edição, a comunicação deve ser planejada, gerenciada e monitorada. O gerenciamento das comunicações consiste basicamente em desenvolver uma estratégia eficaz de comunicação e em implementá-la adequadamente. Nunca é tarde para começar. As estratégias deverão levar em conta o tipo de parte interessada e os aspectos que fazem com que cada uma delas seja única. É o principal recurso utilizado para se relacionar com as partes interessadas, tanto internas, quanto externas. A comunicação é formada tanto de processos quanto de habilidades interpessoais, que devem ser desenvolvidos através da prática e do aprimoramento contínuos.

Nos projetos de construção, a gestão documental merece especial atenção, dado o significativo volume de plantas e desenhos de engenharia desenvolvidos e a vasta gama de documentos produzidos ao longo do projeto, como contratos, testes, ensaios, fotos, diários de obra, laudos, relatórios, licenças, documentos fiscais, manuais e garantias, entre outros. Toda essa documentação é fundamental para a comprovação do atendimento aos requisitos técnicos, legais e contratuais e para a resolução de possíveis disputas contratuais. A maior parte dessa documentação integrará o *databook* produzido no final do projeto.

A boa comunicação demanda cuidados especiais. É preciso definir qual informação deve ser enviada a cada parte interessada, o meio em que será enviada, o estilo de linguagem a ser utilizado e o momento de enviá-la. Organizações que querem melhorar seus relacionamentos devem adaptar a comunicação aos diferentes grupos de partes interessadas. É preciso evitar o uso de termos técnicos desnecessariamente e evitar omissões ou distorções que possam causar erros de interpretação. Também é preciso considerar a influência que as estruturas de poder e a cultura da organização exercem sobre a comunicação. É preciso encorajar as pessoas a trazerem as informações corretas, mesmo que elas sejam ruins; caso contrário, os gestores somente tomarão conhecimento dos problemas quando não houver mais nada a fazer. Deve-se criar uma cultura na qual os profissionais que detectam problemas ou reconhecem padrões de fracasso e os levam ao conhecimento dos superiores sejam reconhecidos e não repreendidos.

Problemas com a comunicação podem impactar negativamente o projeto. As principais barreiras que prejudicam uma boa comunicação são: a distância, expressões técnicas não dominadas por todas as partes, o idioma utilizado, a falta de conhecimento sobre determinado assunto, a falta de domínio da tecnologia utilizada, um meio de comunicação inadequado, excesso de regras e a cultura organizacional. O estado emocional, a personalidade, a cultura, a idade, a nacionalidade, a formação profissional e diferentes pontos de vista definem a forma como as pessoas se comunicam e podem influenciar como a mensagem será recebida e interpretada. Comportamentos hostis, ansiedade, desinteresse, omissão intencional, desatenção e preconceito também podem se tornar obstáculos. Quanto mais barreiras existirem, maior será a utilização de canais informais de comunicação.

A quantidade de informações geradas em projetos de construção é um fato desafiador. Dessa forma, é importante evitar a geração de informações desnecessária, pois sobrecarregam os receptores, dificultam a análise e a interpretação dos dados, consomem recursos e ocultam as informações realmente importantes. A tecnologia da informação será um aliado importantíssimo na superação desse desafio.

As consequências das falhas de comunicação podem ser muitas, como, por exemplo, os mal-entendidos; as falhas na tomada de decisão, causadas pela má qualidade da informação; a incompatibilidade entre disciplinas de engenharia; erros na execução das atividades; conflitos; disputas; retrabalhos etc.

O gerenciamento das comunicações assume papel central quando do surgimento de crises, muito comuns, por sinal, no ambiente complexo e incerto dos projetos de construção. Por isso, é preciso aprender a lidar com elas de uma forma rotineira. Podemos definir uma crise como uma mudança brusca e repentina, capaz de impactar os objetivos do projeto. Durante uma crise, a necessidade de informações aumenta tremendamente e o sistema de comunicação é colocado sob uma pressão adicional. A comunicação assume o papel central de gerar e distribuir as informações necessárias à tomada de decisão, de forma rápida e efetiva, mantendo a equipe e as partes interessadas adequadamente informadas. O sistema deve ser flexível, resiliente e adaptativo.

O momento de uma crise também é uma situação de grande tensão para o gerente do projeto, uma vez que ele deve tomar decisões que impactarão o resultado do projeto, lidando com um elemento surpresa, sob a pressão de prazo, sendo o foco da atenção das partes interessadas, sem a totalidade das informações e, portanto, sem total compreensão da situação. Além de um bom planejamento e bons processos, o gerente do projeto precisará de habilidades e competências interpessoais.

Estar preparado para responder às crises tornará o projeto mais resiliente e resistente a impactos negativos, tornando mais rápida e fácil a sua recuperação. Algumas crises, no entanto, são previsíveis. Nesse caso, é possível utilizar uma abordagem linear de causa-efeito, estabelecendo protocolos de forma a mover a organização espontaneamente, comunicando as informações apropriadas às partes interessadas internas e externas, incluindo empregados, fornecedores, investidores, governo, mídia e imprensa. Essa abordagem busca, no planejamento cuidadoso, a quebra da crise em estágios menores e sequenciais. Podemos citar como um exemplo de crise previsível um acidente de trabalho. Nesse caso, existe um protocolo de resposta a ser seguido: comunicação à diretoria e aos órgãos públicos, paralisação das atividades, seguida pela investigação, conclusão e elaboração de plano de ação, com consequente treinamento e comunicação a todos os envolvidos, de forma a evitar reincidências (Figura 47).

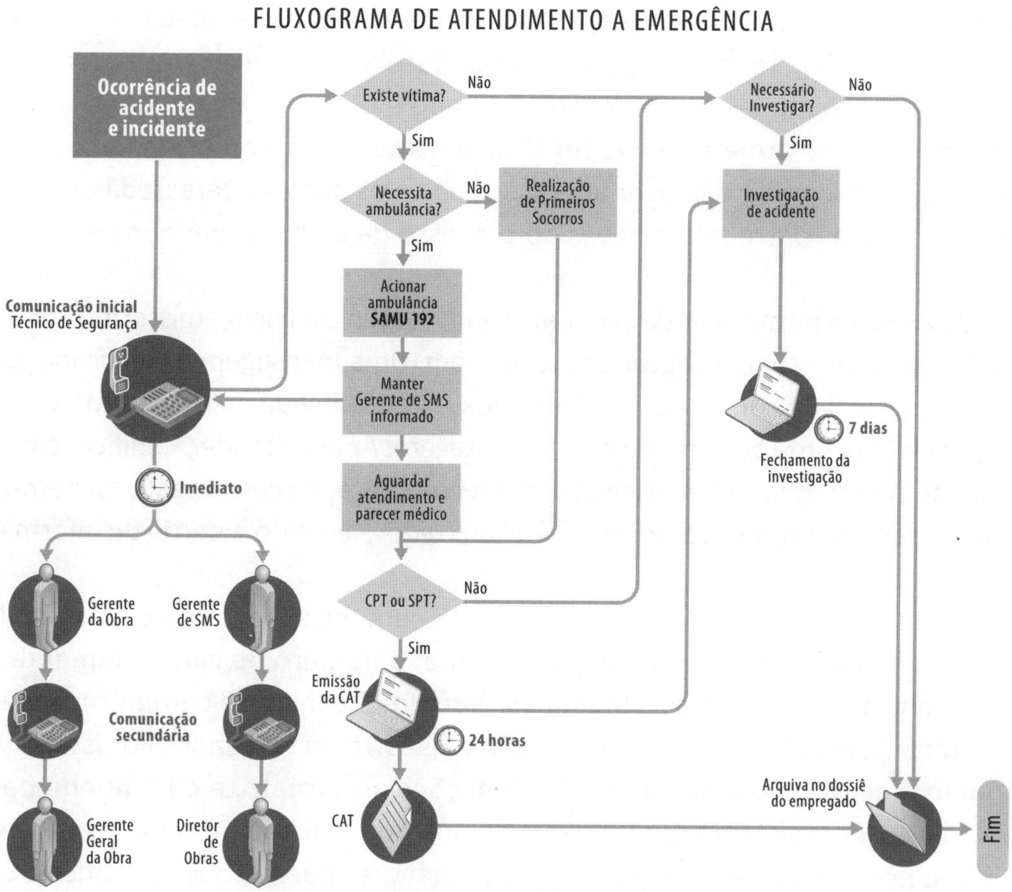

Figura 47 – Exemplo de plano de resposta a acidentes do trabalho.
Fonte: adaptado de Polito (2015).

Embora essa abordagem linear de comunicação seja uma ferramenta efetiva para responder a crises previsíveis, com um limitado conjunto de opções, ela pode ser inadequada e limitada para responder a eventos complexos, envolvendo incerteza e imprevisibilidade. Nesses casos, é preciso assumir uma abordagem sistêmica, buscando entender todos os possíveis impactos.

3.6.1 Planejar o gerenciamento da comunicação

O planejamento do gerenciamento das comunicações é muito importante em projetos de construção, devido ao grande número e à diversidade de participantes e à necessidade intensa e constante de distribuição de informações, tanto durante o desenvolvimento do design quanto durante a construção. Por isso, é vital criar e implementar estratégias apropriadas de comunicação para envolver as partes interessadas, internas e externas, com eficácia e eficiência.

As comunicações do projeto devem ser planejadas, estruturadas, implementadas e monitoradas, de forma a garantir a sua efetividade. O desenvolvimento do plano de comunicações do projeto requer a identificação e a análise das necessidades de informação das principais partes interessadas e a definição de como serão comunicadas. O desenvolvimento desse plano requer discussão com a equipe para encontrar as formas mais apropriadas de atender às necessidades de informação com o menor custo possível. Lembrando que gerar, coletar, distribuir, controlar e armazenar informações consome recursos do projeto, entre eles pessoal, tempo e dinheiro. Ele deve ser desenvolvido de forma iterativa ao longo do projeto e deve ser revisto e atualizado, conforme necessidade, na medida em que o projeto progredir e houver alterações nas suas partes interessadas. Essas alterações devem ocorrer de forma controlada, através do processo de controle de mudanças.

O modelo que descreve da forma mais simples uma comunicação é o linear emissor/receptor. Nele, duas partes, definidas como emissor e receptor, se comunicam. Uma mensagem é codificada pelo emissor, transmitida por um canal de comunicação e recebida e decodificada pelo receptor. O recebimento não significa que ele concorda ou compreende a mensagem. Após entender, codificar e transmitir um *feedback* coerente com a mensagem original é que a comunicação certamente foi bem-sucedida. A transmissão pode ser comprometida por barreiras ou ruídos, levando à perda de informações.

Em projetos de construção, a quantidade de canais de comunicação merece atenção. Na medida em que o número de pessoas conectadas (n) aumenta, o número de canais aumenta à razão de n(n-1)/2. Isso significa que 3 pessoas conectadas formam 3 canais de comunicação, enquanto 6 pessoas conectadas representam 15 canais e 9 pessoas formam 36 canais. Por isso, é importante identificar quem realmente precisa trocar informações no projeto, e com quem, para evitar a sobrecarga e o colapso do sistema. Uma estratégia que pode ajudar a manter os canais de comunicação em níveis gerenciáveis é a criação de grupos menores para temas específicos. Em projetos pequenos, é possível estruturar redes formais de comunicação centralizada, cujo gerente do projeto ocupa posição central, com todas as comunicações passando por ele (Figura 48).

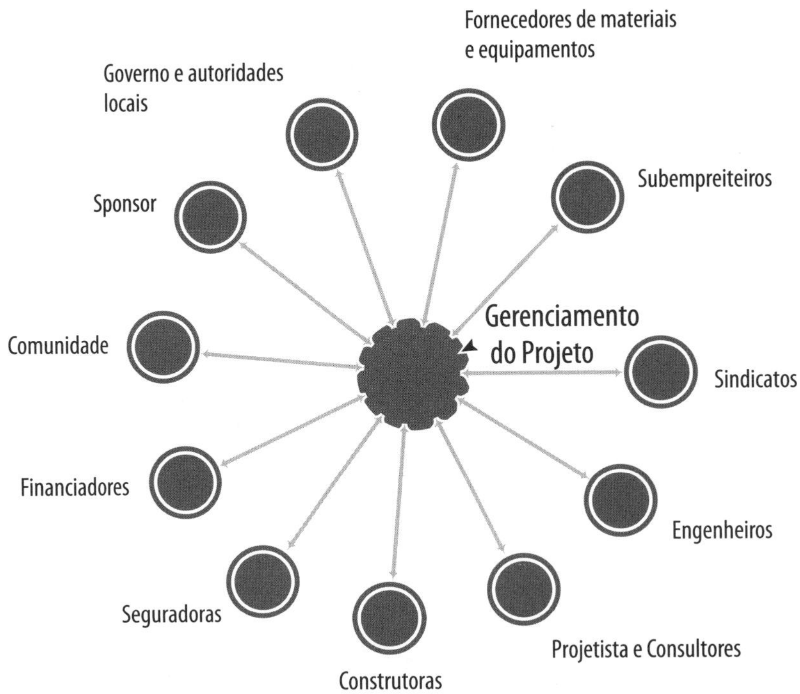

Figura 48 – Modelo centralizado de comunicação formal.
Fonte: adaptado de PMI (2016).

A criação de redes de comunicação formais, com a participação de organizações de várias especialidades, com interesses e expectativas muito diferentes, pode representar um grande desafio para o atingimento dos objetivos do projeto. A comunicação descentralizada dá mais agilidade na troca de informações, mas dificulta seu controle, tornando difícil garantir que todos estão tendo acesso completo a toda a informação que está sendo transmitida (Figura 49).

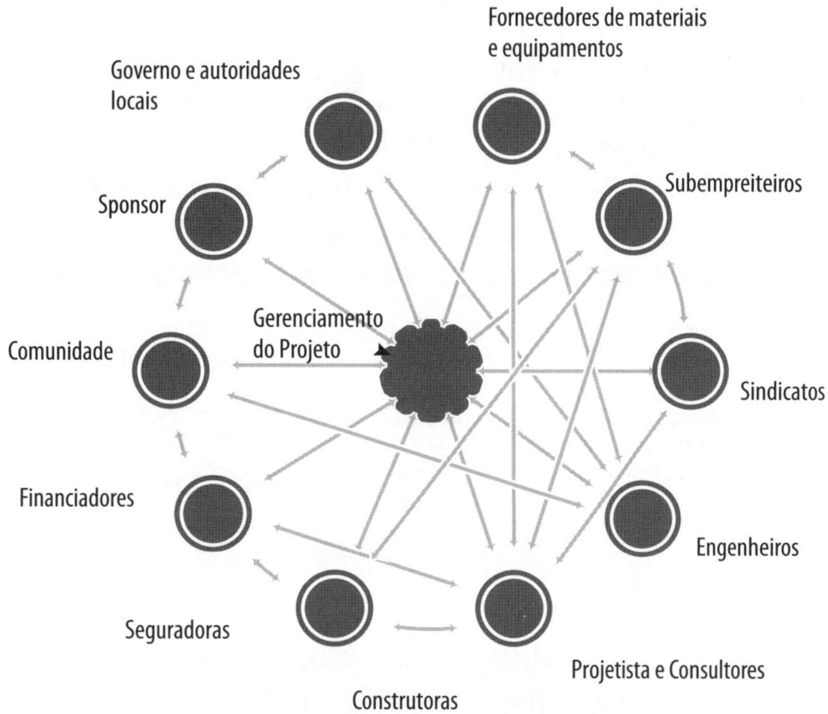

Figura 49 – Redes de comunicação descentralizada.
Fonte: adaptado de PMI (2016).

O planejamento das comunicações inicia com a identificação e análise das necessidades de comunicação das principais partes interessadas, tanto internas, quanto externas. Essas informações podem ser obtidas no registro das partes interessadas, no levantamento de requisitos, em contratos, legislação, licenças, condicionantes, projetos, procedimentos internos, apólices de seguro e até através de entrevistas. O importante é entender ao máximo as expectativas e necessidades de cada parte interessada. Os requisitos a serem identificados para cada informação são: o conteúdo; a origem; o formato; o idioma; o nível de detalhes; a localização física do receptor; métodos ou tecnologias que serão utilizados para sua transmissão; a sensibilidade e a confidencialidade; a periodicidade; a forma e o tempo de armazenamento; o destinatário; o responsável por sua geração e pela transmissão.

Uma vez identificadas as informações necessárias a cada parte interessada, é preciso planejar como atendê-las da forma mais efetiva e eficiente possível. A qualidade da informação transmitida é fundamental para o sucesso da comunicação, devendo atender aos seguintes critérios:

- **Efetividade:** a informação deve ser relevante e pertinente para o projeto, bem como entregue em tempo, de maneira correta, consistente e utilizável.

- **Eficiência:** a informação deve ser entregue de forma mais produtiva e econômica, utilizando os meios mais adequados para isso.
- **Confidencialidade:** as informações consideradas críticas, confidenciais ou sensíveis devem ser protegidas contra o acesso indevido. Esse requisito adquire especial atenção a partir da recente legislação que trata da questão da proteção de dados. Essa busca regula o uso de dados, tanto pessoais (nome, RG, CPF, e-mail etc.) quanto corporativos (CNPJ, razão social, endereço etc.). O tratamento de dados foi definido pela lei como "toda operação realizada com dados pessoais, seja a coleta, produção, recepção, classificação, utilização, acesso, reprodução, transmissão, distribuição, processamento, arquivamento, armazenamento, eliminação, avaliação ou controle desses dados". Usualmente, tais informações transitam nos processos de comunicação de um projeto, seja em processos de admissão de colaboradores, na contratação de empresas, entre outros.
- **Integridade:** a informação deve ser fidedigna e completa, bem como ter validade para o projeto.
- **Disponibilidade:** a informação deve estar acessível e utilizável quando exigida.
- **Conformidade:** a informação deve estar aderente a leis, regulamentos e obrigações contratuais relacionadas ao projeto.
- **Confiabilidade:** a informação deve ser confiável para a tomada de decisão.

É preciso sempre escolher a base mais confiável para extração das informações, uma vez que a mesma informação pode estar disponível em vários sistemas. Quanto mais primária for a fonte, mais confiável será a informação. Dados extraídos diretamente do ERP da empresa possuem maior qualidade, uma vez que tais sistemas dispõem de rígidos controles de acesso, alçadas e sistemas de segurança. Já planilhas eletrônicas preenchidas manualmente costumam ser frágeis do ponto de vista da segurança e confiabilidade das informações, uma vez que erros humanos ou intencionais podem ocorrer. Uma opção intermediária é a extração das informações dos sistemas da organização, avaliando-as em planilhas eletrônicas que dispõem de recursos de análise, filtros e gráficos.

A escolha do método de transmissão mais adequado pode variar bastante, dependendo dos objetivos da comunicação. Esta pode ser iterativa, quando as informações são trocadas multilateralmente, como em reuniões e telefonemas. Pode ser uma comunicação ativa, distribuída diretamente aos interessados, pela qual se garante a distribuição, mas não o recebimento e o entendimento. Pode ser passiva, quando a informação é disponibilizada para que os interessados acessem o conteúdo a seu critério, como, por exemplo, repositórios e portais. Pode ser interpessoal, entre indivíduos de um pequeno grupo, ou até mesmo públicos, sem vínculo entre o emissor e o receptor, como no caso de palestras. Os canais de comunicação podem ser, não se limitando a: quadros de avisos, boletins informativos/revistas internas/revistas eletrônicas, cartas, reuniões, comunicados à imprensa, relatórios, e-mails e *intranets*, videoconferências, mensagens de texto e repositórios de documentos compartilhados, ambientes colaborativos, entre outros. A escolha do canal pode ser influenciada também por fatores como a urgência da informação, a disponibilidade e confiabilidade da tecnologia, a facilidade de utilização pelos usuários, o nível de sensibilidade e confiabilidade da informação, a distância entre o emissor e os receptores, entre outros. Não podemos deixar de comentar sobre as redes de comunicação informais nos projetos. Apesar de serem importantes recursos para a solução rápida de problemas, engajamento das partes interessadas, esclarecimento de dúvidas e capacitação de colaboradores, é preciso cuidado para que não substituam a comunicação formal.

Diante disso, podemos afirmar que para cada necessidade de informação haverá um formato, um canal e um nível de qualidade, granularidade, formalidade e confidencialidade adequados. Por exemplo, durante o processo de desenvolvimento de design, os projetistas de várias disciplinas trabalham concomitantemente, cada um produzindo sua especialidade, de forma independente, mas dependentes de informações uns dos outros. Todos se impactam mutuamente, e suas decisões e escolhas precisam ser compatíveis umas com as outras, tanto do ponto de vista físico (espaço, posição), quanto características técnicas (potência, nível de ruído etc.). O uso de informações incompletas, obsoletas ou mal compreendidas pode causar retrabalhos, problemas para a execução e de desempenho da edificação e afetar seriamente o custo e o cronograma do projeto. Diante disso, é preciso utilizar um repositório centralizado (CDE – *Common Data Environment*) onde todas as informações desenvolvidas, por todas as disciplinas, em todas as fases do projeto, são armazenadas, organizadas e disponibilizadas. Abordaremos esse assunto em mais detalhes no item 4.15 – BIM (*Building Information Modeling*). Isso permite que todos os projetistas trabalhem simultaneamente na mesma base, disponibilizem suas disciplinas e consultem as demais, antecipando a detecção de conflitos. Também ajuda na coordenação e no acompanhamento dos processos de solicitações de mudança e solicitações de esclarecimento entre os projetistas, registrando os pareceres para consultas futuras. É preciso estabelecer *workflows* para apoiar o processo de gerenciamento dessa informação, garantindo o controle de revisões e status da documentação, impedindo que desenhos obsoletos ou não aprovados sejam disponibilizados para a produção. Uma vez concluídos e aprovados, os projetos serão enviados ao campo, seja na forma impressa, com controle físico de versionamento, seja por acesso em meio eletrônico através de *tablets* e computadores.

Quando se trata de informação sobre o desempenho do projeto, é preciso dispor de diferentes níveis de detalhamento, adequados a cada tipo de parte interessada e a cada nível de tomada de decisão. Obter a informação certa no momento certo é fundamental para tomar decisões acertadas. A forma mais completa de avaliar o desempenho de um projeto de construção é a análise de valor agregado, apresentada no item 3.3.4, pois relaciona custo, prazo e trabalho, substituindo a análise fragmentada e individual das três variáveis por uma análise mais ampla e completa. É possível a criação de filtros que permitam variar a granularidade da informação de forma a atender a várias necessidades.

Atenção especial deve ser dada ao gerenciamento da documentação gerada pelo projeto. Muitos documentos são sensíveis ao tempo, ou seja, precisam que a data de sua emissão, aprovação ou revisão seja controlada. Os documentos contratuais precisam ser adequadamente armazenados, de forma a permitir sua fácil localização e acesso. Esses incluem o contrato, seus anexos, os desenhos de engenharia associados e qualquer documento referenciado a ele. Documentos atuais e históricos devem ser mantidos por todo o ciclo de vida do projeto como uma ferramenta crítica para a resolução de disputas. Dentre os diversos documentos que são gerados durante um projeto de construção, o mais usual é o diário de obra. Esse documento registra todas as condições e eventos relevantes ocorridos em cada dia. Nele são registrados as condições climáticas; a quantidade de trabalhadores de cada empresa; os equipamentos mobilizados, em operação e improdutivos; as atividades em realização; o progresso do trabalho; comunicações relevantes; acidentes do trabalho e ambientais; paralisações; atrasos e eventos não usuais; testes; inspeções; visitantes importantes etc. É um documento muito importante na resolução de futuras disputas.

Dos canais de comunicação citados, o quadro de gestão à vista é muito utilizado em canteiros de obra. Trata-se de uma das ferramentas mais eficientes para incentivar a participação de todos. São adequados para a comunicação de indicadores de desempenho, para externar os problemas da operação, permitindo que sejam tratados e para garantir que os tomadores de decisão tenham acesso imediato às informações. A divulgação e a visualização da informação aumentam a transparência do processo de gestão, melhorando a qualidade das decisões e a habilidade para descobrir e corrigir problemas antes que eles afetem a produção.

De todos os canais de comunicação, o mais eficaz continua sendo a boa e velha reunião, presencial ou virtual. Reuniões bem realizadas permitem a identificação de problemas potenciais, facilitam a tomada de decisão e melhoram o trabalho em equipe, a cooperação e a colaboração. Estas têm a vantagem de integrar e motivar as pessoas e permitir a emissão de opiniões, a apresentação de ideias e a troca de experiências fundamentais para a evolução do projeto e da empresa. Também permitem respostas rápidas, a busca do consenso e a resolução dos conflitos que possam surgir.

Para realizar reuniões eficazes, é preciso definir regras e diretrizes, os objetivos, a agenda, quem são os participantes, qual a frequência e a duração apropriada. As reuniões devem gerar planos de ação e promover a tomada de decisão; sem isso, tornam-se apenas um evento social. Os tipos de reunião mais usuais em projetos de construção são:

- **Reunião de *kick-off*, também chamada de pontapé inicial:** tem como objetivo comunicar a todos o início de um projeto, fase ou até mesmo contrato. É realizada no início e envolve todas as áreas.
- **Reuniões de acompanhamento:** são reuniões para avaliar o andamento dos serviços e das ações planejadas, status dos principais marcos, apresentação de fatos relevantes, incidências problemáticas, mudanças de escopo e riscos. Podem ser realizadas nos ciclos de curto, médio e longo prazo. Algumas empresas criam práticas específicas para tornar as reuniões mais rápidas e objetivas, como realizá-las com as pessoas de pé (*stand-up meetings*).
- **Reuniões de encerramento e lições aprendidas:** são reuniões para comunicar a conclusão de um projeto, fase ou até mesmo contrato e garantir o aprendizado contínuo da organização.

A criação de um calendário de reuniões de acompanhamento para o projeto, definindo uma rotina de análises e tomada de decisão, é fundamental para suportar os ciclos de gestão de curto, médio e longo prazo que abordaremos no capítulo 5 – Gerenciamento da produção. Isso também permite que as pessoas se preparem adequadamente para as reuniões e organizem seu trabalho individual (Figura 50).

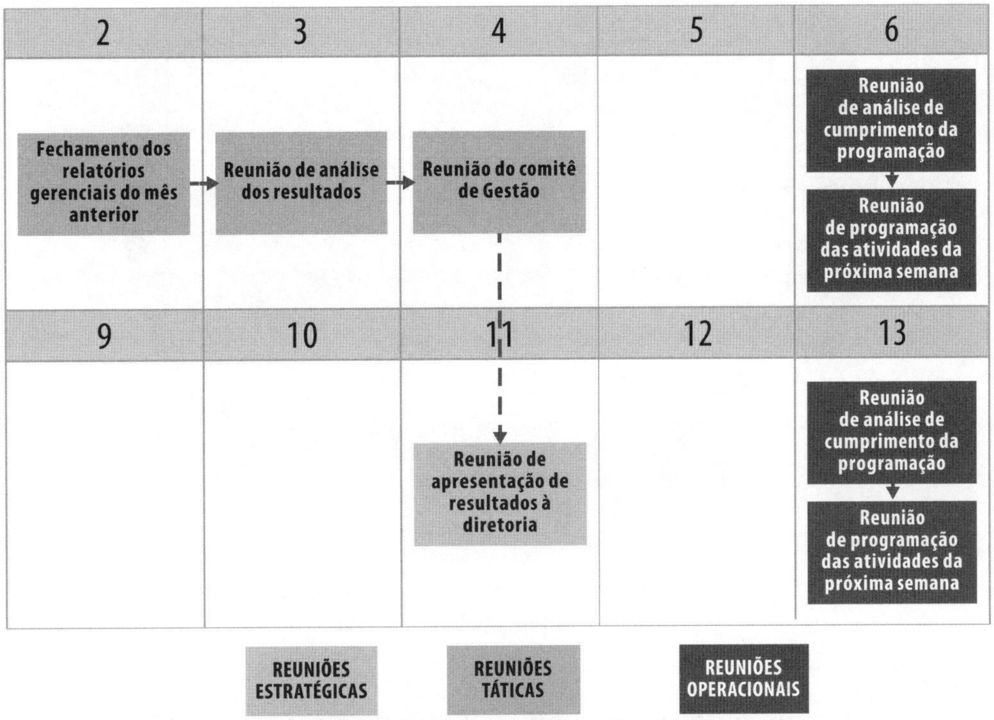

Figura 50 – Exemplo de calendário de reuniões.
Fonte: adaptado de Polito (2015).

As reuniões devem ocorrer em uma sequência lógica e progressiva de análise e tomada de decisão, para que essa aconteça no nível adequado, sem sobrecarregar os níveis mais altos da gestão. Por exemplo, em projetos de construção, as reuniões operacionais ocorrem em ciclos menores e antes das reuniões táticas com o gerente, e estas, antes das reuniões estratégicas de resultado com a diretoria.

Nas reuniões operacionais, são analisados o desempenho da produção da última semana, as ações de correção de rumo e as metas para a próxima semana. O foco principal é utilizar, da melhor forma, os recursos disponíveis no canteiro para cumprir as tarefas programadas. As reuniões táticas ocorrem em ciclos mensais, com um horizonte de análise de 90 dias, com o objetivo prioritário de remover restrições e prover os recursos necessários. Nelas, as análises são orientadas ao desempenho, à disponibilidade de recursos e ao ambiente do projeto, buscando identificar variações significativas e sanar suas causas.

Figura 51 – Perspectivas de análise do comitê de gestão.
Fonte: adaptado de Polito (2015).

As informações analisadas durante essas reuniões, bem como suas conclusões, devem ser adequadamente registradas, de forma a manter o histórico do projeto (Figura 52 e Figura 53). A utilização de um modelo padrão, contendo os itens a serem abordados durante as reuniões, transforma a ata em uma grande lista de verificação, estruturando e orientando a análise e a tomada de decisão. Todas as ações devem ser inseridas em um plano de ação de forma a monitorar e garantir a adequada implementação.

ATA DE REUNIÃO		
Obra:		Data:
Gerente de Obra:	Gerente Geral de Obra:	
DESCRIÇÃO DO EMPREENDIMENTO		
PRINCIPAIS OBJETIVOS		
Participanrte	Gerência/Área/Obra	Cargo
RELATÓRIO FOTOGRÁFICO		
ANÁLISE DO PLANO DE AÇÃO		
ANÁLISE DE PRAZO		
ANÁLISE DE CUSTO		
SERVIÇO		
MATERIAL		
PROJETOS		
MÃO DE OBRA		
ANÁLISE DE QUALIDADE		
ESCOPO		
ANÁLISE DE SEGURANÇA DO TRABALHO		
SÓCIO AMBIENTAL		
STAKEHOLDERS		
ITENS ESPECÍFICOS DA OBRA		
PROCESSOS		
COMENTÁRIOS GERAIS		

Figura 52 – Estrutura da ata de reunião tática.
Fonte: adaptado de Polito (2015).

ANÁLISE DE PRAZO

PRODUTO ANALISADO	RESULTADO				
IDP		MÊS ANTERIOR	MÊS ATUAL	VARIAÇÃO	JUSTIFICATIVAS
	Desafio	1,02	1,00	2,0¾	
	Base Une	1,05	1,03	1,9¾	

PRODUTO ANALISADO	RESULTADO
INDICADORES DE PRAZO	O prazo de término com cliente é dia 28/02/16, total de 29 meses.
	A defasagem da torre D para BC e A é de aproximadamente 40 dias. (dias de atraso em relação a linha : torre D-15 dias / torre BC -10 dias I torre A-10 dias) -avaliação em 20/04.
	Devido ao atraso de alguns materiais por problemas das cartas de anuência, acreditamos que sofremos uma perda de 2 sem prazo. Impacto no início de atividades de 2º placa de drywall, impermeabilização e cerâmica, forro de gesso - torre D A alteração da execução do forro de gesso para FGA da torre D atrasou o início dos serviços em 15 dias.

PRODUTO ANALISADO	SEMANA	% PPC	ANÂLISE
ATENDIMENTO À META E AO PSS	Semana 1	74%	Quantidade de MO insuficiente, falta de material Incel.
	Semana 2	68%	Falta de mão de obra
	Semana 3	57%	Mudança de estratégia -Instalações, atendimento a obra 127, atraso na atividade predecessora
	Semana 4	74%	Atraso no início dos serviços, Falta de mão de obra.
	Global		Falta de mão de obra de várias empresas. Atraso no início dos serviços.

PRODUTO ANALISADO	MARCO	DATA PLANEJADA	STATUS	FALTAM (DIAS)	ANÁLISE
ANÁLISE DE MARCOS (PRÓXIMOS 90 DIAS)	Pedido de ligação definitiva de energia elétrica	12-03-15	Atrasada	5	
	Aprovação de Projeto de Arquitetura Modificativo	29-01-15	Concluída	-	Postado no ECM dia 15/01/15.
	Aprovação de Projeto Hidrossanitário	29-01-15	No Prazo	-	Aprovado em 01/04/14,
	Aprovação de Projeto de Incêndio Modificativo	29-01-15	No Prazo	-	Aprovado em 21/11/14
	Conclusão do protótipo - 2ª etapa	11-fev-15	Atrasada	10	Previsto para o dia 30/04

PRODUTO ANALISADO	DESCRIÇÃO DA TAREFA	INÍCIO PLANEJADO	RESTRIÇÕES
ATIVIDADES A INICIAR (PRÓXIMOS 90 DIAS)	Cerâmica piso, parede e rejunte	12/03/15	Pendente realizar o contrato
	Pintura interna e externa	15/abr/15	Pendente contratar a empresa.
	Reboco externo fachada	10/abr/15	Empresas contratadas

PRODUTO ANALISADO	CONCESSIONÁRIA	FASE	DATA PREVISTA	STATUS	ACOMPANHAMENTO / OBSERVAÇÕES
CONCESSIONÁRIAS	Água	Definitivo		Executado	Pendente a ligação na caixa da obra
	Energia	Definitivo	Imediato	Projeto em aprovação	Projeto aprovado pela concessionária
	Esgoto	Definitivo	Imediato	Projeto em aprovação	Protocolado 940 2014 00885.
COMENTÁRIOS GERAIS					

Figura 53 – Exemplo parcial da ata de reunião tática.
Fonte: adaptado de Polito (2015).

A efetividade dessas reuniões, com análises profundas, aumenta a velocidade na tomada de decisão e reduz o tempo perdido por indefinições. Essa análise sistemática e periódica evita que questões importantes fiquem escondidas ou sejam omitidas e se tornem surpresa para a alta administração.

Todos os desvios identificados que impactaram os objetivos do projeto devem ser registrados, descrevendo os fatos ocorridos que geraram o desvio, os impactos sofridos em cada objetivo e as ações tomadas para reverter o impacto e trazer o projeto de volta ao objetivo (Figura 54). Esse registro é de grande valor para a melhoria contínua do sistema de gestão e para analisar, no final do projeto, os resultados obtidos e as lições aprendidas.

REGISTRO DE DESVIOS										
← FATO OCORRIDO				IMPACTO NO EMPREENDIMENTO ↓				AÇÕES PARA REDUÇÃO DO IMPACTO →		
ID	DATA	TÍTULO	DESCRIÇÃO	DESCRIÇÃO DOS IMPACTOS	ÁREA	VALOR ECONÔMICO	SITUAÇÃO	CONTRAMEDIDA	OBSERVAÇÕES	STATUS
1										
2										
3										
4										
5										

Figura 54 – Registro de desvios.
Fonte: adaptado de Polito (2015).

3.6.2 Gerenciar as comunicações

O processo de gerenciar as comunicações é a implantação do plano elaborado para o gerenciamento das comunicações. Seu maior benefício é possibilitar um fluxo de informações efetivo entre as principais partes interessadas. Ele assegura a coleta, a criação, a distribuição, o armazenamento, a recuperação, o gerenciamento, o monitoramento e a disposição final das informações do projeto de forma oportuna e adequada.

O gerenciamento efetivo de reuniões de projeto, para garantir uma comunicação produtiva, abrange preparar uma pauta, convidar os participantes essenciais e garantir que compareçam, providenciar as atas e registros e distribuí-los aos participantes. Sua condução envolve escutar ativamente, esclarecer e confirmar, entender e remover as barreiras que prejudicam a compreensão, e resolver os conflitos que podem surgir dentro da reunião.

3.6.3 Monitorar as comunicações

Esse processo objetiva monitorar tanto as comunicações quanto seus efeitos durante todo o ciclo de vida do projeto, a fim de assegurar que os requisitos de informação das partes interessadas estejam sendo atendidos e que as demandas de ajustes ou intervenção sejam identificadas. Havendo necessidade, relatórios adicionais devem ser desenvolvidos, de maneira que a informação contida possa ser utilizada na tomada de decisão. As informações geradas devem ser confiáveis, objetivas e claras de forma a permitir uma visão ampla do desempenho do projeto e dos problemas existentes, permitindo a correção de rumo.

Outro papel importante do monitoramento da comunicação é o de garantir que todos os acordos sejam formalmente documentados. Apesar de canais informais serem ágeis e flexíveis, informações importantes, que impactam nos objetivos do projeto, devem ser formais. As atas devem conter as decisões tomadas e as ações acordadas. As notificações a fornecedores devem ser formais e documentadas.

A elaboração de painéis de indicadores (*dashboards*) facilita a análise dos dados, agrupando informações correlatas e permitindo ao gestor ter uma visão geral do desempenho do projeto. A utilização de planilhas eletrônicas facilita seu manuseio, a realização de análises complementares e a criação de indicadores visuais de desempenho, com cores etc. (Figura 55).

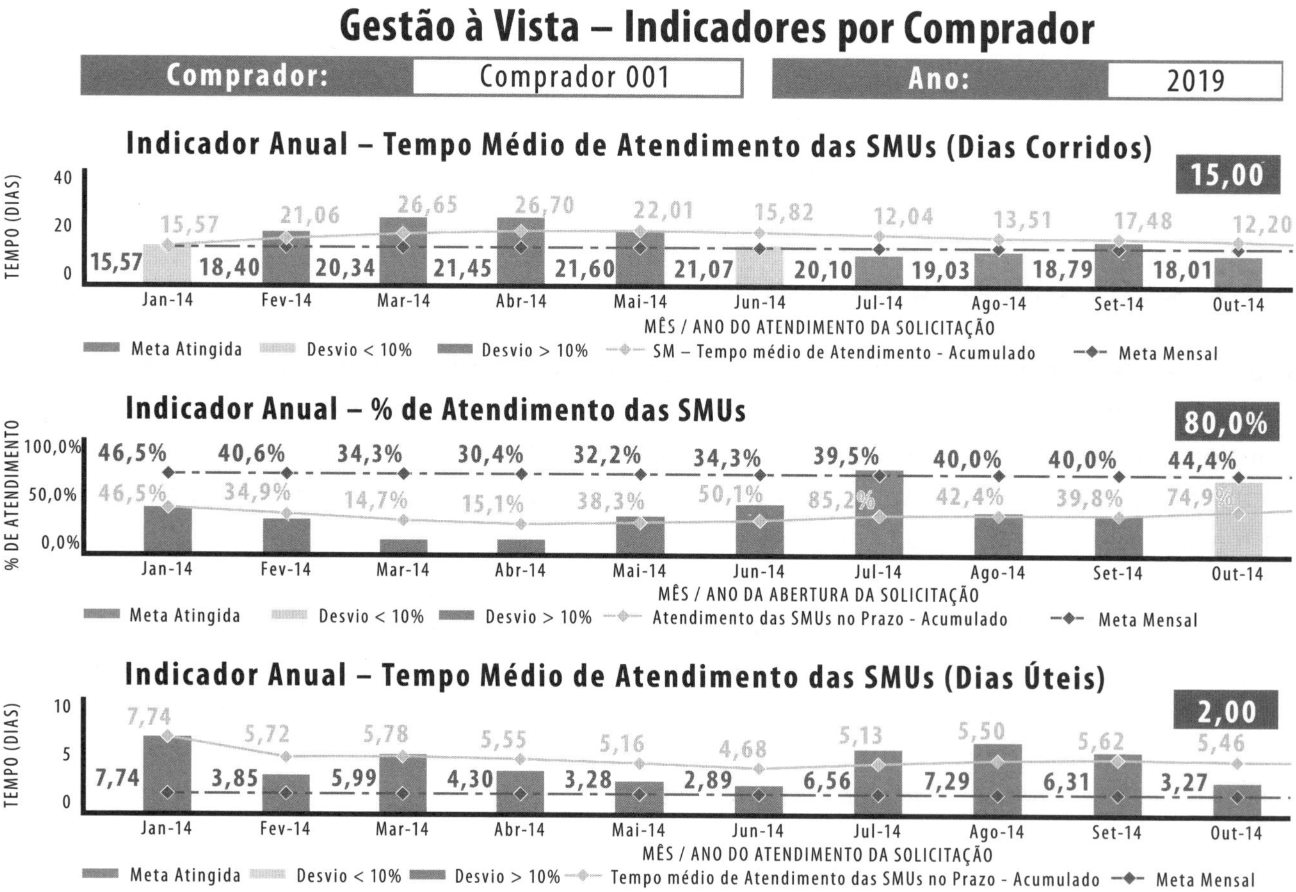

Figura 55 – Relatório de acompanhamento de meta.
Fonte: adaptado de Polito (2015).

Outra prática interessante é a criação de um *ranking* de desempenho entre equipes e projetos, estimulando, assim, uma competição saudável (Figura 56).

RANKING DAS OBRAS (%)

Mês/Ano de visualização: 07/2019

PONTUAÇÃO TOTAL		Pontuação do Mês		Pontuação do Ano		Pontuação Geral	
CÓDIGO	OBRA	PERCENTUAL	PERCENTUAL	PERCENTUAL	RANKING	PERCENTUAL	RANKING
112	Obra 112	24,19%	11	23,26%	13	23,26%	13
117	Obra 117	45,00%	10	58,33%	8	57,78%	7
123	Obra 123	59,09%	6	55,68%	10	49,32%	11
129	Obra 128 e 129	71,43%	2	63,10%	5	55,48%	8
132	Obra 132	65,68%	5	65,68%	4	64,77%	4

GESTAO DE CUSTO (%)		Pontuação do Mês		Pontuação do Ano		Pontuação Geral	
CÓDIGO	OBRA	PERCENTUAL	PERCENTUAL	PERCENTUAL	RANKING	PERCENTUAL	RANKING
112	Obra 112	0,00%	11	0,00%	13	0,00%	13
117	Obra 117	100,00%	1	100,00%	1	100,00%	1
123	Obra 123	45,45%	9	45,45%	10	45,45%	10
129	Obra 128 e 129	100,00%	1	100,00%	1	100,00%	1
132	Obra 132	100,00%	1	100,00%	1	100,00%	1

GESTAO DE PRAZO (%)		Pontuação do Mês		Pontuação do Ano		Pontuação Geral	
CÓDIGO	OBRA	PERCENTUAL	PERCENTUAL	PERCENTUAL	RANKING	PERCENTUAL	RANKING
112	Obra 112	72,73%	2	72,73%	2	72,73%	2
117	Obra 117	9,09%	7	9,09%	7	9,09%	7
123	Obra 123	9,09%	7	9,09%	7	9,09%	7
129	Obra 128 e 129	54,55%	4	54,55%	5	54,55%	5
132	Obra 132	18,18%	6	18,18%	8	18,18%	8

GESTAO DE SEGURANÇA (%)		Pontuação do Mês		Pontuação do Ano		Pontuação Geral	
CÓDIGO	OBRA	PERCENTUAL	PERCENTUAL	PERCENTUAL	RANKING	PERCENTUAL	RANKING
112	Obra 112	6,67%	9	0,00%	12	0,00%	10
117	Obra 117	6,67%	9	100,00%	1	96,67%	1
123	Obra 123	100,00%	1	83,33%	1	36,67%	8
129	Obra 128 e 129	100,00%	1	83,33%	1	30,00%	9
132	Obra 132	6,67%	9	6,67%	9	0,00%	10

Figura 56 – Ranking de desempenho de indicadores entre projetos.
Fonte: adaptado de Polito (2015).

É considerada também uma boa prática a apresentação dos resultados obtidos nas frentes de trabalho, de forma que as pessoas tomem conhecimento dos impactos de suas ações do dia a dia. O resultado deve ser apresentado sempre em formato simples, claro e objetivo.

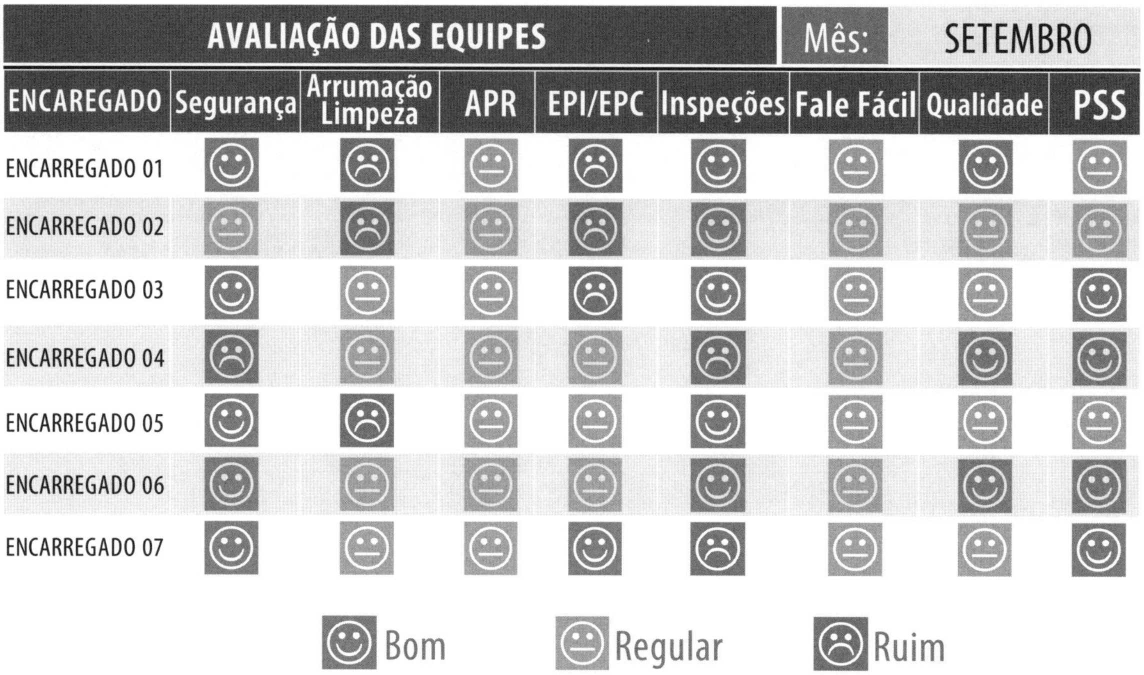

Figura 57 – Painel de indicadores nas frentes de trabalho.
Fonte: adaptado de Polito (2015).

A exposição dos resultados facilita o monitoramento e o controle dos processos, além de gerar transparência na gestão. Esta, por sua vez, cria um clima de confiança na relação entre a empresa e seus colaboradores, sociedade e fornecedores.

3.7 Gerenciamento dos riscos do projeto

O planejamento para o sucesso também envolve a preparação para as possibilidades de fracasso. É preciso avaliar o que pode dar errado ao longo do ciclo de vida do projeto e incluir no planejamento ações de resposta apropriadas. A esse processo damos o nome de gerenciamento dos riscos do projeto. Em outras palavras, podemos dizer que gerenciar os riscos do projeto é identificar e avaliar as ameaças e oportunidades relacionadas aos seus objetivos, definir ações para diminuir sua probabilidade e/ou impacto quando negativos (ameaças), aumentar sua probabilidade e/ou impacto quando positivos (oportunidades) e monitorá-los continuamente com o objetivo de aumentar as chances de sucesso do projeto. Algumas áreas de conhecimento do projeto já possuem processos para gerenciamentos dos seus próprios riscos, como o caso da segurança do trabalho e o do meio ambiente, normalmente associados a requisitos legais e normas.

Um risco pode ser definido como um evento futuro que, se ocorrer, poderá ter um efeito positivo ou negativo sobre um ou mais objetivos do projeto. Suas causas podem ser múltiplas (requisitos, premissas, restrições etc.), impactando em um ou em vários objetivos ao mesmo tempo (custo, prazo, qualidade, escopo etc.). Os impactos, se negativos, podem ser atrasos no cronograma, estouros de orçamento, performance abaixo do esperado, entre outros. Se positivos, podem ser redução de custo, prazo, melhoria de desempenho, entre outros. O risco só importa para o projeto se impactar seus objetivos, caso contrário deve ser descartado. O gerenciamento de riscos deve ser um dos principais focos de atenção de gerentes sêniores, buscando eliminá-los, transferi-los ou mitigá-los.

O gerenciamento dos riscos é considerado um fator crítico de sucesso para um projeto, uma vez que ele evidencia as ameaças e oportunidade que realmente importam, estimula a comunicação preventiva com as partes interessadas e concentra a atenção da equipe no resultado. O esforço sistemático de olhar para dentro e para fora da organização, na busca de ameaças e oportunidades, de forma a se preparar para elas, representa um divisor de águas entre um desempenho comum e uma performance excepcional.

Todo projeto de construção, independentemente de seu tamanho e complexidade, envolve relativo grau de risco, isso porque são projetos únicos, buscando atender a expectativas de inúmeras partes interessadas, muitas vezes conflitantes e mutáveis, com cronogramas e orçamentos quase sempre agressivos em um ambiente cheio de restrições, premissas e estimativas. O risco está associado a eventos probabilísticos e não determinísticos, ou seja, todo risco tem uma probabilidade de ocorrência, que não é zero (se não, não existiria) e não é 100% (se não, seria certeza e não risco). Nos estágios iniciais de um projeto, o nível de exposição ao risco é máximo, enquanto as informações disponíveis são mínimas. Quanto antes os riscos forem identificados, mais realistas serão os planos e as expectativas de resultado e menores serão os custos envolvidos com as ações de resposta.

Todas as atividades de um projeto de construção englobam riscos. As informações de custo e prazo, utilizadas no planejamento, são baseadas em estimativas. Essas, por sua vez, não são números precisos, mas julgamentos aproximados sobre o seu desempenho. Em uma escavação, por exemplo, você pode até conhecer o volume a ser escavado e as características do material. Entretanto, condições climáticas, desvios nas características do solo e falhas mecânicas e humanas podem impactar o prazo e o custo estimado para a escavação. Da mesma maneira, os requisitos técnicos ou de qualidade adicionam riscos a uma atividade. Se esses não forem atendidos, será necessário retrabalho e, consequentemente, aumento de prazo e custo. Como exemplo, podemos citar a soldagem de estruturas metálicas, que tem sua qualidade aferida por ensaios de qualidade com líquido penetrante ou raios-x. Não sendo atingidos os critérios de qualidade definidos, as soldas terão de ser refeitas. Em muitos casos, investir na melhoria da qualidade dos serviços poderá reduzir o prazo, o custo e o risco do projeto.

Cada risco pode impactar individualmente o projeto; entretanto, a combinação de dois ou mais riscos pode alterar completamente seu nível de influência. Por isso, também é necessário avaliar a dependência e a correlação entre vários riscos, bem como seus efeitos combinados.

Apesar de relacionados, risco e incerteza não são a mesma coisa. Decisões tomadas sob a influência de incertezas não são iguais às decisões tomadas diante de um risco. O conceito de incerteza está relacionado à imprevisibilidade, de forma que o tomador de decisões não tem como avaliar os impactos de suas escolhas. Já o conceito de risco está relacionado a um conjunto de variáveis conhecidas, onde é possível avaliar sua probabilidade de ocorrência e impactos, permitindo se planejar para aceitar, mitigar, transferir ou eliminar. Em outras palavras, incerteza é o desconhecido, e risco é o que você sabe que pode dar errado. Assim, riscos podem ser provenientes de complexidade, prazo, escassez de recursos, competência etc. e permitem sua identificação, análise e planejamento de respostas. Já as incertezas se materializam aleatoriamente provocando mudanças inesperadas no planejamento. A incerteza não está no presente nem no passado, está no futuro. Sempre que olharmos para o futuro, teremos que lidar com incertezas. Entre as variáveis mais importantes que influenciam o nível de incerteza podemos citar a definição do escopo, a familiaridade com as tecnologias utilizadas, o conhecimento da região, a confiabilidade dos fornecedores, o nível de atrito com a vizinhança, entre outras (Figura 58).

Para lidar com as incertezas e também com riscos emergentes (aqueles que não foram previamente identificados antes de se concretizarem), é preciso resiliência. Essa é obtida com processos flexíveis, capazes de lidar com as mudanças sem perder de vista os objetivos do projeto, a velocidade na tomada de decisão, o replanejamento e um nível adequado de reserva de contingência.

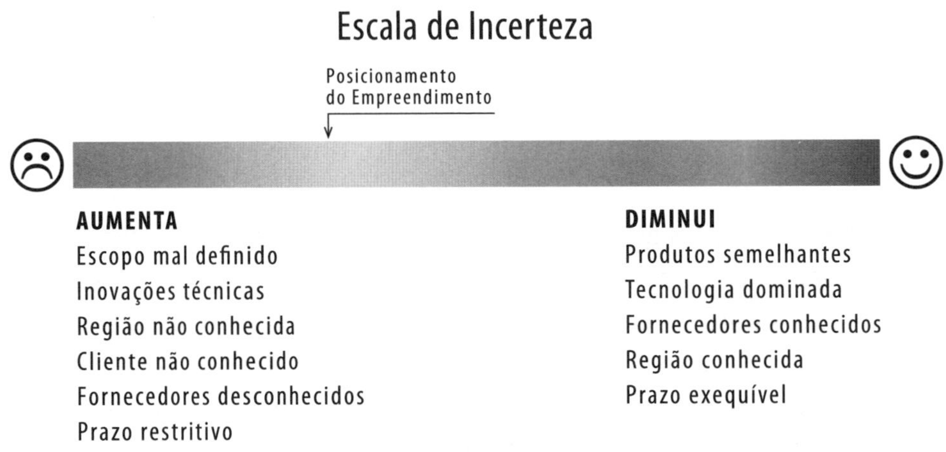

Figura 58 – Escala de incerteza.
Fonte: adaptado de Polito (2015).

Os riscos nem sempre estão associados a um evento. Eles podem surgir da variabilidade dos processos, como, por exemplo, a produtividade, tanto abaixo quanto acima do esperado, ou condições meteorológicas atípicas. Os riscos também surgem da ambiguidade ou conflito de informações e requisitos, ou mesmo da falta de clareza, conhecimento ou compreensão do escopo.

O gerenciamento dos riscos deve iniciar o mais cedo possível na gestão do projeto, de preferência antes de sua aprovação, de forma a avaliar se os benefícios esperados são vantajosos diante dos riscos identificados. Em seguida, durante o desenvolvimento dos desenhos de engenharia, uma massa crítica de informações é reunida e analisada, os riscos identificados são priorizados, e respostas adequadas são estabelecidas. Cada resposta demanda recursos e/ou tempo adicional, que deverão ser incorporados nas linhas de base de cronograma e custo.

A identificação dos riscos é uma questão de percepção, sendo fortemente influenciada por paradigmas, preconceitos, formação e experiência de quem está avaliando, ou seja, cada tomador de decisão, dependendo da posição que ocupa, da experiência profissional e da personalidade, identificará diferentes riscos com base nas mesmas informações e terá diferentes avaliações sobre sua probabilidade de ocorrência e impactos potenciais. Igualmente individual é a tolerância de cada parte interessada em assumir riscos. Por exemplo, pessoas com experiências recentes de fracasso estarão menos propensas a assumir riscos. Em contrapartida, quanto mais experiente e bem-sucedido o profissional, mais disposto está a aceitar riscos. Por isso, é importante, logo no início do projeto, definir as fronteiras aceitáveis de risco para as principais partes interessadas. Uma coisa é certa: quanto melhores forem as informações disponíveis no momento da avaliação, melhores serão as decisões tomadas. Por isso, é importante envolver nas análises de riscos todos aqueles que podem contribuir com diferentes pontos de vistas, como projetistas, fornecedores, fabricantes, executores, responsáveis por suprimentos, planejamento, segurança, meio ambiente, entre outros.

É preciso avaliar os impactos e a tolerância a riscos das partes interessadas, principalmente nas áreas de custo, cronograma, qualidade, segurança do trabalho e meio ambiente do projeto. Normalmente, o limite de tolerância se expressa na forma de restrições, que deverão ser consideradas no planejamento.

Existem incontáveis riscos que um projeto de construção pode encontrar ao longo do seu ciclo de vida. E se a sondagem estiver errada e a fundação colapsar? E se o preço do aço aumentar até o final da obra? E se o câmbio cair quando estiver no momento de comprar os equipamentos de ar-condicionado? E se as licenças não forem liberadas a tempo de as obras iniciarem?

Os riscos serão tão maiores quanto maior for a complexidade do projeto, o grau de inovação, a singularidade do projeto, a quantidade e a velocidade das mudanças, o número de dependências entre as atividades, a quantidade e o rigor das restrições, a quantidade e a fragilidade das premissas utilizadas no planejamento, entre muitos outros fatores.

O processo de gerenciamento dos riscos do projeto envolve processos de planejamento, identificação, análise, planejamento de respostas e monitoramento. Esses processos interagem entre si e com outras áreas de conhecimento. Na prática eles até se sobrepõem. São eles:

- **Planejar o gerenciamento dos riscos:** define como conduzir as atividades de gerenciamento dos riscos do projeto.
- **Identificar os riscos:** identifica os riscos do projeto e documenta suas características.
- **Realizar a análise qualitativa dos riscos:** prioriza os riscos individuais do projeto, para que sejam posteriormente analisados seu impacto e sua probabilidade de ocorrência.
- **Realizar a análise quantitativa dos riscos:** analisa numericamente o efeito combinado dos riscos individuais identificados e de outras fontes de incerteza nos objetivos do projeto.
- **Planejar as respostas aos riscos:** busca e desenvolve alternativas, seleciona estratégias e define ações para tratar dos riscos individualmente, bem como para lidar com seus efeitos combinados.

- **Implementar respostas a riscos:** implementa os planos de ação de resposta aos riscos.
- **Monitorar os riscos:** monitora a implementação das ações de resposta aos riscos, avalia a eficácia das medidas implementadas, avalia os riscos já identificados e identifica novos riscos. É importante que os riscos sejam monitorados de forma iterativa, pois, na medida em que o projeto evolui, os riscos, bem como sua probabilidade e impacto, podem mudar. Novos riscos, sejam eles diretos, secundários ou residuais, continuarão a surgir durante todo o ciclo de vida do projeto. Também novos gatilhos podem surgir ou até os mesmos riscos podem desaparecer.

Os riscos devem ser tratados em todos os níveis e em todas as fases do projeto de forma coordenada. Quando um risco ou sua tratativa exceder o escopo do projeto ou a responsabilidade e/ou autoridade do gerente do projeto, este deve ser escalado aos níveis superiores, para que seja adequadamente tratado.

Diante do ambiente de volatilidade, incerteza, complexidade e ambiguidade que envolve os projetos de construção nas várias fases que compõem seu ciclo de vida, é apropriada a utilização de uma abordagem de gestão adaptativa, fazendo uso do desenvolvimento iterativo e incremental, com revisões frequentes e equipes multifuncionais. Nesse cenário, os processos de gerenciamento de riscos devem ser dinâmicos, proativos e contínuos, garantindo que os riscos sejam compreendidos e gerenciados ao logo de cada iteração.

3.7.1 Planejar o gerenciamento dos riscos

Planejar o gerenciamento dos riscos é o processo de definir como serão conduzidas as atividades de gerenciamento dos riscos do projeto. Busca-se, com isso, modelar uma estratégia capaz de assumir riscos de maneira controlada e intencional e capaz de equilibrar riscos e recompensas, a fim de criar valor para a companhia. Esse planejamento deve ser iniciado o mais cedo possível no projeto e deve ser consistente com todas as demais áreas de conhecimento.

Para definir a estratégia adequada, é preciso conhecer o nível aceitável da exposição a riscos das principais partes interessadas. Esse apetite é expresso através de limites para probabilidade e impactos aceitáveis, específicos ao contexto do projeto, que serão depois utilizados para avaliação e priorização de cada risco de projeto.

Os processos de gerenciamento dos riscos devem ser tão mais robustos quanto maiores forem os riscos do projeto. Os riscos podem estar associados às próprias características do projeto, tais como: o porte, a duração, o tamanho da equipe, a localização, entre outras. Muitos outros fatores podem influenciar o nível de risco de um projeto de construção.

As mudanças de escopo são um dos fatores críticos, responsáveis por grandes riscos em um projeto, dependendo da fase em que ocorram. A fase de concepção é rica para a identificação de oportunidades de melhoria e de geração de valor. Nessa fase, as mudanças de escopo não causam grandes impactos ao projeto. Entretanto, quando as mudanças ocorrem durante a fase de design executivo ou mesmo durante a fase de construção, essas vão, inevitavelmente, impactar os resultados do projeto. As mudanças de escopo podem surgir por solicitação das partes interessadas, por revisões necessárias no design, por questões de construtibilidade, por requisitos de segurança ou, até mesmo, por erros ou omissões em alguma disciplina de engenharia. Outra fonte de riscos relacionada com o escopo é a descrição insuficiente ou incompleta. A falta de informações leva a falhas nos processos de levantamento de estimativas de custo e prazo que, fatalmente, levarão a erros de planejamento ou na alocação de recursos. A falta de recurso, por sua vez, provocará desempenho insuficiente e impactará o resultado do projeto. A falta de informação também poderá levar a especificações equivocadas quanto à qualidade e performance necessária de algum sistema, impactando a qualidade/vida útil da edificação.

Outros riscos comuns aos projetos de construção são os cronogramas irrealistas e os orçamentos subestimados baseados em estimativas otimistas ou equivocadas. Qualquer estimativa de custo ou duração é baseada em hipóteses e cenários e representa um risco para o projeto. É preciso investir tempo suficiente na fase de planejamento para a realização adequada das estimativas que serão a base do planejamento e revisá-las periodicamente na medida em que mais informações são disponibilizadas, de forma a verificar sua validade, acuracidade, consistência e completude.

O nível de risco também é influenciado pela complexidade do projeto. A complexidade pode estar associada a altos níveis de inovação, ao uso de novas tecnologias, ao número de interfaces externas, à quantidade de atividades, interdependência e inter-relação entre elas, à integração de vários cronogramas de diversas partes interessadas etc. A complexidade do projeto pode exigir processos mais robustos para o planejamento e o gerenciamento dos riscos.

A abordagem escolhida para seu desenvolvimento também altera o nível de risco do projeto. Projetos que serão executados em fases, cuja fase de construção inicia após a conclusão do design, oferecem menores riscos do que projetos executados em *fast-track*, quando as obras iniciam ainda durante o desenvolvimento do design.

Uma fonte inesgotável de riscos são os fornecedores, sejam eles de materiais, equipamentos ou serviços. Fornecedores de serviço normalmente não se mobilizam com eficiência, fazendo com que a falta de equipamentos, mão de obra, materiais ou documentos obrigatórios impacte o início das atividades e cause atraso ao projeto. Também podem não atingir os níveis de qualidade adequados ou a produtividade esperada. Fornecedores de materiais podem não cumprir os prazos de entrega, interromper o fornecimento ou até mesmo ter problemas de qualidade. Os fornecedores de equipamentos podem não dispor de operadores experientes, ou não conseguir entregar a disponibilidade contratada. O tipo de contrato adotado com o fornecedor também influencia esse risco. Contratos a preço fixo oferecem menores riscos que contratos do tipo custos reembolsáveis.

Projetos que enfrentam rigorosos processos de licenciamento, com vários níveis de aprovação e partes envolvidas, são mais arriscados porque são mais propensos a atrasos e a estouros de orçamento. Da mesma forma, projetos que enfrentam rejeição da opinião pública ou de comunidades terão mais dificuldade em sua aprovação.

Os riscos de um projeto também podem se originar no próprio planejamento ou na falta de maturidade da empresa em gerenciamento de projetos. Por exemplo, a baixa qualidade dos processos de monitoramento e controle pode fazer com que problemas de custo e cronograma só sejam descobertos quando seus impactos negativos já forem inevitáveis.

O processo de planejamento do gerenciamento dos riscos pode promover o agrupamento dos riscos, de forma que seja possível identificar as áreas do projeto que estão mais expostas. Os riscos poderão ser classificados de muitas maneiras diferentes. Podem ser internos ou externos. Podem ser organizados em função dos responsáveis por seu gerenciamento. Podem ser agrupados e associados aos pacotes de trabalho da EAP. Podem ser agrupados em função da fonte de risco ou de acordo com a fase do projeto.

Também deve ser definida a escala pela qual serão avaliados o impacto e a probabilidade dos riscos identificados. O número de níveis refletirá o grau de precisão exigido. Quanto mais níveis forem utilizados, mais precisa será a avaliação. Normalmente se utilizam três níveis para processos mais simples e cinco para os mais complexos. Cada nível pode ser representado por um número ou por expressões como pequeno, médio, alto. A avaliação dos impactos pode ser realizada para cada objetivo do projeto, como custo, prazo e qualidade. Nesse caso, é possível atribuir níveis de impacto, como, por exemplo, 1% de variação nos custos é considerado baixo, 3% representam um impacto mediano e 5% representam um impacto alto. Essas avaliações serão inseridas em uma matriz de probabilidade-impacto para que se obtenha uma prioridade relativa entre os riscos.

As análises de risco devem ocorrer em todas as fases do projeto. Quando estas ocorrem durante as fases conceituais e de desenvolvimento do design, contribuem para minimizar futuras alterações durante a fase de construção e melhoram em muito a performance e a vida útil da edificação. As abordagens estruturadas de desenvolvimento dos desenhos de engenharia, como a análise de construtibilidade ou análise da engenharia de valor, oferecem boas discussões e oportunidades para a identificação de riscos.

O processo de planejar o gerenciamento dos riscos pode ser desenvolvido em reuniões específicas, em que participam o gerente do projeto, alguns membros da equipe e as principais partes interessadas, ou mesmo durante as reuniões ordinárias de gerenciamento do projeto.

3.7.2 Identificar riscos

O primeiro passo para gerenciar os riscos é identificá-los, uma vez que não podemos gerenciar aquilo que não vemos. Os riscos podem estar relacionados ao produto, à equipe, ao trabalho do projeto, aos fornecedores, a fatores externos ao projeto, à tecnologia utilizada, à inovação, aos processos, às metas pouco realistas etc. Cada item do escopo, cada atividade do cronograma, cada fornecedor e cada funcionário é uma fonte de riscos em potencial.

A identificação dos riscos deve ser um processo iterativo e deve ocorrer ao longo do ciclo de vida do projeto, isso porque os projetos de construção são desenvolvidos e evoluem através de sucessivas fases, quando cada nova fase possui mais informações e detalhes sobre o projeto do que a fase anterior. Assim, riscos identificados na fase anterior do projeto podem se modificar, ou mesmo novos riscos podem surgir a qualquer momento.

A identificação dos riscos individuais do projeto também é um processo coletivo, em que todas as partes interessadas (fornecedores, projetistas, consultores e especialistas) devem ser incentivadas a participar, pois são excelentes fontes para ajudar na identificação de riscos, principalmente pela quantidade e variedade de outros projetos de que participam. Contribui para a qualidade do processo a experiência e a maturidade dos profissionais, a multidisciplinaridade da equipe e a cultura da organização.

Identificar riscos não é um processo de adivinhação, e sim um exercício de análise. Por isso, é muito importante a adoção de métodos que organizem esse desenvolvimento. Um bom ponto de partida é a utilização de uma lista de verificação de riscos potenciais, ordenados e caracterizados de forma a fomentar a imaginação dos participantes (Figura 59).

Essa lista permite uma identificação rápida e facilita a comunicação sobre riscos. As listas são elementos instigadores da reflexão para a identificação de riscos e não devem entrar em detalhes sobre causa e efeito, uma vez que cada projeto, bem como seus riscos, será único. É preciso assegurar que a busca não se limite à lista, ou que ela não seja utilizada para evitar o esforço de identificar os riscos adequadamente. As listas de verificação de riscos normalmente se baseiam em informações históricas e no conhecimento acumulado de projetos semelhantes já realizados pela organização. Entretanto, seria impraticável criar uma lista com todos os riscos possíveis em um projeto de construção. Os riscos poderiam ser muitos, entre eles: acidentes, aumento de custos, atrasos, negligência, incompetência e inexperiência de fornecedores, custo do capital, condições econômicas, desenvolvimento dos projetos, influência de condições ambientais, falhas ou baixa performance de equipamentos, erros nas estimativas de custo e prazo, falhas nos processos de aquisições, falta de experiência da equipe, baixa performance, baixa qualidade, falhas em atingir as especificações do projeto, mudanças na legislação, paralisações das frentes de trabalho, tecnologia não dominada etc.

Entretanto, mesmo sendo únicos, os projetos de construção costumam compartilhar causas-raiz comuns entre si. São exatamente essas causas-raiz que podem ser utilizadas, juntamente com técnicas de identificação, para melhorar o processo de identificação dos riscos e evitar esquecimentos e omissões. O uso de categorias na lista de verificação melhora o processo de identificação, facilita a busca por informações históricas e estabelece uma linguagem única com os envolvidos.

	Riscos	Exemplos
RISCO TÉCNICO	Definição do Escopo	O escopo não está bem definido. Existem dúvidas quanto a quais serviços estão fora do escopo.
	Definição de requisitos	Os requisitos dos produtos que serão entregues não estão bem definidos
	Processos técnicos	Os processos a serem utilizados são complexos. A empresa não possui experiência em execução desse tipo de serviço
	Tecnologia	A tecnologia específica é complexa
	Interfaces diversas	Existem muitas interfaces com outras empresas, outros processos
	Desempenho	Os prazos para execução do projeto são muito exigentes. Os preços acordados não cobrem os custos de produção
	Testes de aceitação	Os requisitos de aceitação acordados são muito difíceis de serem atingidos. Existem muitos testes de aceitação para os produtos do projeto
RISCO GERENCIAL	Gerenciamento do projeto	Planejamento inadequado
	Organização	Valores, cultura, limitações
	Recursos - Material	Só existe um fornecedor para os produtos especificados
	Fornecedores de serviço	Só existe um fornecedor para os serviços especificados
	Comunicação	Falhas de comunicação
	QSMS	Existem riscos incomuns às atividades usuais
	Equipe do projeto	Membros da equipe com pouca experiência ou sem a formação ou competências necessárias. A equipe do projeto é insuficiente. Inexistência de mão de obra qualificada na região
RISCO COMERCIAL	Termos e condições contratuais	Cláusulas contratuais, multas, penalidades
	Garantias	As garantias exigidas para o projeto são muito severas
	Critério de medição	O critério de medição ameaça o equilíbrio econômico financeiro do projeto
	Rescisão/prorrogação	Existe a possibilidade de haver a rescisão ou prorrogação do prazo contratual
	Subcontratações	A empresa deve fazer subcontratos
	Estabilidade do cliente	O cliente é instável
	Experiência do cliente	O cliente possui pouco conhecimento na implantação de projetos
	Experiência dos parceiros	Os parceiros escolhidos para o projeto não possuem a experiência necessária
RISCO EXTERNO	Legislação	Alterações na legislação vigente ou novas leis
	Câmbio	A variação do câmbio pode impactar no resultado do projeto
	Concorrência	Ações da concorrência que impactem o projeto
	Meteorologia	O clima da região pode impactar na qualidade e/ou prazo do projeto
	Política	Existem interesses políticos que podem impactar nos objetivos do projeto
	Sociedade	Os vizinhos são impactados pelos serviços que serão executados
	Órgãos públicos	Ações, práticas
	Sindicatos	O sindicato da região é forte e atuante
	Força Maior	Não previstos e totalmente fora de controle

Figura 59 – Tipos de riscos.
Fonte: adaptado de Polito (2015).

Outros métodos podem ser utilizados como apoio na identificação dos riscos. O *brainstorm*, ou tempestade de ideias, permite a elaboração de uma lista inicial abrangente dos riscos do projeto e das fontes do risco geral. A análise de causa-raiz pode ser utilizada para descobrir as ameaças (causas) que levam a um problema (efeito). Por exemplo, quais causas levariam o projeto a um estouro de orçamento? A identificação de causa-raiz comum a vários riscos pode permitir estratégias que eliminem vários riscos de uma só vez. A análise de SWOT, apesar de não ter sido desenvolvida para essa finalidade, pode ser utilizada na identificação dos riscos de um projeto. Ela examina o projeto com base nas perspectivas de suas forças, fraquezas, oportunidades e ameaças. A técnica permite olhar por outro ponto de vista e encontrar também oportunidades e forças internas que podem alavancar o resultado do projeto.

Os riscos também podem ser identificados através da revisão estruturada dos documentos do projeto. A linha de base do escopo pode incluir entregas e critérios de aceitação que podem dar origem a riscos. O cronograma pode conter incertezas e ambiguidades nos prazos e marcos adotados. O orçamento pode conter estimativas de custo irrealistas. As premissas e restrições podem não ser mais válidas. As contratações realizadas podem conter riscos em cláusulas desfavoráveis ou na modalidade escolhida. De uma forma geral, qualquer inconsistência, ambiguidade e omissão nos documentos do projeto pode ser uma fonte de risco.

Os riscos podem ser identificados em vários outros processos do gerenciamento do projeto, como, por exemplo, durante a elaboração do design, na execução de protótipos e na análise de construtibilidade. Também podem ser identificados durante a coleta de requisitos e definição do escopo, durante a estimativa de recursos e duração das atividades, durante análise das partes interessadas e planejamento das aquisições. Quanto mais informações estiverem disponíveis no momento da avaliação, maior será a capacidade da equipe para identificar os riscos do projeto. Por exemplo, saber quais serão os métodos e as soluções construtivas que serão adotados, os tipos de materiais e os possíveis fornecedores permite que se aprofunde muito mais nas análises.

É bom não esquecer que premissas e restrições, muitas vezes, podem representar riscos para o projeto. As premissas representam ameaças quando contêm possíveis inexatidões, instabilidade, inconsistências ou incompletude de informações. Já restrições se tornam fonte de oportunidades quando podem ser removidas, facilitando o atingimento dos objetivos do projeto. Por isso, é essencial verificar periodicamente se as premissas e restrições adotadas no planejamento ainda continuam válidas ao longo do projeto.

O processo de identificação e mapeamento dos riscos do projeto promove a geração de valiosas informações para seu planejamento. Eventuais falhas ou omissões podem levar a um planejamento irrealista e, consequentemente, a uma performance insuficiente.

3.7.3 Realizar análise qualitativa dos riscos

Uma vez identificados, os riscos devem ser avaliados em relação à sua probabilidade de ocorrências e aos seus impactos potenciais sobre os objetivos do projeto. Essa avaliação criará classificação de prioridade, uma vez que os recursos do projeto são limitados e não há como tratar todos os riscos com o mesmo grau de atenção. É preciso se concentrar nas maiores ameaças e nas melhores oportunidades (Figura 60). A pergunta a responder é: quais riscos necessitam de tratamento imediatamente e quais riscos não trataremos por absoluta falta de recursos?

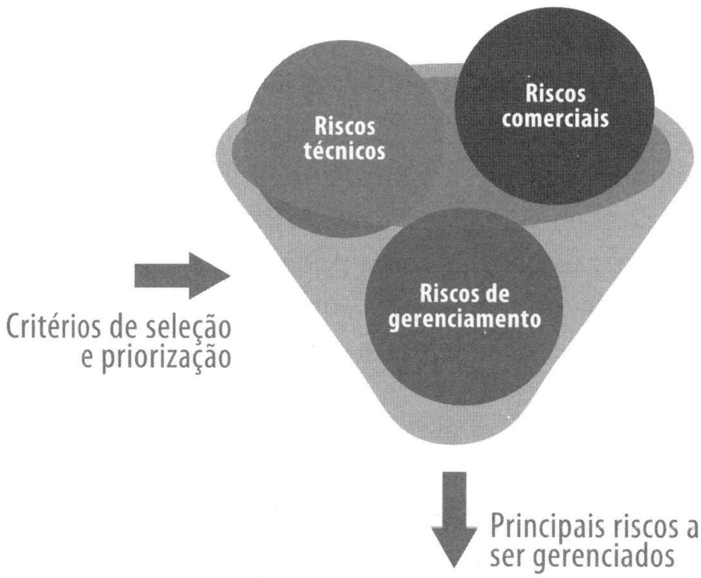

Figura 60 – Priorização de riscos.
Fonte: adaptado de Polito (2015).

Cada empresa ou cada gestor tem seu próprio "apetite para riscos"; em outras palavras, uma tolerância a riscos, ou, ainda, aceita um nível de exposição a riscos. Essa característica faz toda a diferença ao avaliar em quais riscos agir fortemente. As partes interessadas estão dispostas a correr risco porque esperam que os benefícios possam superar as possíveis perdas; caso contrário, ele será evitado. As respostas aos riscos refletem o equilíbrio da organização entre assumi-los e evitá-los.

A análise qualitativa dos riscos fornece uma rápida visão inicial dos riscos do projeto e a relativa importância entre eles, de forma a permitir a elaboração de um plano de resposta. Essa análise é subjetiva e está sujeita à parcialidade e percepção de risco da equipe avaliadora. Por isso, devem ser utilizados modelos e ferramentas para tornar a identificação dos riscos a mais imparcial possível. O modelo deve ser simples e adequado ao nível de risco.

O modelo de matriz de probabilidade e impacto propõe a utilização de escalas para classificar o impacto e a probabilidade de cada risco, tanto positivo quanto negativo. Essa é uma ferramenta visual que permite identificar rapidamente quais são os riscos que devem receber maior atenção, facilitando o engajamento das partes interessadas no processo. O cruzamento das duas avaliações permite a classificação do risco. O uso de cores diferenciadas para cada nível de risco torna mais evidente a diferença relativa entre eles (Figura 61).

Figura 61 – Matriz espelho probabilidade-impacto para ameaças e oportunidades.
Fonte: adaptado de Dinsmore (2009).

A avaliação da probabilidade de ocorrência de cada risco procura definir suas chances de se materializar e impactar o projeto. Ela é normalmente classificada em baixa, média e alta probabilidade de ocorrência. Já a avaliação dos impactos potenciais sobre os objetivos do projeto pode variar de objetivo para objetivo. Eles estão associados a custo, cronograma, segurança do trabalho, qualidade e escopo, ou uma combinação de vários (Figura 62).

Objetivos do Projeto	Impactos		
	Baixo	Médio	Alto
Custo	Aumento insignificante de custo.	<3% de aumento de custo.	>3% de aumento de custo.
Cronograma	Deslocamento insignificante de prazo	Atraso no cronograma <30 dias.	Atraso no cronograma > 30 dias.
Escopo	Alteração de escopo pouco perceptível	Alterações de escopo que descaracterizam o projeto	Alterações de escopo que tornam o projeto inaceitável ao cliente
Qualidade	Problemas de qualidade de baixo impacto no cliente	Redução de qualidade percebida pelo cliente	Redução da qualidade inaceitável pelo cliente

Figura 62 – Exemplo de premissas de avaliação qualitativa de riscos.
Fonte: adaptado de Polito (2015).

Os impactos serão negativos para ameaças e positivos para oportunidades. É esperado que haja diferenças nas avaliações de cada parte interessada sobre a probabilidade e o impacto de cada risco. Os riscos associados às atividades do caminho crítico têm maior impacto no resultado do projeto. As avaliações devem ser justificadas e as diferenças exploradas no debate, para que se chegue a um valor de consenso do grupo.

O registro dos riscos deve conter sua descrição no nível adequado de detalhes, preferencialmente no formato causa-risco-efeito, sua classificação, a indicação de possíveis responsáveis, a avaliação dos impactos nos objetivos do projeto, a avaliação da probabilidade de ocorrência, seu status e uma lista de prováveis ações de respostas, de forma a facilitar o planejamento das respostas (Figura 63). Cada risco deve receber um identificador único. Os riscos de baixa probabilidade e impacto, considerados insignificantes, podem ser incluídos no registro dos riscos como parte de uma lista de observação para monitoramento futuro, uma vez que podem se tornar significativos no futuro.

GESTÃO DE RISCOS												
				Impacto								
Id	Risco	Tipo	Descrição	Custo	Cronograma	Escopo	Qualidade	Geral	**Probabilidade**	P x I	**Status**
1	Atraso na montagem dos elevadores	Gerencial	Estatisticamente os elevadores são montados com atraso. A situação da obra contribui para aumentar essa estatística.	Médio	Alto	Baixo	Baixo	Baixo	Baixo	Baixo	Risco Ativo
2	Atraso no fornecimento de barramento blindado	Gerencial	Devido à revisão do projeto elétrico, o barramento só pode ser negociado no mês de maio. Deve-se priorizar o fechamento dessa compra e levar em conta a data de entrega de cada fornecedor.	Baixo	Baixo	Baixo	Baixo	Alto	Médio	Alto	Risco inativo
3	Fornecimento de gás	Externo	Fornecedor pode não atender ao fornecimento de gás do empreendimento no prazo de entrega definido.	Alto	Baixo	Alto	Médio	Alto	Alto	Alto	Risco Ativo
4	Danos ao elevador devido à falta de proteção contra chuva	Técnico	Existe no pavimento garagem 2 uma abertura para acesso à escada que não existe porta para vedação. Muito próximo a essa abertura, será instalado o elevador. Existe risco da chuva danificar o elevador e ainda da Otis não instalar o elevador.	Baixo	Alto	Baixo	Baixo	Baixo	Baixo	Baixo	Risco Ativo

Figura 63 – Matriz de análise de riscos.
Fonte: adaptado de Polito (2015).

Os riscos podem ainda interagir entre si de forma inesperada e causar efeitos múltiplos. Frequentemente, é difícil identificar a relação ou dependência entre riscos que possam potencializar seus efeitos. O fato é que esses interagem, tornando uns mais prováveis e potencializando os impactos de outros. Sendo assim, apesar de serem identificados individualmente, também precisamos analisar seu efeito combinado.

Outra ferramenta que pode ser utilizada na avalição dos riscos, apesar de ter sido desenvolvida para outra finalidade, é o *Failure Modes and Effects Analysis* ou simplesmente FMEA. Esse método, originalmente desenvolvido para identificação de falhas em equipamentos, examina cada processo ou produto de forma sistemática, determina como a falha pode ocorrer e quais seriam as suas consequências. Esse método vai além da simples identificação do risco, incluindo a avalição qualitativa, baseada no impacto e na probabilidade, utilizando escalas de 1 a 10. Trata-se de uma avaliação qualitativa e relativa. O FMEA pode ser utilizado tanto na avaliação dos processos, durante o planejamento, quanto durante o desenvolvimento do produto, de forma a melhorar a concepção e as especificações para atingir a performance desejada (Figura 64).

Análise dos modos de falha e seus efeitos - FMEA											
Potenciais Tipos de falha	Potenciais Efeitos das Causas	Gravidade	Mecanismos de falha/causas	Ocorrência	Controle atual		Det.	RPN	Ações recomendadas	Resultado	
					Mecanismos de detecção	Mecanismos de prevenção				Ações Implementadas	Grav.

Figura 64 – Formulário FMEA.
Fonte: o autor.

Outro método utilizado é a Análise de Árvore de Falhas ou AAF. Trata-se de uma técnica *top-down* de identificação de perigos e análise de riscos que inicia de um determinado evento, estabelecendo combinações de falhas e condições que poderiam causar a ocorrência desse evento. É muito utilizada em análises de acidentes já ocorridos, mas pode ser aplicada, de forma preventiva, na análise dos riscos. É uma técnica dedutiva e quantitativa. O foco é o evento no topo e as combinações de eventos que o produzem. Também pode ser utilizada para se avaliar a combinação de vários riscos.

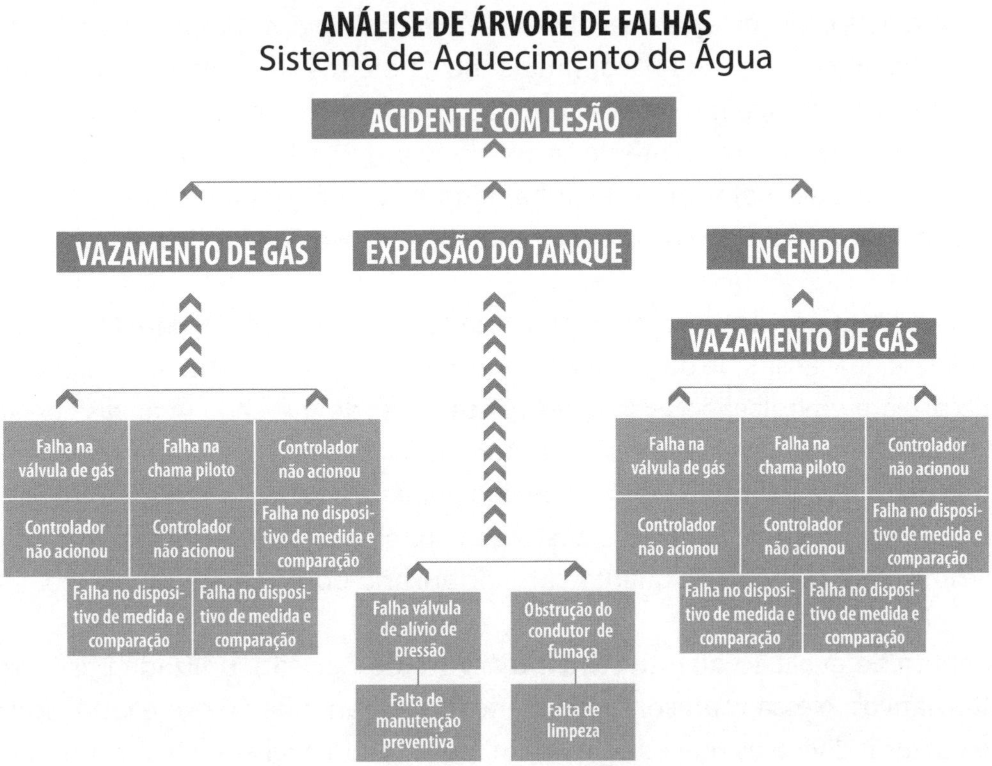

Figura 65 – Árvore de falhas.
Fonte: adaptado de Polito (2015).

Outras características podem ser consideradas na priorização dos riscos. Sua urgência, ou seja, a proximidade de sua ocorrência, sua dormência, ou seja, o tempo em que o risco permanece imperceptível após a sua ocorrência, e a sua gerenciabilidade, isto é, a facilidade com que seu impacto e sua ocorrência podem ser gerenciados.

A análise qualitativa é apropriada para qualquer tipo e tamanho de projeto, enquanto a análise quantitativa, por ser mais robusta e muito mais custosa, se adequa a projetos maiores e mais complexos. A análise qualitativa dos riscos estabelece as bases para uma futura análise quantitativa, caso seja considerada necessária.

3.7.4 Realizar análise quantitativa dos riscos

Uma vez analisados qualitativamente e classificados, os riscos de maior impacto podem ser submetidos a uma análise mais profunda dos seus efeitos sobre os objetivos do projeto. O propósito é quantificar numericamente os impactos dos riscos, inclusive de forma combinada, uma vez que vários riscos e incertezas podem se materializar conjuntamente sobre os objetivos do projeto, a fim de apoiar o planejamento das ações de resposta. A análise quantitativa calcula a exposição do risco geral do projeto e nos permite dimensionar, adequadamente, o montante da reserva de contingência para fornecer o nível de segurança desejado.

A realização da análise quantitativa requer alta qualidade de informação sobre riscos individuais do projeto e outras fontes de incertezas. A análise utiliza metodologias complexas para atribuir valores e probabilidades estatísticas a cada risco, simulando os efeitos combinados dos riscos individuais e outras fontes de incerteza, a fim de avaliar o possível impacto no atingimento dos objetivos do projeto. É profundamente dependente de softwares e pessoal especializado, consumindo tempo e dinheiro. Apesar de seu maior rigor e confiabilidade, a análise quantitativa não é aderente à realidade de qualquer projeto de construção ou qualquer fase do seu ciclo de vida.

Na construção, utilizam-se, comumente, análises de sensibilidade com bastante eficácia durante o processo de análise de viabilidade do projeto, mensurando a sensibilidade do resultado econômico-financeiro do projeto em relação às variações e incertezas do mercado. A análise de sensibilidade consiste em mudar uma variável, mantendo as demais fixas, de forma a determinar seu efeito nos objetivos do projeto. Por exemplo, varia-se a velocidade de venda, mantendo fixos os custos, o prazo de execução, o preço de venda e o custo de capital, a fim de verificar como se comporta a taxa de retorno. É uma maneira de quantificar e priorizar o potencial de cada risco.

Outra ferramenta de avalição quantitativa é a árvore de decisão, utilizada para simular vários caminhos alternativos. Nessa representação gráfica, cada ramo da árvore é uma alternativa, com seus riscos e custos individuais que se combinam, permitindo avaliar o valor monetário esperado de cada ramo até o resultado. Assim, é possível avaliar os impactos na adoção de cada caminho e escolher o mais adequado.

3.7.5 Planejar respostas aos riscos

O planejamento das respostas aos riscos envolve desenvolver alternativas e selecionar as estratégias de maior probabilidade de eficácia, definindo como e quando agir em relação aos riscos, bem como os responsáveis pelas ações. As respostas devem refletir o apetite ao risco das partes interessadas, ser adequadas à relevância do risco, ser economicamente eficientes, ser realistas e consensadas com todos os envolvidos. Precisamos nos concentrar nos riscos de alta criticidade, de forma a não tornar a gestão muito pesada e onerosa, roubando recursos do projeto sem proporcionar ganho efetivos. As respostas aos riscos devem demonstrar um equilíbrio entre o risco e o custo de combatê-lo, ou seja, não se pode gastar mais para combater um risco do que seria perdido caso não se fizesse nada. Geralmente é preciso escolher a melhor resposta ao risco dentre diversas alternativas possíveis. Se efetivas e apropriadas, as respostas ao risco podem reduzir as ameaças e aumentar as oportunidades. Se não o forem, podem impactar o resultado do projeto. Planos de contingência também podem ser desenvolvidos, para o caso de a estratégia selecionada se mostrar ineficaz.

Qualquer que seja a estratégia adotada, esta deve levar em consideração o porte, o orçamento, a duração, o escopo, o tamanho da equipe, a complexidade do projeto, o grau de inovação, a importância estratégica do projeto, entre muitos outros fatores. As estratégias para atuar sobre os riscos são variadas.

Podemos prevenir ou explorar um risco. O objetivo é eliminar o risco, no caso de riscos negativos, ou fazer com que ele realmente aconteça, no caso de riscos positivos, atuando em suas causas. A prevenção acontece antes de o risco ocorrer e tem como objetivo eliminar sua causa-raiz. É uma estratégia mais efetiva nos estágios iniciais de um projeto; no entanto, seu uso demasiado leva o projeto a uma posição muito conservadora, fazendo com que a empresa evite utilizar novas tecnologias, explorar outras praças etc. Significa tentar levar o risco a zero.

Podemos transferir ou compartilhar um risco. Nesse caso, o ônus é transferido para outro, juntamente com a responsabilidade por sua gestão. Sendo positivo, a possível recompensa é transferida em troca de assumir sua gestão. Na prática, a transferência não elimina o risco, apenas o transfere de responsabilidade. Sua probabilidade continua a mesma, bem como seus impactos potenciais. Eles somente não impactarão os objetivos do projeto. Um exemplo claro é a contratação de um seguro. A indústria da construção utiliza uma variedade de seguros como instrumento de transferência de risco e responsabilidade, como o seguro de risco de engenharia e o seguro de responsabilidade civil. No caso de o sinistro ocorrer, a seguradora arcará com os custos financeiros ocorridos, não impactando negativamente o projeto. Os seguros são normalmente utilizados para transferir riscos com baixa probabilidade e alto impacto.

Riscos também podem ser transferidos ou compartilhados com outras organizações, como no caso de uma subcontratação. Nesse caso o risco de improdutividade, de qualidade, entre outros, é compartilhado com a empresa contratada. É uma estratégia apropriada quando ambas as partes compreendem os riscos e os prêmios. O lado que assume o risco se baseia em conhecimento e habilidades que reduzirão seu risco, comparado ao risco de quem o transferiu. Sendo isso verdade, então a transferência é eficiente e gera valor para ambas as empresas. Quando essa transferência é feita através de coerção comercial, ou quando a parte que está assumindo os riscos não tem compreensão dos riscos que está assumindo, ambos serão negativamente impactados.

Podemos mitigar ou melhorar um risco. Nesse caso, o objetivo é reduzir o impacto ou a probabilidade de ocorrência de um risco negativo e, analogamente, para os riscos positivos, aumentar a probabilidade de ocorrência ou de seus benefícios potenciais. Estratégias usuais de mitigação de riscos, também associadas à gestão técnica do projeto, são a realização de ensaios tecnológicos.

E, finalmente, podemos simplesmente aceitar, assumindo que nada será feito a respeito – ou porque nada é possível, ou porque as consequências são aceitáveis devido a sua baixa probabilidade e baixo impacto. Podemos, no entanto, preparar um plano de contingenciamento, de forma a combater as consequências, caso o risco venha a ocorrer. As ações de contingenciamento são planejadas agora, mas só serão executadas quando o risco ocorrer, ou seja, serão tratadas de forma reativa. Um exemplo de contingenciamento é a locação de equipamentos de reserva para o caso de defeitos.

As estratégias para riscos com alto impacto e baixa probabilidade de ocorrência são muito difíceis de ser elaboradas, devido à raridade de sua ocorrência. Não existem informações históricas suficientes para apoiar a tomada de decisão. Devido ao alto impacto, normalmente, também não apresentam viabilidade para o uso de reserva de contingência. Sendo assim, as estratégias mais usuais buscam a mitigação dos impactos ou a redução da probabilidade de ocorrência, ou ambos. Mas a mitigação de um risco envolve recursos e, consequentemente, custo. Essas atividades de mitigação devem ser identificadas, ter seus custos estimados e ser inseridas no cronograma do projeto, sendo gerenciadas como as outras atividades do projeto.

Já os riscos de baixo impacto e alta probabilidade, em grande parte, são devido às incertezas e à variabilidade do projeto, como atrasos nas entregas dos materiais, falhas em projetos, variações nos custos dos materiais, improdutividade das equipes, mudanças de escopo, entre outras questões. Cada uma delas, vista individualmente, tem pequeno impacto no projeto; porém, quando consideradas conjunta e cumulativamente ao longo do projeto, podem impactar seriamente o custo e o cronograma. Esses riscos são usualmente tratados de duas formas: a primeira é através de reserva de contingência de custo e prazo, capaz de absorver os impactos. A segunda é transferir os riscos para terceiros, através da subcontratação a preço fixo, pela qual os riscos e as incertezas são transferidos para o contratado, como, por exemplo, os riscos de improdutividade, a variação nos preços dos materiais e os riscos de qualidade.

Ações de implementação de respostas a riscos também podem inserir novos riscos ao projeto e precisar de outras medidas de controle, como reserva de contingência. Também podem existir riscos residuais, após terem sido tomadas as medidas de mitigação, transferência ou eliminação. Esses deverão ser tratados até que se tornem de baixa relevância e sejam aceitos.

Quaisquer que sejam as estratégias adotadas, é preciso estar consciente de que jamais conseguiremos eliminar todos os riscos e incertezas de um projeto, e alguns sobrevirão de forma inesperada ao longo do projeto. Nesse caso, somente reservas de contingência podem proteger os projetos, pois não há como tratá-los.

3.7.6 Implementar respostas aos riscos

Uma vez definidas as estratégias e as ações necessárias, é preciso implementá-las. Se não houver ação, nada mudará na exposição aos riscos do projeto. É preciso fugir da armadilha da "paralisia da análise", pela qual se analisa muito e se age pouco. As ações devem compor o planejamento do projeto e ser monitoradas como qualquer outra atividade da linha de base. É em sua implantação que a gestão de risco faz realmente a diferença no desempenho do projeto. É preciso que todos os envolvidos saibam quais são os riscos e quais ações estão sendo tomadas para enfrentá-los.

3.7.7 Monitorar os riscos

Os riscos podem surgir em qualquer momento ou ter seu impacto ou sua probabilidade alterados ao longo do projeto, por isso é preciso monitorá-los periodicamente. As ações implementadas para seu enfretamento também devem ser monitoradas, a fim de garantir que os resultados esperados estejam sendo obtidos. Esse monitoramento pode ser incorporado às reuniões de rotina da gestão do projeto. Cada risco deve ter apenas um responsável por seu monitoramento. A proximidade de eventos reconhecidamente como de alto risco constitui é um bom momento para se reavaliar o plano de resposta aos riscos.

As lições aprendidas sobre as respostas aos riscos que são eficazes e as que não são, bem como os riscos residuais, devem ser registrados para que possam apoiar futuros projetos no tratamento dos seus riscos.

A reserva de contingência deve ser gerenciada e controlada nos altos níveis, normalmente pelo mesmo nível que controla as alterações.

3.8 Gerenciamento das aquisições do projeto

O gerenciamento das aquisições contém os processos responsáveis por adquirir os produtos ou serviços necessários à execução do projeto, dentro das metas de custo, prazo e qualidade estipuladas. Podemos dizer que esses processos são os motores que colocam o projeto em movimento e imprimem a velocidade desejada, garantindo que os recursos estarão disponíveis quando e onde forem necessários.

Devido a sua importância para o resultado do projeto, é preciso atingir patamares elevados de eficiência e eficácia nos processos de aquisições. Sendo assim, não existe mais espaço para decisões baseadas simplesmente na intuição. Não podemos esquecer que quase a totalidade dos recursos financeiros aplicados em um projeto de construção passa, em algum momento, pelos processos de aquisições. Uma contratação equivocada impacta diretamente o resultado do projeto.

Tendo em vista os valores envolvidos e os riscos associados, é preciso estabelecer padrões rígidos e formais para os processos de aquisições. Esses, por sua vez, são frequentemente confundidos com burocracia, mas não o são. Um processo estruturado e disciplinado proporciona transparência e rastreabilidade, reduzindo falhas e melhorando a comunicação. Para profissionais treinados e disciplinados, o esforço de seguir o processo não é demasiado. Entretanto, é preciso ter atenção para que o rigor seja proporcional ao risco existente em cada tipo de aquisição; caso contrário, o processo de aquisição pode se tornar um gargalo para o projeto.

O processo de aquisições compreende várias etapas, cada uma delas com produtos e objetivos bem definidos. Avançar para etapas subsequentes sem que a etapa anterior tenha sido adequadamente concluída pode provocar atrasos e retrabalho adiante. As principais etapas, a depender do tipo de aquisição e das particularidades de cada empresa, são: definição do escopo de aquisição, escolha dos fornecedores, solicitação de proposta, elaboração de mapa de coleta, negociação, contratação, controle, recebimento e encerramento. O *PMBOK® Guide* 6ª edição organiza a área de conhecimento de aquisições nos seguintes processos: planejar o gerenciamento das aquisições, conduzir as aquisições e controlar as aquisições.

Os processos de aquisições são grandes consumidores de informações. Sua aquisição será tão melhor quanto melhores forem as informações de que se dispuser no momento da tomada de decisão. As principais fontes de informação são a descrição do escopo, o cronograma, o orçamento executivo e os desenhos de engenharia. Outras valiosas fontes de informação são os fabricantes, fornecedores de serviço, consultores e projetistas. Esses contribuem com a identificação de riscos e com soluções e inovações tecnológicas. É preciso também analisar todas as demais áreas de conhecimento, uma vez que todas elas podem possuir requisitos que precisam ser atendidos, como a segurança do trabalho e o meio ambiente.

Os processos de aquisições têm uma interação muito importante com o processo de desenvolvimento do design. Essa interação contribui para a geração de valor e permite que os projetistas tenham conhecimento dos impactos econômicos de cada uma das alternativas técnicas em estudo.

Os processos de aquisições não são estáticos, ao contrário, são dinâmicos e iterativos. Esses devem se adaptar às incertezas e às mudanças, tanto externas quanto internas, ao longo de todo o ciclo de vida do projeto. Para cada recurso, projeto e contexto, devemos adotar uma estratégia apropriada. O objetivo maior desses processos deve ser extrair mais valor de suas aquisições e não somente reduzir custo, como usualmente acontece. Isso significa atender à necessidade do projeto na hora certa, no lugar correto, no nível de qualidade adequado, ao menor custo e risco possíveis. No entanto, o valor nem sempre é explícito ou evidente. Para identificá-lo é indispensável ter conhecimento técnico. É preciso conhecer processos de fabricação e opções de transporte. É necessário buscar requisitos normativos, legais e tributários. É fundamental conhecer a performance dos materiais, sua vida útil e explorar opções de similaridade. Sob essa perspectiva, entra um outro conceito que é o custo total do ciclo de vida, mais conhecido pela sigla em inglês LCC (*Life Cycle Cost*). O LCC leva em consideração todos os custos envolvidos na vida útil de um sistema, tanto diretos quanto indiretos. Em outras palavras, além de considerar o custo de aquisição, passam a compor a equação também os custos de operação, manutenção e descarte, bem como sua vida útil. Eventualmente poderá ser necessária a contratação de consultores para auxiliar nesse processo. Esse assunto será abordado mais detalhadamente no item 4.7 – *Life Cycle Cost* (LCC).

O gerenciamento das aquisições também pode impactar as demais áreas de conhecimento do projeto. A disponibilidade ou não de um recurso pode influenciar completamente a estratégia de execução e os métodos construtivos a serem utilizados no projeto. Por exemplo, a ausência de matérias-primas ou fornecedores de mão de obra capacitada pode alterar o tipo de estrutura a ser utilizada em uma edificação.

3.8.1 Planejar o gerenciamento das aquisições

O processo de planejar o gerenciamento das aquisições definirá qual a melhor forma de realizar as aquisições necessárias à conclusão do projeto. Ele inclui decisões como fazer ou comprar, centralizar ou descentralizar aquisições, tipo de relacionamento a ser adotado com cada fornecedor, tipo de relações contratuais, riscos envolvidos para cada recurso, entre outras. O planejamento das aquisições se materializa através do plano de gerenciamento das aquisições. Este deve conter o que adquirir, por que adquirir, quando e por quanto tempo, onde, quem deve participar do processo, como (tipos de contratos e condições) e por quanto. Tudo isso para desenvolver a estratégia correta para cada aquisição.

3.8.1.1 Fazer ou comprar

A decisão de fazer ou comprar (*make or buy*) deve ir além da simples análise de custos, devendo considerar questões estratégicas e problemas gerenciais que poderão desviar o foco da empresa e impactar negativamente o resultado do projeto. Existe uma tendência em centralizar esforços nas competências principais, terceirizando os recursos não críticos. Deve-se avaliar a questão sob vários ângulos: técnico, econômico, risco, ganho de eficiência, qualidade, prazo, domínio da tecnologia, escala de produção, entre outros.

Analisando do ponto de vista estratégico, se a empresa faz melhor do que os demais fornecedores e isso a diferencia no mercado, gerando vantagem competitiva, deve ser realizado internamente. Por outro lado, se o fornecedor possui melhor produtividade, qualidade e expertise no assunto, trazendo melhores práticas e tecnologia atualizada, a atividade deve ser terceirizada (Figura 66). Quanto mais importante para o resultado for a atividade, mais importante será a realização de parcerias com o fornecedor para desenvolvimento mútuo de competências. Tais decisões requerem completo entendimento da competência relativa da sua empresa no mercado, bem como a importância de cada recurso para o resultado do negócio. As decisões de fazer ou comprar devem ser documentadas com uma breve justificativa das decisões.

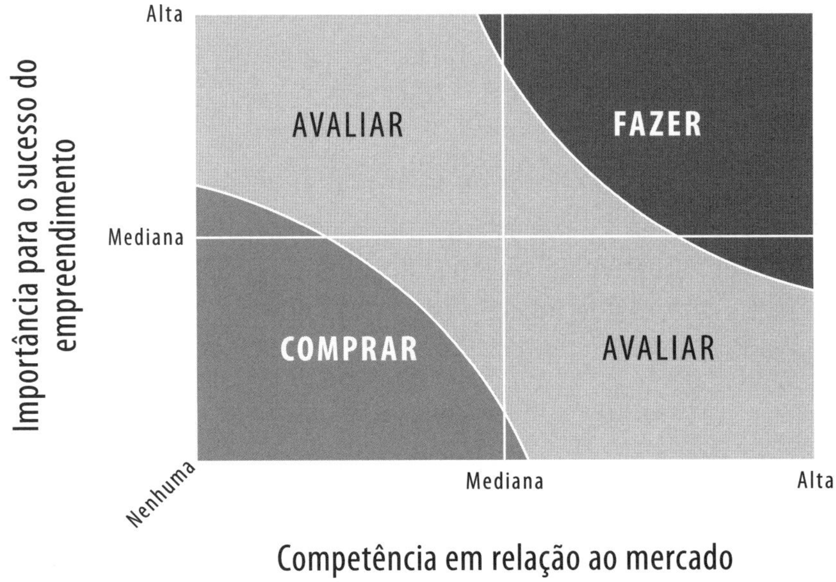

Figura 66 – Análise de importância x competência para a decisão de fazer ou comprar. Fonte: adaptado de Polito (2015).

A decisão de fazer implica em maior alavancagem operacional, pois exige investimento de capital em ativos, elevando os custos fixos em vez dos custos variáveis. Isso faz com que a empresa assuma os riscos e custos da flutuação da demanda, ou seja, se a demanda cair os custos unitários sobem. Também reduz a flexibilidade no caso de problemas com prazo, custo ou qualidade. A opção por fazer apresenta maiores barreiras à saída ou mudança de tecnologia em função da especialização de ativos e exclui a empresa de ter acesso a novas tecnologias de fornecedores. A opção pela verticalização também demanda maior esforço de coordenação e reduz a flexibilidade operacional; por outro lado, pode reduzir custos e melhorar a integração com a rede.

Já a decisão de terceirizar visa maior eficiência e melhores resultados, ou seja, tornar a empresa mais competitiva. Isso permite que ela se concentre nas atividades mais importantes para o sucesso do projeto. Terceirizar significa transferir, para terceiros, atividades que eles realizam de forma mais eficiente, eficaz e com maior qualidade e menor custo. Os principais objetivos da terceirização são:

- Reduzir custo.
- Transformar custo fixo em variável, tornando a empresa menos vulnerável a variações de demanda.

- Aproveitar o ganho de escala da empresa terceirizada.
- Obter maior racionalização.
- Disponibilizar recursos para outros investimentos.
- Gerar economia de investimentos em infraestrutura, treinamento, equipamentos.
- Reduzir níveis hierárquicos, funções e pessoal próprio, tornando a empresa mais enxuta.
- Melhorar a qualidade.
- Possibilitar a transferência de tecnologia e atualização tecnológica.
- Levar a melhorias e inovações nos processos.
- Manter o foco nas competências essenciais e nas atividades de maior retorno.

Apesar de todos os benefícios, a terceirização envolve riscos que devem ser avaliados. Problemas como atrasos na entrega, baixa qualidade, falhas de comunicação e muitos outros podem ocorrer. É preciso escolher a relação mais apropriada para cada caso, em função dos riscos envolvidos, da importância para o projeto e da avaliação do fornecedor. Qualquer que seja o modelo escolhido, a confiança mútua é sempre importante para bons resultados em uma relação comercial.

Existe uma pressuposição, por parte dos gestores, de que os custos da produção interna são sempre menores do que da terceirização. Isso não é necessariamente verdade. Como uma construção se trata de um sistema, é muito complexo identificar todos os impactos de tal decisão. Muitos custos e riscos escondidos podem ser evitados com a terceirização. Por isso, na análise econômica, é importante identificar todos os custos indiretos envolvidos com coordenação, leis trabalhistas, equipe, riscos, investimentos, apoio, custos fixos com canteiro, entre outros. Sem a inclusão desses, a análise se torna míope e conduzirá a uma decisão errada. O importante é manter a coerência e a objetividade no processo.

No caso de equipamentos, é preciso analisar se a demanda é permanente ou temporária. Para decidir se a compra é vantajosa, é preciso considerar questões como a obsolescência do equipamento, custos com manutenção, operação e seguro, a depreciação do ativo, sua vida útil e o custo do capital imobilizado.

FAZER OU COMPRAR

Escopo: Data:

Descrição: Gerente:

PARTICIPANTES

Nome: Área: Nome: Área:

FAZER | COMPRAR

Imagem | Imagem

ANÁLISE DE DESEMPENHO

CUSTO

PRAZO

AQUISIÇÕES

RISCOS

RECURSOS HUMANOS

SAÚDE, SEGURANÇA E MEIO AMBIENTE

LOGÍSTICA

COMENTÁRIOS GERAIS

CONCLUSÕES / JUSTIFICATIVA

ANÁLISE DE DESEMPENHO

Patrocinador Gerente

Figura 67 – Exemplo de formulário de análise *make or buy*.
Fonte: adaptado de Polito (2015).

3.8.1.2 Centralizar ou descentralizar

Durante o planejamento das aquisições, é preciso decidir qual a estratégia adotar: centralizar as aquisições, unificando os processos, ou descentralizar, de forma que sejam realizadas pelas equipes dos projetos. Ambas apresentam vantagens e desvantagens.

O processo centralizado permite trabalhar com profissionais mais qualificados e experientes e gera maior histórico de negociações. Também envolve maiores quantidades, aumentando o poder de barganha e propiciando melhores negociações e condições comerciais. Sua maior desvantagem reside no fato de estar mais longe da operação, perdendo o senso de urgência e importância de cada processo. Seus ciclos são mais longos, o que pode provocar morosidade no processo.

O processo descentralizado possui maior velocidade de resposta e permite que o profissional que realiza a aquisição sinta a pressão e a temperatura do projeto. Isso propicia maior senso de urgência e contratações mais alinhadas com o momento e a necessidade. Como desvantagem, podemos citar o fato de que volumes menores, sob pressão de prazo, tendem a resultar em preços mais elevados. As aquisições descentralizadas também estão mais propensas a preferências pessoais, maior dificuldade no controle do escopo e maior informalidade.

É possível adotar uma estratégia intermediária, seja por momento do projeto, seja por tipo de aquisição. Por exemplo, é possível utilizar aquisições descentralizadas durante a mobilização e o encerramento do projeto, quando são constantes pequenas compras e contratações urgentes. Isso permite maior velocidade e alinhamento das aquisições. As grandes contratações, programadas no decorrer do projeto, podem utilizar a centralização como forma de obter redução de custo e processos formais e controlados.

3.8.1.3 Tipos de relacionamento

O tipo de relacionamento que será estabelecido com cada fornecedor dependerá da importância que ele terá para o projeto. Ele pode variar desde um simples relacionamento transacional, em que não há um compromisso futuro, até uma relação estreita de longo prazo, também chamada aliança estratégica (Figura 68).

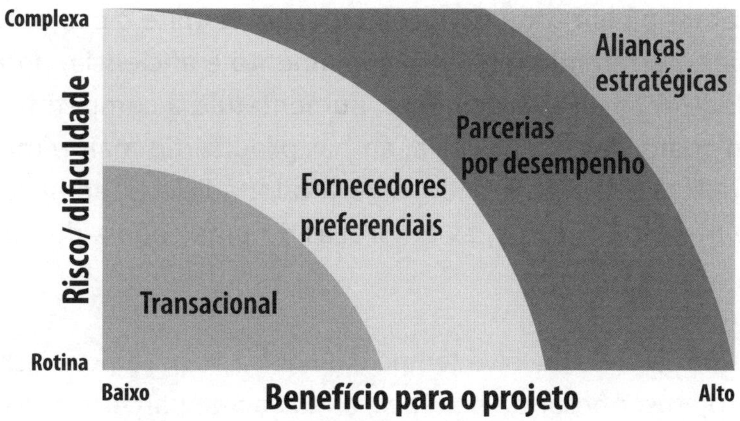

Figura 68 – Tipo de relacionamento com fornecedores.
Fonte: o autor.

Manter um relacionamento transacional significa que cada transação é uma decisão separada, e que o maior objetivo é o benefício próprio e os resultados de curto prazo. Este mantém a competição entre fornecedores alternativos, promovendo constante esforço para fornecer o melhor preço. Também é flexível, permitindo a mudança de fornecedores de forma rápida e barata. É uma relação adequada para recursos que possuam múltiplas opções de fornecimento, com nível de qualidade padronizado e baixo impacto para o projeto. Esse tipo de relacionamento estabelece um baixo nível de confiança e lealdade, tornando a relação frágil e sem sinergia. Cada novo processo consome recursos e tempo para sua elaboração.

Já a parceria entre empresas está associada ao relacionamento e à expectativa de longo prazo, com confiança mútua, compartilhamento de sucesso e prejuízos, coordenação e aprendizado mútuos, transparência de informações e solução conjunta de problemas. Deve existir uma relação de reciprocidade, ou seja, benefícios e sacrifícios mútuos. Parceria significa renunciar a um pouco de liberdade de ação para um benefício de longo prazo. A sinergia criada com uma parceria pode potencializar ganhos de produtividade e reduzir riscos em cenários imprevisíveis e turbulentos. A parceria pode se dar em vários níveis de integração e profundidade.

A aliança estratégica representa o mais alto nível de parceria. Nela, o fornecedor entrega produtos e serviços customizados, de forma a agregar mais valor ao projeto. Existe um comprometimento mútuo de longo prazo, o que permite a realização de investimentos em equipamentos e tecnologia. A coordenação ocorre entre empresas, permitindo o atingimento de patamares elevados de sinergia e eficiência. Existe uma perspectiva de crescimento e lucratividade mútuos com a relação. É preciso identificar e tornar claro todo o valor que está sendo gerado pela aliança estratégica, uma vez que esta proporciona um conjunto de benefícios e não somente a redução de custo. A colaboração pode reduzir muito os riscos envolvidos a uma contratação para ambos os lados.

Quando falamos do fornecimento de materiais, precisamos pensar na colaboração da cadeia de suprimentos. Uma cadeia de suprimentos forte e eficiente não é construída com a competição entre seus integrantes – ao contrário, é construída com confiança e colaboração mútuas. É preciso trabalhar junto para obter o bem comum. A colaboração permite o compartilhamento de riscos, recursos e informações, permitindo melhor planejamento e eficiência, promovendo a inovação e melhoria de qualidade e, consequentemente, aumentando a competitividade da cadeia. Essa colaboração também criará sinergia, ou seja, ambas produzirão mais e melhor juntas do que o fariam sozinhas. Em outras palavras, a sinergia gera valor adicional ao negócio, que não poderia ser gerado individualmente. Em suma, as empresas de uma cadeia de fornecimento são mais fortes juntas.

Criar relacionamentos de parceria envolve tempo e dinheiro, nem sempre disponíveis em quantidades adequadas nos projetos. Apesar de benéfica, a relação de parceria não é aplicável a qualquer relação comercial, somente para as mais relevantes, que representam boa parte do custo e dos riscos do projeto.

3.8.1.4 Tipo de contrato

Uma decisão importante a ser tomada durante o processo de planejamento das aquisições é a escolha do tipo de contrato mais indicado para cada aquisição. São fatores que influenciam nessa escolha: o nível de maturidade do design disponível no momento da contratação, o nível de tolerância aos riscos, a urgência de contratação, o nível de confiança mútua, a experiência do contratante nesse tipo de contratação, entre outros. Existem muitos tipos de contratos, mas os mais comuns são o de preço fixo, o de preços unitários e o de custos reembolsáveis (Figura 69). No contrato a preço fixo, o trabalho é executado e pago baseado em um valor global. Nesse caso, é preciso que o escopo esteja claramente definido. Os contratos de preços unitários são aqueles cujo preço unitário é fixo, mas o escopo é aberto, ou seja, o serviço executado deve ser apropriado para se chegar ao valor total do contrato. São adequados para projetos em que os tipos de itens são conhecidos, mas as quantidades não. Nos contratos de custos reembolsáveis, o trabalho é executado e seus custos são reembolsados, adicionados de uma taxa de remuneração. Existem muitas variações nesse tipo de contrato, com bonificação por atingimento de metas, com preço máximo garantido, com remuneração fixa, com divisão de economias de custo, entre outras. Também podem existir contratos híbridos, com a combinação de várias modalidades.

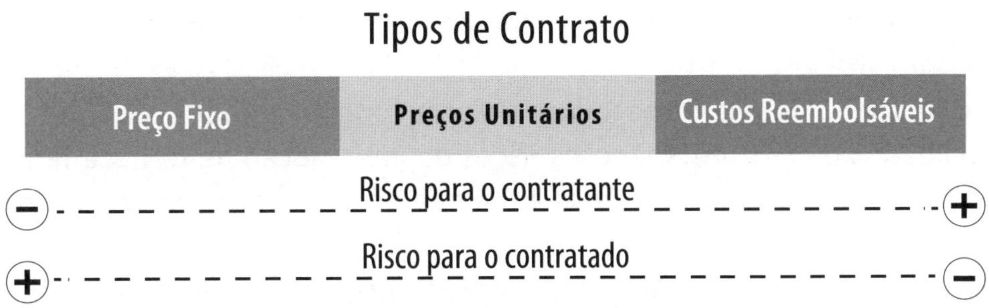

Figura 69 – Tipos de contratos e seus riscos.
Fonte: adaptado de Polito (2015).

Cada tipo de contrato corresponde a um certo grau de incerteza e de riscos para o projeto. Contratos a preço fechado são normalmente mais seguros para o contratante, mas precisam de maior confiabilidade das informações e melhor preparação. Esses devem ser utilizados quando o escopo está muito bem definido, tanto em quantidade quanto em especificações, caso contrário pode ser desastroso para ambos, com intermináveis discussões de pleitos. Esse tipo de contrato transfere grande parte do risco para o contratado. Já os contratos a preços unitários aceitam menor maturidade das informações, permitindo que o processo de contratação avance com informações parciais, mas envolvem maiores riscos de escopo. Essa fragilidade exige rigor no controle e usualmente demanda processos e equipes dedicadas à apropriação das quantidades executadas. Os contratos de custos reembolsáveis são usualmente utilizados quando o escopo é incerto e os riscos não são facilmente quantificáveis. Eles transferem todos os riscos para o contratante e exigem dele uma estrutura dedicada de gerenciamento e controle. O principal inconveniente desse tipo de contrato é que, dependendo da forma como é elaborado, oferece pouco incentivo para que o contratado trabalhe de forma eficiente e produtiva, uma vez que quanto maior o custo da obra, maior será a sua remuneração.

3.8.1.5 Avaliação do mercado

Na elaboração da estratégia mais adequada para cada aquisição, é importante avaliar as características do mercado fornecedor e a importância de cada item para o sucesso do projeto. Por exemplo, existem insumos com características técnicas padronizadas, com vários fornecedores de grande porte com estoques reguladores, em mercados altamente competitivos. A estratégia de aquisição desses é completamente diferente de um insumo artesanal, com fornecedores de pequeno porte, com baixa capacidade financeira, envolvendo prazos longos de produção e fornecimento, com grande impacto no projeto em caso de atraso. Os cenários serão diferentes para cada recurso e mudarão de projeto para projeto.

As principais características a serem avaliadas em um mercado fornecedor são, não se limitando a:

- **Qual a quantidade de fornecedores disponíveis?** Recursos com muitas opções de fornecedores permitirão melhores negociações de preço e maior facilidade para encontrar fornecedores alternativos. No sentido contrário, insumos com fornecedores únicos são altamente arriscados e com quase nenhuma margem de manobra e negociação. Por isso, devem ser evitados.
- **Qual o tamanho desses fornecedores?** Fornecedores grandes costumam ser mais profissionalizados e oferecem menores riscos de interrupção de fornecimento. Entretanto, quanto maior, mais assimétrica fica a relação e mais o fornecedor controla as variáveis da negociação.
- **Qual a capacidade financeira?** Fornecedores com limitada capacidade financeira podem necessitar de adiantamentos e faturamento direto de insumos, o que aumenta os riscos nas aquisições. Entretanto, podem surgir oportunidades para boas negociações e redução de custo. É preciso tomar mais cuidado com a saúde financeira do fornecedor e adotar estratégias para a redução de risco de interrupções.
- **Qual a reputação desses fornecedores?** Históricos de problemas de fornecimento são sinais de possíveis problemas futuros também. É preciso avaliar cuidadosamente os riscos envolvidos e as estratégias para mitigá-los.
- **Qual o nível de concorrência entre os fornecedores?** Mercados em que a concorrência é acirrada entre os fornecedores costumam oferecer boas oportunidade de negociação. Ao contrário, mercados cartelizados dificultam a obtenção de boas condições e muitas vezes reduzem também a qualidade do fornecimento.
- **Qual o nível de profissionalismo e qualidade do setor?** Setores com programas de qualidade fortemente organizados costumam dispor de bons fornecedores.
- **Qual o nível técnico e tecnológico?** São produtos normatizados? Fiscalizados? Insumos com requisitos normativos e legais bem definidos nivelam a qualidade por cima, direcionando os critérios de decisão para custo, prazo de fornecimento, atendimento, apoio técnico etc.
- **Qual a capacidade de produção do setor?** Se o setor possui capacidade produtiva superior à sua demanda, ou capacidade ociosa que permita sua ampliação, seus riscos de interrupção no fornecimento ou falta de insumos são reduzidos.
- **Existe a possibilidade de importação?** A possibilidade de importação oferece oportunidades, mas ela envolve maiores riscos associados à distância, legislação, logística, *lead time* etc.
- **São produzidos sob encomenda ou produtos de prateleira?** Produtos customizados oferecem maiores barreiras à troca de fornecedores. Também costumam possuir maior *lead time* e apresentam, consequentemente, maiores riscos. Por isso, devem-se direcionar esforços para a escolha correta do fornecedor e posterior diligenciamento da produção.
- **Quais os prazos usuais de entrega?** Quanto maiores os prazos de entrega, mais arriscadas são as aquisições.
- **Onde os fornecedores se localizam?** Qual a distância? Quais os meios de transporte disponíveis? Quanto mais distantes e mais limitadas as opções de transporte, mais arriscadas

são as aquisições. Diferentes localidades também demandam maior atenção em relação a impostos, que podem variar de região para região.

Outra avaliação muito importante na escolha da estratégia é o quanto cada recurso é importante para o sucesso do seu projeto. Normalmente, a área de aquisições prioriza suas ações em função da chamada curva ABC, que classifica os recursos em função da sua contribuição relativa para o custo do projeto. Essa é uma classificação importante, uma vez que o risco de que venha a impactar o resultado do projeto é maior; entretanto, não é a única variável que deve ser levada em consideração. Outras são:

- **Quais os impactos no caso de uma interrupção no fornecimento?** Quanto mais atividades forem impactadas pela ausência ou interrupção de um recurso, maior sua importância para o projeto. Também deve ser avaliado se essas atividades fazem parte do caminho crítico e se o não fornecimento pode levar o projeto a um fracasso total.
- **Existe possibilidade de substituição por outro recurso?** Se não existem opções de substituição desse recurso por outro similar, seus riscos são maiores.
- **Quão complexa é a aquisição?** Possuímos o conhecimento necessário para tomar a decisão? Algumas aquisições são tão complexas que necessitam a contratação de consultores para apoiar nas decisões. Também podem ser necessárias visitas técnicas, auditorias em fábricas, certificados e até mesmo ensaios.
- **Existem restrições legais? Certificações? Comprovação de performance?** Produtos que precisem ter sua performance certificada tanto por legislação quanto por requisitos contratuais apresentam maiores riscos e precisam ser adequadamente tratados na estratégia. Exemplo: produtos que precisam ter seu comportamento ao fogo certificado por organismos independentes.

Todas essas avaliações podem ser organizadas em uma matriz (Figura 70), com pesos e escalas predefinidas (Figura 71), de forma a permitir a quantificação e a comparação do risco de cada mercado e da importância de cada recurso para o projeto.

GRUPO DE CONTRATAÇÃO	AVALIAÇÃO DO MERCADO																			
	Nº de Fornecedores	Porte dos fornecedores	Nível de concorrência	Nível de qualidade	Possibilidade de importação	Nível técnico fornecedores	Confiabilidade	Capacidade de produção	Prazo de entrega	Preços praticados	Facilidade de reposição	Facilidade fat. direto materiais	% do investimento	Dispersão geográfica	Facilidade de substituição	Estratégia de produção	Qualidade	Qualidade no atentimento	Reputação princ. Players	Criticidade Global
Peso	2	4	3	5	1	4	4	3	3	4	2	1	3	2	2	3	2	4	2	
Estrutura de concreto	3	5	2	7	8	2	3	5	1	4	9	1	8	1	8	5	5	6	7	7,35
Estrutura metálica	2	8	6	9	1	8	7	6	5	4	4	9	9	3	5	7	9	8	8	8,78
Drywall	5	4	4	2	3	3	2	2	3	5	3	8	5	5	4	4	3	4	1	6,12
Fachada ventilada	1	6	2	8	5	8	8	4	6	2	2	9	7	3	3	3	7	9	9	8,47
Argamassa projetada	2	3	2	6	1	4	4	5	5	7	5	7	3	3	8	6	6	5	5	7,01

Figura 70 – Exemplo de matriz de avaliação de mercado.
Fonte: o autor.

	CRITÉRIOS DE AVALIAÇÃO DOS RISCOS									
	1	2	3	4	5	6	7	8	9	10
N° de Fornecedores	Mais de 10 fornecedores				Pelo menos 3 fornecedores					Fornecedor único
Porte dos fornecedores	Grandes multinacionais				Médias empresas nacionais					Pequenos fornec. informais
Nível de concorrência	Altamente concorrido				Média concorrência					Mercado cartelizado
Nível de qualidade	Altamente qualificados				Média qualificaçao					Baixa qualificação
Possibilidade de importação	Facilidade de importação direta				Importação possível mas trabalhosa					Proibida importação
Nível técnico fornecedores	Alto nível técnico				Médio nível técnico					Baixo nível técnico
Confiabilidade	Altamente confiáveis				Razoavelmente confiáveis					Não confiáveis
Capacidade de produção	Alta capacidade de produção				Capacidade de produção mediana					Baixa capacidade de produção
Prazo de entrega	Imediato				entre 30 e 45 dias					mais de 90 dias
Preços praticados	Preços competitivos				coerente com o orçamento					Preços abusivos
Facilidade de reposição	Encontrados facilimente				Encontrados no mercado					Produzidos sob encomenda
Facilidade fat. direto materiais	Usual no mercado				Possível sob consulta					Não permitido
% do investimento	<1% do orçamento				entre 5% e 7% do orçamento					>10% do orçamento
Dispersão geográfica	Encontrado em várias regiões				Encontrado em algumas regiões					Centralizado no sudeste
Facilidade de substituição	Facilmente substituível				Passível de substituição					Não substituível
Estratégia de produção	Encontrado de prateleira				Entrega programada					Produzido sob encomenda
Qualidade	Qualidade altam. reconhecida				Qualidade mediana					Qualidade reconhecid. baixa
Qualidade no atentimento	Ótimo atendimento				Atendimento mediano					Péssimo atendimento
Reputação princ. Players	Fornecedores ótima reputação				Boas e más referencias					Fornec. péssima reputação

Figura 71 – Exemplo de critério de avaliação do risco de mercado.
Fonte: o autor.

Para facilitar a análise, podemos plotar as informações em um gráfico de bolha, em padrão cartesiano, onde o eixo X representa a criticidade do mercado e o Y, a importância para o projeto. O tamanho da bolha é o valor do investimento para o projeto. Assim, é possível enxergar e trabalhar a estratégia para cada uma das principais aquisições (Figura 72).

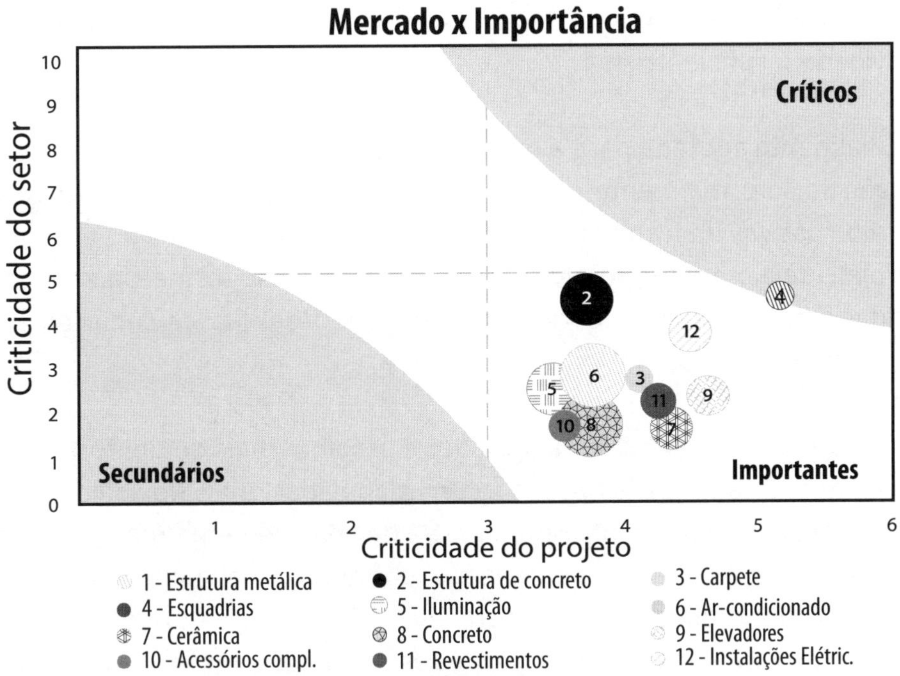

Figura 72 – Mercado x importância.
Fonte: o autor.

Feitas as análises, é preciso investir mais recursos e tempo nas aquisições que são críticas para o projeto. Os recursos que recebem maior investimento em dinheiro, os que são mais difíceis de ser obtidos, os que podem se tornar um gargalo ou os que oferecem maiores riscos ao sucesso do projeto, são fortes candidatos a um relacionamento de parceria com os fornecedores. Os recursos fáceis de ser adquiridos, tanto em qualidade quanto em quantidade, que dispõem de muitas opções de fornecedores, com baixo *lead time* e relativo investimento, são boas oportunidades para conseguir melhores preços e reduzir o custo do projeto. Não invista tempo demasiado na estratégia de aquisição de recursos com pouca representatividade para o projeto. Simplesmente tenha a certeza de que não está pagando mais caro e simplifique o processo de aquisição.

3.8.1.6 Riscos nas aquisições

A estratégia a ser adotada para cada aquisição será muito influenciada pelos riscos identificados. É inegável que toda aquisição envolve riscos. Também é fato que todo planejamento é construído sobre premissas baseadas em experiências passadas que podem ou não se concretizar. Cabe à empresa identificar os riscos, avaliar seus potenciais impactos nos objetivos do projeto e definir estratégias eficazes para protegê-la dos impactos negativos, caso venham a ocorrer.

Dos problemas causados ao projeto pelo gerenciamento das aquisições, o atraso na execução das atividades devido à indisponibilidade de recursos é o mais usual. Essa indisponibilidade pode ter muitas causas, como atrasos ou interrupção nas entregas, variações bruscas no consumo, estoque mal dimensionado ou inadequadamente gerenciado, erros de estimativas, entre outras. Outros problemas são a aquisição de recursos que não atendem aos requisitos, qualidade abaixo do esperado, produtividade insuficiente etc.

Uma resposta usualmente adotada para a mitigação de riscos em aquisições é a elaboração de um plano de contingência, informalmente chamado de plano B. Trata-se de planejamento preventivo que visa prover alternativas de fornecimento em casos de interrupções ou atrasos, de forma que o impacto no projeto seja o menor possível. O plano descreve de forma clara as ações que devem ser desencadeadas diante da adversidade. É importante desenhar os cenários possíveis e como poderão ser contornados.

Uma forma prática de reduzir o risco em aquisições é escolher mais de um fornecedor para o mesmo produto ou serviço. Quanto mais opções forem planejadas, mais flexibilidade o gestor terá no gerenciamento de uma crise. Entretanto, aumentar a flexibilidade em uma cadeia de fornecimento traz consigo custos que muitas vezes os gerentes são tentados a eliminar. É preciso pensar nesses custos da flexibilidade como um custo de seguro contra interrupções. Basta você imaginar um cenário de interrupção no fornecimento e avaliar todos os custos e impactos negativos que ele trará para o projeto. Assim, você terá condições de avaliar se vale o risco ou não. Às vezes, o custo é muito alto e é melhor pagar o preço se o problema ocorrer. Em outros casos, a flexibilidade pode ser barata, se comparada com a ruptura do fornecimento.

Por exemplo, quando pensamos no fornecimento de concreto usinado, precisamos avaliar toda a cadeia de suprimentos, ou seja, fornecedores de agregados, de cimento, de aditivos. Precisamos pensar na continuidade do fornecimento, em quanto tempo é possível operar na falha de algum insumo, abastecimento de água, energia, interrupção no fornecimento de agregados, aditivos, cimento etc. Tudo para reduzir os riscos em relação à qualidade e à interrupção no fornecimento. É preciso desenvolver e aprovar os traços de concreto em mais de um fornecedor de forma a poder mudar o fornecedor em caso de interrupção, muito embora não seja uma decisão indicada do ponto de vista de controle tecnológico e da responsabilidade técnica da estrutura.

3.8.1.7 Escolha dos fornecedores

A seleção das empresas que farão parte do quadro de fornecedores, bem como a escolha daquele mais adequado para cada projeto, é um grande desafio. Ao contrário do que pode parecer, experiências bem-sucedidas no passado com um determinado fornecedor não são garantia de sucesso em novos contratos. Introduzir um fornecedor inadequado no projeto pode comprometer seu resultado.

As empresas passam por diferentes momentos ao longo do tempo, com outros portfólios em andamento. É preciso compreender o momento de cada fornecedor. É necessário saber se ele possui muitos contratos no momento, se o seu contrato é interessante e relevante para o resultado dele, se ele assumiu mais compromissos do que tem capacidade de cumprir etc. Um erro comum é pensar que empresas maiores, mais capitalizadas e com melhor tecnologia necessariamente atenderão melhor à sua necessidade. Para tais empresas, sua aquisição pode ser apenas mais uma dentre muitas outras mais importantes, sem qualquer impacto no resultado da companhia. Em contrapartida, para uma empresa menor, você pode ser o melhor contrato dos últimos tempos, merecendo, assim, a atenção dos melhores profissionais e muitas vezes do próprio dono da companhia.

O importante é estabelecer uma base de fornecedores competentes e alinhados com a estratégia da empresa, pois estes são fundamentais para a entrega de resultados. A base de fornecedores não deve ser muito grande nem muito pequena. Se sua base for muito pequena, você terá poucas opções de fornecimento e pouca concorrência entre os fornecedores. No entanto, os processos de contratação se tornam mais racionalizados e o custo de contratação é menor. Quando a empresa reduz sua base, o desempenho de cada fornecedor se torna mais importante. Quando a base de fornecedores é muito grande, você precisa de recursos para selecionar, monitorar e gerenciar o relacionamento. Isso necessariamente envolve aumento de custo.

A avaliação de fornecedores nem sempre é uma decisão evidente. Várias são as competências a serem avaliadas, sendo as mais usuais: capacidade técnica, capacidade de entrega, financeira, gerencial e a regularidade legal. Outras competências também podem ser avaliadas, como, por exemplo, a qualidade, o desempenho histórico, o atendimento da assistência técnica, a localização geográfica, os padrões de segurança do trabalhador, o atendimento à legislação e aos condicionantes ambientais, entre outras. Existe uma importância relativa de cada competência dos fornecedores para cada projeto. É preciso entender a estratégia do projeto para saber qual fornecedor possui as melhores competências para desempenhar bem. Cada fornecedor trará também um conjunto único de riscos, dependendo do tipo de contrato, duração, momento da empresa, preço etc.

No processo de escolha de um fornecedor, é usual a criação de uma pré-seleção, também chamada de *short list*. Esta reduz o número de fornecedores, permitindo focar os esforços naqueles que realmente possuem melhores condições de atender às necessidades do projeto. Mas atenção: é importante diferenciar necessidades de desejos. As necessidades são aquelas relacionadas aos requisitos do produto, ou seja, imprescindíveis, enquanto os desejos não são fundamentais e, portanto, são negociáveis.

A avaliação deve ser realizada através de formulários descritivos nos quais se pode discorrer sobre cada ponto forte e fraco do fornecedor (Figura 73). Entretanto, é aconselhável a definição de uma escala numérica, de forma a permitir a criação de uma matriz de múltiplos critérios e pesos, em que será possível classificar e comparar as empresas (Figura 74).

AVALIAÇÃO DE FORNECEDORES		
FICHA CADASTRAL – INFORMAÇÕES FORNECIDAS PELO FORNECEDOR		
Nome Comercial:		
Razão Social:		Capital Social:
PRINCIPAIS OBRAS REALIZADAS		
OBRA	CLIENTE	PRINCIPAIS SERVIÇOS EXECUTADOS
OBRAS EM ANDAMENTO		
OBRA	CLIENTE	PRINCIPAIS SERVIÇOS EXECUTADOS
ESCOPO FORNECIDO		
Especialidade		
Secundários		
PREENCHIMENTO EXCLUSIVO DA CONSTRUTORA		
PARTICIPANTE	GERÊNCIA/ÁREA/OBRA	CARGO
REQUISITOS LEGAIS		
PRODUTO	ANÁLISE	AVALIAÇÃO
Regularidade Legal		
Regularidade Trabalhista		
Regularidade INSS		
Regularidade FGTS		
Parecer do Jurídico		
REQUISITOS TÉCNICOS		
PRODUTO	ANÁLISE	AVALIAÇÃO
Responsável Técnico		
Clientes		
Nível Técnico		
Nível Gerencial		
Referências		
Capacidade de desenvolvimento		
Principais obras realizadas		
REQUISITOS COMERCIAIS		
PRODUTO	ANÁLISE	AVALIAÇÃO
Tempo de mercado		
Capital Social		
Tipo de empresa		
Preço		
HISTÓRICO DE ATENDIMENTO		
PRODUTO	ANÁLISE	AVALIAÇÃO
Segurança		
Qualidade		
Prazo		
Atendimento		
Obras atendidas		
CAPACIDADE		
PRODUTO ANALISADO	RESULTADO	
Capacidade de contrato		
Valor contratado atual com outras construtoras		
Valor contratado com Lorenge		
DIVERSOS		
Pontos fortes		
Oportunidades de Melhoria		
Observações		
Relatório fotográfico		
OBSERVAÇÕES	DESCRIÇÃO	DATA

Figura 73 – Exemplo de ficha para avaliação de fornecedores.
Fonte: o autor.

FORNECEDORES DE SERVIÇO																							
SERVIÇO: DRYWALL																							
		LEGAL ELIMINATÓRIO				TÉCNICO						COMERCIAL				HISTÓRICO DE ATENDIMENTO				GERAL	CAPACIDADE		
ID	FORNECEDOR	REGULARIDADE LEGAL	REGULARIDADE TRABALHISTA	CND INSS	CND FGTS	2 RESPONSÁVEL TÉCNICO	3 CLIENTE	3 NÍVEL TÉCNICO	2 NÍVEL GERENCIAL	3 REFERÊNCAIS	4 CAPACIDADE DE DESENVOLVIMENTO	3 TEMPO DE MERCADO	3 CAPITAL SOCIAL	3 TIPO DE EMPRESA	2 PREÇO	4 SEGURANÇA	4 QUALIDADE	4 PRAZO	3 ATENDIMENTO	42	CAPACIDADE DE CONTRATOS	CAPACIDADE CONTRATADA	SALDO A CONTRATAR
1	Fornecedor 1	Aprovado	Aprovado	Aprovado	Aprovado	5	3	6	7	1	5	8	7	4	3	10	9	3	10	6,0			
2	Fornecedor 2	Aprovado	Aprovado	Aprovado	Aprovado	6	10	10	3	5	3	7	5	3	6	7	1	5	8	5,5			
3	Fornecedor 3	Aprovado	Aprovado	Aprovado	Aprovado	7	4	3	10	9	3	10	2	9	7	5	6	8	1	5,8			
4	Fornecedor 4	Aprovado	Aprovado	Aprovado	Aprovado	7	9	7	5	6	8	1	5	1	8	5	6	9	10	5,0			
5	Fornecedor 5	Aprovado	Aprovado	Aprovado	Aprovado	5	1	8	5	6	9	10	5	10	10	3	5	3	7	6,2			

Figura 74 – Exemplo de *ranking* de fornecedores.
Fonte: o autor.

3.8.1.8 Cronograma de aquisições

A estratégia de aquisições também deve levar em consideração o tempo disponível para sua conclusão, ou seja, quando cada recurso deve estar disponível no local de sua utilização. Essas datas são obtidas no cronograma do projeto, verificando os recursos necessários a cada atividade programada. Com base nessa necessidade, é elaborado um cronograma de aquisições (abordado no item 3.2) de trás para frente, subtraindo o tempo necessário para a realização de cada etapa do processo de aquisição. A esse tempo dá-se o nome de *lead time*. Compõem o processo: elaboração de requisição, envio da coleta, elaboração de proposta pelo fornecedor, equalização das propostas e negociação, contratação ou compra, prazo de produção, prazo de entrega, prazo de mobilização e integração da empresa para o caso de serviço. O *lead time* pode variar de material para material e de serviço para serviço, dependendo da disponibilidade no mercado, característica de produção, quantidade de fornecedores, exclusividade, localização do projeto, disponibilidade em estoque, compra direta ou de distribuidor etc. Essa definição deve ser realizada com base na experiência de cada empresa.

Nem sempre o projeto dispõe de tempo hábil ou recursos para conduzir todos os processos de aquisição em seu tempo ideal. Nesse caso é importante definir quais aquisições têm maior impacto no resultado do projeto e investir seus melhores esforços nelas, simplificando outras aquisições menos relevantes.

Também é importante escolher as melhores referências para a elaboração do cronograma de suprimentos. Existem recursos que devem ter sua aquisição planejada a partir da idealização de longo prazo, uma vez que possuem *lead time* de aquisição muito longo e baixa frequência de aquisição, como, por exemplo, elevadores e revestimentos cerâmicos. Já outros devem ter seu planejamento de aquisição associado ao de médio prazo, uma vez que seus ciclos de aquisição são menores (normalmente inferiores a trinta dias) e precisam ser adquiridos com frequência. Isso permite correções de quantidades com base no consumo real e no ajuste na logística de transporte e de recebimento na obra. E, finalmente, existem recursos que são adquiridos a partir da programação de curto prazo, normalmente em caráter de urgência. Estes devem possuir fluxo simplificado, com limite reduzido de valores, e devem representar a exceção do processo.

3.8.2 Conduzir as aquisições

No processo de conduzir as aquisições, contratações de serviço e aquisições de materiais possuem significativas diferenças, por isso vamos abordá-las separadamente.

3.8.2.1 Aquisição de materiais

O processo de aquisição de materiais busca disponibilizar o material certo no local certo, na qualidade especificada, na hora certa, na quantidade certa, no menor custo possível. Para atingir desempenhos superiores nesse processo, é preciso pensar na cadeia de suprimentos como um todo, da matéria-prima à aplicação do material, e não somente no fornecedor final. É preciso desenhar a cadeia de suprimentos para operar melhor, mais rápido e mais barato. É preciso pensar além de somente reduzir custos diretos de aquisição. A gestão de uma cadeia de suprimentos é basicamente uma gestão de relacionamentos. Ela é formada por muitos componentes interconectados que se comportam de formas imprevisíveis. Pessoas, processos e tecnologia devem ser planejados, organizados e coordenados de forma a criar valor para a companhia. Uma cadeia de suprimentos eficiente mantém estoques baixos, processamento rápido e reduz o capital de giro capturado pelo estoque. Quanto mais coesa, ágil e magra for a cadeia de suprimentos, maiores os benefícios para o resultado do projeto.

É preciso criar valor para ser capturado e não só capturar valor para a companhia, reduzindo as margens de seus fornecedores. É preciso criar um sistema de compartilhar valor de forma sustentável. O objetivo é que cada um possa ter sucesso a longo prazo, maximizando o valor total. Essa abordagem é muito diferente da abordagem transacional, na qual cada parte está tentando espremer cada centavo de cada transação, mesmo que isso signifique causar danos no longo prazo. Cria-se valor através do gerenciamento logístico, do planejamento da produção, da troca de informações e de conhecimento entre os participantes da cadeia, da potencialização das sinergias entre as partes da rede, melhorando sua eficiência e reduzindo o custo em toda a cadeia. Todos esses processos são críticos para o funcionamento da cadeia de suprimentos e impactam diretamente na sua equação de valor. Por isso, não é uma boa ideia gerenciá-los separadamente, em silos. Cada parceiro precisa procurar oportunidades de contribuir com valor para a rede. O valor é gerado apenas com a contribuição coletiva de toda a cadeia.

Figura 75 – Gestão da cadeia de fornecimento.
Fonte: adaptado de Polito (2015).

É preciso encontrar as restrições que impedem a cadeia de operar mais eficientemente. Nem sempre essas restrições são óbvias e, muitas vezes, os paradigmas vigentes nos impedem de enxergá-las. É importante caminhar à montante na cadeia de fornecimento, buscando otimização e produtividade junto aos participantes. Restrições no início ou final do processo são fáceis de encontrar, mas não quando ocorrem no meio do processo.

Um dos segredos para uma cadeia de suprimentos funcionar de forma eficiente é a estabilidade. Mas, infelizmente, não é o cenário em que nossos projetos estão inseridos. É preciso ter uma abordagem adaptativa, orientada às mudanças, buscando antecipar as incertezas em ciclos curtos de planejamento iterativo e amortecer os impactos na cadeia de suprimentos, que deve ser estruturada para ser a mais flexível possível. Flexibilidade é a medida de quão rapidamente sua cadeia de suprimentos pode responder a um imprevisto. Normalmente, essa flexibilidade é obtida com múltiplas fontes de fornecimento, alternativas de transporte e capacidade extra de fornecimento. Isso custa dinheiro, mas também pode gerar valor. A chave é entender quando o custo da flexibilidade é um bom investimento.

Os imprevistos podem ocorrer do lado do fornecimento, mas também do lado da demanda, ou seja, pode acontecer uma interrupção no fornecimento, como também uma demanda não prevista de recursos, que nem sempre a cadeia de suprimentos será capaz de prover. Todo o planejamento é desenvolvido em função de uma demanda prevista, e variações bruscas de demanda impactam toda a cadeia. Por isso, a informação é muito importante para manter uma cadeia de suprimentos funcionando bem. Se o fornecedor consegue identificar com antecedência um aumento na demanda, pode se preparar para supri-la. Ele pode até mesmo participar das reuniões de planejamento para poder se preparar para demandas futuras. Todos ganham quando parceiros compartilham informações. As variações na demanda podem ocorrer por mau tempo, por atrasos na execução, por erros na previsão de materiais, entre outros. Qualquer que seja o motivo, quando o consumo de recursos é muito acima ou abaixo do esperado, é preciso investigar as causas e tomar ações corretivas.

Toda cadeia de suprimentos é dinâmica, ou seja, sofre influências externas que afetam seu equilíbrio. Questões como variações cambiais, cotação das *comodities*, condições climáticas, questões sazonais e variação de demanda podem afetar a cadeia em questões como disponibilidade do produto, preço e prazo de entrega. Por exemplo, más condições climáticas podem impedir a extração e o processamento dos agregados que serão utilizados na produção do concreto usinado. Apesar de você ter adquirido o concreto produzido em central, seu fornecimento pode ser afetado por condições alheias ao seu controle. Apesar de não ter controle sobre toda a cadeia, assim mesmo você pode se planejar para mitigar os impactos no projeto. Para lidar com essas incertezas, é importante fazer um adequado gerenciamento de riscos. Se feito adequadamente, o gerenciamento de riscos pode prover oportunidade de capturar valor em tempos de incertezas.

Uma cadeia de suprimentos é um sistema complexo, que envolve uma série de variáveis e de relações de causa-feito, ou seja, muitas vezes comporta-se de formas imprevisíveis, e pequenas alterações podem causar grandes impactos. As incertezas são capazes de provocar grandes impactos em uma cadeia de suprimentos, e cabe ao gerente do projeto procurar formas de reduzi-las. Grande contribuição pode ser dada durante o desenvolvimento do design e na escolha dos métodos construtivos. Técnicas construtivas como construção modular e pré-fabricação também reduzem a quantidade de variáveis e, consequentemente, facilitam sua gestão. Metodologias como o *Lean Construction* também estabilizam a produção, eliminam desperdício e reduzem suas incertezas. Veremos mais no capítulo 5.

Um tema muito associado ao processo de aquisições são os estoques. Na visão *Lean*, estoques são sempre sinônimos de desperdício, isso porque consomem recursos sem agregar valor ao projeto. No entanto, eles são um mal necessário e devem ser mantidos em um nível adequado, nem muito alto, nem muito baixo. Estoques altos devem ser evitados por vários motivos, entre eles:

- Consomem dinheiro na forma de capital de giro, que poderia estar disponível para outros fins.
- Carregam custos financeiros.
- Escondem problemas nos processos gerenciais, pois desconectam as atividades das suas predecessoras, evitando que sejam identificados e solucionados.
- Demandam processos para controle de datas de validade em produtos perecíveis como cimento, tintas, resinas, impermeabilizantes.
- Podem se tornar obsoletos, dependendo do tempo de permanência.
- Podem ser danificados ou deteriorados.
- Demandam tempo para se localizar um item.
- Exigem espaço e instalações, pois aumentam a necessidade de áreas de estocagem.
- Envolvem custos administrativos e de mão de obra para sua gestão e segurança patrimonial, uma vez que podem ser perdidos ou roubados.
- Materiais perigosos e inflamáveis demandam condições especiais de armazenamento, de transporte, manuseio e disposição final, de forma a evitar acidentes e impactos ambientais, entre outros.

Apesar de todos os seus malefícios, os estoques existem por algumas razões. A principal razão para a existência de estoques em um projeto é que eles são uma forma de proteger a produção das incertezas da cadeia de suprimentos e do consumo. Estoques devem ser um pulmão contra flutuações inesperadas, ou seja, devem ser um seguro contra as incertezas. A esse tipo chamamos de estoque de segurança. Ele tem o objetivo de garantir que a atividade ocorra normalmente por um determinado período, caso aconteça atraso ou paralisação no fornecimento de materiais. Quanto maiores as incertezas na demanda ou no fornecimento, maior deverá ser o estoque de segurança. Outro tipo de estoque é o cíclico. Este é formado por um descompasso entre a aquisição e o consumo de materiais. Ocorre normalmente em aquisições cíclicas, em virtude de condições comerciais como lotes mínimos de aquisição, tamanho de embalagem, carga mínima de transporte etc.

Estoques também podem ser formados em função de uma condição comercial especial ou economia de escala. Trata-se da economia gerada pela aquisição em grandes quantidades, em vez de contínuas aquisições em pequenas quantidades. Compras em maiores quantidades podem reduzir o custo por item adquirido e também possibilitar redução no custo de transporte. Entretanto, aumentam o custo pela formação e pelo carregamento desse estoque. É preciso encontrar as quantidades economicamente viáveis, considerando tanto o custo de aquisição e transporte quanto o custo de carregamento do estoque ao longo do tempo (Figura 76). Qualquer que seja o motivo do estoque, ele deve existir somente quando os benefícios superarem as desvantagens.

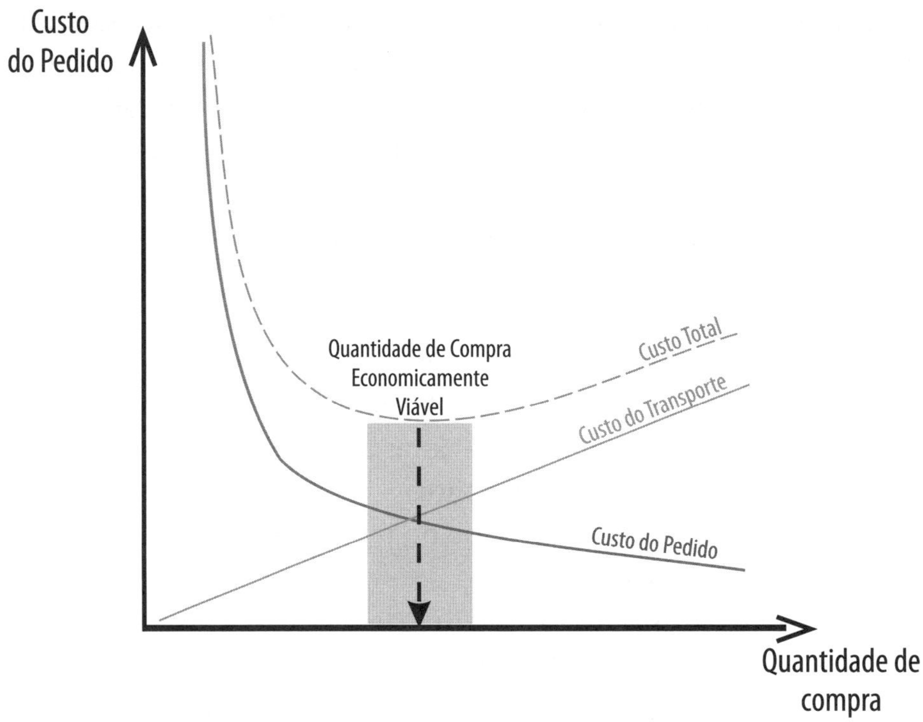

Figura 76 – Custo economicamente viável (custo x quantidade).
Fonte: o autor.

A gestão dos níveis de estoques requer uma atenção especial. É preciso manter a disponibilidade em nível adequado, sem aumentar os custos desnecessariamente. Não é uma equação fácil. Reduzir o estoque ao mínimo necessário deixa o processo vulnerável a erros de previsão e variações na demanda. Os fatores que reduzem os riscos de manutenção de estoques baixos são a estabilidade na demanda, boas previsões de consumo, fornecedores confiáveis e menores *lead times*. As informações de qualidade também ajudam a reduzir estoques, uma vez que amenizam as incertezas na demanda e ajudam a prever melhor as situações futuras. A criação de um relacionamento estável, cooperativo e duradouro com os fornecedores permite a simplificação dos processos, abrindo espaço para a redução de custos, estoques, inspeções e não conformidades.

O nível de estoque deve ser pensado para cada produto. Quanto mais crítico para o projeto, mais seguro deve ser o nível de estoque, para protegê-lo de impactos negativos de uma possível escassez. O nível de estoque também não precisa ser constante ao longo do tempo. Este pode variar durante o ciclo de vida do projeto, de forma a refletir a necessidade e o risco de cada atividade em cada momento. Para que isso possa ser feito, o estoque deve ser constantemente monitorado, revisto e ajustado à necessidade real.

Um dilema constante na gestão da cadeia de fornecimento é a busca pela eficiência e a responsividade ao mesmo tempo. A responsividade é a capacidade de responder de forma rápida e adequada a uma demanda. Ela está relacionada à velocidade de resposta. Já eficiência é a capacidade de atender utilizando a menor quantidade de recursos possível, ou seja, com o menor custo plausível. Para aumentar a velocidade de resposta da sua cadeia de fornecimento, é preciso aumentar o estoque em grande quantidade de itens, adquirir de vários fornecedores próximos ao local de uso, em entregas menores e frequentes, em meios mais rápidos, com alto compartilhamento de informações. Já para aumentar a eficiência, é preciso reduzir estoques e seus itens, adquirir de grandes fornecedores grandes carregamentos em meios mais lentos, com baixos custos de transporte. É preciso encontrar um ponto de equilíbrio para essa equação, para cada recurso relevante do projeto, que melhor atenda à estratégia e reduza os riscos do projeto. E, se as circunstâncias mudarem, o ponto de equilíbrio pode e deve ser reposicionado.

Um dos fatores importantes nessa equação é o *lead time* de aquisições, ou seja, o tempo dispendido entre o envio de uma ordem de compra ao fornecedor e o recebimento da mercadoria na obra. Quanto menor ele for, menor será o risco de variações no fornecimento. Sua redução pode ser perseguida pela diminuição das atividades que não agregam valor ou pela busca de sinergias. Por exemplo, em uma relação de parceria, você pode delegar ao próprio fornecedor o controle do estoque mínimo dentro do canteiro e a emissão de novas ordens de fornecimento dentro dos preços previamente ajustados. O fornecedor pode até mesmo se responsabilizar pela sua distribuição dentro do canteiro e pelo descarte adequado das embalagens.

No processo de compras de materiais, o principal fator de sucesso é a correta especificação do produto a ser adquirido. É preciso deixar claro o que se deseja adquirir, evitar restringir desnecessariamente a concorrência com excesso de especificações e definir padrões de recebimento e inspeção, com limites de tolerância bem delimitados. Os produtos devem ser especificados a partir do desempenho requerido e não somente por marcas comerciais ou características estéticas. Dessa forma, é possível realizar a comparação objetiva entre diferentes fornecedores e até mesmo diferentes opções de materiais, abrindo grandes oportunidades para a realização de engenharia e análise de valor, fomentando a inovação e levando à redução de custo, sem perda de qualidade ou desempenho. Abordaremos em mais detalhes essa técnica no item 4.6.

O custo direto é sempre um elemento-chave na decisão final de uma aquisição. O custo direto de aquisição é formado pelo valor pago pelo produto, mais os impostos e o transporte. Existem várias formas de se reduzir o custo direto de uma aquisição; entre elas estão a negociação de melhores preços, a compra de maiores quantidades por um período maior ou a mudança para um fornecedor que ofereça melhores preços. Outra forma de redução do custo direto é a diminuição dos custos de transporte. Diferentes formas de transporte apresentam diferentes custos. Cada meio de transporte possui uma velocidade de entrega que, em alguns casos, pode ser tão importante ou mais que o custo de aquisição. Via de regra, quanto mais rápido e menor a quantidade transportada, mais caro será o meio de transporte.

No entanto, o custo não é o único fator determinante para uma aquisição. A equipe de aquisições deve sempre procurar obter o melhor acordo dos fornecedores, continuamente alinhada com a estratégia do projeto e o planejamento de aquisições. É preciso ter cuidado para não comprometer a qualidade do produto adquirido ou comprar a um preço sabidamente impraticável. Um fornecedor com margens insuficientes pode provocar instabilidade ou interrupção no fornecimento, ou até mesmo levar à sua substituição. A qualidade da aquisição também está relacionada a vários outros aspectos, como, por exemplo, o atendimento à legislação ambiental, a capacidade da empresa de atender ao contrato, o prazo de entrega, a confiabilidade do fornecedor e riscos de interrupção no fornecimento. É sempre importante envolver equipes multifuncionais nas principais decisões de aquisição. A participação de projetistas, consultores, empreiteiros e da equipe do projeto contribuirá para melhores decisões, garantindo a adoção do melhor preço, que atenda às reais necessidades de desempenho e da obra.

Muitas abordagens são possíveis e cabe aos responsáveis pela aquisição avaliar as vantagens e o alinhamento com a estratégia do projeto de cada uma delas. Por exemplo, a compra de materiais em grandes quantidades para obtenção de redução de preços unitários pode nem sempre ser vantajosa. Comprar direto de fábrica pode trazer o benefício de menores custos unitários, mas necessitará de lotes maiores que, por sua vez, exigirão maior *lead time* e aumento de estoque. Quanto maior for a distância que você precisa movimentar um material, maior será o *lead time* e maior o risco que imprevistos aconteçam, ou seja, mais coisas podem dar errado no caminho. Dependendo da distância e do custo de carregamento do estoque gerado, este pode anular ou até mesmo inverter a economia obtida na negociação. Já comprar em distribuidores locais reduzirá o tamanho dos lotes e trará consigo menor *lead time*, menores custos de transporte, necessidade de menor estoque e maior apoio técnico, mas certamente resultará em um custo unitário maior.

O processo de aquisição se torna mais eficiente e eficaz com a criação de um processo de homologação, com o envio de amostras e realização de testes e ensaios para comprovação do seu desempenho, sendo assim previamente aprovados, ou seja, homologados. Atenção especial deve ser dada aos materiais diretamente relacionados com a qualidade final do produto. Estes normalmente fazem parte de uma relação de materiais controlados. Em alguns casos pode ser necessário visitar as instalações do fornecedor para atestar sua capacidade e diligenciar o processo de fabricação para garantir que os requisitos técnicos e o cronograma de fornecimento estejam sendo cumpridos.

3.8.2.2 Contratação de serviços

A preparação da documentação é fundamental para a qualidade da contratação de serviços. O processo de contratação inicia com a especificação do que deve ser contratado, ou seja, o escopo. Um dos segredos de uma boa aquisição está na comunicação precisa e objetiva. Uma especificação clara, correta e completa é um dos fatores de sucesso mais importantes para uma boa contratação. A descrição do escopo deve ser suficientemente detalhada para permitir que os proponentes possam determinar se eles são capazes de fornecer os serviços requeridos. Devem ser fornecidas informações detalhadas, como o tipo de material a ser utilizado, as técnicas aceitas, os procedimentos internos da companhia, regras de segurança, critérios de inspeção e recebimento, normas a serem aplicadas, documentação exigida, entre outras. É preciso evitar especificações ambíguas, obsoletas ou incompletas. O uso de projetos preliminares no processo de contratação, no intuito de "ganhar tempo", na maioria das vezes impacta negativamente o processo e causa retrabalho. Quanto mais detalhado o escopo, menor o risco de reivindicações futuras. Entretanto, devem ser evitadas especificações demasiadamente restritas, que reduzam desnecessariamente as opções de fornecimento e, consequentemente, a concorrência.

Incluir no escopo de contratação o fornecimento dos materiais necessários retira a responsabilidade do contratante sobre o consumo, a gestão e possíveis perdas. Entretanto, para que funcione adequadamente, os materiais devem estar devidamente especificados, inclusive quanto às marcas homologadas. Uma boa prática adotada por algumas empresas é a criação de requisições padronizadas com os requisitos de contratação para os principais serviços. Essa estratégia melhora a qualidade e agiliza novas contratações.

O documento que reúne e organiza toda a informação e documentação a ser enviada aos proponentes é a requisição de serviço, também chama da RFP – *Request For Proposal.* Esse documento contém a descrição detalhada do escopo, os requisitos, as condições a serem atendidas, as condições comerciais pretendidas, os critérios de medição e pagamento, os prazos contratuais etc. Juntamente com a RFP são encaminhados anexos que complementam a descrição do escopo, como os desenhos de engenharia, os procedimentos executivos da empresa, as fichas de verificação que serão utilizadas no recebimento e na aprovação dos serviços executados, os requisitos para integração de funcionários ao canteiro de obra, as regras de segurança, a documentação de apresentação obrigatória, a minuta contratual, entre outros. É muito importante deixar claro tudo o que faz e o que não faz parte do escopo. Só assim os proponentes serão capazes de precificar de forma adequada.

Uma boa prática utilizada para grandes contratações ou para contratações com grande número de atividades é a padronização da forma de apresentação da proposta comercial. Se a apresentação das propostas for livre, cada proponente organizará seus preços da forma que melhor entender, tornando praticamente impossível sua equalização posterior entre vários participantes. Essa padronização pode ser feita com o envio de uma planilha orçamentária, já com os pacotes de trabalho devidamente definidos, que deverá ser preenchida pelo fornecedor. Isso tornará fácil e rápida a tarefa de montar o mapa de coleta e analisar as informações.

As solicitações de proposta deverão ser enviadas a um grupo pré-selecionado de fornecedores que possuem condições técnicas, comerciais e financeiras para atender às condições e ao escopo solicitado. Recebidas as propostas, é iniciada a etapa de análise e esclarecimento de dúvidas. Trata-se de uma negociação técnica pela qual se busca esclarecer as considerações utilizadas, métodos e materiais considerados e até o entendimento correto por parte do fornecedor do escopo a ser executado. Durante esse processo, é importante primar pela equivalência de condições, ou seja, que todos tenham acesso às mesmas informações e estejam em igualdade de condições. Perguntas realizadas por um dos fornecedores, bem como as respostas fornecidas, devem ser copiadas a todos os demais, de forma a evitar informações privilegiadas. Também é interessante obter *feedback* sobre as especificações gerais do trabalho, permitindo ou até mesmo fomentando que os fornecedores apresentem sugestões e/ou opções para reduzir custos, prazos e melhorar a produtividade e qualidade dos serviços solicitados. O ideal mesmo é que fornecedores parceiros sejam envolvidos ainda durante a elaboração do design, de forma a contribuir com as melhores escolhas.

Uma vez equalizadas tecnicamente, as propostas de preço são inseridas em um quadro de coleta, e é iniciada a etapa de negociação comercial. Esta deve ser realizada buscando as melhores condições. É preciso contratar não com base nos preços diretos, e sim nos custos totais de produção. Um preço menor pode significar custos maiores devido ao custo de qualidade, garantia de entrega, tempo de resposta, lotes de reposição, obsolescência tecnológica, prazo de execução etc. É importante focar na contratação por desempenho, ou seja, avaliar preço de forma associada à produtividade, confiabilidade, especialização, qualidade, otimização dos demais processos etc. Proponentes que apresentem preços muito abaixo dos demais deverão apresentar justificativas de como conseguirão realizar o trabalho, uma vez que tendem a oferecer maior risco. Deve-se buscar sempre uma relação ganha-ganha com o fornecedor, em que ambas as partes se beneficiem. A clareza de informações e as condições definidas são fundamentais para o sucesso dessa relação. Dividir a responsabilidade pelo fechamento do processo de escolha do fornecedor com a equipe do projeto e projetistas pode evitar erros e omissões, assegurar avaliações mais justas e criar um comprometimento para que a contratação dê certo.

A negociação é um processo muito rico para o entendimento do escopo e para se identificar oportunidade de agregação de valor ao projeto. Sendo os proponentes especialistas no escopo que se propõem a executar, podem contribuir com expertise e soluções que reduzam prazo e custo para o projeto. Também é possível identificar quais fornecedores possuem genuíno interesse em participar do projeto, aqueles que foram a fundo para conhecer e entender o escopo, que estudaram os desenhos de engenharia e que esclareceram suas dúvidas.

Vários fatores influenciam uma boa negociação; entre os principais estão o tempo, a qualidade das informações e a relação interpessoal. É preciso explorar o tempo e manter a pressão até o final da negociação. Normalmente, as decisões mais importantes e a maior parte das concessões são realizadas no final da negociação. Entretanto, deve-se ter o cuidado de não contratar serviços com condições sabidamente inexequíveis. É importante possuir estimativas independentes (orçamento da obra) para servir de base de comparação. Um fornecedor com margem insuficiente representa um risco para o projeto, pode causar impactos de prazo, qualidade, problemas trabalhistas e até mesmo levar à necessidade de substituição, o que poderá causar impactos maiores ainda. Uma vez concluída a negociação, deve-se formalizar as condições acordadas e comunicar aos demais fornecedores o encerramento do processo.

Devido à demora natural para a assinatura formal de um contrato, é comum a adoção de uma carta de intenções, comunicando que as negociações foram concluídas e que já existe entre os envolvidos o propósito de dar andamento ao negócio. Isso permite que os esforços de mobilização e começo dos serviços sejam iniciados enquanto ocorre a formalização contratual, ganhando precioso tempo no início do projeto. Entretanto, esse documento deve ser limitado em prazo e, a princípio, não permitir a liberação de adiantamentos ou pagamentos. Isso para evitar descontrole em relação aos custos do projeto.

A realização de uma reunião de início de contrato, também chamada de *kick-off meeting,* ou reunião de pontapé inicial, envolvendo as equipes do projeto e do fornecedor é muito importante, principalmente quando a contratação é feita de forma centralizada, sem a participação direta da equipe do projeto. Nessa reunião são revisitadas as condições acordadas, como o escopo contratado e suas exclusões, o cronograma a ser cumprido e as condições comerciais. Também são detalhados assuntos como a estratégia de ataque, a produtividade esperada, o tamanho e a composição da equipe, os critérios de recebimento e medição dos serviços e a programação de mobilização de recursos para o início do trabalho. No caso de surgirem divergências de entendimento nessa reunião, estas devem ser negociadas e acordadas na própria reunião, desde que não alterem as condições comerciais pré-acordadas. Caso contrário, o processo deve retornar à área de aquisições para renegociação e fechamento, inclusive com outro fornecedor, se necessário. A melhor hora para se identificar um problema, ou para a desistência de um fornecedor, é antes de sua mobilização no canteiro de obras. Isso porque os impactos no projeto são muito menores e a agilidade na resolução também, uma vez que um extenso processo de contratação já está montado. Essa reunião inicial deve gerar uma ata, assinada pelos participantes, que se transformará em parte integrante do futuro contrato. A utilização de um formulário com os itens a serem abordados na reunião permite a análise e a preparação prévia e previne que algum tema relevante seja suprimido ou esquecido (Figura 77).

A qualidade do contrato a ser assinado é fundamental para o sucesso da contratação e futura gestão do fornecedor. Os pleitos e litígios nascem normalmente de cláusulas ou requisitos ambíguos ou em conflito entre documentos contratuais. O contrato também deve conter diretrizes claras para o caso de desempenho insuficiente e para o reajuste de preço. Devido à sua natureza, os contratos de serviços em projeto de construção contêm usualmente cláusulas de retenções financeiras, chamadas de "retenção técnica". Essa retenção é uma forma de assegurar eventuais prejuízos ao contratante causados por responsabilidade do fornecedor, por problemas de qualidade, retrabalho, processos trabalhistas, acidentes do trabalho, entre outros. O valor da retenção varia entre 2% e 5%, dependendo do tipo de atividade e dos riscos envolvidos. Normalmente, a quantia retida é liberada alguns meses após a conclusão do contrato.

Uma vez contratados, os fornecedores passam a compor a relação de partes interessadas do projeto e devem ser integrados. Estes devem ser treinados nas regras e rotinas de segurança do canteiro, bem como nas práticas corporativas do projeto. Atenção especial deve ser dada à mobilização de recursos e pessoal. Esta deve ocorrer previamente ao início das atividades, para não impactar o cronograma.

OBRA		
REUNIÃO DE ASSINATURA DE CONTRATO E INÍCIO DE SERVIÇO		
ESCOPO		
Empresa contratada		
Serviço		Data:
Descrição do escopo		
Padrões/ normas associados		
PRINCIPAIS REQUISITOS	Critério de medição e pagamento	
	Critérios de aceitação dos serviços	
	Segurança do Trabalho	
	Demais condições contratuais	
	Padrões, normas e projeto	
	Organização, limpeza e meio ambiente	
	Premissas de planejamento	
ANEXOS	**Anexos Obrigatórios:** APR pertinentes; Padrões e normas referentes; FVS aplicáveis; Critérios de aceitação; Boletim de Medição acordado;	
	Demais anexos:	

PLANEJAMENTO DE EXECUÇÃO DO SERVIÇO								
ID	RESPONSÁVEL	TAREFA	DESCRIÇÃO DA TAREFA	PAVIMENTO	DURAÇÃO (DIAS)	INÍCIO	FIM	RESTRIÇÕES A SEREM REMOVIDAS
1								
2								
3								

PLANO PARA INÍCIO DOS SERVIÇOS						
1					NO PRAZO	
2					ATRASADA	
3					CONCLUÍDA	
4					CANCELADA	

ID	DEMAIS ASSUNTOS TRATADOS
1	
2	

PARTICIPANTE	EMPRESA/FUNÇÃO	TELEFONE	E-MAIL	ASSINATURA

Figura 77 – Exemplo de reunião de início de serviço.
Fonte: o autor.

3.8.3 Controlar as aquisições

Controlar as aquisições é fundamental para o sucesso da relação com os fornecedores. Saber o que acontece em tempo real leva você a tomar melhores decisões. Por isso, é preciso desenvolver processos que permitam a captura de informações durante todo o período do projeto. A visibilidade permitirá a você tomar decisões com base em fatos e dados, em vez de intuição.

O controle de contratos é uma via de mão dupla. É preciso zelar pelo cumprimento de todas as obrigações contratuais, tanto garantindo que o contratado esteja entregando o combinado quanto que o contratante esteja cumprindo a sua parte, de forma a não propiciar oportunidades de pleitos futuros.

Durante a execução dos serviços, é normal que surjam situações, tanto da parte da contratante quanto da parte do fornecedor, que impliquem em alterações contratuais envolvendo escopo, custo, prazo, especificações, entre outras. Toda alteração deve ser controlada e formalizada. Para isso, é importante negociar e realizar os aditivos necessários ao contrato, de forma que sempre reflita sua situação atual, evitando deixar tais discussões para o final, quando, invariavelmente, conduzem a litígio entre as partes. Notificações, advertências e multas contratuais devem ser rigorosamente formais desde o início do contrato. Mudanças não autorizadas no escopo devem sempre ser evitadas e prevenidas.

Uma das principais preocupações na gestão financeira dos contratos é garantir que os pagamentos estejam rigorosamente proporcionais ao progresso físico do trabalho, de forma a não expor a empresa a riscos desnecessários. Essa prática pode ser simplificada com a realização de medições por pacotes de trabalho e não por unidade de medida, ou seja, o serviço realizado é medido, por exemplo, por pavimento e não por m^2. Essa prática traz transparência e facilita o controle do processo, desde que previamente acordada com o fornecedor. Outro ponto importante é observar a terminalidade dos serviços de forma a evitar retrabalhos, ou seja, é preciso que todo serviço iniciado seja completamente finalizado e recebido antes do seu pagamento, de forma a permitir que a próxima atividade esteja liberada para ser executada. Serviços incompletos causam grandes transtornos à gestão de um projeto, como, atrasos, perda de qualidade, perda de sequência executiva, improdutividade, entre outros.

O reajustamento contratual é sempre uma questão polêmica e não deve ocorrer de forma automática. Os contratos devem primeiro ser analisados, o desempenho do fornecedor e suas obrigações contratuais avaliados e, então, o reajuste contratual correto aplicado. É injusto que pacotes de trabalho que deveriam estar concluídos e não o estão, por única responsabilidade do fornecedor, tenham seus preços reajustados. Seria uma forma de premiar o baixo desempenho. É importante que o reajuste seja formalizado e aprovado, com memória de cálculo registrada.

O acompanhamento técnico dos contratos é imprescindível. Basicamente, o contratante recebe os serviços que merece. É preciso que durante todo o contrato o contratante deixe claro quais são as suas expectativas e exija o desempenho adequado, contribuindo, dessa forma, com o desenvolvimento de seus fornecedores. Essa atitude promove melhorias nos produtos e processos e torna os fornecedores mais competentes e confiáveis, de forma que atendam às necessidades da contratante adequadamente. Ajudar um fornecedor a fazer melhorias no seu processo e produto pode levar a uma maior lealdade e comprometimento a longo prazo.

A gestão do contrato gera documentação técnica, administrativa, contratual e legal que deve ser adequadamente organizada, de forma a permitir sua futura localização. Documentos que comprovem a regularidade fiscal, trabalhista e previdenciária do fornecedor devem ser periodicamente recebidos e previamente analisados antes da liberação de pagamentos, uma vez que envolvem responsabilidade solidária do contratante. Documentos técnicos, como projetos, ensaios e testes, manuais de operação e manutenção, anotações de responsabilidade técnica, notas fiscais e certificados de garantia, devem ser organizados de forma a compor o *databook* do projeto. O atendimento a toda documentação contratual é condição prévia para o encerramento do contrato.

Encerramentos contratuais prematuros não são incomuns em projetos. Esses podem se dar por baixa produtividade, por problemas com a qualidade dos serviços, por discordância em relação ao escopo ou muitos outros motivos. Qualquer que seja o motivo, os direitos e responsabilidades das partes devem estar especificados no contrato.

Todo contrato deve ser formalmente encerrado. Para se encerrar um contrato é preciso verificar se todos os trabalhos foram finalizados adequadamente, se as entregas satisfazem os critérios de qualidade e se todas as obrigações contratuais foram cumpridas. Dessa verificação é gerada uma lista com os itens remanescentes que necessitam de ações corretivas, também chamada de *punch-list*. Depois de verificada sua resolução e aceita pelo contratante, é possível encerrar o contrato, através de um termo de encerramento contratual, quando se encerram as obrigações assumidas entre as partes. É importante que todos os pleitos colocados pelas partes e todas as discussões que possam existir sejam solucionados antes do encerramento contratual.

Após vencida a carência para a liberação das retenções contratuais, é uma boa prática criar um processo formal para essa liberação. Nesse processo, áreas como a assistência técnica, o departamento jurídico e a área de suprimentos verificam se existem pendências do fornecedor antes da liberação dos valores finais.

3.9 Gerenciamento das partes interessadas do projeto

O processo de gerenciamento das partes interessadas busca: identificar todas as pessoas, grupos ou organizações que podem impactar ou ser impactadas por uma decisão, atividade ou resultado do projeto; analisar suas necessidades e expectativas; identificar seus níveis de poder, interesse e influência; e desenvolver estratégias adequadas para influenciá-las e engajá-las ao projeto. Entretanto, devido à grande quantidade, diversidade e multidisciplinaridade das partes interessadas envolvidas em um projeto de construção, aliadas à efetiva interação e interdependência entre elas em um ambiente volátil, incerto, complexo e ambíguo, esse processo é extremamente desafiador. Além disso, a internet e as redes sociais vêm aumentando a capacidade de mobilização e cooperação entre as partes interessadas e, consequentemente, sua capacidade de impactar os resultados, levando a um ambiente de constante negociação para preservar os objetivos do projeto. Quanto maior a complexidade do projeto, mais tempo o gerente do projeto deverá dedicar às partes interessadas, para garantir o seu adequado engajamento. Esse engajamento é fator crítico para o sucesso de qualquer projeto de construção. Diante desse contexto, a única estratégia possível é a gestão proativa dessas partes interessadas.

As partes interessadas somente contribuirão e se engajarão ao projeto se estiverem suficientemente motivadas. Precisamos entender que as partes interessadas são sempre representadas por pessoas, com sentimentos, percepções, expectativas e poder de influência, consciente ou inconsciente. Elas agirão e reagirão segundo suas crenças, interesses e motivações. Cada parte interessada decidirá se apoiará ou se será contra o projeto, analisando se a vantagem obtida através dele supera o esforço para apoiá-lo: análise de custo-benefício. Em outras palavras, se uma parte interessada entende que os produtos do projeto são benéficos para ela, estará mais propensa a contribuir para o seu sucesso. Da mesma forma, se sentir-se prejudicada, provavelmente adotará uma postura negativa em relação a ele.

As partes interessadas podem estar dentro ou fora do projeto. Suas expectativas e interesses podem ser convergentes ou conflitantes. Alguns o apoiarão, enquanto outros se oporão. Alguns serão beneficiados e outros nem tanto. Uns verão oportunidades onde outros verão ameaças. E outros ainda serão neutros, mas podem ser influenciados. Alguns serão a favor de mudanças e outros contrários. Eles podem, inclusive, se sentir impactados ou legitimados, mesmo que isso não seja verdade. Mesmo que suas percepções estejam erradas, eles devem ser consultados e ouvidos. Lidar adequadamente com as expectativas das partes interessadas é fundamental para o sucesso do projeto, até porque sucesso pode significar coisas diferentes para cada um deles.

Para influenciar seu comportamento, é preciso entender o que as motiva. É preciso conhecer e entender o que representa valor para cada uma delas, a fim de definir a melhor estratégia para atender às suas necessidades, expectativas e interesses legítimos. É preciso compreender seu nível de poder, interesse e influência sobre o projeto. É preciso estabelecer uma abordagem adequada de aproximação e comunicação com cada uma, de forma a envolvê-la e comprometê-la com os objetivos do projeto. O conhecimento estruturado das partes interessadas irá capacitá-lo a encontrar oportunidades de cocriação de valor, em uma relação ganha-ganha onde todos se beneficiam. Irá capacitá-lo para enfrentar situações de grande pressão e prepará-lo para criar empatia, enxergando o projeto a partir do ponto de vista deles e entendendo quais são suas prioridades.

O gerenciamento efetivo das partes interessadas requer interação contínua e relacionamentos robustos. Essas interações permitem a você explorar e extrair *insights*, a compreender como e o que pensam e a promover um entendimento comum sobre os objetivos do projeto. É preciso interagir com elas através de uma rede de comunicação estruturada, que permita a identificação de sinais de oportunidades ou ameaças, para mantê-los informados e para gerenciar sua influência nos resultados do projeto. O termo gerenciamento pode sugerir que exista alguma relação de autoridade ou liderança entre o gerente do projeto e as partes interessadas. Isso raramente acontece, salvo no caso da equipe do projeto.

O gerenciamento das partes interessadas deve buscar seu engajamento ao longo de todo o projeto, monitorando os resultados e ajustando as estratégias na medida em que ele avança. As partes interessadas devem ser identificadas e analisadas sistematicamente, em um processo contínuo de análise e ação, pois seus interesses podem mudar ou novas partes interessadas podem surgir.

3.9.1 Identificar as partes interessadas

Não é uma tarefa fácil identificar todas as partes interessadas de um projeto, principalmente nos seus estágios iniciais, uma vez que muitas delas vão surgir e se juntar a ele ao longo do seu ciclo de vida. A lista pode ser extensa e exaustiva e é um desafio definir quais são as mais importantes, para se estabelecer um relacionamento com elas.

Ao universo de indivíduos e grupos de partes interessadas de um projeto chamamos de comunidade de partes interessadas. Cada parte interessada possui potencial de impactar o projeto, individual ou coletivamente, positiva ou negativamente.

As partes interessadas devem ser identificadas o mais cedo possível. Elas podem ser constatadas tanto interna quanto externamente. Podem ter um papel no projeto e contribuir com a geração de valor ou ter apenas expectativas em relação a ele. Elas podem fazer parte da estrutura do projeto, como cliente, usuário, patrocinador, acionista, equipe do projeto ou gerentes de outras áreas da empresa. Elas podem ser mobilizadas pelo trabalho do projeto, como, por exemplo, projetistas, consultores, fornecedores de materiais e empreiteiros. Elas podem ser mobilizadas pelo proprietário para contribuir com a sua viabilização, como, por exemplo, bancos financiadores, órgãos certificadores, auditores e seguradoras. E elas podem ser mobilizadas por elas mesmas em função dos seus interesses sobre o projeto, sem ter nenhum papel ativo, mas possuírem requisitos e expectativas legítimos, que precisam ser atendidos, como, por exemplo órgãos governamentais, ambientais, urbanísticos, órgãos reguladores, concessionárias de serviços públicos, de tráfego urbano, sindicatos, comunidade local e sociedade organizada. Frequentemente, requisitos dessas últimas se transformam em restrições para o projeto e podem influenciar, atrasar ou até mesmo inviabilizar projetos (Figura 78).

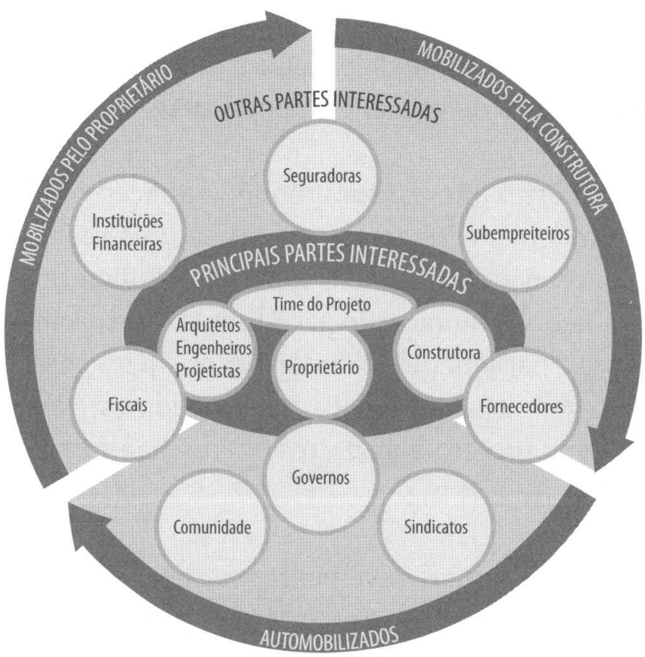

Figura 78 – Relacionamento de partes interessadas na construção.
Fonte: adaptado de PMI (2016).

As complexas informações sobre uma comunidade de partes interessadas e suas interações são mais bem compreendidas com a utilização de recursos gráficos. As partes interessadas identificadas podem ser agrupadas por suas semelhanças e ser representadas em um diagrama de afinidade, inclusive sinalizando relações e canais de comunicação direta entre elas. Essa informação ajudará na avaliação de possíveis uniões que possam ocorrer e na definição da melhor estratégia para engajá-las (Figura 79).

Figura 79 – Exemplo de diagrama de afinidades.
Fonte: o autor.

PARTES INTERESSADAS						
GRUPO	NOME	EMPRESA	CARGO	E-MAIL	TELEFONE	CRITICIDADE
Projetista						Baixo
Fornecedores						Médio
Fornecedor Interno						ALTO
Vizinhança						
Órgãos Públicos						
Outros						

Figura 80 – Planilha de registro de partes interessadas.
Fonte: o autor.

Uma vez identificadas, as partes interessadas são organizadas e analisadas para definir a sua relevância em relação ao projeto (Figura 80). Elas serão classificadas e priorizadas, de forma que a equipe possa se concentrar naqueles que são mais importantes para o resultado do projeto. Essa influência pode se dar nos campos comercial, social, financeiro, político, jurídico, técnico, entre outros. Essa capacidade será maior no início do projeto, decrescendo na medida em que este avança. Da mesma forma, os custos de qualquer mudança necessária serão menores no início do projeto, aumentando na medida em que o projeto se aproxima do seu final (Figura 81). Dessa forma, precisamos identificar o mais cedo possível as necessidades e os requisitos das partes interessadas de forma que seu atendimento seja o menos oneroso possível para o projeto. Um requisito identificado tardiamente, como um requisito legal, por exemplo, pode causar grandes transtornos e até mesmo inviabilizar um projeto.

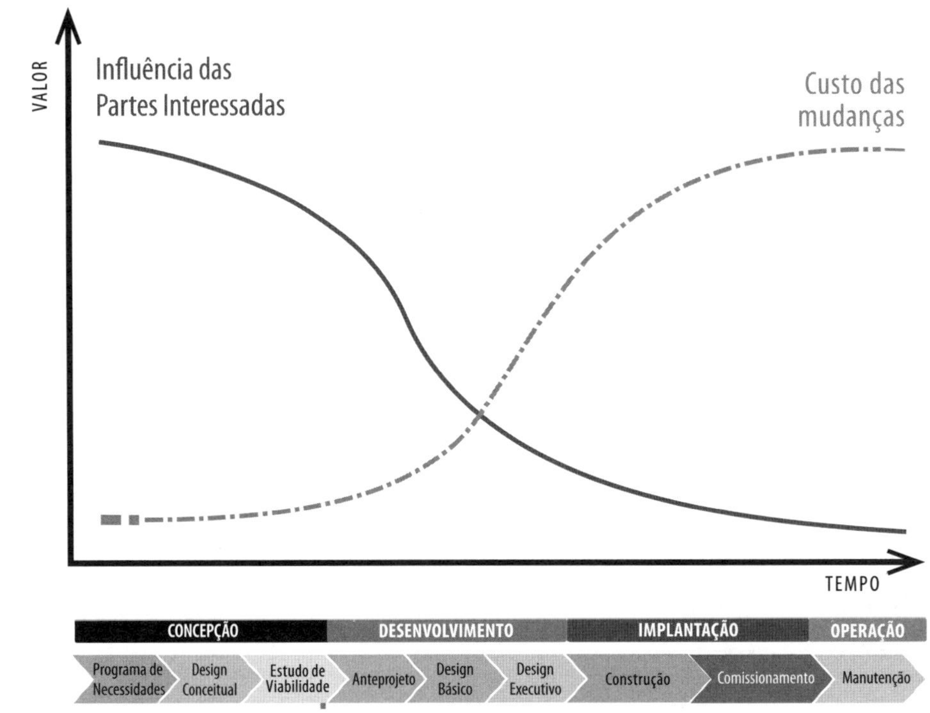

Figura 81 – Influência das partes interessadas x custo de mudanças.
Fonte: adaptado de Polito (2015).

Todas as partes interessadas precisam ser avaliadas, inclusive aquelas que sabidamente são contrárias ao projeto. Negligenciar as partes interessadas desfavoráveis ou céticas pode aumentar as chances de sermos surpreendidos por algum requisito não identificado. A análise nos permitirá desenvolver a estratégia certa para cada parte interessada. É preciso envolver as partes interessadas certas nas etapas e nos momentos apropriados, para se obter o melhor resultado. Cada parte interessada tem o melhor momento para contribuir.

A importância relativa de cada parte interessada pode ser avaliada sob vários aspectos. Alguns são de difícil mensuração devido à sua subjetividade. Os mais usuais são seu poder, sua proximidade, seu interesse no projeto, sua urgência, sua legitimidade, sua atitude em relação ao projeto e sua receptividade:

- O **poder** é o nível de autoridade ou capacidade que a parte interessada tem de impactar os resultados do projeto, positiva ou negativamente. Quanto maior for seu poder, maior será a importância da parte interessada, para fins de planejamento. Ele pode ser proveniente de posição hierárquica, de normas e leis ou da capacidade de influenciar as demais partes interessadas. Normalmente é possível avaliar através da posição que a pessoa ocupa na companhia e sua autoridade formal atribuída ao projeto. A parte interessada pode também não possuir nenhum poder formal sobre o projeto, mas exercer influência sobre outras partes interessadas que possuem esse poder, como pode ser o caso de consultores, conselheiros etc. Também é importante entender que algumas partes interessadas têm a capacidade de mobilizar outras – é o caso de sindicatos, que podem mobilizar funcionários, órgãos governamentais e a comunidade em geral, potencializando seu impacto sobre o projeto. Algumas partes interessadas também podem se associar em torno de interesses comuns, obtendo legitimidade ou poder com essa união. O poder tende a permanecer estável ao longo do projeto.

- A **proximidade** é o grau de envolvimento com o trabalho do projeto. Essa pessoa exerce alguma atividade diretamente relacionada às entregas do projeto? Quanto mais ativamente engajada no projeto, mais necessitará de atenção.
- O **interesse** é a medida do quanto a parte interessada se mostra efetivamente comprometida ou interessada nos resultados do projeto. Normalmente, esse interesse surge quando a parte interessada pode ser afetada por uma decisão relacionada ao projeto ou seus resultados. Esse interesse pode ser ativo, passivo ou inexistente.
- A **urgência** é a expectativa de tempo que a parte interessada tem para que suas necessidades e expectativas sejam atendidas. A urgência afeta a velocidade das interações entre a parte interessada e o projeto.
- A **legitimidade** ocorre quando as ações de uma parte interessada são vistas como apropriadas, adequadas e legítimas dentro de um sistema social constituído de normas, valores, opiniões e definições (SUCHMAN,1995).
- A **atitude** está relacionada à postura da parte interessada em relação ao projeto. As atitudes dessa pessoa ajudarão o projeto a atingir seus objetivos? Essa pessoa é uma apoiadora ou uma opositora ao projeto?
- A **receptividade** diz respeito à facilidade de se comunicar com essa parte interessada. Ela está ansiosa por receber informações do projeto? Encoraja o contato pessoal? Ou evita qualquer tipo de aproximação?

Com a identificação desses aspectos, é possível utilizar vários modelos para analisar, priorizar e desenvolver estratégias para engajá-las adequadamente e para atender às suas expectativas. Um dos modelos mais usuais é baseado em uma matriz bidimensional para comparar os aspectos de poder/interesse, poder/influência ou influência/impacto. Esse método classifica as partes interessadas em quatro quadrantes, cada um com uma estratégia de abordagem (Figura 82). Esse modelo é útil para projetos de pequeno porte ou quando o relacionamento entre as partes interessadas e o projeto não é complexo. O problema com esse método é que ele não reflete a complexidade das comunidades de partes interessadas em um projeto de construção. Não é razoável imaginar que conseguiríamos enquadrar, em apenas quatro estratégias, toda a vasta variedade de partes interessadas envolvidas em um projeto de construção.

Figura 82 – Matriz de poder x interesse.
Fonte: adaptado de Polito (2015).

Outro método um pouco mais sofisticado é o cubo de partes interessadas. Ele utiliza três dimensões: poder, interesse e atitude, cada um variando de negativo a positivo. Trata-se de um refinamento dos modelos de matrizes 2x2. A utilização de um terceiro parâmetro permite uma melhor priorização das partes interessadas. Essa abordagem permite a classificação em oito tipologias e sugere diferentes abordagens para cada uma delas (Figura 83). Cada classificação pode ser abordada com uma estratégia especial.

- **Salvador:** poder alto, interesse alto, atitude positiva. Preste atenção nele e aproveite o seu apoio. Faça o que for necessário para mantê-lo ao seu lado. Atenda às suas necessidades.
- **Amigo:** poder baixo, interesse alto, atitude positiva. Mantenha seu apoio.
- **Sabotador:** poder alto, interesse alto, atitude negativa. Busque engajá-lo no projeto, de forma a desarmá-lo e convertê-lo em apoiador.
- **Irritante:** poder baixo, interesse alto, atitude negativa. Busque engajá-lo para que pare de corroer a reputação do projeto.
- **Gigante adormecido:** poder alto, interesse baixo, atitude positiva. Busque engajá-lo de forma a beneficiar o projeto.
- **Conhecido:** poder baixo, interesse baixo, atitude positiva. Mantenha-o informado.
- **Bomba-relógio:** poder alto, baixo interesse, atitude negativa. Procure entender suas necessidade e interesses e o motivo de se opor ao projeto. Busque desarmá-lo e transformá-lo em apoiador antes que se interesse pelo projeto.
- **Detonador:** baixo poder, baixo interesse, atitude negativa. Acompanhe-o de forma que não possa ser surpreendido. Sua interação com o projeto deve ser reduzida ao máximo.

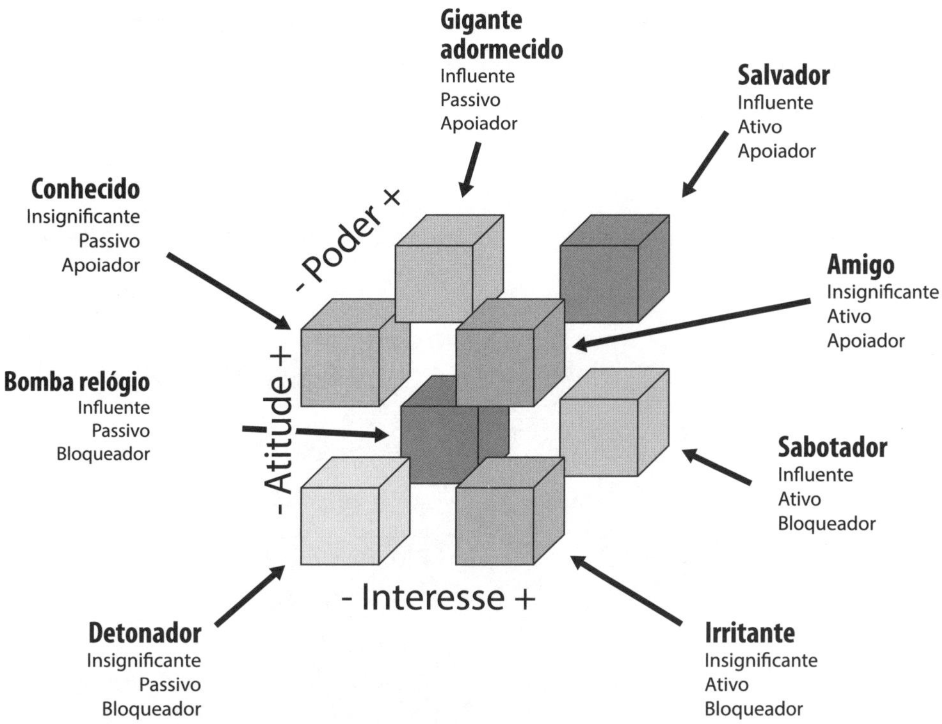

Figura 83 – Cubo de partes interessadas.
Fonte: adaptado de Murray-Webster; Simon (2006).

Outro método que apoia o desenvolvimento de estratégias utilizando três dimensões é o modelo de saliência (*Salience Model™*). Ele utiliza os aspectos de poder, urgência e legitimidade. O método pode ser retratado graficamente em um diagrama de Venn, onde cada parâmetro é um círculo, e a intercessão dos círculos permite identificar partes interessadas com múltiplas necessidades (Figura 84). Cada área do diagrama corresponde a um tipo de parte interessada. Os três fatores, quando combinados, geram sete tipos de partes interessadas.

- **Definitivos:** possuem poder, legitimidade e urgência em relação ao projeto. São críticos para o projeto e devem receber atenção imediata e especial.
- **Dominantes:** possuem poder e legitimidade, mas não urgência. É preciso focar nas suas expectativas, sem grande urgência.
- **Dependentes:** possuem urgência e legitimidade, mas não possuem poder real. Precisam de outra parte interessada para que suas necessidades sejam atendidas. Precisam ser acompanhados, pois podem se juntar com outras partes interessadas e impactar o projeto.
- **Perigosos:** possuem poder e urgência, mas não legitimidade. É preciso mantê-los adequadamente engajados e satisfeitos.
- **Adormecidos:** têm poder para impor sua vontade ao projeto, mas não tem legitimidade nem urgência. Essa parte interessada apenas participa do projeto se houver algum problema e se for necessário. Excesso de comunicação e de níveis de detalhes não é aconselhável.
- **Exigentes:** o atributo mais importante é a urgência, sem poder nem legitimidade. Sempre acham que o trabalho deles necessita de atenção imediata. Existem outras partes interessadas que merecem mais atenção. Devem ser monitorados.

- **Discricionários:** possuem legitimidade, mas não têm urgência nem poder para influenciar o projeto. Necessitam apenas atualizações periódicas sobre o andamento do projeto.
- **Não partes interessadas:** investir tempo com essas pessoas não o ajudará a atingir os objetivos do projeto.

A estratégia será elaborada em função da classificação da importância de cada parte interessada para o projeto.

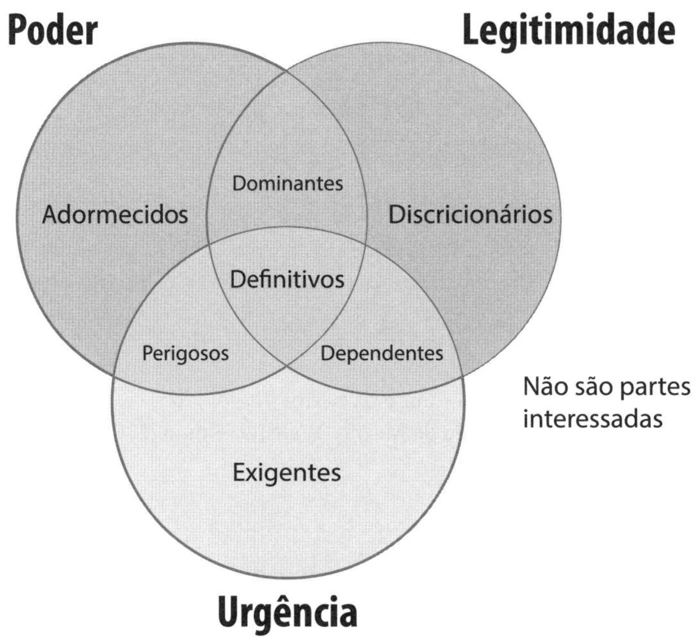

Figura 84 – Modelo de saliência.
Fonte: adaptado de Mitchell; Agle; Wood (1997).

Existe ainda outro método, mais sofisticado, para apoiar o desenvolvimento de estratégias para lidar com a comunidade de partes interessadas. Ele é chamado de círculo de partes interessadas ou *Stakeholder Circle™*. O modelo é composto por círculos concêntricos que indicam a distância da parte interessada do gerente do projeto. O padrão utilizado para cada um indica sua homogeneidade (individuais ou grupos). O tamanho dos limites e sua área relativa indicam a escala e o escopo de influência. A profundidade radial indica o grau de impacto ou poder para encerrar o projeto. Esse modelo une todas essas variáveis em um único gráfico (Figura 85). O resultado do diagrama do círculo de partes interessadas demonstra a relativa influência de cada parte interessada e oferece uma ferramenta visual para facilitar as decisões sobre quanto de energia aplicar para gerenciar o relacionamento com determinada parte interessada.

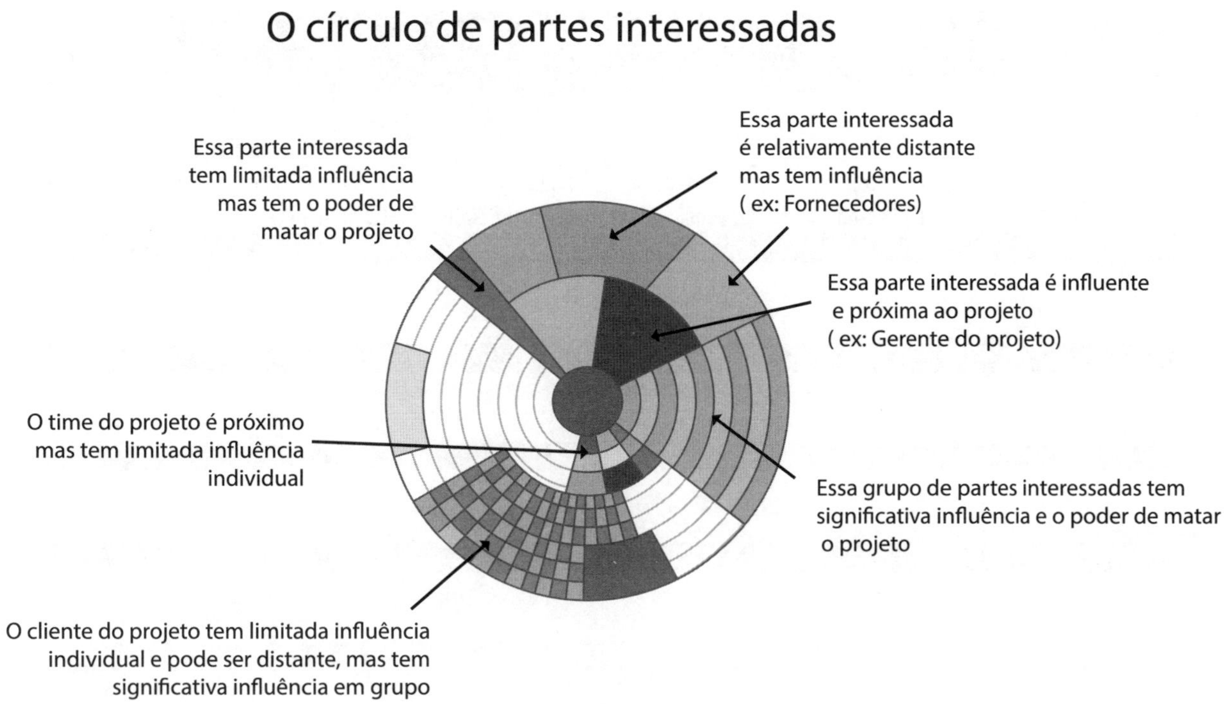

Figura 85 – Círculo de partes interessadas.
Fonte: adaptado de Weaver; Bourne, (2002).

O método é baseado na premissa de que o projeto só pode existir se consentido pela comunidade de partes interessadas, e que o gerenciamento das relações entre a comunidade e o projeto irá aumentar as chances de o projeto atingir seus objetivos.

E, finalmente, existe ainda um modelo que busca comparar, em uma matriz, o nível de engajamento atual de cada parte interessada com o nível ideal de engajamento, de forma que o projeto se beneficie ao máximo dessa relação. Os níveis de engajamento podem ser:

- **Desinformado:** sem nenhum conhecimento do projeto e dos resultados esperados.
- **Resistente:** tem conhecimento do projeto e dos resultados esperados, mas é resistente aos resultados do projeto. Não apoiará o projeto.
- **Neutro:** tem conhecimento do projeto e dos resultados esperados, mas não se envolverá, nem para apoiar, nem para resistir.
- **Apoiador:** tem conhecimento do projeto e dos resultados esperados e apoiará o trabalho necessário para obtê-los.
- **Líder:** tem conhecimento do projeto e dos resultados esperados e trabalhará ativamente para apoiar o sucesso do projeto.

Uma vez realizadas todas as análises, as informações relevantes devem ser registradas de forma a suportar o processo de planejamento do engajamento das partes interessadas (Figura 86). É preciso registrar tudo, pois as pessoas não são consistentes e mudam sua opinião.

ANÁLISE DE STAKEHOLDERS					
STAKEHOLDER 2					
Nome do Contato:					
E-mail:				Telefone:	
Área de poder	☐ Técnica	☐ Econômica	☐ Categoria	☐ Interessado	☐ Impactar
	☐ Pessoal	☐ Legal	☐ Autoridade	☐ Influência	☐ Aprova
ATRIBUIÇÕES NO PROJETO					
EXPECTATIVAS/REQUISITOS					
AVALIAÇÃO DO IMPACTO					
OBSERVAÇÕES					
ESTRATÉGIA					
RESPONSÁVEL					

Figura 86 – Exemplo de formulário de análise das partes interessadas.
Fonte: adaptado de Polito (2015).

3.9.2 Planejar o engajamento das partes interessadas

O planejamento do engajamento das partes interessadas é o processo de desenvolver as abordagens para o envolvimento dos principais entes, com base em seus interesses, expectativas, necessidades e importância para o projeto. No plano são definidas as estratégias e ações necessárias para promover um envolvimento construtivo das partes interessadas em todas as fases do projeto. O plano deve ser adequado às necessidades do projeto, podendo ser formal ou informal, detalhado e estruturado, ou sumarizado.

É preciso compreender o que representa valor para cada parte interessada. O sucesso do projeto pode ter um significado diferente para cada uma delas. É comum que ocorram conflitos entre os interesses e requisitos das partes interessadas, tendendo a se multiplicar na medida em que se aumenta o número de envolvidos. É preciso que a equipe do projeto busque balancear os interesses e negocie concessões entre eles. Não sendo possível atender a interesses conflitantes, a equipe deve deixar bem claro quais requisitos serão atendidos e quais não serão. Todos os requisitos que serão atendidos devem ser registrados na matriz de rastreabilidade de requisitos, abordada no item 3.1.1 – Coletar requisitos –, para que sejam considerados no planejamento. Também é possível que ocorram sinergias entre duas ou mais partes interessadas. Nesse caso, é preciso planejar respostas que ampliem sua cooperação e gerem mais valor para o sucesso do projeto.

Uma vez analisadas e priorizadas as partes interessadas, será possível definir a melhor estratégia para obter seu engajamento. Podem ser estratégias individualizadas ou diretrizes para o projeto como um todo que atenderão a várias partes interessadas. Precisamos entender como provavelmente reagirão ou responderão às diversas situações de forma a buscar influenciá-las, para aumentar seu apoio ou mitigar seus impactos negativos. Engajar adequadamente as principais partes interessadas é fator crítico de sucesso para o projeto, apesar de não ser possível mensurar, de forma cabal, o valor efetivo do engajamento de cada uma delas.

O plano deve responder às seguintes perguntas: como engajar as principais partes interessadas de forma que elas trabalhem a favor do projeto e não contra ele? Quais são mais importantes para o sucesso do projeto? O que deve ser comunicado a cada parte interessada? Como e quando comunicar? Quando cada uma delas será envolvida no projeto? Quais delas serão envolvidas no processo decisório? Quão de perto cada uma será monitorada? O principal benefício desse processo é permitir que o gerente dê o direcionamento apropriado para cada parte interessada, não existindo, no entanto, uma fórmula que garanta o sucesso.

Inúmeras são as estratégias possíveis, devendo ser desenvolvidas caso a caso. As estratégias elaboradas devem resultar em planos de ação sobre quem, quando e como cada membro da equipe agirá em relação à comunicação e ao gerenciamento de cada parte interessada, bem como as habilidades e competências necessárias a cada uma. O ideal é que todas as principais partes interessadas envolvidas com o projeto compreendam seu papel nele e estejam preparadas e comprometidas para garantir seu sucesso.

A existência de uma diversidade muito grande de interesses e expectativas entre várias partes interessadas pode levar a divergências de entendimento sobre como conduzir o projeto e dificultar o desenvolvimento de estratégias que atendam a todas elas. Também podem surgir questões como: como se comunicar efetivamente e ao mesmo tempo com uma comunidade tão diversa de partes interessadas, com necessidades, expectativas e interesses tão diversos? Como fazer com que pessoas com interesses diversos trabalhem em conjunto e persigam um mesmo objetivo? Muitas vezes será preciso intermediar negociações para o alinhamento de expectativas relacionadas aos propósitos do projeto e suas entregas, buscando encontrar soluções construtivas para os conflitos de interesses.

O projeto lidará com partes interessadas em todas as suas fases e em inúmeras oportunidades. No licenciamento ambiental, por exemplo, muitas vezes é preciso apresentar os projetos em audiências públicas, para que a comunidade e outros interessados possam ser ouvidos e o tema debatido. É um espaço de conversação aberto para a coconstrução de soluções. É preciso desenvolver uma abordagem adequada a esse público.

Seguradoras e instituições financeiras são importantes partes interessadas, que envolvem o projeto desde as fases iniciais e têm interesse direto no seu sucesso. A equipe deve estar consciente de seus requisitos porque restrições podem impactar o projeto. Ambas podem requerer comunicação constante, com a emissão de relatórios regulares sobre o projeto.

Os projetos de construção costumam trazer grandes benefícios às regiões em que são realizados, após a sua conclusão. Entretanto, durante a fase de construção, trazem grandes efeitos colaterais à vizinhança, como problemas com o tráfego, poeira e ruído. As melhores estratégias são aquelas que buscam aproximar as partes interessadas, promovendo um relacionamento construtivo e até mesmo compensando impactos negativos. Um bom exemplo é a criação de benfeitorias, espaços de convivência e até mesmo serviços que melhorem as condições do entorno do projeto, compensando a comunidade próxima pelos inevitáveis inconvenientes. Ações como essas criam uma boa vontade que facilita as futuras negociações com a comunidade (Figura 87).

Figura 87 – Exemplos de estratégias de relacionamento com as partes interessadas.
Fonte: o autor.

Também é necessário definir processos e pessoas preparadas para receber e analisar solicitações das partes interessadas que surgirão ao longo de todo o projeto – por exemplo, da vizinhança. Busca-se, com isso, disponibilizar um canal adequado para tratar novas questões e impedir que impactem negativamente o projeto (Figura 88).

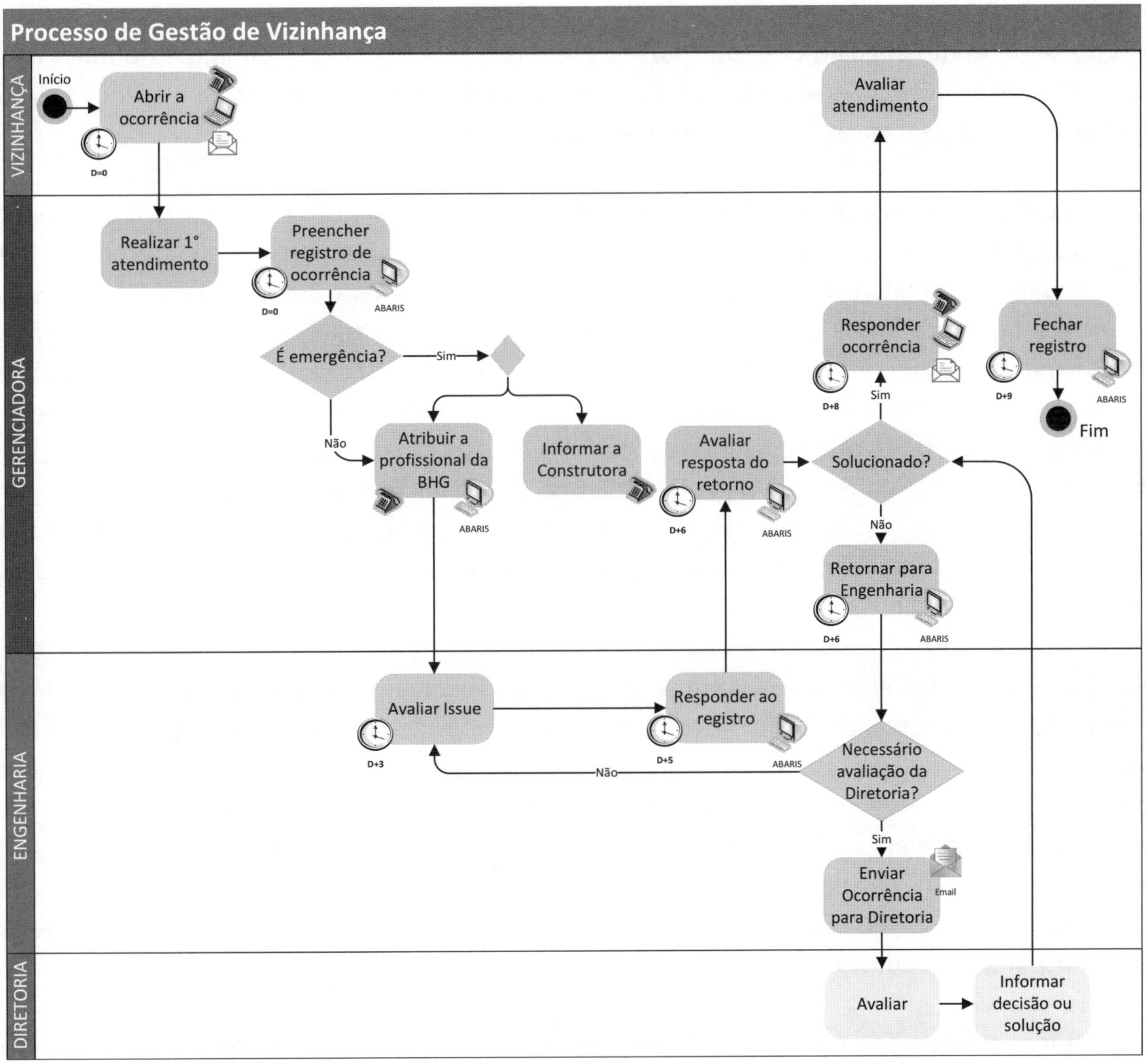

Figura 88 – Exemplo de processo de atendimento de solicitações de partes interessadas.
Fonte: o autor.

As ações adotadas para o engajamento das partes interessadas deverão ter seus impactos nas demais áreas de conhecimento avaliados. Por exemplo, como consumirão recursos adicionais, elas poderão impactar os custos, o cronograma, o planejamento de recursos e as aquisições. Da mesma forma, as estratégias de comunicação, definidas como necessárias para atender ou engajar cada parte interessada, deverão ser consideradas no plano de comunicações do projeto. Também poderão ser necessárias alterações no design da edificação ou mesmo mudanças no plano de ataque ou logística da obra, e assim sucessivamente.

O plano de engajamento das partes interessadas deve ser atualizado periodicamente para refletir as constantes mudanças na comunidade.

3.9.3 Gerenciar o engajamento das partes interessadas

O gerenciamento do engajamento das partes interessadas é o processo de implementar a estratégia definida, através do envolvimento e da comunicação com elas, de forma a atender às suas necessidades e expectativas e engajá-las adequadamente ao projeto.

A comunicação efetiva é um componente vital no processo de construir e manter relacionamentos e essencial para conservar o apoio e o comprometimento das partes interessadas. Podemos dizer que o sucesso do projeto está relacionado à força dos relacionamentos criados com os envolvidos. Esse relacionamento busca atender às suas necessidades e aos seus requisitos, esclarecendo e solucionando suas questões, buscando aumentar o apoio, reduzindo sua resistência e gerenciando suas expectativas através da negociação e comunicação, sempre buscando preservar os objetivos do projeto. É importante promover interações frequentes, pois trata-se de uma relação dinâmica, uma vez que, na medida em que o projeto avança, as partes interessadas, seu nível de envolvimento, interesse e importância também mudam. A manutenção de um relacionamento contínuo também permitirá ao gerente do projeto identificar precocemente sinais de alerta, indicando possíveis problemas com e entre todos os interessados.

Resistência das partes interessadas que anteriormente apoiavam o projeto normalmente surgem por conflitos de interesse, medo do desconhecido ou desinformação. É preciso se aproximar quando isso acontece. Se você precisa mudar a atitude de uma parte interessada, você precisa se comunicar com ela. Não devemos evitar ou nos distanciar das partes interessadas que fazem críticas ou apontam os problemas do projeto. Esse comportamento é sinal de que essas pessoas estão comprometidas com o resultado do projeto, buscando trazer questões para serem sanadas. Já o distanciamento, a indisposição para se comunicar ou o desinteresse de alguma parte interessada importante deve ser considerado um risco para o projeto.

É importante sempre deixar um canal de comunicação aberto, de preferência através de pessoas que saibam lidar com situações difíceis. O perfil de cada parte interessada pode variar consideravelmente; dessa forma, é preciso estar atento às habilidades interpessoais dos membros da equipe responsáveis por garantir o engajamento das mais importantes.

O principal envolvido com o engajamento efetivo da comunidade de partes interessadas do projeto é o gerente. É preciso que ele tenha disposição e habilidades para se comunicar em todas as direções. Ele precisa desenvolver, influenciar e manter robusto relacionamento com os patrocinadores e acionistas. Deve buscar internamente, com a equipe, *feedback* para promover a melhoria contínua dos processos. Precisa engajar pares e obter sua colaboração e os recursos necessários para o projeto. Deve lidar com as necessidades de um vasto número de partes interessadas externas, como clientes, fornecedores, opinião pública, poder público, órgãos reguladores etc. Manter todos esses relacionamentos exige trabalho constante, demanda tempo e consome recursos que nem sempre estão disponíveis.

Gerenciar o engajamento das partes interessadas não significa manipular ou enganar, mas sim desenvolver um relacionamento com a finalidade de criar uma relação ganha-ganha, onde ninguém perde, mas todos ganham. As decisões do gerente devem buscar gerar valor para alguns sem prejudicar outros.

3.9.4 Monitorar o engajamento das partes interessadas

O monitoramento do engajamento da comunidade de partes interessadas busca observar a efetividade das estratégias implementadas e adaptá-las, seja porque não foram efetivas, seja porque houve mudanças com a entrada de novas partes interessadas, saída de outras, alteração na importância relativa entre elas, ou mesmo por mudanças de expectativas, interesse ou nível de poder. É um processo iterativo ao longo do ciclo de vida do projeto. Na medida em que ele percorre diversas fases, diferentes partes interessadas podem ter maior ou menor impacto sobre o projeto.

3.10 Gerenciamento da saúde e segurança do projeto

Garantir a saúde e a segurança das pessoas em um projeto de construção é um grande desafio e deve ser uma prioridade em todos os níveis da organização. Entretanto, o assunto é, muitas vezes, tratado de forma marginal, com ações paralelas, dissociado dos atos de projetar e construir, ou seja, podemos dizer que existe uma ruptura entre os processos de projetar, planejar e construir e as ações de garantia da saúde e segurança dos trabalhadores. Essa fragmentação gera conflitos, causa desperdício e várias vezes torna as ações implementadas ineficazes.

O pressuposto de que a segurança do trabalho e uma produção eficiente e com qualidade são conceitos antagônicos está completamente equivocado. A segurança do trabalho deve ser entendida como parte integrante do processo produtivo e, portanto, indissociável. Em outras palavras, não deve existir produção se não houver condições de produzir em segurança. O sistema de gestão da segurança deve ser todo costurado ao sistema produtivo e compatível com o negócio. É preciso que o sistema de gestão seja único, ou seja, ambos devem utilizar os mesmos procedimentos, programas e ferramentas destinados à produção, evitando assim duplicidade de documentos e tornando os dois processos inseparáveis.

É preciso também combater a presunção de que acidentes são fruto do acaso. Ao contrário, acidentes não ocorrem inesperadamente e, na maioria dos casos, são evitáveis e passíveis de mitigação. Outro pressuposto indevido é sempre atribuir aos trabalhadores a maior responsabilidade sobre os acidentes ocorridos. Isso porque raramente eles detêm autoridade sobre recursos, poder para intervir nas condições de trabalho ou mesmo são envolvidos no planejamento das atividades. A tese de que a maioria dos acidentes é causada pelo comportamento inadequado dos trabalhadores é equivocada. A conscientização e o comportamento dos trabalhadores são indiscutivelmente importantes; entretanto, produzirão muito pouco resultado prático se não forem sustentados por processos consistentes de planejamento, de produção, de monitoramento e controle e por um ambiente adequado.

O sistema de gestão da saúde e da segurança não deve buscar atender apenas aos requisitos mínimos, impostos pela legislação ou por condições contratuais. Ele deve ir além e buscar resultados de excelência. Deve ser capaz de criar uma cultura de segurança efetiva, com aumento de produtividade e melhoria contínua na qualidade dos processos. A segurança do trabalho não deve ser vista como um mal necessário e sim como um meio de agregação de valor ao negócio.

Abordar a segurança do trabalho com ações independentes e não como um sistema, o que ele realmente é, é completamente ineficaz. Existem várias normas que propõem estruturas para uma gestão da segurança do trabalho efetiva. Dentre as mais conhecidas estão a BS 8800, a ISO 45001 e a OHSAS 18001. De uma forma geral, os modelos propostos são estruturados em: levantamento da situação inicial, planejamento, implementação e operação, verificação e ação corretiva e melhoria contínua (Figura 89).

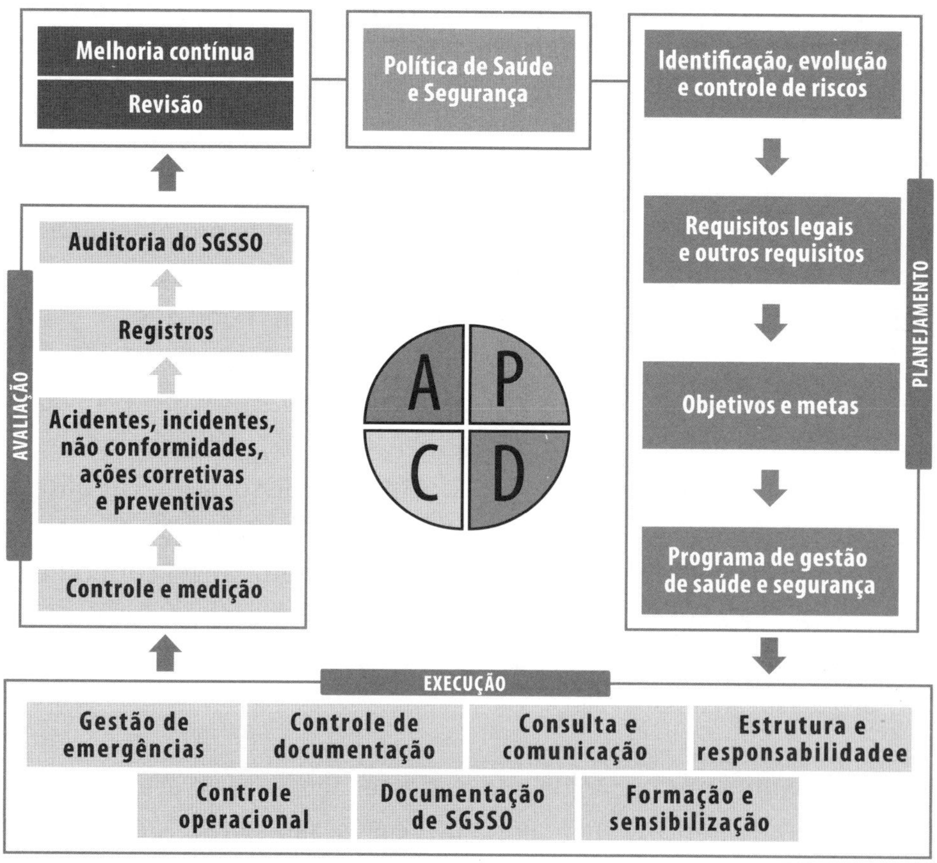

Figura 89 – Ciclo de gestão na segurança do trabalho.
Fonte: adaptado de Polito (2015).

Parte significativa da resistência à implantação efetiva de um sistema de segurança na construção é imposta pelos gestores e coordenadores de produção. Isso ocorre até mesmo quando as medidas propostas não representam nenhum impacto negativo sobre a produtividade. Essa resistência, muitas vezes, é ocasionada pelo desconhecimento, pela cultura, ou mesmo pela simples aversão à mudança. Por isso, o processo de implantação de um sistema de gestão da saúde e da segurança deve ocorrer de cima para baixo, com desencadeamento e desdobramento de ações e de responsabilidade para todos os níveis da companhia. É preciso tornar claro para todos que a segurança do trabalho é um valor inegociável, adotando tolerância zero com condições e atos inseguros no trabalho. Dessa forma, implementar ações definidas deixa de ser um ato de vontade individual ou de escolha de cada colaborador.

Os gestores precisam ser os primeiros a adquirir a cultura da segurança. Serão eles os responsáveis por implementar as ações planejadas, prover os recursos necessários e monitorar os resultados atingidos, buscando, quando necessário, assessoria junto à área especializada para questões técnicas que excedam sua competência. Os gestores, planejadores e executores devem ter como suas atribuições fundamentais a responsabilidade pelas condições de segurança, de forma que todos se responsabilizem por ela. É preciso que sejam também avaliados e bonificados ou penalizados segundo seu desempenho nesse quesito.

No modelo tradicional de gestão, é comum encontrar projetos que tiveram seu design desenvolvido, planejado e contratado sem que o tema segurança do trabalho tenha sido abordado ou discutido. Dessa maneira, quando a construção for iniciada, provavelmente existirão inúmeras condições de risco. É nesse ponto que se instala o conflito entre a produção e a segurança do trabalho. Não havendo condições de se executar a atividade com segurança, restam duas opções: paralisar a atividade e implantar as medidas de controle necessárias, o que fatalmente causará atraso, retrabalho, soluções improvisadas e aumento de custo, ou negligenciar a segurança, buscando evitar que o projeto seja impactado. Podemos afirmar que a insegurança é fruto de uma atividade mal planejada ou mal executada.

A falta de tempo é apenas um pretexto para priorizar a produção em detrimento da segurança do trabalho. O acidente é evitável a partir do ato de se trabalhar da forma correta, ou seja, com a segurança intrinsecamente envolvida. Executar uma atividade sem segurança é executá-la de forma irregular ou não conforme. Em uma atividade concebida e planejada de forma correta, a segurança do trabalho é inerente à sua execução e não algo independente. Quando as decisões sobre saúde e segurança são tomadas no momento da produção, intempestivamente e sem uma visão sistêmica, as consequências são conflitos, improdutividade, desperdício, atraso e, o pior, insegurança. Esse tipo de atuação intensifica ainda mais a resistência das equipes de campo às iniciativas da segurança do trabalho.

Para que possamos implantar efetivamente a segurança do trabalho nas construções, o tema deve permear todas as etapas do ciclo de vida do projeto, ou seja, precisamos incluí-la como critério de tomada de decisão nas fases de concepção, desenvolvimento do design e soluções de engenharia, contratação, execução e avaliação das equipes. Por exemplo, durante a escolha dos sistemas construtivos, podemos avaliar as opções disponíveis também em relação aos riscos que cada uma oferece aos trabalhadores. Ou durante o desenvolvimento do plano de ataque e sequenciamento das atividades, podemos levar em consideração qual sequência proporciona mais segurança aos trabalhadores. Ou mesmo na escolha dos materiais, podemos escolher aqueles que sejam menos insalubres aos colaboradores. É preciso que todos os envolvidos pensem em como tornar a construção mais segura. As decisões envolvendo a segurança do trabalho possuem interfaces e impactam todas as demais disciplinas de um projeto (Figura 90).

IMPACTOS DA SEGURANÇA DO TRABALHO NAS DEMAIS ÁREAS DE CONHECIMENTO	
ÁREAS DE CONHECIMENTO	IMPACTOS
ESCOPO	• Escolha dos processos construtivos; • Inclusão de pacotes de trabalho referentes à segurança;
TEMPO	• Determinar atividades no cronograma referentes à segurança do trabalho;
CUSTO	• Inserir custos relativos à segurança;
QUALIDADE	• Inserir nos padrões executivos as etapas referentes à segurança;
AQUISIÇÕES	• Inserir requisitos quanto à saúde e segurança nas aquisições • Avaliar fornecedores também sobre desempenho em saúde e segurança;
RH	• Capacitação, conscientização, seleção, premiação com foco na saúde e segurança;
COMUNICAÇÃO	• Campanhas, divulgação, programação visual que contribua com a saúde e segurança no canteiro;
RISCOS	• Associar os riscos de segurança aos impactos nos objetivos do empreendimento;
PROJETOS EXECUTIVOS	• Inclusão de detalhes e projetos referentes às medidas de segurança necessárias nos projetos executivos.
PLANO DE ATAQUE	• Analisar as sequências executivas também sob a ótica da segurança dos trabalhadores no canteiro;
CONSTRUTIBILIDADE	• Pensar nos detalhes de projeto, privilegiando formas mais seguras e ergonômicas de execução;
LOGÍSTICA	• Reduzir a participação de trabalhadores nos processos de carga, descarga e movimentação de materiais.

Figura 90 – Exemplo de impactos da segurança do trabalho nas demais áreas de conhecimento. Fonte: adaptado de Polito (2015).

A pior consequência da falta de segurança em uma construção é a ocorrência de acidentes. Quando um acidente ocorre, com ou sem vítimas, traz consigo prejuízos financeiros, improdutividade, perda de tempo, retrabalho, multas e indenizações. Podemos chamá-los de custos da não segurança. Infelizmente, os custos da falta de segurança são difíceis de ser corretamente apropriados, pois estão contidos nos custos da produção. Contrariamente, os custos da segurança são facilmente apropriados, como, por exemplo, custos com EPIs, proteções coletivas, treinamentos etc. Essa dificuldade em comparar os custos da não segurança com os custos da segurança leva à falsa conclusão de que executar as atividades com segurança implica, necessariamente, em aumento de custos. Isso não é verdade. Muitos riscos podem ser eliminados ou mitigados apenas com decisões de design e planejamento, sem nenhum custo direto de produção.

Dificilmente os acidentes do trabalho possuem uma única causa. Eles são, geralmente, fruto da combinação de vários fatores. É preciso compreender que um acidente pode ser resultado de falhas na concepção, no design, no planejamento, na contratação, na execução, na gestão, entre muitos outros. É preciso avaliar todo o processo produtivo para identificar as verdadeiras causas e saná-las.

A capacitação dos profissionais especializados em segurança do trabalho é um desafio a mais para a inserção de uma nova cultura. Normalmente, eles estão acostumados a uma postura passiva, indicando os problemas em vez de participar da solução deles. É preciso que os profissionais da segurança assumam um comportamento ativo, participando do desenvolvimento das soluções que permitirão que as atividades sejam executadas com produtividade, economia, qualidade e segurança. A postura muda de centralizador do conhecimento para divulgador de soluções, de repressor a facilitador, de focado no comportamento a concentrado nos processos produtivos como um todo, de um conhecedor de riscos a um conhecedor de processos.

A segurança do trabalho precisa ser planejada, programada, executada e monitorada conjuntamente com as demais áreas de conhecimento de gerenciamento, engenharia e produção. A área de segurança possui uma sinergia especial com a área de meio ambiente, com esforços sobrepostos e complementares.

Não nos aprofundaremos, neste livro, em legislações e requisitos normativos para a segurança do trabalho, por entender que já existem inúmeras publicações que abordam o assunto de forma profunda e abrangente. Limitamo-nos a analisar os aspectos de gestão.

3.10.1 Planejar a saúde e segurança

Todo sistema de gestão parte do princípio do pleno conhecimento daquilo que se deseja gerenciar. No planejamento da segurança, a atenção deve estar direcionada aos processos produtivos e aos sistemas construtivos, de onde se originam os riscos. O objetivo do sistema de gestão da segurança do trabalho não deve ser o de fazer segurança a qualquer preço. Apesar de parecer o caminho mais fácil, esse método prejudica o resultado do negócio e aumenta a resistência à sua implantação. O objetivo deve ser desenvolver, conjuntamente com projetistas, planejadores e gestores, formas para se garantir a segurança de todos, com o menor custo, a maior qualidade, a melhor produtividade e o menor prazo possíveis. Normalmente, o planejamento das construções é deficiente sob a ótica da segurança do trabalho e necessita de abordagens que explorem melhor a interface entre a produção e a segurança do trabalho e identifiquem oportunidades de realizar as atividades de forma segura. Quando as medidas de segurança já nascem associadas ao design e a soluções de engenharia, elas são automaticamente incorporadas ao planejamento e ao orçamento, e os recursos necessários já serão mobilizados. Não sendo dessa forma, quando as medidas de controle forem definidas próximo ao momento da execução, elas fatalmente conflitarão com a produtividade, o custo e o prazo de execução planejados, criando uma pressão para que sejam negligenciadas.

O sistema de gestão deve combater toda e qualquer condição ou comportamento que possa levar a incidentes ou acidentes. Isso porque vários estudos comprovam que existe uma relação direta entre desvios, incidentes e acidentes, ou seja, quanto maior a ocorrência de desvios, maior a probabilidade de que acidentes graves aconteçam. O estudo mais recente, realizado pela Dupont no final dos anos 90, encontra uma relação de 30.000 pequenos desvios para 3.000 incidentes, 300 acidentes sem afastamento, 30 acidentes com afastamento e 1 fatalidade (Figura 91).

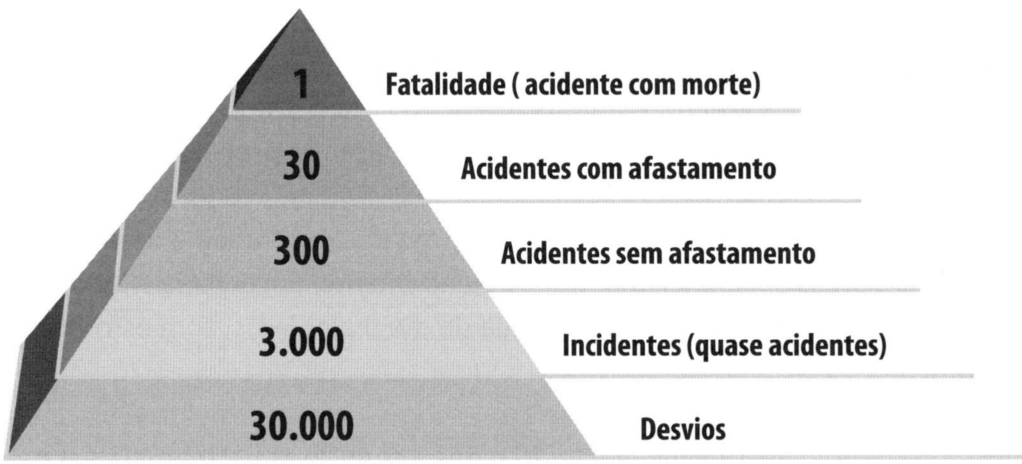

Figura 91 – Pirâmide DuPont.
Fonte: adaptado de Radvanska (2010).

Planejar a segurança do trabalho consiste basicamente em identificar os perigos existentes nos processos construtivos e no ambiente de trabalho, avaliar a gravidade e a probabilidade de ocorrência, decidir se é tolerável e preparar um plano de ação com medidas de eliminação ou controle dos riscos, levando-os a níveis aceitáveis, além de planos contingenciais (Figura 92). Nesse caso, tolerável quer dizer que o risco foi reduzido ao nível mais baixo possível e que é razoavelmente aceitável.

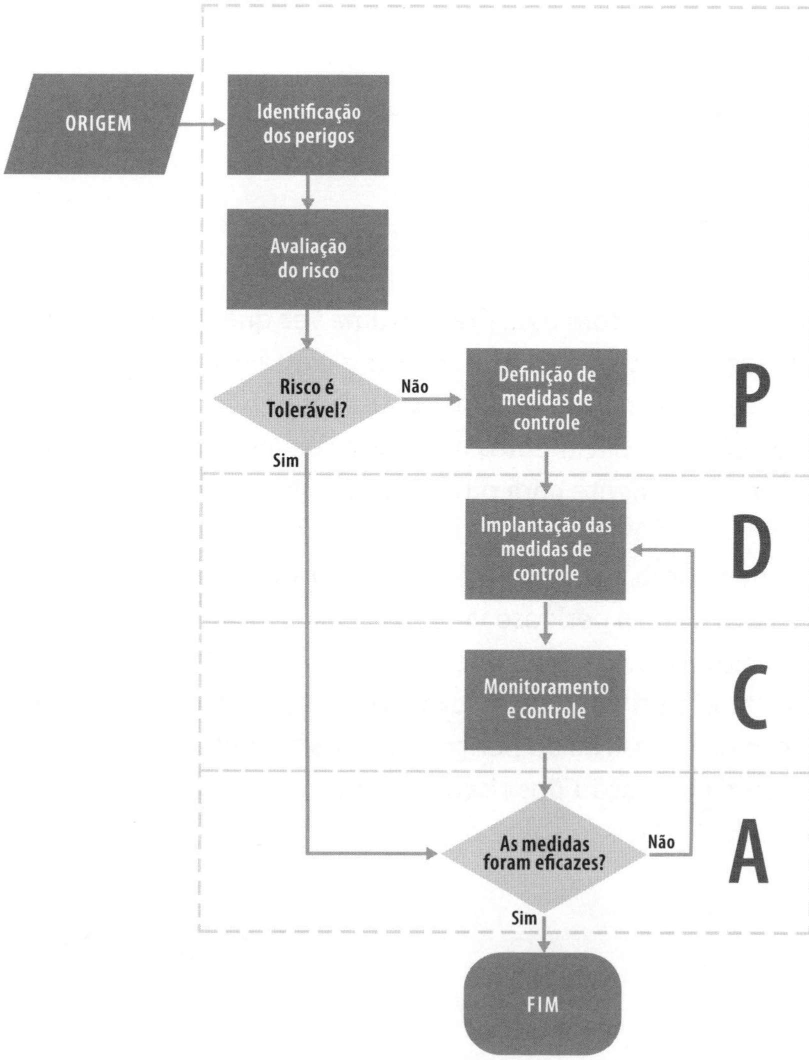

Figura 92 – Gestão de riscos na segurança do trabalho.
Fonte: adaptado de Polito (2015).

O objetivo inicial deve ser sempre eliminar os riscos, seja intervindo no design, nas soluções construtivas ou nos processos construtivos. É preciso procurar soluções inteligentes de engenharia de forma a não expor desnecessariamente os profissionais que executarão cada atividade. Não sendo possível sua eliminação, precisamos implementar medidas de controle que reduzam os riscos a níveis aceitáveis. É importante deixar claro que os principais responsáveis pela identificação dos riscos, bem como pelo desenvolvimento das soluções, são as equipes de engenharia e de produção, uma vez que são elas que detêm o conhecimento dos processos que serão executados. O papel do profissional de segurança deve ser o de assessorar, com conhecimento técnico e com ferramentas, a análise e a tomada de decisão.

O perigo pode ser definido como sendo uma fonte potencial para provocar acidentes. Estes podem ser mecânicos, elétricos, produtos químicos, comportamento, entre outros. É comum entre as empresas a realização de um inventário dos perigos existentes e já conhecidos das atividades rotineiras, contemplando também a avaliação dos riscos envolvidos:

1. Queda de altura
2. Queda de mesmo nível
3. Queda de ferramentas e materiais de altura
4. Atropelamento
5. Incêndio
6. Choque etc.

Entretanto, é preciso ter cuidado com essa prática, uma vez que, por mais que uma atividade tenha seus perigos conhecidos, é preciso avaliar também o contexto de sua execução, por exemplo: a atividade de execução de fôrma para concreto possui seus perigos conhecidos; entretanto, executar a fôrma de uma estrutura de 20 pavimentos não possui os mesmos perigos do que executar fôrma para fundações concomitantemente com o trânsito de máquinas pesadas ao redor.

O risco pode ser definido como a combinação entre a probabilidade de ocorrência e a gravidade das consequências caso o evento perigoso venha a ocorrer. A avaliação da gravidade, ou impacto, leva em consideração as partes do corpo que podem ser afetadas, a natureza do dano, o número potencial de vítimas etc. Já a probabilidade leva em consideração o número de pessoas expostas, a frequência, a duração da exposição ao perigo e as possibilidades de ocorrência de atos inseguros (Figura 93). O processo de avaliação dos riscos objetiva classificá-los em relação à sua relevância e fundamentar a tomada de decisão sobre quais necessitam ser tratados.

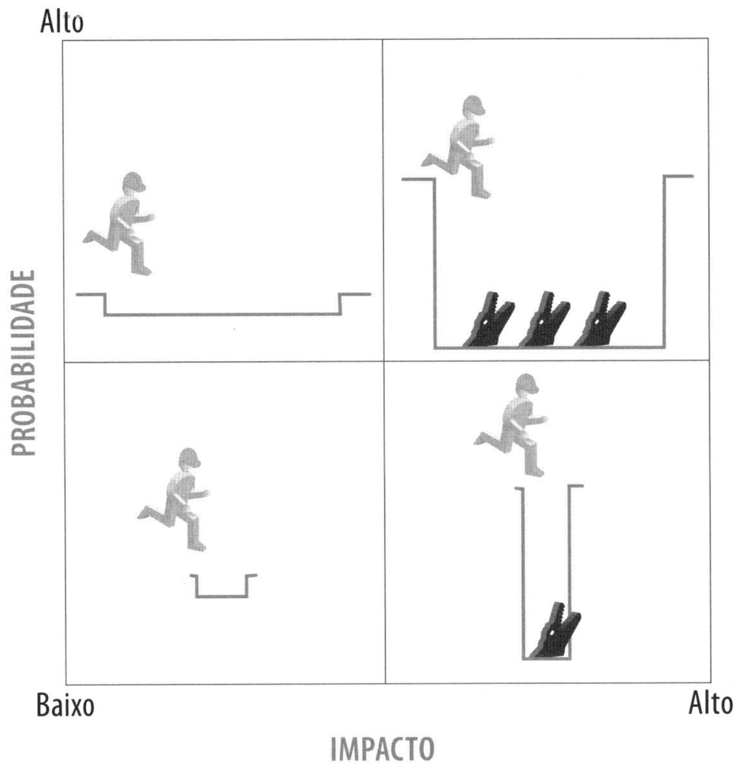

Figura 93 – Conceito de probabilidade x impacto na segurança.
Fonte: adaptado de Polito (2015).

A avaliação adequada dos riscos é uma questão de percepção, por isso é importante ser realizada por um time multifuncional, comprometido com a segurança, com experiência prática e elevado conhecimento técnico dos processos que serão executados. Cada um contribuindo com seu ponto de vista. É importante envolver na análise a equipe de engenharia, fornecedores, projetistas e a equipe de obra. A participação do trabalhador na identificação dos perigos, na avaliação dos riscos e na definição das medidas de controle é fundamental para sua efetividade. O trabalhador pode não saber as causas fundamentais do problema da segurança, mas é quem sofre os efeitos de sua falta. Envolvê-lo garante maior comprometimento na implantação das medidas de controle.

A avaliação dos riscos pode ser prejudicada pela convicção de que não passam de burocracia, ou pela complacência de quem a realiza. Pessoas muito próximas do processo produtivo podem não mais enxergar os perigos existentes ou passar a considerá-los normais, pois se acostumaram com a sua presença. Muitos acidentes graves ocorrem em situações absolutamente familiares. Também pode acontecer o contrário, ou seja, a adoção de medidas de controle excessivamente zelosas, desproporcionais ao risco existente. Estas também são prejudiciais ao projeto, pois conflitam com a necessidade de realizar o trabalho, geram improdutividade, aumentam a resistência da equipe à sua implantação e afetam a credibilidade do sistema de gestão. É preciso analisar criticamente a necessidade, efetividade e praticidade das medidas de controle propostas. Às vezes, o apoio de especialistas pode ser necessário. Para registro e análise dos riscos de segurança do trabalho, podemos utilizar a mesma matriz 2x2 utilizada no item 3.7 – Gerenciamento dos riscos do projeto –, com algumas adequações.

Uma vez identificado, o risco precisa ser tratado. Não sendo possível eliminá-lo, devemos buscar controles para mitigar a gravidade dos danos ou a probabilidade de sua ocorrência. Para isso, podemos controlar o meio, através de proteções coletivas, isolamento, proteções e mecanismos nos equipamentos ou podemos controlar as pessoas com proteções individuais, treinamento e conscientização.

Os equipamentos de proteção individual (EPIs) somente devem ser adotados como medidas de controle ao risco quando todas as demais soluções não forem possíveis ou suficientes e quando forem um requisito legal obrigatório para a realização de uma atividade. Os EPIs são recursos limitados, pois não eliminam o problema em sua origem. Além de criar desconforto ao trabalhador, também prejudicam seu desempenho e produtividade. Ademais, possuem a desvantagem de uma possível negligência ou mau uso. Os EPIs representam um custo contínuo e elevado e ainda demandam grande esforço de controle e treinamento.

Sendo assim, nas ações de combate aos riscos de um projeto, podemos estabelecer a seguinte hierarquia de prioridade nas medidas de controle:

1. Eliminação.
2. Proteções coletivas.
3. Treinamento.
4. Comunicação visual.
5. EPI.

Tão importante quanto garantir condições seguras de trabalho é garantir o comportamento adequado do trabalhador. A condição insegura pode se efetivar, por exemplo, por deficiência de iluminação, ausência de guarda-corpo, piso irregular, objetos perfurantes ou cortantes desprotegidos, máquinas e equipamentos em mau estado de conservação, ferramentas improvisadas etc. Já os atos inseguros se materializam, por exemplo, através da negligência com o uso do EPI, permanência ou passagem por locais proibidos, desrespeito à sinalização de segurança, descumprimento de padrões executivos etc.

Muitas condições inseguras podem ser solucionadas nas etapas de design de engenharia e planejamento das atividades sem necessariamente representar aumento de custo. Por exemplo, durante o desenvolvimento dos projetos de estrutura é possível prever os pontos de ancoragem e fixação das proteções coletivas necessárias à sua execução e sua posterior manutenção (guarda-corpo, linhas de vida, andaimes suspensos etc.). Esses devem estar dimensionados para as cargas e esforços a que serão submetidos e atender aos requisitos legais. Também, durante o projeto, podemos evitar a especificação de materiais e matérias-primas insalubres ou perigosas. É preciso que todo material adquirido seja recebido, armazenado, distribuído, utilizado e descartado sem oferecer risco à saúde dos trabalhadores envolvidos.

Em suma, podemos afirmar que a segurança do trabalho deve ser tratada sempre como um sistema, e várias ações concomitantes corroboram para sua efetividade. Cada atividade deve ter seus riscos identificados, avaliados e controlados, de forma que estejam em níveis aceitáveis. Os locais de trabalho devem estar devidamente sinalizados. Os colaboradores devem ter condições de saúde compatíveis com as atividades que exercerão, ser treinados e capacitados e estar conscientes dos riscos a que estarão submetidos, das medidas de controle necessárias e de suas obrigações quanto à prevenção de acidentes. Os EPIs utilizados devem ser especificados, adquiridos, distribuídos, fiscalizados e descartados de forma a controlar os riscos residuais existentes e atender às condições mínimas definidas pela legislação. Os equipamentos e ferramentas utilizados na atividade devem estar em perfeitas condições de uso, de forma a garantir que não ofereçam risco aos seus operadores.

Um método eficaz, utilizado no ciclo de planejamento de médio prazo, principalmente na análise contextual dos riscos, no treinamento, na conscientização e na divulgação das medidas de controle, é a chamada APR, ou análise preliminar de riscos. É rápida, simples e não necessita de estrutura, especialistas ou recursos sofisticados. É focada na execução e envolve os próprios executores na identificação e definição das medidas de controle. Os riscos identificados são associados a cada pacote de trabalho, bem como as medidas de controle, os recursos e os treinamentos necessários. Todo trabalhador que for participar da tarefa deve ser treinado na sua APR, de forma a garantir que conheça os riscos envolvidos na atividade e as medidas de controle que devem ser implantadas (Figura 94).

ANÁLISE PRELIMINAR DE RISCO	
Obra:	Nº da APR: 001 REVISÃO:
Local:	Data de elaboração:
Serviço a executar: Alvenaria	Telefone em caso de Emergência:
PRÉ REQUISITOS PARA A TAREFA	

SEGURANÇA/SAÚDE DO TRABALHADOR				
Nº	PASSOS DA TAREFA	SITUAÇÕES DE RISCOS	CONSEQUÊNCIA/EFEITOS	MEDIDAS DE CONTROLE
1				
2				

MEIO AMBIENTE				
Nº	PASSOS DA TAREFA	ASPECTO	IMPACTO	MEDIDAS DE CONTROLE
1				
2				

DEMAIS SITUAÇÕES				
Nº	PASSOS DA TAREFA	SITUAÇÕES DE RISCOS	CONSEQUÊNCIA / EFEITOS	MEDIDAS DE CONTROLE
OBSERVAÇÕES:				

ILUSTRAÇÃO DAS AÇÕES DE CONTROLE DOS POTENCIAIS RISCOS DA ATIVIDADE

APROVAÇÃO		
Engenheiro	Segurança	Técnico de obra/Encarregado/Mestre de obra
Responsável Empreiteiro	Seguranca Empreiteiro	Encarregado Empreiteiro

DIVULGAÇÃO

Declaro que recebi treinamento, compreendi e me encontro ciente dos riscos e recomendações inerentes às tarefas que irei executar, conforme Análise Preliminar de Risco especificada acima.

ID	NOME	FUNÇÃO	EMPRESA	DATA	MATRÍCULA	ASSINATURA
1						
2						

Figura 94 – APR – análise preliminar de riscos.
Fonte: adaptado de Polito (2015).

Ademais, é preciso estar preparado para a ocorrência de imprevistos, para a materialização de riscos não identificados ou para o caso de as medidas de controle não serem suficientes para evitar a ocorrência de um acidente. A elaboração de um plano de emergência de segurança do trabalho visa garantir o regaste no tempo e em condições ideais para reduzir a probabilidade de sequelas ou risco de morte. Devemos mapear as unidades de atendimento de saúde mais próximas, conhecer sua capacidade e especialidade, identificar a distância, avaliar a facilidade de acesso e tempo necessário para o transporte. Precisamos garantir que o projeto disponha de condições ideais de socorro e transporte e consolide todas essas informações no plano de emergência.

É preciso definir um plano de comunicação para que as partes interessadas pertinentes sejam comunicadas, tanto na ocorrência de um acidente como na divulgação dos resultados de investigação das causas e as medidas de correção adotadas. Esse plano de comunicação deve fazer parte do plano de comunicação do projeto, abordado no item 3.6 (Figura 47).

3.10.2 Realizar a gestão da saúde e segurança

Uma vez definidas as medidas de controle necessárias à execução de uma atividade com segurança, é preciso garantir que elas sejam implementadas. É preciso garantir que uma atividade só seja iniciada quando e se todos os recursos estiverem disponíveis, inclusive os necessários à implantação das medidas de segurança como: proteções coletivas, EPIs, projetos, treinamento de mão de obra, APR etc.

Um dos meios para se garantir que todas as condições para realização de uma atividade com segurança estejam atendidas são as inspeções, com o apoio de listas de verificação. As inspeções nos permitem obter um retrato qualitativo e quantitativo da efetividade da implantação das medidas de controle. Realizar uma inspeção é vistoriar algo em busca de anomalias capazes de alterar, impedir ou prejudicar seu desempenho. As inspeções podem ser de vários tipos. Elas podem ser rotineiras, abordando temas específicos como organização e limpeza, proteções coletivas, equipamentos, observação do trabalho seguro, entre outras. Elas podem ser para condições especiais, como a mobilização de máquinas e equipamentos, um içamento de carga ou a liberação de novas instalações. Elas podem ser aleatórias, sem um tema específico, apenas observando e buscando identificar fontes de risco. As inspeções podem ser realizadas por gestores, técnicos de segurança ou operários. Elas também podem ser periódicas, visando verificar as condições de equipamentos, instalações e ferramentas, ou para verificar se os métodos e processos de produção estão aderentes aos padrões de segurança.

As inspeções devem ser documentadas e seu conteúdo cuidadosamente analisado de forma a promover a melhoria dos processos e dos controles (Figura 95). As listas de verificação utilizadas devem ser adequadas a cada tipo de inspeção. Estas promovem a padronização das inspeções, auxiliam os profissionais menos experientes sobre o que e como verificar e evitam que algum item importante seja esquecido (Figura 96).

PROBLEMA IDENTIFICADO: Falta a instalação da tela no guarda-corpo de escada.

AÇÃO: Solicitação de instalação da tela no guarda-corpo ao encarregado responsável.

OBSERVAÇÃO:

Figura 95 – Exemplo de inspeções periódicas de segurança.
Fonte: adaptado de Polito (2015).

LISTA DE VERIFICAÇÃO – SERRA CIRCULAR	IDENTIFICAÇÃO	FOR.SGI 128
	CRIAÇÃO/REVISÃO	01
	DATA	23/07/2019

OBRA:	EMPRESA:
LOCAL / FRENTE DE SERVIÇO:	IDENTIFICAÇÃO / TAG / PLACA:

ITEM	ELEMENTO DE VERIFICAÇÃO	__/__/____			__/__/____			__/__/____		
		SIM	NÃO	N/A	SIM	NÃO	N/A	SIM	NÃO	N/A
1	O sistema elétrico da serra manual está em boas condições – conforme a NR 10.									
2	O acionamento do equipamento funciona corretamente e está em boas condições de uso.									
3	Caso o sistema de alimentação for feito por meio de tomada, a mesma possui plugue e tampa de proteção.									
4	A mesa da serra encontra-se fixada ao solo.									
5	As partes móveis da serra possuem proteção.									
6	O piso da área em que a serra encontra-se instalada é nivelado com ausência de buracos.									
7	A área está organizada.									
8	As madeiras que não possuem serventia para o processo estão devidamente acondicionadas em local que não interfere na segurança do operador.									
9	A área é devidamente fechada									
10	A área possui sinalização de segurança e acesso restrito									
11	O acionamento do equipamento está em boas condições de uso.									
12	O equipamento possui identificação de voltagem.									

Nome do responsável pela Inspeção:	Visto do responsável pela Inspeção:
Observações / Recomendações:	

Figura 96 – Exemplo de lista de verificação de segurança do trabalho.
Fonte: adaptado de Polito (2015).

Uma boa prática é a utilização de etiquetas coloridas, de forma a identificar quando e quais áreas, máquinas e equipamentos já foram vistoriados. Essa técnica torna o processo de inspeção transparente, contribui para uma gestão eficaz e permite que todos sejam responsáveis pelo acompanhamento. Uma forma simples de implementar essa prática é a utilização de lacres ou adesivos coloridos, onde cada cor representa um determinado mês de inspeção. No caso de máquinas e equipamentos maiores, como betoneiras e retroescavadeiras, utilizam-se placas onde fica registrado quem inspecionou e quando foi inspecionado (Figura 97 e Figura 98).

Figura 97 – Inspeções de máquinas e equipamentos.
Fonte: Polito (2015).

PERÍODO	COR REFERENTE	PERÍODO	COR REFERENTE
Janeiro	Vermelho	Julho	Azul
Fevereiro	Amarelo	Agosto	Branco
Março	Azul	Setembro	Vermelho
Abril	Branco	Outubro	Amarelo
Maio	Vermelho	Novembro	Azul
Junho	Amarelo	Dezembro	Branco

Figura 98 – Tabela de cores do mês.
Fonte: adaptado de Polito (2015).

O processo de inspeção precisa garantir que máquinas e equipamentos que não estejam aptos a operar com segurança sejam impedidos de funcionar. Isso também acontece quando eles ainda estão em fase de montagem e comissionamento, ou quando ainda não foram inspecionados e liberados para o uso. Nesse caso, é possível utilizar placas indicativas com a identificação e o contato do responsável pelo equipamento, para quando informações adicionais forem necessárias. Para evitar que equipamentos não liberados ou instalações elétricas em manutenção sejam acionados indevidamente, é preciso recorrer a bloqueios elétricos ou mecânicos. Esse tipo de controle é usual em estruturas de andaimes, andaimes suspensos, gruas, plataformas cremalheira, serras de bancada, instalações elétricas etc. (Figura 99).

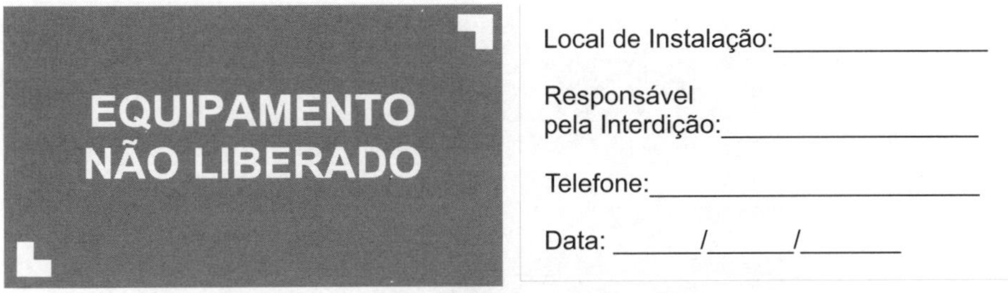

Figura 99 – Identificação de bloqueio de equipamento.
Fonte: Polito (2015).

Também é preciso garantir a capacitação e habilitação de todo trabalhador que acessar o canteiro. Ele deve cumprir os requisitos da legislação trabalhista, deve estar capacitado e habilitado a exercer a sua função e não pode exercer atividade para a qual não estiver autorizado. Esse controle pode ser realizado com a emissão de crachás que identifiquem quais atividades cada trabalhador pode exercer no canteiro, associado ao controle de acesso. A emissão de crachá deve ser restrita a trabalhadores que atenderem a todos os requisitos (Figura 100).

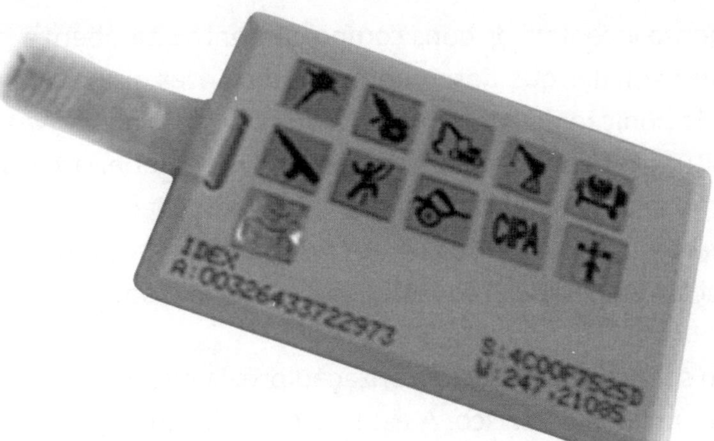

Figura 100 – Crachá com tecnologia RFID e identificação de capacitação.
Fonte: Polito (2015).

Os trabalhadores devem ser envolvidos na implantação do sistema e na garantia da saúde e segurança de todos. Uma boa prática é a criação de um programa permanente de incentivo à identificação das condições e dos comportamentos inseguros no canteiro. Nesse programa, cada trabalhador recebe um bloco com fichas para a identificação de riscos. Estas são depositadas em urnas espalhadas pelo canteiro e são recolhidas diariamente pela equipe de segurança. Todos os riscos identificados são analisados e medidas corretivas implementadas. Mensalmente, são premiadas as melhores contribuições e as equipes que mais participaram. Um programa como esse amplia exponencialmente a capacidade de identificação e correção de desvios, pois envolve a todos nesse processo. Esse programa também pode ser estendido e abranger questões ambientais, de qualidade, de desperdício, entre outras (Figura 101).

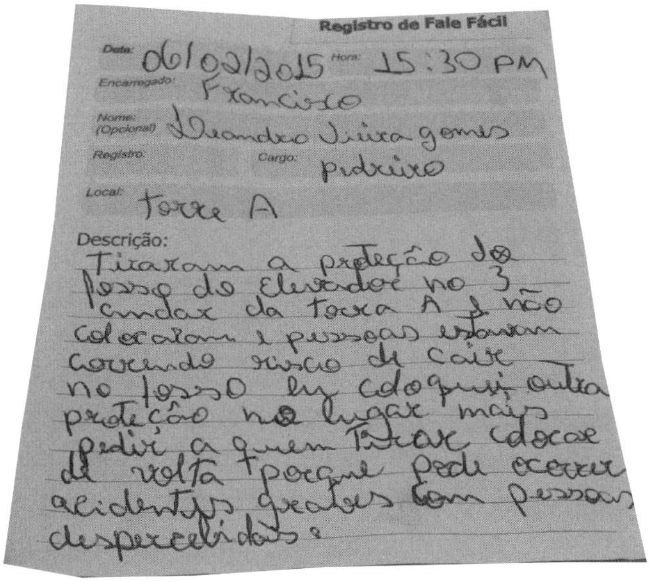

Figura 101 – Exemplo de programa de participação dos colaboradores na segurança.
Fonte: Polito (2015).

Assim como a recompensa incentiva os bons comportamentos, também a punição coíbe as transgressões. É preciso punir aqueles que descumprem as diretrizes que buscam garantir a segurança de todos. Os critérios de punição devem ser claros, objetivos e progressivos. É preciso estabelecer tolerância zero para situações consideradas inaceitáveis, que poderiam levar a acidentes graves, como, por exemplo, trabalhar em altura sem as devidas proteções ou sem estar habilitado. As punições podem ser advertências, suspensões e até mesmo demissões. Mas as regras devem servir para todos, sem distinção. Só assim serão respeitadas incondicionalmente.

Alguns serviços devem ser precedidos de autorização prévia e formal, seja por exigência normativa, seja por seu caráter único e alto risco. A essa autorização chamamos Permissão de Trabalhos Provisórios – PTP. Essas atividades podem ser de trabalho confinado, trabalho com eletricidade, trabalhos especiais em altura, entre outros. O objetivo dessa autorização é o planejamento cuidadoso de curto prazo, com o envolvimento das chefias e da área especializada em segurança do trabalho. Busca-se garantir que os recursos foram disponibilizados e que as medidas de controle foram bem definidas e implementadas. A PTP também garante que os bloqueios necessários para garantir a segurança foram realizados e estão protegidos de uma liberação acidental, como, por exemplo, o bloqueio de áreas, acessos, desligamento de energia, entre outros (Figura 102).

PTP - PERMISSAO PARA TRABALHOS PROVISORIOS	Revisão	0
	Data	22/03/2018

Esta PTP deve ser emitida antes do trabalho especificado ser iniciado, deve estar afixada a cada crachá dos respectivos funcionários e ser encerrada após a conclusão do mesmo. Este documento somente é valido após a aprovação de todos os envolvidos.

Obra:	INÍCIO:	TÉRMINO:	Numero da PTP
Local:	DATA:	DATA:	
Empreiteiro:	HORA:	HORA:	___________

Descrição das atividades:

CLASSIFICAÇÃO

☐ INSTALAÇÕES ELETRICAS ☐ TRABALHO EM ALTURA ☐ ESPAÇO CONFINADO ☐ IÇAMENTO DE CARGAS ☐ OUTRO ______________________________

EQUIPAMENTOS DE PROTEÇÃO INDIVIDUAL - EPI

☐ Capacete	☐ Luvas de raspa	☐ Máscara contra poeiras	☐ Blusão de raspa	☐ Traje para eletricista - arco voltáico
☐ Botina de segurança	☐ Bota de PVC	☐ Máscara respiratória	☐ Perneira de raspa	☐ Protetor facial
☐ Óculos de segurança	☐ Cinto de segurança	☐ Avental	☐ Respirador autônomo	☐ Luva de PVC ou hexanol
☐ Luvas de vaqueta	☐ Máscara autônoma	☐ Creme protetor	☐ Protetor auricular	☐ Outros (especificar) ____________

AÇÕES GERAIS

☐ APR para a atividade está disponível	☐ Equipamentos de combate a incêndio posicionados	☐ Ventilação / exaustão
☐ Bloqueio e etiquetagem concluídos	☐ Procedimentos/ desenhos consultados	☐ Iluminação local adequada
☐ Ferramentas / equipamentos inspecionados	☐ Proteção de aberturas pisos / laterais	☐ Trabalho no mínimo em dupla quando necessário
☐ Limpeza / desobstrução	☐ Supervisão da área notificada	☐ Dispor de pessoa de stand - by
☐ Condições meteorológicas favoráveis	☐ Sinalização/isolamento instalados	☐ Outro____________________

OUTRAS MEDIDAS DE CONTROLE NECESSÁRIAS

ASSINATURA DA CONTRATADA

"Declaro que todas as exigências descritas nesta Permissão para Trabalhos Povisórios (PTP) serão atendidas, e que é seguro iniciar e realizar o trabalho especificado".

APROVAÇÃO **SUPERVISOR RESPONSÁVEL:** ______________________

LOCAL: ______________ DATA: ____/____/____ HORÁRIO: ____:____

VERIFICAÇÃO **SSMA:** ______________________

LOCAL: ______________ DATA: ____/____/____ HORÁRIO: ____:____

ASSINATURAS DA BHG

APROVAÇÃO **ENGENHEIRO RESPONSÁVEL:** ______________________

LOCAL: ______________ DATA: ____/____/____ HORÁRIO: ____:____

VERIFICAÇÃO **SESMT:** ______________________

LOCAL: ______________ DATA: ____/____/____ HORÁRIO: ____:____

ASSINATURAS DAS PESSOAS QUE EXECUTARÃO O TRABALHO

"Declaro que fui informado sobre todos os riscos associados às atividades acima descritas, bem como de todas as exigências associadas à execução segura das mesmas, assumindo o compromisso de cumprir todas as orientações de segurança contidas neste documento. Declaro que estou ciente que nenhuma atividade que não esteja acima relacionada poderá ser executada sem emissão de outra PTP".

NOME	ASSINATURA	NOME		ASSINATURA

CHECK LIST DE ENCERRAMENTO

☐ Outras áreas / equipes informadas sobre o término da atividade	☐ Isolamento e sinalização removidas
☐ Equipamento / instalação inspecionada	☐ Área desobstruída
☐ Proteções recolocadas	☐ Área limpa e organizada
☐ Energias religadas	☐ Resíduos acondicionados e identificados
☐ Equipamemtos e instalações testadas	☐ Outros ______________________

ASSINATURAS DE ENCERRAMENTO

APROVAÇÃO **SUPERVISOR RESPONSÁVEL:** ______________________

LOCAL: ______________ DATA: ____/____/____ HORÁRIO: ____:____

Figura 102 – Permissão para trabalhos provisórios.
Fonte: adaptado de Polito (2015).

É preciso estar atento à salubridade dos ambientes de trabalho. Questões como ruído, poeira, gases, nível de oxigênio, temperatura e umidade devem ser avaliados e mitigados quando oferecerem risco aos trabalhadores. Medidas simples como coletores de poeira, exaustores, ventiladores, umidificadores e cabines acústicas podem ajudar muito.

3.10.3 Monitorar e controlar a saúde e segurança

Um dos grandes desafios da segurança do trabalho é controlar as mudanças que afetam sua gestão. Mudanças de pessoal, de produtos, de processos, de procedimentos de trabalho, de design, de legislação e, principalmente, do ambiente de trabalho afetam as condições de riscos e podem exigir novas medidas de controle. O canteiro de obra muda diariamente. Os riscos mudam de lugar, de intensidade e de tipo em poucas horas. Por exemplo, durante a execução dos blocos de fundação de uma edificação existem riscos de soterramento e queda de nível que devem ser controlados; na medida em que a estrutura começa a subir, os riscos passam a ser de queda em altura e queda de materiais. Onde antes havia um buraco, pode existir um obstáculo e onde não havia nenhum risco pode surgir algum. As mudanças devem ter seus impactos avaliados, e as medidas necessárias de controle dos novos riscos implantadas.

Também é preciso monitorar o comportamento dos trabalhadores, de forma a coibir atos inseguros que venham a causar acidentes. Atos inseguros podem ocorrer por desconhecimento dos perigos, por subestimação dos riscos, por desconfiar da utilidade das medidas de controle, por indisciplina ou, simplesmente, de forma intencional. Dos atos inseguros, a recusa de uso do EPI é o mais comum. Qualquer que seja o motivo, cultural ou comportamental, ele precisa ser coibido de forma enérgica.

Uma das ferramentas mais importantes para o desenvolvimento e a melhoria contínua dos sistemas de gestão de segurança do trabalho são as investigações dos acidentes ou incidentes ocorridos. É o processo equivalente a uma ação corretiva do sistema de gestão da qualidade. As investigações devem ser efetivas, levantando dados, estabelecendo nexo entre causa e feito e facilitando a proposição de medidas de controle para evitar sua reincidência. Existe uma forte tendência de associar as causas às pessoas, responsabilizando as vítimas, acusando-as de negligência ou imprudência. Esse fato prejudica a investigação e a proposição de medidas que efetivamente impeçam novos acidentes. Os métodos de investigação podem ser os mais variados. Importa menos o método do que a afetividade das análises. Deve-se evitar que se torne mera formalidade técnica e legal, pois investigações superficiais ou de fachada impedem a correta definição dos problemas e, consequentemente, sua eliminação através de medidas de controle adequadas.

Valiosas informações podem ser obtidas dos processos de inspeção e dos programas de identificação de riscos para a melhoria do sistema de gestão. Também é preciso acompanhar persistentemente a eficiência das medidas de controle implantadas, verificando se estão produzindo os resultados desejados. O monitoramento reativo da segurança do trabalho, através de indicadores de desempenho como SPT (acidentes sem perda de tempo), CPT (acidentes com perda de tempo) e taxa de gravidade, tem como objetivo retroalimentar o planejamento da segurança de forma a evitar a reincidência dos acidentes (Figura 103).

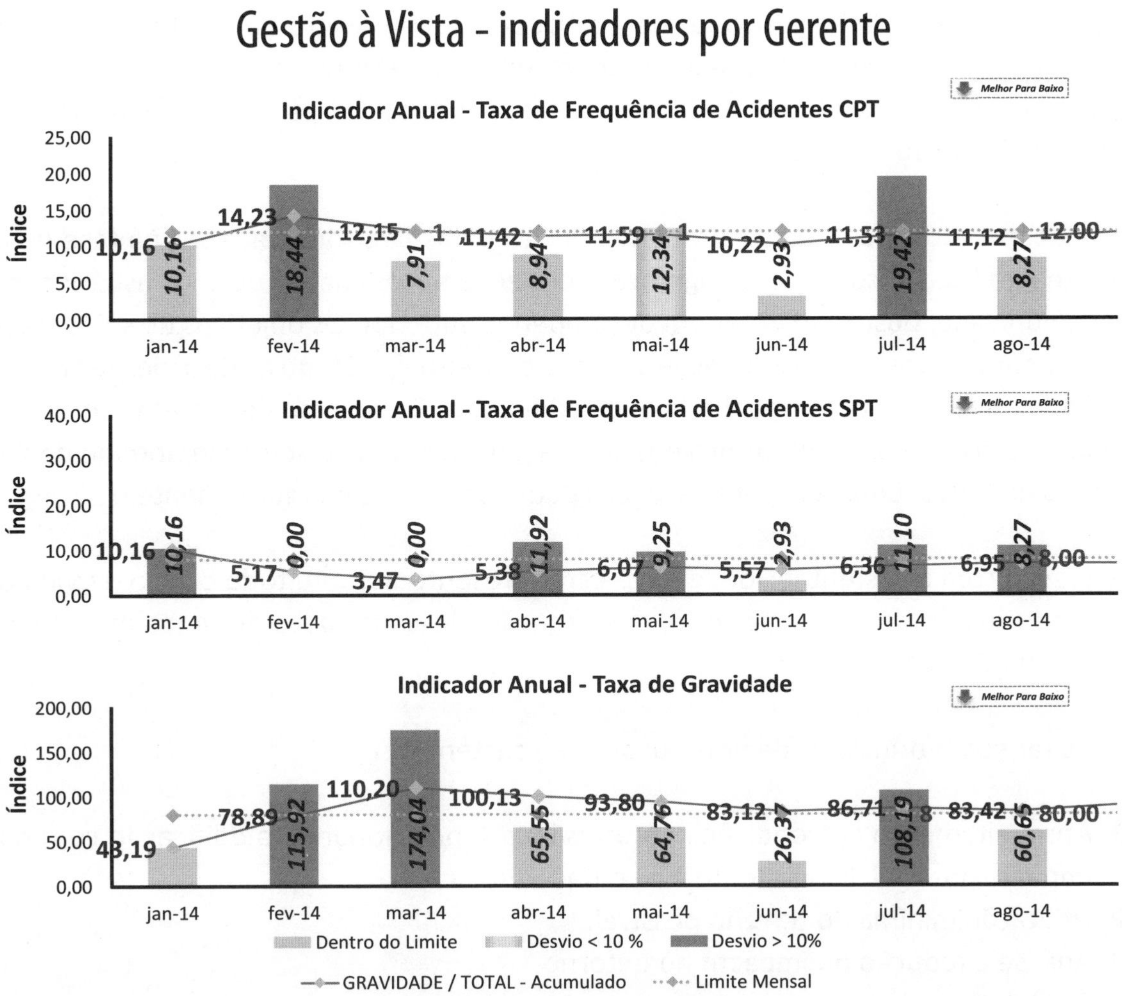

Figura 103 – Exemplo de apuração de indicadores reativos de desempenho de segurança do trabalho. Fonte: adaptado de Polito (2015).

3.11 Gerenciamento do meio ambiente do projeto

Uma edificação é sabidamente uma grande geradora de impactos ambientais, seja durante sua fase de construção, seja durante sua fase de operação, tanto pelos recursos naturais e energéticos consumidos quanto pelos resíduos, emissões e efluentes que produz. Um desempenho ambiental apropriado pode ser tanto uma exigência legal quanto um requisito de partes interessadas, como acionista, cliente, operador, vizinhança, entre outras.

O caminho para um desenvolvimento sustentável passa inevitavelmente por uma revisão em nossa forma de enxergar os projetos de construção. O design deve incluir práticas sustentáveis e buscar integrar os aspectos econômicos, sociais e ambientais com o objetivo de preservar recursos segundo os limites do planeta. Trata-se de atender às necessidades da geração atual sem comprometer a capacidade das gerações futuras de atender às suas próprias necessidades. Incorporar práticas de sustentabilidade na construção é um caminho sem volta e demandará mudanças significativas na forma de conceber, projetar, construir e operar nossos edifícios. Os princípios básicos de uma construção sustentável estão ligados à sua qualidade ambiental interna e externa; à redução do seu consumo de energia e água; à reciclagem, reutilização e redução na geração de resíduos; à análise do entorno e aproveitamento das condições naturais locais; à inovação e às boas práticas de gestão ambiental da construção.

A maioria desses atributos está diretamente associada às decisões tomadas na fase de design. Projetar uma edificação sustentável significa atender às necessidades de seus usuários, proprietários e comunidade, buscando obter um desempenho superior. Os objetivos de sustentabilidade devem ser incorporados ao projeto desde sua fase conceitual, quando as decisões têm maior probabilidade de impactar o desempenho final da edificação. O processo de projetar uma edificação envolve muitas disciplinas e muitos projetistas, e a maximização do seu desempenho depende da colaboração de todos, uma vez que as especialidades se impactam mutuamente.

A preocupação com a sustentabilidade deve estar presente durante todo o ciclo de vida do projeto, incluindo sua construção, operação, manutenção, desconstrução ou requalificação, quando se encerrar sua vida útil.

Podemos citar como princípios de uma construção sustentável:

- Aproveitamento de condições naturais locais, posicionando a edificação com o menor impacto possível. Estar atento à orientação solar.
- Utilização mínima do terreno possível.
- Análise e redução do impacto no entorno.
- Qualidade ambiental interna e externa.
- Gestão sustentável do canteiro.
- Adaptar-se às necessidades atuais e futuras dos usuários,
- Utilização de matérias-primas adequadas e produtos que não agridam o meio ambiente.
- Redução do consumo energético, projetando para uma maior eficiência energética.
- Buscar o uso de energias renováveis.
- Redução do consumo de recursos naturais.
- Redução do consumo de água, projetando para um uso eficiente.
- Buscar a viabilidade de água de chuva e cinza.
- Reduzir a necessidade de transporte.
- Projetar para usos futuros.
- Redução, reutilização, reciclagem e disposição correta dos resíduos sólidos.
- Introdução da inovação, com o objetivo de alinhar ganhos sociais, econômicos e ambientais.
- Conscientização e educação dos envolvidos.
- Eliminação da informalidade e ilegalidade.
- Busca contínua por redução do desperdício, aumento da durabilidade e aumento da produtividade.
- Evitar potenciais riscos à saúde.
- Boas práticas de gestão de resíduos e canteiros sustentáveis.

Existem vários sistemas que se propõem a avaliar as práticas sustentáveis em projetos de construção. Os mais utilizados no Brasil são o LEED (*Leadership in Energy and Environmental Design*), representado no Brasil pelo GBC, e o AQUA (Alta Qualidade Ambiental), coordenado pela Fundação Vanzolini, ambos de certificação voluntária. As certificações, de uma forma geral, premiam a adoção de melhores práticas sustentáveis de design e construção para um projeto.

Do ponto de vista do gerenciamento de projetos, é importante estar atento para o fato de que a adoção de uma certificação ambiental para uma edificação introduzirá inúmeros requisitos e restrições que deverão ser atendidos durante o desenvolvimento do design e durante a fase de construção. É preciso avaliar os impactos de cada requisito em todas as áreas de conhecimento como custo, prazo, qualidade etc. A gestão desses requisitos é abordada em mais detalhes no item 3.1 – Gerenciamento do escopo do projeto.

A certificação LEED é estruturada em sete dimensões de avaliação. São elas:

- **Espaço sustentável** – Incentiva a redução do impacto ambiental durante a implantação da edificação.
- **Eficiência no uso da água** – Incentiva o uso racional da água e alternativas de reúso.
- **Energia e atmosfera** – Incentiva a eficiência energética (simulação, comissionamento, eficiência).
- **Materiais e recursos** – Incentiva uso de materiais de baixo impacto ambiental (reciclagem, regionais, reúso), redução da geração de resíduos, descarte consciente.
- **Qualidade ambiental interna** – A qualidade do ambiente interno está relacionada ao conforto ambiental da edificação, no tocante ao seu comportamento acústico, térmico, luminotécnico e de qualidade do ar, buscando sempre a ventilação e iluminação naturais. Tudo diretamente associado à qualidade do design, às especificações técnicas e à escolha dos materiais, métodos e tecnologias mais adequados.
- **Inovação e processos** – Incentiva a inovação no design ou nos processos como forma de melhorar o desempenho sustentável da edificação.
- **Créditos de prioridade regional** – Incentiva o atendimento às prioridades locais, conforme diferenças ambientais, sociais e econômicas de cada região.

Todas as dimensões possuem requisitos obrigatórios e recomendações que, quando atendidas, pontuam a favor da edificação.

O atendimento aos padrões LEED levam a edificação a atingir altos níveis de desempenho, garantindo bom ambiente ao usuário e reduzindo o impacto ambiental de sua construção e futura operação. Dentre os benefícios do atendimento aos padrões LEED, podemos citar a redução dos custos operacionais da edificação, a valorização do imóvel para venda ou locação, o aumento da satisfação e produtividade dos usuários, a redução no consumo de recursos naturais, água e energia, e a redução do impacto ambiental durante o ciclo de vida da edificação.

A certificação AQUA é um processo adaptado à realidade brasileira e é estruturada em 14 categorias e quatro temas:

- **Meio ambiente**
  - Categoria nº 1: relação do edifício com seu entorno.
  - Categoria nº 2: escolha integrada de produtos, sistemas e processos construtivos.
  - Categoria nº 3: canteiro de obra com baixo impacto ambiental.
  - Categoria nº 6: gestão dos resíduos de uso e operação do edifício.
- **Energias e economias**
  - Categoria nº 4: gestão da energia.
  - Categoria nº 5: gestão da água.
  - Categoria nº 7: manutenção – permanência do desempenho ambiental.
- **Conforto**
  - Categoria nº 8: conforto higrotérmico.
  - Categoria nº 9: conforto acústico.
  - Categoria nº 10: conforto visual.
  - Categoria nº 11: conforto olfativo.
- **Saúde e segurança**
  - Categoria nº 12: qualidade dos espaços.
  - Categoria nº 13: qualidade sanitária do ar.
  - Categoria nº 14: qualidade sanitária da água.

O processo AQUA permite avaliar o desempenho do sistema de gestão do projeto (SGE) e a qualidade ambiental do edifício (QAE).

Em ambas as certificações é fácil perceber que a maior parte do desempenho sustentável de uma edificação, durante o seu ciclo de vida, está associada à qualidade da sua concepção e design. Abordaremos em maior profundidade neste item as questões relacionadas à gestão ambiental do canteiro e seus impactos ambientais (consumo de recursos naturais e geração de resíduos, efluentes e emissões), enquanto os processos de desenvolvimento do design serão abordados com maior profundidade no capítulo 4 – Gerenciamento do design.

3.11.1 Edificações sustentáveis

O desenvolvimento de edificações sustentáveis é um processo integrado que visa reduzir os impactos ambientais e melhorar continuamente seu desempenho durante seu ciclo de vida, desde a extração da matéria-prima até sua demolição. Sendo assim, nem todos os benefícios serão sentidos no curto prazo, ou seja, alguns somente poderão ser percebidos muitos anos após sua construção. É preciso pensar de forma global, abrangendo toda a sua existência, e não simplesmente deslocar os males de uma fase do ciclo de vida para outra fase menos evidente.

Cada fase do ciclo de vida de uma edificação apresenta seus impactos ambientais específicos. Na fase de construção, a maior parte dos impactos ambientais está associada ao consumo de materiais (incluindo o consumo de energia e recursos utilizados na sua fabricação, transporte etc.), à geração de resíduos, emissões e efluentes e aos impactos na região (trânsito, ruído etc.). Na fase de operação, os principais impactos ambientais estão relacionados ao consumo de energia e água, às condições ambientais locais e aos impactos na região. Na fase final de vida útil, os principais impactos estão relacionados à facilidade em se destinar a edificação a um outro uso, sua recuperação e, se demolido, ao reaproveitamento, à reciclagem ou à destinação final dos resíduos. É preciso ter em mente todo o ciclo nos momentos de tomada de decisão. As decisões precisam equilibrar vários aspectos ambientais, bem como questões de desempenho técnico, qualidade, estética, custo, entre outras.

A busca pela sustentabilidade da edificação deve ser iniciada o mais cedo possível no desenvolvimento do design, preferencialmente na fase de concepção do produto, quando há as maiores e melhores oportunidades de melhoria do desempenho ambiental e de redução dos impactos ambientais que estarão presentes.

A qualidade do design, do ponto de vista da sustentabilidade, é percebida pelo atendimento das necessidades dos usuários de forma economicamente viável, reduzindo ao máximo os impactos ambientais. Deve-se buscar garantir o conforto dos usuários através do alinhamento das variáveis do clima (radiação solar, vento dominante, umidade e temperatura), da arquitetura (forma, função, materiais e acabamentos) e das necessidades humanas. Busca-se a utilização da melhor ventilação natural, a otimização da iluminação natural de forma a melhorar o conforto visual, o melhor uso de insolação, a redução do consumo de energia etc.

É preciso integrar a edificação com seu entorno, buscando reduzir ao máximo os impactos negativos da construção. Para isso, é necessário analisar o terreno e avaliar as condições da vizinhança como: nível de ruído, circulação de veículos, dificuldade de estacionamento, hábitos dos vizinhos, presença de riscos como redes elétricas, contaminação do terreno, fornecedores locais de materiais e serviços etc.

A busca por um desempenho superior da edificação passa, necessariamente, por uma abordagem multifuncional e multiespecialista de todos os sistemas, envolvendo grande parte da cadeia de valor, incluindo fabricantes, projetistas das diversas especialidades, usuários, prestadores de serviço, entre outros. Isso porque a edificação funciona como um sistema, e cada uma de suas partes impacta as demais. Por exemplo, a escolha do tipo de vidro a ser utilizado na fachada, ou o tamanho da área envidraçada, impacta diretamente o dimensionamento e a performance do sistema de ar-condicionado, iluminação, instalações elétricas e automação. Outro exemplo: a escolha das tipologias das paredes, bem como de seus revestimentos, impacta diretamente no comportamento acústico de cada ambiente. Em outras palavras, essas escolhas devem ser tomadas levando-se em conta os impactos de cada uma nas demais disciplinas. Só assim será possível tomar partido das sinergias que podem surgir entre os sistemas, onde as escolhas de uma disciplina potencializam e melhoram a performance de outros sistemas.

A escolha dos métodos construtivos também tem impacto direto na sustentabilidade de uma edificação. A utilização, por exemplo, do sistema *drywall* em paredes internas apresenta adequado desempenho acústico e térmico, reduz a geração de resíduos, a utilização de água e o consumo energia, além de permitir que o edifício seja futuramente modificado ou adaptado com maior facilidade para atender às necessidades dos moradores.

3.11.1.1 Gestão da água

Durante a concepção do design, deve-se buscar a eficiência do uso da água em todo o ciclo de vida da edificação. Esta se obtém através do uso racional e eficiente, da redução do desperdício, da reciclagem e do reúso.

O uso eficiente passa pela otimização do traçado das tubulações, da setorização do consumo, com vazão e pressão apropriadas aos diversos pontos de consumo, da especificação de sistemas com baixo custo de manutenção e alta durabilidade, da utilização de dispositivos economizadores (restritores de vazão, bacias sanitárias de volume reduzido, arejadores), utilização de sistemas que propiciem facilidade para a detecção de vazamentos etc. A medição individualizada também torna justa a cobrança e contribui para a redução do consumo e desperdício e facilita a identificação de vazamentos.

O aproveitamento de água de chuva demanda planejamento para sua captação, transporte, tratamento, armazenamento e distribuição de forma a permitir o seu uso adequado. Esses mecanismos devem ser dimensionados em função do consumo e do regime de chuvas da região. É preciso garantir que a água de chuva seja utilizada somente para os usos para os quais ela é adequada. Para isso, é preciso utilizar reservatórios independentes, sistemas de recalque e pressurização próprios e torneiras exclusivas e identificadas como água não potável. O processo de tratamento exige filtros e separadores de sólidos e demanda manutenção e acompanhamento contínuo para se garantir o atendimento aos requisitos mínimos. O reaproveitamento de água de chuva possibilita a redução do consumo de água potável e a redução de custos operacionais, além de contribuir com o controle do excesso de escoamento superficial e enchentes urbanas.

O reúso das águas residuais de chuveiros, lavatórios, tanques e máquinas de lavar roupa (chamadas de água cinza) também demanda instalações específicas para sua coleta, tratamento e armazenamento adequados, distribuição individualizada e qualidade controlada. Entretanto, sua utilização se limita a descargas de banheiros, irrigação de jardins e outras finalidades que não coloquem em risco a saúde das pessoas. Os principais benefícios são a redução no consumo de água potável, a redução dos custos operacionais e de efluentes lançados para tratamento.

3.11.1.2 Gestão do uso de energia

A redução do consumo de energia de uma edificação durante sua vida útil passa necessariamente pela concepção e pelo desenvolvimento das soluções de engenharia. Ela pode ser obtida priorizando a iluminação natural no projeto, utilizando cores claras para pisos e paredes, adotando sistemas e equipamento mais eficientes, especificando lâmpadas de baixo consumo e alta durabilidade, adotando fontes de energia alternativas, como aquecedores solares ou células fotoelétricas, utilizando sistemas de automação que promovam o funcionamento inteligente da edificação, setorizando adequadamente os circuitos, dimensionando corretamente os condutores para reduzir perdas e promovendo a integração e sinergia entre sistemas, como, por exemplo, aproveitando o calor liberado por condensadores de equipamentos de refrigeração para o aquecimento da água.

3.11.1.3 Consumo de recursos e geração de resíduos

O consumo de recursos e a geração de resíduos são assuntos estreitamente relacionados e, por isso, devem ser analisados conjuntamente. Ambos são extremamente influenciados pela qualidade das decisões tomadas durante o desenvolvimento do design. Por exemplo, o respeito à modularidade dos materiais reduz a necessidade de corte e, portanto, diminui a geração de resíduos e os impactos ambientais da atividade.

A busca pela sustentabilidade também influencia na escolha dos sistemas construtivos, priorizando tecnologias com menor impacto ambiental, ou seja:

- que não gerem resíduos perigosos;
- com baixo custo de destinação;
- que reduzam o consumo de recursos naturais e energia;
- passíveis de reutilização sem a necessidade de transformação;
- de origem reciclada;
- com possibilidade de reciclagem e reintrodução no ciclo produtivo;
- de origem certificada;
- com baixa emissão de CO_2;
- de baixo VOC, ou seja, que não emitam compostos orgânicos voláteis;
- que não contenham amianto;
- preferencialmente locais ou de regiões próximas;
- de fácil reposição e manutenção.

Diante do exposto, é fácil concluir que o gerenciamento ambiental de uma construção está relacionado com todo o ciclo de vida do projeto, desde a sua concepção, projetos, construção, operação e desconstrução, e possui interface com quase todas as disciplinas do gerenciamento do produto, do projeto e da produção. Cabe ressaltar que o gerenciamento ambiental do canteiro possui especial sinergia, sobreposição e complementaridade com o gerenciamento da segurança do trabalho, sendo ambos, muitas vezes, tratados conjuntamente nos projetos. A integração é tanta que é difícil diferenciar a atuação da segurança do trabalho e do meio ambiente. Nesse caso, um critério que pode ser utilizado para distinção é que a segurança do trabalho aborda os aspectos que afetam as pessoas dentro do ambiente do projeto, enquanto o meio ambiente aborda os aspectos que afetam os recursos naturais dentro e fora do projeto e a comunidade ao redor.

Tal qual o gerenciamento da segurança do trabalho, é preciso que o gerenciamento ambiental seja visto como parte integrante do negócio e indissociável do processo produtivo, ou seja, não existe produção se não houver respeito ao meio ambiente durante a execução e operação da edificação. O sistema de gerenciamento do meio ambiente deve ser todo interligado ao sistema produtivo e compatível com a operação.

Em outras palavras, podemos dizer que é preciso projetar, construir e operar a edificação com vistas ao conceito mais amplo de sustentabilidade, ou seja, socialmente desejável, economicamente viável e ecologicamente sustentável.

3.11.2 Planejar o gerenciamento do meio ambiente

Um desempenho ambiental superior na fase de construção contribui para a redução do custo da obra, a melhoria da organização e o controle da produção; reduz o desperdício e a geração de resíduos; e também a incidência e a gravidade dos acidentes do trabalho. Com isso, também contribui para a redução de passivos ambientais, multas, paralisações, ações judiciais, acidentes ambientais, embargos e danos à imagem da empresa. Já um design bem elaborado contribui para a redução dos impactos ambientais, tanto durante a fase de construção quanto na fase de operação da edificação. Esta última é a responsável pela maior parcela dos recursos consumidos e resíduos gerados durante o ciclo de vida da edificação.

O primeiro passo para se planejar o gerenciamento do meio ambiente de uma construção é identificar, de maneira ampla, os aspectos e os respectivos impactos ambientais associados a cada uma das atividades que serão realizadas, tanto daquelas que estão sob o seu controle direto quanto daquelas externas ao projeto, que podem ser influenciadas.

Podemos definir aspecto ambiental como todo elemento que pode interagir com a natureza e causar alguma alteração. Quanto mais significativo o aspecto, mais importante será a modificação causada. Já os impactos ambientais são as consequências ou os danos causados ao meio ambiente por determinado aspecto. Em outras palavras, podemos dizer que o aspecto é a causa e o impacto é o efeito. Podemos exemplificar como um aspecto ambiental o transporte rodoviário de recursos, tendo como impacto ambiental a poluição do ar.

O levantamento de aspectos e impactos é a espinha dorsal da gestão ambiental, pois é a partir dele que se definem todas as ações que serão tomadas para a redução dos impactos ambientais, tais como: os controles ambientais que serão implantados, o plano de emergência, os treinamentos, as metas que serão estabelecidas, entre outras.

A avaliação deve ser formal e permear todo o ciclo de vida e toda a cadeia produtiva, desde a origem das matérias-primas, beneficiamento, até a aplicação, manutenção, reciclagem e disposição final, conforme estabelecido pela série de normas ISO 14000. É importante não esquecer das atividades de fluxo ou de apoio que muitas vezes não são explicitadas no cronograma, como, por exemplo, transporte, armazenamento, limpeza etc.

Muitos aspectos ambientais podem representar restrições que deverão ser consideradas no planejamento das atividades e sua repercussão nas demais áreas de conhecimento, como a necessidade de remoção de asbesto, a presença de solos contaminados, a utilização de máquinas ruidosas, o consumo excessivo de água, a geração de grandes quantidades de efluentes, a emissão de particulado, entre outros.

Para cada aspecto ambiental devem ser identificados os impactos associados, atuais ou futuros, reais ou potenciais. Para cada aspecto e impacto, é preciso identificar os requisitos legais que devem ser atendidos (Figura 104). Muitos já estão contidos em documentos obrigatórios como Relatório de Controle Ambiental (RCA), o Estudo de Impacto Ambiental (EIA), o Relatório de Impacto Ambiental (RIMA) e o Estudo de Impacto de Vizinhança (EIV), analisados durante o processo de coleta de requisitos no processo de gerenciamento do escopo do projeto (item 3.1).

ANÁLISE DE ALTERNATIVAS CONSTRUTIVAS																	REVISÃO:				
EMPREENDIMENTO:					ÁREA: Central de concreto						DATA: / /						RESPONSÁVEL:				
						CLASSIF. DO IMPACTO C/ CONTROLE						CLASSIF. DO IMPACTO C/ CONTROLE					GERENCIAMENTO / CONTROLES				
PROCESSO	ATIVIDADE	ASPECTO	IMPACTO	(A) Atual / (P) Passado / (F) Futuro	EM QUE PERÍODO DA ATIVIDADE QUE A SITUAÇÃO PODE SE TRANSFORMAR EM RISCO	INCIDÊNCIA	ABRANGÊNCIA	PROBABILIDADE ou FREQUÊNCIA	SEVERIDADE	SIGNIFICÂNCIA	REQUISITO LEGAL ASSOCIADO AO ASPECTO	INCIDÊNCIA	ABRANGÊNCIA	PROBABILIDADE ou FREQUÊNCIA	SEVERIDADE	SIGNIFICÂNCIA	PROCEDIMENTO	PROGRAMAS	MONIT. FÍSICO	MONIT. BIOLÓGICO	CONTROLES

Figura 104 – Exemplo de planilha de análise de aspectos e impactos ambientais. Fonte: adaptado de Polito (2015).

Uma vez identificados os impactos, é preciso classificá-los de forma a direcionar os esforços e recursos disponíveis para os mais relevantes. O processo é similar ao utilizado na gestão da segurança do trabalho (Figura 105). Deve-se avaliar o valor, ou seja, quanto o impacto é significativo, tanto do ponto de vista das partes interessadas quanto dos requisitos legais aplicáveis. Para os impactos mais significativos, deve-se elaborar um plano de ação específico de forma a monitorar o seu atendimento detalhadamente. Já os impactos de menor relevância podem ser tratados através das medidas de controle rotineiras, implementadas juntamente com a realização da atividade.

No processo de análise e definição das medidas de controle sobre os impactos ambientais, é importante o envolvimento das principais partes interessadas na tomada de decisão. Esse envolvimento, apesar de aparentemente arriscado, provoca o comprometimento e pode levar a profundas mudanças positivas na gestão. Dialogar com a comunidade local antes do início das obras sobre os impactos inevitáveis de uma construção e a importância e os benefícios gerados pode poupar muitos problemas durante a construção.

	TABELA DE CLASSIFICAÇÃO			PESO	SEVERIDADE
	3	6	9	3	Severo
	2	4	6	2	Médio
	1	2	3	1	Sem dano
PESO	1	2	3		
Exposição por probabilidade	Uma vez a cada 5 anos	Uma vez a cada 4 anos	Uma vez a cada 2 anos		
Exposição por frequência	Esporádico	Intermitente	Constante		

Significância
Importante
Significante
Desprezível

Figura 105 – Exemplo de critério de avaliação de impactos.
Fonte: adaptado de Polito (2015).

Dentre os impactos ambientais de uma construção, os resíduos sólidos são disparados os mais comuns. É impossível falar de gestão ambiental sem abordar gerenciamento de resíduos, uma vez que, qualquer que seja a sua composição, um resíduo constitui sempre uma forma de degradação ambiental e um risco à saúde.

O gerenciamento dos resíduos sólidos deve priorizar as ações com menor impacto no meio ambiente, nesta ordem: reduzir, reutilizar ou reciclar. Não sendo possível nenhuma das anteriores, garantir sua disposição adequada, não importando sua classificação. O adequado tratamento de um resíduo requer sua identificação, classificação, coleta, triagem, estocagem provisória, transporte e destinação final. Em alguns casos, essa classificação é determinada pela legislação ambiental. No caso de resíduos sólidos da construção, a Política Nacional dos Resíduos Sólidos e a Resolução CONAMA nº 307/2002 estabelecem diretrizes, critérios e procedimentos para cada tipo de resíduo. Esta última classifica os resíduos em quatro tipos, conforme Figura 106. Em casos específicos, utiliza-se como referência técnica a norma ABNT NBR 10004.

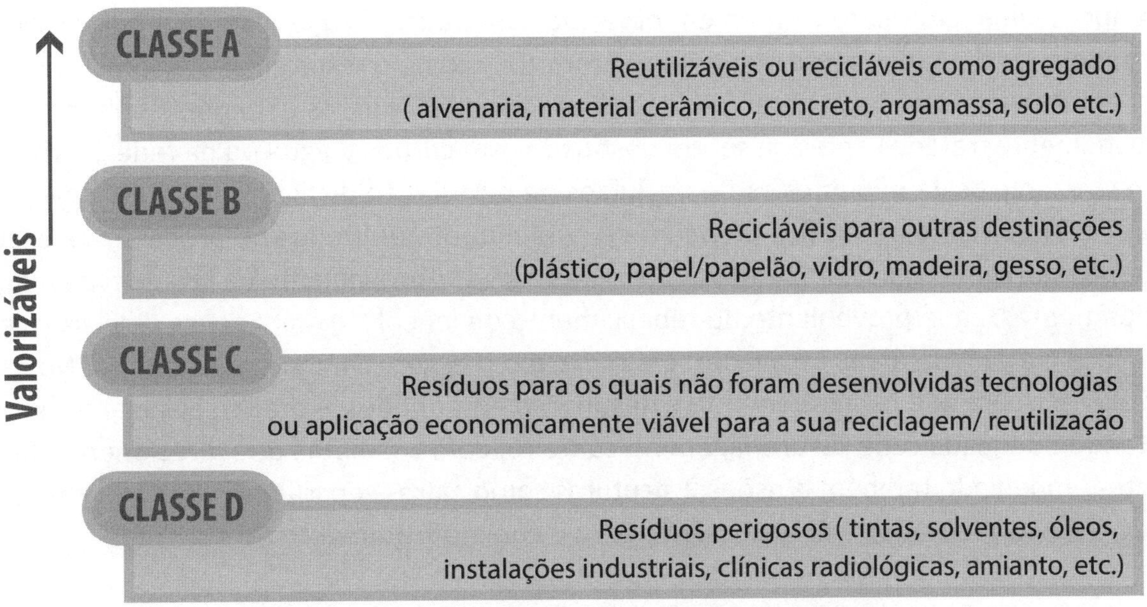

Figura 106 – Classificação de resíduos CONAMA nº 307/2002.
Fonte: ABNT (2017).

A escolha da disposição final dos resíduos é livre, desde que atenda aos requisitos legais. A destinação correta deve levar em consideração a natureza do resíduo, a técnica utilizada, o custo da disposição e a legalidade junto ao órgão ambiental. Alguns tipos de resíduos podem até representar fontes de receita e redução de custo por possuírem valor de mercado, como os recicláveis (sucata de metais como aço, cobre, alumínio, plástico, papel), solo etc.

Um conceito muito importante adotado no direito ambiental relacionado à geração de resíduos é o princípio da responsabilidade contínua do gerador, onde sua obrigação não cessa após a destinação, continuando o mesmo responsável por eventuais danos ambientais. A responsabilidade só cessa com a decomposição ou extinção total do resíduo, que, em muitos casos, pode durar vários anos. Em outras palavras, podemos dizer que, por toda a cadeia de destinação final de um resíduo, que vai desde o armazenamento temporário na obra, transporte, tratamento, disposição final e extinção, a empresa geradora é corresponsável por todas as atividades de seus terceiros. Nessa responsabilidade solidária, é irrelevante o nível de participação de cada agente, sendo todos obrigados a reparar ou indenizar em caso de dano ambiental. É importante frisar também que a responsabilidade independe de culpa, ou seja, mesmo que não haja a intenção de causar o dano, seja por omissão, imprudência, negligência ou imperícia, basta a comprovação de relação de causalidade entre o dano e a ação do causador. Por tudo isso, é muito importante zelar pela qualidade dos fornecedores contratados para o processo de destinação de resíduos, uma vez que quem contrata é corresponsável pelos danos ambientais causados. Entre esses fornecedores estão aqueles que farão o transporte, aqueles que receberão e serão responsáveis pelo tratamento ou pela correta disposição final, inclusive quando a finalidade for reciclagem ou doação. A avaliação deve ser rigorosa, com visitas prévias e periódicas às instalações e a verificação constante da regularidade técnica, legal e ambiental.

Outro tipo de impacto muito comum em obras de construção é a geração de efluentes líquidos. Esses podem ser definidos como poluentes na forma líquida, por estarem dissolvidos, em suspensão ou emulsionados na água. Como no caso dos resíduos sólidos, os efluentes também precisam ser devidamente tratados antes de serem destinados em corpos d'água ou na rede pluvial. Como principais exemplos de efluentes estão os fluidos de perfuração de alguns tipos de estacas, água contaminada por lama betonítica ou polímero estabilizante utilizados no processo de execução de parede diafragma; água contaminada por óleos e graxas proveniente da lavagem de máquinas e equipamentos; água proveniente de rebaixamento de lençol freático; águas pluviais transportando finos e erodindo áreas escavadas; e até mesmo o esgoto sanitário do canteiro. No caso de águas pluviais, para que haja tratamento e destinação apropriados, é preciso planejar a sua coleta, projetando adequada rede de drenagem no canteiro, com canaletas que direcionem o fluxo de efluentes, impedindo também erosões. Estruturas como caixas separadoras de óleo, filtros e tanques de decantação podem ser necessários para o correto tratamento do efluente.

Outro impacto ambiental muito associado às construções são as emissões. Essas podem ser de vários tipos e de variadas fontes. Podem ser gases provenientes de máquinas e equipamentos que utilizam motores a combustão interna, como tratores, grupos geradores, caminhões, empilhadeiras etc. Podem ser provenientes de solventes voláteis utilizados na construção e até mesmo partículas finas carregadas pelo vento. As medidas de controle devem ser planejadas caso a caso. Como exemplos, podemos substituir equipamentos a diesel por equipamentos elétricos, dispor de produtos que utilizam a água como solvente, instalar telas que evitem que o vento leve partículas para a vizinhança ou instalar aspersores de água para reduzir a emissão de material particulado durante os processos de escavação.

Um dos impactos ambientais mais difíceis de se mitigar em construções é o ruído. Ele está associado a quase toda atividade exercida dentro de um canteiro de obra. Pode ser emitido pelo funcionamento de máquinas, equipamentos e ferramentas, pela descarga de materiais, pelo impacto em atividades de demolição e fixação e até mesmo pela concentração de pessoas. Mesmo assim, muitas medidas podem ser tomadas para a sua redução. É preciso conhecer as principais fontes de ruído de cada etapa e atividade, os níveis aceitáveis em cada horário dependendo das características da construção, tais como: tipo de vizinhança (áreas hospitalares, escolas, residências etc.), se existe operação do cliente concomitante com a construção etc. As medidas de controle podem ser a utilização de equipamentos menos ruidosos, a pré-fabricação, a industrialização, a utilização de cabines acústicas para atividades muito impactantes como o corte de pedras e até mesmo a concentração de atividades mais ruidosas em determinados horários (Figura 107).

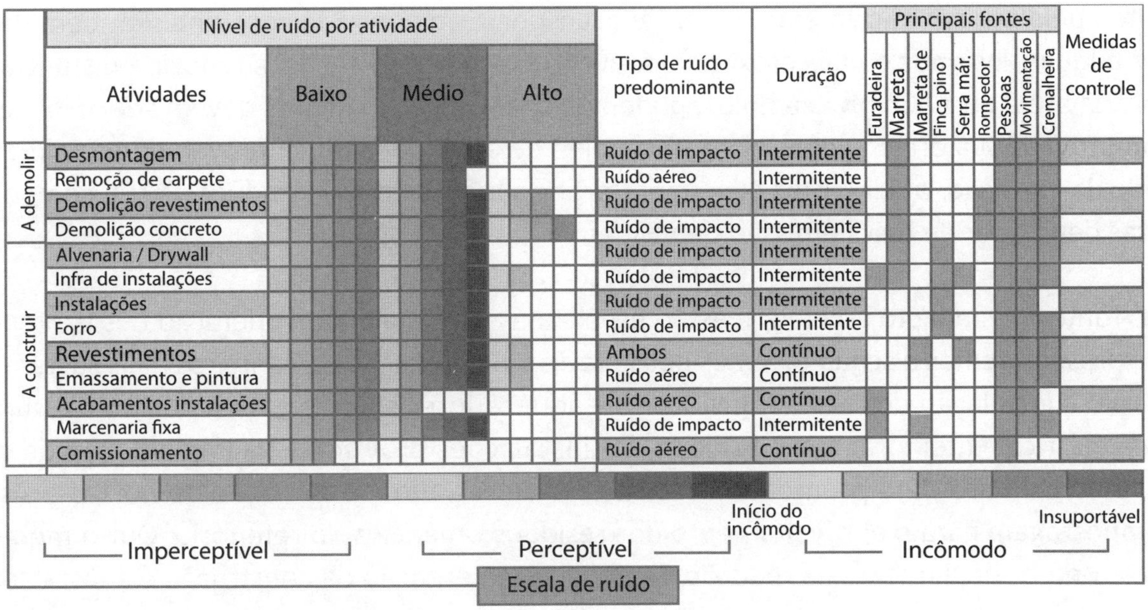

Figura 107 – Exemplo de planejamento de ruído.
Fonte: o autor.

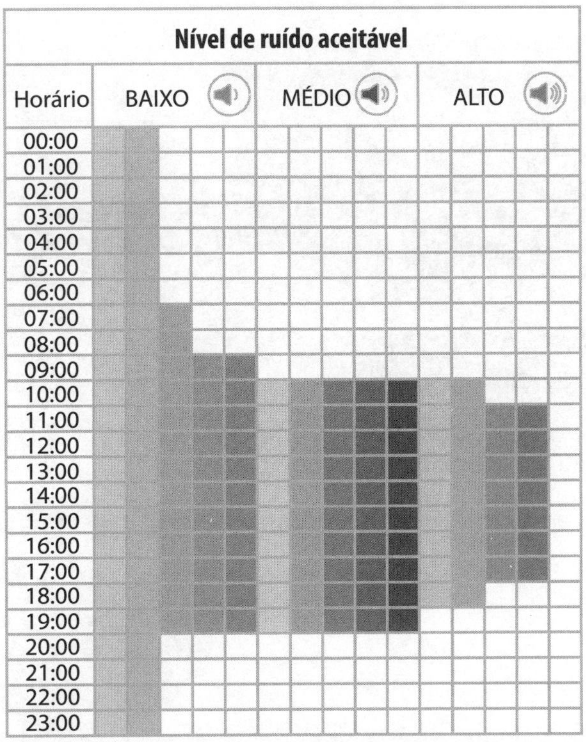

Figura 108 – Exemplo de escala de níveis aceitáveis de ruído por horário.
Fonte: o autor.

Os impactos ambientais também estão associados ao consumo de recursos naturais. É preciso escolher materiais com o menor impacto ambiental possível, otimizar sua utilização e conhecer a sua origem. As matérias-primas devem ter origem certificada, sempre que possível de fonte reciclada. É preciso comprovar o licenciamento ambiental de toda a cadeia, desde a sua extração, passando pelo seu beneficiamento, até o seu transporte ao ponto de consumo. Também deve-se buscar adquirir insumos o mais próximo possível do canteiro de forma a reduzir a distância a ser percorrida até a obra. Como exemplos, podemos citar que as madeiras devem ser certificadas e ter comprovada sua origem legal, os fornecedores de areia devem comprovar a origem e a regularidade da extração, os cimentos devem preferencialmente utilizar resíduos na sua composição, as tintas devem ser de baixa emissão de VOC etc.

Outras fontes de impacto ambiental estão espalhadas no dia a dia da operação nos canteiros de obra. Apresentaremos a seguir algumas boas práticas para criação de canteiros mais sustentáveis. É possível a instalação de telhas translúcidas e aquecedores solares para reduzir o consumo de energia elétrica e melhorar a salubridade das instalações provisórias; a implantação de coleta seletiva no canteiro para promover a reciclagem de resíduos; e a criação de hortas e sistema de compostagem para o aproveitamento dos resíduos orgânicos do refeitório. Outra medida de controle operacional que visa a redução de impacto no entorno da construção é a instalação de sistemas de lava-rodas onde todo veículo que deixa o canteiro tem seus pneus lavados a fim de evitar que sujem as vias públicas. Esse sistema pode trabalhar com captação de água de chuva e sistema fechado de reúso (Figura 109).

Figura 109 – Lava-rodas.
Fonte: Polito (2015).

As oportunidades para a gestão ambiental responsável estão em todos os processos e em todos os espaços de um canteiro de obra. Podemos implantar sistemas de utilização de água de chuva ou até mesmo captar e utilizar para a limpeza a água proveniente da condensação de equipamentos de ar-condicionado (Figura 110).

Figura 110 – Aproveitamento de água de chuva e de água de condensação do ar-condicionado. Fonte: Polito (2015).

Uma parte importante do planejamento do gerenciamento ambiental é a preparação para emergências. Isso pressupõe identificar previamente possíveis situações emergenciais, definir as formas de mitigar seus impactos, prover os recursos necessários e manter a equipe capacitada para agir quando necessário. Podemos citar como exemplos de ações preventivas para emergências a adoção de bacias de contenção em todas as situações em que existe o risco de ocorrência de vazamentos de produtos químicos ou a disponibilização de *kit* de mitigação de vazamento de óleo próximo à operação de equipamentos móveis, como o caso de escavadeiras. Esses *kits* contêm serragem para absorção do vazamento, ferramentas para coleta do resíduo, sacos plásticos e tambores apropriados para seu armazenamento e sinalização para o isolamento da área (Figura 111).

Figura 111 – Bacia de contenção e *kit* de emergência ambiental. Fonte: Polito (2015).

Uma vez analisados e priorizados os impactos ambientais e definidas as medidas de controle adequadas para cada caso, é preciso implementá-las e gerenciá-las.

3.11.3 Realizar o gerenciamento do meio ambiente

Realizar o gerenciamento do meio ambiente é assegurar a disponibilidade dos recursos e a implementação das ações planejadas. Também envolve realizar auditorias estruturadas e independentes para verificar se o sistema de gestão ambiental está implementado de forma efetiva e para garantir que as ações propostas estejam adequadas para atingir os objetivos do projeto.

O processo de realizar o gerenciamento do meio ambiente deve garantir o adequado registro dos incidentes e acidentes ambientais ocorridos, bem como a investigação de suas causas diretas e indiretas. As conclusões devem garantir que ações preventivas e corretivas sejam implementadas para mitigar os danos causados e evitar novas ocorrências futuras.

3.11.4 Monitorar o gerenciamento do meio ambiente

O processo de monitorar o gerenciamento do meio ambiente busca acompanhar o desempenho e a efetividade das medidas de controle implementadas, através da evolução dos indicadores definidos, permitindo a tomada de ações preventivas e corretivas, de forma a mantê-los dentro dos limites preestabelecidos. Quando as medidas de controle forem consideradas insuficientes para garantir o resultado desejado, ações adicionais devem ser implementadas para corrigir os desvios.

Os indicadores e as metas devem ser cuidadosamente escolhidos de forma a orientar a equipe na tomada de decisão e conduzir à melhoria contínua dos processos. Na indústria da construção, os indicadores estão normalmente associados ao consumo de recursos naturais e energéticos; à geração de resíduos, efluentes e emissões; e à ocorrência de incidentes e acidentes.

O monitoramento do consumo de recursos naturais direciona as ações e os esforços de redução do consumo. As ações de melhoria também costumam trazer benefícios indiretos como a redução do desperdício, a redução de custo, a redução de retrabalho e a melhoria da segurança e do ambiente de trabalho.

O monitoramento do consumo de energia elétrica e água cria oportunidades para a implementação de tecnologias para captação de águas de chuva, reaproveitamento de águas de subsolo, reúso de águas cinzas etc. Também traz benefícios indiretos, como a redução de custo e a conscientização e motivação da equipe.

O monitoramento e o controle da geração de resíduos são peças-chave na gestão ambiental da construção. Normalmente, esse controle está associado a condicionantes ambientais que devem ser cumpridas e documentadas. É preciso inventariar a quantidade de resíduos gerados e suas características. É preciso documentar os responsáveis pelo seu transporte e por sua destinação final. Classificar os resíduos gerados em função da fase de obra e das atividades realizadas permite à empresa melhor entender as fontes de geração e a implementar medidas de redução futuras.

Outro processo de fundamental importância no gerenciamento ambiental das construções é o controle da documentação. É preciso manter detalhado controle sobre toda a documentação de comprovação da regularidade legal junto aos órgãos ambientais. Essas são, principalmente, referentes às empresas fornecedoras de matérias-primas e às empresas transportadoras e receptoras de resíduos. Isso porque todas são corresponsáveis no caso de passivos ambientais.

3.12 Gerenciamento da integração do projeto

O gerenciamento da integração do projeto é abordado pelo *PMBOK® Guide* e pela maioria das publicações como a primeira área de conhecimento. Entretanto, entendo que sua compreensão é facilitada após entendimento e assimilação das demais áreas de conhecimento. Sendo assim, optamos por abordá-la por último.

O gerenciamento da integração é o processo responsável por conciliar e equilibrar todas as áreas de conhecimento, garantindo a sinergia entre elas, de forma a atingir os objetivos do projeto. Isso demandará muitas vezes alterações na alocação de recursos, no balanceamento de demanda conflitantes, no gerenciamento de impactos mútuos e na definição de prioridades. Ele é a única área de conhecimento de responsabilidade exclusiva do gerente do projeto, sendo ele o responsável por consolidar todas as demais de forma a obter uma visão clara e completa do projeto durante todo o seu ciclo de vida.

3.12.1 Desenvolver o termo de abertura do projeto

O processo de gerenciamento da integração inicia com o desenvolvimento do Termo de Abertura do Projeto. Esse documento autoriza a existência do projeto e atribui ao gerente de projetos a autoridade necessária para conduzi-lo e para aplicar os recursos da organização. Em outras palavras, ele dá ao gerente a autoridade para planejar, executar e controlar o projeto. O termo de abertura contém os principais objetivos do projeto, os requisitos que devem ser atendidos, os fatores críticos para seu sucesso, os principais desafios que serão encontrados, a identificação das principais partes interessadas, a formalização das premissas que deverão ser utilizadas no planejamento, as restrições que limitarão as escolhas da equipe, os principais riscos identificados, o escopo de alto nível, o cronograma macro, o custo alvo e a estratégia para se chegar ao sucesso. O termo de abertura deve garantir o alinhamento do projeto com os objetivos estratégicos da organização e promover um entendimento comum dos papéis e das responsabilidades dos principais envolvidos. O termo de abertura deve ser aprovado pelo patrocinador e pelas principais partes interessadas do projeto (Figura 112).

TERMO DE ABERTURA

Empreendimento: Data:

Patrocinador: Gerente:

DESCRIÇÃO DO EMPREENDIMENTO

PRINCIPAIS OBJETIVOS

Tipo	Objetivo	Meta	Responsável

REQUISITOS TÉCNICOS

FATORES CRÍTICOS DE SUCESSO

DESAFIOS

PRINCIPAIS STAKEHOLDERS

PREMISSAS

RESTRIÇÕES

RISCOS

EAP DE ALTO NÍVEL

CRONOGRAMA MACRO

CUSTO

ESTRATÉGIA

APROVAÇÃO

____________________ Patrocinador

____________________ Gerente

Figura 112 – Exemplo de Termo de Abertura do Projeto.
Fonte: adaptado de Polito (2015).

O principal documento de entrada para a elaboração do Termo de Abertura do Projeto é o *Business Case*, que objetiva justificar a viabilidade do investimento (econômica, ambiental, legal, social), com base em estimativas de prazo, custo, riscos e benefícios associados. Podemos dizer que o *Business Case* busca determinar se os benefícios esperados justificam os riscos. Esse documento contém as primeiras premissas e restrições que serão consideradas durante o planejamento do projeto.

3.12.2 Desenvolver plano de gerenciamento do projeto

Uma vez autorizado o projeto, o gerente inicia, a partir do termo de abertura, a coordenação para a elaboração do plano de gerenciamento do projeto. O plano, na verdade, é construído através da integração e consolidação dos planos desenvolvidos para cada uma das áreas de conhecimento abordadas nos itens anteriores e outras informações necessárias para o gerenciamento do projeto. Dessa forma, o plano é composto pelo plano de gerenciamento do escopo, do cronograma, dos custos, da qualidade, dos recursos, das comunicações, dos riscos, das aquisições, das partes interessadas, da segurança, do meio ambiente e demais documentos. Cada um contribuindo com sua perspectiva para o atingimento dos objetivos do projeto, mas sempre integrados e consistentes. O plano do gerenciamento do projeto deve ser desenvolvido de forma iterativa, progressiva e colaborativa, envolvendo para isso muita informação e intensa comunicação e negociação.

O plano de gerenciamento do projeto deve estabelecer como o projeto será planejado, executado e controlado. Também deve ser capaz de comunicar os objetivos do projeto, as entregas necessárias para atingi-los e o papel e a responsabilidade de cada envolvido.

O plano de gerenciamento do projeto deve ser adequado à complexidade do projeto e ao dinamismo do ambiente em que ele está inserido. Para isso, deve estabelecer três alicerces fundamentais para o sucesso do projeto: a definição clara dos objetivos e metas a serem atingidas, a definição de uma estrutura e governança equilibradas e a definição de uma estratégia adequada.

3.12.2.1 Objetivos e metas

Definir o que é sucesso em um projeto não é uma tarefa fácil. Os objetivos de prazo, custo e qualidade são essenciais, mas não são mais suficientes, pois refletem apenas o resultado de curto prazo, ou seja, a eficiência do projeto, não refletindo os impactos de longo prazo. É preciso adotar uma visão multidimensional de desempenho, inserindo outras perspectivas de sucesso, e decidir como o projeto será julgado no seu encerramento.

O sucesso em um projeto depende muito do ponto de vista em que está sendo analisado. Como cada parte interessada possui requisitos e expectativas diferentes, as avaliações podem variar muito. Por exemplo: um projeto que excedeu o custo previsto, mas que entregou o produto com qualidade acima do esperado, pode levar a uma avaliação excelente por parte do cliente e negativa por parte do acionista da empresa.

Alguns autores propõem que o sucesso de um projeto não seja avaliado somente na dimensão de eficiência (custo, prazo e qualidade), mas também nas dimensões de impacto para o cliente, para a equipe, preparação para o futuro e impactos para a organização. Essa visão permite que o sucesso seja entendido de forma mais ampla.

Cada objetivo precisa ter seus próprios indicadores, também chamados de KPIs, sigla em inglês para *Key Performance Indicator.* Os indicadores, quando analisados de forma integrada, devem fornecer ao gestor um panorama sobre o desempenho do projeto. Cada indicador deve ajudar na tomada de decisão e nos *trade-offs* que o gerente terá de fazer. É preciso compreender também que os vários indicadores não estão isolados. Eles formam uma rede, relacionando-se e reforçando-se mutuamente, sendo, portanto, importante analisá-los de forma sistêmica e não só individualmente.

Cada indicador deve ser acompanhado de uma meta que definirá os critérios de sucesso ou fracasso. A relação de cada meta com seus respectivos objetivos do projeto deve ser evidente. As metas devem levar a empresa a querer ser melhor, a alcançar resultados excepcionais. Uma meta bem colocada move a empresa inteira para um objetivo comum, uma vez que ela alimenta um processo de ação e reação. É importante perceber o poder direcionador das metas. Sem metas, o projeto fica sem direção, pois, para quem não sabe aonde quer chegar, qualquer resultado serve. É um processo dinâmico e contínuo de aprendizagem e de constantes revisões e melhorias.

Como o ciclo de uma construção é muitas vezes longo, também é preciso definir metas intermediárias de forma a aumentar a motivação e o comprometimento da equipe durante a caminhada, aumentando, assim, as chances de sucesso. Essas metas intermediárias podem ser marcos físicos ou gerenciais, etapas, entregas etc.

Embora possam vir a ocorrer conflitos entre duas ou mais metas, sempre que possível estes devem ser evitados. Uma meta de redução de prazo invariavelmente poderá conflitar com uma meta de redução de custo, mas ambas devem ser perseguidas.

A implementação de um sistema de indicadores impacta toda a organização; por isso, a definição das metas deve seguir algumas recomendações básicas: serem específicas, mensuráveis, realistas, precisas, desafiadoras, possuírem prazo determinado, serem práticas, fazerem parte de um ciclo de monitoramento e controle, serem diretas (nada de cálculos complexos), objetivas, adequadas e confiáveis. O sistema de metas deve permitir uma atualização ágil, ser flexível e estar integrado com os sistemas de informação da empresa. Também é preciso atenção com a quantidade de metas estipuladas. Ela não deve sobrecarregar a equipe com informações desnecessárias. Quem tem metas demais não tem nenhuma.

As metas do projeto devem ser desdobradas em todos os níveis de gestão, ou seja, diretores, gerentes, engenheiros, técnicos e encarregados. Todos devem possuir as suas próprias metas. Também é preciso garantir a integridade das informações, ou seja, as metas devem estar alinhadas entre si e com os objetivos do projeto. Se as metas das hierarquias inferiores forem batidas, as dos níveis superiores e as do projeto também o serão, e vice-versa. É preciso estabelecer uma estrutura lógica de causa-efeito de forma a evitar uma visão fragmentada e desalinhada entre os níveis (Figura 113). O sistema de metas também deve estar alinhado com o sistema de recompensa e reconhecimento de cada empregado (Figura 114).

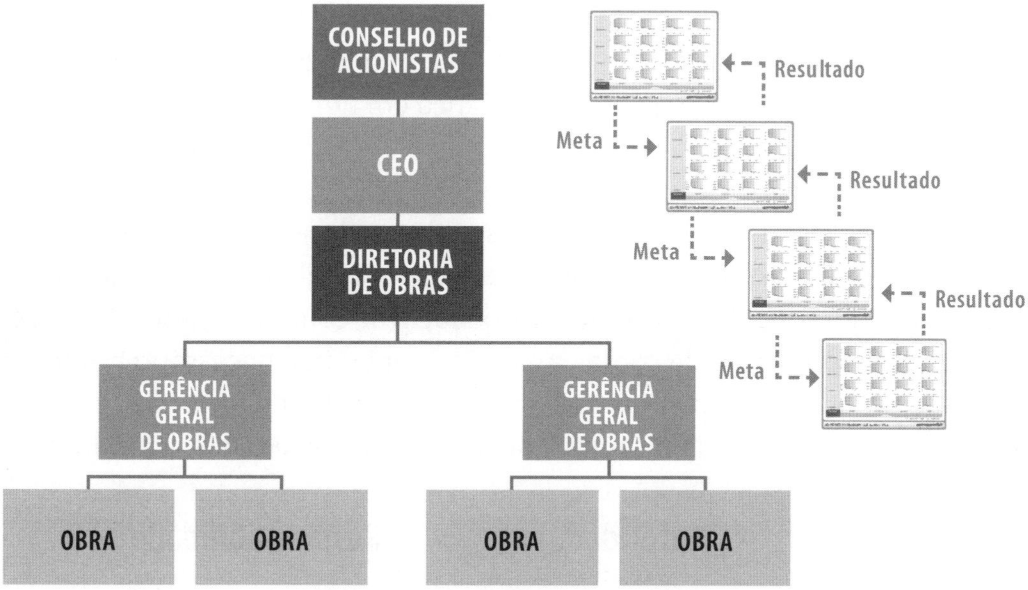

Figura 113 – Desdobramento de metas.
Fonte: adaptado de Polito (2015).

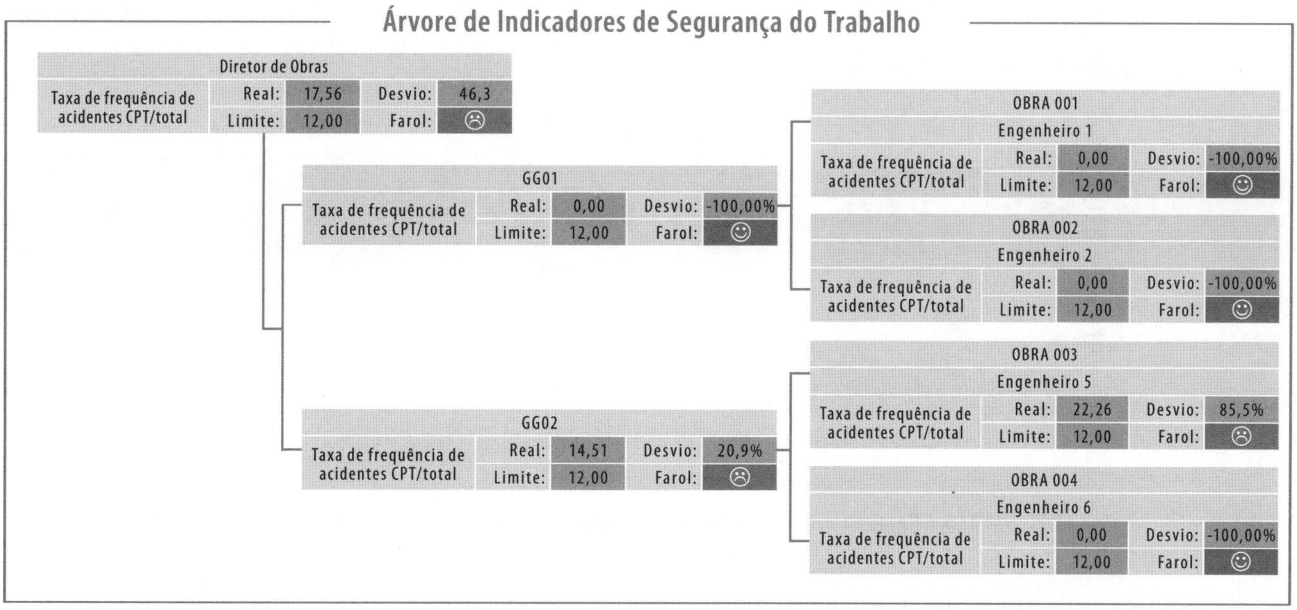

Figura 114 – Exemplo de desdobramento de metas para os vários níveis da organização.
Fonte: adaptado de Polito (2015).

3.12.2.2 Estrutura e governança

A governança pode ser definida como o processo pelo qual um projeto dirige e controla suas atividades e responde às expectativas e aos requisitos de suas partes interessadas, ou seja, é a estrutura de gestão do projeto. A governança deve garantir à equipe do projeto uma estrutura de tomada de decisão adequada, definir os papéis, as responsabilidades, a autoridade de cada gestor, os níveis de coordenação necessários e os processos prioritários, de forma a permitir uma gestão eficaz.

A governança é um elemento essencial em qualquer projeto, principalmente nos mais complexos e arriscados. É específica para cada um e não deve ser confundida com a governança da organização. A responsabilidade de manter uma boa governança em um projeto é normalmente atribuída ao seu patrocinador.

Para que seja eficaz, a governança do projeto deve ser planejada antecipadamente. É preciso existir um equilíbrio entre objetivos e metas, e autoridade e responsabilidade. Autoridade é o poder para tomar decisões, agir e fazer acontecer. Toda autoridade traz consigo responsabilidades e obrigações e a necessidade de prestação de contas a um nível superior. É necessário haver um equilíbrio entre a autoridade atribuída e as responsabilidades. É preciso ter a autoridade adequada sobre os recursos de forma que todos sejam capazes de entregar os resultados acordados (Figura 115).

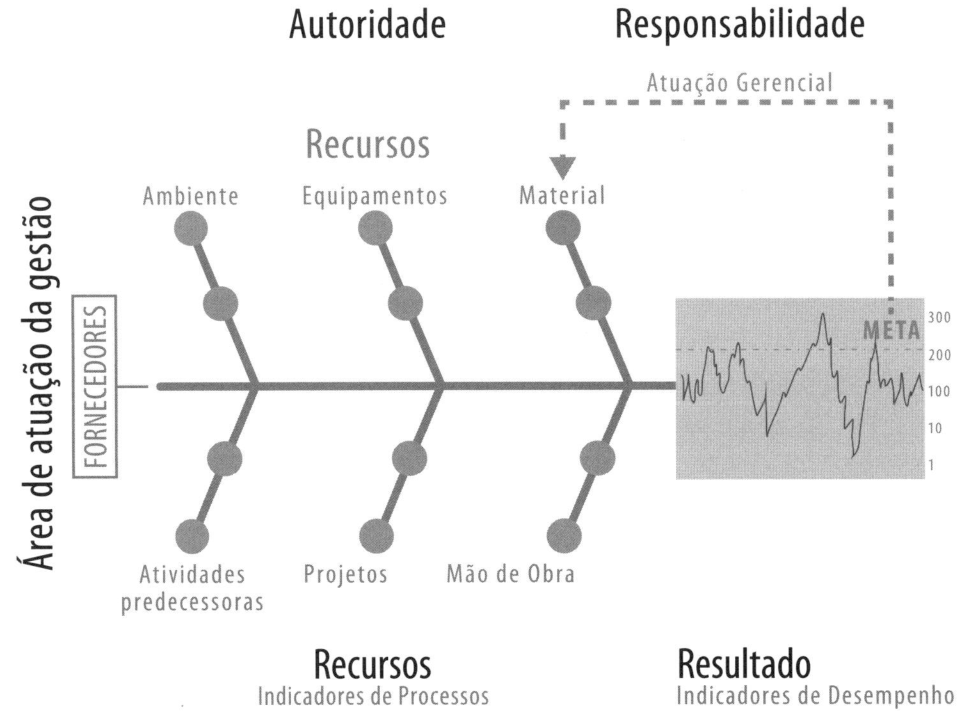

Figura 115 – Relação entre autoridade, responsabilidade, recursos e resultado. Fonte: adaptado de Polito (2015).

A estrutura de tomada de decisão pode, por sua vez, ser centralizada ou descentralizada, ambas com vantagens e desvantagens.

A estrutura de decisão centralizada possui as vantagens de permitir que as decisões sejam tomadas por profissionais mais capacitados e com visão global da empresa. Também traz maior uniformidade e estabilidade, facilitando seu monitoramento e controle. Em contrapartida, apresenta a desvantagem de estar distante da operação e de ser muitas vezes morosa, em virtude do fluxo de comunicação mais longo. Essa morosidade pode levar, seguidamente, à tomada de decisão correta no momento errado, perdendo-se o *timing* da decisão. Em projetos com grande restrição de prazo, pode significar um grande risco adicional.

A estrutura descentralizada, por sua vez, parte da premissa de que a autoridade para a tomada de decisão deve estar o mais próximo possível da operação. Isso possibilita a redução de prazo na escolha de rumo e um aumento da motivação da equipe. Também proporciona escolhas mais alinhadas com o momento, reduzindo a burocracia e desenvolvendo mais as pessoas. As desvantagens são a falta de uniformidade das decisões, o desperdício de recursos, a sobrecarga da equipe de campo e o aumento dos riscos.

A estrutura adotada em um projeto pode ser variável durante seu ciclo de vida, tendo em vista dos desafios inerentes a cada fase. Pode-se, por exemplo, atribuir maior autonomia ao gerente no início do projeto, de forma a facilitar a mobilização dos primeiros recursos, vencendo, assim, mais facilmente a inércia inicial. A partir desse ponto, a autonomia pode ser reduzida e as decisões centralizadas. Estas permitirão decisões mais acertadas e redução do risco. Na reta final do projeto, onde surgem a todo momento demandas urgentes e imprevisíveis, a autonomia do gerente de projetos pode ser reestabelecida de forma a permitir sua rápida reação, com tomadas de decisão alinhadas com o momento, evitando com isso atrasos na sua conclusão.

A adequada estrutura deve atender à necessidade de flexibilidade, além de atribuir a autoridade necessária para a tomada de decisão ao logo do projeto. Diante da incerteza, a velocidade de resposta aumenta com a distribuição de autoridade às pessoas, contrariamente quando se seguem procedimentos rígidos através de uma longa cadeia de decisão. É preciso equilibrar a segurança, a qualidade da decisão e a velocidade de resposta necessária.

É também durante a definição da estrutura que estabelecemos quais processos e ferramentas de gestão são fundamentais ao sucesso do nosso projeto, quais são importantes e contribuirão de alguma forma para a melhoria dos resultados e quais não têm tanta relevância, ou cuja aplicação roubaria recursos e tiraria o foco da gestão, uma vez que não teriam contribuição para o resultado. Em outras palavras, é quando escolhemos a caixa de ferramentas mais adequada aos desafios que iremos enfrentar.

Em suma, podemos dizer que a estrutura ideal, bem como a importância de cada processo, varia de projeto para projeto, em função de suas particularidades. É necessário escolher os processos que agregam mais valor aos objetivos do projeto. Por exemplo, em um caso cujo proprietário tem liberdade de alteração do escopo, o processo de controle de escopo é de fundamental importância; já em projetos com sérios requisitos ambientais, os processos de gestão ambiental são fundamentais. Em outros cujo prazo se apresenta como a principal restrição ou nos quais há grande imprevisibilidade, a velocidade na tomada de decisão é fundamental. Nesse caso, é necessário repensar inclusive o modelo de governança da empresa, buscando levar para mais próximo da operação profissionais que tenham a autonomia de que precisam para tomar as decisões no menor tempo possível.

Um erro comum em projetos de construção é o microgerenciamento por parte de diretores, gerentes e supervisores. Basta que o projeto entre em dificuldades para que todos desçam ao nível operacional (canteiro de obras) para agir nas decisões do dia a dia, buscando reverter seu resultado. Quando isso acontece o projeto fica acéfalo, pois passam todos a pensar e agir no curto prazo, esquecendo-se de seus verdadeiros papéis táticos e estratégicos. Na verdade, é fato que gestores de construção têm muita dificuldade em atuar nos papéis tático e estratégico de um projeto. Normalmente, eles se sentem mais confortáveis estando a par dos detalhes e das minúcias da operação.

Também é importante que seja escolhido o nível adequado de sofisticação dos recursos de gerenciamento a serem aplicados em cada projeto. Não é a utilização de softwares e ferramentas sofisticadas que garantirá o nível adequado de gestão, mas, sim, o uso eficiente das ferramentas e técnicas corretas para as reais necessidades de cada caso.

Qualquer que seja a estrutura adotada pelo projeto, esta deve ser aderente às necessidades dele. A governança deve garantir que o gerenciamento ocorra por exceção, ou seja, que cada nível de gestão tenha a autoridade compatível com suas responsabilidades e que só subam aos níveis superiores problemas que ultrapassem a autoridade e a responsabilidade do nível inferior. Essa prática garante que cada nível faça o seu papel adequadamente de forma a obter o resultado esperado sem sobrecarregar as alçadas superiores com decisões do dia a dia (Figura 116).

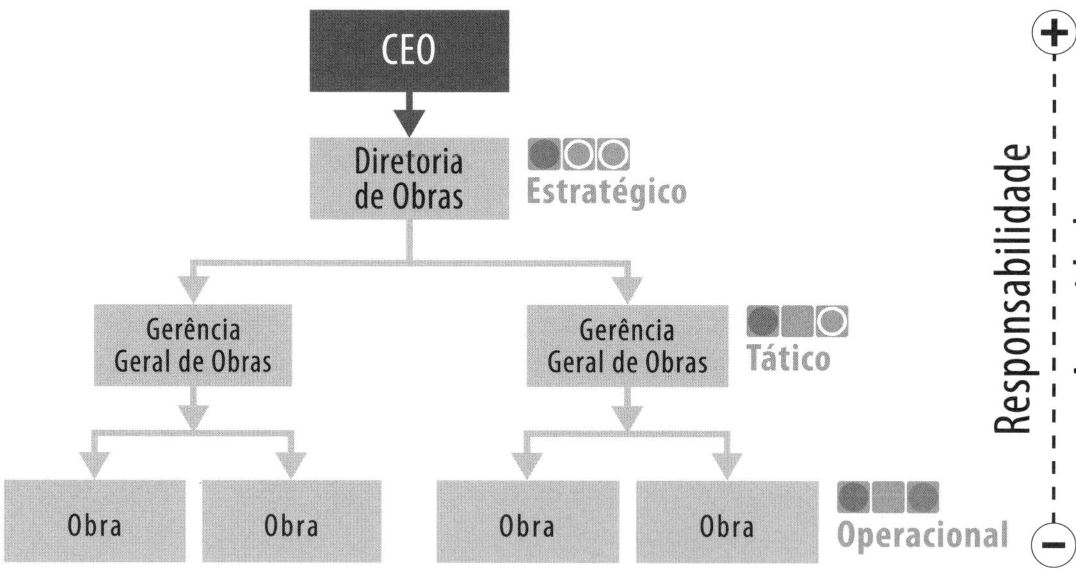

Figura 116 – Gerenciamento por exceção.
Fonte: adaptado de Polito (2015).

3.12.2.3 Estratégia

Como já dissemos anteriormente, existe uma característica de singularidade em cada projeto de construção. Diferentes tipos de projetos necessitam de variadas abordagens gerenciais e diversas técnicas de gestão. É necessário avaliar os desafios de cada projeto e o ambiente em que ele está inserido, de forma a criar uma estratégia eficaz. A estratégia correta pode significar a diferença entre o sucesso e o fracasso de um projeto.

Uma estratégia clara facilita a priorização de atividades, de recursos e da resolução de conflitos, definindo, inclusive, como a equipe reagirá às mudanças que certamente ocorrerão no curso do projeto. Uma vez definida, a estratégia deve ser comunicada reiteradamente a todos os envolvidos e ser cuidadosamente monitorada, de forma a garantir que continue pertinente. Ela deve ser documentada e aprovada formalmente no Termo de Abertura do Projeto.

Um dos principais objetivos da estratégia é definir as diretrizes que nortearão o planejamento do projeto. Estas são orientações que definem o caminho a seguir. São as linhas sobre as quais traçaremos o plano do projeto. Compõem as diretrizes: premissas, restrições, fatores críticos para o sucesso, riscos etc.

Parte do planejamento se baseia em premissas que, por definição, são fatos ou condições que assumimos como verdade para efeito de planejamento (prazo de entrega de fornecedores, disponibilidade de recursos, capacidade da equipe, clima, produtividade etc.), por não termos informações suficientes. Devemos buscar definir premissas que sejam as mais próximas possíveis da realidade, pois, se mal definidas, podem jogar todo o planejamento e o resultado do projeto no lixo. Para toda premissa que assumirmos, um risco será gerado e deverá ser gerenciado durante o projeto. Elas devem ser validadas periodicamente e, caso não se confirmem, os impactos devem ser avaliados e o planejamento refeito. Por exemplo: se assumirmos como premissa que os fornecedores locais terão condições de atender à demanda do projeto, devemos, durante o planejamento e a execução do projeto, confirmar que essa premissa é verdadeira; caso não seja, teremos de mudar a estratégia e buscar fornecedores externos, podendo impactar custos, prazos de contratação etc.

As restrições são quaisquer fatores que limitem as opções do gestor. Nesse caso, não existe a incerteza, ou seja, o projeto deve respeitá-las. Existem restrições internas ou externas, como, por exemplo, condicionantes ambientais, legislações municipais, como horários de carga e descarga, limitações de tráfego de veículos pesados, requisitos técnicos e de desempenho, exigências normativas ou até mesmo os próprios objetivos de prazo, custo, escopo e qualidade do projeto. Essas restrições devem ser consideradas no planejamento do projeto para que este seja realista e factível.

Os fatores críticos de sucesso influenciam fortemente o desempenho do sistema, e fracassar em algum deles pode significar o fracasso do projeto como um todo. São algumas poucas áreas onde não podemos nos dar ao luxo de falhar. Como recursos são limitados, em caso de escassez eles devem ser priorizados. Os fatores críticos de sucesso precisam ser acompanhados e monitorados durante todo o projeto como metas. Um exemplo clássico de fator crítico de sucesso para um negócio são as datas marco (*milestones*). A perda da data de abertura de um shopping implica na perda da janela comercial e em multas contratuais que podem inviabilizar o projeto.

Na elaboração da estratégia, devem ser analisados os vários cenários possíveis, bem como a real capacidade da empresa de cumprir com as exigências dos objetivos do projeto, avaliando inclusive os pontos fortes e as fraquezas da organização.

Várias dimensões podem ser analisadas para a definição da estratégia mais adequada. Cada dimensão impacta o projeto de forma específica, isolada ou combinada com as demais. As mais frequentemente utilizadas são:

1. **Nível de instabilidade ou incerteza do escopo (possibilidade de alterações):** projetos com essa característica são altamente desafiadores do ponto de vista de prazo e custo. Quanto maior for essa instabilidade ou incerteza, maior será a necessidade de controle, de forma a evitar que o prazo e o custo escapem do controle. Exemplos de fatores que provocam tal instabilidade são quando existe liberdade para que o cliente altere sua unidade, ou, no caso de shoppings, quando, na medida em que o *mix* de lojistas vai se formando, novas partes interessadas são adicionadas – e, com elas, novos requisitos.
2. **Pressão por prazo:** a pressão por prazo impacta o grau de autonomia que as equipes devem ter, a velocidade de tomada de decisão necessária e o envolvimento da alta administração no projeto. Quanto mais desafiador for o prazo do projeto, maior deve ser a velocidade de resposta para questões surgidas no dia a dia do canteiro. Dessa forma, maior deve ser a autonomia da equipe da obra para que tome as providências corretivas o mais brevemente possível. A proximidade da alta administração também agiliza e melhora o processo de tomada de decisão. Exemplos comuns de projetos com essa característica são estruturas industriais, nos quais os prazos curtos e a existência de datas específicas para lançamento de produtos tornam possíveis atrasos inaceitáveis.
3. **Rigor das metas de custo:** projetos com metas de custo muito ousadas e desafiadoras devem adotar processos formais de aprovação de aquisições que excedem o orçamento previsto e também procedimentos ágeis para a reavaliação do escopo e a adoção de possíveis revisões de especificações, a fim de adequá-las ao custo previsto.
4. **Complexidade:** a complexidade é definida pelo grau de interdependência entre as atividades e a quantidade de intervenientes. Afeta a estrutura do projeto o nível de maturidade necessário dos profissionais e a formalidade necessária aos processos de gestão. Quanto maior a complexidade do projeto, mais formais devem ser os seus processos de gerenciamento.
5. **Grau de inovação:** o grau de inovação reduz a confiabilidade das previsões e aumenta o tempo necessário para fixar especificações do produto.
6. **Incertezas quanto à tecnologia utilizada:** a tecnologia utilizada impacta na experiência da equipe e do projeto. A adoção de tecnologia não dominada pela organização ou dominada por poucos fornecedores é um risco a ser considerado e gerenciado.
7. **Porte (grande ou pequeno):** na medida em que os projetos crescem em tamanho, necessitam de melhor estrutura, melhor processo de gerenciamento e equipes mais experientes.
8. **Condições de suprimentos:** projetos que demandam aquisições de produtos ou serviços de alta complexidade, ou com grande impacto nos resultados, devem ser gerenciados com maior ênfase no processo de aquisições. Indisponibilidades de recursos fundamentais também devem ser consideradas na estratégia.
9. **Localização geográfica:** executar projetos em outras regiões também pode exigir mudança da estratégia. Devem ser analisados a cultura local, os fornecedores disponíveis, a distância da sede etc.

10. **Nível de influências, participação e atrito com as partes interessadas:** projetos com influência, participação ou relação conflituosa com as partes interessadas demandam equipes maduras e com aptidão para a gestão de conflitos. Exemplos comuns de projetos com essas características são obras com a participação direta de contratantes, com grandes impactos em comunidades e vizinhança ou com interesse direto de órgãos públicos e da sociedade civil organizada.
11. **Outros:** várias outras dimensões de análise podem ser realizadas, tais como a importância do projeto para o negócio, o modelo de contratação (administração ou preço fechado), condições técnicas, requisitos ambientais e legais, maturidade da equipe, maturidade dos projetistas etc.

As dimensões analisadas podem ser graduadas e representadas em um gráfico radar de forma a permitir um melhor entendimento e comparação entre projetos e estratégias (Figura 117).

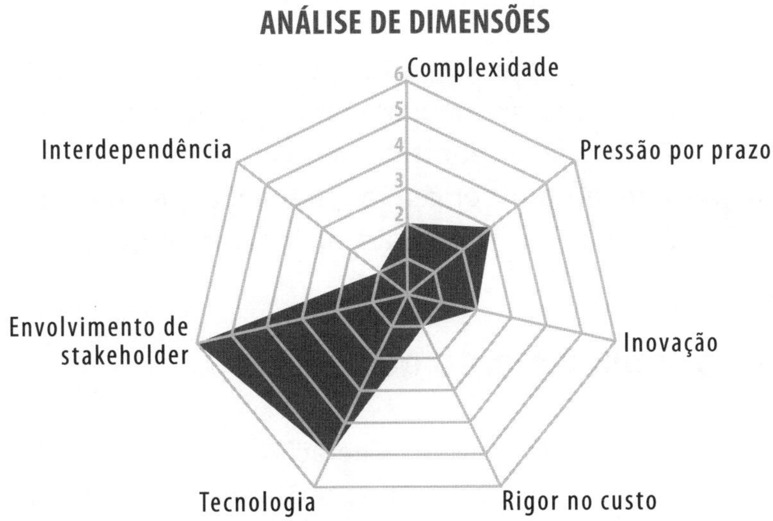

Figura 117 – Exemplo de gráfico radar de dimensões de análise da estratégia.
Fonte: adaptado de Polito (2015).

O "modus operandi" da empresa também deve ser considerado durante a elaboração da estratégia. Empresas que optam por utilizar mão de obra própria precisam ter muita atenção no controle da produtividade e conseguem se adaptar ajustando e remanejando recursos de forma mais simples e rápida a fim de impedir grandes descontinuidades no cronograma. Já empresas que optam pela terceirização dos serviços têm maior controle de escopo e menor risco em relação à improdutividade, mas devem ser excelentes no processo de contratação e gestão de terceiros.

É importante ressaltar que boas estratégias raramente surgem de forma espontânea. É preciso utilizar métodos e processos consistentes para evitar a interferência de vieses pessoais, limitações técnicas ou de conhecimento e ideias preconcebidas.

3.12.3 Orientar e gerenciar o trabalho do projeto

Ao longo de todo o projeto, o gerente desempenha o papel de liderar sua equipe para realizar o trabalho planejado e alocar os recursos disponíveis de forma a atingir os objetivos previstos.

Para isso, ele terá de lidar com muitas questões que emergirão durante o projeto, como, por exemplo, inconsistências, conflitos ou omissões de informações, bem como mudanças aprovadas. O gerente deve agir para evitar que essas questões impactem negativamente o projeto. Elas devem ser identificadas, analisadas e solucionada adequadamente. O gerente também precisa lidar com ações corretivas, necessárias para realinhar a direção do projeto ou corrigir produtos defeituosos, e ações preventivas, para garantir o resultado futuro. Ele também deve analisar as informações disponíveis e os impactos de mudanças aprovadas de forma a ajustar os rumos do projeto. São fontes de informações os registros de riscos, as lições aprendidas, os relatórios de desempenho, entre outros.

As mudanças podem surgir de solicitações de partes interessadas, imprevistos durante a execução, mudanças na legislação, ações preventivas e muitas outras. Os impactos podem ser os mais variados, como, por exemplo, alteração de escopo, aumento de custo, impactos no cronograma, problemas de qualidade etc. Qualquer que seja a sua origem ou seus impactos, as mudanças deverão ocorrer através do processo de realizar o controle integrado de mudanças (item 3.12.6).

3.12.4 Gerenciar o conhecimento do projeto

Os projetos de construção são grandes fontes de geração de conhecimento, e o gerente precisa estar preparado para utilizar tanto o conhecimento já existente quanto o que será produzido. Esse conhecimento é fundamental tanto para alcançar os objetivos do projeto quanto para contribuir para futuros projetos e a aprendizagem organizacional. O conhecimento pode ser explícito, como, por exemplo, as soluções de design registradas nas plantas, ou tácitos, representados pela experiência e pelas habilidades adquiridas pela equipe, que não podem simplesmente ser formalizadas.

O conhecimento tácito é o mais difícil de fazer circular, disseminar e reproduzir. Isso porque depende da disposição das pessoas que o detêm em compartilhá-lo e das demais em absorvê-lo. Isso dependerá de comprometimento e de um ambiente de confiança mútua.

O processo de registro de lições aprendidas é uma forma de capturar conhecimento proveniente de vários processos ao longo de todo o projeto e organizá-lo para disseminação e melhoria contínua da organização.

Quanto mais complexo e inovador for o projeto, mais importante será o processo de gerenciamento do conhecimento.

3.12.5 Monitorar e controlar o trabalho do projeto

O monitoramento do trabalho do projeto é o processo de coleta, medição, acompanhamento e análise dos resultados do projeto, de forma a permitir que todos vejam o progresso atual, os problemas de desempenho e as previsões de desempenho futuro. Esse processo ocorre com todas as áreas de conhecimento, de forma periódica, durante todo o projeto. A análise é realizada comparando o progresso obtido com o desempenho planejado.

Esse processo permite a identificar áreas que necessitam de ações corretivas para acerto de rumo ou ações preventivas para evitar problemas futuros. As ações devem ser acompanhadas e seus resultados avaliados para garantir que atingirão o resultado desejado.

3.12.6 Gerenciar o controle integrado de mudanças

O plano de gerenciamento do projeto é um documento vivo, que será revisado inúmeras vezes durante o projeto, tantas vezes quantas forem necessárias. Entretanto, esse deve ser um processo controlado, ou seja, as mudanças solicitadas devem ser formalmente avaliadas, aprovadas ou reprovadas e gerenciadas. Esse processo ocorre ao longo do projeto de forma iterativa e controlada, revisando progressivamente o plano do projeto na medida em que informações mais completas e confiáveis vão sendo adquiridas. Isso visa garantir que as mudanças tenham seus impactos avaliados em todas as áreas de conhecimento, permitindo manter a consistência entre os planos e construir uma visão geral dos impactos e riscos de cada mudança para o projeto.

O processo de controle integrado de mudanças envolve documentar em uma solicitação, decidir (aprovar, rejeitar ou adiar), acompanhar e comunicar os resultados finais às partes interessadas. Também é importante estar atento para identificar e documentar mudanças não intencionais de dentro ou de fora do projeto. Mas atenção: as mudanças não devem modificar o desempenho passado na documentação. É preciso preservar a integridade dos dados históricos e das linhas de base.

Uma boa prática é a criação de um comitê de controle de mudanças. Esse comitê, formado por profissionais de várias áreas, especialidades, experiências e formações, garante maior diversidade de pontos de vista e, consequentemente, melhores análises e decisões.

O controle integrado de mudanças, no entanto, só inicia formalmente a partir do estabelecimento das linhas de base definitivas do projeto. Antes disso, o processo acontece de forma informal, desde que de forma integrada.

3.12.7 Encerrar o projeto

O encerramento também é atribuição do gerente do projeto. Ele deve garantir que todo o trabalho planejado foi executado e atingiu seus objetivos. Na construção, os principais pontos são as entregas e a aceitação formal da edificação, o encerramento de contratos com fornecedores, a finalização dos pleitos pendentes, a desmobilização e a liberação da equipe e demais recursos para outros projetos, a elaboração de relatório final de desempenho e a organização e o arquivamento de toda a documentação técnica, administrativa e legal do projeto.

4. Gerenciamento do design

A fase de design é provavelmente a mais importante na cadeia de geração de valor da construção. É nela que as decisões mais importantes são tomadas e é quando a maior parte do valor é capturada. Decisões tomadas nessa fase impactam tanto a fase de construção, como custo, prazo e qualidade, quanto a fase de operação, como desempenho, custos de operação, receita, vida útil etc.

O gerenciamento do design é um processo complexo, pois envolve grande número de participantes, com perspectivas e pontos de vistas diferentes, com interdependências recíprocas, em um processo fragmentado e com muitas iterações previsíveis e imprevisíveis, buscando atender aos requisitos, às necessidades e às expectativas, muitas vezes conflitantes, de várias partes interessadas. O processo também envolve inovação, tomada de decisão, controle de processos e de custo, o que demanda práticas gerenciais de forma a atingir alta qualidade nos produtos desenvolvidos. O ambiente de design é dinâmico, onde as questões principais mudam no decorrer do projeto. Enquanto algumas questões são solucionadas, novas emergem da colaboração entre as disciplinas. Como é um sistema complexo, o design possui algumas características:

- Não existe uma solução padrão. Todo problema é único.
- Nunca está completamente resolvido, pois não há como saber se a solução atual é a solução final. As soluções não são verdadeiras nem falsas, apenas boas ou ruins.
- Não existem soluções rápidas. É necessário tempo para avaliar as soluções e seus impactos.
- Cada solução é única. Não existe a possibilidade de tentativa e erro; por isso, cada tentativa é muito importante.
- Não existe um número definido de soluções. A solução depende de como o problema é estruturado.
- Sempre existe mais de uma explicação, uma vez que elas dependem da perspectiva individual de quem analisa.
- Os problemas são multicausais e interconectados.
- As restrições às quais o problema está sujeito e os recursos necessários para resolvê-lo mudam constantemente.

As estratégias tradicionais de desenvolvimento do design não têm se mostrado promissoras nesse cenário. Isso acontece por várias razões. Primeiro, porque cada projetista trabalha isoladamente, com pouca colaboração e interação, em um processo linear, buscando a otimização do seu sistema e não da edificação como um todo. Essa abordagem fatalmente leva a conflitos entre as disciplinas, que usualmente são solucionados com a escolha de um lado em detrimento dos demais. Isso leva à queda do desempenho das soluções preteridas e do design como um todo. Quando esses conflitos não são identificados na fase de design, terão de ser dolorosamente e custosamente solucionados na fase de construção, impactando negativamente o desempenho do projeto, do edifício e de sua operação.

As estratégias tradicionais também não têm conseguido lidar adequadamente com o aumento da pressão para a redução dos prazos de design. Isso porque elas buscam restringir as alternativas de desenvolvimento o mais cedo possível, na esperança de avançar mais rapidamente, mesmo que isso represente risco de retrabalho mais adiante. As estratégias tradicionais também se mostram limitadas nos resultados obtidos, pois se concentram fundamentalmente na geração de valor pela redução do custo de construção, normalmente avaliando cada sistema individualmente. Muitas vezes, a estratégia utilizada é a redução do escopo do produto, prejudicando o desempenho da edificação e levando a maiores custos na fase de operação.

O gerenciamento do design contemporâneo deve pensar em todo o ciclo de vida do projeto, da concepção, passando pelo design, construção, operação e, finalmente, disposição final da edificação. Também precisa promover o envolvimento das principais partes interessadas desde as fases iniciais e fazer uso de equipes multidisciplinares, multifuncionais, colaborativas e integradas, abdicando da otimização de cada disciplina individualmente em prol de encontrar as melhores soluções para o projeto como um todo (seja processo, produto ou produção), levando o desempenho da edificação a ser maior do que a soma de seus sistemas individualmente. A solução de design ideal deve harmonizar diferentes tipos de desempenho e manter sua consistência com os objetivos de valor definidos para o projeto.

Neste livro, quando utilizamos o termo "design", nos referimos tanto à disciplina de arquitetura quanto às disciplinas técnicas como instalações, estrutura, ar-condicionado etc.

4.1 *Lean Design*

O pensamento *Lean* é fundamentalmente uma filosofia que busca a geração de valor para o cliente e a melhoria contínua dos resultados. Ele se baseia no Sistema Toyota de Produção, que, segundo Liker (1995), possui 14 princípios:

- Baseie suas decisões no resultado de longo prazo, às custas das metas financeiras de curto prazo.
- Tarefas padronizadas são a base da melhoria contínua e da capacitação dos funcionários.
- Implemente controles visuais para que nenhum problema fique oculto.
- Veja por si mesmo e procure compreender completamente a situação.
- Tome decisões lentamente, de preferência por consenso, avaliando cuidadosamente todas as opções. Implemente rapidamente as decisões tomadas.

- Transforme-se em uma organização que aprende por meio da reflexão profunda e inexorável.
- Desenvolva lideranças que conheçam o trabalho, que formem outros líderes e que possuam a cultura da empresa.
- Desenvolva pessoas e equipe excepcionais.
- Respeite seus fornecedores e os fornecedores deles, desafiando-os e os ajudando a se desenvolver.
- Crie um fluxo de processo contínuo de identificação de problemas.
- Utilize o sistema de produção puxado para evitar o desperdício da superprodução.
- Nivele a carga de trabalho.
- Construa uma cultura de parar para corrigir problemas para se atingir a qualidade desejada da primeira vez.
- Utilize apenas tecnologia confiável e totalmente testada para atender aos seus processos e pessoal.

Na perspectiva *Lean*, as empresas existem para criar valor. A ideia de geração de valor está diretamente relacionada à satisfação do cliente e simultaneamente de todas as partes interessadas, não sendo inerente à execução de um processo, ou seja, um processo só gera valor se transformar matérias-primas em produtos requeridos pelo cliente, sejam eles internos ou externos.

A aplicação do pensamento *Lean* não trata somente da adoção de ferramentas e técnicas organizadas. Consiste em uma mudança cultural que deve ser estruturada dentro de uma estratégia de transformação da companhia. O pensamento *Lean* se baseia em cinco princípios: criar valor (definido pelo cliente); fluxo de valor (identificar e eliminar o que não agrega valor); fluxo (produção em fluxo, estável e sem interrupções); puxar (produzir somente quando demandado pelo cliente ou processo anterior); e perfeição (busca incansável pela melhoria através da rápida identificação e solução de problemas). Colocados nessa sequência, os princípios representam um guia para a implantação da filosofia *Lean*. Em 2008, foi proposto pela CLT (Comunidade *Lean Thinking*) a adoção de mais dois princípios: conhecer as partes interessadas e inovar sempre, com o objetivo de direcionar as empresas rumo a altos níveis de desempenho (Figura 118).

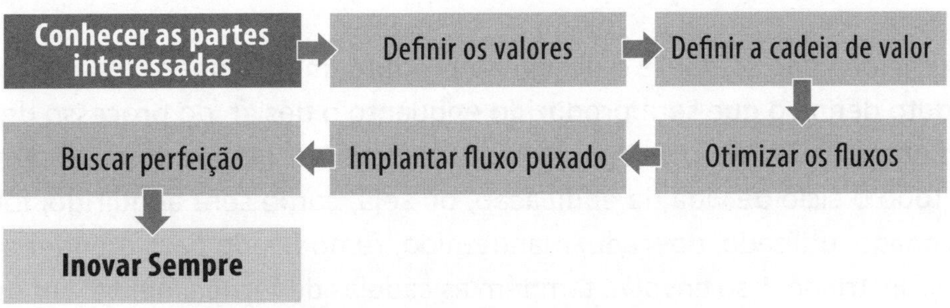

Figura 118 – Os sete princípios *Lean Thinking* revistos.
Fonte: adaptado de Pinto (2008).

O pensamento *Lean* aplicado ao processo de design é conhecido como *Lean Design*. Seu foco é compreender a diferença entre o valor e o desperdício, ou seja, o *Lean Design* busca a redução do desperdício sem diminuir a geração de valor e sem perder o alinhamento com os propósitos do projeto.

O uso de equipes multifuncionais em uma abordagem interdisciplinar é a base para todo desenvolvimento *Lean*. Equipes com diversas experiências, formações e múltiplas especialidades são mais criativas. Todo tipo de diversidade deve ser buscado em equipes: formação, experiência, especialidade, função, interesses, personalidade etc. Quando trabalhamos em grupo, até mesmo os desacordos levam à melhoria de soluções. Para compor essas equipes, os membros devem ser especialistas em alguma disciplina, de forma a contribuir para o resultado. É bom esclarecer a diferença entre equipes multidisciplinares e interdisciplinares, pois esta pode ser sutil. Enquanto em equipes multidisciplinares cada um defende a sua especialidade negociando com os demais, obtendo e fazendo concessões, em equipes interdisciplinares as ideias são coletivas e todos são responsáveis por elas. Os *insights* surgem da tentativa de ver o problema pela perspectiva da outra especialidade.

Na abordagem *Lean*, as equipes de design devem ser fortemente colaborativas, superando o antigo paradigma de trabalhar em silos, de forma isolada e focando cada qual em sua própria especialidade. As equipes criativas precisam compartilhar experiências e explorar ideias conjuntamente. Boas ideias podem surgir a qualquer momento e em qualquer interação, inclusive nos intervalos entre reuniões. As decisões de design devem sempre considerar os impactos nas demais disciplinas, levando em consideração questões como construtibilidade, operacionalidade, manutenibilidade, entre outras. As alternativas de design são mantidas abertas pelo maior tempo possível, reduzindo as chances de retrabalho quando os consecutivos ciclos de análise e o aumento do conhecimento demonstram a inviabilidade de alguma delas.

Na abordagem *Lean*, as principais partes interessadas precisam ser envolvidas no momento certo e participar e compreender todas as decisões-chave. Muitas vezes é preferível adiar uma decisão do que avançar prematuramente com uma decisão que não tenha envolvido as partes interessadas adequadas.

O *Lean Design* engloba não somente o design do produto, mas também o design do processo. O design do produto define o que será produzido enquanto o design do processo determina como produzi-lo. Em outras palavras, o design do produto deve ser integrado ao design do processo, pensando em todo o ciclo de vida da edificação, ou seja, como será adquirido, fabricado, construído, comissionado, utilizado, operado, manutenido, remodelado para atender a novos usos e, finalmente, desconstruído. Isso envolve também as cadeias de fornecimento. Em outras palavras, integrar o design do produto e do processo significa decidir o que construir e ao mesmo tempo decidir como construir e operar. Trata-se de quebrar o paradigma de primeiro projetar o produto para que depois outra equipe defina como construí-lo e operá-lo.

O processo *Lean* de design é iterativo com ciclos de exploração de alternativas e eliminação de conflitos de forma colaborativa e integrada, em um fluxo contínuo de geração de valor. Ele envolve ciclos de análise, síntese e avaliação para o estabelecimento da função, estrutura, forma e comportamento da edificação e seus sistemas. Deve haver um aprendizado contínuo entre as disciplinas, suas sinergias e o efeito combinado delas sobre o resultado do projeto. Durante todo o processo de design, as análises de construtibilidade e engenharia e análise de valor devem estar integradas ao processo de decisão, de forma proativa, buscando a otimização do todo (processo e produto) e não somente como resposta a problemas identificados. Ainda que a abordagem iterativa possa parecer à primeira vista mais demorada, ela avança de modo mais consistente, reduzindo o retrabalho de retornar às decisões que se mostraram inadequadas.

O desenvolvimento de um design *Lean* parte da definição precisa do que representa, ou não, valor para as principais partes interessadas (cliente, usuário, operador, mantenedor, investidor etc.). Sem a clara definição do que é valor, existe o risco de que decisões de design venham a destruí-lo em vez de criá-lo. É preciso envolver ativamente as partes interessadas na definição da proposta de valor. Isso porque o conceito de valor pode ser vago, subjetivo, intangível, ambíguo e até mesmo conflitante, a depender do ponto de vista. Ele também pode ser dinâmico, mudando ao longo do tempo, ou carecer de refinamentos. Não capturar ou não compreender um requisito ou expectativa de uma parte interessada pode causar retrabalho e, portanto, destruir valor para o projeto. Da mesma forma, o não atendimento de requisitos técnicos ou legais também destrói valor. Por isso, no processo de geração de valor, é preciso garantir que todos os requisitos, expectativas e necessidades das partes interessadas tenham sido capturados.

Uma vez identificado o que representa valor para as partes interessadas, o desafio do processo de design é transformá-lo em objetivos mensuráveis e tangíveis, ou seja, em requisitos que orientarão o desenvolvimento do produto e do processo, para que sejam traduzidos em soluções de design e influenciem todas as decisões do processo. É preciso assegurar que os requisitos mais relevantes estejam disponíveis em todas as fases de desenvolvimento e etapas de tomada de decisão, evitando que sejam progressivamente perdidos no processo. Esses requisitos devem acompanhar todo o desenvolvimento do design, mesmo que, em estágios anteriores, tenham sido descartados o seu atendimento. Novas oportunidades surgirão durante o processo e revisitá-las pode permitir o seu atendimento futuro e consequente agregação de valor ao projeto. Os requisitos também podem evoluir, na medida em que o projeto evolui e as ideias são analisadas e testadas.

Todo edifício é construído segundo um propósito (gerar valor). Sob essa ótica, gerar valor é ainda mais importante do que o custo, de forma a suportar a lucratividade do negócio. A equipe precisa entender como o valor é gerado pelo negócio do cliente, para que suas decisões lhe permitam aumentá-lo. É preciso olhar para a cadeia de geração de valor e entender o que agrega valor e o que é desperdício. Por exemplo, é preciso entender se o proprietário considera somente o investimento inicial ou o custo total de propriedade, onde são levados em conta os custos futuros com operação, manutenção e substituição eventual de elementos. Usualmente, menores custos totais de propriedade estão associados à aquisição de sistemas mais eficientes e com maior vida útil, o que invariavelmente aumenta o investimento inicial. Só existem três maneiras de aumentar o valor: ou aumentamos a utilidade, ou seja, melhoramos o desempenho da edificação e consequentemente a satisfação das partes interessadas; ou reduzimos os custos e prazos de construção e/ou operação; ou uma combinação dos dois.

O pensamento *Lean* utiliza uma diversidade de conceitos e metodologias na busca pela geração de valor e redução do desperdício. Podemos citar: *Target Value Delivery* (TVD), *Set Based Design* (SBD), *Choosing by Advantages* (CBA), Pensamento A3, *Concurrent Engineering* (CE), *Last Planner System*® (LPS) e *Integrated Project Delivery* (IPD), entre outros. Abordaremos mais adiante cada um deles.

4.2 O design e a inovação

Antes de avançar para o estudo das ferramentas e práticas *Lean* aplicadas ao design, vamos primeiro falar um pouco sobre a relação entre o design e a inovação.

O pensamento criativo e inovador é fundamental para que boas alternativas, e consequentemente boas soluções de design, sejam desenvolvidas. O ambiente da construção é tradicionalmente resistente às inovações. O paradigma predominante na construção enfatiza o pensamento baseado na lógica e dedução, pelas quais informações são analisadas para depois convergirem para uma única solução. É um processo essencialmente linear, com etapas consecutivas, com precedências bem definidas e rigidamente planejado e controlado. Essa abordagem busca melhorar a eficiência no curto prazo e reduzir os riscos e incertezas. Entretanto, apesar de nos aproximar das soluções, esse modelo não lida bem com investigações do futuro e com o desenvolvimento de novas possibilidades. Ele restringe as iniciativas de inovação a no máximo ideias incrementais, previsíveis e facilmente copiáveis pelos concorrentes.

O design inovador necessita de uma abordagem diferente. O *design thinking* propõe um processo iterativo, colaborativo, exploratório e não linear, que não se sabe ao certo onde vai terminar. Pode levar a descobertas surpreendentes. Cada nova descoberta pode levar a outras e assim sucessivamente, desenvolvendo soluções e alternativas que não existiam antes. O processo é iterativo, pois os resultados são utilizados para revisar, questionar e desafiar as premissas, suposições ou entendimentos anteriores, em uma abordagem não linear, levando a um desenvolvimento progressivo e incremental de alternativas até que a solução ótima seja atingida. É um processo flexível e dinâmico, e, na medida em que progride, novos *insights* surgem e levam a novas alternativas, levando a adequações do plano inicial. A flexibilidade permite múltiplos e diferentes pontos de vista e a concatenação de ideias para criação de outras melhores, permitindo aumentar o número de potenciais soluções.

O processo é colaborativo, pois envolve fazer concessões e combinar pontos de vista, de forma a convergir para as melhores soluções. Essa abordagem colaborativa incentiva a propriedade coletiva de ideias e leva ao aprendizado contínuo entre as equipes e especialidades. Para que a inovação aconteça é preciso desafiar o *status quo*, pois ele limita a forma de interpretar um problema. Uma abordagem *design thinking* pode parecer caótica à primeira vista, passando a sensação de constante incerteza, mas leva a melhores resultados do que os processos tradicionais lineares.

Para que a inovação floresça é preciso criar um ambiente seguro para que as pessoas façam experimentos, assumam riscos e explorem suas habilidades. É preciso entender que o erro gera aprendizado e leva ao desenvolvimento de novas alternativas e à identificação de oportunidades de inovação. Isso está associado à tolerância a riscos da organização. O foco excessivo na eficiência de curto prazo e uma cultura cética sufocam ideias inovadoras.

A equipe deve saber abordar um problema sob diversas perspectivas e ângulos, priorizando o trabalho colaborativo e interdisciplinar que traz olhares diversificados e apresenta interpretações e soluções inovadoras.

O *design thinking* se baseia na colaboração e no raciocínio indutivo, dedutivo e abdutivo, centrado no ser humano. É uma abordagem para solução de problemas complexos e desconhecidos, pois ajuda a definir e desafiar as hipóteses de solução. O método utiliza conjuntamente duas abordagens opostas e complementares para a geração de boas soluções: o pensamento divergente e o pensamento convergente. Na fase divergente exploramos e desenvolvemos novas alternativas, enquanto na fase convergente eliminamos alternativas e fazemos escolhas. Em outras palavras, podemos dizer que os pensamentos divergentes e convergentes são opostos e complementares para o desenvolvimento de soluções. Enquanto o pensamento divergente investiga diversos caminhos que podem levar a uma solução, considerando que as possibilidades de respostas são infinitas, abordando as ideias de forma mais flexível e sob várias perspectivas, assumindo mais riscos com ideias fora da caixa e priorizando a maior quantidade, o pensamento convergente é linear, concentrando-se na busca da melhor e definitiva solução, buscando pela análise e experimentação estar do lado mais seguro da decisão. É preciso habilidade de negociação para conduzir colaborativamente esses processos de análise e síntese.

O pensamento divergente busca identificar múltiplas soluções potenciais, de forma a explorar o maior número de alternativas possível na tentativa de encontrar a mais adequada. É muito influenciado por ideias espontâneas e criativas, em um processo fluido. Busca-se gerar múltiplas ideias para análise futura. Ele é caracterizado por ideias completas, curiosidade, flexibilidade, originalidade e aceitação a riscos. A curiosidade é determinante para o desenvolvimento de ideias inovadoras. É preciso fazer perguntas e aprender a obter mais conhecimento, levando ao aprofundamento e desenvolvimento de soluções promissoras. O exercício de testar, analisar e comparar múltiplas alternativas concorrentes aumenta as chances de que *insights* e soluções inovadoras emerjam. Quanto maior a quantidade de alternativas, mais complexas serão as escolhas; por isso existe uma tendência de restringir as soluções entre o óbvio e a melhoria incremental. É preciso encontrar o equilíbrio.

Uma vez identificadas as possíveis soluções, o pensamento convergente analisa e organiza. Isso envolve reunir e analisar diferentes alternativas a fim de identificar a melhor solução para o problema.

Isso envolve testes, raciocínio, reconhecimento de padrões, análise e solução de problemas, fluxo estruturado de pensamento e métodos estruturados de tomada de decisão.

O processo de *design thinking* é organizado em cinco passos: imersão, análise, síntese, ideação e prototipação.

A fase de **imersão** busca entender o problema através de pesquisas e exploração. O processo de coleta de dados leva à obtenção de grande número de informações, que deverão ser organizadas e interpretadas para descrever uma história coerente.

As fases de **análise** e **síntese** buscam classificar e sequenciar de forma a melhor definir o problema a ser solucionado. O processo de análise trata de decompor problemas complexos para melhorar sua compreensão. O processo criativo inicia pela síntese das partes para criar ideias. A análise e a síntese são complementares e igualmente importantes no processo de inovação.

Na fase de **ideação**, tendo como insumo a síntese desenvolvida nas etapas anteriores, são criadas, de forma colaborativa, ideias para a solução do problema. Uma das ferramentas mais usuais para se promover a criatividade em grupo é o *brainstorming*. Trata-se de forma estruturada para geração de ideias. Ela busca propiciar um ambiente e condições adequadas ao surgimento de novas ideias. O método é muito simples: a questão é anunciada, garantindo que todos tenham compreensão do problema e do objetivo. As ideias são então provocadas, sem que seja feita avaliação sobre elas. Enquanto as ideias são geradas, é preciso deixar o julgamento de lado temporariamente. Deve-se adotar uma postura de tentar qualquer coisa. Não se deve procurar erros, pois isso inibe a associação de novas ideias. A imaginação deve estar solta. Quanto mais provocativas as ideias melhor, mesmo que pareçam absurdas. É mais fácil dominar futuramente ideias do que criá-las. Ideias geram novas ideias. Normalmente, as primeiras ideias são as mais óbvias e não são as melhores. Diferentes enfoques e abordagens para o problema devem ser incentivados. As ideias podem surgir de adaptações de situações já conhecidas (o que é mais parecido com isso? Que experiências similares tivemos no passado?), de modificações (e se alterarmos a forma? O material?) da ampliação (e se adicionarmos mais tempo? Espessura?), redução, substituição ou rearranjo. As ideias também podem ser combinadas e aprimoradas. Deve-se buscar o maior número de ideias possível. A quantidade gera qualidade, ou seja, quanto maior a quantidade de ideias, maior a probabilidade de se encontrarem boas ideias. É fundamental o encorajamento à participação e cooperação dos participantes. As regras que todos devem seguir para que o fluxo de ideias não seja inibido são: adie as críticas, incentive ideias disruptivas, mantenha o foco da equipe no problema, utilize ideias para criar outras ideias. A avaliação das ideias ocorrerá em uma outra sessão. Cada uma deve ser abordada com um enfoque positivo e um julgamento de forma gradual.

A **prototipagem** é a fase em que ideias abstratas se materializam, possibilitando a validação da solução. Trata-se de um dos pilares do *design thinking* para testar e desenvolver novas ideias e para identificar perspectivas desconhecidas. A prototipação é uma forma de experimentar e explorar as alternativas propostas, buscando ampliar e acelerar o aprendizado. Ela permite entender os problemas e as limitações de cada alternativa e melhorar a solução. O processo de prototipagem também pode levar ao desenvolvimento de novas alternativas, até então ainda não identificadas.

Os protótipos iniciais não precisam ser modelos funcionais. Podem ser simples, rápidos, baratos e rudimentares, apenas o suficiente para materializar a ideia, facilitar a comunicação, direcionar os futuros desenvolvimentos e identificar pontos fortes e fracos. Assim fica mais rápido e barato fazer alterações. O protótipo deve ser só o suficiente para aprender o desejado e permitir que a ideia siga em frente. Pode ser apenas uma parte do design.

À medida que o design avança, os protótipos tendem a se aproximar do produto acabado, tornando-se caros e complexos. Nessa fase, os protótipos começam a fornecer informações importantes ao desenvolvimento final, permitindo avaliações de questões como desempenho técnico, visão útil, construtibilidade etc. Questões como conforto, experiência e estética podem ser avaliadas pelas partes interessadas e até mesmo pelos usuários finais. O processo de prototipagem na construção será abordado em mais detalhes no item 4.10 – Prototipagem.

Como todo processo de inovação depende fundamentalmente de pessoas, precisamos de pessoas criativas. Elas possuem características como sensibilidade para problemas, originalidade, flexibilidade, capacidade de abstração e síntese, organização e entusiasmo. Normalmente, são pessoas que não se conformam com a primeira resposta, sabem alternar o lado criativo e o lado racional nos momentos certos, questionam normas e padrões e se propõem a mudá-los, enxergam na ambiguidade oportunidades para inovação, não têm medo de errar e entendem o erro como parte do processo criativo, além de abusar da pergunta "e se?". Quando os erros ocorrem, e vão ocorrer, elas identificam a causa-raiz e rapidamente implementam melhorias no processo.

O ambiente também ajuda no processo criativo. O pensamento *Lean* necessita de um ambiente seguro para a experimentação e a inovação na busca da geração de valor e melhoria contínua. É preciso haver tolerância com o erro honesto e até mesmo incentivar que as equipes explorem áreas fora da sua zona de conforto. Ter à vista e à disposição publicações, amostras, fotos, protótipos e *storyboards* ajuda a fazer associações e a identificar padrões, incentivando a síntese criativa e o desenvolvimento de ideias inovadoras.

Muitos podem ser os motivos para bloqueios à criatividade, como a falta de percepção, a dificuldade em isolar o problema, a falta de observação, a não investigação do óbvio, a falta de registro dos detalhes, a supervalorização das experiências passadas, a dificuldade na separação da causa e do efeito ou até mesmo o uso de dados errados. O bloqueio pode ser cultural, quando os profissionais evitam confrontar os padrões e *modus operandi* da organização, com receio de serem rotulados de questionadores demais. Também pode ser emocional, quando o medo de errar e a falta de motivação limitam a criatividade.

4.3 *Target Value Delivery* (TVD)

No processo tradicional de design, as soluções são concebidas de forma independente das estimativas de custos. Dessa forma, quando todas as disciplinas são enfim integradas, o custo do projeto quase sempre extrapola o desejado. Na maioria das vezes, a correção utilizada para trazer o custo para a meta é o uso indevido da engenharia e análise de valor, reduzindo o escopo e, com ele, o desempenho da edificação, o valor agregado e a satisfação das partes interessadas. Os impactos mútuos entre as disciplinas também causam atrito entre projetistas, retrabalho e prejudicam o custo e o prazo do projeto.

O *Target Value Delivery* (TVD) é uma abordagem *Lean* que busca orientar o design na entrega do valor esperado pelas partes interessadas dentro das restrições do projeto. Em outras palavras, podemos dizer que TVD é o desenvolvimento do design, direcionado por meta, normalmente custo, de forma que as decisões sejam tomadas para que o objetivo seja atingido e não que seja apenas uma consequência do design.

O TVD transforma as restrições em direcionadores do design, de forma a satisfazê-los no final do processo, projetando para o resultado esperado, ou seja, para o custo, o desempenho, a construtibilidade, a manutenibilidade e a usabilidade desejados, em vez de projetar primeiro e avaliar o resultado depois. Isso, por sua vez, só é possível se o design for desenvolvido simultaneamente com o envolvimento colaborativo de clientes, fornecedores, fabricantes e projetistas, de forma integrada e em contínua comunicação, para tomar as melhores decisões. Em vez de cada projetista desenvolver a sua disciplina isoladamente e depois compatibilizá-la com as demais, o trabalho é realizado em colaboração para identificar os problemas, encontrar as melhores soluções e, em seguida, projetar para o desempenho ótimo. Cada iteração é uma oportunidade de agregar valor e reduzir desperdício, evitando retrabalho para todas as partes envolvidas.

A abordagem do TVD representa uma mudança de paradigma no desenvolvimento do design. Nela, tanto o valor quanto o custo são os direcionadores do desenvolvimento, ou seja, o custo não é mais o resultado do design, como em projetos tradicionais, e sim um parâmetro para sua elaboração. Essa abordagem muda a definição de “custo esperado” para “custo-alvo”.

Uma vez identificado o que representa valor, é possível “caçar” todos os processos e atividades que não estejam relacionados com a sua criação, ou seja, que apenas consomem recursos. O que representa valor para as partes interessadas será diferente de projeto para projeto, em função de suas necessidades e objetivos. Por exemplo, pode ser representado por um baixo custo de construção, custo total de propriedade, velocidade de construção, sustentabilidade, design diferenciado, entre muitas outras possibilidades. Para proprietários institucionais, o custo de operação costuma ser mais importante que o custo de construção. Já para proprietários de edificações comerciais, a velocidade de construção permite o início antecipado das vendas e pode ser um diferencial competitivo. Em projetos de universidades, a data de início da operação deve coincidir com o calendário escolar; nem antes, nem depois.

O "custo-alvo" deve ser definido durante o processo de design, o mais cedo possível, e não no início da construção. Ele deve ser fundamentado em análises e ser desafiador, de forma a incentivar a eliminação de desperdícios incorporados. Deve ser definido de forma colaborativa e consensual, com a participação ativa do proprietário. Deve basear-se em estimativas paramétricas, *benchmarking*, projetos similares, propostas preliminares e opinião de especialistas. As contingências individuais de cada sistema devem ser removidas e alocadas no projeto como um todo.

Uma vez definido o custo-alvo, o processo inicia com a divisão e alocação do orçamento em cada sistema pertencente ao escopo, por exemplo: fundações, estruturas, ar-condicionado, especiais, hidráulica, incêndio e assim por diante. Para cada sistema formam-se equipes multifuncionais com as especialidades impactadas e com interfaces comuns – por exemplo, para ar-condicionado, a equipe é composta por projetista de ar-condicionado, projetista de instalações, projetista de estrutura, instaladora, construtora, arquiteto e um representante do proprietário. A equipe pode convidar outros participantes para discutir alternativas e impactos em outras disciplinas, como, por exemplo, acústica, sistema de combate a incêndio etc. O envolvimento de fornecedores e fabricantes é extremamente enriquecedor na proposição de soluções e na avaliação de custos. Cada equipe também deve possuir a capacidade de apurar e informar regularmente as estimativas de custo para a solução em desenvolvimento. Em vez de trabalhar isoladamente, os grupos trabalham de forma colaborativa, preferencialmente dividindo o ambiente de trabalho. O trabalho em colocalização é mais efetivo, pois inibe a criação de silos, permite que todos tenham acesso às mesmas informações e possibilita o desenrolar de conversas exploratórias que levam ao desenvolvimento de melhores soluções.

O desenvolvimento concomitante de todas as disciplinas reduz a probabilidade de que as decisões de uma disciplina, que impacte as demais, gerem necessidades de revisões no design já desenvolvido e até mesmo não atendam às necessidades de informações dos demais projetistas.

As soluções devem ser desenvolvidas de forma a otimizar todo o projeto, e não algum sistema individualmente. Na medida em que cada solução é desenvolvida, os custos tendem a variar, devendo o sistema ser reequilibrado. É natural que os custos tendam a crescer, na medida em que o nível de informação aumenta e o escopo é mais bem compreendido. Em outras palavras, quando uma solução tende a ficar mais cara que o inicialmente estimado, é preciso que outras soluções fiquem mais baratas para reequilibrar o custo total do projeto. Recursos que não foram necessários para um sistema são transferidos para sistemas que precisam de mais recursos. Os resultados desse método são melhorados quando incentivos compartilhados são adotados, de forma a aumentar o nível de colaboração e corresponsabilidade entre os projetistas e as principais partes interessadas.

O TVD envolve a estimativa contínua de custos e a definição de prioridades, permitindo identificar as consequências de cada escolha e apoiando a tomada de decisão. Em outras palavras, durante o processo de design as estimativas de custo devem ser continuamente recalculadas na medida em que novas iterações de design acrescentam novas informações. Cada desvio identificado deve ser reavaliado e ajustado. A participação de fabricantes e fornecedores de serviço nesse processo ajuda muito na velocidade e qualidade das estimativas.

Nesse processo de adequar o projeto ao orçamento disponível, uma das técnicas utilizadas é a engenharia e análise de valor, abordada no item 4.6. Nela, para cada requisito de performance e funcionalidade esperada, busca-se desenvolver alternativas de desempenho superior, mas com menor custo. É nessa fase que equipes multidisciplinares, colaborativas e com objetivos comuns conseguem inovar e gerar valor para o projeto. Isso porque nenhum profissional detém todo o conhecimento necessário, ou mesmo todas as respostas necessárias.

O planejamento e o replanejamento do processo de design devem ser colaborativos de forma a comprometer a todos com as entregas, mantê-lo confiável e aprimorar a coordenação do grupo. O fluxo de desenvolvimento deve ser puxado: priorizar o desenvolvimento daquilo que está sendo demandado pelos clientes internos, ou seja, aquilo que será utilizado primeiro, em vez daquilo que é mais produtivo para cada projetista. Isso faz que todos se mantenham produzindo todo o tempo e reduz as iterações negativas e os conflitos. As entregas devem ser programadas em lotes pequenos, para cada cliente interno, de forma que sejam avaliadas e aprovadas antes de prosseguir com as próximas entregas. Os grupos multifuncionais devem ser pequenos, de até oito pessoas, de forma a facilitar a dinâmica de trabalho e a criação de um ambiente seguro e de confiança mútua, onde o aprendizado e a inovação floresçam mais facilmente. As sessões devem ser curtas, mas regulares. Os profissionais precisam ser receptivos às ideias e às críticas dos demais envolvidos, principalmente em relação ao custo de construção. O proprietário deve ser acessível para tomar as decisões necessárias ao reequilíbrio do custo do projeto de forma rápida.

O TVD baseia suas decisões em ferramentas e na prática *Lean*, que são: o *Set Based Design* (SBD), *Choosing By Advantages* (CBA) e os relatórios A3, que veremos em mais detalhes adiante (Figura 119).

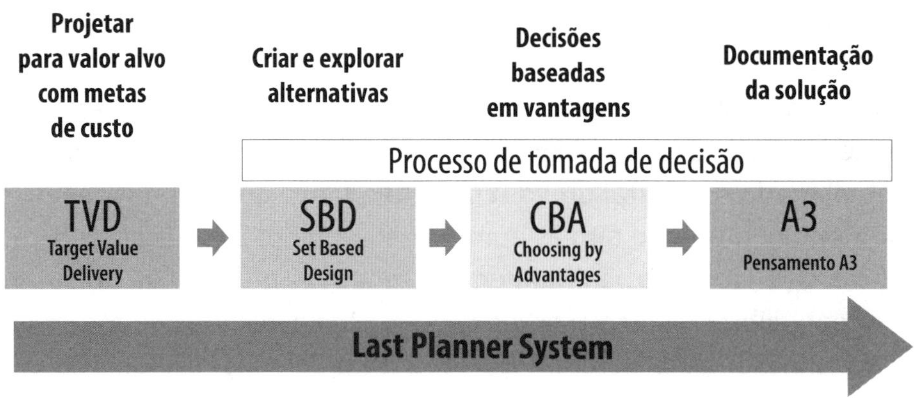

Figura 119 – Processo de tomada de decisão *Lean*.
Fonte: adaptado de Arroyo; Long (2018).

4.4 *Set Based Design* (SBD)

Os métodos tradicionais de desenvolvimento se baseiam na escolha de uma solução, ainda nos estágios iniciais do design, tendo em vista somente as informações disponíveis naquele momento. Isso leva a escolhas precipitadas, sem que os demais envolvidos tenham tido o tempo adequado para analisar e amadurecer suas opções. Nessa abordagem os conflitos são identificados somente nos ciclos posteriores de desenvolvimento, o que muitas vezes leva a repetidas iterações negativas, mudanças de última hora, comunicação deficiente e falta de visão sistêmica do design.

O *Set Based Design* se baseia em uma ideia simples de desenvolvimento simultâneo de múltiplas alternativas, em vez de aprofundar o estudo e detalhamento de apenas uma alternativa, postergando ao máximo a escolha final, de forma que tenhamos mais e melhores informações para escolher qual delas agregará mais valor ao projeto. Dessa forma, vários conjuntos de soluções possíveis são desenvolvidos, avaliados e gradualmente eliminados, na medida em que o projeto avança e mais informações são obtidas, convergindo para uma única alternativa, considerada a mais adequada. Essa abordagem busca manter o espaço para o design o mais aberto e flexível possível, pelo maior tempo possível, de forma a permitir melhores análises e o desenvolvimento de tantas alternativas quanto possível, na medida em que o conhecimento aumenta e as ideias amadurecem, até que a melhor seja escolhida. Esse método torna mais provável que o melhor conjunto de soluções seja adotado. A abordagem do SBD pode ser aplicada desde as primeiras decisões de design, quando as escolhas mais importantes para o design são realizadas. Isso evita o retrabalho de reiniciar o processo de desenvolvimento quando uma alternativa escolhida prematuramente se mostra inviável. Também evita que seja escolhida uma alternativa abaixo do valor ideal para o projeto (Figura 120).

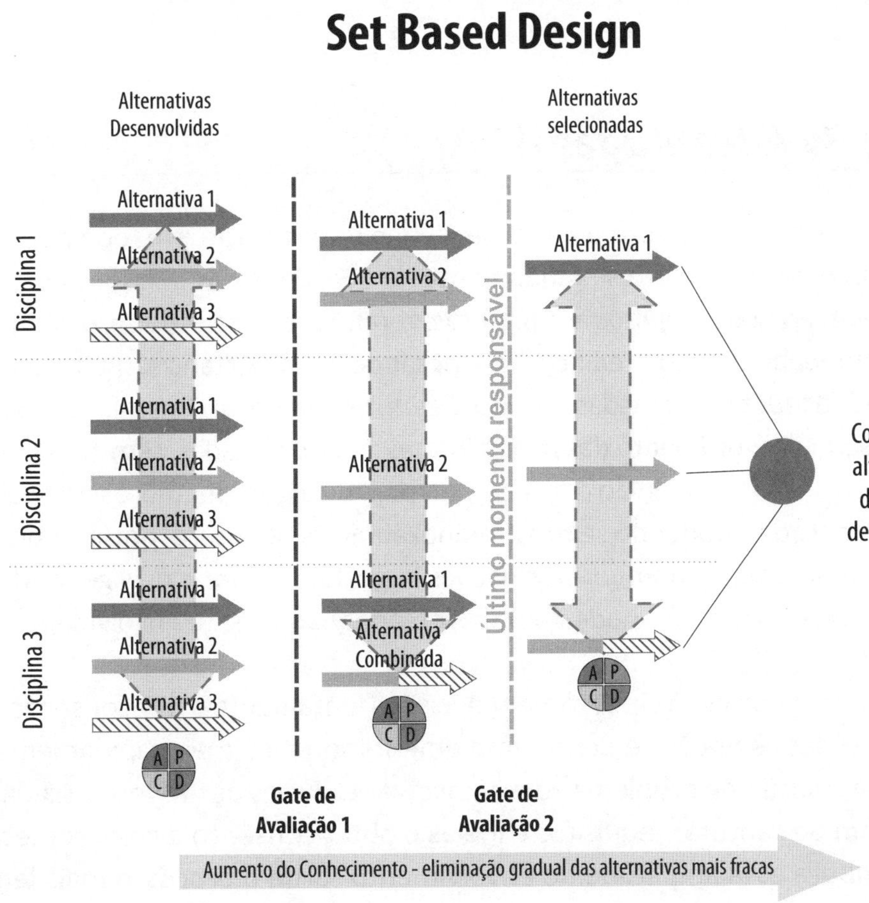

Figura 120 – Método *Set Based Design*.
Fonte: o autor.

Sob esse ponto de vista, uma equipe não deve se comprometer exclusivamente com uma única direção sem avaliar cuidadosamente todas as demais alternativas possíveis. É preciso evitar decisões precipitadas que servirão somente para restringir as próximas decisões e as opções das demais disciplinas, além de fatalmente gerar retrabalho.

A adoção dessa abordagem exigirá uma mudança de paradigma na condução do design, uma vez que demandará mais esforço inicial para o desenvolvimento simultâneo de várias alternativas e consequentemente mais horas trabalhadas, adiando o detalhamento e as especificações até que os benefícios de cada conjunto de alternativas sejam mais bem compreendidos. É preciso, no entanto, evitar investir horas de desenvolvimento em alternativas que não sejam promissoras, aumentando desnecessariamente o custo do projeto. Apesar de o SBD consumir mais tempo e esforço de profissionais experientes do que o método tradicional, essa abordagem propicia melhores decisões. As escolhas são realizadas de forma colaborativa, com base na análise e discussão das vantagens de cada alternativa, considerando a perspectiva de valor de cada uma das partes interessadas. Uma vez tomada a decisão, deve-se avançar rapidamente com a sua implementação. Obviamente, realizar uma escolha não significa que as decisões não possam ser reavaliadas. Se surgirem novas informações, ou as condições ou o cenário se alterarem, as decisões podem ser reconsideradas.

O método de decisão com grande sinergia com o SDB é o *Choosing By Advantages*, que será abordado a seguir.

4.5 *Choosing By Advantages* (CBA)

O processo de decisão está no centro dos projetos de design e construção, em todo o seu ciclo de vida. O sucesso ou o fracasso de um projeto se fundamenta na qualidade das decisões que são tomadas. Decisões erradas trazem grandes prejuízos aos projetos, gerando retrabalho, atraso, aumento de custo e impactando o desempenho da futura edificação. Apesar dessa importância, muito pouca atenção é dada à forma como as decisões são tomadas. As decisões no ambiente da construção são normalmente tomadas em nichos, sem o envolvimento das partes interessadas e afetadas, sem avaliar a abrangência do impacto e baseadas apenas na opinião e nos argumentos de alguns membros da equipe. Decisões nesse contexto são arriscadas, podendo se mostrar inexequíveis no futuro, pois premissas utilizadas podem não se tornar realidade, ou porque informações importantes foram negligenciadas, ou porque alguma parte interessada importante pode não ter sido adequadamente envolvida.

A abordagem *Lean* sugere que as equipes tomem decisões lentamente e por consenso, considerando cuidadosamente todas as opções e depois implementando-as o mais rapidamente possível. O processo de análise e solução de problemas deve envolver todas as partes interessadas e impactadas pela decisão, a fim de capturar requisitos e ideias e obter consenso e comprometimento para sua implantação. Embora essa amplitude de envolvimento torne o processo mais lento, uma vez tomada a decisão, que tende a ser de melhor qualidade, todos já estão preparados para fazer sua parte na implantação o mais rápido possível. É preciso evitar decisões precipitadas sem o domínio de todas as informações relevantes, sem explorar todas as alternativas possíveis, sem alinhar todos os envolvidos e, principalmente, sem a participação das partes interessadas que detêm a autoridade da decisão. Isso evita que decisões sejam futuramente revogadas, gerando atrasos e retrabalho.

Tomar boas decisões é importante porque leva à adoção de ações eficazes que, por sua vez, produzem os resultados desejados. Uma boa decisão é definida pela escolha do método a ser utilizado. A adoção de métodos sólidos produzirá melhores decisões com mais frequência, que, em cadeia, terão um impacto gigantesco no resultado do projeto. A adoção de métodos estruturados, além de melhorar a qualidade das decisões, promove a transparência e permite sua rastreabilidade futura. Em contrapartida, a adoção de métodos inadequados levará a decisões equivocadas, causadas por omissão de fatores relevantes, preconceitos, preferências pessoais, tendências, informações distorcidas, falta de foco no valor, métodos instintivos etc. Melhores decisões são tomadas com o uso de métodos que consigam acomodar adequadamente valores conflitantes, ambiguidades, subjetividade e ainda assim conduzam a um processo lógico de decisão. Também devem ser considerados todos os pontos de vista relevantes e sempre que possível envolver o consenso. Entretanto, é importante enfatizar que tomar decisões sempre envolve risco. Por mais fundamentada que seja, mesmo utilizando os métodos mais consistentes, uma decisão é essencialmente subjetiva e dependerá das partes envolvidas no processo e do contexto em que ela foi tomada.

Métodos sólidos de decisão se baseiam nas diferenças entre atributos, ou seja, na importância das vantagens entre duas ou mais alternativas, e devem estar firmemente ancoradas em fatos relevantes. Devem envolver as pessoas que detêm conhecimento e a autoridade necessária e devem ocorrer dentro do prazo necessário. Uma decisão correta tomada fora do prazo é uma má decisão. As decisões precisam estar sincronizadas com o cronograma do projeto.

As decisões mais importantes e com maior potencial de impactar o resultado de um projeto, em geral, são tomadas na fase de design. O desenvolvimento de um bom design é um processo de tomada de decisões inteligentes e de escolhas das melhores alternativas, o que, por sua vez, demandará equilibrar valores conflitantes. Por exemplo, apesar do custo em relação ao ciclo de vida da edificação ser importante, às vezes será preciso optar pelo custo de construção, ou mesmo pelo prazo de execução. Quase nunca existe uma única alternativa certa. Existem várias soluções, cada uma com as suas vantagens.

As decisões na construção são geralmente complexas, isso porque envolvem várias alternativas, cada uma com suas vantagens e com múltiplos e concorrentes critérios. Também incluem vários especialistas com pontos de vista divergentes e interesses distintos. Possuem muitos requisitos e restrições técnicas e legais. Também envolvem muitas partes interessadas que precisam ser atendidas, muitas vezes com requisitos conflitantes ou ambíguos. Tudo isso em um processo fragmentado, com comunicação deficiente, em um ambiente incerto e volátil e sob pressão de prazo.

Existem vários métodos para apoiar a tomada de decisão. Para cada tipo de decisão existe um método mais adequado. O método varia em função da complexidade da decisão e do número de alternativas e critérios envolvidos.

O *Choosing By Advantages* (CBA), desenvolvido por Jim Suhr, é um método de tomada de decisão de múltiplos critérios baseado nas vantagens de cada alternativa. Ele oferece um processo sistemático para lidar com grande número de alternativas, com participação ativa das partes interessadas, no qual cada uma está se concentrando em suas próprias necessidades, sem perder o foco e sem ficar sobrecarregado. O método é especialmente valioso nos processos de engenharia e análise de valor e análise de construtibilidade, onde muitas vantagens são não monetárias, ou com alternativas mutuamente excludentes, como, por exemplo, a escolha do sistema de ar-condicionado ou o tipo de revestimento da fachada. No CBA, as equipes identificam as diferenças positivas, ou seja, as vantagens, entre as alternativas em um determinado contexto de decisão e utilizam essa informação para determinar qual delas oferece mais valor sem avaliar, em um primeiro momento, o custo de cada uma delas. Ao comparar as vantagens e identificar os fatores que diferenciam significativamente as alternativas, é possível escolher a opção que agrega maior valor sem ser influenciado por ideias preconcebidas. A ideia é tomar a decisão com base na importância das vantagens, sem a influência inicial do custo. Este, por sua vez, é avaliado posteriormente para verificar se a alternativa mais vantajosa está dentro das restrições de custo do projeto ou se a organização está disposta a fazer o investimento adicional pelas vantagens superiores. O método apoia decisões colaborativas e ajuda os tomadores de decisão a escolher a alternativa que apresenta o melhor valor para o orçamento disponível.

O CBA estrutura as informações para uma tomada de decisão sólida, transparente e colaborativa. É um processo de descoberta conjunta que necessita do compartilhamento de informações, sob pena de que as melhores alternativas não sejam descobertas. O método utiliza um vocabulário bem definido para garantir o bom entendimento, a clareza e a precisão na comunicação durante todo o processo. Os termos utilizados são:

- As alternativas são as opções a serem escolhidas.
- Um fator é um componente da decisão, ou seja, contém informações necessárias à tomada de decisão – por exemplo, desempenho.
- O critério é uma diretriz que se divide entre essencial e desejável. É um filtro para selecionar alternativas que atendam aos requisitos mínimos. Em outras palavras, é um padrão ou regra na qual a decisão pode se basear. Não é usado ao comparar alternativas. Por exemplo, podemos utilizar "quanto menor, melhor" como critério de julgamento.
- Um atributo é uma característica ou qualidade de uma alternativa. Cada alternativa possui inúmeros atributos a serem considerados na decisão – por exemplo, custo, estética, vida útil, ROI estimado, características operacionais, facilidade de reposição, pegada de carbono etc.
- Uma vantagem é a diferença entre os atributos das alternativas analisadas. Uma definição importante é que vantagens e desvantagens são sinônimo, só que em sentidos contrários – em outras palavras, trata-se do mesmo fenômeno visto de perspectivas diferentes. Dessa forma, métodos que consideram ambas (vantagens e desvantagens) contam duas vezes a mesma diferença. Ou seja, as desvantagens de uma alternativa são consideradas vantagens das outras alternativas. Toda vantagem é também uma desvantagem, dependendo do ponto de referência.

O CBA pode ser utilizado em uma grande variedade de decisões, simples ou complexas, envolvendo qualquer número de alternativas e critérios. O método possui variações para diferentes níveis de complexidade de decisões. Para decisões mais complexas, muito comuns na construção, pode-se utilizar o método tabular, com duas ou mais alternativas, seguindo cinco fases: (1) a fase de definição do cenário, (2) a fase de inovação, (3) a fase de tomada de decisão, (4) a fase de reconsideração e (5) a fase de implementação (Figura 121).

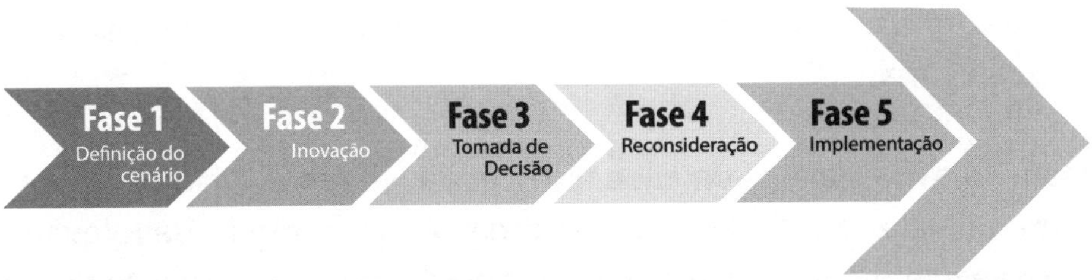

Figura 121 – Fases do processo de tomada de decisão (adaptado de Suhr).
Fonte: Tzortzopoulos; Kagioglou; Koskela (2020).

Na fase de definição do cenário, o contexto é avaliado e são identificados requisitos, necessidades e preferências das partes interessadas, a fim de definir os critérios a que a alternativa "DEVE" atender e o que "GOSTARÍAMOS" que ela atendesse. Também é o momento de identificar todos que participarão do processo de decisão, em função do seu conhecimento, autoridade ou competência.

Na fase de inovação, as alternativas são identificadas através de times multiespecializados, integrados e colaborativos.

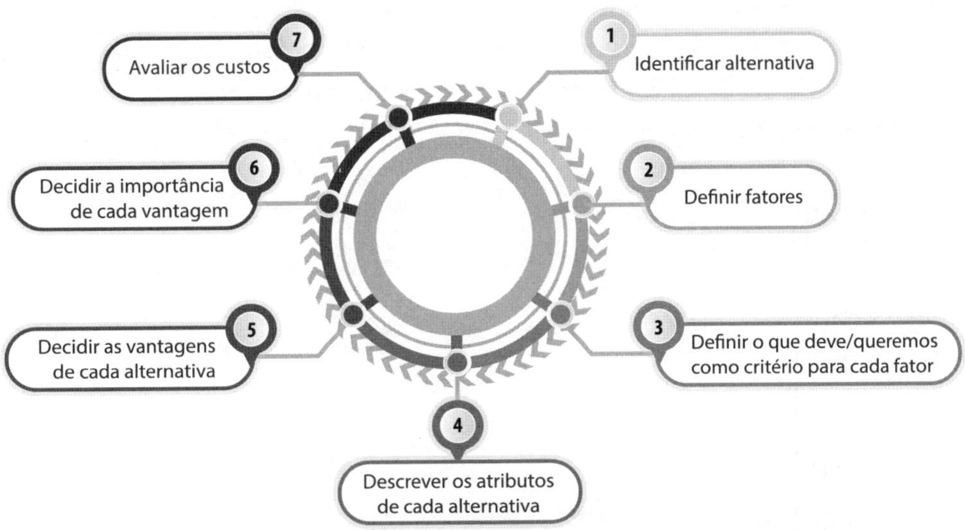

Figura 122 – Passos para implementação do método tabular CBA (modificado de Suhr).
Fonte: Tzortzopoulos; Kagioglou; Koskela (2020).

Então são definidos os fatores que diferenciam as alternativas. É importante identificar aqueles que tornarão visíveis e tangíveis as diferenças significativas entre as alternativas. O custo não deve ser considerado um fator diferenciador.

Em seguida, são estabelecidos os critérios de julgamento que serão utilizados para cada fator, sejam obrigatórios ou desejáveis. As alternativas que não atenderem a um critério obrigatório serão eliminadas. Critérios definem preferências como “quanto maior, melhor” ou “quanto mais leve, melhor”. É importante que eles tenham a concordância das partes interessadas.

Então, cada alternativa é avaliada e são enumerados os seus atributos, tanto quantitativos quanto qualitativos. O atributo menos preferido em cada categoria de fator é então sublinhado. Este servirá como linha de base contra o qual todas as demais alternativas serão comparadas e classificadas dentro da mesma categoria.

Em seguida, listam-se as vantagens de cada alternativa, sendo avaliada a importância de cada uma. Esta significa um valor atribuído a cada alternativa referente à sua relevância. O processo de ponderação é o seguinte: para a vantagem considerada mais importante de todos os fatores, atribua a nota máxima, por exemplo, 10. Essa se tornará a âncora de comparação. As demais vantagens recebem então notas ponderadas em relação à mais importante. No CBA, as decisões são baseadas exclusivamente nas vantagens (em vez de vantagens e desvantagens), evitando, assim, a dupla contagem. Quando eles são números, é simplesmente uma questão de cálculo. A alternativa com o maior somatório das notas atribuídas às suas vantagens é definida como a melhor.

Finalmente, avalia-se o custo estimado de cada alternativa. Este é tratado separadamente, pois não é considerado nem um critério, nem um fator, mas uma restrição para a tomada de decisão. Esta pode ser alterada caso as partes interessadas entendam que a vantagem apresentada pela alternativa é mais importante que a restrição de custo. No caso de alternativas de mesmo custo, claramente a de maior avaliação é a vencedora. No caso de custos diferentes, pode-se utilizar um gráfico para representar o custo e o benefício de cada alternativa, de forma a ajudar na tomada de decisão. A análise pode ser feita tanto com os custos iniciais quanto em relação ao longo prazo, ou seja, ao custo total do ciclo de vida (Figura 123).

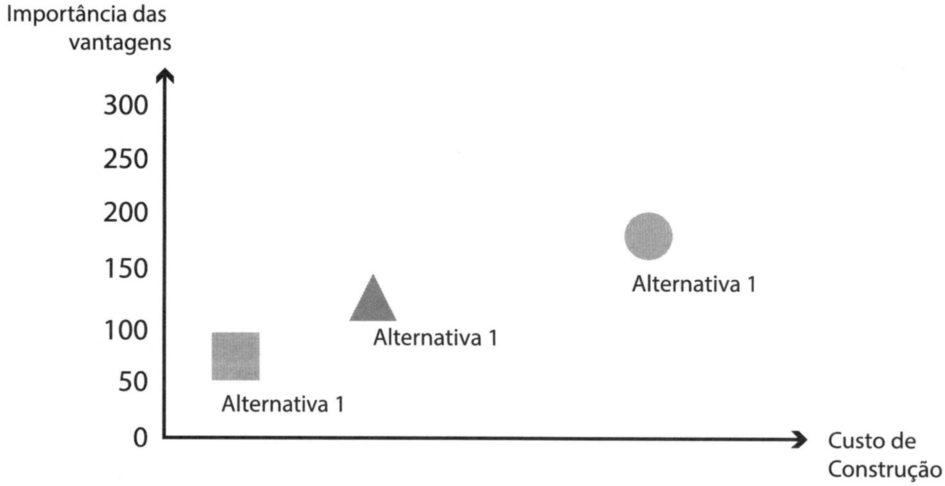

Figura 123 – Importância da vantagem x custo de construção.
Fonte: adaptado de Tzortzopoulos; Kagioglou; Koskela (2020).

Na fase de reconsideração, o processo é reexaminado e a decisão é reavaliada de forma mais ampla. Avalia-se, por exemplo, se todas as alternativas foram consideradas e se os interesses das partes interessadas foram atendidos. Utilizam-se perguntas como: a decisão pode ser melhorada? Existem outros fatores a serem considerados? As alternativas devem ser consideradas? Confirmada a decisão, avança-se para última fase, que é a implantação. Nela a equipe se compromete com a escolha e elabora um plano de ação baseado na alternativa escolhida. Todas essas informações são organizadas em uma planilha, de forma a facilitar a análise e as conclusões (Figura 124).

CBA - CHOOSING BY ADVANTAGES						
Decisão avaliada						
	Alternativa 1		Alternativa 2		Alternativa 3	
Fatores e Critérios	Atributos e vantagens	Importância	Atributos e vantagens	Importância	Atributos e vantagens	Importância
	Importâncias		Importâncias		Importâncias	
	Custo		Custo		Custo	

Figura 124 – Tabela CBA.
Fonte: o autor.

No exemplo a seguir (Figura 125), para a escolha do melhor sistema de ar-condicionado para uma edificação, as alternativas são descritas no cabeçalho, enquanto os fatores e critérios são descritos na coluna mais à esquerda. Os atributos menos preferidos de cada fator são sublinhados de forma a servirem de comparação para os demais. Por exemplo, o atributo de custo de energia do sistema de *chiller*, neste caso, é o menos preferido; então, em comparação a ele o sistema *split* apresenta uma vantagem de 400 kW/h e o VRV apresenta uma vantagem de 200 kW/h. Os atributos e vantagens de cada alternativa são registrados nas células. Em seguida, a que representa a maior vantagem é circulada e recebe a pontuação máxima. Todos os demais atributos são pontuados relativamente a ela. As pontuações totais são calculadas e registradas na última linha. O custo não é tratado nessa fase, somente após as alternativas serem classificadas.

CBA - CHOOSING BY ADVANTAGES

Sistema de ar-condicionado

Alternativas	Sistema Split Individual Inverter	Import.	Sistema VRV	Import.	Sistema Chiller - a. gelada	Import.
Fator: Facilidade de operação Critério: Quanto mais fácil, melhor	Atributo: Qualquer cliente sabe operar. Vantagem: Maior facilidade de operação	3	Atributo: É necessário treinamento Vantagem: Simplicidade de operação	1	Atributo: Operado somente por especialistas	
Fator: Facilidade de manutenção Critério: Quanto mais fácil, melhor	Atributo: Peças facilmente encontradas Vantagem: Facilidade maior	4	Atributo: Peças somente do fabricante Vantagem: relativamente fácil	2	Atributo: Peças só sob encomenda	
Fator: Vida útil Critério: Quanto maior, melhor	Atributo: 5 anos		Atributo: 15 anos Vantagem: mais de 10 anos	4	Atributo: 20 anos Vantagem: mais de 15 anos	6
Fator: Custo de energia Critério: Quanto menor, melhor	Atributo:100kw/h Vantagem: Menos 400 kw/h	10	Atributo:300kw/h Vantagem: Menos 200 kw/h	8	Atributo:500kw/h	5
Importâncias Investimento	17 R$ 300.000,00		15 R$ 500.000,00		11 R$ 1.000.000,00	

Figura 125 – Exemplo de aplicação do método CBA.
Fonte: o autor.

Os benefícios da adoção do CBA são:

- Tornar o processo de decisão transparente, demonstrando o racional por trás da decisão, documentando todas as informações utilizadas e critérios definidos, permitindo o rastreamento e a auditoria futura e promovendo o aprendizado e a melhoria contínua da equipe e das empresas.
- Registrar, sistematizar e otimizar o processo de decisão por todo o projeto. É especialmente importante quando há necessidade de documentar e justificar as decisões críticas.
- Contribuir para uma discussão aberta sobre fatores, critérios e atributos e construir uma visão compartilhada das vantagens de cada alternativa.
- Permitir que todos compreendam as implicações de cada decisão e deixar que elas sejam futuramente revisadas, caso seja necessário.
- Levar a equipe a entender melhor os atributos, os fatores, os critérios e as vantagens de cada alternativa, o que, por sua vez, leva à criação de novas alternativas, muitas vezes inovadoras.
- Permitir a introdução de novos fatores ou alternativas sem a necessidade de voltar à estaca zero no processo de avaliação. Ele também mantém o foco das partes interessadas em fatos relevantes.
- Construir o consenso entre as partes interessadas e reduzir o potencial de conflitos, evitando iterações desnecessárias no processo de design. Isso é fundamental quando há várias partes interessadas com requisitos conflitantes.
- Sustentar o aprendizado contínuo. O registro das decisões tomadas, de forma transparente, com a escolha justificada, permite que a empresa e os profissionais aprendam com cada processo.
- Reduzir a quantidade requerida de *trade-off* e manter as decisões baseadas na importância das vantagens de cada alternativa.

- Facilitar as decisões e o julgamento em termos de custo e valor, porque organiza as informações relevantes.
- Contribuir para reter o conhecimento na organização, o que é muito útil para decisões e projetos futuros.
- Inibir a tendência à tomada de decisões baseadas na experiência, no preconceito ou em suposições. O método obriga os participantes a entender as diferenças entre as alternativas para o contexto em questão, decidir qual alternativa traz vantagens para cada fator, compreender a importância dessa vantagem em relação às demais e a decidir sobre a importância das vantagens.

Para que se obtenha sucesso com a implantação do CBA recomenda-se:

- Garantir que as pessoas relevantes participem do processo. São elas que detêm o conhecimento para explicar as alternativas e suas vantagens e que possuem a autoridade para tomar a decisão.
- Envolver sempre as partes interessadas que serão impactadas pela decisão ou que possuem conhecimento técnico a respeito. Decisões colaborativas só funcionam quando as partes interessadas são envolvidas no momento certo.
- A colaboração e a diversidade de pontos de vista são importantes para uma boa tomada de decisão. Sem elas e um bom processo de comunicação, as decisões ficam restritas aos silos, que não detêm todo o entendimento dos impactos de cada decisão. Isso gera fragmentação e falta de entendimento compartilhado.
- Adiar as decisões o máximo possível, conforme proposto no método *Set Based Design*. Decida lentamente, por consenso, com acesso a informações de qualidade, e implante-as rapidamente.
- Tomar decisões com foco nos benefícios e nas necessidades de longo prazo.
- Separar custo de valor. Permita que o dinheiro se mova entre as fronteiras contratuais.
- Utilizar um processo de tomada de decisão honesto e ser transparente. O uso de um método não garante a decisão certa.

4.6 Engenharia e Análise de Valor (EAV)

A Engenharia e Análise de Valor (EAV) é uma técnica que busca desenvolver alternativas para adicionar valor a um produto através do estudo de suas funções e seus custos, garantindo sua qualidade e funções necessárias. Em outras palavras, ela busca a redução do custo de um produto, mantendo suas funcionalidades através do desenvolvimento de alternativas apropriadas sem, no entanto, empobrecer o produto.

Na indústria da construção, a EAV é uma abordagem proativa e sistemática de análise de produto, projeto e processos, que busca desenvolver alternativas que cumpram as mesmas funções, com desempenho igual ou superior, com menores custos. Nessa técnica, as características da edificação são convertidas em funções, permitindo à equipe focar no seu desempenho e possibilitando uma análise criativa e refinada de alternativas construtivas. Essa técnica desafia nossa percepção e nossas premissas, levando-nos a abordar o problema de forma inovadora e menos óbvia, analisando por ângulos diferentes do usual, nos levando a pensar "fora da caixa". A questão a ser respondida é: como posso exercer essa função com menores custos ou melhor? Durante a análise, deve-se questionar tudo, por exemplo: o que faz? Por que tem esse formato? Por que tem essas dimensões? Para que serve esse furo? Por que é feito desse material? Por que é pintado? E assim por diante. Quanto antes a EAV for aplicada no processo de desenvolvimento do design, maiores as oportunidades de agregação de valor ao projeto (Figura 126).

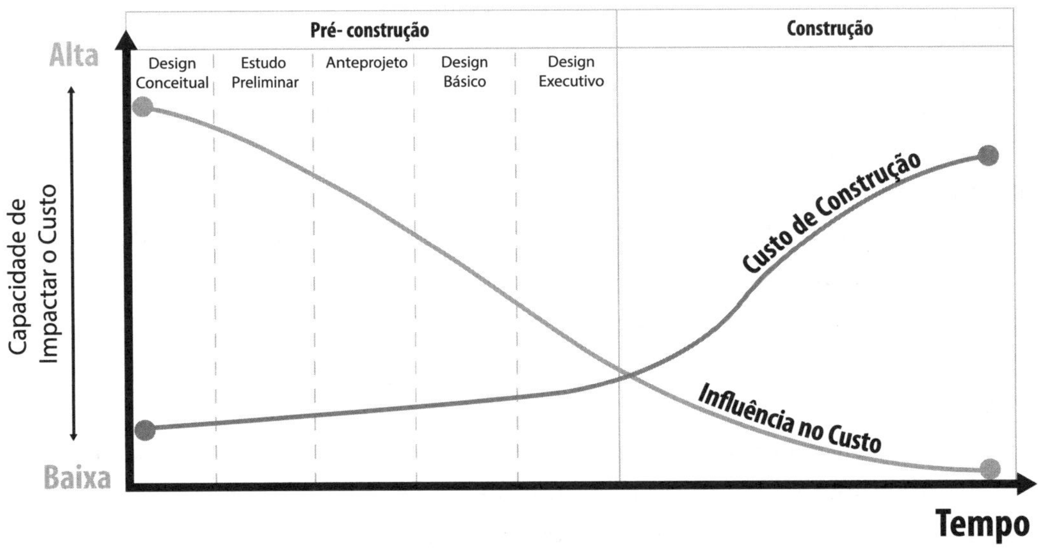

Figura 126 – Capacidade de influenciar os custos no tempo.
Fonte: o autor.

Como vimos anteriormente, a definição de valor varia para cada parte interessada. No EAV, o valor não é determinado pelo produto em si, mas por suas características. Pode ser definido como o menor custo atribuído a um produto, que deverá possuir a qualidade necessária para atingir a função desejada. O valor não é função exclusiva do custo de produção nem guarda relação com o seu preço.

O valor pode ser abordado sob duas perspectivas: do ponto de vista do fornecedor e do ponto de vista do cliente. Do ponto de vista do fornecedor, é função do custo e do lucro, ou seja, o valor será tanto maior quanto menor for seu custo de produção e, consequentemente, seu lucro. As abordagens tradicionais avaliam valor apenas por essa perspectiva e acabam levando a problemas de qualidade, baixa confiabilidade, baixa vida útil, empobrecimento do produto etc. Do ponto de vista do cliente, o valor é função dos atributos de qualidade, do preço e do desempenho da função desejada. Em outras palavras, podemos dizer que quanto maior for a qualidade, menor o preço e melhor o atendimento às suas funções, maior será o valor do produto. A EAV busca conciliar as duas visões. Quando avaliamos todas essas variáveis associadas ao valor, tanto para o cliente quanto para o fornecedor, encontramos interdependência apenas entre duas: o custo e a função.

Na busca pela redução de custo, concentramo-nos, inicialmente, em suas funções e questionamos a sua necessidade. Se necessária, buscamos atender a essa função a um custo menor; se desnecessária, buscamos eliminá-la. Sendo assim, o primeiro passo para a EAV é a descrição das funções do produto. Uma função pode ser definida como as características do produto que atendem a uma necessidade ou propósito útil para o cliente ou outra parte interessada. Isso inclui confiabilidade, vida útil, manutenibilidade etc. As funções podem ser de uso, que representam o desempenho, e de estima, que representam a sua estética.

As funções devem ser classificadas entre básicas, que representam o motivo de sua existência, e secundárias, que auxiliam no desempenho técnico da função básica. Normalmente, um produto possui apenas uma função básica. Identificar e classificar cada uma das funções e o custo relacionado a elas é o grande desafio. No processo de identificação, descrevemos as funções sempre através de um verbo e um substantivo. Nem mais, nem menos. Se não conseguir fazê-lo é sinal de que faltam informações suficientes ou que é necessário subdividir o produto. As funções de uso utilizam verbos de ação e substantivos mensuráveis. Já as funções de estima utilizam verbos passivos e substantivos qualitativos. O uso de duas palavras reduz a possibilidade de erros de interpretações. Deve-se evitar o uso dos verbos ser, estar, ter e haver, pois não indicam funções, mas propriedades.

Exemplos:

- **Verbos ativos:** proteger, reduzir, isolar, estabilizar, controlar, proteger.
- **Substantivos mensuráveis:** peso, tensão, densidade, corrente, fluxo, força.
- **Verbos passivos:** melhorar, apresentar, satisfazer, possibilitar, manter.
- **Substantivos qualitativos:** estilo, prestígio, forma, bonito, efeito visual.

Para descrever corretamente as funções de um produto perguntamos ao produto e respondemos por ele. Algumas perguntas são:

- O que você faz?
- Por que tem esta forma?
- Por que tem este furo?
- Por que tem esta dimensão?
- Por que é pintado?
- Por que é feito deste material?
- Por que tem este acabamento?
- Por que é rígido ou flexível?
- Entre outras.

Na medida em que formos examinando, vão surgindo novas perguntas a formular. Se as respostas forem expressas através de um verbo e um substantivo, serão funções do produto.

O produto deve ser desmontado ao nível de seus componentes e ter suas funções analisadas individualmente. Cada elemento terá uma função principal, que poderá ser uma função secundária de outro conjunto. Uma vez identificadas e classificadas em básicas, secundárias e desnecessárias, as funções podem ser comparadas e ter suas inter-relações identificadas. Elas devem ser classificadas em ordem crescente de importância, com a atribuição de valores numéricos. Em seguida, o custo para cada função é calculado. Assim, podemos analisar os custos por função, inclusive das consideradas desnecessárias. Não é uma tarefa fácil definir os custos por função.

Além de suas funções, todo produto também deve atender a especificações. Estas podem ser obrigatórias ou desejáveis. As especificações carregam também consigo custos e funções que não necessariamente agregam valor, por isso também devem ser avaliadas.

Um projeto de EAV termina com a escolha da melhor solução entre as alternativas desenvolvidas. Para isso, pode ser utilizado o método CBA. Um exemplo simples de aplicação da técnica foi o desenvolvimento de uma alternativa para as tradicionais tampas de caixa d'água em aço. A tampa produzida em aço usualmente apresenta corrosão acelerada pelo contato com o cloro e o intemperismo, demanda muita manutenção e é muito pesada. A substituição do material por fibra de vidro mantém a estética e sua função principal de proteção, adicionando as qualidades de leveza, durabilidade ao tempo, perfeita vedação, resistência à corrosão e menor custo (Figura 127).

Figura 127 – Tampa de caixa d'água executada em fibra de vidro. Fonte: o autor.

A EAV possui estreita relação com as análises de construtibilidade da edificação. A diferença é que a construtibilidade foca apenas na fase de construção, enquanto a EAV analisa todo o ciclo de vida da edificação, ou seja, construção, operação, manutenção e demolição.

4.7 *Life Cycle Cost* (LCC)

A técnica *Life Cycle Cost* (LCC), conhecida em português como custeio do ciclo de vida, avalia o gasto ao longo de todo o ciclo de vida de um ativo para apoiar e justificar a tomada de decisão, geralmente associada à seleção de alternativas. É usualmente utilizada em conjunto com técnicas como EAV, SBD, CBA, TVD, entre outras. O custeio do ciclo de vida melhora a qualidade das decisões porque nos permite avaliar melhor as consequências de nossas escolhas.

A indústria da construção tradicionalmente trata de forma separada os custos de construção, operação e posterior demolição e descarte de uma edificação. Essa fragmentação influencia profundamente o processo decisório, fazendo com que as decisões sejam tomadas apenas com base no custo de construção, buscando menores preços, mas com pouca atenção ao fluxo de caixa futuro, afetando profundamente o interesse de usuários e investidores pela edificação. Isso porque, quando analisamos a distribuição típica dos custos de uma edificação durante todo o seu ciclo de vida, percebemos que uma grande parcela se concentra durante a fase de operação, representando até 80%. O design representa em torno de 2% e a construção outros 13% (Figura 128).

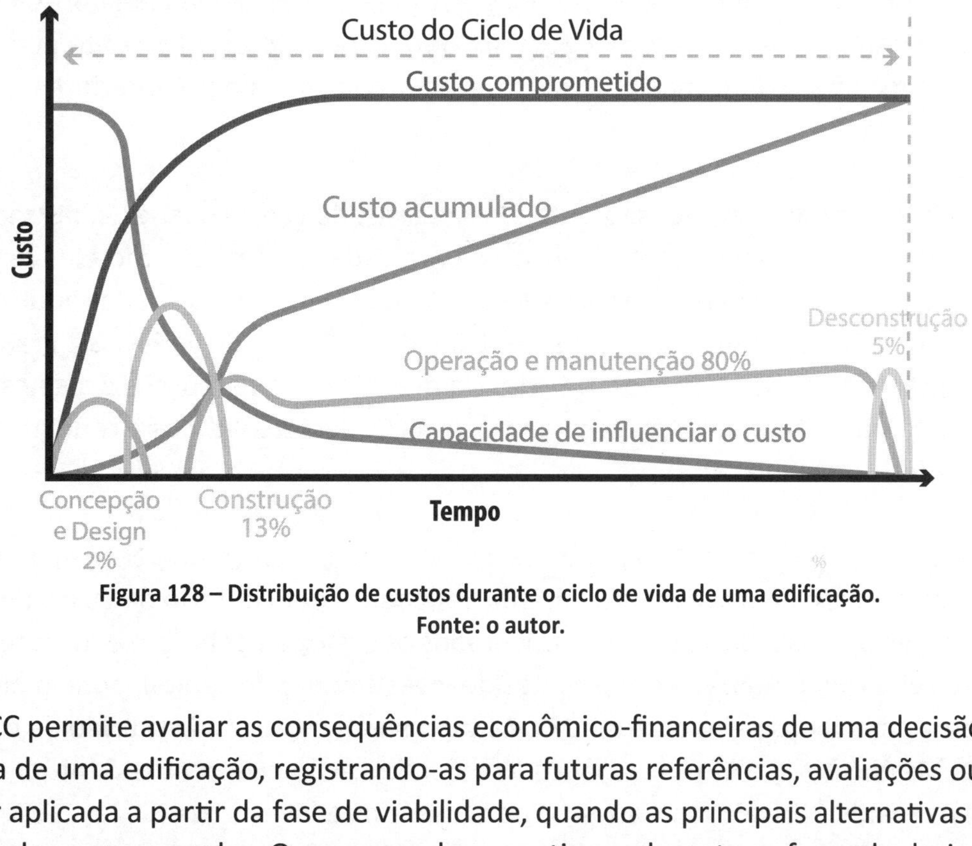

Figura 128 – Distribuição de custos durante o ciclo de vida de uma edificação.
Fonte: o autor.

A técnica LCC permite avaliar as consequências econômico-financeiras de uma decisão por todo o ciclo de vida de uma edificação, registrando-as para futuras referências, avaliações ou auditorias. Ela deve ser aplicada a partir da fase de viabilidade, quando as principais alternativas são identificadas, avaliadas e comparadas. O processo deve continuar durante as fases de design conceitual e preliminar, quando as mudanças podem ser mais facilmente realizadas com menor impacto e resistência, permitindo avaliar várias alternativas de design segundo seu impacto econômico a longo prazo. Concluída a fase de design, as análises comporão a linha de base que orientarão as decisões futuras. O nível de profundidade e detalhamento da análise pode variar, dependendo do tipo, da importância, do nível de informação disponível, da quantidade de alternativas disponíveis etc. As principais variáveis consideradas na análise são os custos com energia e água, operação, gerenciamento, limpeza, manutenção e substituição dos principais componentes.

O cálculo do LCC é relativamente simples e utiliza as mesmas ferramentas usadas nas análises de viabilidade dos projetos. As mais comuns são o *Payback*, VPL (Valor Presente Líquido), TIR (Taxa Interna de Retorno) e algumas variações dessas. Em linhas gerais, o *Payback* avalia o tempo necessário para que o retorno gerado pague o investimento. É a técnica mais simples e mais utilizada. Permite eliminar rapidamente alternativas irrealistas. O VPL compara o valor presente do investimento e seu retorno ao longo da vida útil do sistema. O método leva em consideração o fluxo de caixa e todas as variáreis que agem sobre ele. A TIR calcula o percentual auferido sobre o valor investido ao longo do ciclo de vida após ter amortizado o investimento.

Na prática, a LCC enfrenta alguns desafios. Por se basear em estimativas sobre o comportamento futuro da edificação, ela envolve certo nível de incerteza e pode oferecer risco à decisão, principalmente porque essas estimativas são realizadas em fases bem preliminares do design. A vida útil de equipamentos e sistemas também carrega grande incerteza, pois pode variar em função das condições de instalação, manutenção e uso, ou mesmo ser determinada pela obsolescência tecnológica. Sua previsão não é tarefa fácil e deve ser definida com o envolvimento de especialistas, fornecedores, fabricantes e informações históricas de projetos análogos anteriores, extrapolados para o novo contexto.

Para reduzir a incerteza do método, são utilizadas análises de sensibilidade. Nelas são calculados os resultados para o espectro possível de valores para cada variável e como eles reagem a essa variação, ou seja, sua sensibilidade a essa variação. A análise de sensibilidade reduzirá o nível de incerteza e aumentará a confiança nas previsões. Quando o número de variáveis é grande, é necessário utilizar uma técnica chamada Monte Carlo. Na medida em que o projeto avança e melhores informações se tornam disponíveis, os orçamentos e a LCC são atualizados e refinados, tornando-os mais precisos e confiáveis.

O processo de tomada de decisão das aquisições é diretamente impactado pelo resultado da análise de LCC. Isso porque uma alternativa inicialmente vencedora pelo critério de custo de construção pode não ser a melhor alternativa quando considerados os custos de operação e manutenção (Figura 129). É um conceito muito utilizado em projetos de investimento de capital, onde o proprietário e seu negócio são impactados pelos custos de operação, manutenção e substituição de componentes da edificação. Mesmo em projetos destinados à comercialização, o baixo custo futuro de operação e manutenção do ativo torna-o mais atrativo para usuários e investidores.

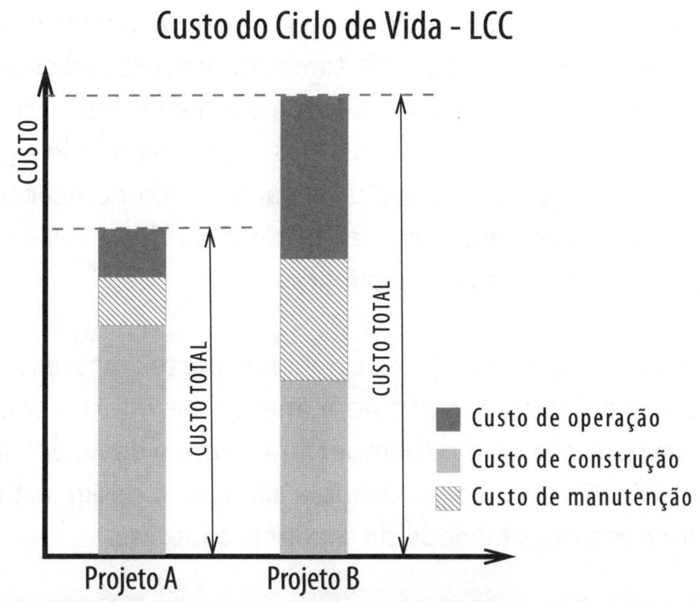

Figura 129 – LLC – *Life Cycle Cost* (custo do ciclo de vida).
Fonte: adaptado de Bull, 1993.

Existe obviamente uma relação entre o custo de aquisição e o desempenho de um sistema, sendo que raramente a alternativa mais barata oferece o melhor desempenho. Os critérios de escolha, entretanto, são muitos – além do custo, temos, por exemplo, dimensões, disponibilidade de entrega, limitações de assistência, peças e manutenção, conforme abordado no item 3.8 – Gerenciamento das aquisições do projeto.

4.8 *Quality Function Deployment* (QFD)

Um dos maiores desafios do processo de design é converter todos os requisitos, necessidades e expectativas das partes interessadas em requisitos de produto. O *Quality Function Deployment* (QFD) é um método que traduz as necessidades e expectativas dos clientes em requisitos técnicos apropriados para cada fase do desenvolvimento de um produto (design e construção), de forma que a engenharia possa trabalhar. Ele foca na entrega de valor pelo entendimento das necessidades e expectativas das partes interessadas e o atendimento dessas através do desenvolvimento do design. Isso inclui a identificação do melhor valor para cada sistema, parte ou material. Trata-se de uma forma sistemática de assegurar que o produto será desenvolvido para atender às demandas do cliente.

QFD é a fusão de três importantes conceitos do processo de design: (1) a transição estruturada das necessidades do cliente para especificações técnicas visando o desenvolvimento adequado do design; (2) a representação gráfica e racional da relação entre o design e os requisitos do cliente; (3) e o desenvolvimento de conhecimento através de um time multifuncional e um processo interativo de desenvolvimento.

O método preenche uma lacuna existente entre os requisitos das partes interessadas e as especificações de produto e critérios de qualidade. Ele também provoca a discussão de expectativas e requisitos conflitantes ainda nos estágios iniciais de desenvolvimento do design, de forma a permitir que sejam mais bem negociados e solucionados. Outro benefício significativo é o desenvolvimento de uma linguagem comum entre todas as partes. A comunicação constante durante todo o processo reduz os desentendimentos provenientes das diferenças de formação, valores e vocabulários, muito comuns em times multidisciplinares.

O uso do método QFD na construção engaja as principais partes interessadas na definição de prioridades nas fases iniciais do design e estrutura a análise das informações obtidas. Conhecer sua percepção a respeito da qualidade é muito importante para o desenvolvimento do design e o processo de tomada de decisão. Quanto mais próximo e alinhado o design estiver das necessidades das partes interessadas, menor a possibilidade de mudanças futuras.

O QFD é uma abordagem de equipe e multidisciplinar. Todas as disciplinas associadas ao desenvolvimento do produto devem estar representadas: arquitetura, instalações, ar-condicionado, estruturas, produção, qualidade etc. Todos devem ter o mesmo objetivo: desenvolver o produto definido pelo cliente no prazo, custo e qualidade acordados. Essa proximidade incentiva a abordagem integrada dos problemas, intensifica a troca de informações e encoraja a inovação. O QFD se assemelha à EAV (Engenharia e Análise de Valor) em muitos aspectos. Quanto mais diversificada a equipe, mais robusto será o resultado. Além de reduzir o custo de produção, o QFD facilita a comunicação e aumenta a cooperação entre os vários participantes.

Existem muitas variações na aplicação do método QFD, dependendo do produto a ser desenvolvido e do objetivo. O QFD captura e desdobra os requisitos e necessidades das partes interessadas em uma lógica de causa e efeito de forma estruturada, hierarquizada e priorizada, passando pela qualidade do produto, seus subsistemas e componentes. Essa identificação nem sempre é fácil, uma vez que os clientes não expressam suas necessidades e desejos diretamente. Eles precisam ser trabalhados para se transformarem em informações úteis para o projeto, convertendo-se em requisitos. Em projetos de capital, é possível que o proprietário já forneça as especificações técnicas da construção. Nesse caso, é possível fazer a operação inversa e encontrar quais são as verdadeiras necessidades do cliente.

A qualidade pode ser desdobrada vertical ou horizontalmente. Verticalmente significa aumentar o nível de detalhes, em um raciocínio de causa-efeito em vários níveis hierárquicos. Horizontalmente significa aumentar sua amplitude em quatro dimensões: qualidade, tecnologia, custos e confiabilidade. O objetivo do desdobramento é tornar conhecidas, explícitas e formais as características de um produto, permitindo que o design atenda plenamente às necessidades do cliente e transfira essas características àqueles que farão a produção.

O processo começa com a identificação dos requisitos das partes interessadas, que, em geral, são qualitativos como “fácil de operar”, “eficiente”, “seguro”, “durável”, “confortável”, “imponente”, "luxuoso" etc. Apesar de importantes para elas, não são mensuráveis. Por isso, precisam ser convertidos em requisitos de design mensuráveis e que, se atendidos, irão satisfazê-las. A partir daí, os requisitos de design serão desdobrados em características das partes, dos processos e da produção.

A primeira matriz, também chamada de "casa da qualidade", é a base para o desenvolvimento das fases seguintes e fornece os requisitos técnicos para o desenvolvimento do design (Figura 130). Ela é formada por duas tabelas, a tabela da qualidade exigida (requisitos do cliente) e a tabela de desdobramento das características de qualidade do produto (requisitos do produto). O objetivo é determinar a correlação entre ambas, possibilitando a priorização das características de qualidade e estabelecendo uma relação de causa-efeito.

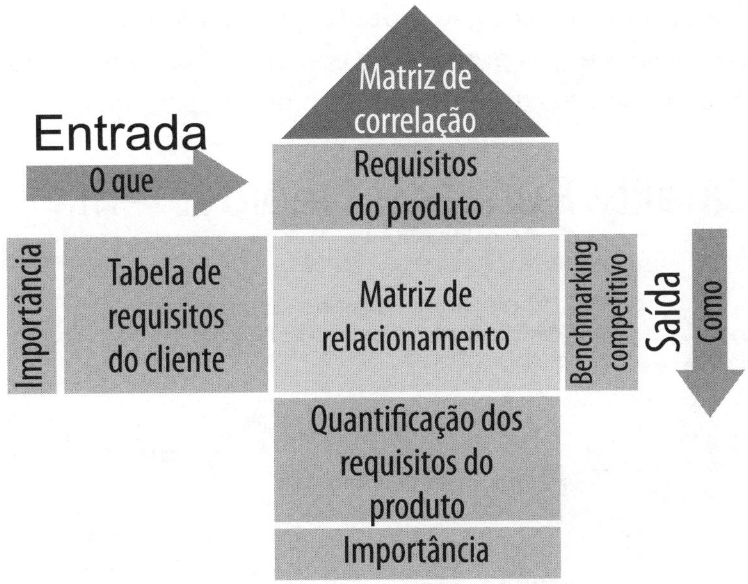

Figura 130 – Matriz "casa da qualidade".
Fonte: o autor.

A lógica da "casa da qualidade" é "O QUE" para o "COMO" até o "QUANTO". Os "O QUE" são as necessidades das partes interessadas, normalmente vagas. Então cada item é dividido em um ou mais "COMO". Nesse processo podem ser identificados novos itens "O QUE", que serão também desdobrados. É comum que alguns itens se afetem mutuamente, positivamente ou até mesmo negativamente. Essas correlações são então representadas na matriz. Não havendo correlação entre os itens, o espaço deve ser deixado em branco. Os itens "QUANTO" são as medidas dos itens "COMO" e são registrados separadamente, porque normalmente não são conhecidos no início do processo. A correlação entre os itens "COMO", que pode ser tanto positiva quanto negativa, é realizada em uma matriz triangular de correlações que forma o "telhado da casa de qualidade". Essa matriz facilita a identificação de quais itens possuem sinergia e se reforçam e quais são conflitantes. Ambas as correlações fornecem informações importantes para a análise. Na análise dessa matriz, é importante dar atenção às correlações fortes entre a qualidade exigida e a característica de qualidade. É preciso verificar se os parâmetros da qualidade projetada realmente são capazes de atender à qualidade planejada. Também é importante dar atenção às linhas em branco, que significam que não existe correlação entre as características de qualidade e o produto final. Já as colunas em branco podem significar que não existe correlação entre uma característica de qualidade e a qualidade exigida pelo cliente e, portanto, ser uma oportunidade de redução de custo. Também pode significar que alguma qualidade pode não ter sido considerada na tabela de qualidade exigida, o que levará ao não atendimento de alguma necessidade do cliente.

Uma vez definida a tabela de qualidade exigida, são extraídas as características do produto final e os parâmetros de controle dos processos. A empresa deve estabelecer um plano para atender à qualidade de cada item.

O desdobramento então pode continuar seguindo o modelo conceitual, passando pelas quatro fases de desenvolvimento, com o projeto do produto, planejamento dos processos e da produção (Figura 131). Na maioria das vezes, os projetos de construção se limitam ao desenvolvimento da "casa da qualidade", prosseguindo o desenvolvimento do design com outros métodos.

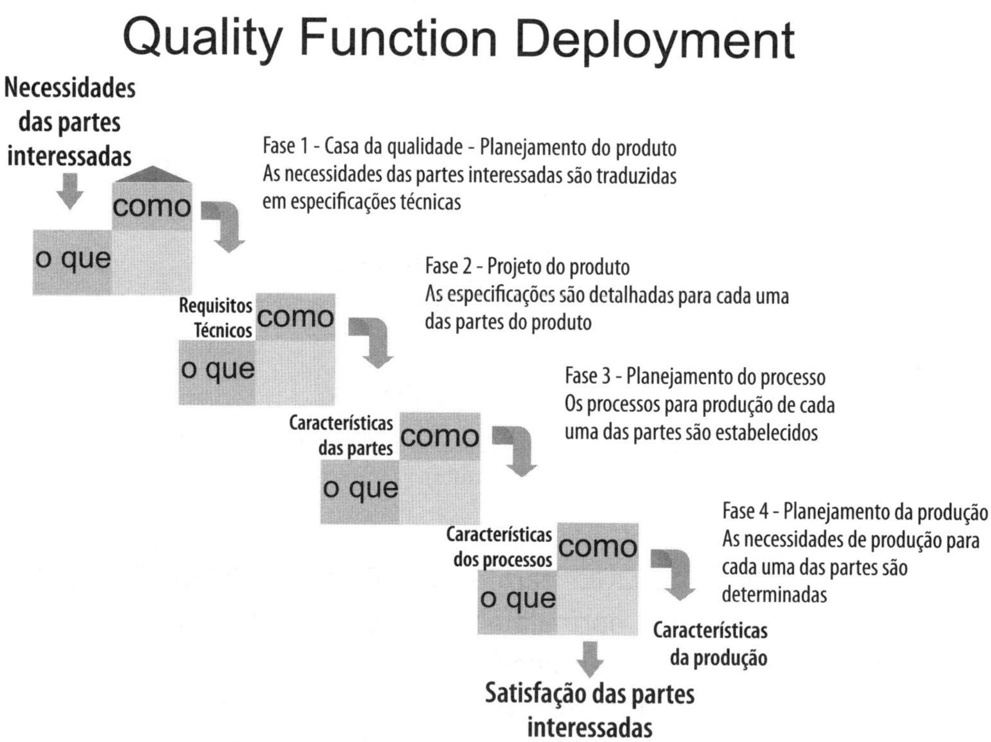

Figura 131 – Desdobramentos do QFD.
Fonte: o autor.

O esforço de desdobramento da qualidade normalmente vem acompanhado do desdobramento das estimativas de custo, de forma a permitir o equilíbrio entre os dois parâmetros. Isso porque, na maioria das vezes, atender a todas as exigências das partes interessadas leva a custos muitos altos e a dificuldades operacionais e técnicas. O que se faz é uma priorização de acordo com a importância atribuída a cada requisito.

Figura 132 – Exemplo de matriz QFD.
Fonte: o autor.

O método QFD utiliza-se de técnicas como a Engenharia e Análise de Valor, Árvore de Falhas, *Failure Mode and Effect Analysis* (FMEA), entre outras, para ajudar nas análises e na tomada de decisão.

Como benefícios do QFD podemos citar a redução do número de mudanças no design, a redução do prazo de design, a diminuição do retrabalho, a maior satisfação das partes interessadas, que terão suas necessidades atendidas, o aprendizado e a melhoria contínua dos profissionais da equipe, entre outros. Entretanto, apesar de todos os benefícios que proporciona, a aplicação do QFD pode ser extremamente trabalhosa, e seu sucesso é altamente dependente da qualidade das análises das informações e da capacidade da equipe de transformá-las em requisitos mensuráveis. Também demanda treinamento da equipe para dominar o método. Por isso, sua adoção deve ser cuidadosamente avaliada e planejada.

4.9 Pensamento A3

O pensamento A3 é um método de solução de problemas baseado no PDCA. Ele aborda o problema de forma estruturada, tornando-o evidente, bem como os resultados desejados, as hipóteses de solução e o plano de ação para implantação da alternativa escolhida, tudo isso resumido em uma folha de papel A3 (297 x 420mm).

O A3 é um método colaborativo, iterativo e não linear onde, na medida em que o processo de análise e discussão leva ao aprendizado e a novos conhecimentos, as etapas anteriores são reavaliadas e amadurecidas. Por isso, dizemos que o processo deve ser feito a lápis e não se deve ter medo de voltar às etapas anteriores para aperfeiçoar o que já foi feito. O pensamento A3 costuma levar a decisões por consenso, uma vez que reúne toda a informação relevante e permite que as preocupações dos participantes sejam apresentadas e esclarecidas.

O pensamento A3 pode ser utilizado para comunicar alternativas e soluções de forma clara e concisa, garantindo que os tomadores de decisão terão a melhor informação para decidir, ou para reportar progresso na solução de problemas. O A3 também é utilizado para suportar o processo de aprendizado contínuo, documentando as inovações e soluções ao longo do tempo. Mas cuidado! Ele não é apenas um formulário, mas um processo.

O método padroniza e simplifica o processo de captura de pensamento, análise e tomada de decisão dentro do projeto. Quando todos usam o mesmo método para resolver um problema, ele se torna ágil e mais eficiente. Outra vantagem é que o próprio processo já é o relatório final, poupando tempo de criar um.

O pensamento A3 reúne as alternativas estudadas e registra as decisões e o racional por trás delas. Isso permite que o processo seja revisitado em situações futuras análogas ou para auditorias.

Não existe um único formato para o pensamento A3, existem várias estruturas possíveis, dependendo da sua utilização. Normalmente, ele inicia com a definição do problema, a análise da condição atual, a descrição da condição desejada, finalizando com um plano de ação e medidas para avaliação do progresso.

A descrição do problema é o primeiro, mais importante e mais negligenciado passo na busca por uma solução. A forma como ela é estruturada determina o foco da equipe. A descrição do problema deve retratar exatamente a condição atual, sem análise de causas, preconceito ou hipóteses prematuras ou reativas. Muitas vezes, é preciso ir até o local onde o problema ocorre e observar. É importante entender com profundidade a realidade atual. Se você errar na definição do problema, então todas as hipóteses feitas para a sua solução também estarão erradas. Resolver o problema errado, mesmo que de forma eficiente, será um grande desperdício de recursos. Pode ser que seja necessário ajustar ou até mesmo redefinir o problema, na medida em que você aprende coisas no processo de análise.

A partir do problema definido, é possível capturar e compreender a realidade atual, ou seja, o que está e o que não está funcionando e o porquê disso. Em outras palavras, você deve explicar por que está obtendo os resultados que está obtendo e onde você deve focar para fazer as mudanças necessárias. Muitas vezes, é essencial ter humildade para admitir que você precisa aprender algo mais e investir tempo para adquirir o conhecimento básico para compreender a realidade atual antes de iniciar a implantação de melhorias. Isso evitará que você repita os mesmos erros cometidos anteriormente e que você elimine itens bons que funcionam adequadamente. Alguns métodos podem ajudar na tarefa de entender a situação atual, como, por exemplo, o método dos "5 porquês", no qual essa pergunta é repetida até que se chegue à causa-raiz. Uma vez conhecido claramente o problema e compreendida a condição atual, é possível estabelecer uma visão objetiva do alvo – em outras palavras, a meta a ser atingida. Com a meta estabelecida, é possível definir um plano de ação visando levar o projeto da condição atual para o novo objetivo (Figura 133).

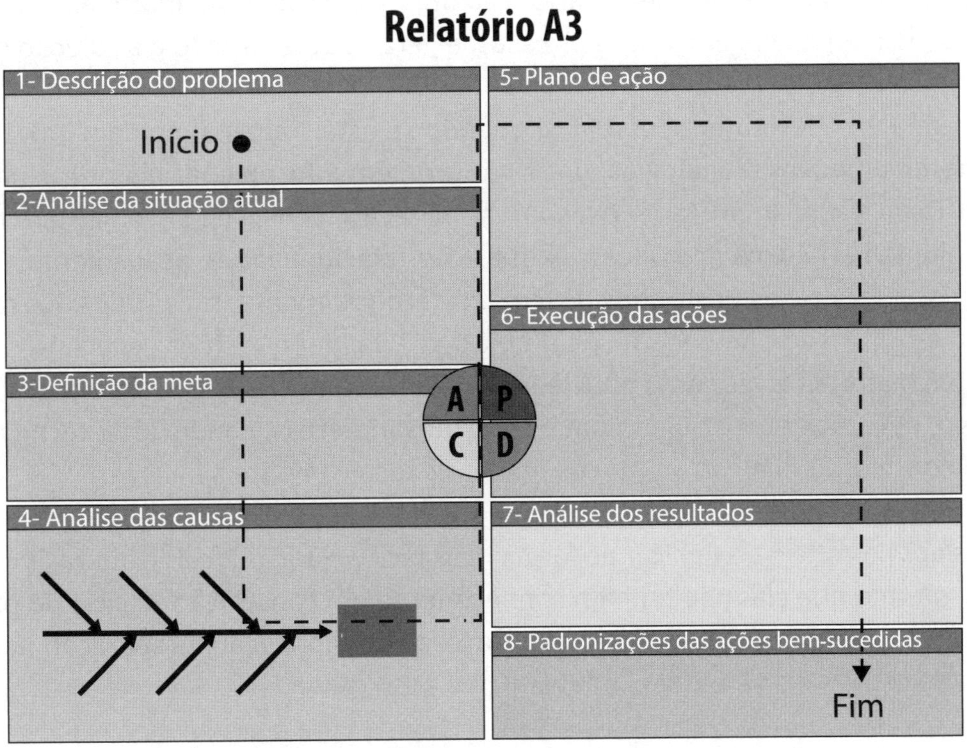

Figura 133 – Exemplo de formulário pensamento A3.
Fonte: o autor.

O A3 também pode ser utilizado de forma simplista, apenas como um meio de documentar discussões ou como divulgação e comunicação dos resultados às partes interessadas.

4.10 Prototipagem

Um protótipo é a materialização de uma ideia, de forma a permitir sua avaliação. É caminhar do abstrato para a realidade, mesmo que de forma simplificada. Trata-se de um instrumento de aprendizado, pois torna as ideias tangíveis e permite que sejam mais bem avaliadas, comunicadas e aperfeiçoadas.

A prototipagem desempenha um papel muito importante para os projetos de construção. Ela reduz a incerteza, pois nos permite abandonar as alternativas com baixa probabilidade de sucesso de forma ágil e errar rápido, barato e em pequena escala. Em outras palavras, ajuda-nos a abandonar ideias ruins o mais cedo possível e a evitar erros custosos no futuro. É a forma perfeita para testar hipóteses e teorias e refinar suas ideias. Os protótipos antecipam problemas, identificam gargalos e inspiram novas ideias, abrindo a possibilidade de discussão com as principais partes interessadas. Experimentos iniciais e parciais permitem o direcionamento das primeiras decisões e o avanço rápido e seguro para as melhores opções.

Ao contrário do que pode parecer, a prototipagem acelera a obtenção dos melhores resultados e reduz os riscos de que erros passem despercebidos e sejam identificados apenas durante a construção. Um aspecto importante da prototipagem é que não é um problema se um protótipo falhar. É possível errar quantas vezes for necessário. Tão importante quanto aprender o que funciona é aprender o que não funciona. Em ambos os casos, é gerado aprendizado e a solução é melhorada.

A prototipagem é uma ferramenta essencial quando se está trabalhando com inovação e com o desenvolvimento de novas tecnologias, onde não existem informações históricas para apoiar as decisões. Outra aplicação importante é a compatibilização técnica de sistemas que nunca foram aplicados conjuntamente e na aprovação de questões relacionadas ao acabamento. Dependendo do objetivo a que servirá, os protótipos devem, preferencialmente, ser produzidos rapidamente, para que apoiem a tomada de decisão. Se o objetivo é validar questões especiais, este pode ser construído com materiais leves como papelão ou madeira compensada. Se é para avaliar o desempenho técnico, deverá ser construído com os mesmos materiais, condições e técnicas que serão utilizados na construção final, ou ao menos materiais tecnicamente similares.

Os protótipos nos permitem comunicar de forma mais fácil e clara as ideias e interagir com as partes interessadas, mesmo que elas não tenham conhecimento em construção. O ciclo de prototipagem permite também a verificação e validação do processo de fabricação, preparação para produção e produtividade.

Um protótipo pode ser apenas uma representação conceitual, com baixa fidelidade, ou ser altamente detalhado e fidedigno à solução final. Pode ser do tamanho natural ou em escala, maior ou menor que o real, de forma a facilitar a análise e o entendimento. A cada novo protótipo, os resultados são analisados e as melhorias implementadas, tornando-o cada vez mais próximo da solução ideal.

A prática de executar protótipos das soluções já aprovadas em escala natural, no canteiro, com as técnicas e condições reais de execução, permite refinar a técnica executiva, apropriar os índices de produtividade e analisar as interfaces com os demais sistemas construtivos. Ela também auxilia no processo de contratação de fornecedores e apoia o treinamento de mão de obra (Figura 134). Esses protótipos também permitem a realização de ensaios que confirmem que o desempenho do produto atenderá às especificações requeridas, como, por exemplo, o desempenho acústico, luminotécnico etc.

Figura 134 – Exemplo de protótipo de fachada em pré-moldado de concreto.
Fonte: o autor.

A tecnologia tem ampliado as possibilidades da aplicação da prototipagem com a criação de protótipos virtuais. Eles são desenvolvidos em softwares 3D e permitem muitas análises como de construtibilidade, simulações de sequências executivas (4D), análises de custos, análises de desempenho, entre outras, de forma rápida e relativamente barata. Eles facilitam a interação e a colaboração com mais profissionais, inclusive aqueles situados em outras regiões.

4.11 *Concurrent Engineering* (CE)

Para fazer frente às exigências de prazo cada vez mais desafiadoras, ou na busca por viabilidade econômica, as empresas têm recorrido à técnica chamada *Concurrent Engineering* (CE), conhecida também como "engenharia simultânea". O termo foi criado em 1980 para definir o processo de design do produto e sua produção simultaneamente. Nessa técnica, várias disciplinas trabalham intensamente, de forma colaborativa, utilizando informações integradas para desenvolver as melhores soluções.

A CE é uma abordagem de desenvolvimento simultâneo, colaborativo e integrado de processos e produtos, com equipes multidisciplinares e múltiplos requisitos, vindos de diversas partes interessadas. Trata-se da combinação do trabalho em equipe com integração multifuncional e interdisciplinar para o desenvolvimento unificado do design. Seu principal objetivo é envolver, desde as fases iniciais de design, aspectos relacionados a todo o ciclo de vida do projeto, na busca pela otimização tanto do design quanto do processo de construção.

O processo tradicional de design se baseia na linearidade de desenvolvimento, onde cada especialidade desenvolve sua parte e passa-a para adiante, até chegar às mãos do construtor. É o conceito de trabalhar em silos. Suas desvantagens são a fragmentação do processo de desenvolvimento, das soluções e das informações geradas, levando a erros, conflitos, omissões e mal-entendidos que, por sua vez, geram retrabalhos e aumento de custos, tanto durante o design quanto durante a construção. Essa fragmentação também prejudica o desempenho futuro da edificação.

A CE traz vários benefícios em relação ao processo tradicional, como a redução do tempo e dos custos de desenvolvimento, a diminuição do retrabalho, o aumento da qualidade das soluções de design e a redução do tempo necessário à tomada de decisão (Figura 135). Entretanto, gerenciar um projeto utilizando essa técnica é mais complexo do que a abordagem tradicional e exige equipes mais qualificadas e maior maturidade de seus membros e processos. O envolvimento de representantes das equipes de construção no desenvolvimento do design usualmente reduz a quantidade de revisões necessárias, diminuindo consequentemente o retrabalho.

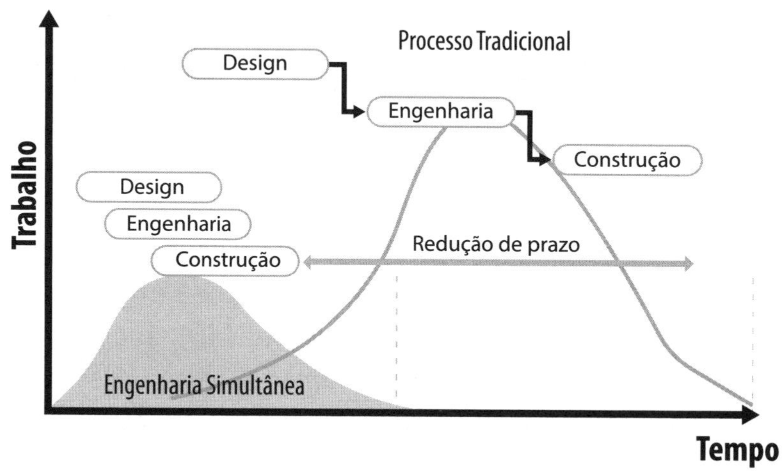

Figura 135 – Processo tradicional x engenharia simultânea.
Fonte: o autor.

Os maiores riscos relacionados à CE são as mudanças tardias, uma vez que a fase de construção é iniciada antes mesmo de o design ser concluído. As mudanças podem ser causadas pela falta de informação ou por questões ainda em desenvolvimento. Elas também podem ocorrer por falhas na captura dos requisitos de forma adequada ou a sua não utilização nas tomadas de decisão, seja por esquecimento ou porque foram abandonados do decorrer do desenvolvimento. Qualquer que seja o motivo, devido ao grande potencial de impactos no resultado do projeto, as mudanças tardias devem ser evitadas ao máximo, principalmente as que afetam as atividades já liberadas para produção. Isso porque elas causam improdutividade, geram retrabalho e atrasos e, consequentemente, destroem valor. No entanto, existem mudanças tardias que podem ser realmente necessárias ou beneficiar o projeto. Isso ocorre quando novas restrições ou oportunidades surgem ou são identificadas. Nesse caso, é preciso avaliar seus impactos no resultado do projeto, sejam eles positivos ou negativos, antes que venham a ser implementadas.

Para evitar mudanças tardias, os requisitos devem ser cuidadosamente definidos, de forma precisa e sem ambiguidades. Eles devem refletir as prioridades das partes interessadas e permitir a rastreabilidade até as expectativas ou necessidades que os originaram. A melhor forma de fazer isso é envolver e manter próximas as partes interessadas desde as fases iniciais de design, uma vez que são elas a fonte primária de informações que serão traduzidas em funções, atribuições e características do produto.

A abordagem CE deve adotar o fluxo puxado no desenvolvimento do design, sincronizado com o plano de construção, de forma a atender às necessidades prioritárias. Os lotes de entrega devem ser menores, de forma que diversas disciplinas estejam sempre produzindo, com iterações rápidas e frequentes, e liberando frentes de trabalho. A adoção de grandes lotes de desenvolvimento provoca atrasos, dificulta a visualização das soluções e a integração das disciplinas. É preciso que haja uma fixação progressiva do design, de forma a aumentar o grau de certeza do projeto e permitir o avanço das fases subsequentes, como a pré-fabricação e o início da construção.

Na abordagem CE, as soluções de design adotadas devem buscar uma maior independência entre os sistemas que já estejam sendo construídos e aqueles que ainda estão em desenvolvimento. Isso para evitar que novos requisitos venham a surgir em etapas já concluídas de trabalho, gerando assim retrabalho e todas as suas consequências ruins. Como os processos de design e de construção passam a ser simultâneos, a comunicação precisa ser constante, clara e objetiva. As novas informações devem chegar rapidamente à obra, e *feedbacks* devem ser constantes para a equipe de desenvolvimento do design.

4.12 Construtibilidade

Um dos aspectos mais relevantes da qualidade do design de uma edificação é sua construtibilidade. A construtibilidade é definida pelo CII (*Construction Industry Institute*) como o uso ideal do conhecimento e da experiência em construção no planejamento, no design e nas aquisições do projeto para atingir seus objetivos. Ainda segundo a publicação do CII, RS34-2 (1993), o emprego da construtibilidade leva a uma redução de custo entre 6% e 23%, além de reduções significativas de cronograma, ou seja, melhorar a construtibilidade de um projeto aumenta sua probabilidade de terminar dentro do custo e prazo planejados.

O termo construtibilidade remete à facilidade que um edifício possui de ser construído. Isso significa que precisará de menos horas, materiais ou recursos para ser construído. Isso é obtido escolhendo os melhores métodos construtivos, mais compatíveis entre si, as melhores sequências executivas e o melhor detalhamento das interfaces, resultando em uma construção mais segura e produtiva.

Em outras palavras, a construtibilidade utiliza conhecimento e experiência em construção para otimizar os processos e métodos construtivos do projeto. Ela envolve o uso estruturado e sistemático de conhecimento especializado e experiências adquiridas anteriormente, seja em design, construção ou aquisição, de forma a simplificar e racionalizar sua execução, melhorar seu desempenho e racionalizar o uso de recursos, sejam eles materiais, humanos, energéticos, organizacionais, temporais ou financeiros, em todas as fases de construção. Isso envolve o uso da engenharia e análise de valor, análises de custo/benefício e simulações de sequências executivas, normalmente em modelos 4D. O uso do BIM permite a realização de simulações de forma segura, rápida e barata em ambiente virtual. A construtibilidade também se preocupa com detalhes executivos que proporcionam maior velocidade ao processo, qualidade e segurança.

A racionalização da construção deve buscar sistematicamente a redução da complexidade dos processos, através da simplificação de detalhes executivos, da adoção de sequências executivas mais práticas e simples, da padronização para o número máximo de repetições, da eliminação e redução de passos e etapas, sem que isso comprometa a segurança, a qualidade, o desempenho e as funcionalidades da edificação. É preciso facilitar as substituições de materiais, considerar a logística e os espaços adequados para a execução das atividades, além de utilizar tolerâncias coerentes com as práticas da construção (Figura 136). Muitas vezes, a mudança de simples detalhes construtivos pode aumentar exponencialmente a produtividade.

DIRETRIZES DE CONSTRUTIBILIDADE
Simplificar detalhes executivos e sua execução
Projetar de acordo com a habilidade e experiência disponível
Buscar sequência prática e simples de execução
Utilizar o número máximo de repetições
Facilitar as substituições
Facilitar a comunicação com o construtor
Envolvimento ativo do conhecimento de construção durante a elaboração dos projetos
Busca de espaço adequado para construção, operação e manutenção, de forma a promover a eficiência, ergonomia e segurança dos processos
Uso de tecnologias atuais e adequadas
Concepção que privilegie a eficiência construtiva
Utilizar o mínimo de partes e componentes
Padronizar materiais, tamanhos, configurações comuns
Utilizar processos de fixação e ligação simples, substituir conexões soldadas por parafusadas, simplificar a configuração e combinação de elementos
Reduzir a necessidade de mão de obra
Garantir margens de ajuste
Reduzir a interdependência entre tarefas e atividades e a sequência induzida e obrigatória
Facilitar as substituições
Tolerâncias dimensionais compatíveis com os processos no canteiro
Evitar recortes, ângulos, inclinações e superfícies curvas

Figura 136 – Diretrizes para construtibilidade.
Fonte: adaptado de Polito (2015).

A construtibilidade se traduz em ações práticas e traz benefícios ao projeto em um curto espaço de tempo. Os benefícios da construtibilidade nem sempre são evidentes no curto prazo. As economias de prazo, custo e pessoal, a melhoria da qualidade, o aumento da produtividade e a redução de retrabalho são facilmente identificados. Entretanto, benefícios como a redução do impacto na vizinhança, diminuição de manutenções futuras, melhoria das condições de trabalho, aumento da segurança do trabalho, redução de dúvidas e revisões de projeto podem ser difíceis de mensurar. Podemos citar alguns exemplos de decisões que buscam a simplificação e privilegiam a construtibilidade. Um dos subsistemas mais ricos em oportunidade para a simplificação é o de instalações, principalmente pelo seu alto grau de complexidade e interface com praticamente todos os outros subsistemas. Nesse caso, é preciso combater o embutimento de elementos, evitando enchimentos, facilitando as manutenções futuras e aumentando a flexibilidade de soluções. A adoção de elementos de fixação adequados, a redução do número de conexões e emendas, a utilização de engates rápidos e conexões especiais, a adequação da solução aos outros subsistemas, tudo eleva a qualidade e a produtividade dos serviços. Podemos ver, na Figura 137, a adoção de instalações externas à estrutura com a utilização de tubulação em PEX para água, eletrodutos adequados a cada situação específica de acordo com as normas brasileiras, adoção de perfilados e abraçadeiras específicas para fixação dos elementos, todos perfeitamente compatibilizados com o sistema de paredes em *drywall* e forro em gesso acartonado.

Figura 137 – Exemplos de simplificação do subsistema de instalações.
Fonte: Polito (2015).

A equipe que realiza as análises de construtibilidade deve ser multidisciplinar e multifuncional, envolvendo os responsáveis por todo o ciclo de vida da construção, ou seja, projetistas, construtores, operadores e manutentores, possibilitando a associação de diferentes pontos de vista e resultando em melhores decisões e soluções (Figura 138). Também é importante envolver o conhecimento dos fabricantes, uma vez que eles possuem informações mais precisas sobre o desempenho e as limitações de seus produtos.

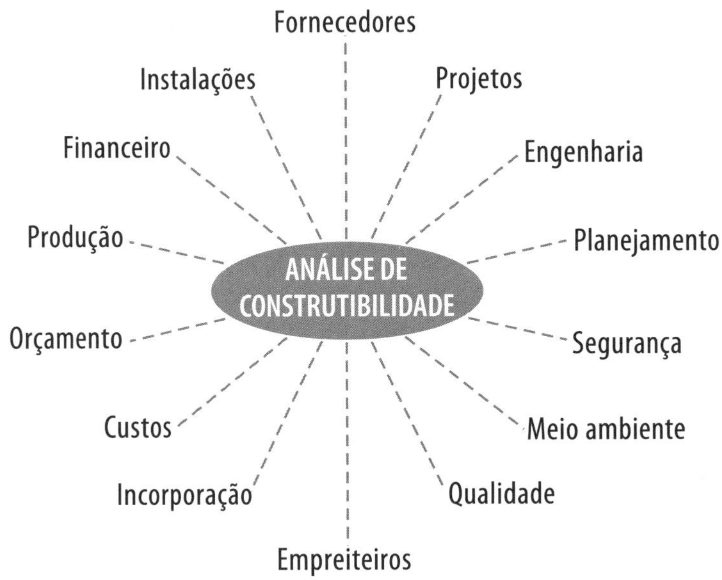

Figura 138 – Áreas envolvidas nas análises de construtibilidade.
Fonte: Polito (2015).

A análise de construtibilidade deve ser considerada uma parte integrante do processo de desenvolvimento, devendo ocorrer em ciclos iterativos de análise e decisão. Ela pode ocorrer também em eventos mais amplos com a participação de todos, como, por exemplo, *workshops* (Figura 139).

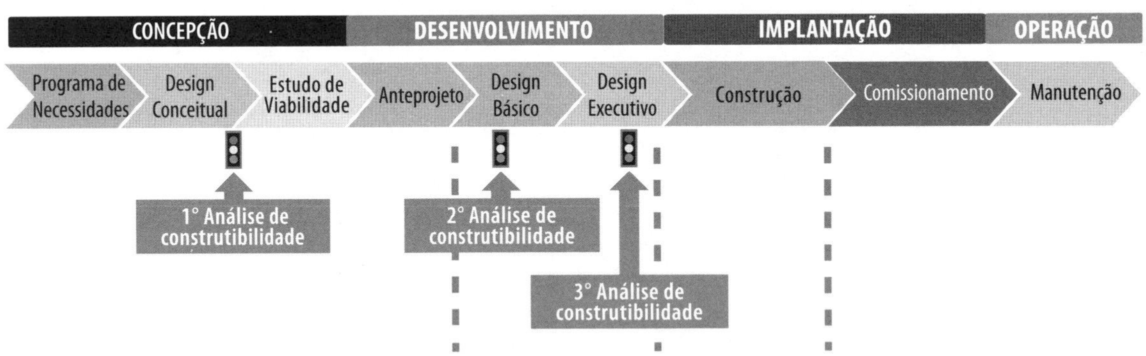

Figura 139 – Etapas de análise de construtibilidade.
Fonte: adaptado de Polito (2015).

As análises de construtibilidade invariavelmente levam a inovações na construção, na sequência executiva, no uso de sistemas e materiais, na escolha de equipamentos, no desenvolvimento de ferramentas, na adoção de pré-montagem ou fabricação e nos processos de apoio e gestão. Trata-se de um novo paradigma de pensamento que encoraja a criatividade de forma a identificar oportunidades de melhoria e desempenho da edificação. A análise de construtibilidade também é chamada de engenharia à montante.

Para a construtibilidade atingir seu potencial máximo, é preciso acabar com a separação tradicional entre o design e a construção, trazendo o conhecimento de como se constrói para as etapas iniciais do design, pois esta fase é a mais rica para suas contribuições. O sucesso da construtibilidade depende da capacidade do proprietário de tomar as decisões importantes do projeto, em tempo hábil e sem reconsiderações. Na busca por um projeto eficiente, a industrialização e a pré-fabricação são essenciais.

4.13 Processo de design

Para que o processo de design seja eficiente, é preciso definir o escopo, as responsabilidades, os marcos e as programações das entregas de cada disciplina, inclusive com seus critérios de aceitação. É preciso definir o nível adequado de detalhamento e informações necessários, a fim de evitar que excessos e omissões causem ineficiência no processo. É preciso evitar sobreposições de escopo ou mesmo o detalhamento desnecessário de sistemas que serão posteriormente especificados pelos próprios fornecedores contratados. Deve-se buscar a simplicidade, evitando que processos que não agregam valor consumam tempo e recursos valiosos da equipe, causando atraso e aumento de custo.

O processo de design deve ocorrer de forma iterativa, colaborativa e em etapas sucessivas de detalhamento progressivo. A cada nova fase, conheceremos melhor o produto e melhores informações serão disponibilizadas. As aprovações intermediárias promovem a fixação gradual do design, dentro de uma estrutura formal e coordenada, promovendo uma melhor comunicação e beneficiando a coordenação entre as várias disciplinas.

É preciso buscar a interação entre todos os envolvidos no ciclo de vida do projeto, combatendo a fragmentação entre o design e a construção. Essa interação levará a ganhos significativos de produtividade, qualidade e aprendizado, desenvolvendo senso crítico para ambos os lados.

4.13.1 Fases de design

As etapas de desenvolvimento do design devem ser definidas de forma a permitir a articulação de todas as especialidades que o compõem. As etapas variam em função da complexidade de cada projeto. A forma mais usual em projetos de construção é dividir o design em programa de necessidades, design conceitual, estudo preliminar, anteprojeto, projeto básico, design legal, design executivo, design de produção e *as built* (Figura 140). A seguir, discorreremos um pouco sobre cada uma delas.

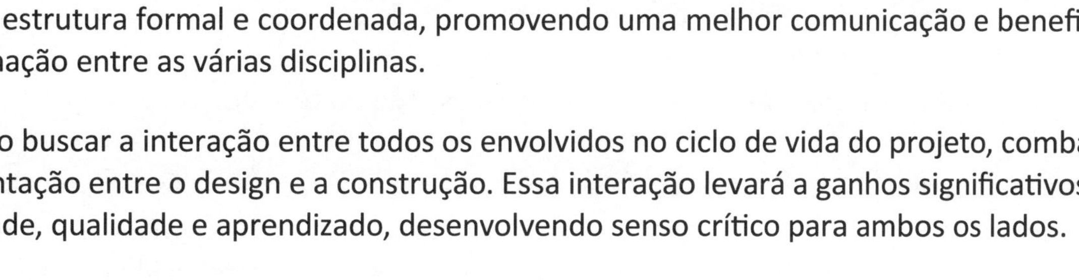

Figura 140 – Fases de design.
Fonte: o autor.

O **programa de necessidades** busca reunir as informações necessárias à concepção da edificação. São identificadas informações como caraterísticas funcionais e atividades realizadas em cada ambiente, fluxos, dimensões etc. O ponto de partida é a conversão dos requisitos das partes interessadas em atributos de design. Para isso, é preciso capturar e entender suas reais necessidades, de forma a encontrar o equilíbrio entre elas e as restrições existentes no projeto, como custo e prazo, por exemplo.

Alguns modelos buscam auxiliar a identificação das necessidades das partes interessadas. Segundo o modelo proposto por Anumba et al (2007), as necessidades das partes interessadas podem ser básicas, articuladas ou estimulantes. As básicas não são expressamente declaradas, mas presume-se que sejam atendidas, como a estabilidade estrutural. Atendê-las não traz nenhuma satisfação às partes interessadas, mas sua omissão provoca insatisfação. As articuladas são claramente expressadas e esperadas, como, por exemplo, o desempenho acústico das esquadrias. As estimulantes, apesar de não serem declaradas, se atendidas poderão surpreender positivamente as partes interessadas. Nessa visão, apesar de todas serem importantes, o principal foco do design deve ser o atendimento das necessidades articuladas, o que, invariavelmente, levará à identificação de necessidades estimulantes.

O envolvimento ativo das principais partes interessadas nas fases iniciais de design é fundamental, pois reduz a probabilidade de alterações futuras e facilita a coleta e o atendimento de suas expectativas. Além dos requisitos originários das partes interessadas, os projetos lidam com vários outros tipos requisitos, como legais, técnicos, contratuais, ambientais etc. Uma vez definidos os requisitos, eles precisam ser estruturados e priorizados com base em sua importância relativa. Esse assunto também é abordado no item 3.1 – Gerenciamento do escopo do projeto.

A conversão dos requisitos em atributos de design pode ser realizada através de uma técnica estruturada chamada QFD (*Quality Function Deployment*), abordada no item 4.8. A técnica permite a associação dos atributos de design aos respectivos requisitos, com rastreabilidade, transparência e em um formato neutro, de forma a atender a todas as especialidades envolvidas.

Entretanto, o atendimento dos atributos de design nem sempre é tarefa fácil. Algumas vezes, um atributo pode envolver várias disciplinas. Outras vezes, uma disciplina deverá atender a vários atributos diferentes. Dessa forma, a otimização no design envolve um sem-número de interações e decisões, sendo, portanto, fundamental a adoção de métodos para a tomada de decisão, como o CBA (*Choosing By Advantages*), abordado no item 4.5.

A partir do programa de necessidades, é elaborado o **design conceitual**. Nesta fase, os projetistas buscam atender ao plano básico da edificação, sua volumetria, local de implantação e orientação, bem como equalizar todas expectativas e requisitos identificados até então.

O **estudo preliminar** é a etapa destinada ao dimensionamento preliminar dos conceitos do design. Deve conter informações sucintas e suficientes para a caracterização dos elementos construtivos e dos seus componentes principais, incluindo indicações das funções, dos usos, das formas, das dimensões, das localizações dos ambientes da edificação, bem como de quaisquer outras exigências prescritas ou de desempenho. Também deve incluir os principais encaminhamentos das infraestruturas das instalações. O estudo preliminar deve permitir a perfeita compreensão sobre o funcionamento do programa e da configuração da edificação, podendo conter alternativas de soluções. Ele deve ser submetido à aprovação do cliente e pode ser utilizado para consultas prévias junto aos órgãos governamentais.

A etapa de **anteprojeto** é destinada a apresentar os elementos essenciais à construção da edificação, definidos com base em estudos técnicos preliminares, com nível de precisão adequado que permita a definição dos métodos e avaliações preliminares de custo e prazo de execução. Deve permitir a identificação dos seus elementos construtivos com clareza e as soluções técnicas adotadas, com indicação de medidas, níveis, áreas, denominação de compartimentos, topografia e orientação, eixos e coordenadas. A descrição dos materiais adotados deve atender às necessidades da etapa.

O **design básico** busca solucionar os conflitos de interface técnica entre as diversas especialidades, de forma a possibilitar que, posteriormente, os vários projetistas trabalhem individualmente no detalhamento de suas especialidades. A partir desta fase não poderão prosseguir indefinições ou conflitos entre as especialidades. O design básico deverá permitir a realização do processo de licitação da construção e a efetivação de um orçamento detalhado, com base em quantitativos reais de serviços e materiais.

O **design executivo** deve apresentar a representação final do produto, de forma clara e organizada, com todas as informações necessárias à sua construção. Ele deve possuir nível com detalhes adequados à construção de todos os sistemas que compõem a edificação, como fundações, arquitetura, estrutura, instalações, vedações etc. Nessa fase, cada projetista desenvolve sua disciplina individualmente, mas sempre mantendo um canal de comunicação aberto para troca formal de informações.

O **design legal** é a etapa destinada a representar as informações técnicas adequadas à análise e aprovação pelas autoridades competentes, com base nas exigências legais (municipal, estadual e federal), e à obtenção das licenças exigidas à construção. O ideal é que ocorra após a conclusão do design básico, de forma que as interferências já estejam previamente solucionadas – entretanto, isso raramente acontece. O mais comum é que possíveis conflitos identificados durante o desenvolvimento dos desenhos básicos causem alterações no projeto aprovado, gerando necessidade de reaprovações.

O **design de produção** consiste no detalhamento do projeto executivo, com foco na produção no canteiro. Ele é fundamental para transmitir o projeto efetivamente para a equipe de obra, incluindo premissas, sequência executiva e detalhes técnicos, garantindo o correto desempenho da tecnologia escolhida e reduzindo improvisações. O ideal é que o design de produção seja iniciado logo após a escolha da tecnologia, de forma a influenciar as decisões de design sem gerar retrabalho. As disciplinas que mais o utilizam são: fôrma, alvenaria, *drywall*, impermeabilização, fachadas, entre outras (Figura 141 e Figura 142).

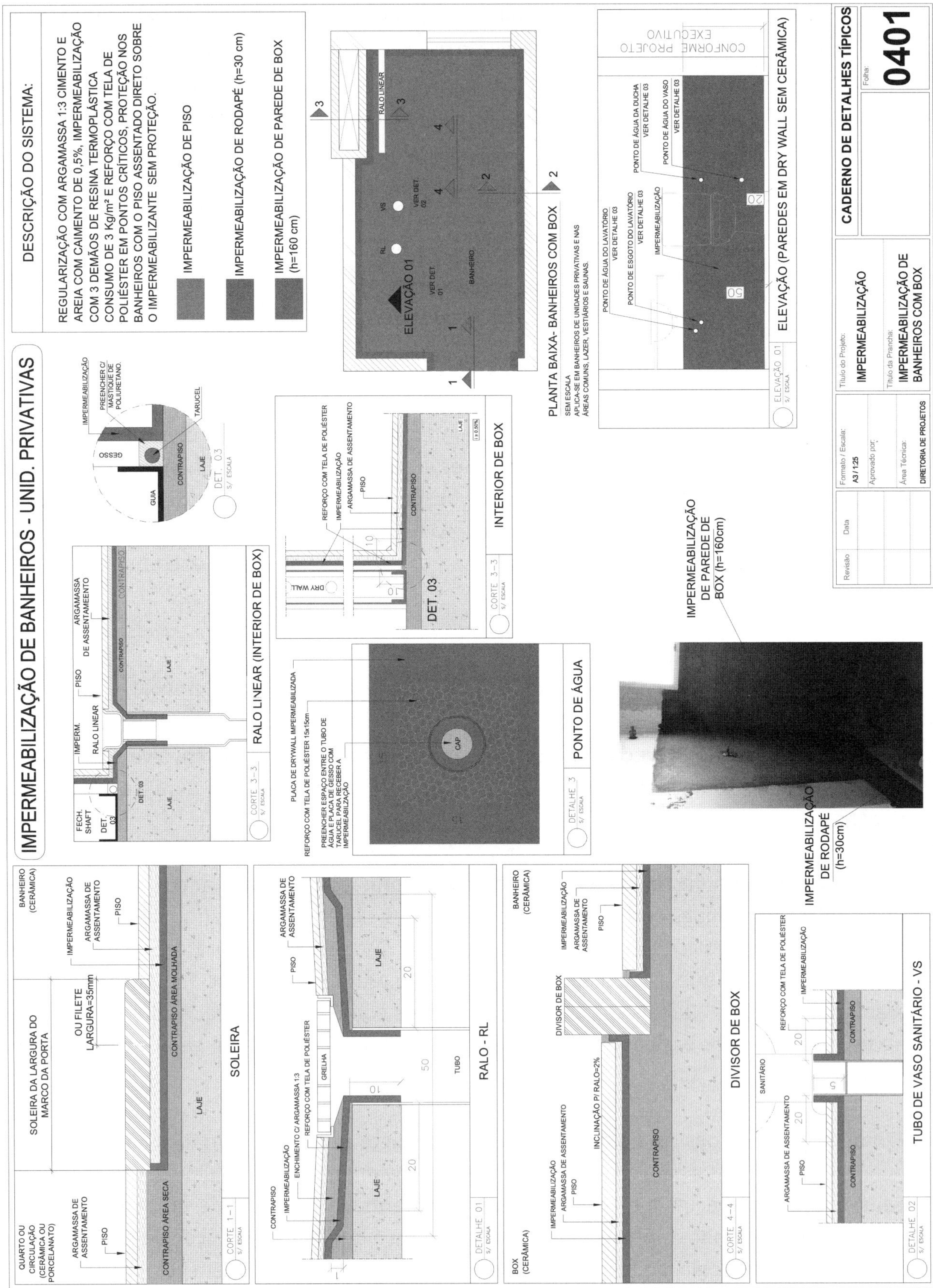

Figura 141 – Exemplo de projeto à produção de impermeabilização.
Fonte: o autor.

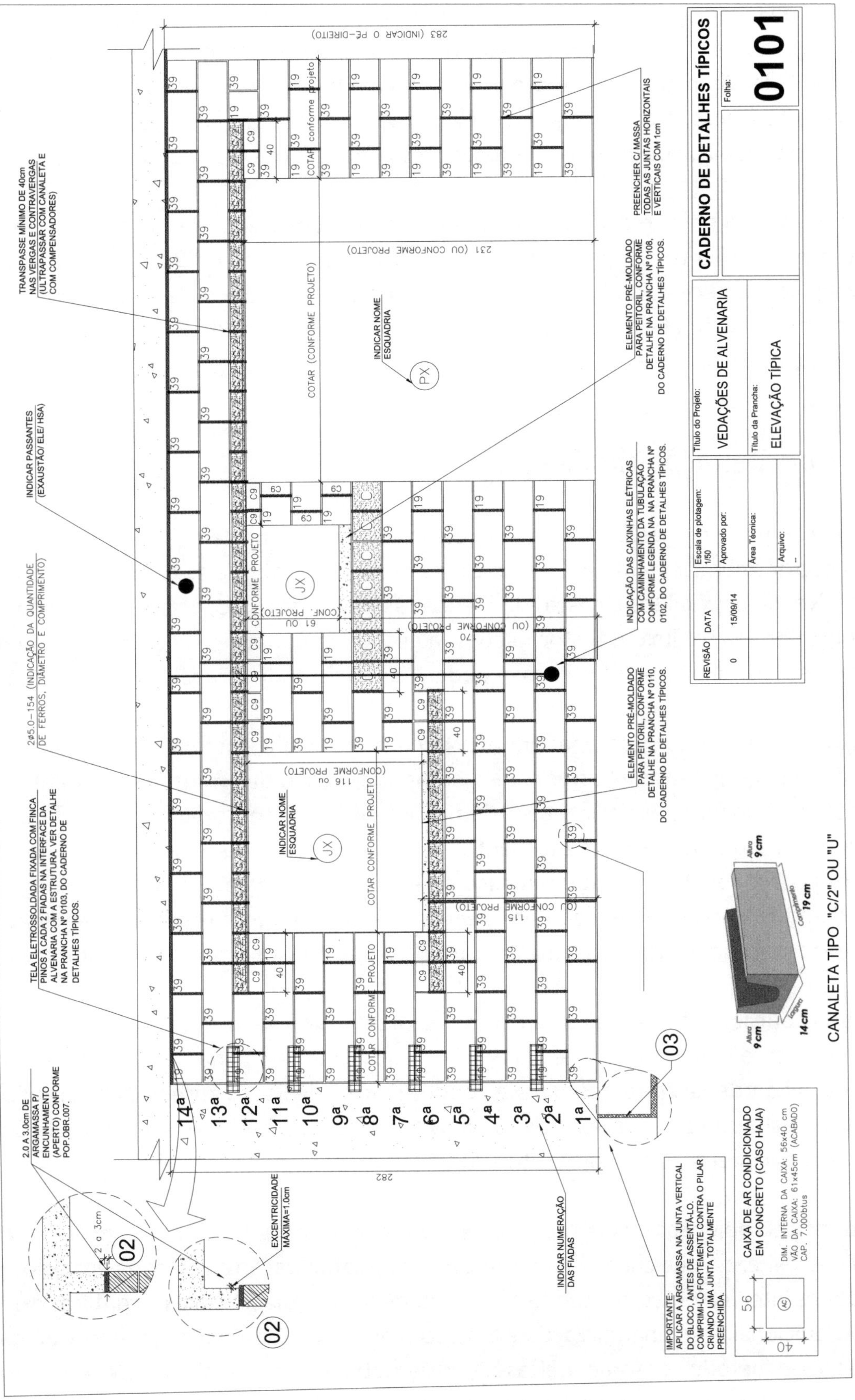

Figura 142 – Exemplo de projeto à produção de alvenaria.
Fonte: o autor.

Dependendo da tecnologia adotada, pode ser necessária a elaboração de **design de fabricação** ou *shop drawings*. Estes são usualmente desenvolvidos para elementos que serão industrializados. Ele consiste no detalhamento do projeto executivo com foco na fabricação e montagem, definindo todas as características, etapas, sequência executiva, detalhes de fabricação e controle. São normalmente produzidos pelos próprios fornecedores contratados ou por consultores especializados.

Realizar o ***as built*** significa registrar como realmente foi construído, de forma a atualizar os documentos e posteriormente compor o manual de uso e operação da edificação. Para que ocorra de forma adequada, é necessário estabelecer um processo sistemático de coleta, registro e revisão dos documentos. As modificações devem ser registradas durante toda a construção e não somente após sua conclusão.

4.13.2 Coordenação do design

A coordenação pode der definida como a gestão dos processos de desenvolvimento do design, visando integrar sinergicamente as necessidades, o conhecimento e as técnicas das diversas disciplinas, resolvendo os conflitos e buscando atender às metas de custo, prazo e qualidade do projeto. Isso envolve dominar o fluxo de informações, a gestão de conflitos, o controle de mudanças e o foco nos objetivos. Falhas nesse processo podem causar grandes transtornos e retrabalho.

As principais atividades do coordenador envolvem estabelecer a sincronia no desenvolvimento das diversas disciplinas, garantir a harmonia e a compatibilização das soluções, permitir o adequado fluxo de informação entre os projetistas e demais envolvidos e controlar as revisões dos documentos. Devido à grande interdependência entre as disciplinas, deve-se evitar ao máximo variações nos prazos acordados. Isso porque o atraso na entrega de uma disciplina afeta negativamente todas as demais. A boa coordenação do processo de design busca reduzir a inatividade imposta aos projetistas devido à falta de sincronia causada pelos atrasos e por falta de informações.

A adequada coordenação demanda o estabelecimento de uma frequência mínima de reuniões para planejamento e acompanhamento do processo. Cada disciplina deve criar planos semanais detalhados. A coordenação também deve conduzir ciclos de lições aprendidas periódicas ao final de cada fase, para que sejam avaliados os erros e acertos, permitindo que o projeto se beneficie deles, além, obviamente, dos projetos futuros.

Um dos principais objetivos da coordenação é identificar e corrigir conflitos e inconsistências entre as disciplinas, evitando que cheguem ao campo. A compatibilização é realizada em ciclos periódicos entre todos os intervenientes, buscando solucionar de forma colaborativa os conflitos existentes. No processo tradicional, a compatibilização é feita com desenhos 2D, com a sobreposição das diversas disciplinas. Esse método consome muitas horas de trabalho e sua qualidade depende diretamente da experiência e da atenção do profissional que o está realizando, sendo muito suscetível ao erro humano. Isso fatalmente faz com que muitos conflitos só sejam identificados durante a construção, causando atrasos, retrabalho e improdutividade. A baixa qualidade da compatibilização também é um fator limitante à adoção da industrialização e da pré-fabricação na construção. O uso de modelos 3D e de tecnologias BIM tem incorporado importantes avanços no processo de compatibilização, com ferramentas de identificação automatizada ou semiautomatizada de conflitos entre as disciplinas, os chamados *clash detection*. O assunto será abordado em mais detalhes no item 4.15.3 – *Clash detection*.

Para solucionar os conflitos entre os objetos são estabelecidos critérios de priorização, visando privilegiar as soluções com maior viabilidade técnica, menor custo e com menor impacto no desempenho da edificação. Um exemplo de priorização é o seguinte: a arquitetura e estrutura são inicialmente intocáveis, ou seja, não serão alterados a não ser que seja extremamente necessário, devendo os demais projetistas se adaptar. A prioridade seguinte é dos dutos de exaustão, renovação e ar-condicionado, uma vez que possuem grandes dimensões e são difíceis de acomodar. Em seguida, têm prioridade os tubos que trabalham por gravidade, como esgoto e pluviais, e os barramentos elétricos e bandejas de cabos. A próxima prioridade é a dos sistemas principais de alimentação elétrica, como bandejas de cabos e barramentos blindados, pois desvios podem ser extremamente custosos. Os sistemas com menor prioridade são os hidráulicos pressurizados, que possuem maior facilidade de adaptação, progredindo dos maiores diâmetros para os menores, de materiais mais duros como ferro fundido e aço carbono para os mais trabalháveis como PPR e PEX.

Uma vez compatibilizadas as disciplinas, cada projetista trabalha no desenvolvimento das suas soluções. As alterações realizadas por cada um poderão levar ao surgimento de novos conflitos que deverão ser novamente identificados e compatibilizados nas reuniões seguintes e assim sucessivamente.

Uma vez concluído o design, é papel da coordenação garantir que os desenhos sejam disponibilizados para produção e controlados. A disponibilização dos desenhos à equipe de obra requer sistemas para armazenamento, controle de acesso e distribuição, bem como de processos para gerenciar cópias impressas no campo e evitar o uso de documentos obsoletos. É preciso garantir que os documentos estejam em sua última revisão e sejam conhecidos e encontrados quando necessário.

Durante a fase de construção, é importante que os projetistas façam o acompanhamento técnico, de forma a identificar omissões e erros, assessorar e retirar dúvidas da equipe de produção, solucionar interferências e solicitações de mudança que surgirem, tanto por escolha quanto por incompatibilidade com outros sistemas. Isso também permitirá a avaliação da construtibilidade das soluções adotadas, o aprendizado e a melhoria em projetos futuros. Os problemas identificados e as dúvidas são gerenciados por um processo formal chamado de RFI (*Request For Information*) ou requisição de informações. Nele são registradas tanto as questões quanto as respostas e as tratativas adotadas. O número de RFI emitidas é uma boa medida da qualidade e clareza da coordenação e da documentação do design.

4.13.3 Abordagens ágeis no design

Muito tem se falado sobre o uso de abordagens ágeis no desenvolvimento do design. A agilidade pode ser definida, de uma forma geral, como a capacidade da organização de se adaptar e crescer em um ambiente incerto, volátil e complexo, tanto de forma proativa quanto reativa. Para proceder de forma ágil, um projeto deve ser estruturado adequadamente, sendo capaz de se adaptar proativa e rapidamente às mudanças, utilizando-as como alavancas para aumentar a geração de valor. As estruturas mais comuns incluem equipes pequenas e multidisciplinares, em desenvolvimento contínuo, interativo e em evolução progressiva.

Apesar de ter sido desenvolvida inicialmente para projetos de desenvolvimento de softwares, o conceito de agilidade aplicado ao gerenciamento de projetos possui alguma similaridade com os projetos de construção e design que pode ser explorada. Entretanto, existem algumas barreiras que impedem a completa adoção de sistemas ágeis, sendo necessário mais estudo para a aplicação mais ampla dessa metodologia no ambiente da construção.

Dentre os métodos ágeis, o *Scrum* tem demonstrado afinidade com o desenvolvimento do design, principalmente por seu caráter incremental, com desenvolvimento em ciclos iterativos e com dinâmicas destinadas a lidar com as interdependências recíprocas entre as disciplinas. O método aborda a variabilidade inerente do design, de forma diferente do gerenciamento tradicional de projetos, que estrutura a gestão a partir da WBS. O *Scrum* é baseado em funcionalidades e entregas, e a tomada de decisão é descentralizada. O método propõe a busca da agilidade através de equipes pequenas (grupos de até sete participantes), autogerenciadas e multifuncionais. As entregas são definidas a partir de uma lista de prioridades (*backlog* do produto) e realizadas em uma *sprint* (período limitado). As *sprints* curtas dificultam o aumento de escopo e mantêm o foco da equipe na produção de resultados úteis para o projeto. Nesse sentido, o design deve ser puxado, de forma a atender às necessidades de informação e prioridades da construção. O foco muda da eficiência da documentação para a geração de valor.

As *sprints* seguem um cronograma rígido e detalhado para garantir seu avanço, baseado no LPS (*Last Planner System*®), abordado no item 5.4. O LPS propõe cinco princípios: aumento do detalhamento do planejamento na medida em que se aproxima da execução, planejamento colaborativo envolvendo quem executará a atividade, identificação e remoção das restrições para que a atividade ocorra da forma planejada, redução da variabilidade na execução das atividades e aprendizado contínuo.

As *sprints* têm duração entre 1 e 2 semanas, com conteúdo de entrega bem definido e prazos rígidos. O progresso é registrado diariamente, bem como as estimativas de prazo para conclusão de cada entrega. São realizadas reuniões diárias, em torno de 15 minutos, quando cada participante apresenta as atividades que está realizando, o que foi desenvolvido desde a última reunião, o que será realizado até a próxima reunião e restrições que tenham surgido ou sido identificadas. Não é uma reunião para discussão de temas, apenas de alinhamento. As questões que necessitarem de tratamento serão abordadas depois da reunião, em um fórum adequado.

4.14 Desempenho da edificação

De todos os objetivos de um projeto, um dos mais importantes é a qualidade do edifício a ser construído. A qualidade de uma edificação está diretamente relacionada ao atendimento das necessidades de suas partes interessadas, ou seja, deve ser adequada ao uso, deve atender ao orçamento e prazo de construção, deve operar de forma adequada e dentro de custos aceitáveis e ser sustentável no contexto econômico, ambiental e social (Figura 143).

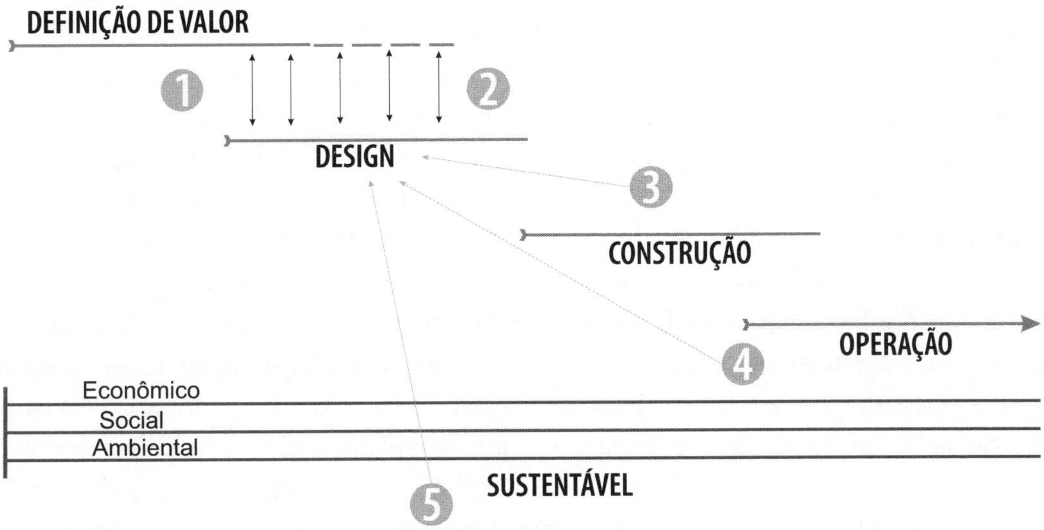

Figura 143 – Os cinco principais processos de integração para atingir edificações de alta performance. Fonte: adaptado de Fischer et al (2017).

Um edifício de alto desempenho pode ser definido de muitas formas diferentes, uma vez que depende da definição de valor das partes interessadas. Sendo assim, não é simplesmente sinônimo de eficiência energética e sustentabilidade. A melhor definição então seria: é o prédio certo para entregar o valor definido pelas partes interessadas. Em outras palavras, ele cumpre sua finalidade essencial, satisfazendo todos os que o projetam, constroem, utilizam, operam e dão manutenção ao longo de sua vida útil.

O melhor desempenho de uma edificação só acontecerá se seus sistemas operarem no mais alto nível de integração e harmonia. Não se trata de simplesmente ocuparem o mesmo espaço, mas de aproveitarem as sinergias positivas e reduzirem as interações negativas. Os edifícios de alto desempenho são compostos por sistemas altamente integrados, projetados para trabalhar em conjunto de forma a se complementar. Por natureza, essa integração demanda profissionais de várias disciplinas e formações diferentes trabalhando de forma colaborativa. Não podemos simplesmente projetar cada sistema do edifício individualmente. É necessário que sejam projetados todos juntos, como um único e grande sistema. O alto desempenho só pode ser atingido porque seus sistemas e subsistemas trabalham em sinergia e não competindo entre si, como, por exemplo, os sistemas de fachada e iluminação que estão diretamente relacionados à arquitetura e ao design de interiores. Eles se impactam mutuamente e também os sistemas de ar-condicionado e energia elétrica. A variação na área envidraçada ou a mudança no tipo de vidro de um edifício impactará o nível de iluminação interna, que, por sua vez, impactará os sistemas elétricos e de ar-condicionado. Todos eles impactarão juntos os custos de construção, os indicadores de sustentabilidade e o desempenho da edificação durante o uso. Se essa integração é deixada ao acaso, os sistemas poderão interagir de forma positiva ou negativa, uns contra os outros, levando a um desempenho inferior e ao aumento de custos tanto durante a construção quanto durante a operação. Nesse caso, o edifício resultante é menor que a soma dos seus sistemas.

Para encontrar formas de maximizar valor através do design, é necessário olhar para todo o ciclo de vida do projeto e não somente para a fase de construção. A abordagem tradicional de desenvolvimento do design busca agregar valor basicamente atuando durante a fase de construção através da redução do custo e do prazo do projeto. Ambos agregam valor ao projeto, pois, finalizando mais cedo, a equipe pode ser alocada em outro projeto e o cliente recebe a instalação mais cedo, antecipando seu início de operação e sua receita (números 1 e 2 da Figura 144). Entretanto, existem outras fontes de geração de valor que vão muito além da redução do custo e do prazo de construção. A geração de valor para o cliente está diretamente relacionada ao tamanho da receita e sua duração (números 4 e 5 da Figura 144). Sendo assim, qualquer otimização da fase de projeto que coloque em risco o potencial de geração de receita futura da edificação, seja pela inadequação da edificação, seja por redução da sua durabilidade, destruirá valor para o cliente. Da mesma maneira, decisões de design e construção que impactem negativamente nos custos de manutenção e de operação reduzirão as margens do cliente e serão também contraproducentes (número 3 da Figura 144). É um erro concentrar-se somente nos custos de design e construção, pois esses representam a menor parcela no custo total de vida útil da edificação. É um desafio projetar uma edificação de forma a reduzir os custos e prazos de design e construção, prolongando a vida útil da edificação, aumentando sua receita e reduzindo os custos de manutenção e operação. Por isso, é importante que sejam definidas métricas adequadas para que seja feito o balanceamento correto do design. Otimizar o valor e os custos de uma edificação requer a combinação das seguintes características: construtibilidade, operacionalidade, usabilidade e sustentabilidade, conforme definido anteriormente.

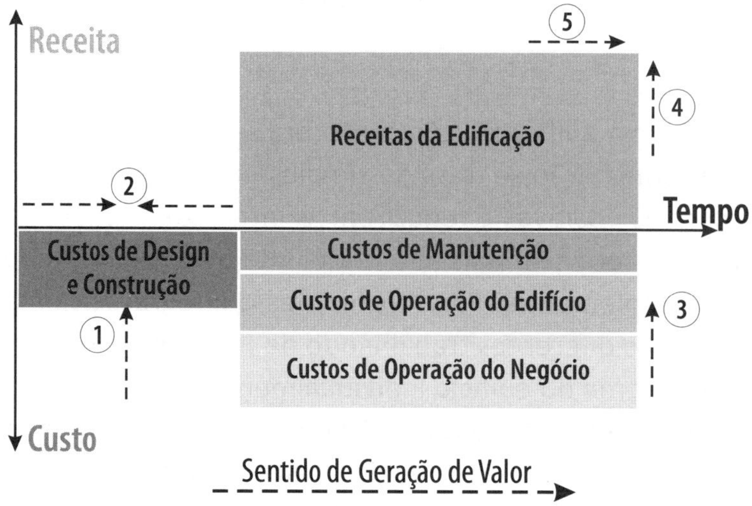

Figura 144 – Custos e receitas de uma edificação.
Fonte: adaptado de Fischer et al (2017).

O desempenho desejado em cada uma dessas categorias deve ser representado com métricas e metas, de forma a torná-lo mensurável durante todo o projeto. Quando as métricas não são introduzidas desde o início do design, a probabilidade de que ocorram interferências e restrições é grande e as chances de solucioná-las são limitadas. Nesse caso, acabam ocorrendo *trade-offs* negativos, ou seja, todas a opções reduzem o valor da edificação, e a equipe acaba tendo que escolher a "menos danosa". Por exemplo, ter que escolher entre sacrificar a estética ou a sustentabilidade do edifício. A forma de integrar o conhecimento necessário para projetar um edifício de alto desempenho, ou seja, edificável, operável, utilizável e sustentável, é trazer as pessoas que detêm esse conhecimento para as fases de design. Essa interação deve ser iterativa e constante entre as partes interessadas, os designers e os construtores.

O proprietário é o principal responsável pelos objetivos de sustentabilidade do edifício e do negócio como um todo. Nessa linha, os usuários são os principais responsáveis pelos objetivos de usabilidade; os operadores, pelos objetivos de operacionalidade; e as equipes de design e construção, pelos objetivos de construtibilidade. É importante que todos estejam representados nos processos decisórios para evitar que sejam desconsiderados. Não são raros os exemplos de projetos que sacrificaram ou negligenciaram seus objetivos de usabilidade, operacionalidade e sustentabilidade em função dos objetivos de construtibilidade, custo e prazo.

A primeira etapa é identificar, junto às partes interessadas, seus valores, desejos e expectativas e quais são os objetivos da edificação. É preciso compreender o que significa alto desempenho para cada uma delas e o que é necessário para sustentar o negócio dos clientes e dos usuários. Depois deve-se traduzi-los em objetivos específicos de uso e operação, que orientarão o desenvolvimento e a seleção das soluções mais adequadas. Em seguida, deve-se planejar a organização do projeto e seus processos, bem como suas metas e métricas, e, finalmente, projetar e construir a edificação que atenda a essas necessidades.

Traduzir os objetivos do negócio em objetivos para a edificação e depois em métricas e metas específicas para o desenvolvimento do design com foco na construtibilidade, operacionalidade, usabilidade e sustentabilidade não é tarefa fácil. Além disso, elas podem ser insuficientes para descrever completamente o valor esperado pelas partes interessadas, podendo levar a uma perda de conexão entre o valor e o design. Por isso, é preciso validar continuamente e ajustar a percepção de valor das partes interessadas e o design.

4.14.1 Métricas

É preciso estabelecer métricas que possuam relação direta com os objetivos mensuráveis do projeto, de forma a manter o foco da equipe no caminho certo ao longo do projeto e permitir o controle dos fatores que levam ao resultado desejado. Em outras palavras, a definição das métricas corretas fará com que a equipe se concentre no que é importante para as partes interessadas e no que é necessário para obtê-lo. Elas permitem às equipes identificar rapidamente onde estão falhando e ajustar seus processos.

As métricas podem estar relacionadas ao custo do projeto, mas também a outros fatores como o consumo de energia, o fluxo de trabalho, a incidência de luz natural e assim por diante. Uma vez definidas, elas se tornarão os critérios para o desenvolvimento do design e avaliação dos resultados. É preciso que a equipe busque desenvolver as melhores opções para atendê-las, harmonizando-as de forma a reduzir os conflitos e evitar que aspectos menos tangíveis sejam sacrificados durante o design. O foco excessivo em critérios de desempenho mensuráveis, como o custo, por exemplo, pode comprometer outros aspectos tão importantes quanto, mas de difícil medição, como, por exemplo, a função e a estética do edifício.

É importante ressaltar que algumas métricas podem ser mais importantes do que outras, a depender da perspectiva de cada parte interessada – por exemplo, o custo de construção terá graus diferentes de importância para cada uma delas.

Os objetivos dos proprietários e usuários estão normalmente relacionados com o negócio, o uso e a operação da edificação. Já a equipe desenvolverá métricas relacionadas à construção, como prazo, custo e qualidade, ou relacionadas aos processos de produção. A Figura 145 apresenta os principais objetivos de desempenho que, combinados, definirão os objetivos de valor de uma edificação.

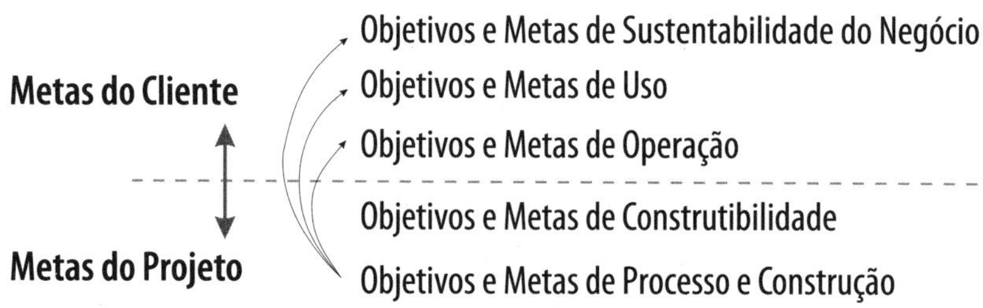

Figura 145 – Metas e objetivos de clientes e projeto.
Fonte: adaptado de Fischer et al (2017).

As métricas econômicas são as mais fáceis de ser estabelecidas e medidas, podendo variar, no entanto, os seus objetivos. Elas podem medir o custo inicial de construção, o custo do ciclo de vida, o custo operacional da instalação, a receita gerada por ela etc. Considerar métricas de custo e de geração de receita leva à criação de projetos com alto valor agregado, apesar de isso raramente ser feito.

Muitas outras métricas podem ser estabelecidas, relacionadas às diversas perspectivas de desempenho de uma edificação, de forma a direcionar o design para o atendimento das necessidades das partes interessadas. Estas podem ser relacionadas à construtibilidade, usabilidade, operacionalidade, sustentabilidade e ao desempenho em uso.

A **usabilidade** refere-se à adequação da edificação ao uso para que foi projetado. Isso significa dizer que ela atende à finalidade das pessoas que a utilizam. Por exemplo, para um hotel são seus hóspedes e funcionários, para um hospital são seus pacientes, médicos e equipe, para uma universidade são seus alunos, professores e funcionários, e assim por diante. A usabilidade deve ser o principal foco do processo de design, pois está diretamente relacionada à geração de valor para o negócio.

A **operacionalidade** de um edifício diz respeito à facilidade com que ele é operado e manutenido, garantindo que as condições de desempenho projetadas sejam preservadas. Também se refere a quão bem os diversos sistemas operam conjuntamente (mecânicos, elétricos, hidráulicos, entre outros). O edifício deve funcionar como um sistema único. Uma instalação projetada sem essa preocupação pode se tornar cara e ineficiente na operação. Para que um bom nível de operacionalidade seja obtido, é preciso considerar seus requisitos desde os estágios iniciais do design, envolvendo representantes do operador como parte da equipe de design. Estes precisam expor suas preocupações para que sejam integradas ao desenvolvimento das soluções no momento adequado.

A edificação também deve ser facilmente manutenida, ou seja, deve permitir que sua manutenção ocorra com segurança e eficiência no dia a dia. Para isso, é preciso atender a alguns requisitos. As áreas e equipamentos que necessitam de manutenção devem ser facilmente acessíveis, e de forma segura. Os componentes que necessitam de manutenção devem estar visíveis e ser fáceis de serem testados. Sempre que possível, utilizar elementos padronizados e de fácil aquisição no mercado. E, finalmente, a edificação deve permitir que seus componentes sejam facilmente substituídos quando chegarem ao final de sua vida útil. As manutenções têm a função de recuperar parcialmente a perda de desempenho resultante do envelhecimento, prolongando a vida útil da edificação (Figura 146).

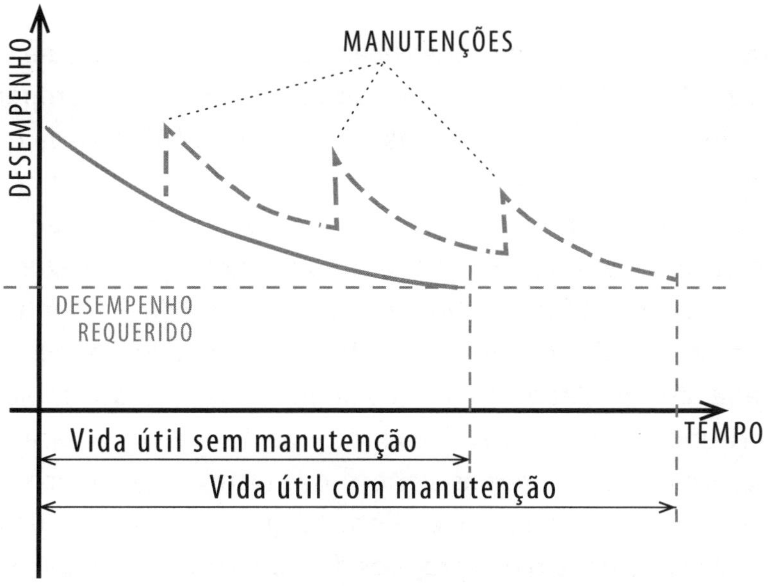

Figura 146 – Recuperação do desempenho por manutenções.
Fonte: ABNT NBR 15575-1 (2013).

A vida útil de uma edificação é o tempo em que ela se presta às atividades para que foi projetada e construída. Ela depende de fatores que agem isolada ou conjuntamente, desde o design, passando pela qualidade dos materiais, da construção, uso correto, constância e efetividade das manutenções, até o ambiente a que está submetida, como temperatura, incidência de chuva e ventos, atividades desenvolvidas ao redor, vias públicas, fontes de ruído externas, entre outros.

Construções **sustentáveis** são aquelas que operam de forma harmônica com o meio ambiente, com a sociedade e de forma economicamente viável. Usualmente, estão associadas ao conforto ambiental (térmico, visual, acústico, salubridade), à eficiência energética (consumo de energia), à eficiência no uso da água (baixo consumo, captação de águas pluviais, reúso, recuperação) e à eficiência construtiva (materiais de baixo impacto, reúso, reciclagem, redução do uso de recursos naturais, redução da geração de resíduos, efluentes e emissões). Dessa forma, o desempenho sustentável das edificações está profundamente associado às decisões tomadas durante o design e durante sua construção, sendo abordado em mais detalhes no item 3.11 – Gerenciamento do meio ambiente do projeto. Como métricas ambientais, podemos utilizar a emissão de dióxido de carbono (CO_2), o consumo de recursos naturais ou a geração de resíduos. Todos podem ser medidos durante a construção ou ao longo do ciclo de vida da edificação.

Recentemente, a sustentabilidade vem assumindo um caráter institucional, passando a compor a estratégia dos negócios e a influenciar todas as áreas e decisões da empresa. A busca pela redução dos impactos ambientais provocados pelas empresas, agora sob a sigla ESG (*Environment, Social, Governance*), passou a incorporar os tradicionais critérios de avaliação econômico-financeira e a influenciar as decisões de investidores e consumidores.

4.14.2 Desempenho em uso

Um conceito importante, introduzido na construção recentemente, foi o de desempenho em uso da edificação. A NBR 15575/2013, também chamada de norma de desempenho, estabeleceu os requisitos e critérios de desempenho e patamares mínimos de eficiência que devem obrigatoriamente ser atendidos pelos diferentes subsistemas construtivos de edificações habitacionais. Esses, por sua vez, são usualmente extrapolados para outros tipos de edificações. Os critérios foram organizados relativamente à segurança (desempenho mecânico, segurança contra incêndio, segurança no uso e operação), habitabilidade (estanqueidade, desempenho térmico e acústico, desempenho lumínico, saúde, higiene, qualidade do ar, funcionalidade, acessibilidade e conforto tátil) e sustentabilidade (durabilidade, manutenibilidade e adequação ambiental). A norma estabeleceu requisitos, critérios e seus respectivos métodos de avaliação para sistemas estruturais, pisos, vedações verticais internas e externas, cobertura e instalações. O foco dado ao desempenho de cada componente faz com que o gerenciamento da qualidade, abordado no item 3.4, assuma um papel ainda mais relevante dentro dos projetos de construção. A norma estabeleceu conceitos importantes como:

- **Requisito de desempenho:** condição que expressa qualitativamente os atributos de uma edificação, para atendimento dos requisitos do usuário.
- **Vida útil de projeto – VUP:** período estimado para o qual um sistema é projetado a fim de atingir os requisitos de desempenho requeridos, considerando que a construção atenderá às normas aplicáveis e que a operação e manutenção atenderão aos requisitos especificados no manual de uso, operação e manutenção.

A norma deixa claro que todos que participam em algum momento do ciclo de vida de uma edificação são responsáveis pelo seu desempenho. O proprietário é responsável por caracterizar o desempenho necessário ao projeto, definindo os requisitos e o entorno da edificação. Já os projetistas são responsáveis por conceber e especificar adequadamente os elementos e sistemas da edificação para atingir o desempenho desejado. O construtor é responsável por seguir os projetos o comissionar os sistemas. Os fornecedores de materiais são responsáveis por desenvolver e aferir o desempenho de seus produtos, comprovando através de ensaios e certificados. Finalmente, o usuário é responsável por utilizá-los de forma adequada e realizar as manutenções corretivas e preventivas especificadas no manual de uso e operação (Figura 147).

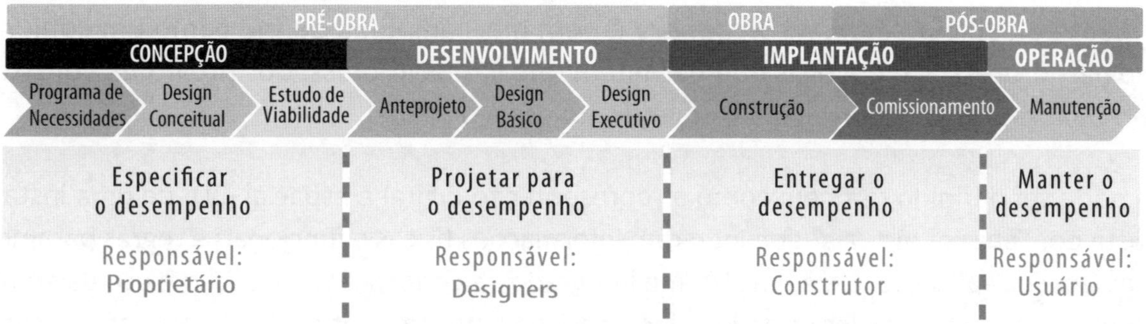

Figura 147 – Ciclo de vida do desempenho de uma edificação.
Fonte: adaptado de Polito (2015).

Segundo a norma NBR 15575, toda a edificação e seus subsistemas devem manter sua capacidade funcional durante a vida útil do projeto. Para isso, é preciso que intervenções periódicas em manutenção preventiva e corretiva sejam realizadas, de forma a impedir que pequenas falhas progridam e comprometam seu desempenho e durabilidade. Todas as condições de uso, operação e manutenção, bem como recomendações para a prevenção de falhas e utilização inadequada, devem ser especificadas em um documento chamado manual de uso, operação e manutenção a ser fornecido ao usuário pelo construtor. Nele são definidas a periodicidade, a forma de realização e registro das manutenções, sejam elas preventivas ou corretivas, ambas baseadas nas normas técnicas pertinentes.

Os operadores também devem criar seus programas de manutenção como prescrito na norma NBR 5674 Manutenção de edificações – Procedimento, de forma a atender ao manual de uso, operação e manutenção da edificação, inclusive com os registros de contratações e execução das manutenções requeridas.

Uma grande contribuição dessa norma foi estabelecer parâmetros objetivos e quantitativos para medição do desempenho dos sistemas construtivos e da edificação, acabando com a subjetividade que existia sobre o assunto. Outra contribuição foi estabelecer o foco no desempenho, ampliando a liberdade dos projetistas para a proposição de novas soluções, incentivando assim a inovação.

4.15 *Building Information Modeling* (BIM)

O *Building Information Modeling* (BIM) representa uma inovação tecnológica disruptiva e estabelece um novo paradigma na indústria da construção. O BIM ainda é uma tecnologia em evolução e sua implantação pode elevar o setor a patamares de produtividade nunca antes alcançados.

A definição do BIM, segundo o *National BIM Standard*, é "uma representação digital das características físicas e funcionais de uma instalação", ou seja, o BIM não é apenas a representação do design em 3D, como muitos podem pensar. Modelos 3D que não contenham atributos e inteligência associados ao nível do objeto não utilizam tecnologia BIM. Estes se prestam apenas a representar visualmente o edifício. Já o *BIM Dictionary* é bem mais amplo, o define como um conjunto de tecnologias, processos e políticas que permitem que vários interessados projetem, construam e operem de forma colaborativa uma instalação no espaço virtual.

O BIM pode ser definido também como a representação digital e espacial (3D) de uma instalação, composta por "objetos virtuais" que integram informações físicas e funcionais e regras paramétricas que regulam sua aplicação. Ele é um sistema integrado de concepção, produção e uso da edificação que permite o acesso de todos os envolvidos através de interface intuitiva e interoperável, utilizável por todo o ciclo de vida da edificação. Com ele é possível criar um modelo geométrico virtual e preciso de uma edificação, contendo a geometria exata e os dados mais relevantes, necessários à análise e às decisões de design, bem como suporte ao planejamento, suprimentos, fabricação e construção.

O BIM fornece o ambiente ideal para a colaboração entre a fase de design e a fase de construção, uma vez que pode combinar, em uma só base de dados, os projetos, informações de fabricação, informações técnicas, custo, instruções de montagem, sequência executiva, logística, entre outros. O BIM também vai além da construção, podendo ser utilizado para o planejamento de uso do espaço, fluxo de operação, gestão energética, operação e manutenção da edificação. Com seu uso, as equipes podem tomar decisões com acesso a todas as informações disponíveis, permitindo que sejam exploradas muitas opções de design de forma rápida e consistente. Também permite simulações de desempenho e ensaios virtuais como análises estruturais e energéticas, estudos térmicos, luminotécnico, acústico e de sombreamento. Podemos dizer simplificadamente que o BIM atua diretamente com o compartilhamento de informações confiáveis para a tomada de decisões ao longo de todo ciclo de vida de uma edificação.

Os modelos BIM são compostos por objetos inteligentes e parametrizados, com representações geométricas dos elementos de uma construção e com informações e regras de comportamento associadas. Em outras palavras, modelos são caracterizados por objetos inteligentes que "sabem o que eles são". Isso faz com que eles possuam a capacidade de se ajustar automaticamente a uma alteração de design. Por exemplo, ao alterar a dimensão ou o posicionamento de uma porta, os interruptores podem se ajustar à nova posição; se uma janela for removida, o vão é fechado automaticamente. Desse modo, diferentes tipos de análise e informações podem ser gerados, como plantas, vistas, elevações, cortes, listas de materiais etc. Havendo alterações no modelo, estas se refletem automaticamente nos documentos dele derivados, garantindo um conjunto de documentação consistente. Essas características agilizam o processo de revisão do design e aumentam a produtividade. Os modelos contêm diversas informações multidisciplinares que podem ser consultadas e extraídas pelos atores para análise e suporte à tomada de decisão. Outras dimensões de informação podem ser adicionadas ao modelo, como tempo, custo, construtibilidade, acessibilidade, sustentabilidade, desempenho térmico, manuais de manutenção, certificações, acústica, iluminação, entre outras. Dessa forma, o BIM disponibiliza e organiza, de diversas formas, uma quantidade de informações sem precedentes para apoiar a tomada de decisão em todas as fases do ciclo de vida de uma edificação.

Os modelos podem evoluir durante o desenvolvimento do design refletindo a maturidade, a quantidade e a qualidade das informações disponíveis. Por exemplo, nas etapas iniciais o modelo pode utilizar apenas objetos genéricos, sem tipo ou marca definido, devendo, no entanto, respeitar as características mais relevantes, como dimensões, potência etc. No momento adequado, na medida em que as decisões forem sendo tomadas, os objetos podem ser substituídos pelo produto escolhido, sem provocar interferência nos demais elementos do design. Nesse contexto, os fornecedores desempenham um papel-chave, cabendo-lhes produzir as representações virtuais de seus produtos inserindo as informações pertinentes ao seu desempenho, inclusive *links* para manuais e outros documentos de interesse dos usuários. As ferramentas autorais já disponibilizam bibliotecas com grande número de objetos e todas as suas informações, como dimensões, capacidade e até mesmo normas atendidas.

O uso do BIM melhora o entendimento do escopo, do custo e do cronograma do projeto, mesmo para aqueles que não possuem familiaridade com o setor, como investidores, por exemplo. A visualização dos sistemas de forma integrada permite a identificação de conflitos, omissões e oportunidades de melhoria e agregação de valor. Também permite aos futuros usuários e operadores visualizar e planejar antecipadamente o uso dos espaços e a operação e manutenção dos sistemas.

O processo de design, por seu caráter exploratório e iterativo, está sujeito a melhorias incrementais, na medida em que o processo avança e o escopo e os requisitos são mais bem compreendidos. Por isso, é preciso que o gerenciamento da mudança seja adequadamente realizado, garantindo que todas as partes envolvidas estejam na mesma página, trabalhando com a mesma informação. Nesse contexto, o BIM desempenha um papel fundamental, pois permite o trabalho integrado de várias partes, de diversas especialidades, com uma quantidade enorme de informação sobre uma única base. Por exemplo, a integração permite que dados modificados no modelo de arquitetura gerem mudanças no modelo estrutural e vice-versa. No entanto, não é tarefa fácil gerenciar um trabalho integrado envolvendo grande número de pessoas, documentos e informações. Principalmente porque estão representadas várias especialidades e pontos de vista diferentes, muitas vezes conflitantes. Um dos maiores desafios dos projetos de construção, cada vez mais complexos, é garantir a completude e a consistência entre todas as disciplinas envolvidas. Quanto maior o número de disciplinas e o nível de detalhamento, maior a probabilidade de erros. A presença de inconsistências, imprecisão, incertezas e omissões no design levará a conflitos no momento de sua execução, levando a mudanças, atrasos e aumento de custo. Também impedirá a industrialização e pré-fabricação fora do canteiro, levando obrigatoriamente a uma produção mais artesanal e, portanto, mais improdutiva, cara, imprecisa e propensa a erros.

O uso do BIM reduz significativamente o tempo necessário para o desenvolvimento dos documentos para a construção. Isso porque elimina a latência nas respostas e decisões inerentes ao processo tradicional, causada por um processo linear, sequencial e fragmentado. No BIM a comunicação é simultânea e bidirecional a todos os participantes, permitindo a colaboração e melhoria no processo decisório.

Apesar de independentes, o *Lean* e o BIM possuem grande sinergia quando utilizados conjuntamente. O BIM possui funcionalidades que suportam muitos princípios do *Lean* durante as fases de design, pré-construção, construção, operação e manutenção.

Podemos, enfim, resumir os principais benefícios do BIM da seguinte forma:

- Permite a aprovação estética preliminar do design com as partes interessadas no início do projeto.
- Um modelo 3D permite a visualização em qualquer etapa do processo, sob diversas vistas, com dimensões consistentes em todas elas.
- Desenhos 2D podem ser gerados em qualquer etapa do processo, de qualquer conjunto de objetos, de qualquer vista específica, de forma precisa e consistente. Isso reduz o trabalho e a quantidade de erros associados à geração de desenhos. Também permite que um conjunto de desenhos consistentes seja imediatamente emitido, assim que uma alteração for concluída.
- Permite o trabalho simultâneo, de múltiplos projetistas e disciplinas. Isso reduz a quantidade de erros e omissões.
- Possibilita que estimativas de custo sejam realizadas nos estágios iniciais de design e de forma mais precisa, uma vez que permite a quantificação de áreas, volumes e materiais automaticamente. Isso mantém todos os envolvidos conscientes dos custos associados ao design antes que o detalhamento avance para a próxima fase. Também acelera o processo de aquisições durante a fase de construção, com listas de materiais, especificações e propriedades.
- Permite a sincronização entre elaboração de design e planejamento da construção. Isso possibilita a identificação antecipada de conflitos que surgiriam na fase de construção.
- Permite que simulações de múltiplas alternativas de soluções e de sequências executivas sejam realizadas de forma rápida, segura e barata, apoiando, dessa forma, a experimentação e o aprendizado, para uma melhor tomada de decisão.
- Permite ainda incluir no modelo objetos temporários, como escoramentos, equipamentos, entre outros, todos vinculados às suas respectivas atividades, possibilitando visualizar o planejamento e possíveis interferências de tempo e espaço.
- Minimiza os erros causados por desenhos 2D inconsistentes. Também permite avaliar a interface entre todas as disciplinas que são modeladas conjuntamente e eliminar todos os conflitos previamente, antes que os desenhos sejam enviados ao canteiro.

- Permite velocidade na identificação dos impactos causados por alterações introduzidas no design, intencionalmente ou por reação a algum imprevisto ocorrido durante a construção. Assim, uma vez inserida a modificação no modelo, é possível identificar rapidamente os impactos em todas as demais disciplinas. As consequências dessas modificações são imediatamente refletidas em todas as demais vistas e plantas 2D.
- Possibilita maior industrialização da construção, uma vez que o modelo contém uma representação precisa de cada objeto para sua fabricação. Com o modelo, fornecedores de qualquer região podem elaborar os detalhes necessários à pré-fabricação.
- Uma vez atualizado com as modificações realizadas durante a construção, o modelo se torna uma fonte preciosa de informações para a fase de operação, manutenção e futura readequação da edificação.
- Garante a integridade do modelo e das informações através de uma base única de informações.
- Possibilita a verificação automatizada, ou semiautomatizada, de conflitos espaciais entre as diversas disciplinas envolvidas no design (*clash detection*).
- Proporciona melhoria na qualidade da comunicação, reduzindo sensivelmente a quantidade de solicitações de mudanças e correção durante as fases de design e construção.
- Permite a avaliação do desempenho futuro da edificação ainda nas fases iniciais do projeto, como, por exemplo, o consumo de energia.

Não é a proposta deste livro abordar o BIM em profundidade ou mesmo esgotar o assunto. Nós nos limitaremos a demostrar as principais características do BIM e como ele se encaixa como peça fundamental na gestão integrada de projetos de construção e sua importância para o resultado.

4.15.1 Modelos BIM

Existem diferentes modelos BIM, apropriados para diferentes finalidades, mas sempre sincronizados, coerentes e compatíveis entre si.

O **Modelo de Autoria** é desenvolvido pelos projetistas, de seu uso exclusivo e que normalmente só é fornecido ao contratante quando definido em contrato. Ele não é um produto e sim uma base para o desenvolvimento de diferentes produtos para o projeto. Ele pode conter informações proprietárias do projetista. O primeiro Modelo de Autoria desenvolvido é o **Modelo Base** do arquiteto, que servirá para o desenvolvimento das demais disciplinas, sempre de forma simultânea e colaborativa. A partir desse modelo, é criado um **Modelo para Coordenação** (cópia), contendo somente as informações que interessam à coordenação com as demais disciplinas, visando a análise do conjunto e a verificação de conflitos. Ele contém basicamente geometria, classificação do elemento e informações relevantes. Seu principal propósito é definir o objeto a ser construído.

O chamado **Modelo Federado** é obtido pela união de todos os Modelos para Coordenação das diversas disciplinas de forma a permitir a visão completa da edificação. A base do Modelo Federado são as disciplinas de arquitetura e estrutura. Todos os participantes podem acessar esse modelo, mas cada um só consegue modificar o design de sua autoria. Visualizando as demais disciplinas, cada participante pode avançar considerando as limitações impostas por elas, identificando imediatamente conflitos e negociando soluções em tempo real, caso estejam disponíveis *on-line*.

Sobre o modelo para coordenação podem ser construídos outros modelos, como o **Modelo de Construção**, contendo os elementos provisórios necessários à construção da edificação, como gruas, elevadores, andaimes etc. Este posteriormente poderá ser associado ao cronograma para elaboração de simulação da sequência construtiva, também chamado de 4D, e ao cronograma e orçamento para elaboração de simulações físico-financeiras, também chamadas de 5D. Além disso, poderá apoiar as análises de construtibilidade, o plano de ataque, logística, canteiro e qualquer outro estudo envolvendo a etapa de construção.

O **Modelo de Fabricação** é usualmente desenvolvido por fornecedores especializados, como de esquadrias, *drywall* ou de elementos pré-fabricados. Nele, os elementos são desenvolvidos em alto nível de detalhes, de forma a permitir levantamentos precisos de quantitativos e sua produção externamente ao canteiro.

O **Modelo *As-Built*** representa a edificação exatamente como foi construída. Ele contém as dimensões e propriedades reais e pode conter ainda *links* para informações externas, como manuais de operação e manutenção, garantias etc. É um modelo fundamental para o desenvolvimento do **Modelo BIM de Gestão, Operação e Manutenção**.

O **Modelo BIM de Gestão, Operação e Manutenção** busca apoiar esses processos durante a fase de uso da edificação. Ele deve conter somente as informações essenciais, devendo ser removidas as informações que não serão mais necessárias. Para facilitar a transferência e organização dessas informações, foi desenvolvido um protocolo padronizado, chamado COBie (*Construction Operations Building information exchange*). Trata-se de uma planilha contendo as informações dos ativos e dos espaços, para ser lida em uma ferramenta de gestão. Ela estabelece três informações essenciais: onde o equipamento está localizado, por onde é acessado e como deve ser operado e mantido.

4.15.2 Usos BIM

O BIM pode ser utilizado para muitas finalidades e propósitos diferentes. Para facilitar a sua identificação e comunicação, várias organizações desenvolveram estruturas de classificação e organização. A Pennsylvania State University (KREIDER; MESSNER, 2013) propõe que os usos BIM sejam classificados pelos propósitos por trás da sua utilização, ou seja, por que o BIM será implementado? Os propósitos são classificados como 1) coleta, 2) geração, 3) análise, 4) comunicação e 5) realização. Uma vez definido o propósito para o qual o BIM será implementado, é possível refinar suas caraterísticas, definindo os elementos de instalação, fase, disciplina ou nível de desenvolvimento (Figura 148). A clara definição dos propósitos melhora a comunicação ao longo do ciclo de vida da edificação. A partir dela é possível comunicar a todas as partes interessadas o que, quem, quando e em que nível será implementado o BIM. É possível implementar vários usos, em várias disciplinas, em diferentes fases, em vários elementos e com vários níveis de desenvolvimento.

Figura 148 – Componentes, propósitos e características dos usos BIM.
Fonte: Kreider; Messner (2013).

Os propósitos e características podem ser refinados em vários níveis, dependendo no nível de especificidade desejado. A partir da adequada definição, é preciso avaliar os recursos que serão necessários, como hardwares, softwares, infraestrutura, equipe e, principalmente, competências. Se eles não estiverem disponíveis em quantidade e qualidade necessários, é melhor reavaliar e adequar os usos BIM à capacidade disponível.

Em 2013, a Pennsylvania State University publicou um trabalho que identificava 25 diferentes usos para o BIM, organizados em quatro fases: planejamento, design, construção e operação (Figura 149).

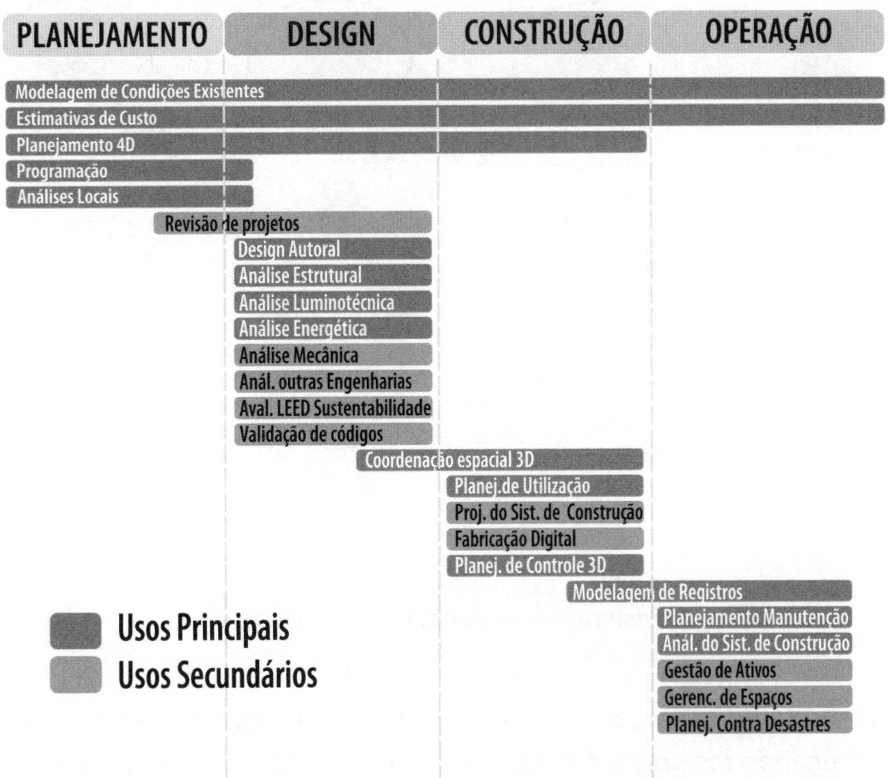

Figura 149 – 25 casos de usos BIM.
Fonte: adaptado de Kreider; Messner (2013).

Novos usos continuam a ser desenvolvidos, na medida em que os profissionais absorvem a nova tecnologia e compreendem melhor todas as possibilidades. A publicação "211in Model Uses Table", da BIMe Initiative, criada por Bilal Succar (2019), aponta para mais de 125 diferentes usos do BIM, classificados como gerais, domínios específicos e customizados. Entre eles estão usos como impressão 3D, gerenciamento de espaço, entrega e comissionamento. Vamos discorrer a seguir sobre alguns usos BIM mais aplicados atualmente.

4.15.2.1 Modelos 3D

Dos usos BIM, a modelagem 3D é o mais amplamente utilizado. O modelo do objeto 3D reúne informações gráficas e não gráficas, incluindo informações técnicas de desempenho dos diversos objetos. Com isso, é possível extrair uma infinidade de informações do modelo, como quantitativos, compatibilizações etc. A visualização 3D permite ver como será o edifício acabado, promovendo um entendimento comum, aumentando a compreensão e reduzindo possíveis erros de interpretação entre as diversas disciplinas e partes interessadas envolvidas. Ela é uma importante ferramenta de transferência de informação para aqueles que serão responsáveis pela produção, reduzindo a perda de informações no processo de transferência. A visualização facilita a participação, a interação e o entendimento daquelas partes interessadas que não são da área de design e engenharia (Figura 150).

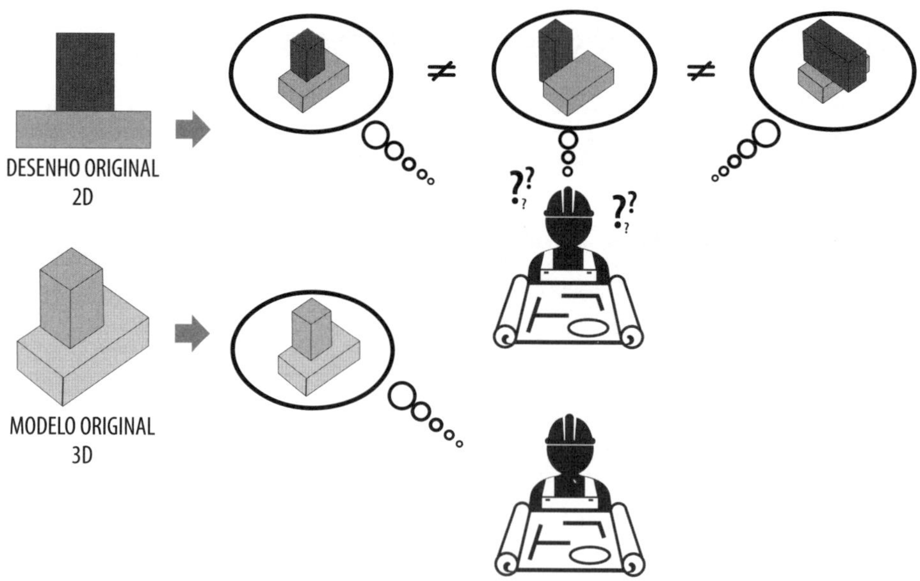

Figura 150 – Interpretação 2D x 3D.
Fonte: adaptado de Collier; Fischer (1995).

Os recursos de visualização e simulações do BIM permitem à equipe explorar diversas alternativas de design, fornecendo *insights* e favorecendo a boa tomada de decisão, antes mesmo que a construção inicie.

4.15.2.2 Estimativas de custo

A partir da modelagem 3D é possível utilizar o modelo para extração automática de quantidade de serviços e materiais com consistência, precisão e agilidade, com diferentes formas de agrupamento, para apoiar o processo de estimativas de custo. Isso cria um alinhamento entre custo e escopo, reduzindo o tempo demandado entre uma iteração de design e a análise de seus impactos nos custos. Isso tem uma repercussão enorme nos prazos de pré-construção. Esse processo, além de mais rápido, é mais confiável, rastreável e menos suscetível a omissões ou erro humano.

4.15.2.3 Planejamento 4D

A incorporação da dimensão tempo ao modelo BIM 3D, ou seja, a associação do cronograma, permite-nos simular a sequência construtiva, criando o chamado modelo BIM 4D. Nele é possível visualizar o avanço físico do edifício em relação ao tempo. Esses modelos possuem inúmeras utilizações na gestão de um projeto de construção (Figura 151).

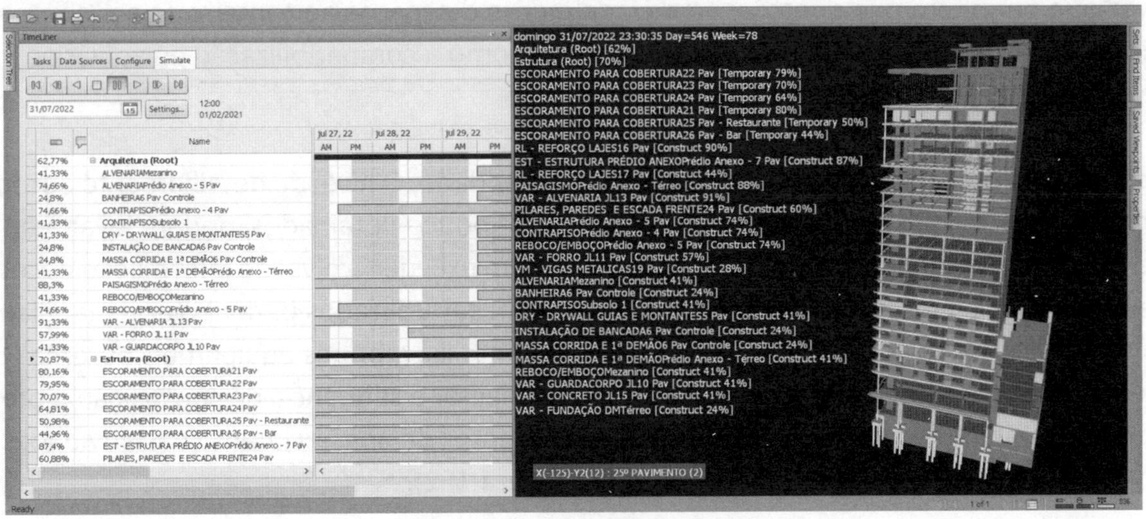

Figura 151 – Exemplo de modelo 4D.
Fonte: cortesia SIPPRO.

4.15.2.4 Uso BIM na construção

O uso BIM permite-nos visualizar e simular várias estratégias construtivas, visando otimizar os processos construtivos e avaliar os impactos das decisões de design na produção.

Este uso permite-nos encontrar as restrições e armadilhas do caminho e explorar várias alternativas de solução antes mesmo de iniciar a construção. Em outras palavras, podemos dizer que é possível modelar tanto o edifício quanto o processo construtivo em todas as suas fases, incluindo seus elementos provisórios como bandejas, guarda-corpos, canteiro, entre outros. Com isso, conseguimos identificar conflitos de tempo e espaço que antes só seriam identificados no canteiro, quando impactassem negativamente a construção. Também possibilita a otimização de recursos críticos e caros, como gruas, elevadores, cremalheira etc.

Os modelos nos permitem simular várias alternativas de como o edifício pode ser construído ao longo do tempo, com suas etapas construtivas, incluindo elementos definitivos e provisórios (andaimes, equipamentos etc.) de forma a encontrar a mais eficiente. Também permite analisar alternativas de layout do canteiro em várias fases do projeto, inclusive áreas de armazenamento, instalações provisórias, áreas de carga e descarga, fluxos de pessoas e de materiais.

Com eles é possível planejar detalhadamente e comunicar às equipes as medidas de segurança do trabalho, principalmente em atividades críticas, como içamento, montagens etc. Eles permitem também o planejamento logístico em diferentes níveis de detalhe, de acordo com a fase do planejamento, simulando as rotas de movimentação de máquinas, os fluxos de materiais e pessoas, ajudando a identificar e eliminar restrições que poderão surgir durante a produção.

Os modelos nos levam ao desenvolvimento de planos mais realistas e cronogramas mais confiáveis, uma vez que permitem que questões tradicionalmente delegadas ao canteiro sejam abordadas e solucionadas durante o desenvolvimento do design, como a compatibilização entre várias frentes de trabalho e o gerenciamento do uso do espaço.

Os modelos podem conter níveis diferentes de granularidade. O nível de detalhamento apropriado dependerá do propósito de uso e do que se espera. Se pouco detalhados, podem levar à omissão de elementos importantes; se muito detalhados, podem exceder o nível de informação necessário, desperdiçando recursos. Os poucos detalhados podem ser utilizados para apoiar o planejamento de fluxos logísticos, rotas de acesso, instalações de canteiro, grandes equipamentos, áreas de estocagem etc. Os mais detalhados são utilizados para analisar a sequência de construção, potenciais conflitos de tempo e espaço com outras atividades, frentes de abastecimento das atividades e até mesmo diferentes frentes de trabalho e equipes (Figura 152).

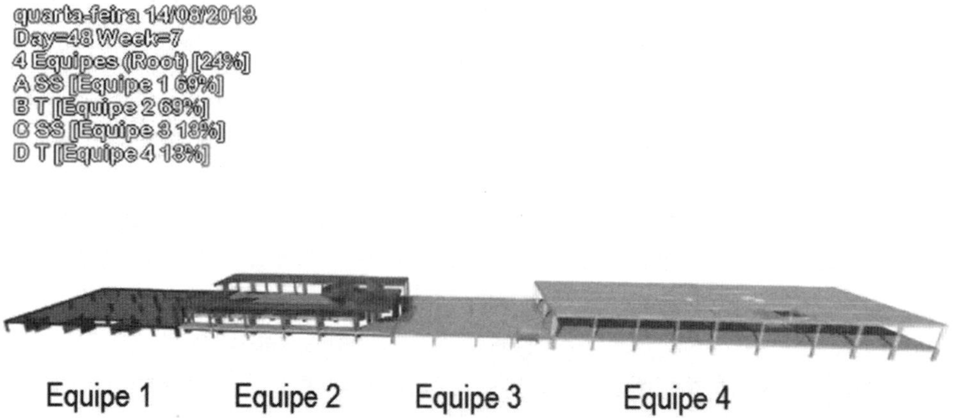

Figura 152 – Exemplo de uso BIM na construção, com planejamento de frentes de trabalho por equipe. Fonte: cortesia SIPPRO.

4.15.2.5 Modelo 5D

A incorporação das dimensões tempo e custo ao modelo 3D cria o chamado modelo 5D. Nele é possível realizar rapidamente simulações do fluxo de investimento em diversos cenários de construção, de forma a apoiar a tomada de decisão e garantir o orçamento do projeto. Com seu uso, é possível refinar progressivamente as projeções, de forma automática, na medida em que o design evolui e as informações do modelo se tornam mais detalhadas e confiáveis.

4.15.2.6 Análise de sustentabilidade

O BIM também pode ser utilizado para realizar análises de eficiência energética e desempenho das edificações, apoiando as decisões relacionadas à sustentabilidade. Esse uso busca, através de simulações de desempenho térmicas, energéticas, acústicas e luminotécnicas, com base nas propriedades dos materiais que compõem o modelo, identificar as alternativas mais sustentáveis, seja do ponto de vista social, ambiental ou econômico. O modelo permite a simulação do desempenho e do comportamento do edifício em vários cenários. Isso possibilita que diversos conjuntos de soluções de design sejam explorados na busca pela otimização de aspectos, como, por exemplo, o consumo de energia em diferentes cenários de ocupação e estações do ano. Várias soluções podem ser desenvolvidas simultaneamente até que uma decisão final seja tomada com base não apenas no julgamento da equipe, mas no máximo de evidências geradas pelas simulações de desempenho. No entanto, esse uso apresenta limitações, por se tratar de simulações de desempenho futuro que dependem diretamente do comportamento humano de uso, operação e manutenção do edifício.

4.15.2.7 Gestão de ativos

O BIM pode ser utilizado também para apoiar a futura gestão do ativo, fornecendo as informações necessárias para suportar a operação e manutenção, capturadas durante todo o ciclo de design e construção. Ele pode reunir informações técnicas como números de série, marca, modelo, fabricante, local de instalação, instalador responsável, manuais etc. O modelo também permite avaliar condições adequadas de trabalho e operação dos sistemas, como ergonomia, atendimento a questões mínimas de segurança e legais, manutenções, desmontagem e substituição futura dos sistemas, entrada de pessoas e componentes etc.

4.15.3 *Clash detection*

O uso do BIM incorpora importantes avanços no processo de coordenação do design, permitindo a identificação de forma automatizada ou semiautomatizada de conflitos entre as disciplinas, os chamados *clash detection*. Esse recurso agiliza o processo e melhora a qualidade da compatibilização, reduzindo a possibilidade de que conflitos cheguem até o campo. Inicialmente, cada projetista é responsável por verificar se seu modelo está livre de *clashes* em relação aos modelos de arquitetura e estrutura ou se não existem objetos duplicados ou sobrepostos, pois isso levará à identificação de falsos positivos. Uma vez tendo recebido os modelos das diversas disciplinas, o coordenador realiza a análise de qualidade dos modelos, verificando a existência de objetos indevidos e o atendimento aos padrões mínimos acordados. Em seguida ele gera os relatórios de *clash detection* entre as disciplinas. Os resultados são então analisados, de forma a eliminar falsos positivos e agrupá-los para tornar as reuniões de coordenação mais produtivas. Quanto maior o nível de detalhamento dos modelos utilizados no *clash report*, mais completa será a identificação de conflitos, mas maior também a possibilidade de ocorrência de falsos positivos.

Os conflitos identificados podem ser considerados:

- ***Hard***: quando são referentes ao conflito físico de dois objetos ocupando o mesmo espaço. Se identificados somente no campo, podem impactar o custo e o prazo do projeto.
- ***Soft/clearance***: quando os objetos estão muito próximos e não existe a folga necessária entre eles. O espaço de um objeto pode estar associado à instalação ou desinstalação do equipamento, ao transporte e posicionamento de seu maior subconjunto, para dentro ou fora do edifício para posterior instalação, ou ao acesso para operação e manutenção (ABNT-ISO 16757-2:2018). Dessa forma, é importante também envolver nas reuniões de coordenação representantes dos proprietários e operadores da edificação para identificar conflitos que impactariam a operação, mesmo que não impactem a construção.

Os conflitos também podem ser temporários. Neste caso, eles são referentes a conflitos de espaço durante o processo de construção. Estes não podem ser realizados de forma automática e são mais difíceis de ser identificados pois requerem análises em modelos de planejamento 4D, envolvendo designs, cronogramas, projetos de canteiro, planejamento logístico, plano de ataque, entre outros. Os conflitos de construtibilidade são difíceis de ser realizados pois dependem principalmente da capacidade de visualização e da experiência de quem a está realizando. A maior parte do conhecimento necessário é tácito e não explícito. A visão de construtibilidade é normalmente embarcada na fase de pré-construção, com a participação daqueles que executarão o serviço, ou seja, construtora e instaladoras. Eles podem ser sinalizados por *soft clashes*, indicando problemas de espaço suficiente para sua instalação, falta de espaço para entrar, parafusar, apertar ou soldar um objeto. Se descobertos somente durante a construção, eles podem paralisar atividades e impactar o cronograma da obra.

E, finalmente, existem também *clashes* que podem ser considerados aceitáveis e solucionáveis durante o processo construtivo.

4.15.4 Nível de informação necessária

Na medida em que o processo de design avança de forma iterativa e incremental, aumentam a quantidade e a precisão das informações associadas ao modelo, ou seja, o design evolui de vagas ideias conceituais para uma descrição detalhada e precisa de cada componente da edificação. Um conceito muito importante quando se trabalha com o BIM é a definição do nível de informação necessária a cada objeto do modelo. Trata-se de um conceito introduzido pela ISO 19650 – *Organization and digitization of information about buildings and civil engineering works, including building information modelling* (BIM) – *Information management using building information modelling – Part 1: Concepts and principles* – para definir a qualidade, quantidade e granularidade mínimas da informação necessárias para atender aos requisitos de determinado uso.

Fornecer mais informação do que o necessário significa fornecer informações que não serão utilizadas, podendo ser considerado desperdício, uma vez que consumirá tempo de quem as produz e de quem as analisa, além de deixar o modelo desnecessariamente mais pesado e lento. Na medida em que aumentamos o detalhamento do modelo, crescem de forma exponencial a quantidade de elementos e a quantidade de horas de desenvolvimento. Da mesma forma, fornecer menos informação do que o necessário pode causar omissões, erros de interpretação, retrabalho e impedir que os problemas sejam identificados antecipadamente. Por exemplo, para se realizar o *clash detection* entre duas disciplinas na fase de anteprojeto, seriam necessárias apenas informações espaciais. No entanto, para se realizar a estimativa de custo, seriam necessárias informações mais apuradas de quantidades e especificações. Sendo assim, o nível de informação necessária deve ser definido para cada entregável de informação de acordo com o propósito a que se destina. Nessa lógica, primeiro definimos quais informações demandaremos para tomar as decisões, para depois definir o nível de informação que devemos receber. O nível necessário de informação deve ser planejado previamente, de acordo com a necessidade de cada parte interessada e particularidade de cada projeto, e deve ser registrado no BEP (*BIM Execution Plan*), que pode ser traduzido como plano de execução BIM.

Existem muitas publicações que se propõem a classificar os níveis de detalhamento das informações em um modelo, como a AIA (*American Institute of Architects*) ou a NIBS *Building Smart Alliance*. As informações de um elemento podem ser geométricas e não geométricas.

Para as informações geométricas, AIA propõe uma escala de classificação conhecida como LOD (*Level Of Detail* – nível de detalhe). O LOD diz respeito ao grau de detalhe da representação geométrica de cada elemento. Ele utiliza uma escala de cinco níveis: 100 (nível conceitual), 200 (nível de geometria aproximada), 300 (nível de geometria precisa), 400 (nível de execução/fabricação) e 500 (obra concluída). A escala permite a criação de níveis intermediários, de acordo com a necessidade de cada disciplina ou fase do design, como o nível intermediário 350, proposto pelo BIM Fórum para permitir a coordenação detalhada entre disciplinas (Figura 153).

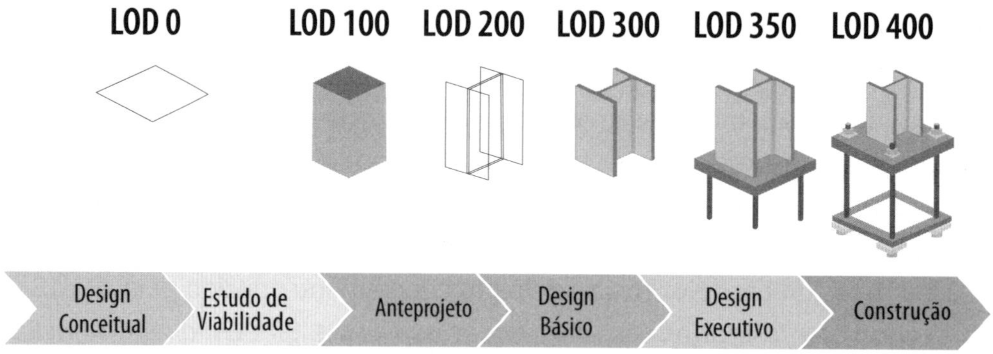

Figura 153 – Exemplo de níveis de detalhamento de um pilar metálico.
Fonte: adaptado de BIMForum (2020).

As informações não geométricas podem utilizar o conceito de LOI (*Level Of Information* – nível de informação) para classificar o nível de informação contido em cada objeto do modelo. O LOI reflete a precisão dos dados que o compõem, ou seja, o grau de confiança e a qualidade das informações que o modelo contém. A escala de 1 a 5 utiliza o nível 1 para informações organizadas em macrogrupos, o nível 2 para definições de materiais e tipologias, o nível 3 para elementos codificados e especificações detalhadas, o nível 4 para informações necessárias às simulações de desempenho e o nível 5 para informações conforme construído, contendo marca, modelo, garantia e informações para a futura operação e manutenção da instalação.

Tanto o LOD quanto o LOI são progressivos e incrementais e podem evoluir de forma independente, atingindo níveis diferentes para cada necessidade de informação e uso, ou seja, em uma determinada fase é possível que cada disciplina esteja em um nível diferente, contanto que atendam aos usos necessários àquela fase (Figura 154).

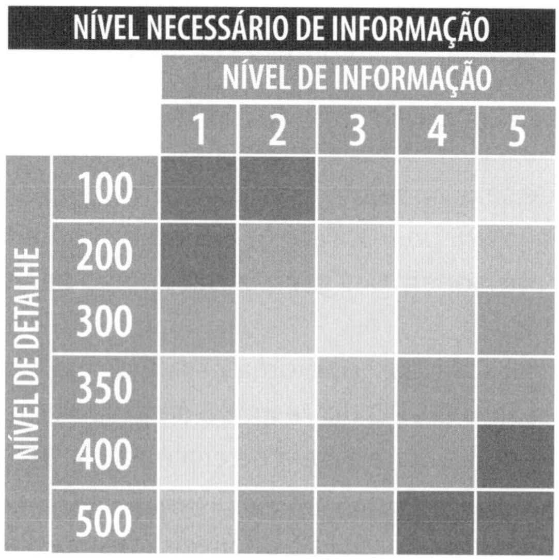

Figura 154 – Tabela com evoluções independentes LOI x LOD.
Fonte: o autor.

FASES DO PROJETO	Design Conceitual		Estudo de Viabilidade		Anteprojeto		Design Básico		Design Executivo		Construção		Manutenção	
INFRAESTRUTURA	LOD	LOI	LOD	LOI	LOD	LOI	LOD	LOI	LOD	LOI	LOD	LOI	LOD	LOI
Escavações	100	1	100	2	100	2	300	3	300	3	300	3	300	3
Fundações profundas					200	2	300	3	300	3	300	3	300	5
Blocos de fundação					200	2	300	3	300	3	300	3	300	5
Inseridos metálicos					100	2	200	3	350	4	350	4	500	5
Contenções	100	1	100	2	200	2	300	3	300	3	300	3	300	5
Estruturas de concreto	100	1	100	2	100	2	200	3	350	4	350	4	500	5
Instalações Pluviais					200	2	300	3	350	4	350	4	500	5

DISCIPLINA RESPONSÁVEL

Arquitetura	Instalações	Fornecedor contratado
Estrutura	Fundações	Estrutura metálica

LOI - NÍVEL DE INFORMAÇÃO   LOD - NÍVEL DE DETALHE

Figura 155 – Exemplo de níveis de informação necessária para infraestrutura de uma edificação, para as diversas entregas e responsáveis.
Fonte: o autor.

4.15.5 Gestão da informação

O BIM tem em sua essência a gestão da informação. A norma ISO 19650 representa as melhores práticas na gestão da informação e padroniza como as informações de um projeto de construção devem ser produzidas, gerenciadas e distribuídas. Outra contribuição importante dessa norma foi introduzir conceitos e princípios para o gerenciamento de informações em todas as fases do ciclo de vida de uma edificação. A norma preconiza que todas as partes interessadas devem trabalhar colaborativamente na gestão da informação. O processo de gerenciamento da informação possui diferentes perspectivas: requisitos de especificação, planejamento de entrega da informação e entrega da informação.

A norma organiza os requisitos de informações e entregáveis para o adequado desenvolvimento dos modelos em: OIR (*Organizational Information Requirements* – Requisitos de informação da organização); PIR (*Project Information Requirements* – Requisitos de informações do projeto); AIR (*Asset Information Requirements* – Requisitos de Informações do Ativo); EIR (*Exchange Information Requirements* – Requisitos de troca de informações); AIM (*Asset Information Model* – Modelo de informações do ativo); PIM (*Project Information Model* – Modelo de informação do projeto) (Figura 156).

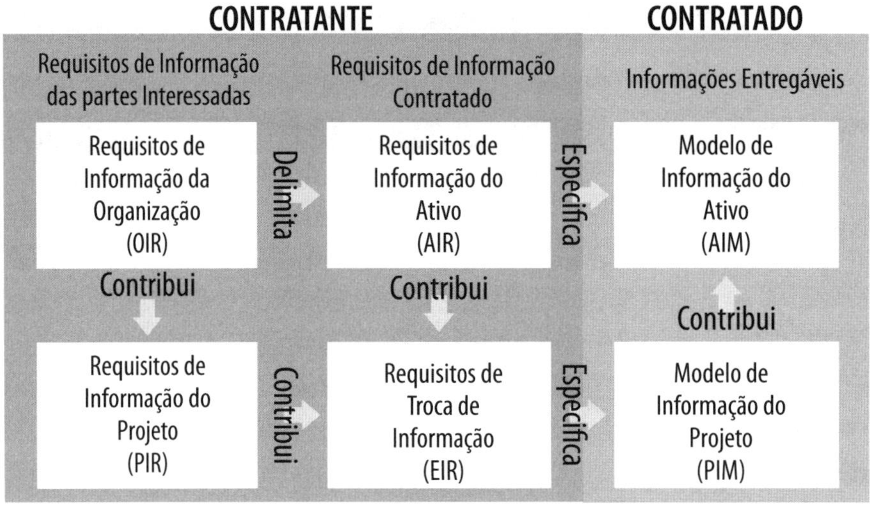

Figura 156 – Hierarquia de requisitos de Informação.
Fonte: adaptado de BS EN ISO 19650 (2018).

O ponto de partida do desenvolvimento são os requisitos de informação da organização (OIR), ou seja, o proprietário da edificação. São informações relacionadas ao seu negócio e à sua estratégia. Esses requisitos contribuem para o desenvolvimento dos requisitos de informação do projeto (PIR). Estes dizem respeito aos principais objetivos do projeto, ou seja, por que a edificação será construída. Com base no OIR e no PIR, são registrados os requisitos de informação do ativo (AIR), onde são definidas as expectativas de desempenho, de operação e manutenção do futuro ativo, sejam comerciais ou técnicas, em todo o seu ciclo de vida. Essas informações serão utilizadas pela equipe de designers para desenvolver parte do escopo contratado. Em seguida, são definidos os requisitos de troca de informações (EIR), que estabelecem os padrões de comunicação que serão utilizados na produção e troca de informações, como: quais são as informações, quem deve fornecê-las, quando devem ser trocadas, como será feita a troca etc. Todos esses requisitos têm como principais responsáveis o contratante e seus representantes. Esse processo de coleta e desenvolvimento de requisitos tem estreita relação com o processo de coleta de requisitos abordado no item 3.1 – Gerenciamento do escopo do projeto. Como resposta aos requisitos desenvolvidos, as empresas contratadas produzirão informações estruturadas (geométricas e não geométricas) e não estruturadas que comporão o modelo BIM do projeto (PIM) e informações estruturadas sobre o ativo (AIM), definindo seus processos de operação e manutenção.

4.15.6 Plano de execução BIM

Todo o planejamento com diretrizes para a implantação do BIM é consolidado em um único documento, chamado Plano de Execução BIM (PExBIM). Nele devem estar definidos os objetivos, as responsabilidades de cada participante, os usos, as diretrizes de desenvolvimento dos modelos, os princípios para produção e gerenciamento da informação e os níveis de desenvolvimento ao longo do projeto e do ciclo de vida da edificação. Ele deve ser parte integrante dos contratos celebrados entre os envolvidos.

4.15.7 CDE

Para lidar com todo o volume de informação produzido e compartilhado durante o processo de desenvolvimento BIM e garantir a sua consistência, confiabilidade, disponibilidade e integridade, a norma ISO 19650 propõe a adoção de um ambiente comum de dados, o CDE (*Common Data Environment*), e de *workflows* que apoiem o processo de gerenciamento da informação. Trata-se de um repositório centralizado onde todas as informações desenvolvidas, por todas as disciplinas, em todas as fases do projeto, são armazenadas, organizadas e disponibilizadas. Ele deve permitir o acesso simultâneo, controlado e ininterrupto a todos os envolvidos. O CDE pode estar em um servidor local ou na nuvem e normalmente é atribuição do proprietário do projeto. Os *workflows* buscam controlar e organizar as múltiplas iterações, revisões e aprovações necessárias ao desenvolvimento do design, bem como os diferentes status da informação (Figura 157).

Busca-se, com isso, que a informação seja gerada apenas uma vez e seja utilizada quantas vezes for necessária por todos os participantes do projeto ao longo de todo o seu ciclo de vida. O CDE também se transforma no ponto focal de troca de informações, reduzindo o número de canais, a duplicidade e o ruído na comunicação. Na verdade, para que o CDE cubra todo o espectro de informações produzidas durante o projeto, muitas vezes é preciso utilizar diferentes softwares. Isso se faz necessário pela multiplicidade de formatos utilizados, tanto para informações estruturadas (gráficas e não gráficas) quanto desestruturadas, como fotos, vídeos, mensagens etc. O CDE tem profundo alinhamento com o gerenciamento das comunicações do projeto e seus processos, abordados no item 3.6.

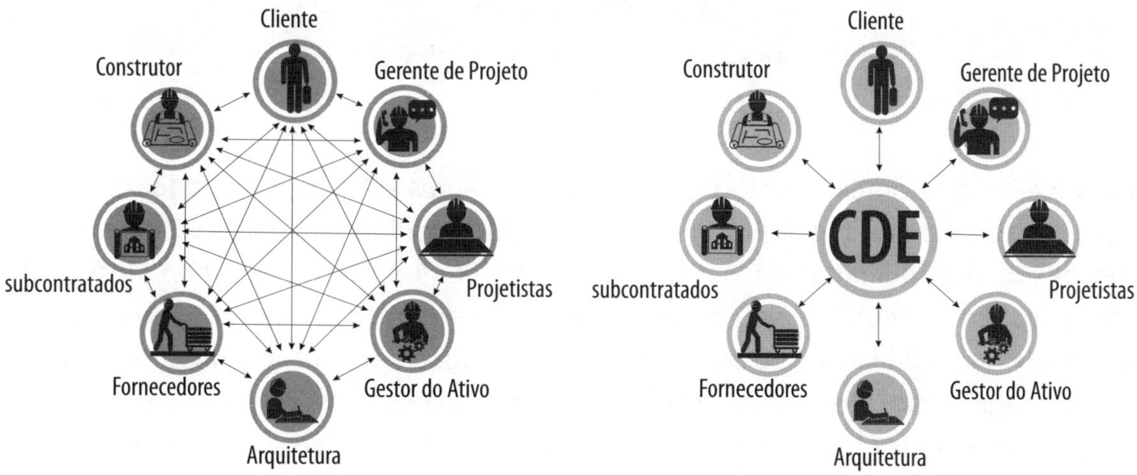

Figura 157 – Processo tradicional de troca de informações x ambiente CDE.
Fonte: Mordue (2018).

4.15.8 Interoperabilidade

Uma condição essencial para o uso do BIM na construção é a capacidade de softwares distintos trocarem e utilizarem informações mutuamente e de forma direta. A essa habilidade dá-se o nome de interoperabilidade. Isso se faz necessário porque várias especialidades trabalham em softwares especializados, que utilizam padrões específicos.

A interoperabilidade permite que os vários projetistas contribuam para o desenvolvimento de um mesmo modelo de forma colaborativa, cada um em sua especialidade, utilizando seu software proprietário, eliminando a necessidade de duplicação de dados e facilitando e agilizando o processo de desenvolvimento do modelo (Figura 158).

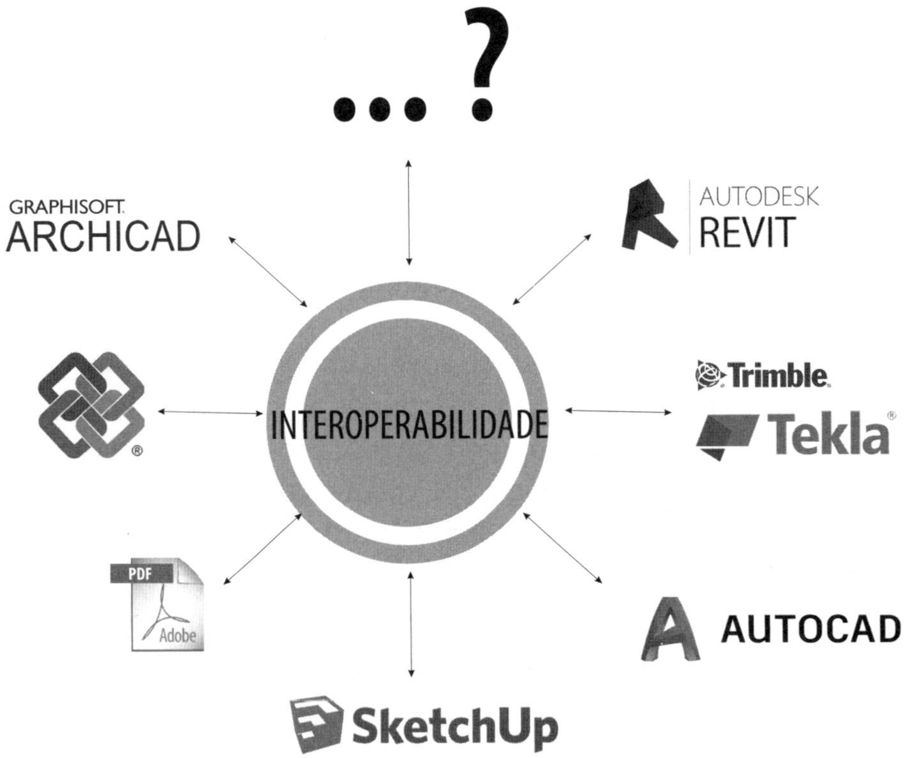

Figura 158 – Esquema de interoperabilidade.
Fonte: o autor.

Para permitir esse intercâmbio de informações entre diferentes aplicativos em todo o ciclo de vida da edificação, é preciso utilizar padrões compatíveis de dados em formato aberto. Para essa finalidade foi desenvolvido, pela BuildingSmart, o padrão aberto IFC (*Industry Foundation Classes*). Trata-se de um formato aberto, público, neutro, padronizado e orientado a objetos 3D, voltado a todo o ciclo de vida de uma edificação, ou seja, design, contratação, fabricação, construção, montagem, operação e manutenção. Ele permite a livre troca de arquivos e informações, de forma segura e sem a necessidade de traduções complexas que coloquem em risco a integridade das informações entre diversos softwares. O padrão foi publicado pela ISO 16739: 2013 – *Industry Foundation Classes (IFC) for data sharing in the construction and facility management industries*. Os arquivos no formato IFC também cumprem o papel de garantia de autoria, uma vez que não são editáveis e registram as alterações realizadas durante o desenvolvimento do documento.

O IFC exerce outra função importante relativa à perenidade da informação. Como ele permite que o arquivo seja lido por vários outros softwares, muitos deles visualizadores gratuitos, ele elimina o risco de que a informação seja perdida no caso de descontinuidade do software proprietário utilizado no desenvolvimento do modelo.

Como na maioria das vezes não é necessário compartilhar todas a informações contidas no modelo, a BuildingSmart desenvolveu o padrão MVD (*Model View Definition*) ou modelo definido de visão (Figura 159). Trata-se do compartilhamento parcial de informações de um modelo, ou seja, um subconjunto de dados voltado a um uso definido, como, por exemplo, a coordenação entre disciplinas (arquitetura, estrutura, instalações).

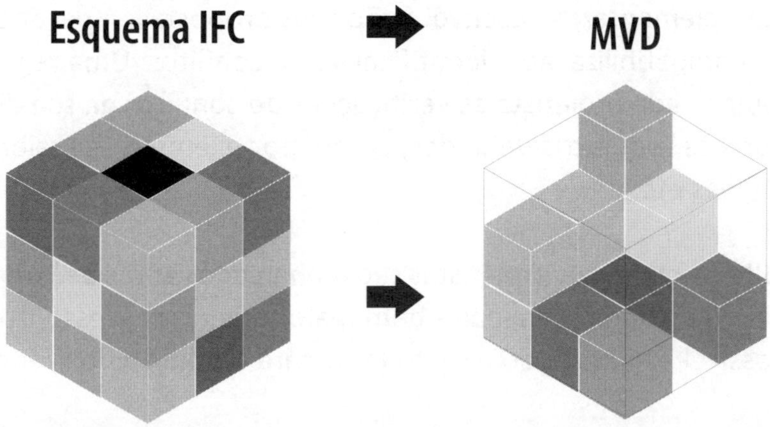

Figura 159 – Representação de modelo IFC e do modelo exportado em MVD.
Fonte: adaptado de Baldwin (2019).

Outro padrão aberto desenvolvido para apoiar a colaboração é BCF (*BIM Colaboration Format*). Ele é baseado no esquema XML e permite o compartilhamento de informações sobre conflitos encontrados durante as análises de *clash detections*. Esse formato grava a visão da interferência identificada, permitindo o acréscimo de notas, comentários e recomendações aos responsáveis por sua solução.

4.15.9 Processo de desenvolvimento BIM

No processo de design BIM, é preciso adaptar as fases e etapas em relação ao processo tradicional. Isso ocorre porque, no BIM, elas nem sempre acontecem de forma sequencial ou mesmo isoladamente. Nele, as principais disciplinas são mobilizadas mais cedo, de forma a contribuir com as principais decisões do design. Isso faz com que existam menos etapas e que os problemas sejam identificados antecipadamente. Dessa forma, o processo BIM apresenta um consumo inicial de homens-hora sensivelmente superior ao processo tradicional, até a etapa de design básico. Durante a etapa de design executivo existe uma redução relativa desse esforço, totalizando o design com uma redução no volume total de horas trabalhadas. Os processos de suprimentos e de planejamento também têm seu início antecipado, para que contribuam com melhores decisões.

Esse aumento do número de partes envolvidas em um processo colaborativo e integrado de desenvolvimento resulta em um aumento exponencial dos canais de comunicação e do volume de interações. Isso demanda a adoção de sistemas que estruturem e organizem a comunicação.

Como no processo tradicional, o desenvolvimento do design BIM inicia com a identificação e o detalhamento dos requisitos que deverão ser atendidos ao longo do seu desenvolvimento. A partir desses requisitos, a arquitetura desenvolve o modelo de design conceitual, contendo as propostas para respondê-los. A partir do desenvolvimento da arquitetura inicial, as demais disciplinas desenvolverão conjuntamente suas análises. Em seguida, é emitido o modelo BIM de arquitetura preliminar que, uma vez aprovado pelo contratante, será a base sobre a qual os demais projetistas complementares desenvolverão suas propostas. A partir dessas propostas, já é possível o início da compatibilização e identificação de conflitos. Uma regra de ouro para essa coordenação é atribuir a cada projetista as verificações de conflitos da sua disciplina, bem como o atendimento a todos os requisitos definidos, como, por exemplo, acessibilidade, espaço para operação e manutenções etc.

Como no processo BIM os principais projetistas são embarcados antecipadamente, o nível de confiança obtido ao final do estudo preliminar é bem maior que no processo tradicional. Assim, em muitos casos, já é possível a emissão do projeto legal para obtenção do licenciamento.

A próxima etapa é o projeto básico ou anteprojeto. No processo BIM, essa fase atinge um nível de confiança que já permite o início da construção com serviços preliminares como escavações, contenções etc.

4.16 IPD (*Integrated Project Delivery*)

Com o objetivo de enfrentar a complexidade e a fragmentação do processo de design, surgiu o *Integrated Project Delivery* (IPD). Ele é definido pelo *American Institute of Architects* (AIA) como "uma abordagem de entrega de projeto que integra pessoas, sistemas, estruturas de negócios e práticas em um processo que aproveita colaborativamente os talentos e percepções de todos os participantes para otimizar os resultados do projeto, aumentar o valor para o proprietário, reduzir o desperdício e maximizar a eficiência por meio de todas as fases de design, fabricação e construção" (AIA NATIONAL, 2007). O IPD tem como característica o envolvimento contínuo do proprietário, dos principais designers e dos construtores desde os estágios iniciais do projeto no desenvolvimento de um design integrado e uma abordagem completa do ciclo de vida da edificação.

O IPD é composto por vários elementos:

- **Definição de valor:** a definição de valor é a fase em que o valor para as partes interessadas é compreendido e as metas de desempenho são definidas. Uma vez definidos claramente os valores do projeto, cada membro da equipe se torna capaz de decidir em prol do bem comum. O processo inicia com um esforço intenso de entender e definir o propósito do edifício, como medir e como alcançá-lo. Para isso, as partes interessadas de todo o ciclo de vida da edificação devem ser envolvidas na fase de design, uma vez que cada uma possui uma perspectiva sobre o que significa desempenho. É preciso que a definição de valor permeie todo o processo de design, sendo relembrada e verificada frequentemente, de forma a evitar uma perda de conexão.

- **Estrutura:** a estrutura de trabalho é estabelecida por um contrato, criando uma organização integrada com o objetivo de projetar para o desempenho e dentro das restrições de custo estabelecidas. Uma organização integrada implica que todas as disciplinas estejam representadas e trabalhando juntas, com um entendimento único dos objetivos.
- **Ambiente:** o ambiente deve ser formado pelas pessoas certas, com disposição para pensar e trabalhar de forma diferente do usual. As "pessoas certas" detêm o conhecimento e a experiência para o trabalho e estão dispostas a trabalhar de forma integrada. As equipes são multifuncionais, multidisciplinares, colaborativas e integradas. O nível de tomada de decisão dever ser o mais próximo possível das fontes da informação. Deve-se fazer uso de plataformas que permitam o trabalho colaborativo, integrado e simultâneo. O ambiente deve proporcionar interações de alta qualidade entre todos os envolvidos. Deve-se promover o trabalho colocalizado para estimular a interação, o esclarecimento de dúvidas, o solucionamento rápido de problemas e a criatividade. Deve haver transparência em relação às informações do projeto.
- **Rede de conhecimento:** essa equipe multidisciplinar, formada por profissionais dispostos a compartilhar conhecimento, com estrutura adequada, comprometida com o resultado e com os objetivos comuns, rapidamente se torna uma rede de conhecimento capaz de inovar e encontrar as melhores soluções para o projeto. As pessoas adquirem confiança para expor suas dúvidas, solicitar ajuda e deixar claro de quais informações precisam para desenvolver o melhor trabalho. É preciso estabelecer um clima de confiança para que as pessoas se sintam seguras a compartilhar suas ideias e reconhecer seus erros.
- **Informações integradas:** deve ser criada uma infraestrutura de consolidação e compartilhamento de informações consistentes. Isso inclui a consolidação de informações fragmentadas, uso de modelos 3D e acesso em tempo real às informações disponíveis para a tomada de decisão. O tempo despendido para localizar, recriar ou transferir informações fragmentadas é uma fonte de desperdício na fase de desenvolvimento do design.

O IPD propõe uma estrutura de governança compartilhada entre proprietário, projetistas e fornecedores, permitindo a participação ativa de todos na tomada de decisão, de forma colaborativa, com uma rede de comunicação e riscos gerenciados conjuntamente. A colaboração busca romper a fragmentação que caracteriza os processos de design, construção e operação. Ela propicia melhores decisões e, consequentemente, melhor qualidade final à edificação. Os membros devem ser envolvidos a partir do momento em que já puderem contribuir de maneira relevante, ou seja, quando seus conhecimentos específicos puderem melhorar a tomada de decisão. Na dúvida, é melhor envolvê-los cedo demais do que tardiamente.

A colaboração não acontece apenas com pessoas trabalhando juntas para atingir um fim comum. Ela envolve engajamento e apoio mútuo, em que cada um contribui com o conhecimento, os recursos e as habilidades que possui. Todos precisam ter uma visão clara dos objetivos do projeto e qual a parte que lhes cabe. As falhas são corrigidas sem a procura por culpados. O projeto deve ser um local seguro para admitir erros e crescer. As pessoas precisam se sentir seguras para inovar e buscar alternativas diferentes. O medo de ser responsabilizado ou culpado por erros provenientes de novas soluções paralisa o processo criativo e afeta a motivação, levando as pessoas para a zona de conforto. Nesse caso, as pessoas praticam o design defensivo, adotando apenas soluções e materiais conservadores, normalmente práticas experimentadas, caras e ineficientes, mas confortáveis e aparentemente seguras. Equipes criativas valorizam o aprendizado contínuo e aprendem com os erros honestos e com a experimentação.

A colaboração e o fluxo livre de informações são insumos para a criatividade. Na medida em que informações são trocadas e discutidas sob várias perspectivas de visão, ideias criativas vêm à tona. A confiança mútua é um dos pilares da colaboração. Com ela, as equipes se tornam mais eficazes e dispostas a assumir riscos juntas. As informações comunicadas devem ser verdadeiras, nada além disso, mesmo que causem algum desconforto.

O IPD é implementado na forma de um acordo de compartilhamento de recompensas e riscos, pelo menos entre proprietários, projetistas e construtores, no modelo de um contrato de aliança, comprometendo-se a trabalhar como uma equipe na busca de um mesmo objetivo. Ele busca com isso remover as barreiras que impedem a inovação e a melhoria, que é a inabilidade de movimentar recursos através das fronteiras corporativas durante o desenvolvimento do projeto. Essa movimentação de recursos, inclusive dinheiro, busca aplicá-los onde eles são mais necessários e onde geram mais valor ao longo do projeto. O IPD alinha interesses comerciais das partes, aparentemente independentes, e cria uma integração organizacional que incentiva a colaboração e a resolução conjunta de problemas e o aprendizado da equipe. O uso de mecanismos de compartilhamento dos riscos e das recompensas incentiva as equipes a buscar soluções inovadoras através de um processo de tomada de decisão compartilhada que leva a equipe a um maior alinhamento de metas e expectativas.

Nem todos precisam fazer parte do contrato de compartilhamento de riscos e recompensas. O grupo funciona como um conselho, tomando decisões por consenso. Os demais membros do time são normalmente organizados em grupos multifuncionais baseados em sistemas: ar-condicionado, estrutura, fachada etc. A formação de grupos multifuncionais quebra os silos de informação e poder, promove a comunicação intensa entre as disciplinas e incentiva a abordagem das questões sob uma perspectiva interdisciplinar. O grupo deve ser formado ao menos pelo proprietário, projetista principal e construtor principal. Outros *players* importantes também podem estar representados, como fornecedores e consultores.

Todos os envolvidos se beneficiam com o processo. O proprietário se beneficia porque obtém projetos mais equilibrados e com maior probabilidade de atingir suas metas. Ele desempenha um papel-chave no desenvolvimento do design. O proprietário deve ser capaz de definir com clareza suas expectativas, necessidades e requisitos, para que possam ser atendidos pelo projeto. Ele também precisa expressar seu compromisso e sua disposição para apoiar o projeto, demonstrar engajamento e atuar como um membro da equipe liderando o projeto em direção aos objetivos e evidenciando integridade sob todos os aspectos. A construtora é a mais impactada pela adoção do IPD. Seu papel e suas responsabilidades aumentam de forma significativa e ela passa a contribuir no design desde as fases iniciais com a sua experiência e seus recursos. Ela contribui com análises de construtibilidade, engenharia e análise de valor, estimativas de custo, soluções construtivas, avaliação das interfaces entre os sistemas, sequência executiva e muito mais. Por passar a compreender melhor o design e suas soluções, a construtora consegue estimar melhor, planejar melhor e reduzir os riscos, contribuindo, assim, para aumentar suas chances de sucesso. Os projetistas se beneficiam das contribuições de todas as demais partes, resultando em melhor qualidade do design, melhores soluções, menor nível de retrabalho e maior probabilidade de atingir os objetivos das partes interessadas. A integração permite a identificação prematura de inúmeros conflitos que, usualmente, seriam descobertos somente durante a construção. Assim, o volume de serviço nas fases iniciais de design aumenta, com drástica redução durante a fase de construção. Os fornecedores têm um papel-chave em projetos com a abordagem integrada. Eles contribuem com informações preciosas para a qualidade do design. Eles fornecem informações necessárias para compatibilização e resolução de conflitos, modelos e informações técnicas, adequação das especificações técnicas ao desempenho desejado, identificação de oportunidades de engenharia de valor, estimativas precisas de custo, *lead time* para itens de longo prazo, tolerâncias dimensionais e experiências positivas e negativas de outros projetos.

O IPD é uma abordagem particularmente apropriada para projetos com baixa clareza inicial de escopo, alta complexidade, inovadores ou com metas ambiciosas de custo e prazo. Projetos menos desafiadores podem demandar abordagens mais simples.

Uma organização integrada no IPD deve funcionar e decidir como uma organização única. As pessoas decidem o que fazer, como fazer e quem deve fazer com foco no que é melhor para o projeto. Existe um sentimento de equipe, de corresponsabilidade, pelo qual todos estão engajados. Os membros ouvem-se uns aos outros, em vez de buscarem persuadir. Todos trabalham proativamente para encontrar os problemas antecipadamente, independentemente de em qual disciplina se encontrem. Ideias e abordagens inovadoras são bem-vindas e ouvidas. Existe transparência nas relações cliente-fornecedor internamente. A equipe se reúne diariamente para discutir o progresso, as decisões, os obstáculos e os questionamentos e para resolver de forma rápida problemas menores que poderiam ser negligenciados e criar trabalho desnecessário para a equipe ou impactar o projeto negativamente.

O IPD utiliza largamente os métodos e práticas *Lean* abordados neste livro, como o *Lean Thinking*, o *Set Based Design*, o Pensamento A3, o *Last Planner System* e o CBA (*Choosing by Advantages*).

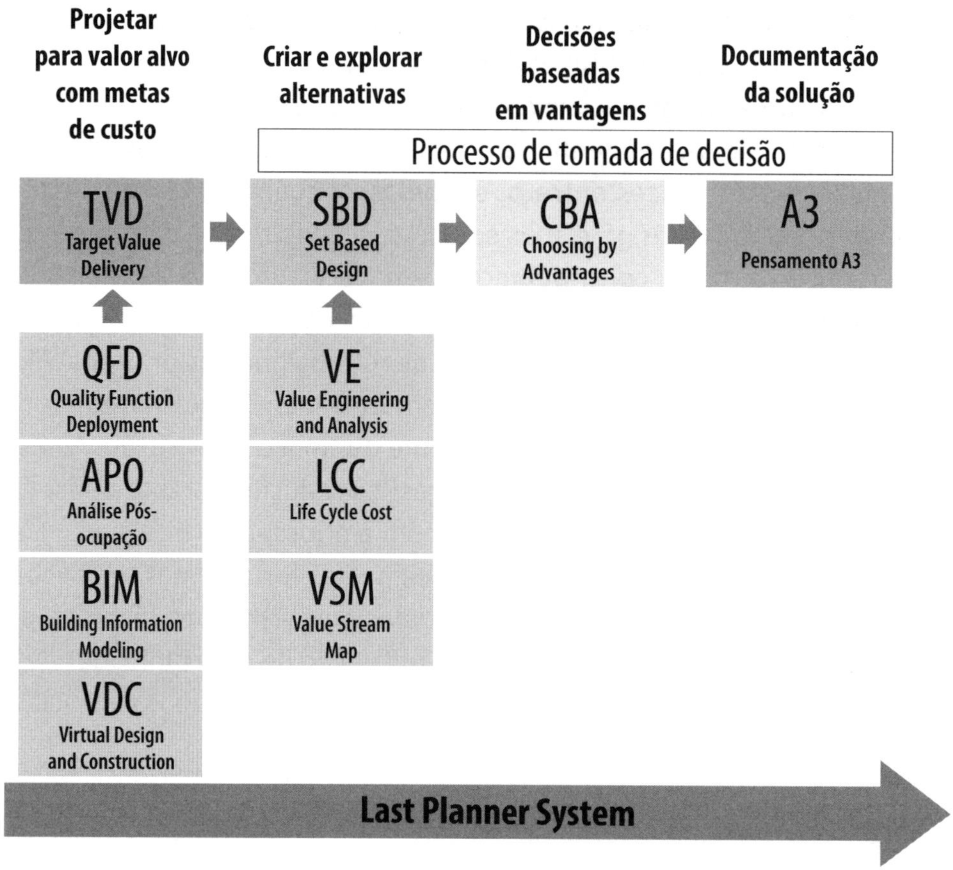

Figura 160 – Processo de tomada de decisão *Lean*.
Fonte: adaptado de Arroyo; Long (2018).

4.16.1 Desenvolvimento

A abordagem IPD altera substancialmente a característica das fases de desenvolvimento do design. Isso porque a entrada antecipada de vários participantes e a capacidade de modelar e simular permitem a identificação prematura dos conflitos. Dessa forma, o design atinge alto nível de detalhamento antes do início da construção, fazendo com que as fases iniciais de design, conceituação, critérios de design e design detalhado representem a maior parcela do esforço de projetar, em contraste com a abordagem tradicional (Figura 161). Isso também leva a uma maior eficiência na fase de construção, tanto em custo quanto em prazo, em função do extensivo esforço de solução de conflitos e planejamento antecipado.

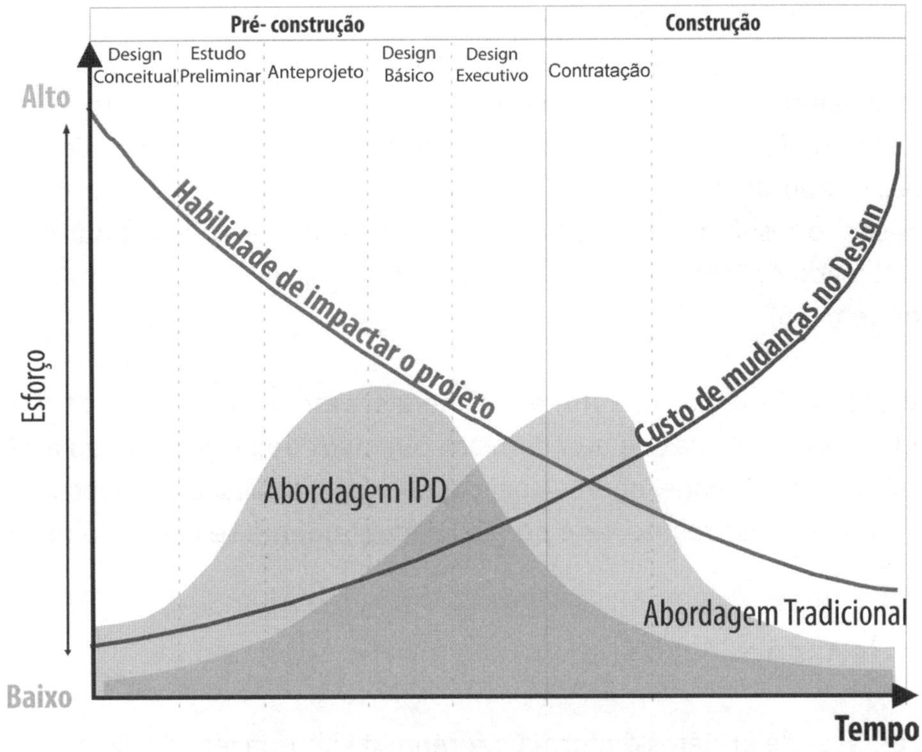

Figura 161 – Abordagem IPD x abordagem tradicional.
Fonte: adaptado de Aia National (2007).

A abordagem IPD traz imensos benefícios para diversas outras áreas de conhecimento dentro de um projeto de construção, como, por exemplo, para o processo de aquisições. Isso porque o extenso trabalho de pré-construção, explorando o escopo e desenvolvendo alternativas, gera extensa documentação para apoiar o processo. O envolvimento antecipado dos principais fornecedores faz com que eles dominem o escopo a ser executado, reduz os riscos e agiliza o processo de contratação.

O IPD propõe o uso do método *Target Value Delivery* (TVD), abordado no item 4.3, no qual o desenvolvimento do design se desenrola com verificações constantes em relação ao orçamento alvo, ou seja, o objetivo é projetar para o orçamento definido e não projetar para depois fazer um orçamento detalhado. Dessa forma, a equipe de design tem à disposição, a todo momento, informações sobre o custo e os impactos de cada alternativa, permitindo discuti-los previamente e levando a melhores decisões (ver item 4.3). Em outras palavras, podemos dizer que o orçamento no IPD é um processo iterativo, realizado paralelamente ao processo de design, envolvendo todos os participantes e apoiando a tomada de decisão, ao contrário do que ocorre no processo tradicional, no qual o orçamento é realizado em cima de um design desenvolvido, sendo responsabilidade de uma outra equipe, especializada em custos.

De posse do valor alvo e orçamento alvo, é preciso entender os geradores de custo e os de valor. Normalmente, a busca começa pela curva ABC de custo. Ela demonstra o percentual que cada recurso carrega do custo total do projeto. A seguir, metas agressivas devem ser definidas, de forma a levar a equipe a buscar soluções inovadoras para atingir os objetivos. Várias alternativas são desenvolvidas em paralelo, através do *Set Based Design* (ver item 4.4), com equipes multifuncionais e multiespecialistas, em um processo integrado e colaborativo, sempre avaliando os impactos nos custos de cada alternativa. Se o custo de um item excede o orçamento previsto para ele, a equipe deve buscar, de forma colaborativa, o equilíbrio do projeto, reduzindo o custo em outro item. As decisões colaborativas de escopo, custo e cronograma tornam as partes envolvidas mais comprometidas com o resultado. As melhores alternativas são escolhidas utilizando um método estruturado de tomada de decisão com base nas vantagens de cada uma, o CBA – *Choosing By Advantages* (ver item 4.5).

Durante o processo de desenvolvimento, o foco será sempre o ciclo de vida total da edificação, propondo conjuntos de soluções que atendam aos objetivos do projeto. Serão avaliadas soluções para construtibilidade, usabilidade, operacionalidade e sustentabilidade. As opções serão trabalhadas e refinadas com base nas restrições e possibilidades, até que se chegue à melhor alternativa.

4.16.2 Coordenação

O IPD organiza as fases de projetos de forma diferente da abordagem tradicional. As fases utilizadas são: conceitualização, critério de design, design detalhado, documentos de implementação, aquisição e construção (Figura 162).

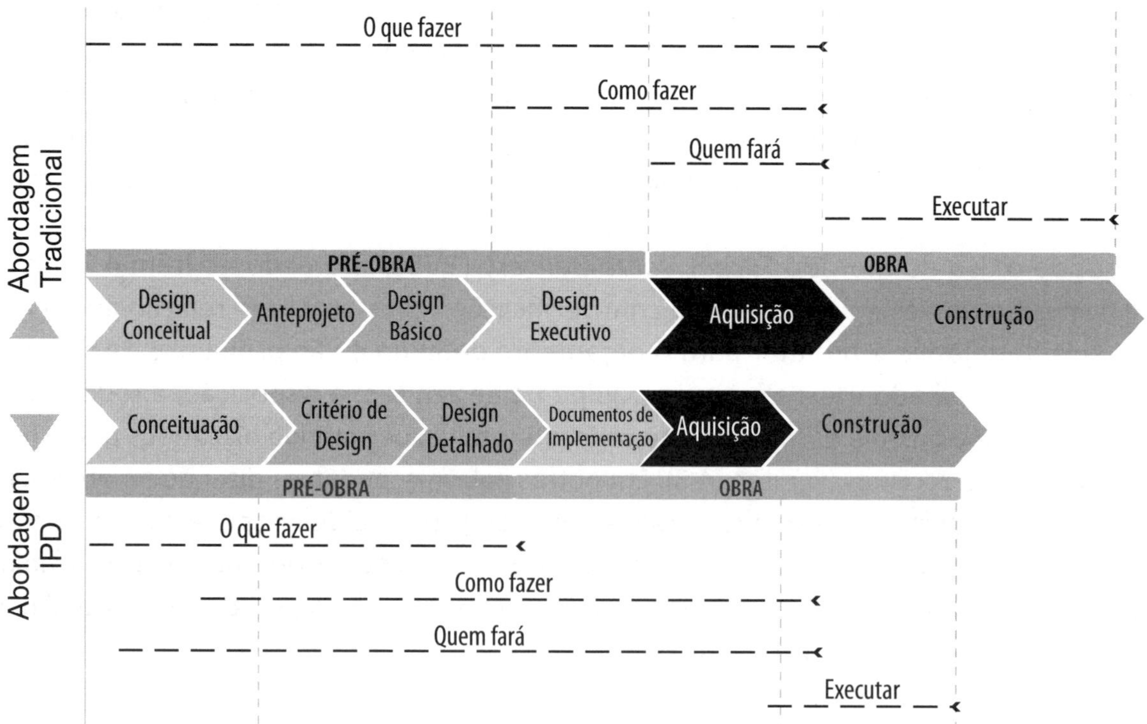

Figura 162 – Fases da abordagem IPD x abordagem tradicional.
Fonte: adaptado de AIA National (2007).

A fase de **conceituação** é a mais rica do ponto de vista da inovação e das oportunidades para a criação de valor, por isso é importante garantir que tenha os recursos e o tempo adequados. Nela, as expectativas, as necessidades e os requisitos serão identificados, as informações necessárias coletadas e as metas estabelecidas. Em suma, serão coletadas todas as informações relevantes que possam influenciar o desenvolvimento do design. De posse dessas informações, a equipe iniciará o processo de exploração das alternativas, buscando validar o atendimento às necessidades de forma rápida e barata. Também serão realizadas as primeiras análises de construtibilidade, usabilidade, operacionalidade e sustentabilidade. O resultado deve ser a definição clara e completa do escopo contendo todas as premissas relevantes que serão utilizadas nas próximas fases de desenvolvimento, aprovadas pelas principais partes interessadas. Nessa fase, é importante ter as pessoas certas na sala, tanto do ponto de vista de conhecimento quanto do ponto de vista da autoridade para tomar decisões. Com base nessa informação, será realizada uma estimativa para o orçamento alvo. Os custos serão estimados em nível de sistema, permitindo avaliar a importância relativa de cada um no orçamento total. No entanto, não é necessário um detalhamento excessivo dos custos, uma vez que ainda existem muitas indefinições, e isso demandaria mais tempo e dinheiro.

Na fase de **critério de design**, o design começa a tomar forma. As principais alternativas de construção serão apresentadas, discutidas, avaliadas, testadas e escolhidas. Serão definidos os requisitos de desempenho da edificação. O escopo tomará forma, e o projeto inicial dos principais sistemas será desenvolvido (estrutura, instalações, ar-condicionado etc.). As estimativas de custo, os cronogramas e *lead times* serão refinados para o nível de informação disponível e validados pelas partes envolvidas. Nessa fase, serão integradas as várias especialidades e será iniciado o desenvolvimento do projeto legal. Também serão avaliadas as oportunidades de pré-fabricação.

A fase de **design detalhado** definirá o que será construído. É nessa fase que as principais decisões de projeto serão concluídas. Essa fase conterá todos os sistemas de construção completamente definidos, projetados, compatibilizados e validados, evitando assim que problemas como omissões, inconsistência, conflitos e construtibilidade avancem para a próxima fase. Também conterá um orçamento e um cronograma consistentes e validados com as partes interessadas.

Na fase de **documentos de implementação**, o objetivo será detalhar como construir, concluindo as especificações. Não é mais momento de alterações sobre quais serão as soluções adotadas. Serão apenas desenvolvidas as soluções aprovadas na fase anterior. Nessa fase, serão fornecidas informações suficientes e inequívocas para a definição completa do escopo e para realizar as aquisições. Na abordagem integrada, o processo de **aquisição** tende a ser muito mais curto, uma vez que os principais fornecedores foram envolvidos nas fases de design. Os projetos de fabricação e instalação, também chamados de *shop drawings*, serão desenvolvidos conjuntamente com os fornecedores, na medida em que forem contratados.

Finalizada essa fase, a coordenação do design pode ser assumida pela empresa construtora, de forma a avançar com os estudos e as modelagens necessárias, como o 4D, o 5D e o *as-built*. O *as-built* será fornecido ao proprietário e utilizado durante a vida útil da edificação para o gerenciamento, a manutenção, a operação e a futura readequação do edifício.

No modelo integrado, o gerente do projeto é parte integrante da equipe desde as fases iniciais de design, de forma a contribuir com as melhores decisões para o projeto e coordenar questões como construtibilidade, custo, cronograma, plano de ataque, logística, segurança do trabalho, entre outras. Como no processo tradicional, na abordagem integrada o coordenador do processo de design pode ser um terceirizado ou um membro da equipe.

4.16.3 Equipe

Tendo em vista que as pessoas compõem um dos fundamentos mais importantes do IPD, é muito importante escolher criteriosamente cada participante, de forma a se atingir o melhor resultado. Mudanças na equipe durante o projeto devem ser evitadas, pois são particularmente impactantes nessa abordagem. Isso porque um membro novo não conseguirá resgatar tudo aquilo que o participante anterior pôde captar nas fases anteriores do design.

As equipes devem ser multidisciplinares e multifuncionais. Ser multidisciplinar indica que ela deve ser composta por membros com formações e experiências diferenciadas, de várias disciplinas como arquitetura, estrutura, instalações, ar-condicionado. Elas criam alinhamento, comprometimento e engajamento entre as disciplinas e melhoram a tomada de decisão. Ser multifuncional indica que os membros têm diferentes atribuições e responsabilidades, como orçamentista, adquirente, operador, construtor.

As equipes mais criativas e eficazes são heterogêneas, ou seja, são caracterizadas pela diversidade de habilidades, experiências e personalidades. Cada um contribui com uma perspectiva diferente do problema. A multiplicidade de pontos de vista instiga e excita a criatividade uns dos outros. É preciso equilíbrio entre experiência técnica, capacidade de resolução de problemas, tomada de decisão e habilidades interpessoais (ver item 3.5 – Gerenciamento dos recursos do projeto). É preciso também estar atento à personalidade dos participantes, uma vez que nem todas as pessoas são, em sua essência, colaborativas.

Os participantes são normalmente organizados em times por tipo de sistema (mecânico, estrutura, automação, fachada etc.), de forma que tenham acesso ao conhecimento certo na hora certa. As soluções de cada time serão desenvolvidas simultaneamente e constantemente integradas (Figura 163).

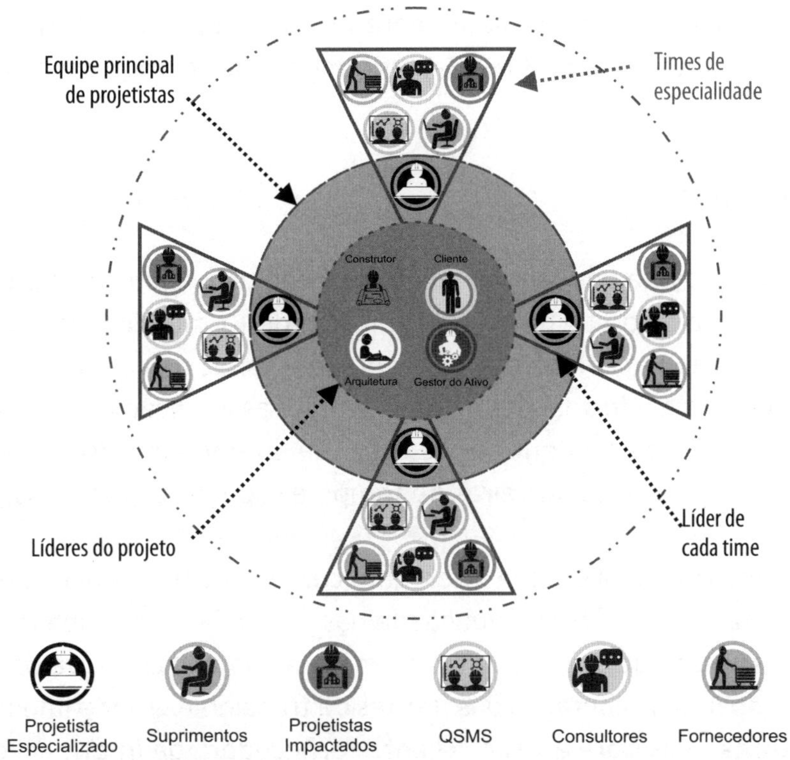

Figura 163 – Formação de times multifuncionais.
Fonte: o autor.

O trabalho em times estimula a criatividade e a sinergia positiva entre os participantes, reduzindo também as barreiras existentes entre as disciplinas. Por isso, o resultado do trabalho em equipe é normalmente melhor do que a soma dos resultados individuais de cada especialidade. No entanto, as equipes devem ser comprometidas com os processos, o produto e o resultado comum, sendo elas próprias responsáveis por gerenciar seu escopo, cronograma e orçamento, em vez de delegá-los a equipes especializadas.

Apesar de importante, nem todo trabalho necessita ser desenvolvido coletivamente ou mesmo de forma simultânea. Da mesma forma, nem todo grupo precisa trabalhar colaborativamente, muito menos o tempo todo. Se não houver necessidade de colaboração e criatividade, os membros do grupo podem trabalhar produzindo separadamente, em paralelo.

A correta definição de metas é outro fator importante para o sucesso da equipe. Se forem excessivamente desafiadoras, colocarão as pessoas na defensiva. Se forem demasiadamente leves, não induzirão ao comportamento desejado. Quando desafiadoras na medida certa, elas inspiram a ação e a criatividade das equipes. As metas também não podem ser vagas. Elas precisam ser específicas, mensuráveis e associadas ao desempenho esperado, para promover o comprometimento e o comportamento desejado.

É preciso estar atento aos processos de comunicação, pois, na medida em que aumenta o número de participantes no projeto, aumenta também, de forma geométrica, o número de canais de comunicação, tornando ainda mais desafiador garantir a qualidade da informação. Esse assunto é abordado com mais detalhes no item 3.6 – Gerenciamento das comunicações do projeto.

4.16.3.1 Colocalização

Um conceito criado pela Toyota para ajudar a coordenação de projetos complexos é o *Obeya*, que significa sala grande. Trata-se do trabalho colocalizado, de forma colaborativa, integrada, multidisciplinar e multifuncional. Em colocalização, a equipe é capaz de colaborar com maior fluidez e eficiência, acessar facilmente informações e compreender as implicações de cada decisão. Cria-se, dessa forma, uma rede de conhecimento onde cada um entende o todo, em vez de trabalhar em silos independentes, quebrando as barreiras de tempo e espaço corporativas.

Em colocalização, os membros da equipe interagem com maior frequência e não apenas em reuniões formais. Com a maior frequência e qualidade nas interações, os problemas serão entendidos com maior profundidade e solucionados de forma mais rápida e eficaz. A velocidade na tomada de decisão tem grande impacto na liberação das frentes de trabalho e grande impacto em cadeia. Com a colocalização, se torna mais clara a visão "cliente-fornecedor" de informação, desenvolvendo a rede de compromisso necessária para atingir os objetivos. Ela permite que os membros da equipe tenham acesso às informações mais recentes a qualquer momento, evitando a perda de tempo de trabalhar em versões desatualizadas.

A colocalização é uma ferramenta poderosa na resolução de problemas difíceis e reduz drasticamente o tempo de tomada de decisão. Apesar de aparentemente caótico, o trabalho em colocalização é um terreno fértil para soluções inovadoras e geração de valor. A discussão direta aumenta a criatividade pelo conflito de ideias e diferentes pontos de vista. Também melhora a precisão da comunicação e a ajuda na compreensão dos impactos e das consequências de cada alternativa. Além disso, facilita a coordenação, fortalece o relacionamento e aumenta o comprometimento dos participantes.

Entretanto, nem todo o trabalho precisa necessariamente ser realizado nessa condição. Ele deve existir pelo menos pelo tempo necessário para tomar as decisões mais importantes do projeto, principalmente em atividades de planejamento, simulações e análises, ou seja, quando a equipe trabalha conjuntamente para atingir os objetivos do projeto. Nem todos os profissionais precisam participar da colocalização e nem o tempo todo. Ela pode ser parcial, ocorrendo em intervalos pré-agendados e em eventos específicos. Deve existir um cronograma, quando cada membro precisa estar presente, em função dos sistemas e temas abordados, para que as pessoas se programem entre eventos colaborativos e o trabalho individual. Apesar de o trabalho colaborativo ser rico, também é necessário que haja tempo para o trabalho produtivo individual.

Para que as reuniões sejam produtivas, é preciso investir tempo previamente. É preciso haver preparação e informações suficientes para abordar os assuntos da pauta. Deve-se utilizar o fluxo puxado e priorizar as decisões demandadas pela produção. As reuniões devem ter pauta definida, atas, planos de ação e acompanhamento das ações. Devem ser convocadas apenas aquelas pessoas essenciais ao tema. A presença de pessoas desnecessárias em reuniões é uma grande fonte de desperdício em projetos. Da mesma forma, a ausência de pessoas essenciais em uma reunião pode torná-la um completo desperdício, ou por falta de um conhecimento técnico indispensável, ou pela falta daqueles que efetivamente têm a autoridade para validar uma decisão. As pessoas podem até mesmo participar apenas de parte da reunião, mas, para isso, é preciso organizar a pauta para permitir essa separação. Também é preciso garantir tempo suficiente entre as reuniões para que o trabalho seja realizado.

A colocalização pode assumir diferentes formatos, dependendo das características do projeto. Pode ser apenas uma sala de reunião dedicada ao projeto, com quadros para escrever e organizar informações, onde a equipe possa trabalhar em conjunto. Pode também chegar a grandes espaços de trabalho abertos, com estações de trabalho e com toda a infraestrutura de TI integrada de suporte à colaboração. Ela normalmente possui informações e plantas espalhadas pelas paredes, relatórios de status do projeto e todo tipo de informação útil e necessária à tomada de decisão. Esse tipo de gerenciamento visual demanda bastante espaço na parede, destinado à comunicação. O ideal é que o local escolhido para a colocalização seja próximo ao local da construção, permitindo, assim, que visitas ao *site* sejam realizadas para discussão e esclarecimento de dúvidas.

Apesar de benéfica, existem algumas objeções ao uso da colocalização. Muito profissionais acreditam que são mais produtivos em seus próprios escritórios. Isso é verdade para todas as disciplinas, se você avaliar apenas do ponto de vista da sua produtividade individual. Trabalhando sozinho, não será interrompido por pessoas fazendo perguntas nem será convidado a contribuir com alguma solução em outra disciplina. O problema é que, mesmo todas as disciplinas sendo mais eficientes trabalhando separadamente, isso não se reflete no design. Quando trabalham separadamente, as entregas são realizadas em lotes que impedem que os próximos pacotes de trabalho sejam liberados. Outra objeção é o custo para criar espaços adequados à colocalização. Acontece que é muito difícil estimar quais seriam os custos da não colocalização. Qual o custo do retrabalho gerado pela falta de colaboração e coordenação? Qual a qualidade das ideias e decisões tomadas de forma independente? Embora a colocalização seja a opção mais cara, o valor agregado supera em muito o investimento.

4.16.4 Integração de informações

Trabalhar de forma colaborativa e integrada demanda um sistema de informação também integrado. Não se trata apenas do uso de tecnologia. A informação integrada possibilita seu acesso de forma rápida e com pouco esforço. Isso é necessário para agilizar e aumentar o acesso de todos às informações, aos problemas e às soluções que estão sendo propostas e implementadas. Também é importante para a elaboração de estimativas e previsões mais confiáveis e mais rápidas e proporcionar melhores decisões. Em suma, boas decisões demandam informações relevantes, de qualidade, de acesso imediato e atualizadas. A integração de informações, de várias fontes e em uma visão única, requer a adoção de protocolos unificados e interoperabilidade entre os vários sistemas utilizados.

Cada disciplina tem uma necessidade diferente de informação, ou seja, conteúdo e formatação específicos, no momento adequado. É preciso compreender a necessidade de cada participante. Também existe um momento mais adequado para receber a colaboração das demais disciplinas. Apesar da especificidade de cada disciplina, é preciso que todas as informações sejam integradas e coordenadas, originadas de uma única fonte, representando a realidade precisa do projeto. Não deve existir o represamento de informações, ou seja, silos. Toda vez que a informação tem que passar de um silo para outro existe ineficiência e perda de informações. As informações devem fluir livremente e estar prontamente acessíveis a todos que necessitem delas para desempenhar o seu papel. No entanto, para que esse fluxo livre de informações ocorra, é preciso que sejam estabelecidos acordos de confidencialidade, para que todos se sintam à vontade para compartilhar e se sintam responsáveis por garantir o uso correto e a proteção adequada dos dados. Também é preciso estabelecer os direitos autorais de cada parte.

Em resumo, a informação integrada possui as seguintes características:

- Utiliza uma linguagem comum, entendida por todas as partes. Isso demanda padrões, protocolos e interoperabilidade.
- Imediatamente acessível a todos que dela necessitarem, em tempo integral.
- Única e reutilizável, ou seja, deve partir de uma única fonte de informação, onde estão todas as informações de todas as disciplinas.
- Possui uma fonte de verdade que permite determinar sua confiabilidade.
- É armazenada em um único local.
- É composta de fontes multifuncionais para fornecer uma melhor representação da realidade.

Outros princípios também ajudam a acelerar a troca de informações e o aprendizado. A produção e distribuição da informação em lotes menores e o compartilhamento antecipado de trabalho em andamento são mais eficientes, de melhor qualidade e permitem o aprendizado em ciclos menores e mais rápidos. Entretanto, isso requer um processo de comunicação mais claro, frequente e eficiente.

As informações devem ser produzidas de forma integrada, suportando a simulação e a visualização. Isso cria a transparência que permite aos membros da equipe entenderem o trabalho uns dos outros, durante todo o tempo. Um sistema de informações integrado também fornece o status do projeto em tempo real, com informações como custo, qualidade e cronograma, suportando a tomada de decisão, com informações confiáveis e uma visão abrangente dos fatores mais importantes.

Para que a informação seja produzida de forma estruturada, é preciso planejar sua organização antes do início do projeto. Sem isso, fica praticamente impossível organizar a informação concomitantemente à sua geração e às demandas usuais de um projeto. A estruturação prévia permite a criação de um ambiente organizado e transparente e estabelece as bases para uma cultura colaborativa e de confiança mútua, evitando falhas de comunicação causadas por inconsistências e incompatibilidade. A organização das informações exige a padronização de como serão coletadas, nomeadas, controladas, acessadas, guardadas e recuperadas. Também envolve escolher os tipos de plataforma, software e versão a serem utilizados e a interoperabilidade entre eles.

É preciso atenção com as comunicações informais ou desestruturadas. Apesar da informalidade ser uma grande aliada da agilidade e da velocidade da comunicação, ela causa problemas de registro, rastreabilidade e recuperação. Muitas são as opções, como blogs, mensagens instantâneas, telefone, e-mail, entre outras. Por exemplo, informações anexadas a um e-mail podem levar à perda da informação pela dificuldade em resgatá-la futuramente.

Não existe sistema integrado de informações se as pessoas não utilizarem os mesmos meios de comunicação. Normalmente, as pessoas resistem a mudar seus métodos de comunicação, principalmente sob pressão, mesmo que isso venha a causar problema para outros membros do time ou dificuldades futuras de localização. Por isso, é preciso escolher tecnologias com as quais as pessoas se sintam confortáveis e garantir que todos estejam utilizando o canal de comunicação de forma adequada. Não se trata apenas de escolher a tecnologia mais moderna.

Um exemplo de plataforma que permite a integração das informações é o *Building Information Modeling* (BIM), abordado no item 4.15. Ele consolida todas as disciplinas e informações em um único modelo, permitindo que cada disciplina compreenda suas interrelações e impactos mútuos com as demais especialidades. O uso de modelos 3D detalhados e precisos torna a comunicação mais clara e eficaz entre os projetistas e as partes interessadas, garantindo que todos estejam na mesma página. Elas permitem discussões sobre os parâmetros que afetam esse desempenho e que, por sua vez, em um ambiente colaborativo e multiespecialista, levam a *insights* que permitem melhores decisões e, consequentemente, melhorias no resultado.

O IPD e o BIM possuem enorme sinergia e trazem grandes benefícios ao projeto quando utilizados conjuntamente. O BIM é a principal ferramenta para integrar informações de forma a descrever sistemas integrados. O BIM é utilizado na gestão da informação em todas as etapas de uma edificação, ou seja, do design à operação, passando pela construção.

4.16.5 Contrato

Os contratos de construção tradicionais são fracionados, individuais e competitivos entre si, e criam um ambiente de rivalidade entre os diversos contratados. Isso significa que a lucratividade de cada um é determinada por sua produtividade individual e não está relacionada ao resultado do projeto como um todo. Isso leva cada um a se concentrar na melhoria do seu desempenho individual. Dessa forma, os construtores têm pouco incentivo financeiro para participar das soluções e apontar erros e oportunidades de melhoria durante a fase de pré-construção e contratação, assim como os projetistas têm pouco incentivo em pensar na construtibilidade, pois poderiam aumentar seus riscos sem que tivessem qualquer benefício com o aumento da produtividade. No final das contas, cabe ao proprietário arcar com todo o custo dessa ineficiência.

Os contratos tradicionais criam limites claros de responsabilidades e consequências pelo não cumprimento do acordo, ou seja, eles estabelecem os silos de responsabilidade de cada disciplina, com o objetivo de transferir risco. Eles buscam identificar todos os cenários possíveis e estabelecer as responsabilidades em cada um deles. Em outras palavras, concentram-se nos problemas que podem ocorrer e não em incentivar melhores resultados. Esses contratos se fundamentam em mecanismos de transferência de riscos, com o uso de garantias e penalidades. Isso faz com que os objetivos estejam sempre desalinhados e reforça o comportamento individualista das partes, ou seja, as empresas protegerão seus resultados individuais, omitindo informações e dificultando o fluxo de comunicação, em vez de compartilhar e mitigar riscos conjuntamente.

A estrutura contratual da abordagem IPD é bastante diferente das tradicionais. Um contrato IPD estabelece regras básicas para que as decisões e escolhas sejam feitas objetivando o melhor para o projeto, não apenas para o benefício individual. Ele visa criar condições de integração, permitindo o amplo compartilhamento de informações, bem como colaboração, inovação e criação de conhecimento. O objetivo do contrato é remover as barreiras à cooperação e à criatividade, promover a livre comunicação, alinhar interesses e estimular e recompensar a criação de valor para o projeto. Em outras palavras, o contrato IPD procura estabelecer condições favoráveis para que a equipe crie mais valor e melhore os resultados do projeto, sem dizer especificamente como fazê-lo. Isso não quer dizer, no entanto, que os escopos de trabalho e as responsabilidades não tenham que ser bem claros e delimitados. A base é o relacionamento e a confiança mútua, levando a um trabalho conjunto de benefício mútuo, tornando o trabalho mais eficiente e reduzindo os riscos, em vez de transferi-los para a outra parte. Em resumo, o contrato IPD busca criar condições para o sucesso do projeto.

A estrutura do contrato IPD, com seus riscos e recompensas compartilhados, vinculados ao atingimento dos objetivos do projeto, faz com que o lucro individual não seja mais em função do trabalho executado e da produtividade de cada um, mas, sim, do sucesso do projeto. O contrato incorpora os objetivos do projeto, como objetivos de cada uma das partes, tornando-as também responsáveis pelo resultado total e não apenas por seu resultado individual. Isso também cria um sentimento de grupo, de comprometimento, de colaboração, com todos remando para o mesmo lado. A melhor decisão passa a ser a que beneficia o projeto como um todo e não individualmente para algum dos participantes. Entretanto, como o contrato IPD distribui o risco entre as partes, pode ocorrer, por exemplo, que os projetistas sejam penalizados por um baixo desempenho da construtora, ou que esta seja penalizada por um erro de design.

O IPD é implantado, usualmente, com a celebração de um único contrato com o grupo que compartilhará os riscos e as recompensas. Nem todos farão parte dessa estrutura. Os demais participantes celebram contratos unilaterais com algumas das partes, dependendo do modelo de contratação da construção. Quanto mais partes forem envolvidas no contrato de compartilhamento de riscos, mais envolvimento e compartilhamento serão obtidos. Em contrapartida, mais complexa será sua gestão. A definição sobre qual a melhor forma de contratação de cada participante se tornará mais clara, na medida em que o projeto avança. Deverão compor o contrato de compartilhamento pelo menos o proprietário, o principal projetista, o principal construtor e os principais fornecedores. Esses são os que possuem conhecimento e competências capazes de melhorar as decisões tomadas e aumentar a eficácia e a produtividade do projeto. A colaboração entre eles afeta diretamente o resultado do projeto de várias maneiras, como, por exemplo: a presença de fornecedores torna as estimativas de produtividade e custo muito mais precisas e os torna corresponsáveis e muito mais comprometidos com a sua concretização.

O processo de desenvolvimento do contrato envolve o alinhamento das partes, a definição de risco e recompensas compartilhadas e a isenção de responsabilidades, de forma a permitir uma colaboração profunda e resiliência diante das dificuldades que certamente surgirão. A negociação deve ocorrer simultaneamente entre as várias partes, de forma transparente, discutindo abertamente os objetivos, os riscos, as responsabilidades e a participação de cada um. Um meio prático é a realização de um *workshop* de negociação do contrato. O contrato IPD exige a compreensão do negócio na perspectiva de todos os participantes. Ele deve ser justo, considerando apropriadamente os interesses de todas as partes, com oportunidades de ganho e potenciais de perda equilibrados e distribuídos de forma imparcial; caso contrário, não motivará a colaboração.

O contrato IPD precisa ter métricas específicas relacionadas à proposta de valor do projeto, sejam elas quais forem: custo, cronograma, vida útil, sustentabilidade, desempenho ou qualquer outra. Estas criam uma estrutura de avaliação e melhoria contínuas para o projeto.

Por ser mais complexo que os contratos tradicionais, o contrato IPD demanda uma redação criteriosa e cuidadosa, com definições claras e objetivas para cada parte, de forma a reduzir a probabilidade de disputas. Ele também demandará maiores controles e transparência financeira do projeto. Na estrutura econômica do contrato, é preciso equilibrar riscos, lucro e contingência das partes e garantir que ninguém ganhe se outros perderem. Em outras palavras, todos ganham ou perdem juntos, pois o sucesso dependerá de todos eles. Os modelos mais utilizados possuem uma lucratividade fixa, baseada na quantidade de trabalho, e um lucro potencial variável, relacionado ao resultado do projeto. Não sendo as metas atingidas, essa parcela pode ser reduzida e até mesmo eliminada (Figura 164). As partes participam do aumento ou diminuição do lucro, na razão da sua participação. Essa estrutura cria um alinhamento de objetivos, uma vez que o lucro individual é potencializado ou prejudicado em relação ao desempenho geral do projeto. Essa estratégia também aumenta o *buffer* do projeto contra estouros.

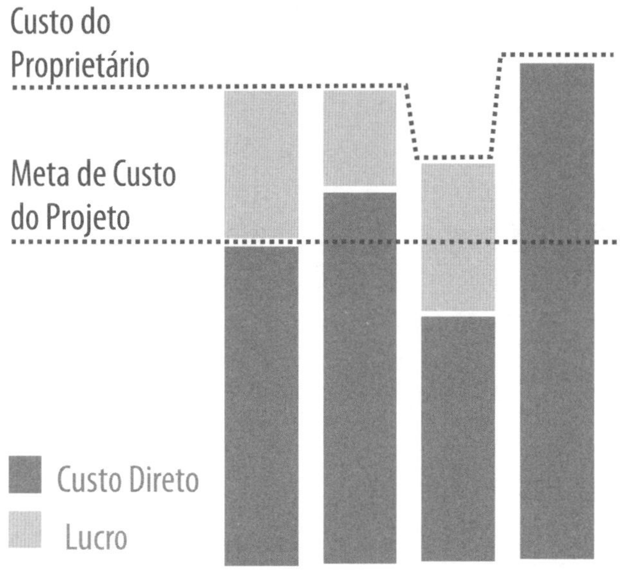

Figura 164 – Modelo básico de remuneração em contratos IPD.
Fonte: adaptado de Fischer et al (2017).

Existem muitas variações e possibilidades em contratos de IPD. Também é possível criar uma zona neutra de variação, de forma a reduzir o risco para as partes. Assim, o lucro variável só começaria a incidir a partir de uma faixa de variação (Figura 165).

Figura 165 – Modelo de remuneração em contratos IPD com região neutra.
Fonte: adaptado de Fischer et al (2017).

O segredo do sucesso em contratos IPD está em definir bem os resultados esperados e as métricas para a medição dos riscos e das recompensas. Embora o custo seja um fator muito importante, o valor pode ser mais importante para o negócio. Nesse caso, é possível estipular fatores não monetários para ajustar o percentual de economia a ser compartilhado.

Em função da sua importância para o sucesso do contrato, as metas devem ser estipuladas no momento certo. Elas não podem ser definidas cedo demais, quando existem poucas informações, fazendo com que ou elas sejam desafiadoras demais ou contenham excesso de contingências. Também não podem ser definidas tarde demais, de forma a perder oportunidades de criação de valor e redução de custo. O momento certo vai depender do grau de complexidade e inovação e do cronograma de cada projeto.

Os contratos IPD geralmente impõem algumas restrições aos proprietários. Por exemplo, os contratos limitam as solicitações de mudanças externas. Estas devem se limitar às questões que não podem ser controladas pela equipe, como, por exemplo, mudanças de escopo ou mudanças na legislação. As mudanças de escopo são especialmente difíceis de gerenciar nesse modelo de contratação, isso porque os impactos das alterações serão sempre difíceis de se mensurar, e, mesmo que o custo permaneça dentro das metas estabelecidas, as partes desejarão manter as economias obtidas até então, para partilhar delas no final do projeto ou se proteger contra futuras incertezas. Já as mudanças internas, oriundas das incertezas e das mudanças associadas ao próprio projeto, são absorvidas e reequilibradas pela própria equipe.

4.17 Industrialização

Podemos definir a industrialização na construção como a transferência de atividades que antes eram realizadas artesanalmente dentro do canteiro para a indústria, de forma a serem produzidas com melhor qualidade e produtividade, menor desperdício, menor variabilidade, menor improvisação e maior precisão dimensional.

A industrialização proporciona grandes benefícios aos projetos de construção, pois os processos artesanais carregam uma inerente imprecisão em relação à sua qualidade e produtividade, o que dificulta sua interface com os demais sistemas. A industrialização permite que vários sistemas sejam produzidos simultaneamente, em ambientes controlados e seguros, para que sejam apenas montados posteriormente no local, o que reduz o prazo da obra. Normalmente, a industrialização vem acompanhada do uso intensivo de equipamentos, tanto de movimentação quanto de fixação e montagem.

No processo de evolução da construção, é preciso galgar níveis mais elevados de industrialização, principalmente nas atividades que são intensas consumidoras de mão de obra. Isso porque são elas que proporcionam os maiores retornos. Deve-se buscar transformar o canteiro de obra em uma linha de produção, obviamente respeitando todas as suas particularidades.

As oportunidades de industrialização podem ser identificadas já a partir das fases iniciais do design, sendo justamente essa a fase que proporciona as melhores soluções e maiores recompensas. Para a adoção da industrialização o design deverá ser concluído antecipadamente, em um nível de detalhamento e confiabilidade adequados para iniciar a sua produção o mais cedo possível. As soluções precisam estar estáveis o suficiente para que seja possível comprometer-se com a pré-fabricação. Questões como cargas, dimensões, posição e tamanhos de *shafts* devem estar consolidadas.

A adoção da industrialização exige maior maturidade nos processos de coordenação e desenvolvimento do design, isso porque ela não permite improviso e adaptações posteriores no canteiro. As formas mais usuais de industrialização na construção são a pré-fabricação e a pré-montagem de subsistemas. Ambas demandam um esforço de padronização, repetitividade, racionalização e modulação.

4.17.1 Padronização

A padronização baseia-se na premissa de que benefícios são obtidos quando o número de variações nos elementos é reduzido ao mínimo, podendo ser aplicada tanto ao produto como aos processos. O uso de elementos de construção padronizados e intercambiáveis proporciona grandes benefícios à construtibilidade de uma edificação, como, por exemplo, o aumento da produtividade pela curva de aprendizado, a redução da probabilidade de erros, o aumento da precisão e a qualidade do trabalho, a simplificação na gestão de materiais e fornecedores, a facilidade no treinamento das equipes, a facilidade no controle da qualidade, a redução de custo, entre outros.

A padronização busca também promover a compatibilidade dimensional entre os elementos construtivos (definidos no design) e os componentes construtivos (definidos pelos fabricantes), de forma a racionalizar a construção e permitir o uso mais eficiente de recursos. A ideia central é permitir que os sistemas e componentes tenham medidas padronizadas de forma industrial e sejam compatibilizados desde o design. O avanço da coordenação modular permitirá que, com produtos com módulo único, diferentes componentes de diferentes fabricantes trabalhem em conjunto. No Brasil, a coordenação modular foi instituída na NBR 15873:2010 – Norma de Coordenação Modular para Edificações. Seus principais benefícios são:

- A ampliação da cooperação entre os agentes da cadeia produtiva.
- A racionalização da variedade de medidas utilizadas na fabricação de componentes construtivos.
- A simplificação do processo de instalação de componentes construtivos.
- O aumento da intercambialidade de componentes.
- A redução do problema de interfaces entre componentes, elementos e subsistemas.
- A redução do desperdício e de erros de mão de obra.
- A facilitação da industrialização e padronização de métodos e detalhes.
- A simplificação da coordenação dimensional no design.
- A redução de cortes e ajustes de componentes e elementos construtivos e a geração de resíduos no canteiro de obras.
- A melhoria na resolução de projetos e maior acuidade técnica na sua execução.
- A redução de custo pela otimização no uso dos materiais.
- O aumento da agilidade no processo de decisão em projetos.
- O estabelecimento de uma linguagem gráfica, descritiva e de especificações, comum entre os fabricantes.
- O aumento da produtividade, pois não necessita de cortes nos elementos.
- O aumento da possibilidade de troca de materiais e fornecedores.

Os exemplos práticos da falta de coordenação modular no dia a dia do canteiro são muitos. Podemos citar a utilização de blocos com comprimentos incompatíveis com a extensão de vãos, caixilhos e portas, exigindo a utilização de uma extensa gama de tamanhos e o corte de várias peças.

A padronização dos processos busca definir padrões únicos de execução, representando a melhor forma de trabalho, em que todas as atividades, recursos e responsabilidades são estabelecidos. Em outras palavras, todos passam a fazer da mesma forma, sendo o resultado avaliado e melhorias contínuas implementadas. Trata-se de uma das mais importantes e bem-sucedidas estratégias gerenciais já criadas. Para sua adoção, no entanto, é preciso muita disciplina corporativa. Ela proporciona benefícios como a construção e retenção de conhecimento estruturado e documentado, compartilhado com toda a organização. Seus principais benefícios são:

- Aumento da previsibilidade dos processos.
- Aumento de produtividade.
- Simplificação na escolha de materiais e fornecedores.
- Simplificação na gestão do canteiro.
- Redução do prazo de concepção.
- Redução do número de componentes.
- Redução do prazo de treinamento das equipes.
- Simplificação do processo de controle de qualidade.
- Familiarização mais rápida com os sistemas.
- Redução da variabilidade.
- Redução no surgimento de patologias, problemas futuros e retrabalhos.
- Redução de desvios e custos.
- Ajuda na identificação e eliminação de desperdício.
- Melhoria e aprendizado contínuos.
- Aumento da segurança.
- Melhoria da qualidade.

A padronização também contribui para criar parâmetros de avalição e controle de qualidade. Os padrões devem ser específicos, por atividade, de fácil localização e consulta. Preferencialmente, devem estar expostos nas frentes de trabalho. Para o sucesso da padronização, é importante que os colaboradores executem as tarefas exatamente como estabelecido. Dessa forma, os resultados atingidos podem ser avaliados, servindo de parâmetro para a implantação da melhoria contínua. Sem padronização não existe melhoria contínua.

Embora cada projeto seja único, uma similaridade dos processos oferece grandes oportunidades para o aumento da eficiência organizacional através da padronização. O padrão deve representar a melhor maneira para se realizar um trabalho, evoluindo continuamente. Utilizar padrões, ao contrário do que muitos pensam, não engessa ou limita a criatividade dos trabalhadores. As oportunidades de padronização estão em toda parte na construção. Podemos padronizar os detalhes de execução, o tipo de material, a forma de execução, a sequência executiva etc. (Figura 166). Por exemplo, é possível a definição de seções estruturais típicas, permitindo a reutilização de fôrmas.

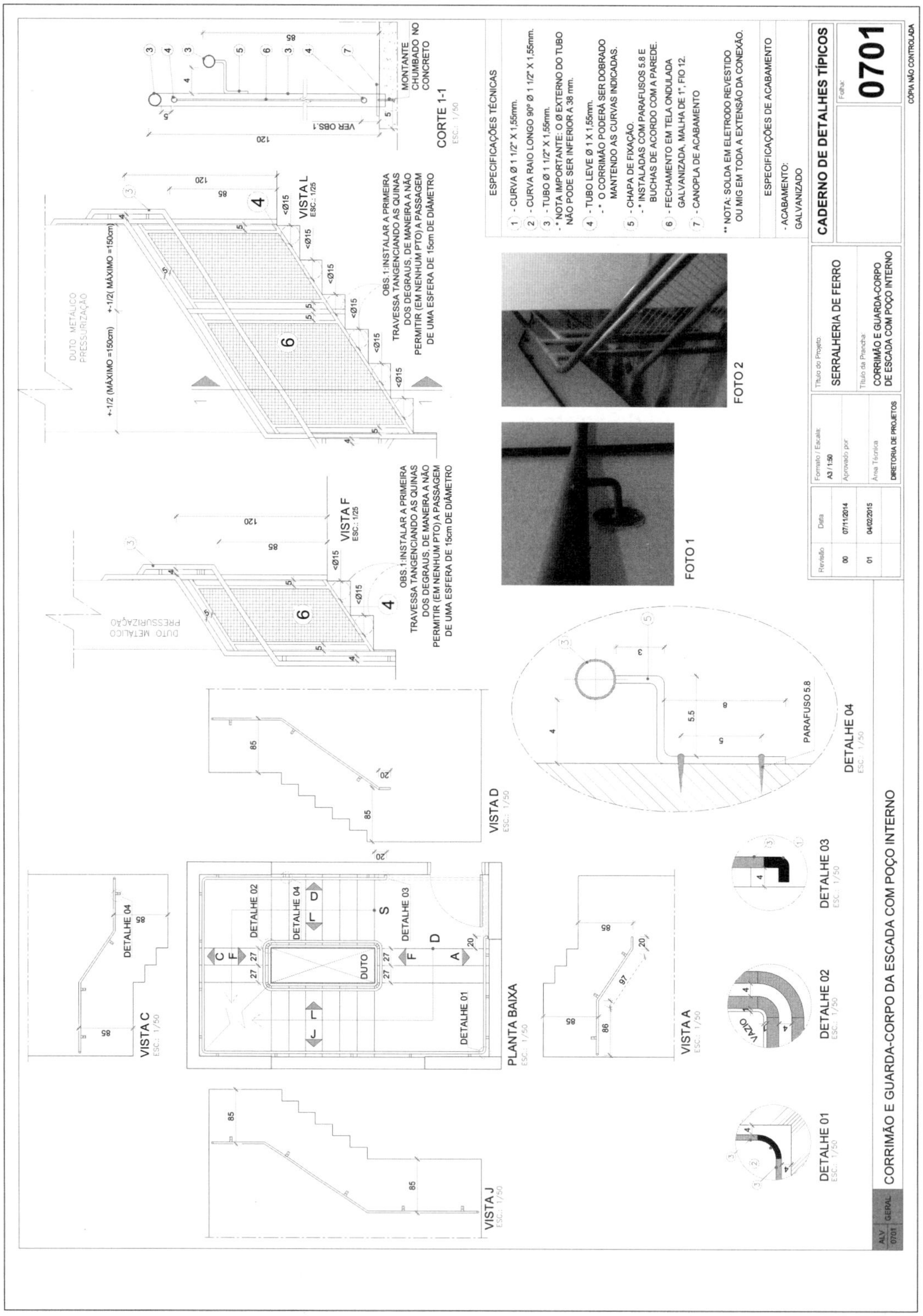

Figura 166 – Exemplo de detalhe padronizado para corrimão e acabamento de escada de incêndio. Fonte: Polito (2015).

Os padrões estabelecidos passam a compor uma coleção de soluções técnicas eficientes que se transformam em referência atualizada para novos projetos. A adoção de soluções padronizadas traz grandes benefícios, como a melhoria da qualidade, da produtividade e da redução de patologias construtivas. Também agiliza o processo de desenvolvimento do design, liberando tempo precioso dos projetistas para realizar análises mais profundas em itens mais relevantes (Figura 167). A padronização pode ser considerada um processo de gestão do conhecimento, da inovação e do desenvolvimento de novas competências para a organização.

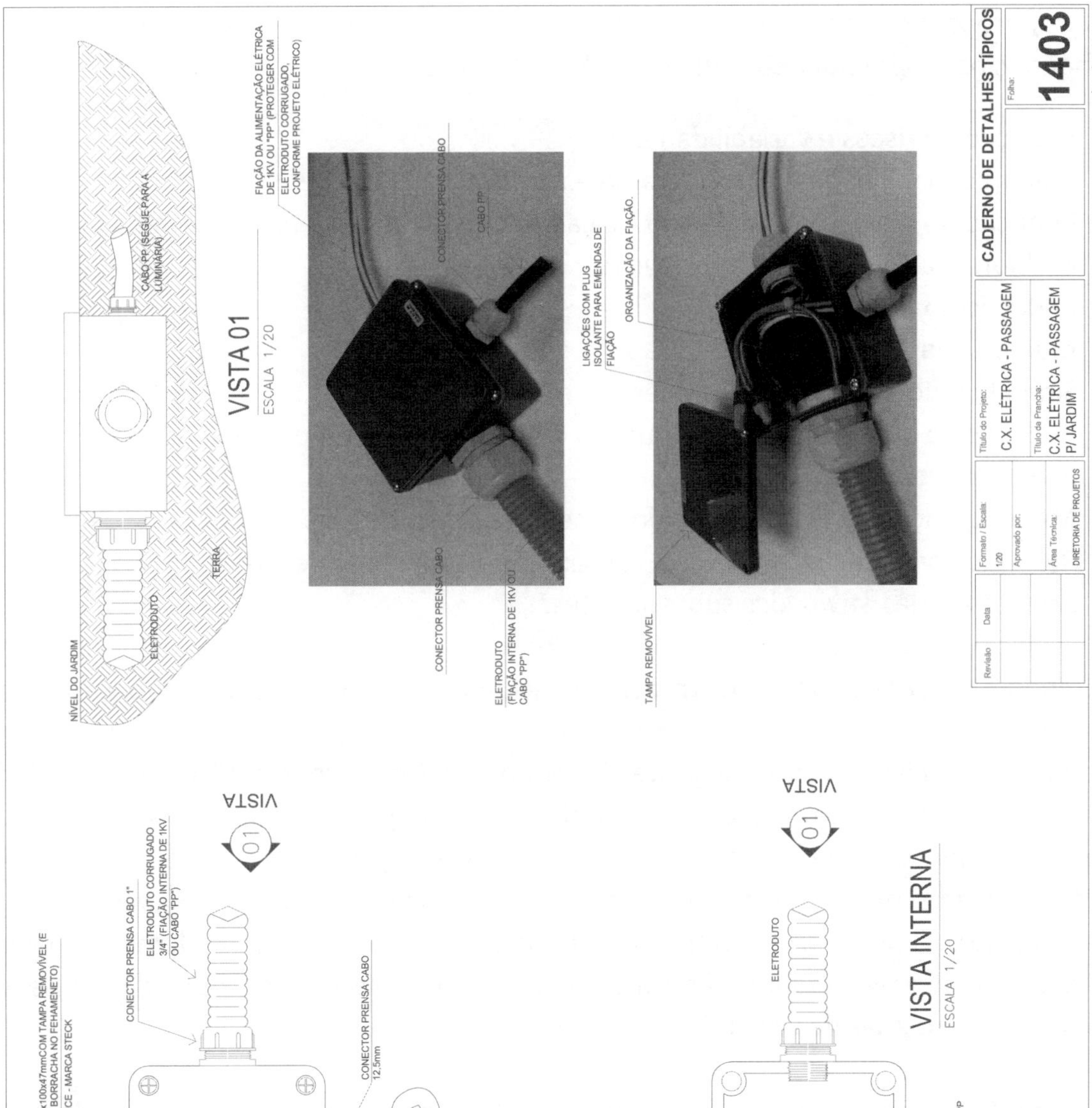

Figura 167 – Exemplo de detalhe técnico executivo de instalações elétricas para iluminação em jardins. Fonte: Polito (2015).

4.17.2 Pré-fabricação

A pré-fabricação é uma estratégia usualmente associada à redução do cronograma do projeto através da fabricação e/ou montagem antecipada, de forma deliberada, de elementos fora do local final de instalação. Ela reduz as incertezas provenientes da variabilidade e de condições climáticas do canteiro, proporcionando grandes oportunidades de melhoria da qualidade e produtividade. Outros benefícios proporcionados pela pré-fabricação são:

- Redução de riscos e variabilidade.
- Maior confiabilidade no cronograma e nos custos.
- Redução do desperdício pela eliminação de atividades que não agregam valor.
- Melhoria das condições de execução.
- Redução do desperdício.
- Melhoria nas práticas sustentáveis.
- Simplificação e redução de processos, etapas, ligações.
- Redução da quantidade e da flutuação de mão de obra empregada no canteiro e de toda a infraestrutura a ela associada.
- Menor geração de resíduo e ruído e melhor controle de qualidade.
- Redução do prazo de construção, causado principalmente pela possibilidade de fabricação simultânea das atividades subsequentes.
- Melhoria da segurança no canteiro pela redução de profissionais expostos ao risco, reduzindo a probabilidade de ocorrência de incidentes e o potencial de dano, caso ocorram.

O termo pré-fabricação é bem abrangente. Ele pode se referir à construção prévia de elementos em uma fábrica externa, com posterior transporte e montagem no local de instalação, ou à pré-montagem de elementos de um sistema formando subconjuntos para posterior instalação no destino final. Quanto maior o número de componentes pré-montados antes da instalação final, maiores os ganhos. A pré-fabricação traz mais benefícios em projetos com elementos repetitivos e complexos, pois permite a fabricação com maior controle, precisão, produtividade e segurança, em condições controladas de um ambiente fabril.

A pré-fabricação é uma estratégia extremamente aderente à abordagem IPD (abordado no item 4.16), envolvendo as principais partes interessadas nas fases iniciais do design, em um trabalho colaborativo e integrado. Sua adoção demanda que o design esteja em um nível apropriado de detalhamento, já nos estágios iniciais, para que a contratação do fornecedor ocorra no momento adequado. Indefinições e inconsistências no design podem gerar incertezas e causar retrabalho.

Durante o processo de design de elementos pré-fabricados, é preciso pensar detalhadamente em todo o ciclo de construção, ou seja, fabricação, armazenamento, transporte, descarga, içamento, instalação, conexão com os demais elementos, testes e comissionamento. Uma das metodologias que suportam esse desenvolvimento é o DFMA (*Design for Manufacture and Assembly*). Ela nasceu nos anos 80 (Boothroyd e Dewhurst), na indústria automobilística, e desde então vem sendo constantemente revisitada, aprimorada, adaptada e aplicada nos mais diferentes tipos de indústrias. A metodologia busca, através do aprimoramento do design, facilitar a fabricação, reduzir o tempo de montagem, diminuir a possibilidade de falhas e, consequentemente, os custos de construção. Ela foi criada a partir da combinação de duas outras metodologias: O DFM (*Design for Manufacturing*) e DFA (*Design for Assembly*).

O DFM busca projetar o produto de forma estratégica, pensando em quais aspectos podem facilitar a sua fabricação. O método analisa a função, a forma, o tipo de material e os processos de fabricação, testando diferentes combinações para encontrar a melhor opção. Já o DFA busca projetar o produto objetivando simplificar o seu processo de montagem no canteiro, pensando em como as peças se encaixarão mais facilmente, de forma mais segura e otimizada, com menor possibilidade de falhas (*Poka Yoke*) e com a menor variação e quantidade de peças possível, reduzindo o tempo e aumentando a produtividade. Enfim, as duas metodologias se complementam na busca pela otimização do produto. Enquanto o DFM avalia cada peça individualmente, buscando formas geometricamente mais simples e eficientes na forma de produzir, levando muitas vezes ao aumento no número de peças, o DFA avalia todo o produto, não só as peças individualmente, buscando simplificá-lo como um todo e procurando o uso mais eficiente de cada elemento. É importante encontrar uma solução equilibrada. Por exemplo, quanto maior o número de peças, menores elas serão e, portanto, maior a facilidade de fabricação, transporte e montagem. Entretanto, maior será o número de operações, menor a produtividade, maior o número de juntas, maior a necessidade de manuseio e maior a quantidade de serviço a ser executado no canteiro.

O DFMA busca desenvolver peças simples, evitando características desnecessárias e focando nas características que agregam valor. Busca-se eliminar ajustes que atrasem a produção, evitando técnicas complicadas e buscando soluções que sejam mais simples e rápidas de montagem. Isso reduz o tempo de construção e a quantidade de operários no canteiro, aumenta a qualidade do produto, causa menor impacto na vizinhança etc. O DFMA é uma abordagem que possui grande sinergia e similaridade com o pensamento *Lean*.

Os princípios mais importantes do DFMA são:

- Projetar para o menor número de componentes possível.
- Projetar componentes multifuncionais.
- Utilizar processos e elementos padronizados.
- Desenvolver uma abordagem de projeto modular.
- Utilizar montagem unidirecional.
- Facilitar o alinhamento e a inserção dos componentes.
- Eliminar o máximo de elementos construtivos possível, como parafusos.
- Buscar a padronização de materiais, elementos e acabamentos.
- Estar atento às oportunidades de automação.
- Incentivar e aplicar o trabalho em equipe.

A redução do número de componentes busca propiciar uma menor sequência de fabricação, transporte, montagem, necessidade de ajustes, peso e custo. A melhor forma de reduzir os custos de montagem é reduzir o número de peças a serem montadas. É preciso eliminar componentes não essenciais. Nesse sentido, a divisão de um elemento em partes só se justificaria pela necessidade de movimento de um deles em relação aos demais, pela necessidade de materiais diferentes por questões de propriedade, pela necessidade de remoção futura para manutenção ou substituição, para permitir a montagem de outros elementos ou por restrições de fabricação. Outros motivos para a divisão de um elemento podem ser logísticos, como a necessidade de redução da dimensão ou do peso. Também é preciso avaliar a divisão quando os resultados alcançados com ela, inclusive o custo, forem melhores.

A padronização e a modularização de elementos buscam facilitar a intercambialidade de componentes, reduzir estoques, diminuir prazos de entrega e de fabricação, reduzir *setup* de equipamentos e diminuir o risco de falta de elementos para a montagem.

Reduzir o número de elementos de fixação abaixa o custo e aumenta a produtividade na montagem. Deve-se buscar um sistema mais eficiente de união. Por exemplo, encaixes e pino são mais produtivos que parafusos. Deve-se padronizar o máximo possível as especificações dos elementos, como, por exemplo, diâmetro e comprimento dos parafusos, tipo de cabeça, classe de resistência, tipo de material etc. Isso reduz a possibilidade de erros e os custos de estoque.

Cada elemento deve ser concebido pensando em facilitar sua manipulação. O design deve ser, idealmente, simétrico em relação aos três planos ortogonais. Quando isso for impossível, deve-se buscar que a assimetria seja a mais clara possível, de forma a evitar falhas durante o processo de montagem. A redução de peso dos elementos facilita a manipulação e montagem, aumenta a produtividade, reduz a capacidade de carga necessária aos equipamentos e diminui o risco de acidentes.

Os elementos devem ser projetados de forma a ter estabilidade durante o processo de montagem, ou seja, uma vez encaixados, eles permanecem estáticos na posição correta, sem se movimentar, até que sejam definitivamente fixados. Isso aumenta a velocidade de montagem e, principalmente, a segurança da operação.

Os elementos devem ser concebidos com soluções autoexplicativas e que impossibilitem falhas de montagem. Devem possuir marcas que demonstrem a direção de montagem. Destalhes como furos-guia, pinos-guia, luvas cônicas, furos oblongos e chanfros promovem o autoalinhamento dos elementos, facilitam a montagem, favorecem a produtividade e reduzem a necessidade de ajustes. Os ajustes devem ser evitados sempre que possível.

O nível de tolerância dos elementos e da montagem deve ser compatível com o nível de tecnologia e processos construtivos utilizados. Isso reduz a improdutividade e o aumento desnecessário de custos devido ao rigor excessivo.

Deve-se evitar conceber elementos que demandem força para encaixe, ferramentas especiais ou o uso direto das mãos, principalmente em peças de grande peso. O prensamento de membros superiores é um dos acidentes mais comuns em montagens com pré-fabricados.

Os elementos devem ser fáceis e seguros de se pegar. Superfícies escorregadias, perfurantes ou cortantes devem ser evitadas.

O processo de montagem pode representar grande parte dos custos dos sistemas pré-fabricados. A sequência de montagem deve ser preferencialmente unidirecional, vertical, de cima para baixo, utilizando a força da gravidade a seu favor. Sempre que possível, utilizar submontagens. Os pontos de fixação devem sempre estar acessíveis durante a montagem. A definição da melhor estratégia de montagem deve levar em conta o conhecimento prático do processo. Por isso, sempre que possível, fornecedores devem ser envolvidos nos estágios iniciais de design.

A aplicação da metodologia DFMA envolve sete passos:

- Conceber o produto.
- Projetar para simplificar a montagem.
- Selecionar materiais e ferramentas.
- Definir o melhor conceito de projeto.
- Projetar para facilitar a fabricação.
- Prototipar.
- Produzir.

A logística desempenha um papel fundamental para os sistemas pré-fabricados, buscando melhorar o processo produtivo através da otimização dos fluxos das cadeias de suprimentos, internas e externas, tanto de materiais quanto de equipamentos e pessoas. Ela envolve a coordenação das fábricas para produção e entrega dos componentes no local e data para sua montagem (JIT – *Just In Time*). Isso não significa, no entanto, que os elementos serão entregues no último minuto, mas, sim, no momento mais adequado. Para que isso ocorra, eles devem ser produzidos no momento certo e enviados ao canteiro em condições adequadas de transporte, descarga e armazenagem, com o mínimo de manuseio possível. De preferência, deve ir direto ao local de montagem ou até mesmo ser imediatamente instalado. Em outras palavras, podemos dizer que as partes devem ser produzidas e transportadas para o canteiro na exata necessidade e sequência adotada pela construção (fluxo puxado), devendo a programação ser rapidamente ajustada na medida em que a variabilidade da demanda, usualmente presente nos canteiros, ocorrer. Essa coordenação exige uma comunicação eficaz entre as partes, de preferência em tempo real, sob pena de ocorrer uma desconexão entre a fabricação e a instalação, causando descontinuidade, paralisações e falta de terminalidade, com impactos em toda a construção. É preciso que o sistema de planejamento e controle da produção seja capaz de responder efetivamente a esse desafio, mantendo-as sincronizadas. É uma via de mão dupla. É preciso que a fábrica saiba quais peças serão necessárias para a montagem no próximo período, para que possa programar a sua fabricação e entrega dos componentes na obra, e a obra deve saber quais peças foram produzidas, para programar a sua montagem com confiabilidade.

O uso de modelos 3D e de simulações 4D permite a visualização dos elementos pré-fabricados e a discussão antecipada de alternativas de sequência executiva e a logística necessária para suportá-las, como fluxo de componentes, operações de carga e descarga, armazenamento, acessos e rotas de tráfego de equipamentos e trabalhadores, bem como identificar conflitos de tempo e espaço com as demais atividades realizadas no canteiro.

Por estar muitas vezes associada ao uso intensivo de equipamentos, é preciso garantir que estes estejam operando em sua plena capacidade e produtividade, evitando que quebras e defeitos inesperados paralisem sua operação ou causem acidentes e desperdícios em outras atividades. Uma abordagem adequada é o TPM (*Total Productive Maintenance*). Seus princípios mais importantes são o defeito zero, zero acidente, zero quebra ou falha, inexistência de retrabalho e ambiente de trabalho seguro.

Entre os elementos mais promissores à pré-fabricação estão estruturas, fachadas, esquadrias, instalações, *racks* e até mesmo banheiros e quartos de hotéis completamente acabados. Como exemplo, podemos citar a utilização de fachadas pré-moldadas em concreto (Figura 168). Os painéis devem ser projetados e dimensionados individualmente, pensando em cada situação específica. Este processo não aceita nenhum tipo de improvisação e adequação no canteiro. A adoção de sistemas de fixação dos painéis através de *inserts* metálicos e parafusos confere rapidez, economia e segurança ao processo. Essa tecnologia otimiza e retira de dentro do canteiro algumas dezenas de atividades como: elevação de alvenaria e todo o seu fluxo de transporte de blocos e argamassa, limpeza, utilização de cremalheira e toda a equipe envolvida; reboco de fachada com sua produção e transporte de argamassa, limpeza de bandeja, montagem de andaimes, retirada de entulho, desperdício de material, revestimento interno, arremate de vãos, instalação de peitoris e toda a equipe envolvida com a execução e inspeção de todos esses serviços. Também são reduzidos todos os custos de canteiro como: tamanho das instalações sanitárias, vestiários e refeitório; consumo de energia e água; fluxo de pessoas; risco de acidentes; entre outros (Figura 168). A tecnologia de fachada pré-moldada reduz problemas de qualidade do acabamento e consumo excessivo devido à espessura e a patologias por trincas. Todos esses benefícios, somados, causam um impacto positivo significativo na produtividade e no prazo da construção, apesar de nem todos os benefícios serem quantificáveis no momento da escolha da metodologia.

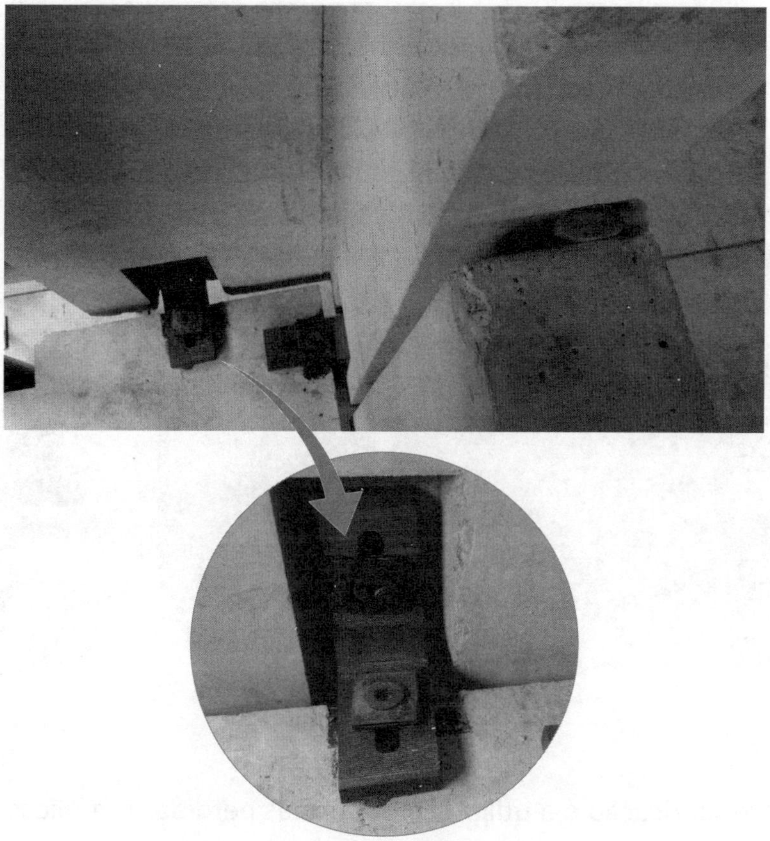

Figura 168 – Industrialização através da pré-fabricação.
Fonte: Polito (2015).

Outro exemplo de pré-fabricação é a adoção do banheiro pronto (Figura 169). Essa tecnologia reduz em grande parte as atividades de fluxo dentro do canteiro e traz inúmeros outros benefícios, como a redução na geração e destinação final de resíduos, a simplificação do controle tecnológico, a redução da quantidade de mão de obra operacional, a diminuição do tamanho do canteiro, a redução das atividades de inspeção, a menor quantidade de encarregados necessários, entre outros. Por serem executados em uma linha de montagem de uma fábrica utilizando gabaritos e ferramentas especiais, os banheiros prontos apresentam um controle dimensional e de qualidade muito maior do que o executado artesanalmente dentro do canteiro.

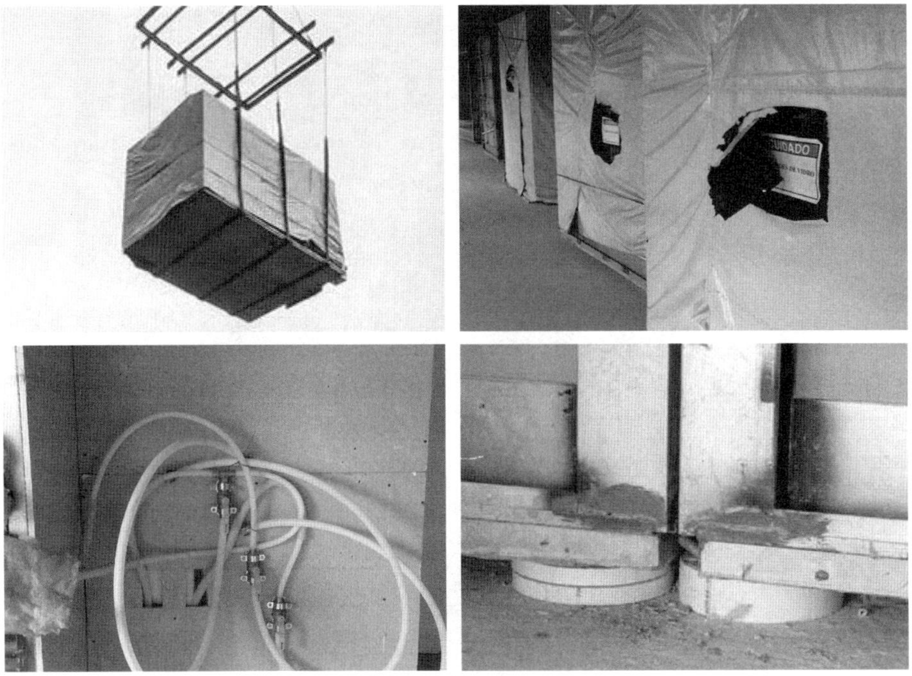

Figura 169 – Banheiro pronto.
Fonte: Polito (2015).

Outro exemplo de pré-fabricação é a utilização de fôrmas perdidas metálicas para fundação. Esse tipo de fôrma é montado junto com a armação do bloco, em uma central de montagem, e posteriormente transportada para a obra. Uma vez posicionada e fixada, é possível fazer o reaterro e eliminar a necessidade de travamentos e escoramento (Figura 170). A utilização dessa tecnologia elimina a utilização de madeira e sua consequente destinação como resíduo, elimina o serviço de desforma, reduz a utilização de sistemas de escoramento e travamento e permite o reaterro imediato do entorno, melhorando a segurança do canteiro, a organização e as condições de trabalho, além de reduzir a quantidade de mão de obra. Esse tipo de fôrma também pode ser cortado sob medida e instalado no próprio canteiro, com posterior reaterro. Nesse caso, o benefício é obtido pela leveza e ergonomia.

Figura 170 – Exemplo de industrialização de fôrmas de fundação.
Fonte: Polito (2015).

4.18 Avaliação Pós-Ocupação (APO)

A Avaliação Pós-Ocupação (APO) busca medir o atendimento efetivo das necessidades objetivas e subjetivas dos usuários durante o uso da edificação. Algumas normas procuraram estruturar esse assunto, como a ISO 19208/2016 – *Framework for specifying performance in buildings* – fornecendo uma estrutura para especificação do seu desempenho.

Um dos objetivos principais da APO é realimentar as etapas anteriores de concepção, design, planejamento e construção, na busca pela melhoria de desempenho. A adoção da APO na avaliação do desempenho ao longo da vida útil da edificação ajuda a compreender o comportamento do usuário e leva ao aprimoramento do design e dos processos construtivos. É preciso aprender com nossos erros, de forma a não os cometer novamente. A APO cria um canal de retroalimentação eficiente, com consequente melhoria contínua das edificações. Em muitos casos, as soluções adotadas no design nunca atingem o desempenho esperado, seja por falhas na especificação, por problemas com sua execução, por falta de manutenção e, até mesmo, por falhas de operação. Dessa forma, é preciso avaliar cuidadosamente as causas do baixo desempenho.

A APO avalia o ambiente construído a partir de muitas fontes de informação e sob uma perspectiva multiespecializada. Como fontes de informações podem ser utilizadas medições diretas de desempenho e performance dos sistemas obtidas durante o processo de comissionamento; informações obtidas durante manutenções e assistência técnica; monitoramento e medições realizadas pelos sistemas BMS (*Building Management Systems*); pesquisas de satisfação junto aos usuários e operadores; entrevistas estruturadas; avaliação de especialistas; entre outras.

As pesquisas buscam conhecer a satisfação dos usuários e operadores com a edificação em uso, bem como seu desempenho funcional, técnico e econômico. No desempenho funcional, avaliam-se quesitos como dimensões, layout, iluminação natural e ventilação. No desempenho técnico, avalia-se o desempenho construtivo, como estanqueidade, ruído e conforto térmico. Já no desempenho econômico, avaliam-se os custos de operação e de manutenção da edificação. Busca-se também identificar necessidades não atendidas e conhecer a aceitação de inovações implementadas. A pesquisa ajuda no estabelecimento de um bom relacionamento e pode implicar em ações simples e baratas que façam o cliente se sentir valorizado. As pesquisas devem ser realizadas de forma sistemática, em um processo contínuo, com uma metodologia que permita acompanhar a evolução de desempenho e de satisfação durante o ciclo de vida da edificação.

Todas as informações coletadas são utilizadas pelos projetistas para entender como os atributos da edificação estão relacionados, direta e indiretamente, com a satisfação das principais partes interessadas. A APO traz a voz das partes interessadas para promover melhorias em todo o ciclo de desenvolvimento e construção da edificação e fecha o ciclo de melhoria contínua.

5. Gerenciamento da produção

O gerenciamento da produção é fundamental para que a gestão dos projetos de construção ocorra de forma integrada, colaborativa e simultânea, como propomos neste livro. Sua implementação é realizada através do projeto do sistema de produção e da programação e do controle da produção.

Discorremos a seguir um pouco sobre duas abordagens distintas de gerenciamento da produção, igualmente úteis, que podem ser utilizadas a depender das especificidades de cada projeto: *Lean Construction* e Corrente Crítica.

5.1 *Lean Construction*

Na década de 90, um novo referencial teórico foi desenvolvido para a gestão de processos na construção, com o objetivo de adaptar os conceitos do *Lean Production* às especificidades do setor. Esse movimento teve seu início marcado pela publicação do trabalho "Application of the new production philosophy to construction" (KOSKELA, 1992). Em seus estudos, Miron, Kaushik e Koskela propõem uma série de diretrizes para uma nova abordagem da gestão da construção (2015):

- Dê visibilidade aos processos e resultados. Problemas não devem ser escondidos.
- Crie processos contínuos para trazer os problemas à superfície.
- Crie a cultura de paralisar para corrigir um problema e aprender a fazer certo da primeira vez.
- Encoraje a diversidade de perspectivas e pontos de vista nos processos de tomadas de decisão. Decisões colaborativas e consensuais devem envolver as partes interessadas e ser de rápida implantação. Diversidade de opiniões significa analisar o problema por ângulos diferentes, com formações e experiências diferentes, com objetivos diferentes, o que basicamente vai ser obtido envolvendo, no processo decisões, as diversas partes interessadas no assunto, como construtoras, fornecedores, projetistas, cliente, operador, mantenedor, consultores, especialistas em segurança, meio ambiente, suprimentos, custo etc. Isso garante diversidade cognitiva e maior probabilidade de identificar todos os requisitos e restrições e de produzir diferentes alternativas. Também promove o aprendizado coletivo.
- Padronize tarefas para implementar a melhoria contínua e o aprendizado organizacional.
- Crie *buffers* de recursos para proteger o projeto da variabilidade e da incerteza, contribuindo com a resiliência.

- Monitore constantemente o previsto x realizado e entenda as causas das diferenças para poder agir corretivamente o mais breve possível.
- Crie equipes e projetos resilientes para suportar a complexidade. Resiliência é a capacidade de se deformar e se adaptar a esforços externos adversos, não planejados, de forma a se manter no curso de seus objetivos, voltando ao seu formato original. É a qualidade que impede um objeto de se quebrar. É, portanto, vital para o sucesso de projetos complexos.

A principal diferença entre a abordagem gerencial tradicional e o *Lean Construction* é conceitual. O modelo dominante define a produção como um conjunto de atividades de conversão que transformam insumos (materiais, informações, equipamentos e mão de obra) em produtos intermediários (alvenaria, revestimento, azulejo etc.). No modelo tradicional, o custo e o planejamento são segmentados apenas pelas atividades de conversão. Suas principais deficiências incluem o fato de que as parcelas de atividades que compõem os fluxos físicos entre atividades de conversão não são explicitadas nem consideradas no planejamento apesar de consumirem recursos, dificultando, dessa forma, sua percepção e gestão. O controle da produção e das melhorias é focado em subprocessos individuais e não no sistema de produção como um todo, o que não garante um ganho de desempenho global, podendo, ao contrário, comprometer a eficiência dos fluxos e de outras atividades de conversão. Já a abordagem *Lean Construction* entende a produção como um fluxo de materiais, constituído por atividades de transporte, espera, processamento e inspeção (Figura 171). Dessas, apenas o processamento (atividade de conversão) agrega valor ao produto, sendo as demais denominadas como atividades de fluxo que não agregam valor. Todo sistema de produção possui atividades de conversão e atividades de fluxo. Sob a ótica do *Lean*, o foco deve ser na melhoria de desempenho das atividades que agregam valor e na redução daquelas que não agregam. Estima-se que 67% do tempo gasto pelos trabalhadores da construção não agregam valor: transporte, estoque, retrabalho (COSTA; FORMOSO; LANTELME, 2002). Sem a compreensão dessas atividades de fluxo, torna-se difícil a eliminação das principais causas de improdutividade.

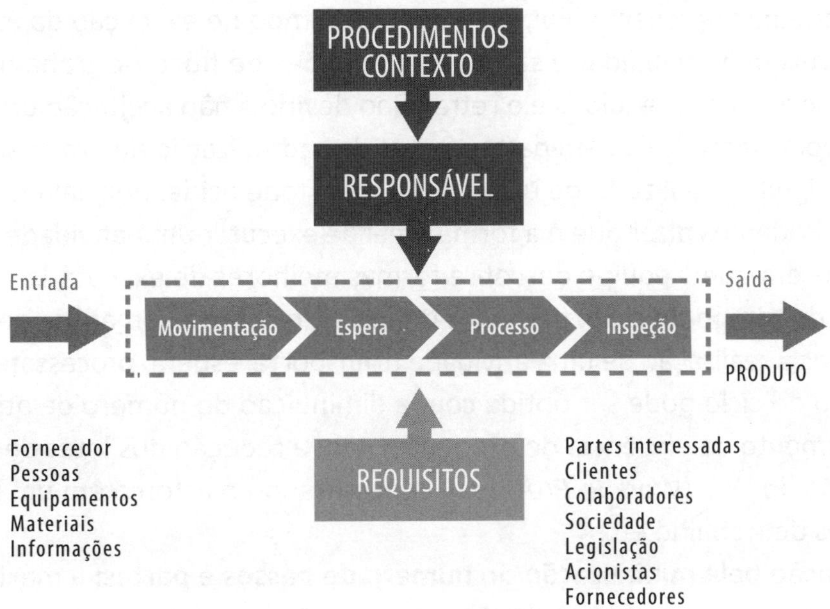

Figura 171 – Modelo de produção *Lean Construction*.
Fonte: adaptado de Koskela (1992).

Dentre os principais objetivos da abordagem *Lean Construction* estão a redução de prazo, desperdício e retrabalho na construção, através da melhor aplicação dos recursos disponíveis (materiais e humanos), da identificação e do entendimento de toda a cadeia de geração de valor, do maior nível de controle e estabilidade do ambiente de produção e através da redução da incerteza na cadeia de suprimentos (projeto, materiais, equipamentos, fornecedores de serviço).

O conceito *Lean Construction* é definido por 11 princípios, com grande interação e reforço mútuo entre eles (KOSKELA, 1992):

1. **Redução das parcelas que não agregam valor:** parte da premissa de que a eficiência de um processo pode ser melhorada e suas perdas reduzidas através da eliminação de atividades que compõem o fluxo. Exemplos comuns da aplicação desse conceito são a pré-fabricação ou a otimização da logística, eliminando manuseios desnecessários. No entanto, é preciso compreender que muitas atividades que não agregam valor diretamente ao produto são importantes para o bom funcionamento do sistema, como, por exemplo, as inspeções de qualidade. Para iniciar a aplicação desse conceito, é necessário explicitar tais atividades no planejamento, permitindo, assim, seu controle, análise e possível eliminação.
2. **Aumento do valor do produto através de uma consideração sistemática dos requisitos do cliente:** trata-se de identificar as necessidades e expectativas dos clientes internos e externos e considerá-las no projeto e na produção. São exemplos da aplicação desse conceito a utilização de informações obtidas com a assistência técnica ou em pesquisas de pós-ocupação para a melhoria do produto ou do processo. Sua implantação passa pelo mapeamento dos processos e pela identificação sistemática dos requisitos dos clientes em cada estágio.
3. **Redução da variabilidade:** o combate à variabilidade visa atingir a maior satisfação do cliente (interno e externo). O aumento da variabilidade traz consigo o aumento das atividades que não agregam valor, bem como o tempo de execução da atividade. As faces mais visíveis da variabilidade são as interrupções de fluxo de trabalho, causadas pela interferência entre as equipes e o retrabalho devido à não aceitação do produto. A variabilidade pode ser reduzida em parte através da padronização de processos. Padronizar um trabalho significa realizá-lo de uma forma preestabelecida, normalmente mais eficiente e segura. Podemos dizer que é a forma ideal de executar uma atividade, podendo evoluir na medida em que a equipe descobre formas melhores de executá-la.
4. **Redução do tempo de ciclo:** podemos definir ciclo como a somatória de todos os tempos necessários à realização de uma atividade (transporte, espera, processamento e inspeção). A redução do ciclo pode ser obtida com a diminuição do número de atividades de fluxo, com o aumento da eficiência de produção, com a redução dos lotes de produção, com a diminuição do WIP (*Work In Progress*), concentrando o esforço em um número reduzido de frentes de trabalho etc.
5. **Simplificação pela minimização do número de passos e partes:** a máxima, nesse princípio, é: quanto maior o número de passos de um processo, maior tende a ser o número de atividades que não agregam valor. Isso ocorre devido às atividades de preparação, apoio

e inspeção para cada passo. Este princípio também está associado à quantidade de passos na possibilidade de interferência entre as equipes. Bons exemplos da aplicação desse conceito são o uso de elementos pré-fabricados e de equipes polivalentes.

6. **Aumento da flexibilidade de saída:** esse conceito está associado à capacidade de as equipes se adaptarem para atender às diversas características dos produtos sem onerar seus custos. Podemos obtê-lo com a redução dos lotes de produção, com a utilização de equipes polivalentes e com a adoção de processos construtivos que tenham maior flexibilidade.
7. **Aumento da transparência:** busca-se, com a transparência, facilitar a identificação de erros e de oportunidades de melhoria, disponibilizar informações para a realização das atividades e envolver a equipe. Eliminação de tapumes, demarcação de áreas, comunicação visual e uso de indicadores de desempenho são formas de aumentar a transparência. O uso de controles visuais permite que todos possam acompanhar o andamento do trabalho e da performance de toda a equipe. Também ajuda na identificação rápida e fácil de problemas e na definição de prioridades.
8. **Foco no controle de todo o processo:** é muito importante não perder a visão do todo quando atuamos em atividades específicas dentro de um processo. Esse é um risco real dentro da indústria da construção, uma vez que existem muitos envolvidos no processo: projetistas, fornecedores, subempreiteiros de áreas diversas. As melhorias nos fluxos devem preceder as melhorias no processamento. É preciso criar uma visão sistêmica em toda a equipe.
9. **Estabelecimento de melhoria contínua ao processo:** é necessário criar uma cultura voltada à busca incessante pelo aumento de valor e pela redução do desperdício. Essa busca deve ser liderada pelos donos do processo e incentivada através da gestão participativa, da definição de metas e o seu desdobramento por todos os envolvidos no processo, da padronização como forma de disseminação de boas práticas e da postura de aceitação de erros honestos.
10. **Balanceamento da melhoria dos fluxos com a melhoria das conversões:** é fundamental que exista um equilíbrio entre os avanços obtidos nos fluxos e as melhorias nas conversões. A alternância entre o avanço incremental, proporcionado pela melhoria dos fluxos, e a ruptura, provocada pelo avanço tecnológico, assegura o crescimento contínuo. Ambas se reforçam, ou seja, a melhoria nos fluxos facilita a introdução de novas tecnologias, bem como a estabilidade fornecida por tecnologias mais confiáveis beneficia os fluxos.
11. ***Benchmarking***: é necessário que, o tempo todo, tenhamos um olho voltado para dentro da empresa (busca da melhoria contínua) e um para o mercado (inovações). Não é possível falar em excelência e aumento de produtividade sem tratar de informações comparativas e identificar oportunidades de melhoria. Deve ser um processo estruturado dentro da companhia.

Alguns conceitos e ferramentas são muito importantes dentro da abordagem *Lean Construction*, e precisaremos conhecê-los melhor para entender e aplicar o modelo proposto adequadamente. São eles: *Takt*, desperdício, fluxo puxado, produtividade e *Location Based Management System.*

5.1.1 *Takt*

A palavra "takt" vem do alemão e significa ritmo de produção. Seu objetivo é alinhar a produção à demanda, colocando todos no mesmo ritmo, estabelecendo uma condição de equilíbrio. Esse nivelamento é extremamente desafiador em projetos de construção devido ao grande número de atividades, interdependências, intervenientes e partes interessadas envolvidas. Sua aplicação torna-se ainda mais árdua em construções que não apresentam elementos repetitivos. Nesse caso, é preciso criá-los, fatiando a construção em pedaços equivalentes de trabalho, para simular tal condição.

No processo de equilibrar a demanda e a produção, é necessário encontrar um denominador comum, ou seja, encontrar o *takt* que melhor se adeque à maioria das atividades, criando um ritmo ideal de produção. Essa abordagem difere completamente da tradicional, que busca imprimir o melhor ritmo possível a cada atividade, de forma individual e descoordenada, ignorando o caráter sistêmico da construção.

Na busca do melhor ritmo é preciso identificar a produtividade ideal de cada atividade e a equipe mínima para cada uma delas (menor combinação possível de equipe para realizar cada atividade).

O trabalho estruturado no conceito *takt* pode ser descrito, de forma lúdica, como uma locomotiva e seus vagões. Cada vagão corresponde a um ciclo de produção, representando uma ou mais atividades. A construção é dividida em zonas pelas quais o trem passa, a uma velocidade constante (*takt*) e sempre na mesma direção. Assim, cada zona tem sempre um vagão passando, representando as atividades ali realizadas, todos os vagões na mesma velocidade. A sequência dos vagões representa a melhor sequência executiva e é sempre a mesma. Quando um vagão deixa uma zona, significa que a atividade representada por ele foi completamente concluída. Quando o último vagão passar por uma zona, o escopo daquela zona foi finalizado. É possível considerar amortecedores entre vagões mais críticos, de forma a evitar a propagação de atrasos para os demais.

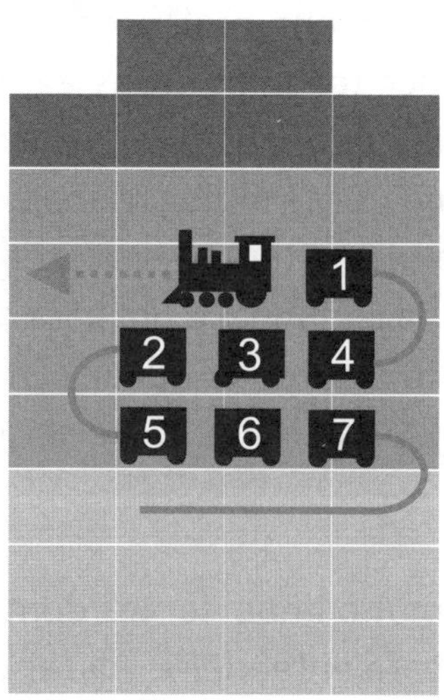

Figura 172 – *Takt* na construção.
Fonte: adaptado de Barros (2014).

5.1.2 Desperdício

A palavra de origem japonesa referente a perdas é "muda". Refere-se a qualquer fator que eleve o custo sem agregar valor. Sob esse conceito, poderemos encontrar desperdício em qualquer atividade que analisarmos.

O conceito de desperdício na construção está historicamente associado à perda de materiais ou improdutividade de mão de obra. No entanto, se estendermos o conceito de desperdício a toda e qualquer ineficiência associada ao uso de equipamentos, materiais, informações, mão de obra ou capital, encontraremos incontáveis fontes de perdas e, consequentemente, inúmeras oportunidades de melhoria.

O primeiro passo no combate ao desperdício será sempre a sua identificação; entretanto, não se trata de uma tarefa fácil. Muitas vezes, nós nos acostumamos com ele porque o consideramos inerente ao processo. Dizemos, no linguajar popular, que "virou paisagem". A busca pelo desperdício deve ser um exercício diário de todo colaborador. Quando uma fonte de desperdício é identificada, é preciso encontrar alguma forma de eliminá-la. O fato de ainda não sabermos como não significa que estávamos errados. Significa apenas que ainda nos falta o conhecimento, ou os recursos, para eliminá-la. Na caça ao desperdício precisamos perseguir o estoque zero, o defeito zero, o movimento zero, a quebra zero, o *lead time* zero, o *setup* zero e assim por diante, pois são todas formas de desperdício.

Muitas vezes, o desperdício tem sua origem muito antes do início da obra, ou seja, grande parte das perdas na construção tem sua origem fora do canteiro, seja por um design inadequado, por aquisições equivocadas, por layout ou por planos de ataque mal elaborados, entre outros fatores. A verdade é que os gestores têm maior parcela de responsabilidade pelo desperdício do que os próprios operários (Figura 173).

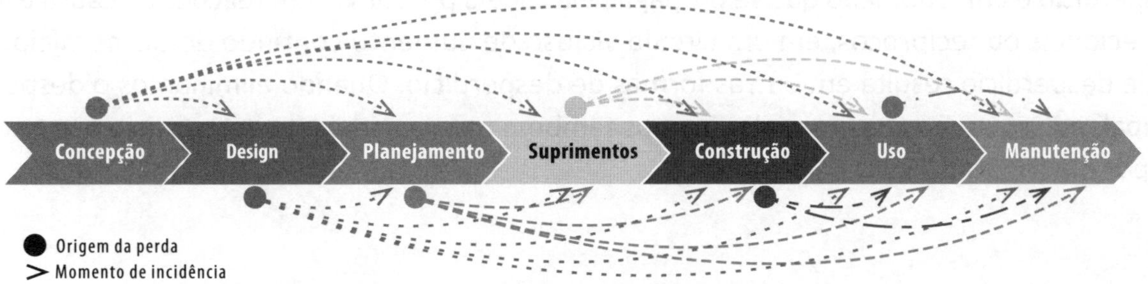

Figura 173 – Origem das perdas x momento de sua incidência.
Fonte: Polito, 2015.

No esforço para descobrir e eliminar o desperdício, a boa comunicação tem papel fundamental. Dessa forma, no sentido de facilitá-la, podemos classificar as formas de desperdício conforme a Figura 174.

TIPOS DE DESPERDÍCIO	
SUPERPRODUÇÃO	Produção acima da necessidade. Produção em excesso de argamassa, excesso de espessura de reboco ou laje
ESPERA	Material, pessoal ou equipamento parado gera custo e não agrega valor ao produto
TRANSPORTE	Movimentar materiais desnecessariamente gera custo e não agrega valor ao produto
PROCESSAMENTO	Processamento que não agrega valor ao produto, quebra manual de blocos no processo de alvenaria por falta de modulação
ESTOQUE	Excesso de estoque imobiliza capital, ocupa espaço, demanda gestão, expõe a risco de furto ou de sobra e esconde problemas no processo produtivo
RETRABALHO	Paralisa o fluxo contínuo da produção e consome tempo e esforço sem agregar valor ao produto
MOVIMENTO	Movimentos desnecessários no processo produtivo desperdiça recurso.Causado por layout ineficiente, equipamento mal dimensionado,quebra de material por acondicionamento indevido, manuseio, etc.
SUPERDIMENSIONAMENTO	Especificação ou dimensionamento acima do necessário, excesso de resistência do concreto
PRODUTOS DEFEITUOSOS	Retrabalho
IMPROVISAÇÕES	Improvisação de acessos, proteções, instalações, equipamentos e ferramentas
FALTA DE TERMINALIDADE	Falta de conclusão de uma atividade, gerando impactos nas demais atividades e retrabalho
OUTROS	Roubo, vandalismo, acidentes

Figura 174 – Classificação do desperdício na construção.
Fonte: Polito (2015).

É preciso aprender a enxergar os sinais do desperdício. Um deles é a geração de resíduos. Todo resíduo está invariavelmente relacionado a uma fonte de desperdício. Sendo assim, a observação do tipo e da quantidade de resíduos gerados, nas diferentes fases de um projeto, nos permite identificar as oportunidades de melhoria e as principais causas de ineficiência.

O desperdício é um fenômeno que se propaga pela cadeia produtiva, em reações de causa e efeito, unidirecionais ou recíprocos, em um círculo vicioso de aumento contínuo do desperdício. Cada tipo de desperdício resulta em outras formas de desperdício. Quando eliminamos o desperdício principal, ou seja, sua causa-raiz, eliminamos também toda a cadeia de desperdício que seria gerada por ele (Figura 175).

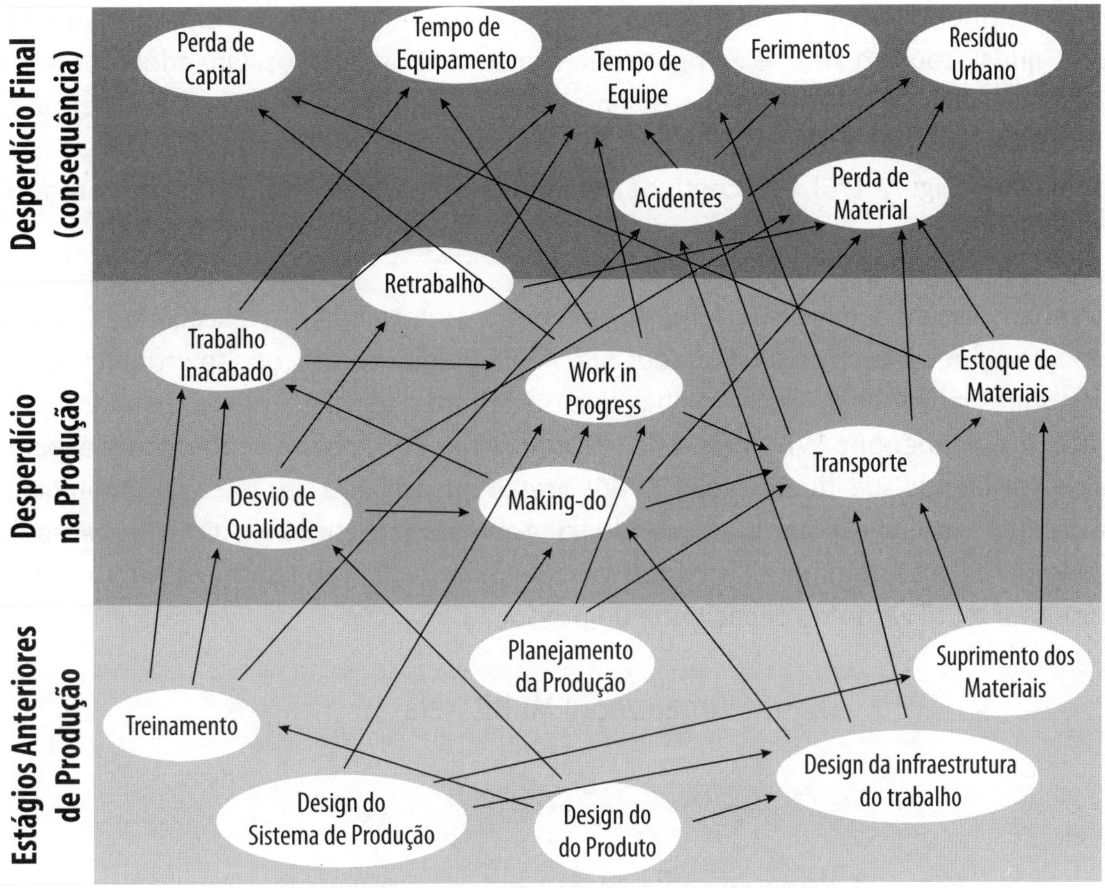

Figura 175 – Rede causal para desperdício de materiais.
Fonte: adaptado de Costa; Formoso; Lantelme (2002).

Vamos discorrer um pouco sobre as fontes de desperdício mais relevantes durante a fase de produção. São elas: *Making-do*; WIP (*Work In Progress* – trabalho em andamento); falta de terminalidade; transporte; e desvios de qualidade.

O ***Making-do*** pode ser definido como aquelas atividades que foram iniciadas sem que todas as condições ideais de execução estivessem atendidas – e, por esse motivo, ocorre um desempenho aquém do previsto. Neste caso, duas coisas podem ocorrer: a tarefa ser paralisada ou continuar mesmo sem todos os recursos necessários. No caso de continuidade, ocorrerá o aumento da quantidade de trabalho simultâneo, o aumento das atividades que não agregam valor e do *lead time* da tarefa. Em ambos os casos, o projeto será negativamente impactado. O *Making-do* está intimamente relacionado à improvisação e é uma das principais causas dos outros tipos de desperdício (COSTA; FORMOSO; LANTELME, 2002). A maior parcela de improvisação ocorre naqueles pacotes de trabalho emergentes ou informais, ou seja, aqueles que não foram planejados e surgem no dia a dia da obra.

O ***Work in Progress*** **(WIP)** pode ser definido como uma elevada quantidade de trabalho em execução ao mesmo tempo. Isso leva àquela sensação de que "tudo é urgente". Nessa condição, os recursos não sabem quais tarefas são prioritárias. Gestores não sabem quando e onde intervir.

A ausência de prioridade entre as atividades pressiona os recursos a realizarem multitarefas que, em vez de ajudar, causam atrasos e impedem a conclusão dos serviços. Quando as prioridades são confusas, elas omitem os verdadeiros problemas até que seja tarde demais. A multitarefa prejudica a taxa de entrega e provoca o compartilhamento de recursos, que, por sua vez, gera desperdício e improdutividade (Figura 176). O excesso de atividades em paralelo também pode causar o colapso na camada de decisão.

O WIP também leva ao aumento do estoque de produtos intermediários inacabados. Como qualquer outro tipo de estoque, esse gera atividades que não agregam valor e oculta problemas de qualidade. Os estoques intermediários criam ilhas que dificultam o gerenciamento e quebram o fluxo de produção. Quanto menor o WIP, mais difícil ocultar falhas como baixa produtividade, ociosidade e retrabalho, facilitando sua identificação. O WIP cresce quando grandes lotes são adotados, quando há falta de sincronia entre as equipes, quando há problemas logísticos etc. O WIP é causado, muitas vezes, pelo paradigma dominante de que é melhor manter os trabalhadores sempre produzindo, para aumentar a utilização da capacidade de produção.

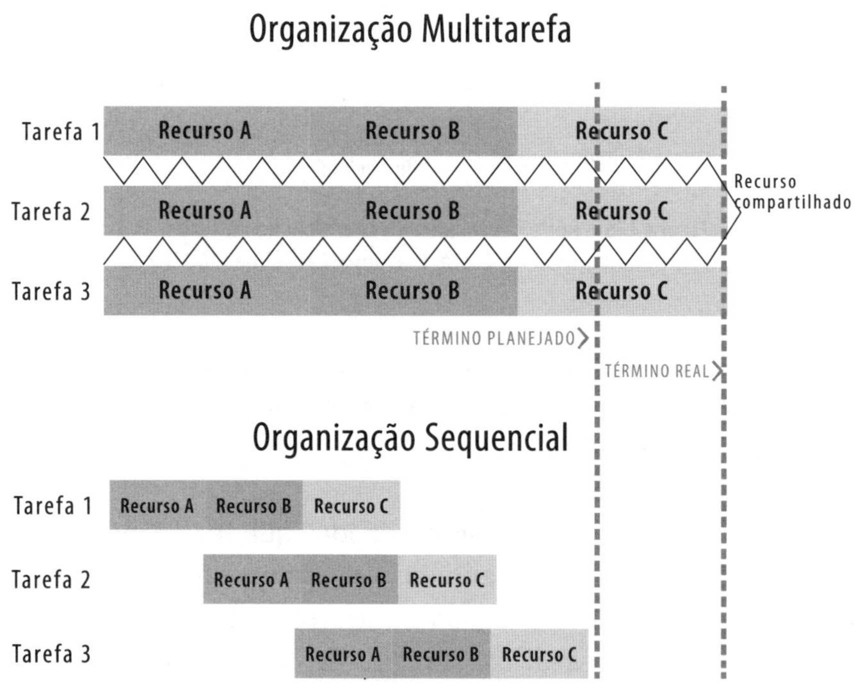

Figura 176 – Organização multitarefa x sequencial.
Fonte: Polito (2015).

A **falta de terminalidade** ocorre quando uma equipe deixa uma frente de trabalho sem que a atividade esteja completamente concluída, mesmo que sejam apenas pequenos detalhes. Isso ocorre usualmente pela falta de inspeção e recebimento de cada ciclo. Apesar de representar pouco trabalho a executar, a falta de terminalidade demanda a remobilização de equipes e equipamentos, consome relativamente muito tempo, leva a problemas de qualidade pela quebra de precedência e impacta negativamente o cronograma, pois impede o início da atividade subsequente. Esses pacotes de trabalho inacabados também costumam ser negligenciados pelo planejamento da obra, sendo coordenados informalmente pelo pessoal de campo, distorcendo os indicadores de avanço físico da obra. Também contribui para o aumento do WIP e, consequentemente, dos estoques intermediários e para o tempo de ciclo. A falta de terminalidade está fortemente relacionada a atividades que não agregam valor, como movimentação, limpeza, retrabalho.

O desperdício associado ao **transporte** são aquelas atividades de manuseio de materiais que não agregam valor, mas agregam custo. Não se trata apenas de movimentações desnecessárias, mas todo tipo de questões logísticas e uso ineficiente de equipamentos. As quatro principais causas de desperdício no transporte são os obstáculos nas vias de acesso, o uso de equipamentos inadequados, a falta de mão de obra para apoio das operações e o armazenamento impróprio dos materiais. Existe uma forte relação desse tipo de desperdício com o layout inadequado do canteiro, a falta de planejamento logístico e o plano de ataque inadequado do projeto.

Os **desvios de qualidade** estão sempre fortemente associados à qualidade final do produto e à sua falta de conformidade com os requisitos do projeto. Ela é consequência de uma extensa e complexa rede de atividades, decisões e processos em todo o ciclo de vida do projeto, ou seja concepção, design, aquisições e construção. Suas consequências normalmente são o retrabalho, a falta de terminalidade, a interrupção da produção e a insatisfação do cliente. Os desvios de qualidade levam também a outros tipos de desperdício, como transporte, WIP, perda de material e espera.

É preciso estabelecer processos para a mensuração das perdas na construção. Isso permitirá à equipe avaliar o nível de eficiência da produção e definir metas para perseguir continuamente sua redução. No entanto, é importante entender que toda atividade contém um nível aceitável de perdas que só pode ser eliminado com uma mudança no patamar tecnológico e gerencial do processo (Figura 177). Em muitos casos, o investimento necessário é maior do que a economia proporcionada, ou seja, nesse caso, a eliminação do desperdício não é economicamente viável.

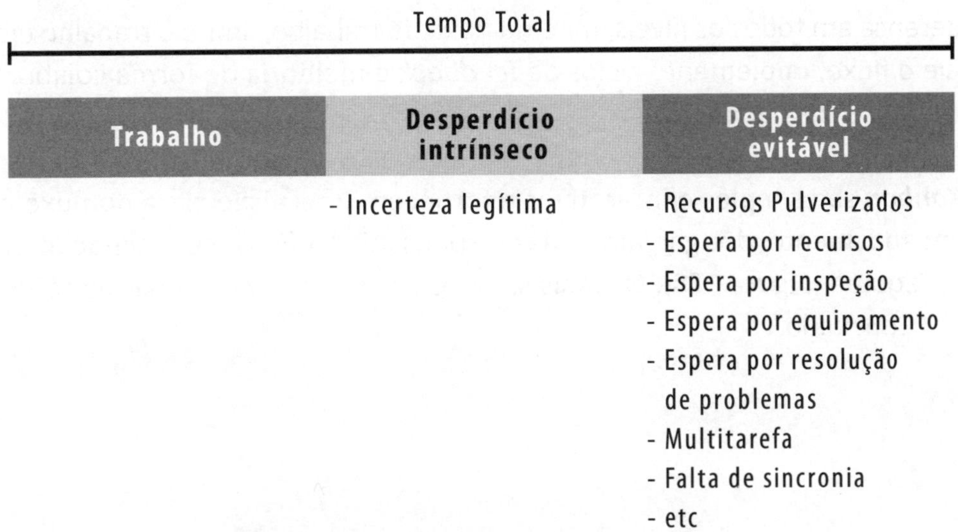

Figura 177 – Desperdício intrínseco nas atividades.
Fonte: Polito (2015).

5.1.3 Fluxo puxado

O conceito de produção "puxada" nasceu na Toyota e significa que o item somente será produzido quando demandando, em vez de ser produzido e armazenado para ser utilizando quando demandado (fluxo empurrado). A produção puxada tende a ser mais eficiente porque estabelece um fluxo constante, equilibrando as taxas de demanda e produção, ao contrário dos sistemas empurrados, que trabalham sob previsões não necessariamente equilibradas com a demanda.

Uma ferramenta muito utilizada para operacionalizar a produção puxada é o *Kanban*. O método foi desenvolvido por Taiichi Ohno e aplicado nas unidades de produção da Toyota a partir de 1953. O termo pode ser traduzido como "cartão" ou "sinal visual". Trata-se de um quadro composto por colunas que representam as fases que o trabalho precisa percorrer para ser realizado, podendo ser adaptado a qualquer processo e qualquer particularidade da equipe. É um método aplicável a diferentes configurações e busca estabelecer um fluxo puxado e contínuo de trabalho, limitando a quantidade de trabalho em execução (WIP) e aumentando a geração de valor. Quando um trabalho é concluído, outro item é puxado. É mais importante concluir um trabalho iniciado do que iniciar outro, pois somente trabalho concluído agrega valor.

Não é um método disruptivo, pois permite facilmente sua aplicação qualquer que seja o nível da organização, avançando progressivamente. A beleza está na simplicidade: nenhum software ou processo complexo é exigido. Apenas a disciplina e o comprometimento da equipe são imprescindíveis. Sua função é orientar para que seja produzido somente o necessário, no momento certo. Ele funciona quase como ordens de produção. Os quadros trazem transparência ao processo e permitem a visualização do fluxo de trabalho.

Os princípios fundamentais do método *Kanban* são: inicie de sua condição atual, busque mudanças incrementais e evolutivas, respeite os processos atuais, suas funções, papéis e responsabilidades, incentive a liderança em todos os níveis, mire no fluxo de trabalho, limite o trabalho em andamento (WIP), gerencie o fluxo, implemente ciclos de *feedback* e melhoria de forma colaborativa e torne claros os processos e suas políticas.

Os quadros *Kanban* são simples e interativos e fornecem uma visão clara do fluxo de produção, do trabalho em andamento, dos gargalos e das responsabilidades, disseminando informação atualizada a toda a equipe (Figura 178). Os mais simples podem conter apenas as colunas "A fazer", "Executando", "Concluído".

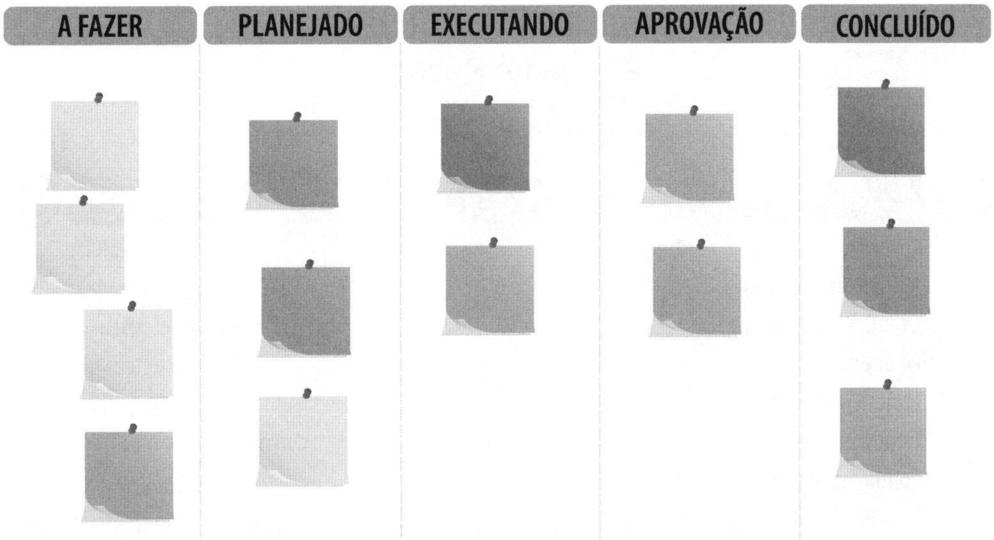

Figura 178 – Exemplo de quadro *Kanban*.
Fonte: o autor.

5.1.4 Produtividade

A produtividade na construção precisa ser entendida como a consequência de uma extensa e complexa cadeia de decisões. Só é possível obter ganhos consistentes e sustentáveis com abordagens sistêmicas, que atuem em todo o ciclo de desenvolvimento e construção. Buscar melhorias de produtividade agindo apenas no nível da tarefa pode até trazer algum ganho de desempenho, mas não necessariamente se refletirá no resultado do projeto como um todo. Ações pontuais podem ainda aumentar a imprevisibilidade da produção, que, por sua vez, aumenta a possibilidade de conflito entre atividades e dificulta o trabalho de coordenação.

A produtividade, muitas vezes, tem causas bem distantes da fase de construção, como na escolha do sistema construtivo ou nas dimensões definidas para um elemento durante a fase de design. A produtividade também é afetada por questões do dia a dia da gestão da produção, como a extensão da frente de serviço, a altura de trabalho, a forma de execução, a capacitação da mão de obra, as condições climáticas, a hora do dia, a cultura local, a familiaridade com os processos construtivos, o efeito de aprendizado, a falta de material, a forma de organização da produção, as quebras de equipamentos, a mudança de equipe, as interrupções, o retrabalho, a mobilização e desmobilização, a qualidade e clareza das plantas, os problemas com gerenciamento ou sequenciamento das atividades, entre outras (Figura 179).

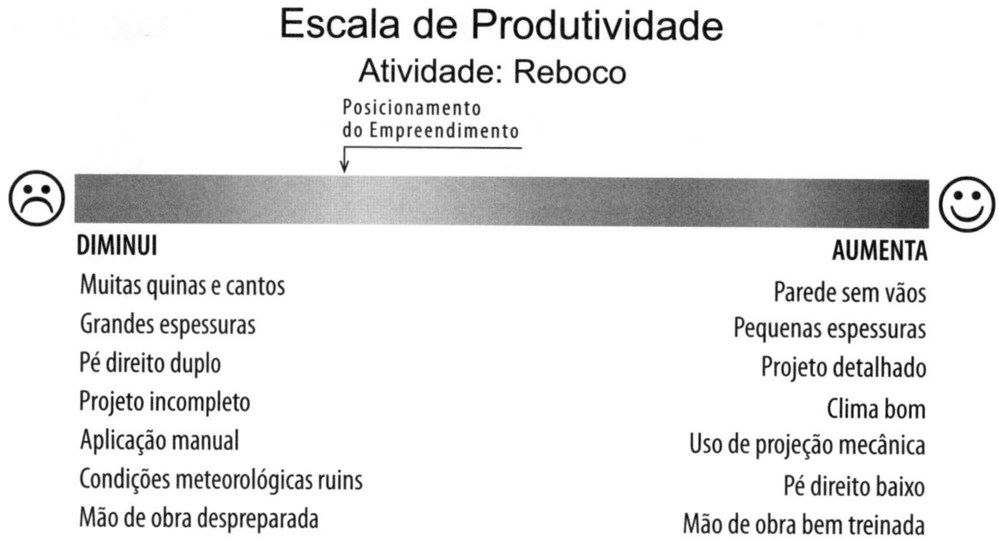

Figura 179 – Exemplo de fatores de variação da produtividade na atividade de reboco. Fonte: Polito (2015).

Existem algumas práticas que podem elevar o nível de produtividade da atividade, como, por exemplo, a adoção de ciclos menores de produção, a simplificação de processos e a elevação do patamar tecnológico.

A adoção de ciclos menores de produção permite a realização de estimativas mais precisas e, consequentemente, processos mais estáveis e produtivos. Também possibilita a identificação de erros de forma mais rápida, permitindo sua devida análise e correção através de planos de ação.

A simplificação, minimização e redução do número de etapas e componentes tende a melhorar a produtividade. Quanto maior o número de etapas em um processo, maior a tendência de existirem atividades que não agregam valor, como inspeções, limpeza, transporte e retirada de entulho. A adoção da pré-montagem ou pré-fabricação, por exemplo, pode reduzir atividades como controle de qualidade dimensional, treinamento de mão de obra, instalação de equipamentos de segurança, redução de instalações provisórias, consumo de energia etc. É preciso, no entanto, bom senso para não eliminar atividades que, apesar de não agregarem valor direto ao cliente, sejam fundamentais ao bom desempenho do processo, como, por exemplo, a instalação de proteções coletivas.

A elevação do patamar tecnológico, com a mecanização de atividades anteriormente artesanais, também pode trazer importantes ganhos de produtividade. Podemos citar como exemplo o arrasamento de estacas através de equipamento hidráulico específico para essa finalidade. Esse equipamento em forma de anel, com diversos cilindros hidráulicos, executa o arrasamento da estaca somente com o apoio de uma escavadeira (Figura 180). Dessa forma, sua execução é muito mais rápida, não gera ruído, elimina os riscos de acidentes pessoais e exposição a condições insalubres, reduz a quantidade de mão de obra, melhora a organização do canteiro, aumenta a qualidade do arrasamento e diminui o risco de danos à estaca.

Figura 180 – Exemplo de industrialização de serviços de arrasamento de estaca.
Fonte: Polito (2015).

5.1.5 *Location Based Management System*

Os desafios do gerenciamento da produção na construção são bem diferentes dos enfrentados pelas indústrias tradicionais. Enquanto nessas o fluxo de produtos percorre uma linha de montagem, na construção o fluxo de pessoas, equipamentos e materiais percorre localizações fixas de um produto (edificação).

Diferentes métodos são utilizados no planejamento dos projetos de construção. Os mais tradicionais são os métodos baseados em atividades, como o Gráfico de Gantt e o método PERT-CPM (*Critical Path Method*), abordados no item 3.2.4 – Desenvolver cronograma. Esses métodos focam nas atividades de transformação e omitem os aspectos de fluxo, como o transporte, a espera e a movimentação. Apesar de serem comumente utilizados para planejar e prever a conclusão de projetos, esses métodos são frequentemente criticados por não conseguirem lidar com a complexidade e dinamicidade da construção. Isso ocorre porque eles não consideram todas as restrições que o projeto enfrenta durante as fases de design e construção, como, por exemplo, os conflitos de espaço-tempo, a continuidade de frentes de trabalho e as atividades de fluxo e seus impactos na produção. Além disso, os métodos tradicionais demandam grande quantidade de esforço e recursos para se manterem atualizados ou se tornam rapidamente obsoletos, sendo então abandonados pelas equipes de produção. Isso leva a inconsistências entre o que está planejado e o que está sendo executado no canteiro, enfraquecendo a qualidade das informações para a tomada de decisão. Podemos dizer que o CPM não é um método voltado para quem coordena ou executa o trabalho.

Uma alternativa aos métodos tradicionais de planejamento é aquele baseado na localização (*Location Based Management*), adaptado à construção a partir da indústria de transformação. Apesar de ainda não ser muito utilizado, o método não é uma novidade. O primeiro caso documentado do seu uso foi a construção do *Empire State Building*, em 1931. O edifício com 102 andares levou 18 meses da concepção à sua inauguração. A estrutura foi concluída à velocidade de 1 andar por dia, em 4,5 meses, e dentro do orçamento.

O *Location Based Management* é um método de planejamento baseado no fluxo contínuo do trabalho e nas áreas de um projeto. Nessa técnica, ao contrário do CPM, a base do planejamento e do controle são as áreas (localizações físicas). O método busca o planejamento contínuo do trabalho, onde uma equipe vai trabalhar ininterruptamente na mesma tarefa, passando de um local para o outro. Para sua implementação, o edifício é dividido de forma hierárquica em áreas menores (LBS – *Location Breakdown Structure*). Trata-se da decisão mais importante do processo, pois esta será a base de todo o planejamento a ser realizado. Um edifício pode ser dividido de várias formas diferentes: em trechos de estrutura, em pavimentos, em unidades. Cada projeto terá sua própria característica. Cada fase de construção também pode ter uma repartição diferente. As menores divisões devem ser pequenas o suficiente para permitir o trabalho de apenas uma equipe de cada vez. O trabalho é então dividido em pacotes (pacotes de trabalho), formando as tarefas que deverão ser executadas em um determinado local pela mesma equipe e de forma ininterrupta.

Esse método representa o cronograma em um diagrama cartesiano de localização X tempo, em que a abscissa (X) representa a escala de tempo (dias, semanas, meses) e a ordenada (Y) representa a LBS (localização). Existem três técnicas mais usuais para o planejamento no diagrama: Linhas de Balanço (LB), Linhas de Fluxo (LF) e *Takt Time Planning* (TTP). Apresentaremos o método Linhas de Fluxo e depois discorreremos sobre as diferenças entre eles.

Na técnica LF, os pacotes de trabalho são representados por retas. A inclinação da reta define o ritmo de execução da atividade (Figura 181). Cada linha representa um pacote de trabalho diferente. Para tornar sua representação clara e limpa, normalmente, são representadas apenas as atividades da corrente crítica, considerando as demais atividades como secundárias. É possível criar linhas também por equipes, de forma a permitir a visualização também das equipes responsáveis por cada pacote de trabalho.

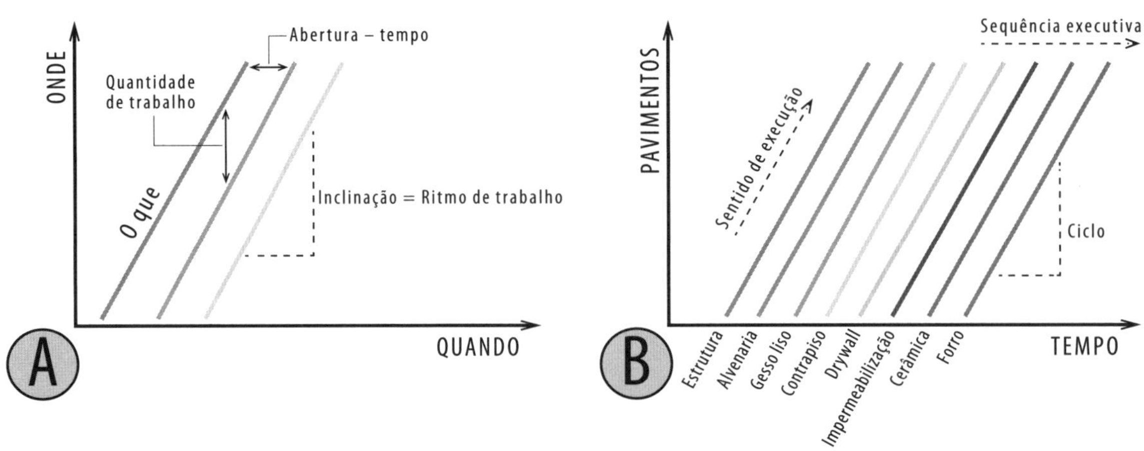

Figura 181 – Técnica de linhas de balanço.
Fonte: Polito (2015).

O objetivo do uso da técnica é estabelecer fluxos contínuos de produção, criando uma sincronização entre as equipes e identificando antecipadamente conflitos referentes a espaço e tempo. Busca-se com isso maximizar a taxa de transferência, reduzir a ociosidade e o WIP e facilitar a coordenação. O fluxo contínuo é obtido pela otimização e pelo equilíbrio das taxas de produtividade dos diversos processos que compõem o fluxo de produção, pela definição de lotes pequenos e pela atribuição de *buffers*. Isso encurtará a duração do projeto e criará um paradoxo, pois, nessa visão, será possível concluir a construção mais cedo, utilizando menos recursos.

Cada pacote de trabalho possui uma composição ideal de equipe, tanto em relação à quantidade de pessoas quanto em relação às suas competências, de forma que as atividades sejam cumpridas com a maior eficiência possível. As formas de nivelar os ritmos das atividades e equilibrar o conjunto é através da variação do tamanho das equipes de cada pacote de trabalho, fugindo, nesse caso, da condição ideal, o que fatalmente afetará a produtividade e/ou a variação no tamanho dos pacotes de trabalho (Figura 182). O equilíbrio do fluxo deve ser buscado de forma iterativa e colaborativa, explorando várias alternativas possíveis e negociando o ritmo de cada atividade com as partes envolvidas. Busca-se, com isso, que todos os pacotes de trabalho possam ser realizados a uma mesma taxa de produção. Isso seria representado no diagrama através de retas paralelas.

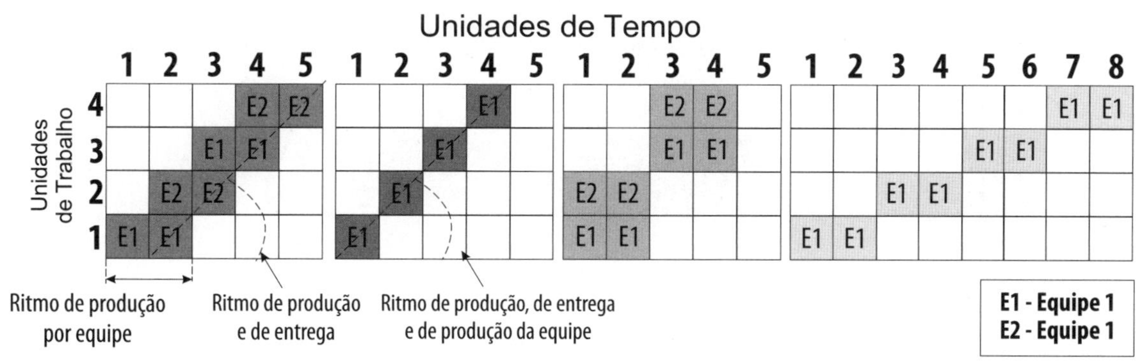

Duração do Lote:	2 unidades de tempo	1 unidade de tempo	2 unidades de tempo	2 unidades de tempo
N° Equipes	2 equipes	1 equipe	2 equipes	1 equipe
Ritmo de Entrega	1 unidade de trabalho/ 1 unidade de tempo	1 unidade de trabalho/ 1 unidade de tempo	2 unidades de trabalho/ 2 unidades de tempo	1 unidade de trabalho/ 2 unidades de tempo
Ritmo de Produção	4 unidades de trabalho/ 5 unidades de tempo	4 unidades de trabalho/ 4 unidades de tempo	4 unidades de trabalho/ 4 unidades de tempo	4 unidades de trabalho/ 8 unidades de tempo
Ritmo de Produção por equipe	1 unidade de trabalho/ 2 unidades de tempo	1 unidade de trabalho/ 1 unidade de tempo	1 unidade de trabalho/ 2 unidades de tempo	1 unidade de trabalho/ 2 unidades de tempo

Figura 182 – Opções de balanceamento do ritmo de produção.
Fonte: adaptado de Biotto; Kagioglou (2020).

O balanceamento dos ritmos nem sempre é fácil. Serviços muito rápidos devem ser agrupados de forma a criar uma "família" e se aproximar do ciclo ideal. Serviços muito longos devem ter suas equipes reforçadas e utilizar métodos que aumentem sua produtividade. Deve-se respeitar a declividade ideal de cada atividade, buscando um ritmo que permita a realização no melhor custo e com qualidade adequada. Um cronograma balanceado, com retas paralelas, produz normalmente um prazo menor; entretanto, deve-se ter atenção ao dimensionamento das equipes ótimas.

Uma "família" de produção é um conjunto de atividades que podem ser executadas no mesmo ciclo, respeitando-se as precedências obrigatórias sem que haja interferências ou interrupção de umas nas outras. Para isso, cria-se uma célula de produção composta basicamente por uma equipe multifuncional e por equipamentos e materiais necessários, de forma a executar os serviços em um fluxo contínuo. Essa célula de produção pode executar mais de uma tarefa, possuindo maior flexibilidade e reduzindo o tempo de transferência. Equipes multifuncionais e polivalentes, em que cada membro possui várias habilidades, aumentam a flexibilidade, a versatilidade e a capacidade de reorganização, sendo menos vulneráveis à ausência de membros da equipe. Ao se alocar mais de uma tarefa por ciclo, é importante estar atento à logística de abastecimento e ao conflito por espaço que pode ocorrer, além da dificuldade de coordenação. Gerenciar por famílias e por pacotes de trabalho simplifica a gestão e o acompanhamento do projeto (Figura 183).

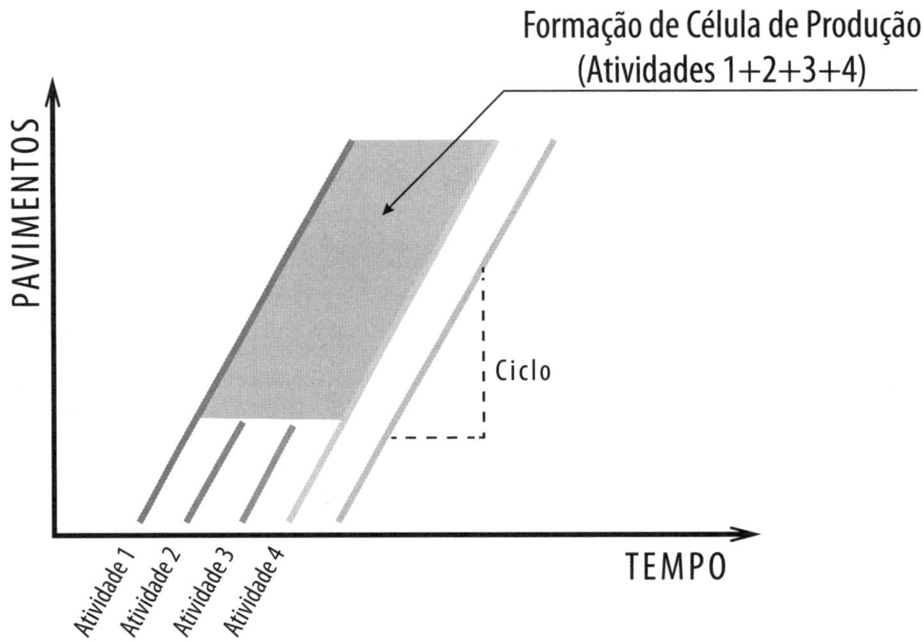

Figura 183 – Criação de famílias de produção.
Fonte: adaptado de Moura et al (2014).

Em cenários de alta incerteza, é possível e recomendável proteger o fluxo de produção através da alocação de *buffers* em pontos específicos do cronograma. Eles são inseridos para absorver a variabilidade e proteger as tarefas críticas, adiando o início da atividade subsequente. Dessa forma, caso as atividades predecessoras sofram atrasos, esses não são automaticamente transferidos para a atividade sucessora, evitando uma reação em cadeia (cascata) de atraso. Os *buffers* atribuídos são facilmente identificados, pois referem-se ao tempo entre o término de uma atividade e o início de sua sucessora (Figura 184).

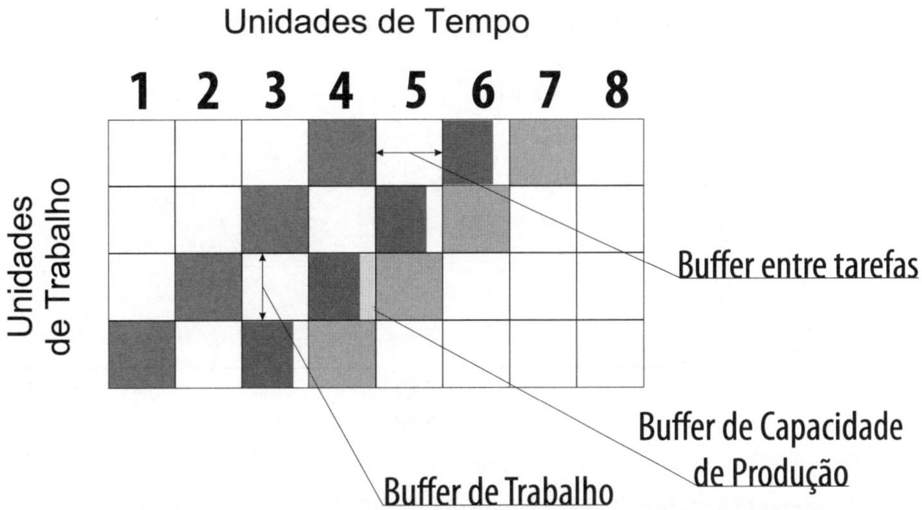

Figura 184 – Tipos de *buffers* utilizados no *Location Based Management*.
Fonte: adaptado de Biotto; Kagioglou (2020).

A técnica de Linhas de Fluxo permite inferir graficamente o impacto de múltiplas estratégias para redução de prazo, de atrasos etc. Existem serviços que podem ser realizados de forma ascendente (de baixo para cima), outros de forma descendente (de cima para baixo). As linhas de fluxo ajudam a cadenciar a obra e a visualizar e antecipar as interferências que ocorrerão, permitindo realizar ajustes.

Com as estratégias de redução de prazo podemos reduzir o ciclo por pavimentos (Figura 185b), ou seja, executar cada pavimento em menos tempo. Além do uso da técnica de compressão através do aumento de recursos, podemos também eliminar precedências ou agrupar tarefas em um mesmo ciclo de produção.

Também podemos diminuir o prazo reduzindo o intervalo entre cada pacote de trabalho (Figura 185c). Esta estratégia demanda maior coordenação e previsibilidade do fluxo. Quanto maior a maturidade e a previsibilidade, menores podem ser os intervalos entre eles. Podemos chegar a fracionar até o pavimento de forma a trabalhar com mais de um ciclo por pavimento, desde que sejam respeitadas as precedências obrigatórias.

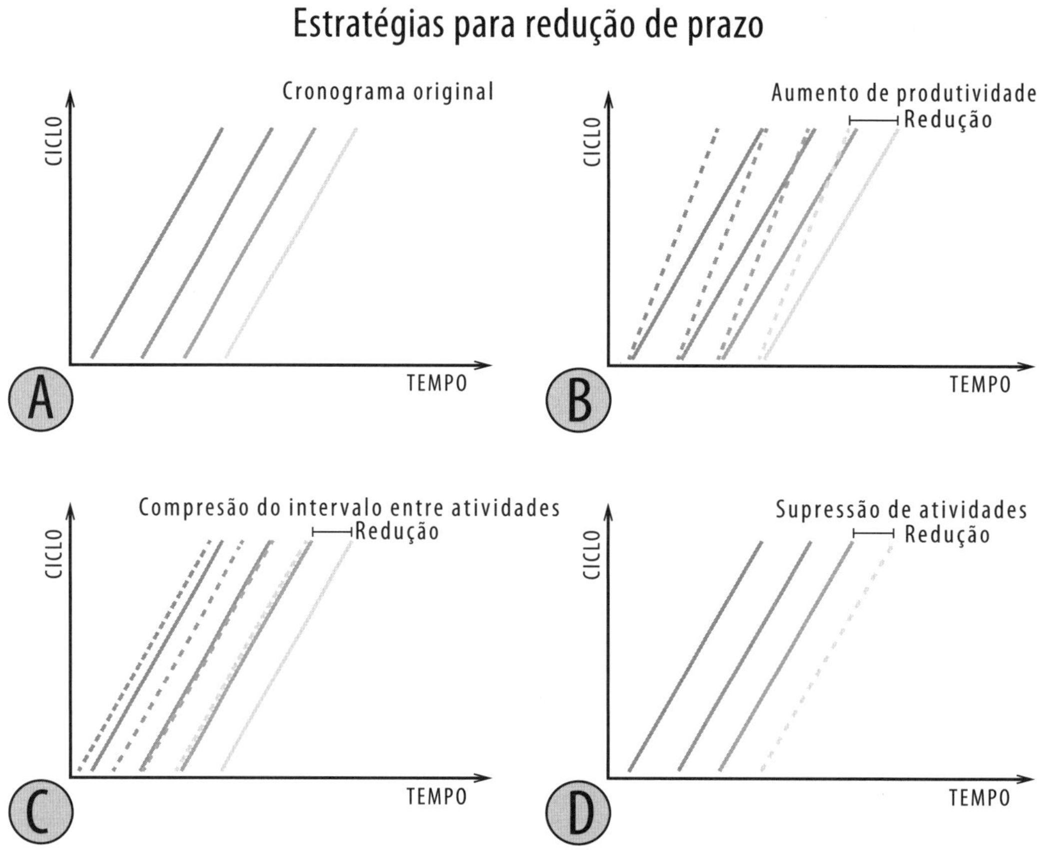

Figura 185 – Exemplos de estratégias para redução de prazo simuladas em linhas de balanço. Fonte: Polito (2015).

Outra forma de reduzir prazo é eliminando pacotes de trabalho do cronograma (Figura 185d). Esta ação é baseada, fundamentalmente, nas tecnologias e nos métodos construtivos adotados. Tecnologias como fachadas pré-moldadas em concreto, esquadrias unitizadas, banheiro pronto, piso elevado, entre outras, permitem a redução do número de pacotes de trabalho a ser realizado dentro do canteiro, e, consequentemente, a diminuição do prazo da obra.

O planejamento, através do uso da técnica de Linhas de Fluxo, permite cadenciar a produção em um ritmo constante, nem demasiado rápido, nem exageradamente lento. O ritmo ideal deve ser sempre constante e previsível, ou seja, cada unidade de produção possui o mesmo tempo básico de duração de forma a proporcionar sincronismo. Busca-se, com isso, garantir que as precedências obrigatórias sejam respeitadas, evitando conflitos e improdutividade entre as atividades. Se uma atividade for executada em ritmo mais rápido que a sua sucessora, haverá conflito (Figura 186a). A técnica de Linhas de Fluxo ajuda a visualizar e a evitar a ocorrência de interferência entre as atividades, antecipando problemas que comumente são detectados apenas durante a execução da obra.

Essa técnica também permite identificar e evitar estratégias de execução que resultam na ampliação da duração do projeto. Por exemplo, a inversão do fluxo de ascendente para descendente cria uma folga no cronograma e um estoque de serviços acabados que, por definição, são desperdício de prazo e de custo (Figura 186c e 186d). Cada pacote de trabalho cria um estoque de produto semiacabado para o próximo pacote de trabalho. Quando os ciclos são diferentes esse estoque pode ser maior ou menor.

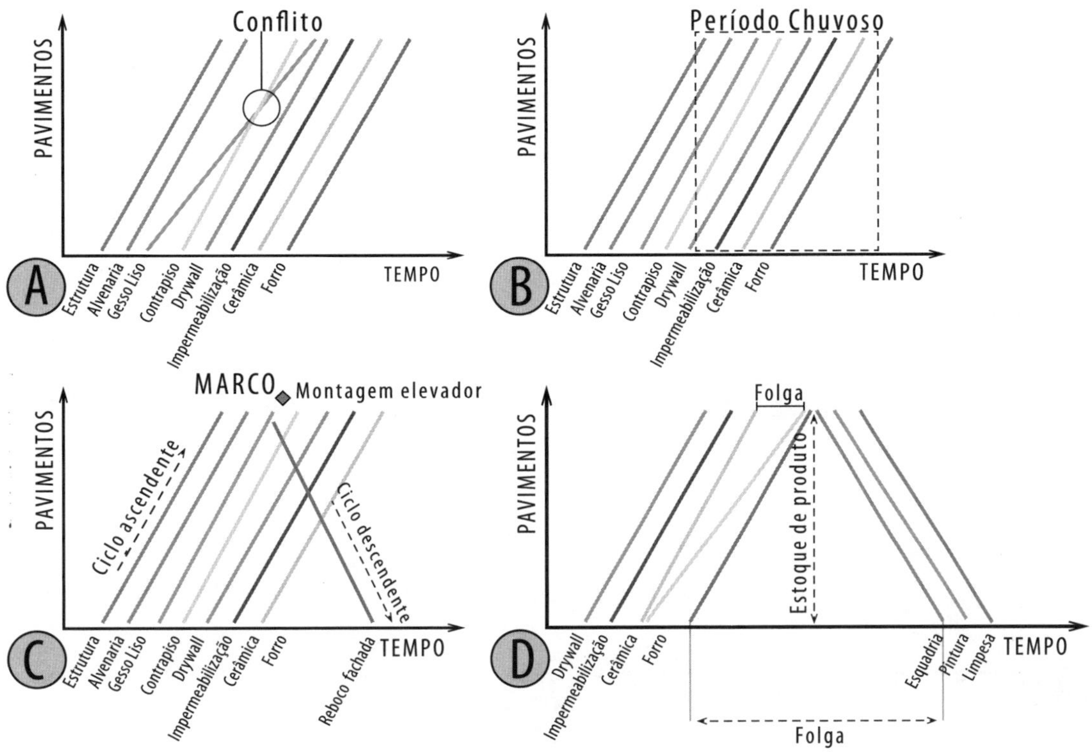

Figura 186 – Exemplo de análises possíveis em linhas de fluxo.
Fonte: Polito (2015).

O uso da técnica de Linhas de Fluxo deixa evidente que ganhos pontuais de produtividade não representam necessariamente ganhos de prazo para o projeto (Figura 187). Por exemplo, caso a alvenaria seja produzida mais rápido do que o planejado, impactará negativamente em sua atividade predecessora, a estrutura, gerando conflitos e consumindo recursos que não estavam previstos, como o apoio do elevador da cremalheira para abastecimento das frentes de serviço.

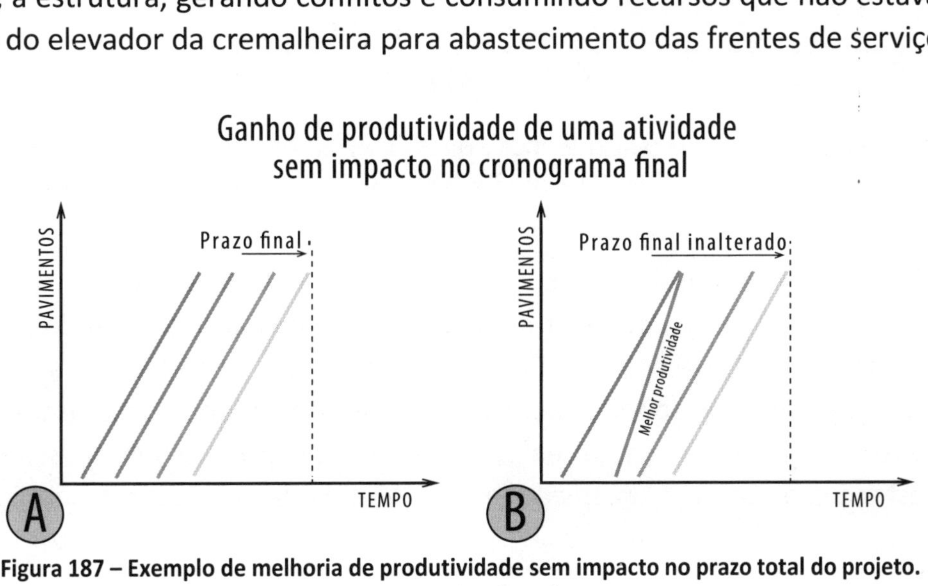

Figura 187 – Exemplo de melhoria de produtividade sem impacto no prazo total do projeto.
Fonte: Polito (2015).

A técnica de Linhas de Fluxo é um método extremamente aderente ao planejamento das construções de natureza repetitiva, pois se beneficia da continuidade do trabalho. Mesmo quando não existir a condição de repetitividade, na maioria dos casos é possível subdividir a construção em áreas menores, com quantidade de trabalho e taxa de produção semelhantes. Em último caso, restando ainda algum trabalho incompatível com o método, este pode ser tratado separadamente, como um apêndice ao planejamento.

Apesar da reta presumir durante o planejamento que haverá um ritmo constante durante a obra, não podemos negar a existência, na prática, de variações na produtividade causadas pela variabilidade inerente ao ambiente de construção, à curva de aprendizagem e à melhoria contínua das equipes (Figura 188).

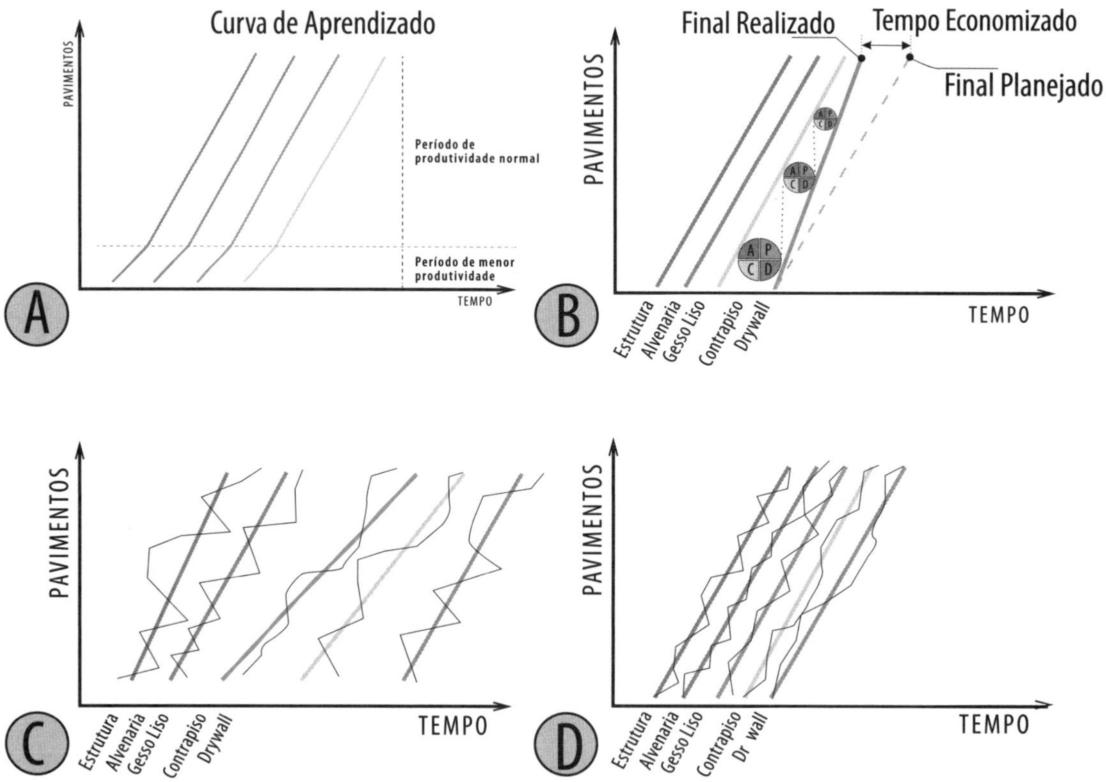

Figura 188 – Variações de produtividade, ciclo PDCA e curva de aprendizagem representado em linhas de fluxo. Fonte: adaptado de Moura et al (2014) e Tzortzopoulos; Kagioglou; Koskela (2020).

A técnica de Linhas de Fluxo também nos permite gerenciar mais facilmente os riscos relacionados ao cronograma, principalmente aqueles relativos à disponibilidade de recursos, produtividade, restrições e interferências entre equipes. Em cada novo pacote de trabalho a ser iniciado, existe um risco de atraso devido à indisponibilidade dos recursos necessários. Esse risco pode se repetir várias vezes, caso a atividade não seja realizada de forma contínua. Sendo assim, trabalhar na remoção de restrições no começo da atividade, garantindo que ela inicie em condições ótimas de realização, protegendo seu fluxo de trabalho para que seja contínuo, é uma forma de se mitigar esse risco.

A técnica de Linhas de Fluxo mostra quando e quantos recursos devem ser fornecidos para cada pacote de trabalho. Isso permite quantificar a necessidade de recursos e o nível de estoque ideal, contribuindo para a adoção do JIT (*Just In Time*). O JIT é definido pela Toyota como fabricar "apenas o que é necessário, quando é necessário e na quantidade necessária". Não significa, no entanto, que você literalmente tem todo o material chegando ao local imediatamente no momento da sua aplicação. É preciso avaliar a necessidade de *uffers* razoáveis que permitam que o trabalho continue no caso de algum imprevisto.

Várias outras informações podem ser inseridas ao modelo para enriquecer as análises, como, por exemplo, datas de marcos importantes para o projeto.

O ciclo de planejamento se encerra através do sistema de controle da produção. Ele deve permitir a identificação da maior quantidade de problemas o mais cedo possível, de forma que possam ser tratados antes que causem impactos à produção. As redes de atraso em cascata podem ser iniciadas por complexas interações de recursos, decisões, relações de precedência, entre outros. Trabalhar com ciclos curtos de planejamento e controle (1 semana) permitirá que os desvios sejam rapidamente identificados e corrigidos. O sistema de controle da produção na abordagem baseada na localização engloba monitorar o status dos locais e dos recursos mobilizados e fazer projeções com base nas taxas de produção reais para identificar futuros problemas e tomar ações corretivas. Com as datas reais de início e término, ou seja, o progresso real, é possível traçar um gráfico de controle e prever os impactos do atual ritmo de produção no projeto como um todo e os impactos que serão causados em outros pacotes de trabalho. Isso evita futuras interferências, como, por exemplo, o atraso no início da atividade sucessora e a descontinuidade ou desaceleração de outra atividade. Uma vez constatadas variações, é possível atuar na produção de várias maneiras, como, por exemplo, mobilizar mais recursos, aumentar as horas trabalhadas (horas extras), alterar a sequência executiva, quebrar precedências etc.

O método enfatiza que o controle da produção deve ser realizado com informações em tempo real, antecipando os problemas que possam impactar a produção. Isso torna o planejamento proativo e previne os problemas antes que eles aconteçam, ajustando os ritmos e a sequência executiva.

A técnica de Linhas de Fluxo permite o acompanhamento do progresso do projeto com relativa facilidade. Nela se tornam claros os conflitos entre atividades, bem como os das variações de produtividade (Figura 189). A técnica nos permite inferir o prazo final do projeto, extrapolando os ritmos reais de produção obtidos. Também é possível simular o impacto que o reaproveitamento de recursos pode causar ao projeto (Figura 190). A praticidade do método reside no fato de que tudo isso é possível apenas com um traçado de retas sobre o gráfico.

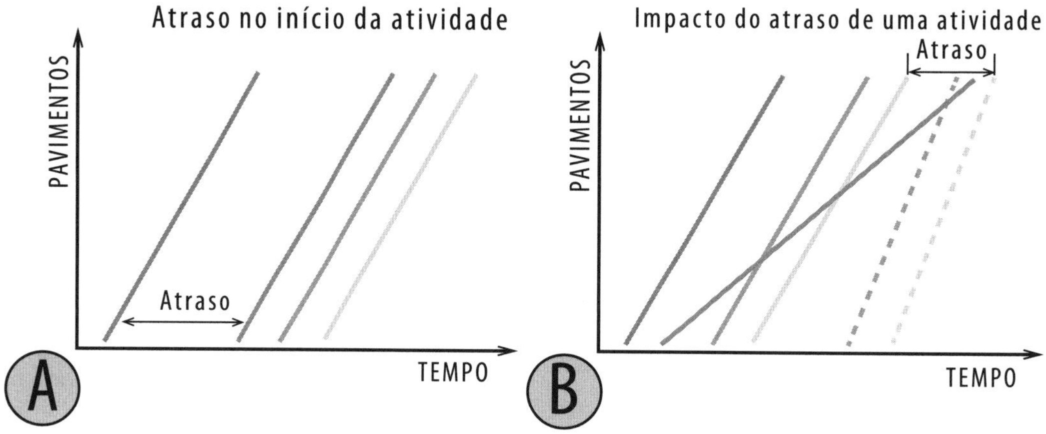

Figura 189 – Exemplos de atrasos representados em linhas de fluxo.
Fonte: Polito (2015).

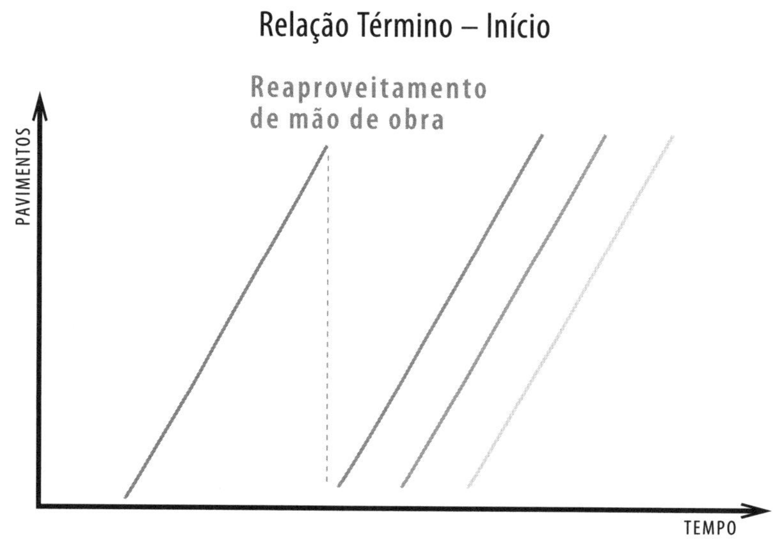

Figura 190 – Exemplo de impactos no reaproveitamento de recursos (relação término-início).
Fonte: Polito (2015).

As outras duas técnicas mencionadas anteriormente são a Linha de Balanço (LB) e a *Takt Time Planning* (TTP). Os três métodos possuem uma semelhança principal: buscam estabelecer um fluxo de trabalho contínuo, com taxa de entrega equilibrada entre as atividades, de forma a reduzir o trabalho em andamento (WIP). Existem, no entanto, algumas diferenças. Com relação à representação, diferentemente da linha de fluxo, que utiliza apenas uma linha única, a linha de balanço utiliza duas linhas paralelas que representam o início e a entrega da unidade de produção; já o método do *Takt Time* representa as atividades em caixas coloridas.

Outra diferença conceitual entre os métodos é o fato de que o método LB expressa a taxa de entrega, medida após a conclusão da primeira unidade, enquanto a LF expressa a taxa de produção, medida a partir do início da produção, e o TTP define a taxa de produção a partir da taxa de demanda, ou seja, define o que deve ser produzido para atender à necessidade com o objetivo de planejar um fluxo de trabalho contínuo, estável e equilibrado com a demanda em uma dada localização.

A última diferença principal entre os três métodos é a forma de utilizar os *buffers*. Os métodos LB e LF utilizam *buffers* de tempo entre atividades críticas, enquanto o TTP incorpora *buffers* na capacidade de produção da equipe, ou seja, o tempo de ciclo real da atividade é mais curto do que o *takt* (Figura 191).

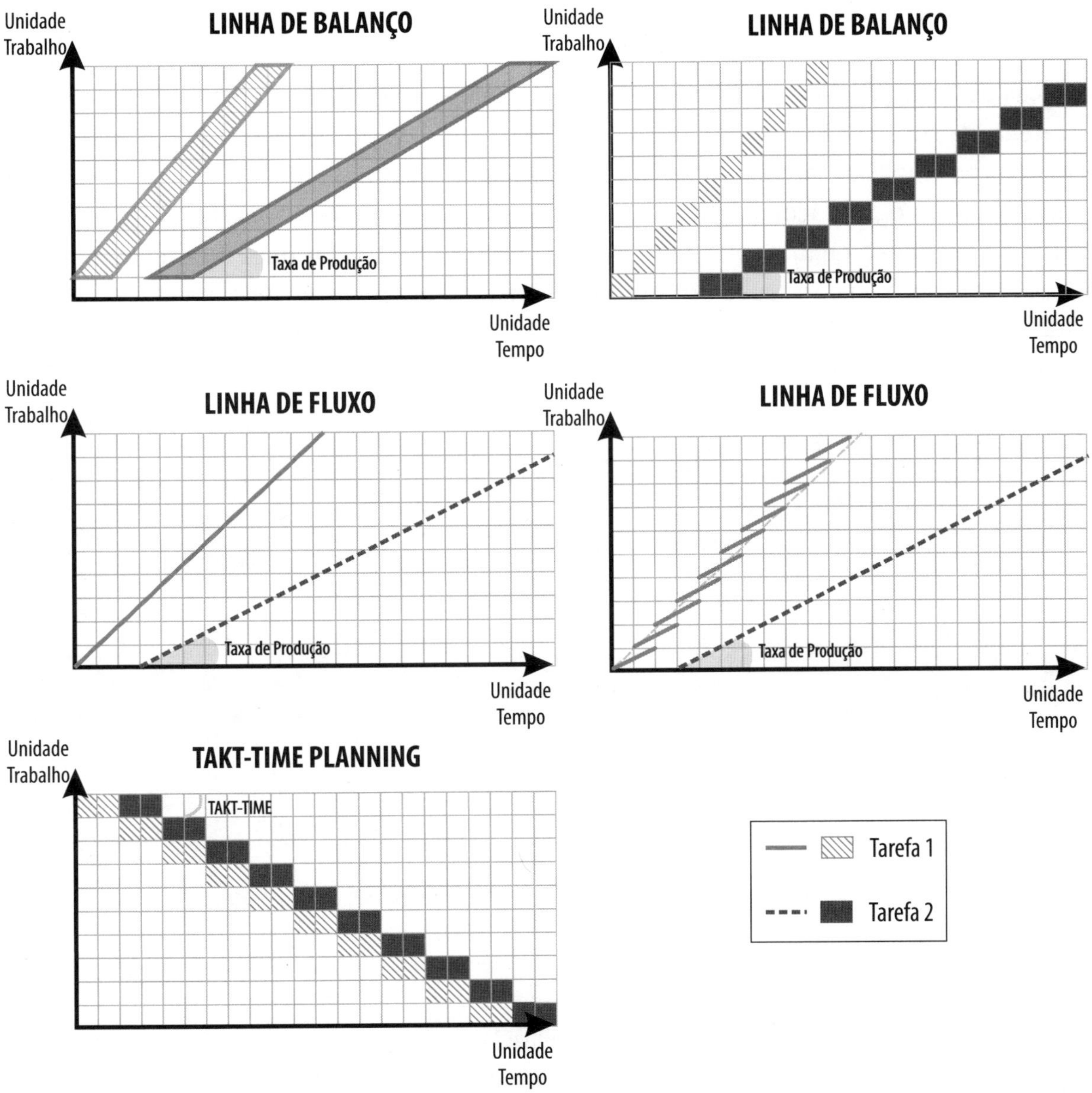

Figura 191 – Técnicas de planejamento através do *Location Based Management System*.
Fonte: adaptado de Biotto; Kagioglou (2020).

As principais vantagens do uso das técnicas de *Location Based Management System* são a simplicidade de desenvolvimento e uso, a facilidade de interpretação e a visualização contínua dos recursos e das dependências entre as atividades e o status do projeto. Seu formato resumido e simples é ideal para a utilização em reuniões ou para a comunicação à equipe das metas do projeto. De forma simples, elas informam quais atividades deverão ser realizadas, onde, quando, por quem, o ritmo de produção e os *buffers* entre as unidades de produção. Também é uma ferramenta extremamente útil e rápida para simular e discutir diferentes estratégias e organizações da produção, bem como para comunicá-las às demais partes interessadas. Com ela é possível visualizar os impactos de cada decisão nas demais atividades e também planejar o reaproveitamento das equipes em diferentes frentes de trabalho, fases ou até mesmo projetos. As técnicas nos permitem visualizar problemas com quebra de precedência, o tempo desperdiçado entre as atividades e enxergar oportunidades de otimização.

As técnicas de *Location Based Management System* podem ser utilizadas tanto no planejamento da estratégia de construção, refletida no plano mestre de construção, quanto no planejamento do sistema de produção. Elas também podem ser utilizadas conjuntamente com o *Last Planner System*, apoiando-se nas programações de longo, médio e curto prazo. O método traz embutidos vários conceitos de produção enxuta, pois torna visível e nos permite agir para a redução dos lotes de produção e transferência, redução de estoque, fluxo puxado e operações paralelas. Já existem no mercado softwares que desenvolvem cronogramas baseados na localização, como, por exemplo, o Prevision© (Figura 192).

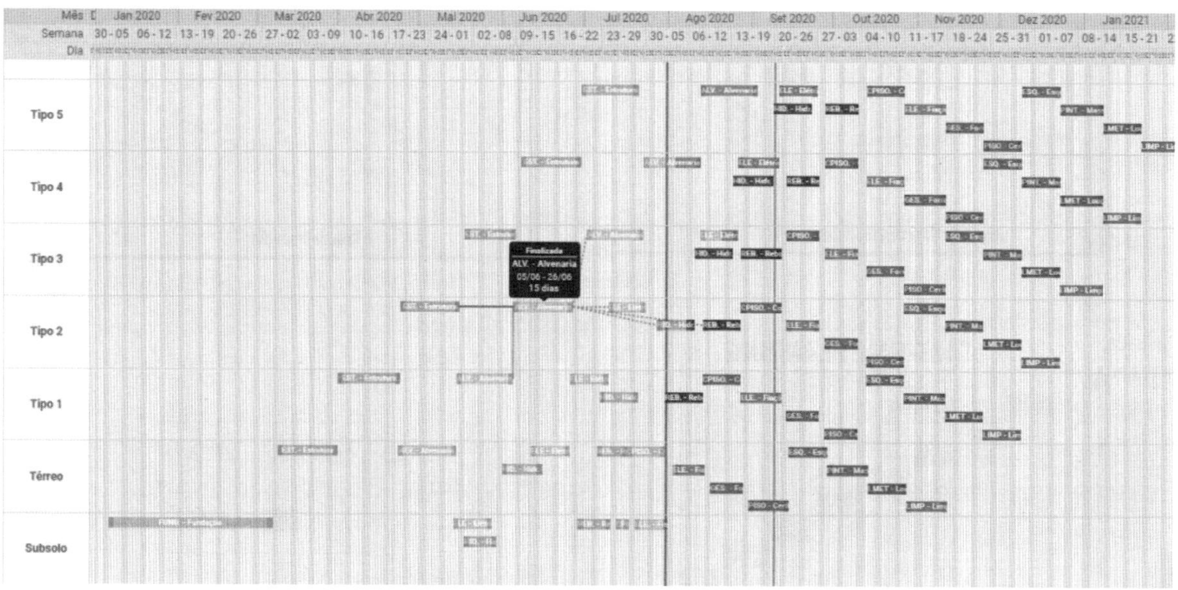

Figura 192 – Software de planejamento baseado na localização.
Fonte: cortesia Prevision©.

Como forma de trazer maior transparência ao planejamento, os cronogramas desenvolvidos, baseados na localização, podem ser impressos e fixados em quadros de aviso, para que todos os envolvidos na produção possam ver suas atividades e as de todas as demais equipes (Figura 193).

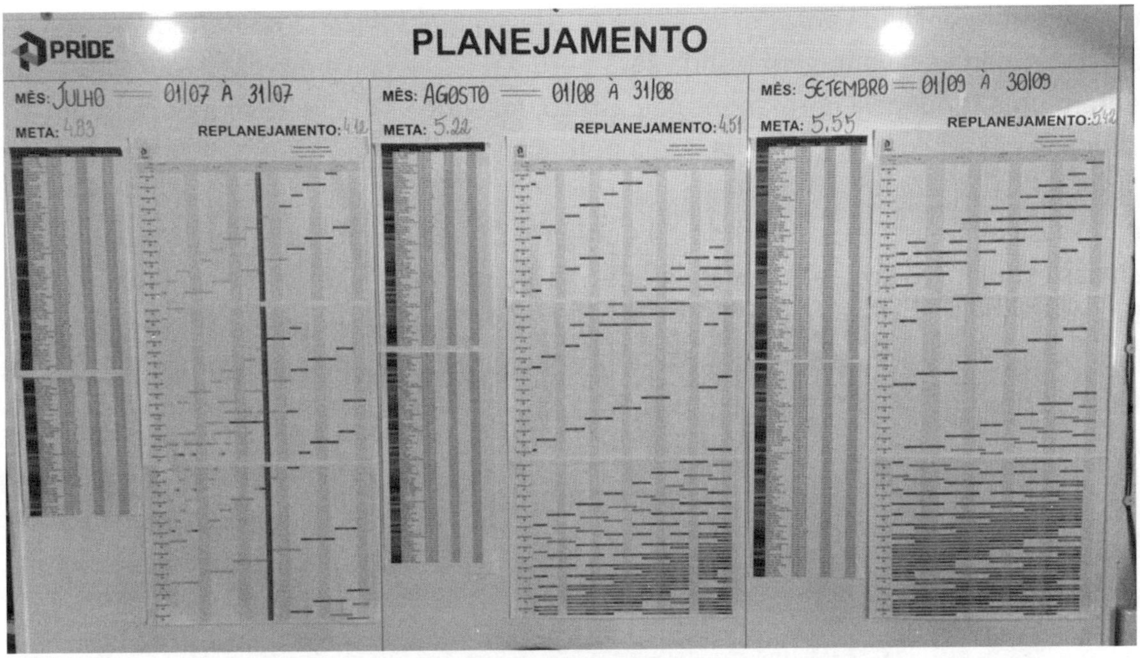

Figura 193 – Cronogramas em quadro de gestão à vista.
Fonte: cortesia Prevision©.

5.2 Corrente crítica

O Método da Corrente Crítica, ou CCPM (*Critical Chain Project Management*) parte da constatação de que, na vida real, nossos cronogramas são governados por gargalos, ou seja, por restrições de produção, sejam elas físicas ou gerenciais. Uma restrição pode ser definida como qualquer fator que impeça o sistema de atingir seu desempenho máximo, sendo que todo sistema possui pelo menos uma. Dessa forma, o método defende que o planejamento deve ser feito levando em conta não só a sequência executiva, mas também a disponibilidade de recursos. Esse método foi criado por Goldratt, que observou que, mesmo utilizando estimativas demasiadamente conservadoras, as atividades frequentemente atrasavam, desperdiçando sistematicamente as margens de segurança alocadas. Entre as principais causas identificadas por ele, vamos discorrer sobre três: a Síndrome do Estudante, a Lei de Parkinson e a Migração de Atrasos.

A **Síndrome do Estudante** afirma que quanto mais segurança é adicionada a uma estimativa (conservadora), mais as pessoas deixarão para a última hora sua execução. A analogia é a seguinte: não importa quanto tempo os alunos tenham para estudar, eles sempre estudarão na véspera da prova. Já a **Lei de Parkinson** afirma que o trabalho se expande até preencher todo o tempo disponível, mesmo que não seja necessário. O prazo em excesso também aumenta a tendência de utilizar tempo em tarefas não produtivas como embelezamento, aumentando o escopo e elevando o nível de qualidade exigido. A **Migração de Atrasos** constata que o atraso na realização de uma atividade invariavelmente migra para sua atividade sucessora, não acontecendo o mesmo com as antecipações. Em outras palavras, podemos dizer que quando uma tarefa atrasa, terminando após o prazo planejado, a tarefa seguinte iniciará inevitavelmente com atraso – entretanto, se essa mesma tarefa for concluída antes do prazo, a tarefa seguinte iniciará na data planejada, ou seja, não será antecipada e a vantagem obtida será perdida. Isso explica em parte por que os projetos apresentam uma tendência permanente de atraso, fazendo com que qualquer margem de segurança alocada em atividades individuais seja perdida.

Diante dessas constatações, o Método da Corrente Crítica propõe a redução agressiva, porém factível, das estimativas do prazo das atividades, retirando toda margem de segurança individual e criando a partir delas pulmões de proteção dos prazos no final da sequência de atividades. Existem dois tipos de pulmões principais: o pulmão de convergência, inserido nos ramos de convergência de atividades não críticas e críticas, e o pulmão final, inserido no caminho crítico (Figura 194).

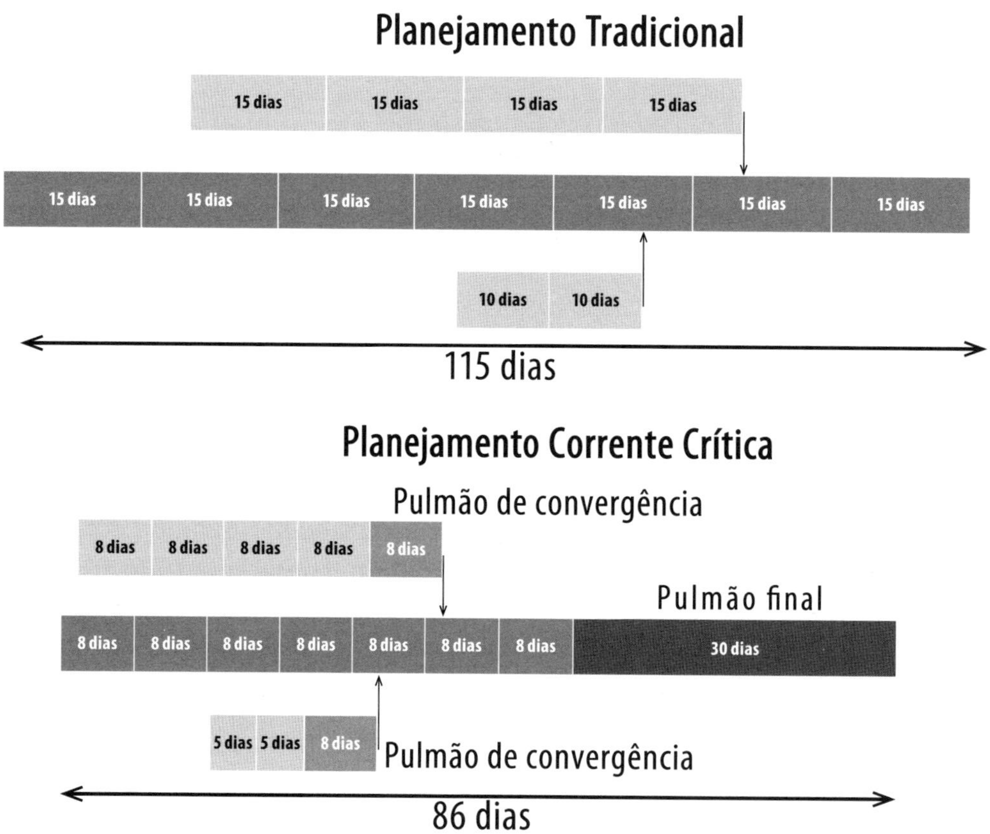

Figura 194 – Método da Corrente Crítica.
Fonte: Polito (2015).

A alocação de margens de segurança individuais em cada atividade, multiplicadas por todas as atividades, causam inevitavelmente o aumento desnecessário do cronograma. Isso usualmente acontece porque os responsáveis por sua execução buscam estabelecer prazos mais confortáveis, com maiores chances de sucesso.

Com o método, o foco deve mudar do controle individual de cada atividade para o monitoramento do consumo do pulmão. O objetivo passa a ser o ajuste de todo o sistema, reduzindo as restrições do caminho crítico, e não a otimização individual de cada atividade.

A elaboração do cronograma utilizando o método é iniciada da forma tradicional. Na sequência as proteções individuais das atividades são identificadas e removidas, os recursos e suas limitações identificados, e a corrente crítica localizada. Pulmões de tempo são inseridos nos ramos críticos, chamados de pulmões de convergência, e no final do cronograma, de forma a proteger a corrente crítica de atrasos. O objetivo é ter pulmões explícitos, com planos mais agressivos.

Diante das incertezas dos projetos de construção, é de se esperar que, em um planejamento de durações comprimidas, a probabilidade de atrasos seja relativamente alta. O papel do pulmão é justamente acomodar essas variações, sendo consumido em parte durante o andamento do projeto (Figura 195). Mais do que se preocupar com o atraso de uma atividade, deve-se preocupar com a manutenção do pulmão, fazendo com que o gerente possa se concentrar nos recursos e no andamento das tarefas essenciais.

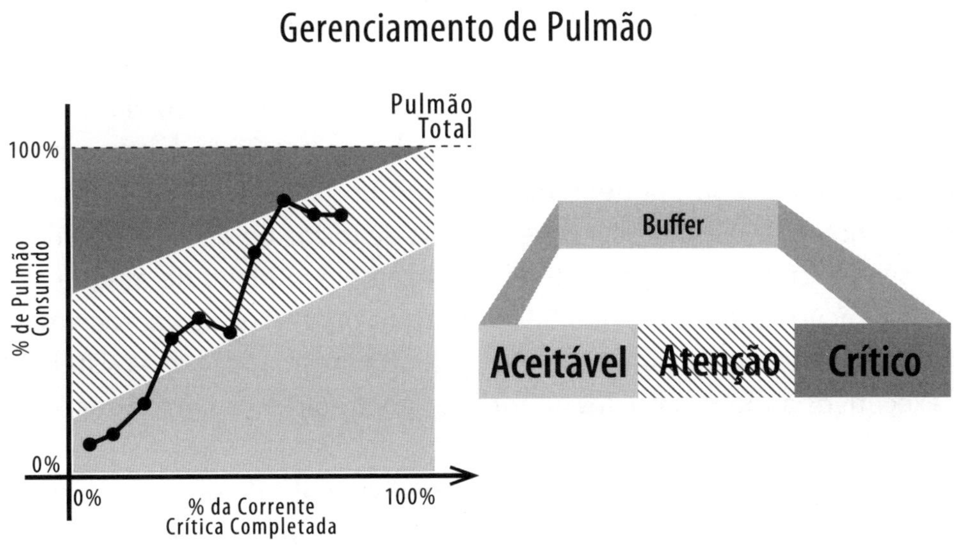

Figura 195 – Gerenciamento de pulmão.
Fonte: Polito (2015).

Enquanto o consumo do pulmão estiver em níveis aceitáveis, nenhuma ação é necessária. Caso apresente uma tendência de aumento, entrando na zona de atenção, as causas fundamentais do problema deverão ser identificadas, e um plano de ação deverá ser definido para a recuperação da proteção perdida. Pode ser por alocação de horas extras, pela inclusão de novos recursos ou pela adoção do *fast tracking*, entre outros. Se os níveis atingirem valores críticos, o plano de ação deve ser intensificado e o planejamento reavaliado. Os limites aceitáveis vão variar em função da fase do projeto, ou seja, quanto mais próximo de sua conclusão, menores podem ser os pulmões de prazo.

Também é possível estabelecer pulmões de recursos. Isso visa garantir que os recursos estejam sempre disponíveis para as tarefas mais críticas, no momento necessário, impedindo que atividades da corrente crítica sejam paralisadas pela falta de algum deles. Essa estratégia, no entanto, deve ser utilizada com moderação; isso porque seu uso excessivo pode mascarar as ineficiências do processo e levar ao aumento do custo do projeto.

Em resumo, podemos dizer que o Método da Corrente Crítica é uma técnica voltada a gerenciar projetos com recursos limitados, com foco no fluxo total, buscando continuamente identificar e eliminar gargalos que afetem principalmente as atividades críticas, e alocando os recursos com base na prioridade de cada tarefa.

5.3 Projeto do Sistema de Produção (PSP)

O Projeto do Sistema de Produção, ou simplesmente PSP, consiste em um plano detalhado com as ações que serão implementadas e gerenciadas durante a fase de construção, com o objetivo de estabelecer um fluxo de trabalho suave e confiável, reduzindo desperdícios e garantindo a melhoria contínua do sistema de produção. O PSP busca antecipar decisões associadas à organização dos processos produtivos, evitando improvisos durante a execução que levem à produção em condições abaixo das ideais (*Making-do*) e ocasionem variabilidade e incerteza na produção.

O desenvolvimento do PSP está profundamente relacionado ao desenvolvimento do design e ao planejamento do projeto, isso porque decisões tomadas nestas fases, bem como premissas, requisitos e restrições identificadas, podem impactar profundamente a organização do sistema de produção. Por esse motivo, o PSP deve ser desenvolvido de forma iterativa, integrada e colaborativa, influenciando e sendo influenciado por ambos. Por exemplo, o plano de ataque e as estimativas de produtividade e recursos adotadas no PSP suprirão os processos de gerenciamento de tempo, custo e aquisições durante o planejamento do projeto. Da mesma forma, os sistemas construtivos e os detalhes executivos adotados no design terão impacto direto na organização da produção.

O desenvolvimento adequado do PSP demanda o envolvimento de diversas partes interessadas, como projetistas de várias especialidades, consultores, fornecedores, empreiteiros e a equipe do projeto. Isso propicia um processo de decisão transparente e promove o trabalho em equipe e a consciência das interdependências e dos impactos mútuos entre elas. Todos devem ser incentivados e desafiados a inovar e a encontrar soluções que melhorem o processo produtivo.

Os princípios básicos do PSP são:

- Apoio ao fluxo de trabalho constante e previsível.
- Redução da variabilidade.
- Técnicas de produção puxada.
- Medição e monitoramento da melhoria contínua dos processos.
- Apoio à tomada de decisão colaborativa.

O PSP é elaborado a partir da análise de diferentes alternativas de organização da produção, escolhendo aquela que melhor atenda aos objetivos do projeto. A escolhas devem levar em consideração aspectos como a decisão de produzir ou adquirir, a adoção de pré-montagem ou pré-fabricação, a definição dos arranjos físicos e fluxos de trabalho, o tamanho dos lotes de produção e de transferência, os ritmos de produção, as dependências e sequências de execução, as estimativas de recursos, o planejamento logístico e layout do site, a definição e identificação dos processos críticos para o atingimento dos objetivos do projeto, entre muitos outros. O nível de detalhamento é progressivo, na medida em que a produção se aproxima e as informações disponíveis se tornam mais abundantes e confiáveis, aumentando, assim, a compreensão e o comprometimento de todos.

O PSP contribui diretamente com a produtividade, estabilidade e confiabilidade da produção. Ele é composto principalmente pela estratégia de produção, estruturação do trabalho e logística, que abordaremos a seguir.

5.3.1 Estratégia de produção

A estratégia de produção é fundamental para o sucesso de um projeto. Ela é formalizada em um documento chamado de plano de ataque. A equipe deve utilizar todo seu conhecimento técnico acumulado para elaborar uma estratégia consistente, encontrando as melhores soluções. Esse plano deve representar o melhor entendimento da equipe sobre como conduzir o processo de produção.

A estratégia deve ser elaborada de forma iterativa, colaborativa e integrada com o desenvolvimento do design. É nessa fase que as melhores oportunidades surgirão. A equipe deve explorar o uso de técnicas como engenharia e análise de valor, prototipagem, *Choosing By Advantages*, visualização e simulações 3D e 4D e *Location Based Management*. Isso permitirá à equipe explorar diferentes cenários e várias alternativas de construção, encontrando a melhor alocação para os recursos disponíveis antes mesmo de iniciar a construção, buscando atender aos principais marcos e restrições do projeto. As restrições usualmente encontradas são custo, prazo, disponibilidade de equipamentos e equipes, trânsito, ruído, horário de trabalho, interferências com a vizinhança, espaço, disposição de resíduos, entre outras. As alternativas devem ser analisadas sob vários aspectos, como os riscos de acidentes, prazo de execução, demanda de fornecimento x capacidade dos fornecedores, fluxo de caixa, viabilidade técnica etc.

O plano de ataque deve comunicar com clareza qual será a estratégia global do projeto. Nele, a construção ser dividida em zonas de trabalho menores e conter informações como: por onde a construção será iniciada, qual direção e sequência será adotada, quais serão as prioridades, quantas frentes de produção simultânea existirão etc. Um edifício pode ser construído com inúmeras estratégias diferentes. A construção pode ocorrer de forma uniforme, construindo torre e embasamento conjuntamente, ou podemos priorizar a torre, uma vez que ela representa o caminho crítico do cronograma, e assim por diante. O sequenciamento das atividades deve ser realizado caso a caso.

Mesmo na ausência de ferramentas sofisticadas de análise, é possível elaborar planos de ataque confiáveis e identificar e eliminar possíveis restrições e interferências. A Figura 196 apresenta um plano de ataque elaborado sobre plantas impressas, com figuras recortadas em escala, representando equipamentos de bate-estaca e suas respectivas áreas de risco, simulando a sequência executiva de cada equipamento de forma a atender aos requisitos técnicos, sincronizar as frentes de trabalho e otimizar o uso dos equipamentos. A Figura 197 mostra um plano de ataque elaborado sobre uma fotografia aérea representando as zonas, as etapas e os fluxos de produção.

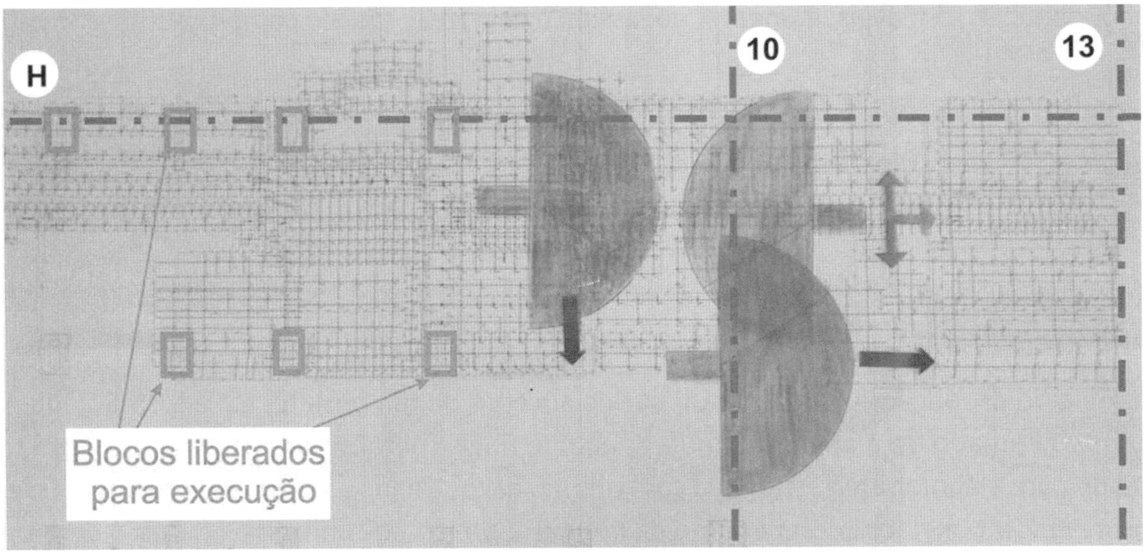

Figura 196 – Exemplo de plano de ataque de fundação em estacas metálicas.
Fonte: Polito (2015).

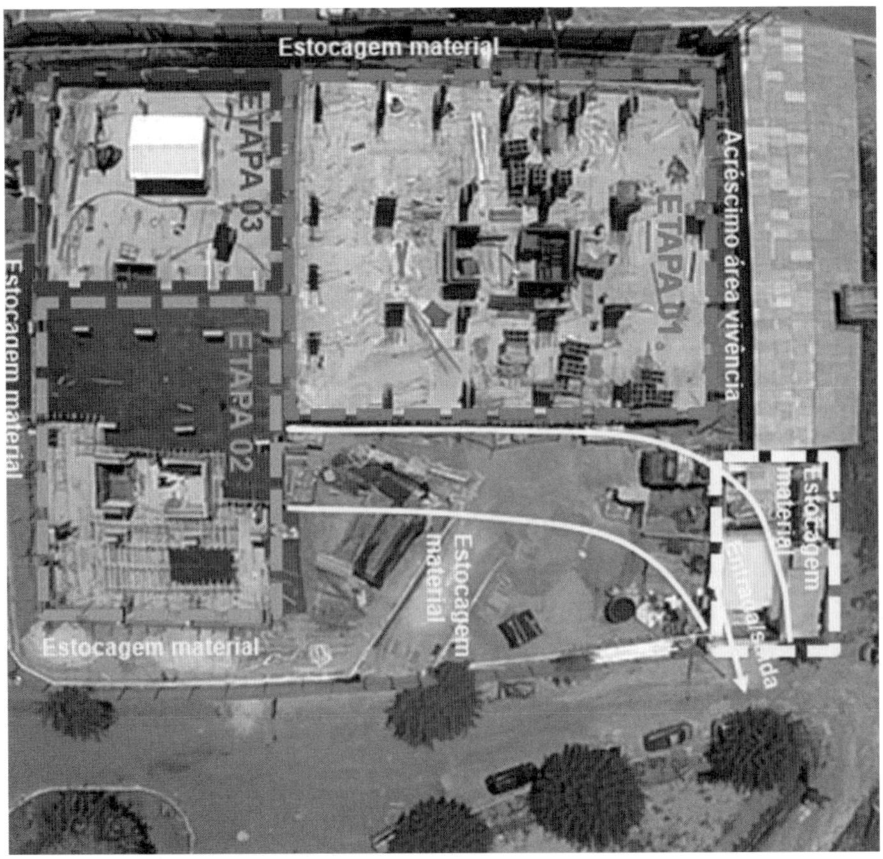

Figura 197 – Exemplo de plano de ataque de estrutura de concreto.
Fonte: Polito (2015).

5.3.2 Estruturação do trabalho

A estruturação do trabalho pode ser definida como o design dos processos produtivos de construção. Em outras palavras, ela busca projetar um fluxo contínuo de trabalho, com processos mais rápidos, confiáveis e eficientes, através da definição dos pacotes de trabalho, melhor sequência executiva, ritmos de produção ideais, *buffers* de segurança e decisões como pré-montagem, pré-fabricação, entre outras. A estruturação do trabalho deve ser realizada de forma integrada ao desenvolvimento do design e ao planejamento do projeto, de forma a evitar a desconexão entre elas.

Na definição dos pacotes de trabalho, também chamados de lotes, é necessário identificar o seu tamanho ideal, de forma que atenda ao ritmo desejado sem prejudicar as condições ótimas de produção, além de tamanho de equipe, espaço para realizar o trabalho, segurança e premissas técnicas como intervalo entre demãos, testes obrigatórios etc. Outra questão importante é a definição dos lotes de transferência, que não necessariamente serão iguais aos de produção. Cada pacote de trabalho deve conter claramente definidos os produtos de transferência para a etapa seguinte. O *lead time* dos pacotes de trabalho, seguindo a precedência estabelecida, deve atender aos marcos do cronograma mestre.

A definição da sequência executiva passa pela seleção das tecnologias que serão utilizadas e pelo pré-dimensionamento dos recursos de produção que serão necessários, como tempo, equipe, materiais e equipamentos. Ela deve prezar pelo atendimento aos requisitos técnicos e às condições ideais de construção, buscando sempre a maior eficiência no uso dos recursos. Estratégias como agrupamento de atividades, equipes multifuncionais, paralelismo, pré-montagem e pré-fabricação podem criar boas oportunidades de melhoria. Algumas ferramentas podem ajudar na análise e na estruturação da sequência executiva, como o fluxograma de precedência, que permite a visualização clara e completa dos processos, da sequência e de suas interrelações e dependências (Figura 198) e diagramas (Figura 199).

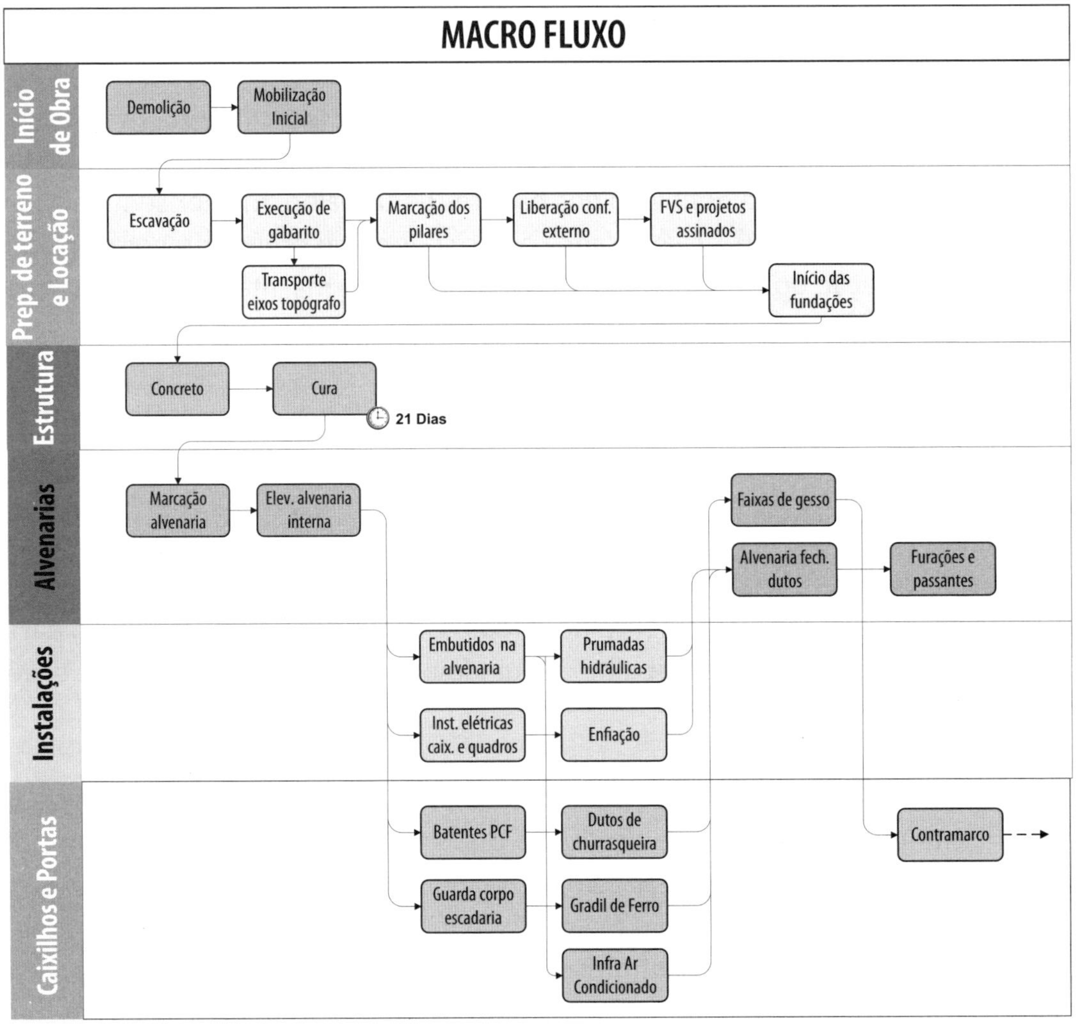

Figura 198 – Exemplo parcial de macrofluxo do processo de produção.
Fonte: o autor.

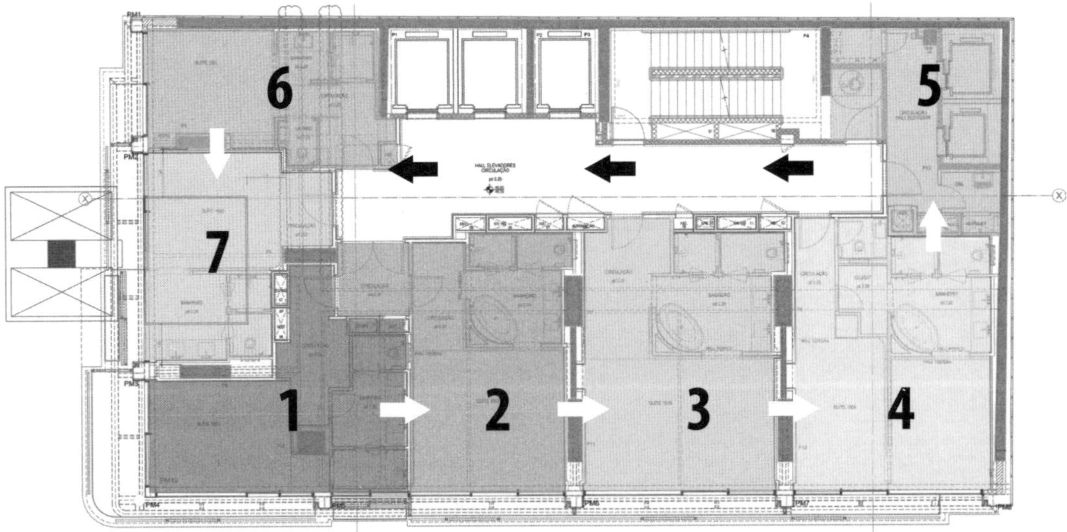

Figura 199 – Exemplo de estudo de sincronia de equipes dentro de um mesmo pavimento.
Fonte: o autor.

Com base em todas essas informações, desenvolvem-se os fluxos para cada pacote de trabalho da edificação, buscando manter um fluxo contínuo de trabalho das equipes, sem interrupções. A técnica ideal para essa análise é a chamada *Location Based Management System*, que, como já vimos no item 5.1.5, representa de forma clara, em um único gráfico, a sequência executiva, a duração, a relação entre as atividades, o ritmo de produção e a trajetória das equipes, permitindo a identificação de interferências entre equipes e atividades que poderiam provocar interrupção do fluxo de trabalho.

Para apoiar a estruturação do trabalho, podemos utilizar a técnica do VSM. O *Value Stream Mapping*, ou mapeamento do fluxo de valor, é uma ferramenta de representação visual dos fluxos e processos produtivos que permite a análise e a identificação de oportunidades de melhoria e fontes de desperdício como retrabalho, estoques, conflitos, omissões, sobreposição de atividades, falta de informações, além de atividades desnecessárias. Em outras palavras, podemos dizer que o mapeamento do fluxo de valor é um fluxograma que registra como os processos são realizados, ou seja, todas as atividades, etapas, recursos, fluxos, movimentações, informações e decisões, permitindo sua visualização, análise e melhoria. Ele permite compreender como o processo funciona em seu estado atual e identificar as oportunidades potenciais de melhoria e redução de desperdício (Figura 200). O VSM é especialmente eficiente em processo de ciclo repetitivos.

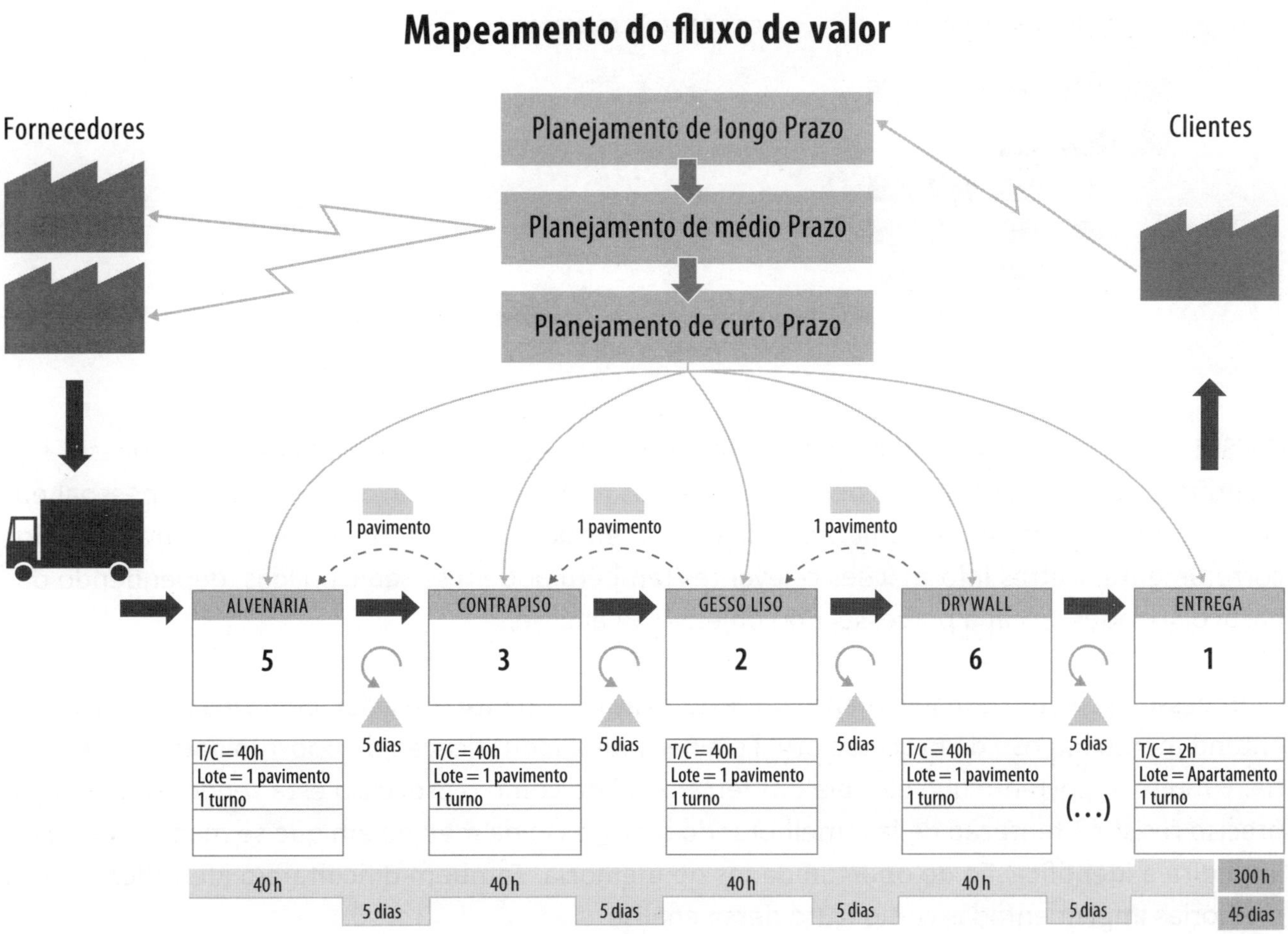

Figura 200 – Mapeamento do fluxo de valor.
Fonte: Polito (2015).

Apesar de o mapeamento do fluxo de valor não ser uma ferramenta utilizada com frequência na construção, ela pode ser de extremo valor devido ao caráter dinâmico e complexo dos processos produtivos. Essa representação aumenta a transparência do sistema de produção, permite estabelecer um padrão para os processos e refinar sua programação. O mapeamento coloca luz em questões como: quais são as transferências de responsabilidades que ocorrem? Quais são os requisitos de cada entrega? Qual a sequência real das atividades? Qual o tempo consumido por cada uma delas? Quais são as atividades de transformação e fluxo? Quanto tempo é gasto aguardando recursos? Entretanto, não é tarefa fácil entender um processo. Dificilmente existe consenso na descrição do processo entre os envolvidos, e em quase a totalidade dos casos o processo funciona, na prática, de forma muito diferente de como os gestores acreditam que está funcionando (Figura 201).

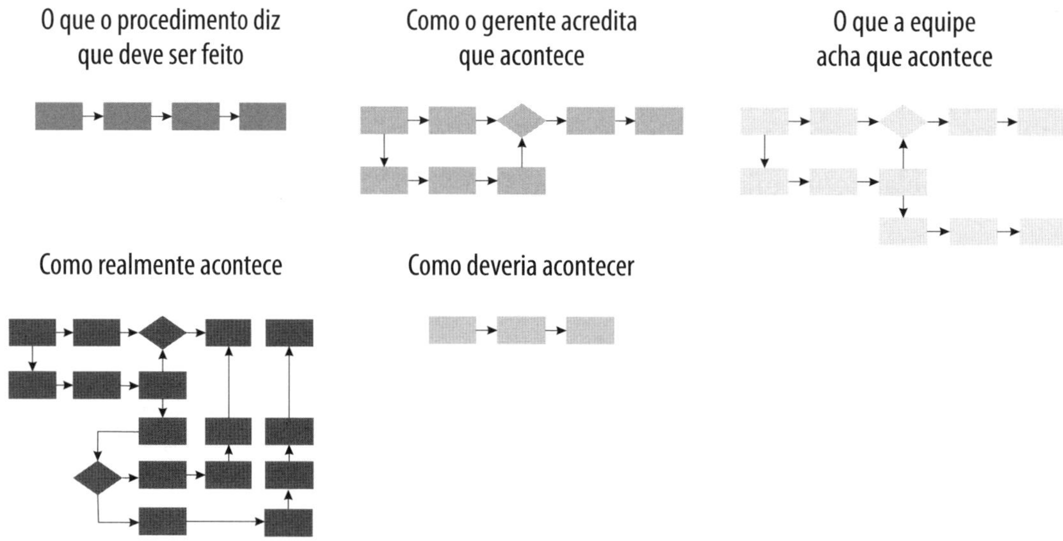

Figura 201 – Diferentes pontos de vista sobre os processos.
Fonte: o autor.

O VSM mapeia todo o caminho do produto, até sua chegada ao cliente. Para cada processo são identificados o objetivo as funções envolvidas, as restrições ao fluxo, o número de pessoal envolvido, o tempo de processamento real e o percentual de processos recebidos e transmitidos corretamente. Outras informações relevantes também podem ser adicionadas, dependendo das particularidades de cada processo e do objetivo da análise.

O processo inicia com o mapeamento do "estado atual" do fluxo de valor, de forma a possibilitar o entendimento intenso do processo atual e a permitir a identificação de oportunidades de melhoria. É muito importante que ele seja um retrato fiel de como o processo está sendo executado. É preciso resistir à tentação de já ir melhorando o processo na medida em que se mapeia, pois isso impedirá a identificação de oportunidades de melhoria. Também dificultará a identificação das melhorias implementadas como fruto dessa análise.

Para que o mapeamento seja bem-sucedido, é preciso seguir o fluxo de valor indo além das barreiras corporativas entre as áreas. É preciso ser multiespecialista, colaborativo e multifuncional, ouvindo todas as partes envolvidas no processo, direta e indiretamente. É preciso entender a qualidade necessária de cada entrega, de forma a identificar falhas e excessos.

Uma vez mapeado o "estado atual", é preciso analisar atentamente cada processo e identificar aqueles que agregam valor, aqueles que permitem que os processos de valor aconteçam (habilitadores de valor) e aqueles que não agregam valor (desperdício). Conhecer como o valor é produzido, que, no final das contas, é aquilo que o cliente está disposto a pagar, também permite identificar quais atividades não agregam valor e se há oportunidades potenciais de melhoria. Como disse Peter Drucker: "não há nada tão inútil quanto fazer com eficiência o que não deveria ser feito". Os processos habilitadores de valor são necessários, mas os clientes não se beneficiam diretamente deles, como, por exemplo, controle de qualidade e gestão. Até mesmo os processos que agregam valor podem conter elementos desnecessários dentro deles.

Uma vez compreendido o fluxo de valor, inicia-se o desenvolvimento do mapa de "estado futuro desejado", buscando reduzir as atividades que não agregam valor, melhorar a eficiência das que agregam valor, aperfeiçoar o fluxo, reduzir o custo, aumentar a segurança e melhorar a qualidade, tudo isso para aumentar a geração de valor para as partes interessadas. É preciso investir o tempo dos melhores recursos naqueles processos que fazem a diferença. É preciso também estruturar um fluxo de informações contínuo, claro e multidirecional entre os diversos participantes do processo, tanto internos quanto externos, em todas as suas fases.

Uma vez produzido o mapa de fluxo de valor futuro, é preciso definir as métricas que serão utilizadas para gerenciar os processos e suas melhorias e planejar sua implementação. Toda vez que alguma nova proposta de melhoria for sugerida, ela será avaliada colaborativamente tendo como base o fluxo de valor do processo.

Outra ferramenta disponível para a análise dos fluxos de produção é o mapofluxograma ou diagrama de fluxo. Diferentemente do VSM, ele está voltado para a representação do espaço produtivo, ou seja, o layout de produção e sua movimentação de pessoas, equipamentos e materiais (Figura 202). Permite a visualização de restrições espaciais, cruzamentos de fluxos, riscos de segurança etc. O objetivo de mapear é entender o fluxo de material e informações e garantir uma visão geral dos processos. O diagrama de fluxo permite analisar o excesso de cruzamento de fluxos, buscando a redução do tempo, o aumento de produtividade e a simplificação de processos.

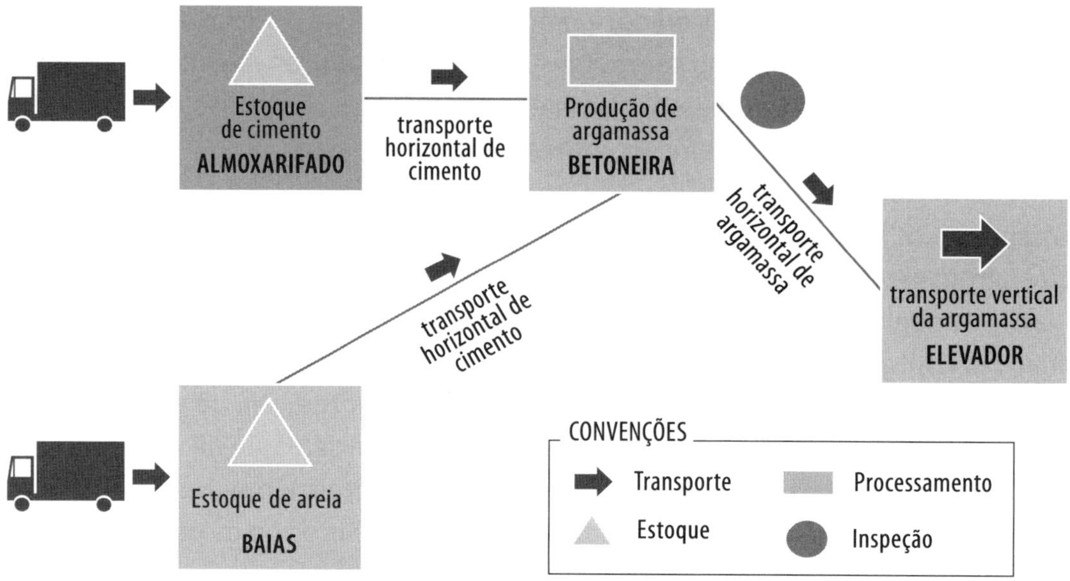

Figura 202 – Exemplo de diagrama de fluxo.
Fonte: Polito (2015).

O diagrama de fluxo cria uma visão compartilhada com toda a equipe, permitindo entender causas sistêmicas para a variabilidade e o desperdício. Também permite desenhar o estado futuro desejado, conjuntamente com todas as partes interessadas, definindo como melhorar continuamente o processo.

Uma vez identificados e analisados os fluxos, é possível identificar oportunidades de reduzir, eliminar e combinar etapas do processo, propondo intervenções que reduzam a variabilidade e melhorem sua produtividade.

Muitas outras ferramentas podem ser utilizadas para apoio à tomada de decisão, como, por exemplo, os histogramas de recursos. Neles é possível analisar o volume de mão de obra, equipamentos ou materiais necessários à cada atividade ou fase de construção. Eles também permitem a fácil comparação entre o previsto e o realizado. Outros exemplos são os modelos BIM 4D, abordados no item 4.15. Eles permitem a simulação de diferentes cenários de produção e a identificação de inconsistências de planejamento, como conflitos de tempo e espaço entre atividades. Também é uma poderosa ferramenta de comunicação com todos os envolvidos na construção.

5.3.3 Logística

Uma vez definidos os fluxos de produção e, consequentemente, quantificada a necessidade de recursos para seu atendimento, é preciso planejar as atividades de fluxo (transporte, movimentação e estoques), ou seja, aquelas que não agregam valor, mas consomem grande parcela de recursos durante a construção. A logística é a disciplina que trata dessas atividades.

A gestão logística é uma disciplina relativamente pouco explorada em projetos de construção. Tradicionalmente, ela é relegada a um segundo plano e atribuída aos responsáveis diretos pela produção. Felizmente, a logística em canteiros de obra tem evoluído nos últimos anos através da adaptação e aplicação de conceitos e técnicas desenvolvidos na indústria seriada, portuária e em centros de distribuição.

A boa gestão logística é um fator fundamental para o sucesso de um projeto de construção. Embora não crie valor diretamente ao cliente, ela apoia as atividades que o criam. Negligenciá-la levará, invariavelmente, à criação de gargalos de produção, com impactos diretos na produtividade e não cronograma. Os benefícios de uma logística eficiente são:

- Redução da quantidade de mão de obra necessária para a movimentação e o controle de materiais.
- Redução de gargalos de produção.
- Redução da perda de materiais por danos na movimentação ou por acondicionamento inadequado.
- Redução das distâncias de deslocamento.
- Melhoria do fluxo de trabalho.
- Aumento da produtividade.
- Redução do risco de acidentes.
- Redução da necessidade de área de estocagem.
- Redução do manuseio e de movimentações adicionais do material.
- Redução da possibilidade de roubos.
- Redução da possibilidade de que venha a ser obstruído o trabalho.
- Melhoria no controle e na apropriação de material.
- Entre outros.

Podemos definir logística como a ação de colocar o produto certo no lugar certo, na hora certa, na quantidade certa, no custo adequado, na qualidade especificada, buscando sempre racionalizar os processos, os fluxos e as informações (Figura 203). A principal característica da logística é a visão sistêmica. Atingir a excelência em logística envolve uma completa sintonia entre a construtora, seus fornecedores e projetistas.

Figura 203 – Definição de logística.
Fonte: Polito (2015).

A logística permeia todo o ciclo de vida da construção e sua eficiência é impactada por decisões tomadas em todo o ciclo do projeto, principalmente nas fases de design, planejamento e aquisições. Mesmo que inconscientemente, os projetistas, engenheiros e planejadores tomam decisões logísticas a todo o momento. Quando definem um sistema construtivo, quando especificam um material, quando definem o cronograma da obra, quando fazem a implantação do canteiro, quando definem o posicionamento dos equipamentos, eles estão inserindo restrições ao futuro gerenciamento logístico. As consequências dessas decisões ampliam ou limitam as possibilidades de se realizar uma logística adequada durante o processo de construção. O fato é que os projetistas, durante o desenvolvimento do design, têm sua atenção voltada a outras questões muito mais complexas naquele momento. Por isso é importante o envolvimento da equipe de obra no desenvolvimento do design, de forma a avaliar os impactos das decisões tomadas na futura logística da obra. Também é importante frisar que quando os custos logísticos são incluídos nas decisões de escolha dos métodos construtivos, alternativas de racionalização e pré-fabricação se mostram muito mais competitivas. Da mesma forma, é necessário avaliar os impactos das decisões de logística sobre o design, como, por exemplo, as cargas provisórias impostas à estrutura pelo processo construtivo, pelos equipamentos, pela carga e descarga, e pelo transporte e estoque de materiais, isso porque elas muitas vezes superam as cargas de uso definidas para a edificação, levando à necessidade de reforços definitivos ou temporários.

O layout do canteiro é a primeira grande decisão da logística. Ele diz respeito à organização dos recursos de produção durante todas as fases da construção. Ele deve conter as instalações provisórias, os locais de estoque de materiais, áreas de carga e descarga, o trajeto das pessoas, as áreas de segurança para içamento, posicionamento de equipamentos, condições para o acesso de máquinas, como guindastes e caminhões etc. O layout muda profundamente no decorrer da construção em função do tipo de estoque, da quantidade de pessoas, da necessidade de liberação de áreas para trabalho e das restrições existentes em cada momento.

O layout de canteiro desempenha um papel fundamental na produtividade, no prazo, no custo e na qualidade de uma construção. Ele busca ordenar e organizar a disposição de estoques, instalações, equipamentos, fluxos de pessoas e transporte de materiais, de forma a obter a melhor utilização do espaço disponível, fornecendo condições favoráveis à produtividade, segurança, qualidade e limpeza. O layout de canteiro é muitas vezes negligenciado, sendo relegado à improvisação e causando improdutividade, desorganização e desperdício ao projeto.

O layout do canteiro deve ser realizado de forma colaborativa, a partir da fase de estudo preliminar, de forma incremental e ser progressivamente detalhado, na medida em que informações mais confiáveis vão sendo adicionadas ao projeto. O layout do canteiro também pode impactar outras disciplinas de design – por exemplo, a necessidade de reforço de lajes para receber estoque ou operações de descarga, ou rebaixamento de fundações para adequação da fundação da grua. O layout do canteiro deve considerar também informações do entorno, como vias de acesso, posicionamento de postes, árvores, redes de drenagem, edificações vizinhas, redes elétricas, entre outras.

Os fluxos de produção definirão a quantidade de recursos que deverão ser descarregados, estocados e transportados. Isso permite o dimensionamento dessas áreas e dos equipamentos necessários. Eles também definirão o histograma de mão de obra que permitirá o dimensionamento das instalações de pessoal, como sanitários, vestiários, refeitório, bebedouros, entre outros. Os processos construtivos adotados também terão impacto direto no dimensionamento do canteiro – por exemplo: uma construção com banheiro pronto, fachada pré-moldada em concreto e alvenaria em *drywall* demanda um canteiro completamente diferente de uma construção com estrutura convencional, alvenaria em bloco de concreto com reboco e banheiros executados no local.

É importante estudar o posicionamento relativo entre as áreas. Deve-se buscar reduzir os deslocamentos e a movimentação de materiais, bem como a obstrução de acessos essenciais ao bom funcionamento do canteiro. O estudo do layout permite a identificação de problemas relacionados a interferências e ao arranjo físico do canteiro, locação de equipamentos, distâncias percorridas, áreas necessárias etc. Podemos relacionar os seguintes princípios básicos que regem um bom projeto de canteiro (Figura 204).

PRINCIPIOS BÁSICOS PARA PROJETO DE CANTEIRO	
REDUÇÃO DA MOVIMENTAÇÃO	Reduzir deslocamento de materiais, máquinas e pessoas
FLUXO PROGRESSIVO	Fluxo sempre no sentido do produto acabado
FLEXIBILIDADE	Facilidade de adaptação na medida em que o empreendimento evolui
INTEGRAÇÃO	Permitir relacionamento dos serviços
USO DE VOLUME	Planejar o uso do espaço, não só da área de piso
SEGURANÇA	Privilegiar a segurança e saúde do trabalhador

Figura 204 – Princípios básicos para projeto de canteiros.
Fonte: Polito (2015).

O projeto deve contemplar todos os pavimentos, as várias fases do canteiro que se sucederão e a transição entre elas. Para cada fase existe um layout, uma estratégia e um desafio diferente. O canteiro é um organismo vivo que muda dia a dia e exige o planejamento de várias configurações (Figura 205 e Figura 206). Usualmente, dividimos o canteiro nas seguintes fases:

- **Fase de implantação – execução de escavação, fundação, desaterro e contenções:** caracteriza-se por efetivo relativamente pequeno, com presença e trânsito de equipamentos pesados e caminhões e pouco estoque de material. Isso é normalmente equacionado com *container* devido a sua facilidade e rapidez de instalação e reposicionamento.
- **Fase de estrutura – execução de estrutura de concreto:** caracteriza-se por efetivo crescente, grande movimentação e estoque de escoramentos, fôrmas metálicas e madeira. A principal logística é o bombeamento de concreto e a descarga e ascensão de aço e escoramento através de grua.
- **Fase de obra bruta – execução de serviço de alvenaria, contrapiso, revestimentos internos, infraestrutura de instalações:** caracterizado por efetivo que demanda grandes áreas de sanitários, vestiários e refeitório. Apresenta muita demanda de espaço para estocagem de blocos, argamassas, revestimentos e transporte vertical. Retirada da grua e utilização intensiva de elevadores.
- **Fase de acabamento – execução de serviços de pintura, instalação de portas, esquadrias, acabamentos:** caracteriza-se pelo início da redução de trabalhadores. Demanda menor área de estocagem, mas de materiais mais frágeis e suscetíveis a roubos e danos. Retirada do elevador cremalheira, com perda de capacidade de transporte vertical.
- **Fase de desmobilização:** fase crítica quando é necessário iniciar a desmobilização das instalações, concomitantemente à conclusão de pintura, limpeza fina, mobiliários e decoração. Área de estocagem reduzida e grande saída de resíduos e materiais.

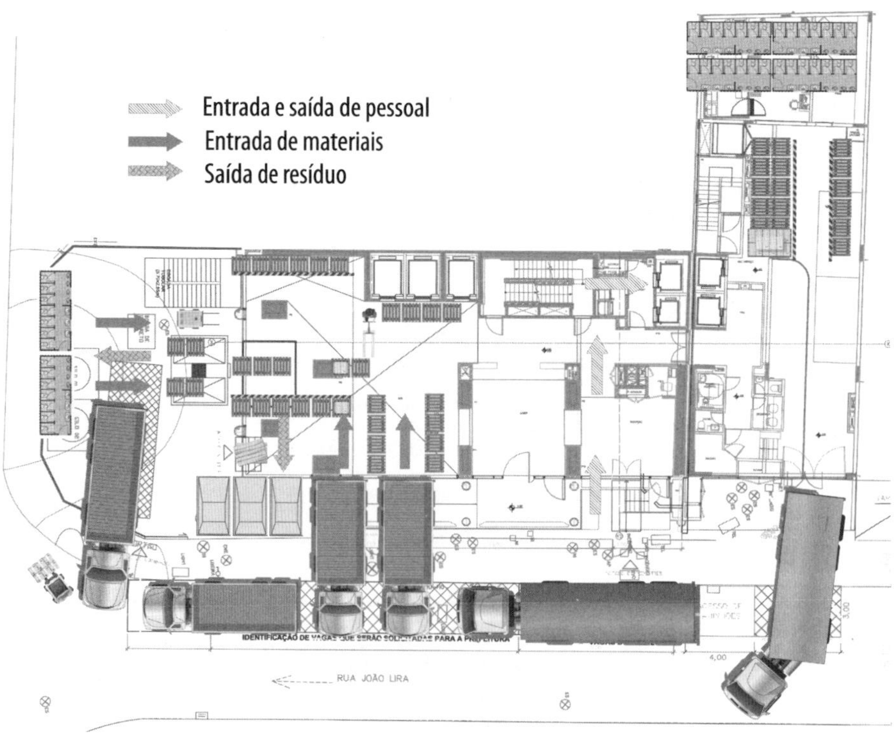

Figura 205 – Exemplo de layout de canteiro.
Fonte: o autor.

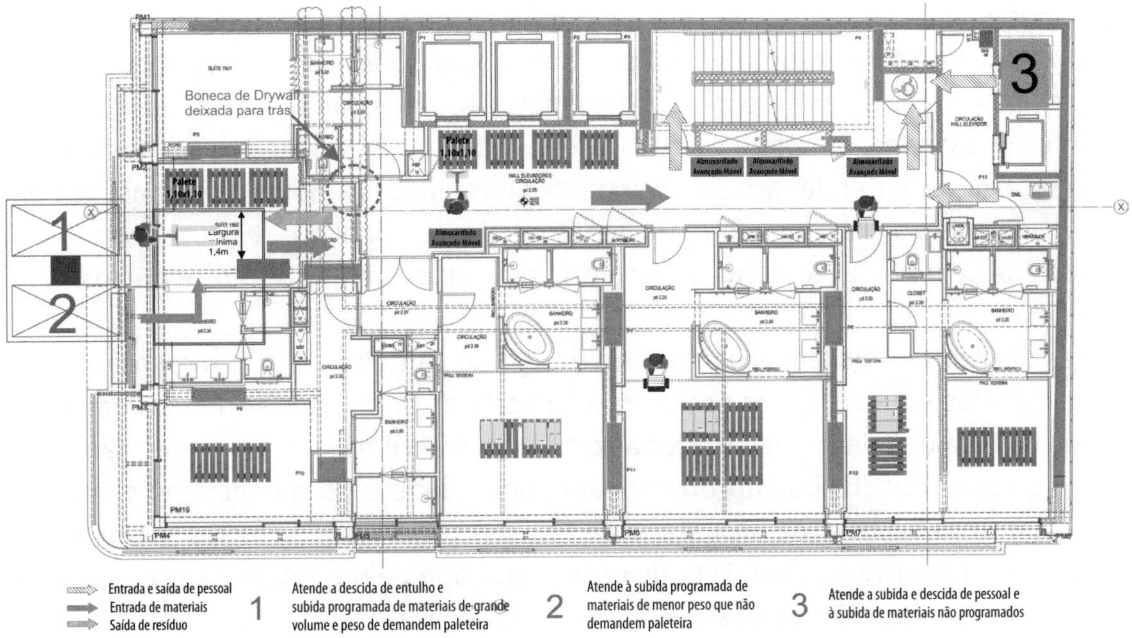

Figura 206 – Exemplo de layout de canteiro de um pavimento tipo.
Fonte: o autor.

É preciso pensar em cada espaço e em cada fase do canteiro. Os desníveis podem ser grandes aliados ou grandes vilões no layout do canteiro. Eles podem ser preparados para serem utilizados como doca de carga e descarga ou podem representar obstáculos ao transporte (Figura 207). Também devem ser avaliados, no design, elementos que possam comprometer a produtividade da logística e, se possível, removê-los, como, por exemplo, vigas invertidas, vãos de *shafts*, entre outros.

Figura 207 – Exemplo de solução de doca para descarte de resíduos.
Fonte: Polito (2015).

Em suma, o design final do canteiro deverá contemplar todo o seu perímetro, incluindo seus acessos, áreas de circulação de materiais, equipamentos e pessoas, instalações provisórias, pontos de energia e água, áreas de armazenamento de materiais, áreas de trabalho, posicionamento de equipamentos, passarelas, rampas e escadas, áreas de cargas e descargas e os fluxos mais importantes. Também deverá atender aos condicionantes e requisitos ambientais, como, por exemplo, baias para o adequado armazenamento, triagem e destinação final dos resíduos, lava rodas, reúso de água, sistema de umectação, armazenamento de resíduos perigosos, entre outros.

As primeiras decisões no desenvolvimento do design do canteiro serão o dimensionamento e o posicionamento dos equipamentos de transporte vertical, pois todas as demais dependerão da sua localização. Essa definição deve ser feita com bastante critério para que eles não se transformem em gargalos e motivos de improdutividade, ociosidade e risco dentro do canteiro. Para o dimensionamento da capacidade necessária de transporte vertical, é preciso primeiro levantar a necessidade de transporte vertical. Esta deve ser calculada pelo número de viagens necessárias para atender à movimentação de pessoal, à produção prevista em cada pavimento em cada fase da obra e para remover todos os resíduos provenientes da construção. Não se trata de um cálculo simples, uma vez que, para alguns tipos de materiais, o fator limitante é seu peso (ex.: blocos de concreto), e, para outros, o fator limitante é o volume (placa de *drywall*). O número de viagens para atendimento do pessoal também vai depender de premissas adotadas e restrições a serem estabelecidas. Usualmente são definidas regras como horários para subida, elevadores exclusivos para pessoal, zona alta e zona baixa e andares alternados, de forma a otimizar o número de viagens necessárias. A partir da demanda, é possível avaliar as várias possibilidades de atendimento com as alternativas existentes no mercado.

Uma vez dimensionadas a demanda e as capacidades disponíveis, é possível equalizá-las em um histograma, com a entrada e saída de cada equipamento, inclusive dos elevadores definitivos, quando estes forem liberados para serviço. Entre as estratégias possíveis está a adoção de turnos extras de operação para compensar demandas pontuais de capacidade de transporte vertical ou a antecipação de subida de materiais, para aproveitar possíveis ociosidades.

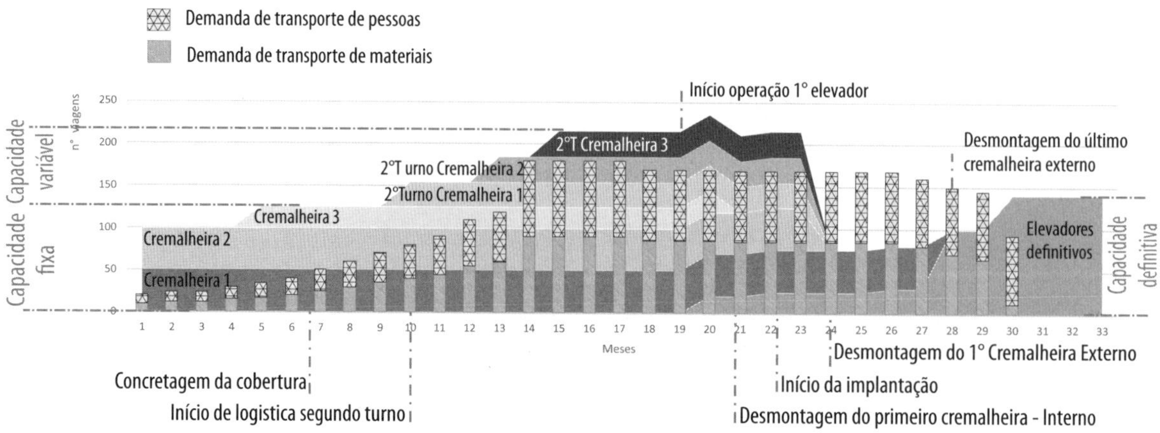

Figura 208 – Exemplo de análise de demanda x capacidade de transporte vertical por elevadores.
Fonte: o autor.

Os elevadores cremalheira, usualmente, são a espinha dorsal da logística vertical do canteiro durante a maior parte do ciclo de construção. Os equipamentos disponíveis no mercado vão variar em termos de velocidade, capacidade de carga e tamanho de cabine. É preciso atenção para não adotar equipamentos subdimensionados, pois se transformarão em gargalo e causarão grande improdutividade. O elevador deve ter dimensões compatíveis com o tamanho e o peso dos principais materiais, de forma a otimizar ao máximo sua utilização. Por exemplo, a adoção de equipamentos de 2.000 kg de capacidade de carga, com largura de cabine de 1,60 m, permite a subida de *pallets* de bloco de concreto diretamente ao pavimento, sem a necessidade de transbordo.

O planejamento da logística deve atuar para aumentar a eficiência no uso dos equipamentos. Isso é possível com a otimização do tempo de carga e descarga e aproveitando ao máximo a capacidade de cada viagem. Além das já conhecidas empilhadeiras e paleteiras, é possível o desenvolvimento de implementos específicos para cada tipo de material, como contêineres e carros especiais abastecidos com antecedência que permitam que os períodos de carga e descarga durem apenas alguns segundos, ampliando o número de viagens por turno de trabalho. Também é importante que o acesso ao equipamento esteja sempre nivelado e que existam áreas demarcadas para a preparação de cargas programadas para subida e áreas de escape para o rápido esvaziamento da cabine.

Deve-se evitar a instalação dos elevadores cremalheira nos poços dos elevadores definitivos, uma vez que o início de montagem desses costuma ser o caminho crítico da construção. Isso também reduziria o tamanho da cabine, prejudicando, assim, a logística. O melhor posicionamento do elevador de carga costuma ser em varandas associadas às salas, pois interfere em uma menor quantidade de serviços e possibilita maior espaço para armazenamento, reduzindo a movimentação necessária dentro do pavimento. O elevador cremalheira entra em operação normalmente a partir dos serviços de alvenaria ou a partir do sétimo pavimento, o que ocorrer primeiro. É aconselhável posicionar o equipamento de forma a permitir a instalação de uma segunda cabine, caso seja necessário posteriormente.

Outro equipamento essencial na maioria dos projetos de construção é a grua. Ela está associada principalmente às atividades de execução da estrutura, apoiando a subida da armação, o escoramento, a movimentação de mesas voadoras e de outros equipamentos. Também apoia concretagens, descargas e transporte vertical de materiais. A grua deve atender a toda a estrutura da torre e a maior parte possível do embasamento. Os implementos de apoio à grua devem ser sempre na quantidade de dois, como, por exemplo, caçambas para concretagem, de forma que sejam preparados com antecedência, evitando que o equipamento fique parado aguardando sua preparação. Normalmente, a grua é instalada na obra logo após a conclusão dos blocos de fundação e é retirada tão logo a estrutura seja concluída, salvo quando for necessária para apoiar a instalação de fachadas, subida de banheiro pronto ou outro processo específico. Seu posicionamento deve ser definido o mais breve possível para que a interferência com a fundação possa ser analisada e otimizada. Muitas vezes é possível utilizar os próprios blocos da edificação para apoiar o equipamento. É preciso atenção para que interferências com outros equipamentos ou edificações não impeçam a sua futura desmontagem. Para seu uso mais eficiente, devem-se evitar giros longos, definindo um círculo ótimo de trabalho. É importante que a área de carga e descarga esteja o mais próximo possível da base da grua, aumentando, assim, sua capacidade de carga. O ideal é que seja posicionada fora da estrutura da torre. É preciso estar atento à legislação local, pois, em algumas cidades, a legislação impõe limitações à operação da grua, como, por exemplo, proíbe o giro sobre ruas e calçadas (Figura 209).

Figura 209 – Exemplos de utilização de gruas e seus implementos.
Fonte: Polito (2015).

Um equipamento fundamental para apoio à logística da obra é a empilhadeira. Sua correta utilização substitui uma dezena de profissionais. Deve ser usada para carga e descarga dos caminhões, armazenamento e organização do almoxarifado, abastecimento das áreas de escape e carga e descarga direta do elevador cremalheira. Para este último, é necessária a adoção de mecanismo de giro do garfo e contêineres apropriados (Figura 210).

Figura 210 – Exemplo do uso e implementos para empilhadeiras e paleteira.
Fonte: Polito (2015).

O uso de materiais a granel deve ser evitado, pois as perdas associadas são muito maiores e podem transformar a aparente economia inicial em prejuízo e falta de controle. Entretanto, é possível a adoção de sistemas adequados ao armazenamento e transporte desses materiais. Uma boa solução, nesse caso, é a adoção de silos de armazenamento com transporte pneumático seco ou via úmida (Figura 211). Várias são as vantagens desse processo, como: a redução do custo unitário dos materiais, a diminuição da área de armazenamento, a eliminação de mão de obra para descarga e transporte, a eliminação de uso do elevador cremalheira, liberando-o para outros materiais, a melhor conservação do produto, a redução da necessidade de descida e descarga de embalagens, entre outras.

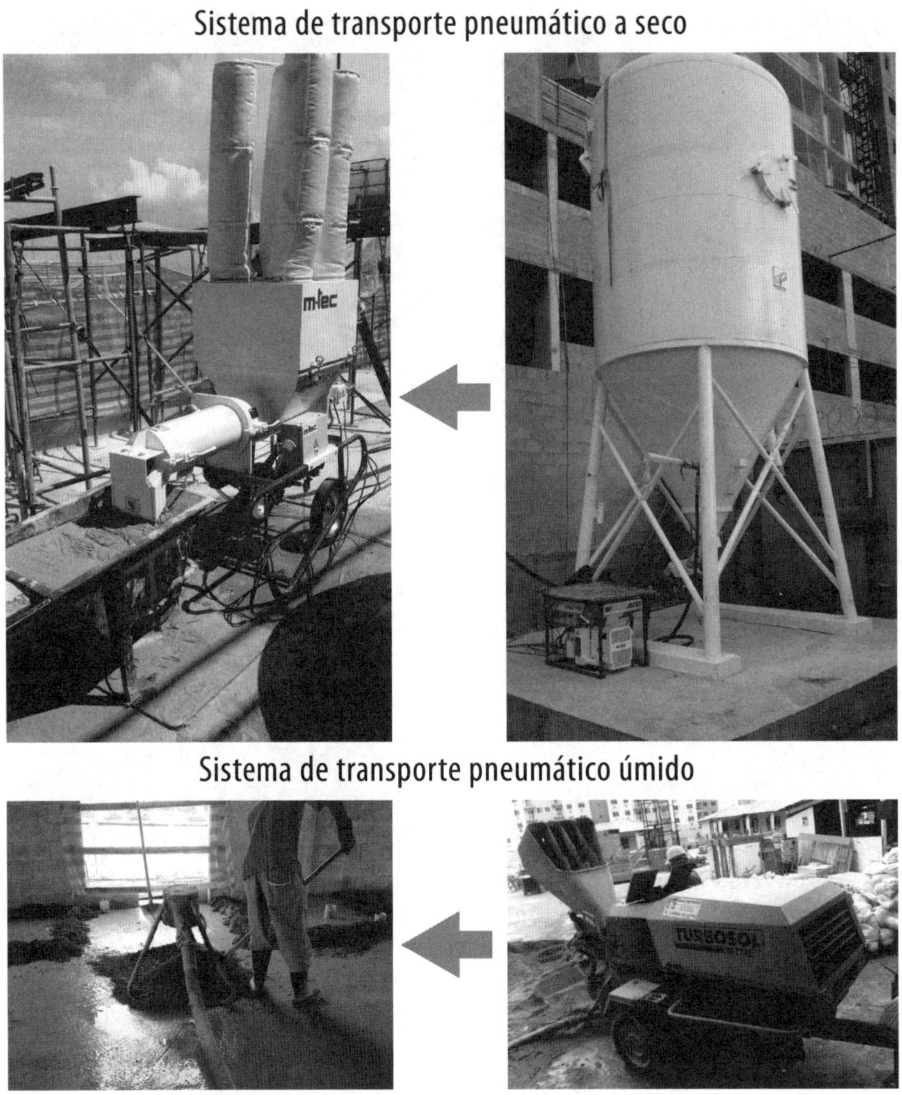

Figura 211 – Sistemas de transporte de argamassa dentro do canteiro. Fonte: Polito (2015).

Outra solução que, se adequadamente utilizada, pode ser bem eficiente é o uso de dutos para o descarte de resíduos. Esse deve ser destinado somente aos resíduos inertes, como argamassas e pedaços de bloco, e direcionado diretamente às caçambas. É preciso estar atento tanto à sua fixação, para evitar acidentes, quanto à proteção adequada contra a emissão de particulados para a vizinhança. O uso desse equipamento exige a conscientização e o monitoramento do processo.

Existem ainda vários outros equipamentos que podem ser utilizados, caso a caso, para melhoria da eficiência logística de canteiros. Entre eles, podemos citar os manipuladores telescópicos, as minicarregadeiras e seus muitos implementos, os pórticos e as monovias.

Uma vez definidos os principais equipamentos, é preciso evidenciar e planejar todos os fluxos logísticos, ou seja, fluxos de transporte e movimentação. O transporte de materiais é a atividade que mais consome mão de obra e tempo dentro de um canteiro de obra. Os principais desafios à melhoria dos fluxos dentro dos canteiros são a baixa racionalização dos processos, a falta de modulação, as constantes interrupções ou alterações no fluxo, as constantes alteração do layout do canteiro e a grande variedade de materiais a serem transportados. Nesse esforço, é possível utilizar técnicas de mapeamento de processos para analisar, descrever e comunicar todos os passos desses fluxos (Figura 212).

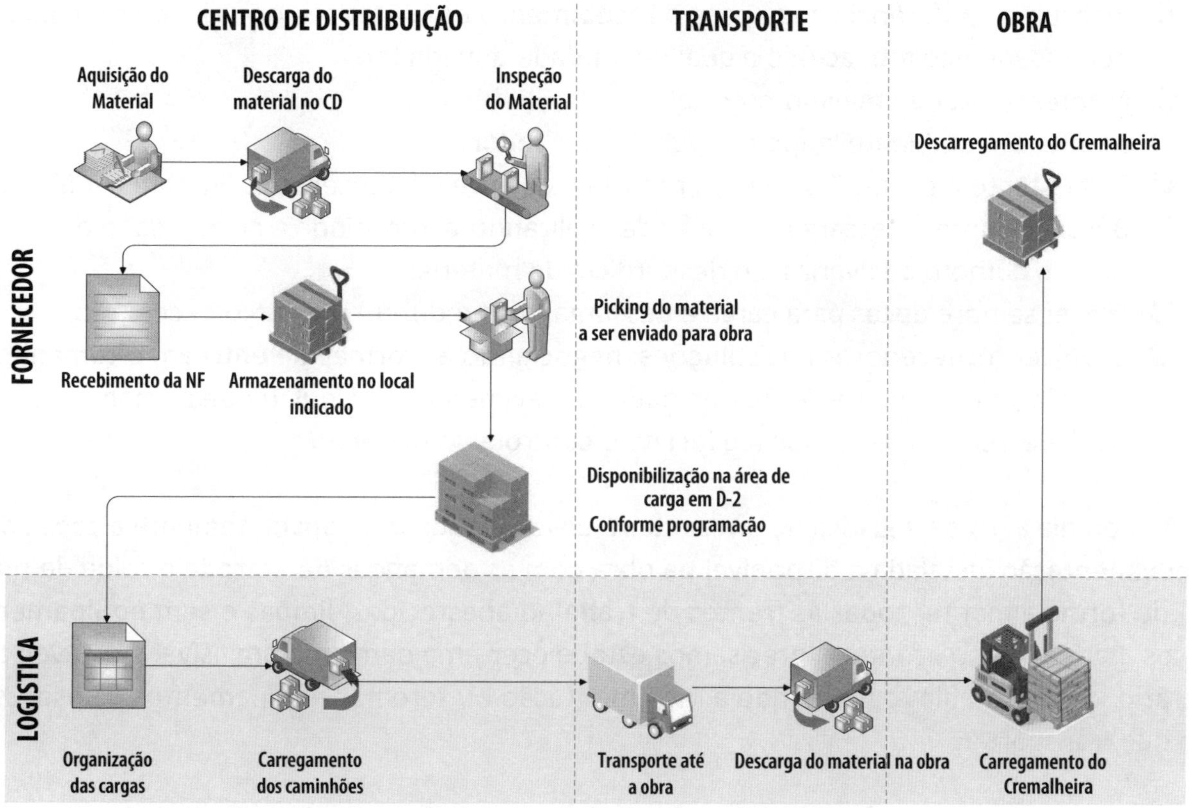

Figura 212 – Exemplo de fluxo de processo de aquisição, recebimento, armazenamento e transferência do material para as frentes de trabalho.
Fonte: o autor.

Algumas premissas direcionam um bom planejamento logístico. Entre elas, podemos citar:

- O melhor transporte não existe, ou seja, o melhor é não transportar.
- A gravidade é a força motora mais barata.
- Utilizar sempre o espaço cúbico.
- A reta é a menor distância a ser percorrida.
- Evitar sempre que possível o cruzamento de fluxos.
- Analisar as rotas de ida e de volta.
- Utilizar a capacidade de carga também no retorno, ou seja, sobe cheio, desce cheio.
- Quanto menor o peso, menor o custo de transporte.
- Buscar sempre entregar os materiais diretamente no ponto de trabalho.
- Buscar reduzir a distância entre os postos de trabalho.
- Utilizar preferencialmente *pallets* e *containers*.
- Demarcar as áreas de circulação e estoque.

- Reduzir ao máximo o esforço humano.
- Buscar utilizar implementos para adaptar os equipamentos aos materiais transportados.
- A segurança da operação de transporte deve vir em primeiro lugar.
- Transportar a quantidade exata necessária, nem a mais nem a menos.
- Definir janelas de entregas com horários agendados.
- Instituir a conferência cega para o recebimento de materiais, ou seja, quem confere a quantidade não tem acesso a qual quantidade deveria ter.
- Manter o estoque mínimo possível.
- Manter um ambiente limpo e seguro é motivador.
- Estar atento a condições de piso, rampas e desníveis a vencer, pois limitam a logística.
- Buscar sempre a descarga mecanizada, agilizando-a, reduzindo a necessidade de mão de obra, o número de avarias e o desperdício de material.
- Prever sempre docas para carga e descarga, pois reduzem o esforço necessário.
- Envolver fornecedores nas soluções, negociando as formas de entrega, o tamanho de embalagem e a separação por unidade ou pavimento (*picking*), o que aumenta a produtividade, reduz o desperdício e facilita o controle do material.

A gestão do dia a dia da logística de um canteiro envolve equalizar constantemente a capacidade de movimentação instalada e disponível na obra com as demandas de entrada e saída de materiais, de forma a manter todas as frentes de trabalho abastecidas, limpas e sem equipamentos ociosos. Para que isso aconteça, precisamos estabelecer uma demanda previsível e estável; caso contrário, ocorrerão filas aguardando a movimentação ou teremos equipamentos ociosos, sem ter o que transportar.

Essa previsibilidade é obtida com uma programação antecipada, tanto do recebimento de fornecedores quanto de distribuição internamente no canteiro. O recebimento de cada carga dos fornecedores deve ser pré-agendado, e a obra deve estar preparada para descarregá-la no menor prazo possível, de forma a liberar o caminhão para o fornecedor, reduzindo custos com frete e aumentando o potencial de descarga da doca. É importante que as áreas que receberão os materiais estejam adequadamente preparadas, de forma a evitar movimentações adicionais que não agregam valor. Da mesma forma, a necessidade de material de cada frente de trabalho deve ser programada semanalmente, juntamente com a realização da programação de curto prazo, sendo confirmada diariamente sempre no dia anterior à necessidade. Não podemos nos esquecer de programar a saída de resíduos e aproveitar as descidas vazias do elevador cremalheira para isso. Nesse caso, é necessário que o resíduo esteja previamente acondicionado no pavimento, de forma a sempre permitir sua retirada quando houver disponibilidade de equipamento.

O planejamento deve garantir que somente entre no canteiro o estritamente necessário à construção e nada mais, uma vez que tudo o que entrar em excesso deverá ser descartado, gerando atividades adicionais de fluxo e descarte não previstas. O mesmo ocorre para a distribuição nos andares. Tudo que for transportado para um pavimento e não for utilizado terá de ser novamente transportado para ser retirado, gerando mais desperdício. Os fornecedores também devem ser envolvidos na busca pela eficiência logística da obra. Os materiais devem chegar ao canteiro, sempre que possível, paletizados e identificados. O adequado acondicionamento reduz a quebra e o dano aos materiais, o tempo de carga e descarga, o estoque, o risco de acidentes e facilita o controle e a distribuição.

A quantidade de material em estoque deve ser o adequado para absorver as demandas de última hora, ajustes na capacidade de produção e imprevistos nas entregas. É preciso evitar estoques desnecessários, principalmente de materiais de fácil deterioração ou com alto valor comercial. Entretanto, dimensionar o estoque nem sempre é uma tarefa fácil. O tamanho do estoque depende da quantidade necessária para cada ciclo, da velocidade de execução, do espaço disponível e da confiabilidade do fornecedor para atendimento de prazo. Fornecedores pouco confiáveis ou que percorrem maiores distâncias oferecem maiores riscos e, portanto, demandam estoques maiores para impedir que a produção seja interrompida (Figura 213).

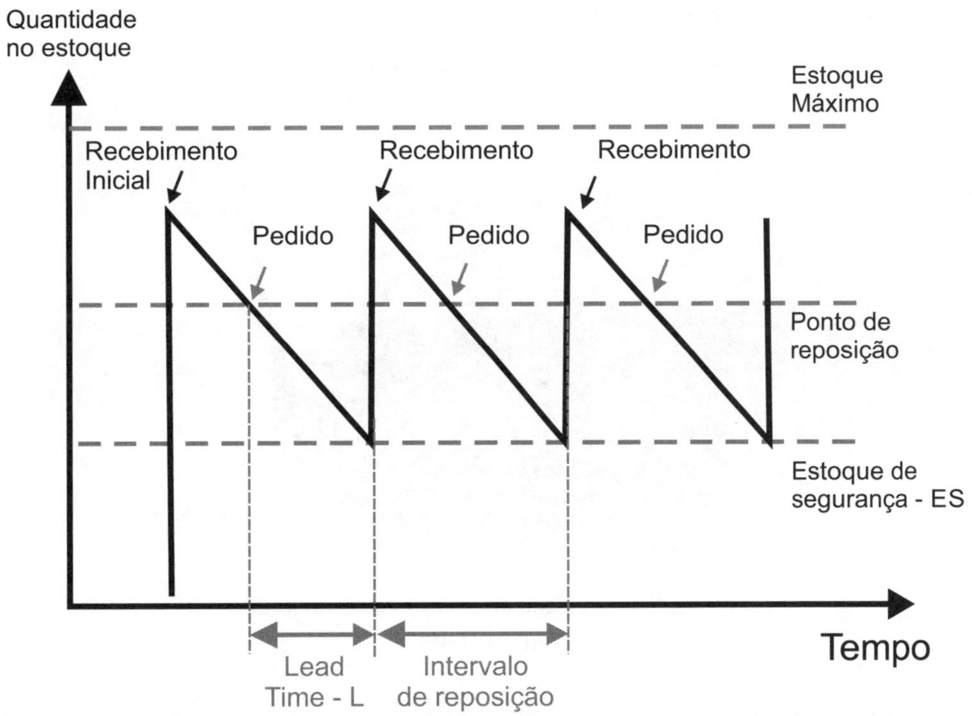

Figura 213 – Exemplo de cálculo de estoque máximo, de segurança e ponto de reposição para placas de *drywall*.
Fonte: o autor.

A busca por uma logística mais eficiente da obra passa pela otimização do fluxo da cadeia de suprimentos como um todo, independentemente dos limites corporativos, melhorando as interfaces, eliminando as barreiras e encontrando sinergias que aumentem a eficiência e reduzam custos. Outra prática que visa reduzir os movimentos de transporte e aumentar a segurança dos canteiros é o uso de centros de distribuição (CD) logísticos. O CD funciona como uma segmentação entre o fornecedor e a demanda da produção, criando um armazenamento intermediário e temporário dentro do canteiro ou em sua proximidade. O abastecimento do CD pode ser puxado ou empurrado, com base no planejamento e em função da característica de cada material (fornecedor, tipo de demanda, prazo de fabricação, *lead time* etc.). Os materiais então são enviados ao canteiro através de uma programação puxada, em função do progresso real das atividades. O CD também pode ser utilizado para a pré-montagem de subconjuntos ou a separação dos materiais por frente de trabalho (*picking*) antes do envio à obra. Ambos podem otimizar muito a necessidade de espaço no canteiro e aumentar a produtividade, além de elevar os níveis de precisão, qualidade e produtividade das atividades, se comparados com a abordagem tradicional.

Em outras palavras, podemos dizer que os CDs funcionam como um *buffer* de confiabilidade. Neles são recebidas e armazenadas as grandes entregas dos fornecedores por curtos períodos de tempo; e, com base em um planejamento puxado, as remessas são programadas e enviadas para as frentes de trabalho na hora certa e na quantidade necessária. Nesse modelo, os fornecedores devem ser ativos no planejamento das entregas. O CD traz impactos positivos na produtividade e nas condições de segurança do canteiro de obra e seu entorno, principalmente em áreas urbanas. Uma vez enviados ao canteiro, os estoques devem ser planejados e dispostos o mais próximo possível do ponto de utilização. Em alguns casos, é possível trabalhar com almoxarifados avançados nas frentes de serviço com o uso de contêineres próprios (Figura 214).

Figura 214 – Conceito de almoxarifado avançado.
Fonte: o autor.

Para ser implementada de forma eficaz, a gestão logística precisa lidar com um volume imenso de informações, muitas delas em tempo real. É preciso ter domínio do estoque real de materiais, sua localização, a demanda de abastecimento das frentes de trabalho etc. Isso exige um esforço de coordenação intenso e a adoção de ferramentas adequadas de comunicação. Os softwares de gestão de armazéns, chamados de WMS (*Warehouse Management System*), têm sido adaptados com sucesso à construção, com a utilização de *QR codes* e *smartphones*. De forma mais simples, mas também extremamente eficaz, o método *Kanban* utiliza cartões para identificar a demanda de materiais e para programar e controlar o abastecimento das frentes de trabalho.

Os erros e acertos da gestão logística no dia a dia dos canteiros de obra nos permite colher algumas lições aprendidas, como, por exemplo:

- Não posicione o escritório na frente da obra, pois muitos serviços são necessários neste local.
- Evite o uso do pavimento térreo para estoque, uma vez que essas áreas costumam abrigar ambientes decorados com muitas atividades a serem executadas. As melhores áreas para estocagem, nesses casos, são garagens e subsolos.
- Distribua pontos de água e energia pelo canteiro.
- Posicione os acessos à obra com o objetivo de permitir a descarga dos caminhões de forma mecanizada (empilhadeira, pórticos, grua). Isso melhora a segurança do canteiro e reduz o risco de acidentes de trabalho.
- Dimensione adequadamente as áreas de manobra de equipamentos e caminhões, com inclinação de rampas e pavimentos adequados.
- Demarque e sinalize as vias de circulação de pessoas e equipamentos, seguindo as linhas de fluxos do planejamento logístico.
- Crie condições adequadas de drenagem e pavimentação para que, no período chuvoso, possa ser garantido o acesso de carga e descarga.
- Demarque e posicione as áreas de estoque o mais próximo possível do local de uso e dos equipamentos de transporte vertical.
- Posicione banheiros volantes espalhados no canteiro, pois reduz a movimentação do trabalhador e a improdutividade.
- Crie canteiros sem barreiras visuais, pois isso contribui para a organização e a limpeza.
- Posicione os portões de acesso de forma que sejam visíveis ao vigilante e posicione a portaria em um local que permaneça até o final do projeto.

Para implementação da verdadeira gestão logística na construção é preciso enfrentar um outro desafio ainda: a persistente cultura do improviso que impera no setor, onde decisões planejadas e consensadas são simplesmente alteradas no momento da produção. Essa prática pode anular todo o planejamento de logística e o investimento realizado.

5.4 Programação e Controle da Produção (PCP)

Uma vez concluído o Planejamento do Sistema de Produção (PSP), ele deve desdobrado até as equipes de produção e controlado através do Planejamento e Controle da Produção (PCP), sendo ajustado continuamente após cada ciclo de análise e replanejamento em função das variações ocorridas, corrigindo o rumo e levando o projeto para a direção correta. O método utilizado para isso é o *Last Planner System*® ou simplesmente LPS.

O *Last Planner System*® é um sistema de planejamento, monitoramento e controle alinhado aos princípios do *Lean Construction*. Ele produz planos mais detalhados à medida que a execução do trabalho se aproxima, de forma colaborativa, juntamente com aqueles que serão responsáveis pela sua execução, buscando remover restrições que impeçam seu cumprimento. Trata-se de um método de planejamento capaz de lidar com a complexidade, a velocidade e as incertezas inerentes à fase de construção. É uma combinação de planejamento "puxado" e "empurrado".

O LPS® se baseia em alguns princípios:

- O planejamento é realizado de forma progressiva, aumentando o nível de detalhes na medida em que a execução do trabalho se aproxima.
- Os planos devem ser desenvolvidos de forma colaborativa com aqueles que realizarão o trabalho.
- O foco deve ser dado à identificação e remoção de restrições que impeçam a realização das atividades.
- É preciso haver comprometimento com o trabalho programado e ser confiável nos compromissos assumidos.
- É preciso aprender com as interrupções e os erros de planejamento de forma a aumentar sua confiabilidade.
- É preciso estabelecer um fluxo puxado, onde apenas o trabalho em condições "ótimas" de execução seja inserido nas programações de curto prazo.
- É preciso buscar a melhoria contínua, a redução do desperdício e o aperfeiçoamento dos processos e fluxos de trabalho. A pergunta-chave é: o que precisa ser alterado para que o resultado seja melhor na próxima semana?

Os principais objetivos do LPS® são:

- Produzir um plano mais aderente à realidade da operação, envolvendo todas as partes interessadas que possam contribuir de forma relevante.
- Aumentar a confiabilidade no planejamento, produzindo um fluxo de trabalho contínuo, seguro e estável.
- Proteger as equipes de produção de incertezas fora de seu controle que impactem negativamente a execução do trabalho.
- Evitar que o trabalho seja realizado em condições abaixo do ideal (*making-do*), ou seja, sem que todas as pré-condições estejam atendidas, levando a improvisações. São elas: informações (produto e processo), equipamentos, materiais, pessoas, espaço, serviços preliminares e condições externas.

Podemos dizer que o LPS® é um sistema de planejamento da produção que busca garantir um fluxo de trabalho previsível e confiável, procurando sempre identificar e remover restrições com ciclos rápidos de aprendizado e ações corretivas. É um processo colaborativo e sustentado pelo compromisso dos participantes. O LPS® é organizado em vários níveis: planejamento de longo prazo, planejamento de médio prazo, planejamento de curto prazo (semanal) e monitoramento e controle (Figura 215).

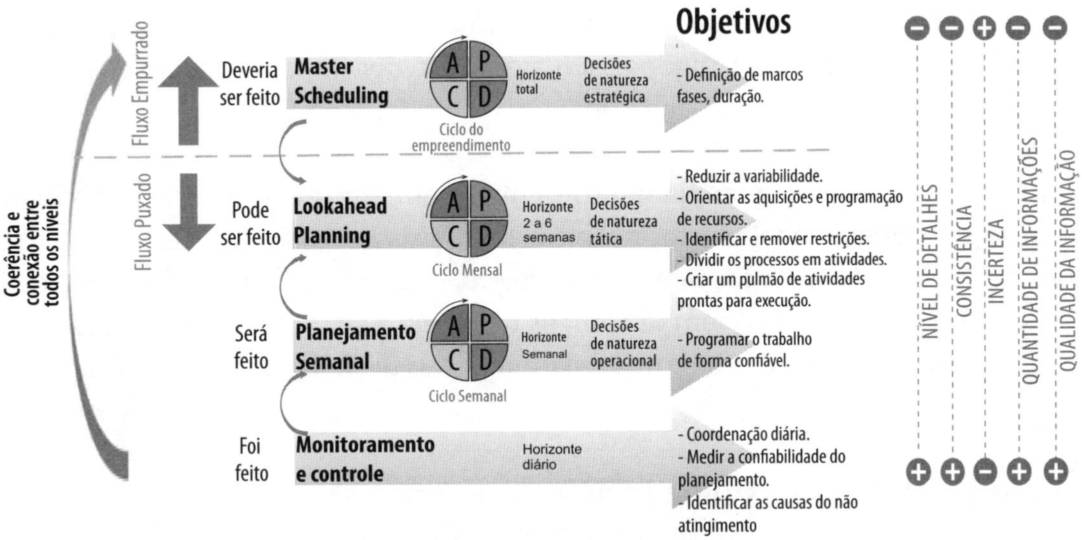

Figura 215 – Hierarquização do PCP.
Fonte: adaptado de Biotto (2012).

Os níveis se diferenciam por critérios como horizonte de planejamento, tipo de produto, natureza da decisão (estratégica, tática e operacional) e objetivos. A cada nível de gerenciamento é utilizada uma granularidade de informação adequada. Quanto mais próximo da execução, maior será a quantidade e a qualidade da informação utilizada, de forma que o planejamento ofereça um maior nível de detalhes, maior confiabilidade e menor incerteza. Em outras palavras, cada nível deve conter as informações suficientes para cumprir sua função básica de orientar a tomada de decisão (Figura 216). Esse modelo permite que algumas decisões sejam postergadas até que se tenham mais informações que subsidiem melhores decisões. Entretanto, é fundamental que haja uma dimensão vertical, integrando, de forma consistente e sinérgica, os vários níveis, sob pena de o planejamento se transformar em uma grande colcha de retalhos.

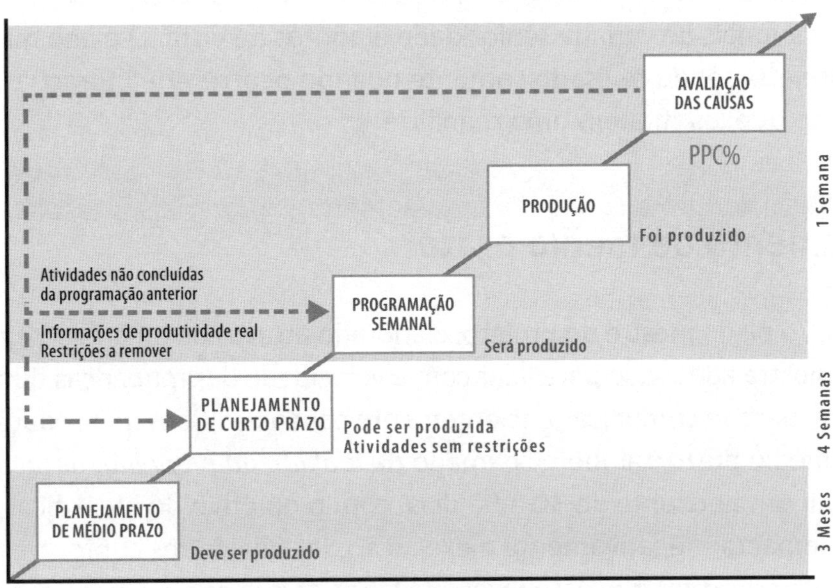

Figura 216 – Fechamento do ciclo de gestão.
Fonte: Polito (2015).

Essa abordagem proporciona agilidade na percepção de desvios, aumentando a velocidade das decisões e ações corretivas e permitindo assim a redução dos impactos negativos nos principais objetivos do projeto (custo, prazo, qualidade).

Os horizontes de cada nível de planejamento também podem ser flexíveis, variando durante o projeto, sendo, por exemplo, mais curtos no início, onde existem mais incertezas e mais restrições a serem removidas, e mais dilatados no final do projeto, onde os resultados são mais previsíveis. A regra é a seguinte: não devem ser nem tão longos de forma a se tornar apenas meras presunções do futuro, e nem tão curtos de forma a se tornar um fardo desnecessário à gestão.

5.4.1 Planejamento de longo prazo

O planejamento de longo prazo (plano mestre) é realizado no início da fase de construção e busca alinhar a produção aos principais objetivos do projeto. Ele possui baixo nível de detalhamento, em função da grande incerteza que ainda existe nessa fase. É a base para a avaliação do desempenho do projeto em nível de diretoria e investidores. A partir do planejamento de longo prazo, os demais horizontes serão desenvolvidos, coerentes entre si e retroalimentando-se mutuamente.

Esse nível é caracterizado por alto risco, grande incerteza, longa duração e pouco detalhamento. Diferentemente do que sugere o senso comum, cronogramas detalhados no início do projeto não só não garantem o controle adequado, como também consomem tempo e recursos valiosos da equipe. Detalhá-lo excessivamente pode se mostrar muito ineficiente diante de uma situação de alta incerteza, uma vez que o tomador de decisão terá dificuldade em compreendê-lo e disseminá-lo, e o esforço para atualizá-lo ou revisá-lo será enorme.

Nesse nível, é importante envolver os representantes das diversas áreas envolvidas, como projetistas, gestores e profissionais de variada senioridade e pontos de vista. O plano mestre cobre todo o ciclo de vida do projeto, sendo revisado somente quando ocorrerem alterações significativas nos objetivos do projeto que justifiquem uma reanálise.

5.4.2 Planejamento de médio prazo

Apesar de essencial, o plano mestre do projeto, elaborado através de uma abordagem preditiva convencional, não se mostra adequado para lidar com a velocidade das mudanças durante a construção de um projeto, nem para se comunicar eficientemente com as equipes de produção. Diante disso, o planejamento de médio prazo, também chamado de *lookahead planning*, detalha o planejamento de longo prazo com um horizonte de 30 a 90 dias, com o objetivo de identificar e remover restrições que possam impactar negativamente a execução das atividades conforme programadas. Em outras palavras, podemos dizer que esse nível visa garantir que as atividades programadas tenham condições ótimas de execução, ou seja, que a área esteja liberada, que as atividades predecessoras estejam executadas e recebidas, que os materiais estejam disponíveis no local, na quantidade e qualidade necessárias, que a equipe esteja disponível na quantidade necessária e habilitada, e que as plantas estejam disponíveis. Esse nível de planejamento utiliza o melhor nível de conhecimento disponível para criar um fluxo puxado de atividades com grande probabilidade de serem executadas conforme planejado. Esse processo promove a identificação antecipada de problemas, tornando a programação mais confiável e protegendo a produção de incertezas e imprevistos.

O foco principal desse nível é identificar possíveis restrições e qualquer outra condição que impeça que a atividade seja executada em condições ideais e removê-las. Entretanto, esse processo também deve ocorrer nos outros níveis de planejamento, uma vez que existem recursos com diferentes ciclos de aquisição (longo, médio e curto).

As restrições podem vir de várias fontes como: ausência de plantas, indisponibilidade de acesso, falta de recursos (pessoas, equipamentos, materiais, informações), impedimentos legais, entre outras. Para ajudar na identificação das restrições, pode-se utilizar o diagrama espinha de peixe, agrupando--as em categorias como contratos, projetos, equipamentos, mão de obra, entre outras (Figura 217).

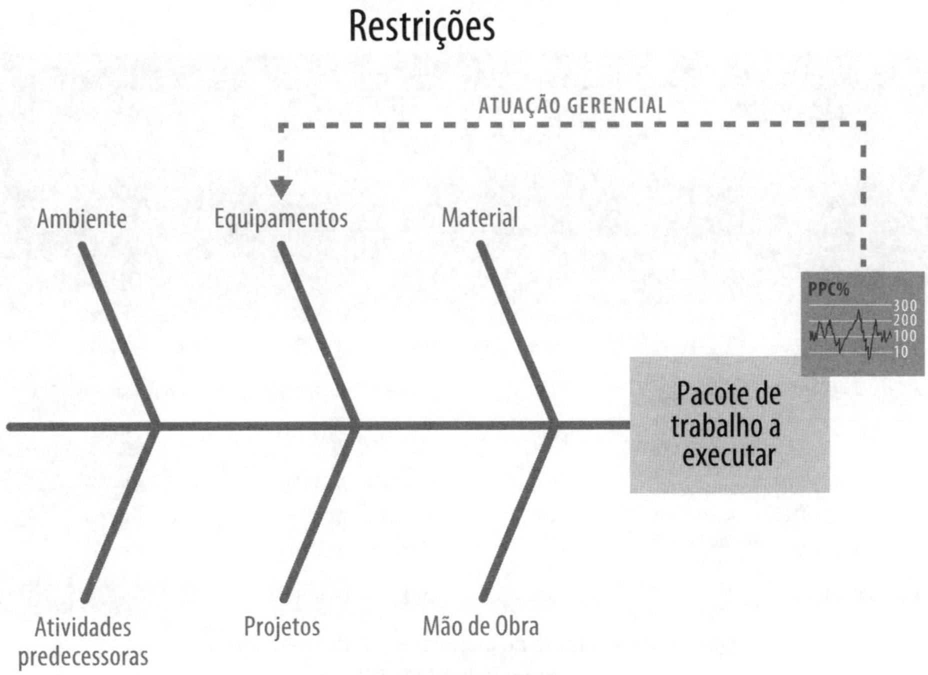

Figura 217 – Restrições agrupadas.
Fonte: Polito (2015).

É muito importante o envolvimento da equipe de segurança do trabalho nessa etapa, de forma a identificar requisitos que precisam ser atendidos (restrições). O planejamento da segurança tende a exigir um planejamento mais detalhado nos métodos de execução.

A relação com as restrições a serem removidas deve conter também o prazo e o responsável por cada uma delas. Ela deve ser acompanhada periodicamente para garantir que todas as restrições sejam removidas a tempo de não impactar a produção. A relação de atividades cujas restrições já foram removidas formará um *backlog* de atividades sem restrição e que, portanto, podem ser programadas para a produção. Em outras palavras, essa relação cria um *buffer* de trabalho em condições ideais de execução, a partir do qual as equipes de produção podem selecionar atividades para compor a programação de curto prazo. As atividades que não tiverem suas restrições removidas não devem seguir para o planejamento de curto prazo, isso porque essas têm grande probabilidade de não serem executadas conforme planejado ou de serem executadas em condições menos ótimas (*making-do*). Isso torna a produção mais estável, confiável e previne a ocorrência de paradas na produção. Fluxos de produção instáveis consomem recursos e energia da equipe e sobrecarregam os gestores.

As ferramentas mais indicadas para o desenvolvimento e a comunicação do planejamento de médio prazo são as planilhas eletrônicas (Figura 218). Essas são de simples operação e facilmente complementadas com cálculos, controles ou gráficos. Também dispõem de ferramentas para análises, simulações e filtros. São amplamente conhecidas pelos profissionais e estão disponíveis em quase todo computador, não necessitando de aquisição de novas licenças. Os softwares de planejamento já exportam diretamente informações para as planilhas eletrônicas.

A000 – RESIDENCIAL														
PROGRAMAÇÃO MENSAL														
META MENSAL						PARAMETRIZAÇÃO								
							META LINHA DESAFIO							
ID	RESPONSÁVEL	TORRE	TAREFA	DESCRIÇÃO DA TAREFA	PAVTO	DURAÇÃO (DIAS)	INÍCIO	FIM	REPROGRAMADA	% INICIAL	% PROGRAMADO	% EXECUTADO REF.	% MÉDIDO S3	RESTRIÇÕES
9	Lomaquil	A	5.08.02.05.02.08	Escora matálica topec para laje (tipo)	TIPO 08	28	15/12/2019	27/01/2019		0,0%	100,0%	100,0%	100,0%	
15	Amadores FC	A	5.08.04.01.02.13	Armadura ca-50/ca-60p/ viga, pilares e lajes	TIPO 07	6	04/12/2019	11/12/2019		20,0%	100,0%	100,0%	100,0%	
16	Amadores FC	A	5.08.04.01.02.14	Armadura ca-50/ca-60p/ viga, pilares e lajes	TIPO 08	6	15/12/2019	22/12/2019		0,0%	100,0%	100,0%	100,0%	
22	PTE	A	5.08.02.05.02.08	Cordoalha de aço para protensão da laje	TIPO 07	6	04/12/2019	11/12/2019		20,0%	100,0%	100,0%	100,0%	
34	Piso Center	A	5.08.02.05.02.08	polimento de laje	TIPO 07	1	15/12/2019	15/12/2019		0,0%	100,0%	100,0%	100,0%	
40	E&F	A	5.08.02.05.02.08	Bloco de concreto 14x19x39	TIPO 01	7	14/11/2019	24/1/2019		60,0%	100,0%	100,0%	100,0%	
84	Hidráulica	A	5.08.02.05.02.08	Chumbação de passantes no piso	TIPO 01	7	24/12/2019	07/01/2019		0,0%	100,0%	30,0%	30,0%	

Figura 218 – Exemplo de planejamento de médio prazo.
Fonte: Polito (2015).

O planejamento de médio prazo liga as metas definidas no plano de longo prazo à programação de atividades definidas no plano de curto prazo e é fundamental para a melhoria da eficácia da gestão de curto prazo.

Um indicador de performance associado à remoção de restrições é o IRR (Índice de Remoção de Restrições), calculado pela porcentagem de restrições removidas em relação ao total de restrições identificadas.

5.4.3 Programação de curto prazo

O gerenciamento de curto prazo busca proteger a produção através do combate à incerteza e da garantia do fluxo contínuo das atividades, de forma a concluí-las conforme planejado. Trata-se do conceito de "produção protegida". A produção protegida pode ser definida como a transformação do que deveria ser feito no que pode ser feito. A proteção é realizada através do pressuposto de que nenhuma atividade deve iniciar sem que todos os recursos e as condições necessárias estejam disponíveis, ou seja, o trabalho só deve ser programado para execução com elevado grau de certeza quanto à sua exequibilidade (Figura 219).

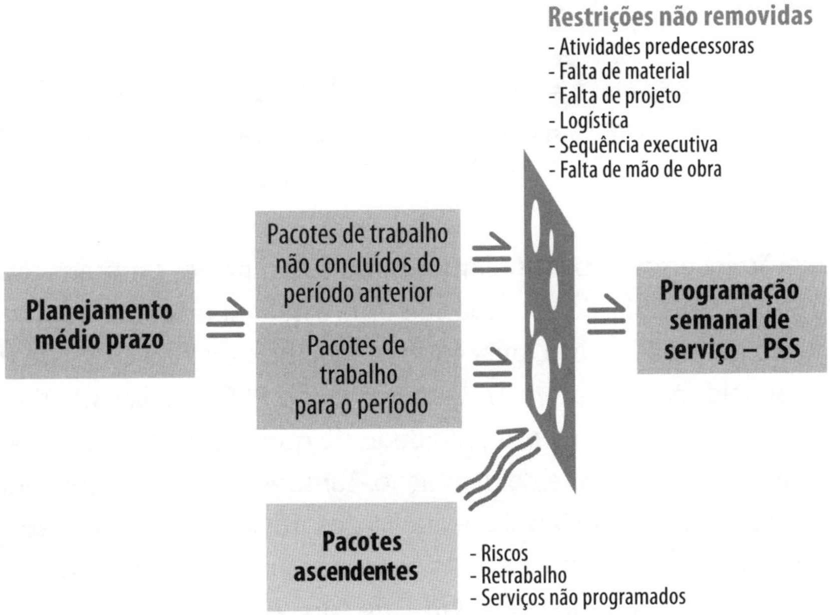

Figura 219 – Remoção de restrições.
Fonte: Polito (2015).

O planejamento de curto prazo é desenvolvido em ciclos curtos de planejamento iterativo (semanais), com acompanhamento diário, beneficiando-se do melhor conhecimento do produto, dos processos, da produtividade e do consumo de recursos para corrigir desvios e atingir melhores níveis de produtividade. Em cada novo ciclo, o planejamento é mais preciso e confiável e os riscos são menores. Os ciclos menores permitem a identificação de problemas e de oportunidades de melhoria de forma mais rápida, tornando a produção mais previsível e adaptável a mudanças. Também fornecem rápido *feedback* sobre as estratégias adotadas e promovem um aprendizado mais rápido.

A programação semanal deve orientar diretamente a produção através do detalhamento das atividades, buscando a melhor utilização dos recursos já disponíveis. Deve-se rever toda a alocação de recursos e sequência executiva de forma a identificar possíveis interferências que poderão causar interrupções no fluxo. Nessa fase, pacotes de trabalho são atribuídos a cada equipe buscando reduzir a ociosidade. Durante sua realização, deve ser verificada novamente a ausência de restrições.

A identificação e a remoção de restrições têm sido historicamente negligenciadas pelos gerentes de produção. Também é aconselhável a programação de atividades reservas, para o caso de a produtividade ser melhor do que a estimada, ou para alguma eventualidade interromper o fluxo da produção (Figura 220). Nesse caso, os recursos seriam deslocados para as atividades reservas, reduzindo o desperdício irrecuperável de recursos que inevitavelmente ocorreria.

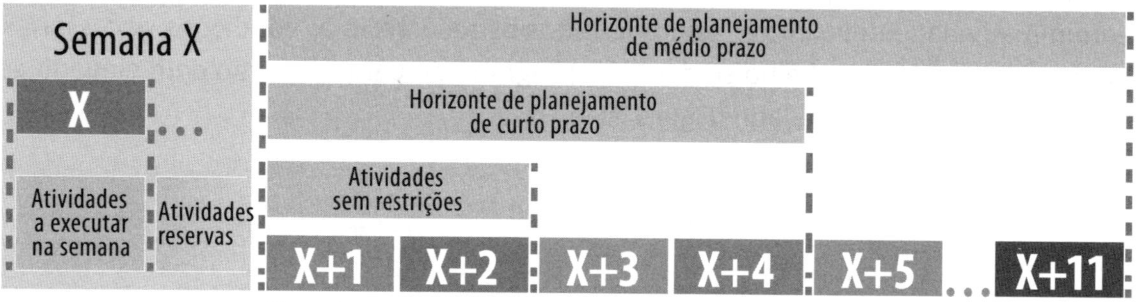

Figura 220 – Gestão de médio prazo x gestão de curto prazo.
Fonte: Polito (2015).

As atividades que serão inseridas no planejamento de curto prazo, também chamado de Programação Semanal de Serviços (PSS), são retiradas de uma lista de atividades sem restrições (*backlog*) vinda do planejamento de médio prazo, buscando o equilíbrio entre a carga de trabalho, os recursos disponíveis e a capacidade produtiva. Devem compor o PSS aquelas atividades com melhores condições de execução, aumentando a probabilidade de que realmente sejam cumpridas. Isso aumenta a confiabilidade e a estabilidade da produção. Também devem ser inseridas no PSS aquelas atividades não previstas, mas essenciais à execução das atividades, como inspeções, devoluções de equipamentos, logística etc. (Figura 221). As atividades programadas no curto prazo também devem ser classificadas por ordem de prioridade, de forma que as equipes saibam direcionar os recursos para as atividades mais críticas, caso ocorram conflitos ou falta de recursos. O ideal é que toda atividade inserida na programação de curto prazo seja concluída dentro da semana de programação, facilitando seu acompanhamento e controle (Figura 222).

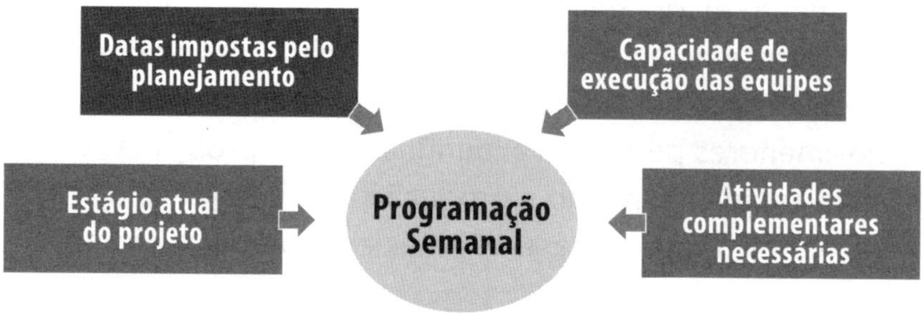

Figura 221 – Perspectivas de planejamento de curto prazo.
Fonte: Polito (2015).

000 – RESIDENCIAL

Programação Semanal de Serviço

META MENSAL						SEMANA 2 05/01/2015 — SEMANA 68						RESULTADO DA SEMANA			
ID	RESPONSÁVEL	TORRE	TAREFA	DESCRIÇÃO DA TAREFA	PAVTO	SEG. 05	TER. 06	QUA. 07	QUI. 08	SEX. 09	SÁB. 10	OBSERVAÇÕES/ RISCOS	STATUS	% EXECUTADO NA SEMANA	MOTIVO DO NÃO ATINGIMENTO
3	Lomaquil	A	5.08.02.04.02.13	Formas vigas, pilares e lajes (montagem) piso	TIPO 08								Concluída	100,0%	
9	Lomaquil	A	5.08.05.05.02.08	Escoras metálicas topec para laje (tipo)	TIPO 07								Concluída	80,0%	
16	Armadores FC	A	5.08.04.01.02.14	Armadura ca-50/ca-60p/ viga, pilares e lajes	TIPO 08								Concluída	80,0%	
23	PTE	A	5.08.04.02.02.13	Cordoalha de aço para proteção laje	TIPO 02								Concluída	100,0%	
41	E&F	A	5.09.02.02.02.13	Bloco de concreto 14x19x39	TIPO 02								Atrasada	10,0%	

Figura 222 – Exemplo de planilha de programação semanal.
Fonte: Polito (2015).

A partir da programação semanal são realizadas programações auxiliares, como, por exemplo, a programação de mão de obra (Figura 223), a programação logística (Figura 224) e a programação de recebimento de recursos (Figura 225).

132 – RESIDENCIAL VERACRUZ

Programação de Mão de Obra

ID	RESPONSÁVEL	CHAPA	COLABORADOR		TAREFA	ATIVIDADE	PAVTO	PROGRAMADO PELA OBRA – INÍCIO	PROGRAMADO PELA OBRA – FIM	05/04/2019 SEMANA 66,86 – SEG. 05	TER. 06	QUA. 07	QUI. 08	SEX. 09	SÁB. 10	STATUS	OBSERVAÇÃO/ PROBLEMAS
1				1ª SEMANA DO MÊS												Não entregue	
2																Entregue	
3																Atrasado	
4																Entregue	
5																Atrasado	
6																Entregue	
7																Entregue	
8																Entregue	
9																Entregue	
10																Entregue	
11																Entregue	
12																Entregue	
13																Entregue	
14																Entregue	

Figura 223 – Programação de mão de obra de curto prazo.
Fonte: Polito (2015).

RESIDENCIAL 001																		
Logistíca Semanal																		
											05/01/2015							
											SEMANA				66,86			
ID	MATERIAL	QUANT.	UN.	TAREFA	DESC. DA TAREFA	PAVTO.	EQUIP. UTILIZADO	RESPONSÁVEL		DATA PREVISTA	SEG.	TER.	QUA.	QUI.	SEX.	SÁB.	STATUS	OBSERVAÇÃO/ PROBLEMAS
											05	06	07	08	09	10		
1									1ª SEMANA DO MÊS									
2																		
3																		
4																		
5																		
6																		
7																		
8																		
9																		
10																		
11																		
12																		
13																		
14																		

Figura 224 – Programação logística de curto prazo.
Fonte: Polito (2015).

RESIDENCIAL 001																
Programação Semanal de Recursos																
									05/01/2019							
									SEMANA				66,86			
ID	DESCRIÇÃO	QUANTIDADE	UNIDADE	ATIVIDADE	RESPONSÁVEL		DATA PREVISTA		SEG.	TER.	QUA.	QUI.	SEX.	SÁB.	STATUS	OBSERVAÇÃO/ PROBLEMAS
									05	06	07	08	09	10		
1						1ª SEMANA DO MÊS										
2																
3																
4																
5																
6																
7																
8																
9																
10																
11																
12																
13																
14																

Figura 225 – Programação de recursos de curto prazo.
Fonte: Polito (2015).

O planejamento semanal deve ser elaborado com forte engajamento das equipes que executarão os serviços, utilizando-se do seu conhecimento sobre as atividades e promovendo um maior comprometimento de todos. O comprometimento deve ocorrer durante a reunião de programação semanal, quando os pacotes de trabalho são negociados com base no estado atual de execução da obra, nas datas definidas pelo plano de médio prazo e pela capacidade de produção das equipes. Duas regras são fundamentais para essa programação semanal: se você prometeu, cumpra. Se não pode fazer, não prometa fazê-lo.

Vários são os benefícios da realização dessas reuniões com a equipe:

- Mantém o comprometimento da equipe.
- Desenvolve os empreiteiros informando-os o que se espera deles.
- Permite gerenciar o relacionamento com os fornecedores e entre eles.
- Mantém o foco da atenção no que pode realmente ser feito.
- Facilita o aprendizado da experiência.

A programação semanal deve representar o último nível de tomada de decisão. É importante evitar a tomada de decisão no canteiro, muitas vezes realizada pelos encarregados, sob pressão do tempo, com pouca visão do todo e que, na maioria das vezes, soluciona um problema e cria diversos outros. É importante que conflitos que surgirem entre atividades sejam negociados entre os responsáveis por cada uma das partes. Também é importante programar as atividades de descarga e de transporte vertical e horizontal de material de forma a atender às atividades programadas. A programação semanal facilita a administração dos recursos e promove uma melhoria na comunicação entre o gerente da obra e suas equipes de produção. A proximidade dos planejadores permite a rápida identificação e o tratamento dos desvios, reduzindo seus impactos negativos.

Do ponto de vista do planejador, um excesso de produtividade não previsto também pode ser um problema, uma vez que pode demandar recursos que não estejam disponíveis, como, por exemplo, a capacidade de transporte vertical e horizontal, materiais, equipamentos etc.

5.4.4 Monitoramento e controle

Uma vez iniciada uma atividade, não deve haver alterações na sua programação, pois a realização de *setup* gera grande desperdício de recursos. Trabalhos não programados também devem ser evitados a todo custo, pois consomem recursos preciosos e tempo, levando ao atraso e desvio do caminho crítico.

A partir do início da produção, conflitos e interferências devem ser gerenciados pela própria equipe de produção. Essa coordenação é realizada através de reuniões diárias, de não mais do que 15 minutos, em pé. Nessas reuniões são avaliados o progresso obtido no dia anterior e as dificuldades encontradas, bem como os erros e acertos. Nelas, todos podem colaborar, fazer as correções de rumo e comprometer-se com os resultados. Também é uma oportunidade de sentir a temperatura e a moral da equipe. O controle da produção é obtido com os contínuos ajustes que são realizados, após cada ciclo de análise e replanejamento, corrigindo o rumo e levando o projeto para direção correta.

Finalizada a semana, é avaliada a aderência da produção ao planejado (%PPC – percentual de programação cumprida), calculado pela divisão do número de atividades programadas concluídas pelo número de atividades programadas. Essa avaliação permite a identificação e correção dos desvios de forma rápida, minimizando as consequências e os impactos nos objetivos do projeto. Índices de PPC muito baixos podem significar um otimismo excessivo do programador, grande incidência de imprevistos ou baixa produtividade. Índices de PPC muito altos podem demonstrar programações muito fáceis, com provável improdutividade. A programação deve incentivar as equipes a se superarem e a atingirem altos patamares de produtividade. Um PPC na faixa de 75% a 85% traz excelentes resultados para metas desafiadoras. A variabilidade da produtividade diminui na medida em que o %PPC aumenta. O %PPC permite que o gestor mantenha sua atenção sobre o que pode ser melhorado no planejamento e na produção.

RESIDENCIAL 001 – Programação Semanal de Recursos						SEMANA 2 – RESULTADO DA SEMANA									
						05/01/2019									
						SEMANA				68					
ID	RESPONSÁVEL	TOE	TAREFA	DESCRIÇÃO DA TAREFA	PAVTO	SEG. 05	TER. 06	QUA. 07	QUI. 08	SEX. 09	SÁB. 10	OBSERVAÇÕES/ RSCOS	STATUS	% EXECUTADO NA SEMANA	MOTIVOS DO NÃO ATINGIMENTO
3	Lomaquil	A	5.08.02.04.02.13	Formas vigas, pilares e lajes (montagem) piso	TIPO 08								Concluída	100%	
9	Lomaquil	A	5.08.02.05.02.08	Escora metálica topec para laje (tipo)	TIPO 08								Concluída	80%	
16	Armadores FC	A	5.08.04.01.02.14	Armadura ca-50/ca-60 p/ vigas, pilares e lajes	TIPO 08								Concluída	80%	
23	PTE	A	5.08.04.02.02.13	Cordoalha de aço para proteção laje	TIPO 08								Concluída	100%	
41	E&F	A	5.09.02.02.02.02	Bloco de concreto 14x19x39	TIPO 02								Não concluída	10%	Falta de M.O. (ausência)

% Realização Semanal Total	93%	% Realização	96%	**% Realização:** média de realização das atividades executadas e programadas na semana
% PPC Total	82%	PPC (%)	81%	%PPC: atividade com % realizado maior ou igual ao programado / total de atividades programadas na semana

Figura 226 – Cálculo do %PPC semanal.
Fonte: Polito (2015).

O %PPC também pode ser utilizado como indicador de desempenho das equipes. Podemos acompanhar o desempenho semanalmente, verificando sua evolução (Figura 226), e podemos também comparar de forma a conhecer as melhores equipes (Figura 227).

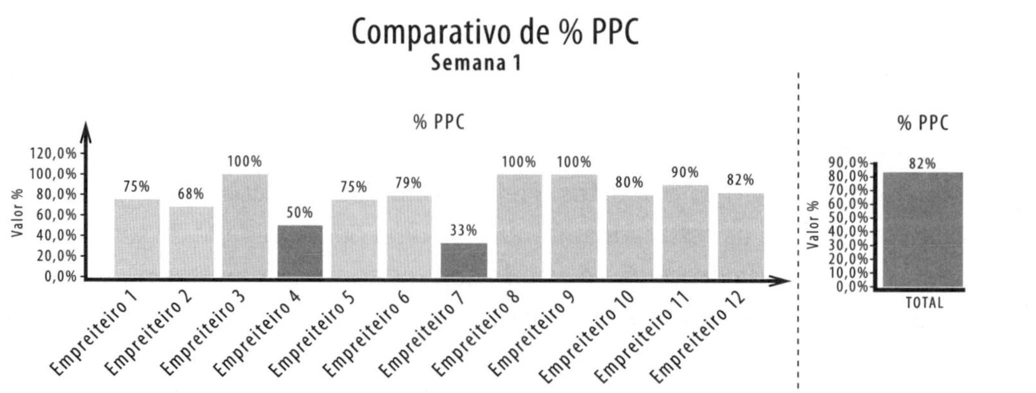

Figura 227 – Comparação de desempenho de %PPC por encarregado.
Fonte: Polito (2015).

Também é importante avaliar os motivos que impediram a aderência plena da produção à programação e melhorá-la semana após semana, aumentando assim a confiabilidade das programações futuras. Esse processo também aumenta a habilidade de adaptação da equipe aos imprevistos e à realidade do canteiro.

Quando uma atividade não conseguir ser concluída como programada, suas causas devem ser profundamente analisadas para fundamentar ações corretivas nos próximos ciclos de programação. Técnicas como 5W2H e diagrama de causa e efeito ajudam o time a entender o que é necessário para melhorar. Muitas podem ser as causas do não cumprimento da programação (Figura 228).

Principais Motivos de Falha no Cumprimento da Programação	
MATERIAL	Falta de material
	Material fora de especificação
	Consumo acima do previsto
EQUIPAMENTO	Quebra de equipamento
	Erro na especificação de equipamentos
	Falta de operador
	Falta de equipamentos
MÃO DE OBRA	Falta de pessoal
	Paralisações ou greves
	Baixa produtividade
	Falha no projeto
	Falta de projetos
PROJETO	Omissões de projeto
	Clima
AMBIENTE	Condições imprevistas de solo
	Logística
	Espaço
PLANEJAMENTO	Atraso de atividades predecessoras
	Premissas equivocadas

Figura 228 – Principais motivos do não atingimento da produção programada.
Fonte: Polito (2015).

Depois de vários ciclos de programação e controle, é possível avaliar as principais causas de não atingimento (Figura 229). Usualmente, 20% das causas serão responsáveis por 80% dos atrasos (princípio de Pareto (80/20)), direcionando, assim, as ações corretivas.

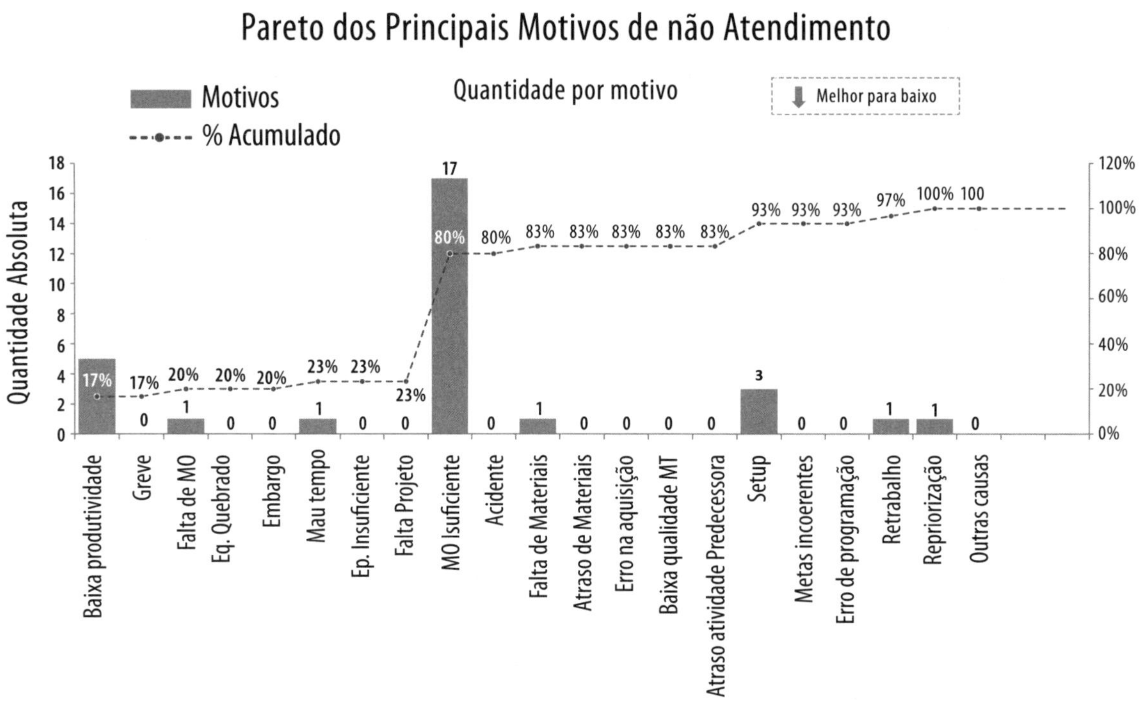

Figura 229 – Avaliação das principais causas do não cumprimento da programação.
Fonte: Polito (2015).

6. Mensagem final

Diante da alta complexidade dos atuais projetos de construção e da incapacidade dos modelos tradicionais de gestão em garantir seu sucesso, esta publicação procurou apresentar uma abordagem integrada, colaborativa e simultânea das três perspectivas: gerenciamento do design, gerenciamento do projeto e gerenciamento da produção. O gerenciamento do design foi orientado ao cliente e relacionou-se com as características técnicas que a edificação deve possuir. Já o gerenciamento do projeto foi direcionado ao esforço e aos recursos necessários para se construir a edificação. Finalmente, o gerenciamento da produção relacionou-se com a execução propriamente dita, focado na melhor utilização dos recursos, na redução da variabilidade dos fluxos e na redução do desperdício, buscando eliminar tudo aquilo que não agrega valor.

Na abordagem proposta, a construção foi tratada como um sistema em que o papel de cada componente é contribuir para maximizar o desempenho do todo, mesmo que para isso seja necessário haver perdas internas. Procurou-se apresentar uma visão global dos problemas, rompendo com a fragmentação do conhecimento e a crescente especialização que impera no setor. Na abordagem proposta, o processo de mudança foi tratado como algo normal e o planejamento como um processo contínuo. Na medida em que as informações se tornam mais abundantes, precisas e confiáveis, o planejamento é revisado.

O modelo proposto abrangeu todo o ciclo de vida de construção de uma edificação (concepção, design, construção), propondo uma estrutura lógica e organizada de gestão, capaz de lidar com o cenário atual e aumentar as probabilidades de sucesso do projeto. O livro foi fortemente fundamentado em metodologias, ferramentas e boas práticas reconhecidas pelo mercado, experimentadas, adaptadas e combinadas em condições reais de temperatura e pressão, o que lhe confere um grande viés prático.

A aplicação dos conceitos e metodologias apresentadas aqui, no entanto, não será uma tarefa fácil e demandará investimentos em processos, em tecnologia e, principalmente, em pessoas. Como em todo processo de melhoria, as mudanças necessárias incomodarão alguns, confrontarão o *status quo* e sofrerão resistência, mas é um caminho sem volta. Como toda grande caminhada começa com um primeiro passo, então, mãos à obra.

Espero que o leitor tenha gostado do livro. No entanto, é provável que você não tenha encontrado tudo o que esperava, ou que até mesmo discorde das colocações do autor. Sendo assim, gostaria muito de conhecer a sua opinião e de receber seu *feedback*. Para contato utilize o e-mail <polito@polito.eng.br>.

Bibliografia

ABNT. NBR 15575-1 Edificações habitacionais — Desempenho Parte 1: Requisitos gerais. Associação Brasileira de Normas Técnicas, 2013.

ABNT. NBR 16636-2 Elaboração e desenvolvimento de serviços técnicos especializados de projetos arquitetônicos e urbanísticos – Parte 2: Projeto arquitetônico. Associação Brasileira de Normas Técnicas, 2017.

AIA NATIONAL. **Integrated Project Delivery:** an action guide for leaders. The American Institute of Architects, 2007.

ANUMBA, Chimay et al. **Concurrent Engineering in Construction Projects.** New York: Taylor & Francis, 2007.

ARROYO, Paz; LONG, David. Collaborative design decisions. **Proc. 26th Annual Conference of the International Group for Lean Construction**, Chennai, India, 2018.

ASHRAE. **ASHRAE Handbook: Heating, Ventilating, and Air-Conditioning Systems and Equipment.** American Society of Heating, Refrigerating and A-C Engineers, 2012.

BALDWIN, Mark. **The BIM Manager:** A Practical Guide for BIM Project Management. Berlin: Beuth Verlag, 2019.

BALLARD, Glenn. The Lean Project Delivery System: an update. **Lean Construction Journal**, 2008.

BALLARD, Herman Glenn. **The Last Planner System of Production Control.** Ph.D. Thesis. Faculty of Engineering. School of Civil Engineering. University of Birmingham, May 2000.

BARROS, Jevandro. **Lean Construction & Excelência operacional:** sistema de produção para construção – Workbook 1 – Sistema de Produção. S.l: IOPEX, 2014.

BIMForum. **Level Of Development (LOD) Specification Part I & Commentary For Building Information Models and Data.** 2020.

BIOTTO, Clarissa Notariano. **Método Para Projeto e Planejamento de Sistemas de Produção na Construção Civil Com Uso da Modelagem BIM 4D.** Dissertação apresentada ao Programa de Pós-Graduação em Engenharia Civil da Universidade Federal do Rio Grande do Sul, 2012.

BIOTTO, Clarissa; KAGIOGLOU, Mike. Relating construction production design and planning activities with location-based scheduling techniques. *In:* TZORTZOPOULOS, Patricia; KAGIOGLOU, Mike; KOSKELA, Lauri (eds.). **Lean Construction:** core concepts and new frontiers. New York: Routledge, 2020.

BOURNE, Lynda. **Making Projects Work:** effective stakeholder and communication management. New York: Auerbach Publications, 2015.

BOUTLE, Andy; DAVIDSON, Sarah; JACKSON, Rob. **Information management according to BS EN ISO 19650 – Guidance Part A:** the information management function and resources – Edition 1. UK BIM Framework, 2020.

BROWN, Tim. **Design Thinking:** uma metodologia poderosa para decretar o fim das velhas ideias. Rio de Janeiro: Alta Books, 2010.

BS EN ISO 19650-1:2018 Organization and digitization of information about buildings and civil engineering works, including building information modelling (BIM) – Information management using building information modelling – Part 1: Concepts and principles. The British Standards Institution, 2019.

BS EN ISO 19650-2:2018 Organization and digitization of information about buildings and civil engineering works, including building information modelling (BIM) – Information management using building information modelling – Part 2: Delivery phase of the assets. The British Standards Institution, 2019.

BUCHTIK, Liliana. **Secrets to Mastering the WBS In Real-World Projets:** the most practical approach to Work Breakdown Structures (WBS). Newtown Square, PA: Project Management Institute, 2010.

BULL, John W. (ed.). **Life Cycle Costing for Construction.** Department of Civil Engineering University of Newcastle upon Tyne, 1993.

CARVALHO, Marly Monteiro; RABECHINI JUNIOR, Roque. **Fundamentos em Gestão de Projetos:** construindo competências para gerenciar projetos. 3.ed. São Paulo: Atlas, 2011. 422p.

CBIC. **Coletânea Implementação do BIM Para Construtoras e Incorporadoras Vol. 1:** Fundamentos BIM. Brasília: Câmara Brasileira da Indústria da Construção, 2016.

CBIC. **Coletânea Implementação do BIM Para Construtoras e Incorporadoras Vol. 2:** Implementação BIM. Brasília: Câmara Brasileira da Indústria da Construção, 2016.

CBIC. **Coletânea Implementação do BIM Para Construtoras e Incorporadoras Vol. 3:** Colaboração e Integração BIM. Brasília: Câmara Brasileira da Indústria da Construção, 2016.

CHENG, Lin Chih; MELO FILHO, Leonel Del Rey de. **QFD:** desdobramento da função qualidade na gestão de desenvolvimento de produtos. São Paulo: Blucher, 2010.

CII. **RS34-2 – Preview of Constructability Implementation.** Construction Industry Institute, 1993.

COLLIER, Eric; FISCHER, Martin. Four-Dimensional Modeling in Design and Construction. **CIFE Technical Report**, #101, Feb. 1995.

COSTA, Dayana Bastos; FORMOSO, Carlos Torres; LANTELME, Elvira Maria Viera. Critérios para desenvolvimento de sistemas de indicadores de desempenho vinculados aos objetivos estratégicos de empresas da construção civil. **XXII Encontro Nacional de Engenharia de Produção**, Curitiba, PR, 23-25 out. 2002.

COX III, James F.; SCHLEIER JR., John G. **Handbook da teoria das restrições.** Porto Alegre: Bookman, 2013.

DAVIDSON, Ronald. **Last Planner® System:** Business Process Standard and Guidelines. Rev. 6. Lean construction tools and techniques, 2015.

DINSMORE, Paul C.; CABANIS-BREWIN, Jeannette. **AMA:** Manual de Gerenciamento de Projetos. Rio de Janeiro: Brasport, 2009. 498p.

DRUCKER, Peter F. Management's new paradigms. **Forbes**, 162, n. 7, 1998.

EUREKA, William E.; RYAN, Nancy E. **QFD:** perspectivas gerenciais do desdobramento da função qualidade. Rio de Janeiro: Qualitymark, 1993.

FALCONI, Vicente. **Gerenciamento da Rotina do Trabalho do Dia-a-Dia.** 8.ed. Nova Lima: INDG, 2004. 266p.

FALCONI, Vicente. **Gerenciamento Pelas Diretrizes.** 4.ed. Nova Lima: INDG, 2004. 300p.

FALCONI, Vicente. **O Verdadeiro Poder.** Nova Lima: INDG, 2009. 158p.

FISCHER, Martin et al. **Integrating Project Delivery.** Hoboken, NJ: Wiley, 2017.

FLINCHBAUGH, Jamie. **A3 Problem Solving:** Applying Lean Thinking. S.l.: Lean Learning Center,2012.

FORBES, Lincoln H.; AHMED, SYED M. **Lean Project Delivery and Integrated Practices in Modern Construction.** 2nd.ed. New York: Routledge, 2020.

HELDMAN, Kim. **Gerência de Projetos:** Fundamentos. Rio de Janeiro: Campus/Elsevier, 2005.

HUGOS, Michael. **Essentials of Supply Chain Management.** 4th.ed. Hoboken, NJ: Wiley, 2018.

ICB – IPMA. **ICB – IPMA Competence Baseline, Version 3.0.** The Netherlands: International Project Management Association, 2006.

ISATTO, Eduardo Luis et al. **Lean Construction:** diretrizes e ferramentas para o controle de perdas na construção civil. Porto Alegre: Sebrae, 2000. 175p.

KOSKELA, Lauri. **Application of the new production philosophy to construction.** CIFE Technical Report #72, Stanford University, Sep. 1992.

KREIDER, Ralph G.; MESSNER, John I. **The uses of BIM:** classifying and selecting BIM uses. Version 0.9. The Pennsylvania State University, University Park, PA, Sep. 2013.

LAUFER, A.; TUCKER, R. L. Is construction planning really doing its job? A critical examination of focus, role and process. **Construction Management and Economics**, vol. 5, n. 3, 1987.

LEUSIN, Sergio. **Gerenciamento e coordenação de projetos BIM:** um guia de ferramentas e boas práticas para o sucesso de empreendimentos. Rio de Janeiro: LTC, 2018.

LIKER, Jeffrey K., **The Toyota Way:** 14 management principles from the world's greatest manufacturer. New York: McGraw-Hill, 1995.

MENDES, João Ricardo Barroca; VALLE, André Bittencourt do; FABRA, Marcantonio. **Gerenciamento de Projetos.** (Série CADEMP FGV Management). Rio de Janeiro: FGV, 2009, 220p.

MIRON, Luciana; KAUSHIK, Amit; KOSKELA, Lauri J. Target Value Design: The Challenge of Value Generation. **23rd Annual Conference of the International Group for Lean Construction**, Perth, Australia, 2015.

MITCHELL, Ronald K.; AGLE, Bradley R.; WOOD, Donna J. Toward a theory of stakeholder identification and salience: defining the principle of who and what really counts. **Academy of Management Review**, [S.l.], vol. 22, n. 4, Oct. 1997, p. 853-886.

MORDUE, Stefan. **Implementation of a Common Data Environment:** the benefits, challenges & considerations. AECOM UK Limited. Scottish Futures Trust, Aug. 2018.

MOSSMAN, Alan. **Choosing By Advantages.** The Change Business Ltd, 2012.

MOURA, Rafael de Sousa Leal Martins et al. Line of Balance – Is It a Synthesis of Lean Production Principles as Applied to Site Programming of Works? **Proceedings of IGLC – 22nd Annual Conference of the International Group for Lean Construction**, Oslo, Norway P703-714, 2014.

MURRAY-WEBSTER, Ruth; SIMON, Peter. Making Sense of Stakeholder Mapping. **PM World Today**, vol. III, n. 11, Nov. 2006.

NOCÊRA, Rosaldo de Jesus. **Gerenciamento de Projetos:** Teoria e Prática. Santo André: Ed. do autor, 2009, 975p.

OFFICE OF GOVERNMENT COMMERCE. **Directing Successful Projects with PRINCE2®.** London: The Stationery Office, 2009.

OLIVEIRA, Eduardo Henrique de. **Lean Construction:** o princípio do TAKT. Mogi das Cruzes: edição independente, 2018.

ORIHUELA, Pablo; ORIHUELA, Jorge; PACHECO, Santiago. Implementation of Target Value Design (TVD) in building projects. **Creative Construction Conference**, 21-24 June, Krakow, Poland, 2015.

PINTO, João Paulo. **Lean Thinking:** introdução ao pensamento magro. Comunidade Lean Thinking, jul. 2008.

PMI. **A Guide to the Project Management Body of Knowledge:** PMBOK® Guide. 6th.ed. Newtown Square: Project Management Institute, 2017.

PMI. **Construction Extension to the PMBOK® Guide.** 4th.ed. Newtown Square: Project Management Institute, 2016.

PMI. **Practice Standard for Scheduling.** Newtown Square: Project Management Institute, 2007.

PMI; AGILE ALLIANCE. **Guia Ágil.** Newtown Square: Project Management Institute, 2017.

POLITO, Giulliano. **Gerenciamento de obras:** boas práticas para a melhoria da qualidade e da produtividade. São Paulo: Pini, 2015.

PRADO, Darci; ARCHIBALD, Russel D. **Gerenciamento de Projetos para Executivos:** inclui portfólios e programas. (Série Gerência de Projetos, vol. 6) Nova Lima: INDG, 2007. 142p.

RADVANSKA, Agata. Accident Losses Elimination by Means of Safety Pyramid Analysis. **Annals of Faculty Engineering Hunedoara, International Journal of Engineering**, vol. VIII, n. 1, 2010.

SACKS, Rafael et al. **Manual de BIM:** um guia de modelagem da informação da construção para arquitetos, engenheiros, gerentes, construtores e incorporadores. 3.ed. Porto Alegre: Bookman, 2021.

SHENHAR, Aaron J.; DVIR, Dov. **Reinventando Gerenciamento de Projetos.** São Paulo: M. Books, 2009. 260p.

SILVA, Maria Angelica Coyelo; SOUZA, Roberto de. **Gestão do Processo de Projeto de Edificações.** S. l.: O Nome da Rosa, 2003. 181p.

SILVA, Tássia Farssura; MELHADO, Silvio. **Gestão de projetos industriais.** São Paulo: Pini, 2014.

SOTILLE, Mauro Afonso et al. **Gerenciamento do escopo em projetos.** (Série Gerenciamento de Projetos) Rio de Janeiro: FGV, 2006. 150p.

SOWARDS, Dennis. **The Lean Construction Pocket Guide:** ideas and tools for applying Lean in construction. S. l.: MiniBuk, 2012.

STANDISH GROUP. **The CHAOS Report.** 2009.

SUCCAR, Bilal. **211in Model Uses Table.** V. 1.25. BIMe Initiative, 2019.

SUCHMAN, Mark. C. Managing Legitimacy: strategic and institutional approaches. **The Academy of Management Review,** [S.l.], vol. 20, n. 3, July 1995, p. 571-610.

TZORTZOPOULOS, Patricia; KAGIOGLOU, Mike; KOSKELA, Lauri (eds.). **Lean Construction:** core concepts and new frontiers. New York: Routledge, 2020.

UMSTOT, David; FAUCHIER, Dan. **Lean Project Delivery:** building championship project teams. S. l.: CreateSpace, 2017.

VALERIANO, Dalton. **Gerenciamento Estratégico de Projetos:** governança, portfólio programa e partes interessadas. (Coleção Grandes Especialistas Brasileiros – Gerenciamento de Projetos) São Paulo: Atlas, 2013. 209p.

VARGAS, Ricardo Viana. **Gerenciamento de Projetos:** estabelecendo diferenciais competitivos. 7.ed. Rio de Janeiro: Brasport, 2009. 236p.

VARGAS, Ricardo Viana. **Manual Prático do Plano de Projeto:** utilizando o PMBOK® Guide. 4.ed. Rio de Janeiro: Brasport, 2009. 230p.

WEAVER, P.; BOURNE, Lynda. **Project Fact or Fiction - Will the Real Project Please Stand Up:** maximising project value. Melbourne, 21 Oct. 2002. PMI Melbourne Chapter: On CD-Rom, p. 234.

+ de 200 Títulos
BRASPORT
e-Book
50% mais barato que o livro impresso.
Confira nosso catálogo!
À venda nos sites das melhores livrarias.

Este livro foi impresso nas oficinas gráficas da Editora Vozes Ltda.,
Rua Frei Luís, 100 – Petrópolis, RJ.